Minkoff
Schriften zum Wirtschaftsstrafrecht

Sanktionsbewehrte Aufsichtspflichten im internationalen Konzern

Der Normadressat des § 130 OWiG im Unternehmensverbund unter Berücksichtigung grenzüberschreitender Sachverhalte

Schriften zum Wirtschaftsstrafrecht

Herausgegeben von

Prof. Dr. Mark Deiters, Münster
Prof. Dr. Thomas Rotsch, Gießen
Prof. Dr. Mark A. Zöller, Trier

Sanktionsbewehrte Aufsichtspflichten im internationalen Konzern

Der Normadressat des § 130 OWiG
im Unternehmensverbund unter
Berücksichtigung grenzüberschreitender
Sachverhalte

von

Andreas Minkoff

Referentin: Prof. Dr. Petra Wittig
Referent: Prof. Dr. Armin Engländer
Tag der mündlichen Prüfung: 15.7.2015

Bibliografische Information der Deutschen Nationalbibliothek

Die Deutsche Nationalbibliothek verzeichnet diese Publikation in der Deutschen Nationalbibliografie; detaillierte bibliografische Daten sind im Internet über <http://dnb.d-nb.de> abrufbar.

ISBN 978-3-8114-4162-0

E-Mail: kundenservice@cfmueller.de
Telefon: +49 89 2183 7923
Telefax: +49 89 2183 7620

www.cfmueller.de

© 2016 C.F. Müller GmbH, Waldhofer Straße 100, 69123 Heidelberg
Zugl.: München Univ., Juristische Fakultät, Diss. 2015

Dieses Werk, einschließlich aller seiner Teile, ist urheberrechtlich geschützt. Jede Verwertung außerhalb der engen Grenzen des Urheberrechtsgesetzes ist ohne Zustimmung des Verlages unzulässig und strafbar. Dies gilt insbesondere für Vervielfältigungen, Übersetzungen, Mikroverfilmungen und die Einspeicherung und Verarbeitung in elektronischen Systemen.

Druck: SDK Systemdruck, Köln
Satz: preXtension GbR, Grafrath

Meiner Mutter

Vorwort

Die vorliegende Arbeit wurde im Sommersemester 2015 von der Juristischen Fakultät der Ludwig-Maximilians-Universität München als Dissertation angenommen und durch diese mit dem Fakultätspreis 2015 ausgezeichnet. Rechtsprechung und Literatur konnten bis Anfang 2015 Berücksichtigung finden.

Sehr gerne möchte auch ich die Gelegenheit ergreifen, das Vorwort der Dissertation zur Danksagung zu nutzen. Dabei hatte ich das unschätzbare Glück, auf eine Vielzahl an Personen getroffen zu sein, die mein Fortkommen weit über das Maß der Selbstverständlichkeit hinaus gefördert haben. In diesem Rahmen ist es mir kaum möglich, sie alle beim Namen zu nennen oder gar ihnen allen gebührend zu danken. Mir bleibt nur die Möglichkeit, einige Personen herauszustellen.

An erster Stelle nennen möchte ich dabei Frau Professor Dr. Petra Wittig, die nicht nur diese Arbeit betreute, sondern überdies meine bisherige juristische Laufbahn von Beginn an begleitet und maßgeblich geprägt hat. Meinen Dank hier im ausreichenden Maße auszudrücken ist sicher nicht möglich. Eine großartigere Professorin kann sich schlichtweg niemand wünschen. Mein Dank gebührt zudem Herrn Professor Dr. Armin Engländer für die zügige Erstellung des Zweitgutachtens sowie Herrn Professor Dr. Thomas Rotsch, Herrn Professor Dr. Mark Deiters und Herrn Professor Dr. Mark A. Zöller für die Aufnahme der Arbeit in diese Schriftenreihe.

Danken möchte ich darüber hinaus für so vieles meinen Freunden Florian Weiß und Tim Kreysing.

Daneben gebührt mein Dank der Kanzlei ROXIN Rechtsanwälte LLP. Durch den ständigen Blick in die Praxis wurde die vorliegende Untersuchung ganz wesentlich beeinflusst. Mein Dank gilt dabei an erster Stelle Herrn Dr. Oliver Sahan – freilich ohne mich auf seine Unterstützung im Rahmen meiner Promotion zu beschränken. Zu Dank verpflichtet bin ich zudem Frau Dr. Imme Roxin und Herrn Michael Reinhart sowie – für die für mich so wertvollen Gespräche und Diskussionen – Herrn PD Dr. Ken Eckstein und meinem ehemaligen Kollegen Herrn Dr. Christian Corell.

Nicht unerwähnt bleiben dürfen zudem RiLG Tobias Dallmayer und Michael Grieger. In besonderer Weise möchte ich außerdem Alexander Schemmel meinen Dank aussprechen.

All dies gilt schließlich auch für die wichtigsten Personen in meinem Leben und damit für meine Frau, meine Schwester sowie meine Eltern. Ihnen gebührt mein größter Dank – für einfach Alles. Widmen möchte ich die Arbeit von ganzem Herzen meiner Mutter Katharina Gabriele Minkoff.

München, im Februar 2016 *Andreas Minkoff*

Inhaltsverzeichnis

Vorwort VII
Abkürzungsverzeichnis XV

Teil 1
Einführung

A. Problemaufriss 1
B. Eingrenzung des Untersuchungsthemas 5
C. Gang der Untersuchung 6
D. Terminologie 8

Teil 2
Gesellschaftsrechtliche Grundlagen

A. Einführung in das Konzernrecht 10
   I. Historische Entwicklung des Konzernrechts 10
      1. Erste Konzentrationsphase: Das Deutsche Kaiserreich .. 11
      2. Zweite Konzentrationsphase: Die Weimarer Republik ... 13
      3. Dritte Konzentrationsphase: Das nationalsozialistische Reich 15
      4. Vierte Konzentrationsphase: Der Anfang der Bundesrepublik 16
   II. Bedeutung und Gefahren der Konzernierung 16
      1. Ursachen für Konzernbildung und Unternehmenskonzentration .. 17
      2. Gefahren der Konzernierung 20

B. Erscheinungsformen des verbundenen Unternehmens 21
   I. Allgemeine Regelungen 22
   II. Mehrheitsbeteiligung gem. § 16 AktG 24
   III. Abhängigkeit gem. § 17 AktG 24
   IV. Der Konzern gem. § 18 AktG 28
      1. Eingliederungskonzern, Vertragskonzern, und faktischer Konzern 29
         a) Eingliederungskonzern 29
         b) Vertragskonzern 31
         c) Faktischer Konzern 32
      2. Gleichordnungs- und Unterordnungskonzern 34
   V. Wechselseitig beteiligte Unternehmen gem. § 19 AktG ... 35

C. Auswirkungen auf den unternehmerischen Pflichten- und
   Haftungsumfang 36
   I. Konzernleitungsmacht und -pflicht 37
      1. Möglichkeiten der Konzernleitung 37
      2. Pflicht zur Konzernleitung 40
         a) Pflicht zur Konzernleitung gegenüber der abhängigen
            Gesellschaft 41
         b) Pflicht zur Konzernleitung gegenüber der eigenen
            Gesellschaft 41
            aa) Keine umfassende Konzernleitungspflicht 41
            bb) Pflicht zur Wahrung der gesellschaftlichen Interesse 43
   II. Kontroll- und Überwachungspflichten 44
      1. Gesellschaftsrechtliche Überwachungspflichten im
         Einzelunternehmen 48
      2. Gesellschaftsrechtliche Überwachungspflichten im
         Unternehmensverbund 53
   III. Haftungsdurchgriff 56
   IV. Deliktsrechtliche Haftungsfolgen 57

D. Zusammenfassung 60

Teil 3
Überblick der strafrechtlichen Verantwortlichkeiten im Konzern

A. Grundlagen des Unternehmensstrafrechts 64

B. Aktive Begehung durch die Konzernspitze 67
   I. Form der Strafbarkeit 68
   II. Sonderdelikte 74
      1. Auswirkungen der Konzernierung auf Ebene der Organ- und
         Vertreterhaftung 76
      2. Sonderfall Untreue 80

C. Strafbarkeit durch Unterlassen 85
   I. Die Produkthaftung 86
   II. Die Geschäftsherrenhaftung 89
      1. Geschäftsherrenhaftung auf Ebene des Einzelunternehmens . 89
      2. Geschäftsherrenhaftung auf Konzernebene 93
   III. Garantenpflichten kraft Übernahme eines Pflichtenkreises . 95

D. Zusammenfassung 97

Teil 4
Der Konzern im Rahmen des § 130 OWiG

A. Die Regelung des § 130 OWiG 101
   I. Regelungsinhalt 103
      1. Die Aufsichtspflichtverletzung i.S.d. § 130 OWiG 103
         a) Normadressaten 103
            aa) Betrieb und Unternehmen 103
            bb) Inhaberschaft 104
         b) Tathandlung 111
         c) Anknüpfungstat 117
            aa) Der Terminus der Zuwiderhandlung 117
            bb) Die Betriebsbezogenheit der Pflichtverletzung 117
            cc) Der Täterkreis der Zuwiderhandlung 121
            dd) Die Zurechnung der Zuwiderhandlung 123
         d) Subjektiver Tatbestand 125
      2. Das Haftungssystem der §§ 9, 30, 130 OWiG 125
   II. Rechtsnatur 128
   III. Regelungszweck 131
   IV. Relevanz der Regelung heute 134

B. Anwendbarkeit auf Konzernsachverhalte 144
   I. § 130 OWiG auf Konzernebene in der Praxis 145
      1. Bußgeldbescheid der Staatsanwaltschaft München I gegen die
         Siemens AG 145
      2. Bußgeldbescheid der Staatsanwaltschaft München I gegen die
         MAN Nutzfahrzeuge AG 149
      3. Bußgeldbescheid des Bundeskartellamts gegen die Etex Holding
         GmbH 150
      4. Beschluss des Bundesgerichtshofes vom 1.12.1981 151
      5. Beschluss des OLG München vom 23.9.2014 152
   II. Dogmatische Begründungsansätze 154
      1. Die Konzernobergesellschaft als Inhaber des
         Tochterunternehmens 154
      2. Der Konzern als Unternehmen 159
         a) Annäherung über das allgemeine Wirtschaftsverständnis 159
         b) Der Konzern als Unternehmen im europäischen Kartellrecht .. 161
            aa) Urteil des Europäischen Gerichtshofes vom 14.7.1972 –
                ICI/Kommission 163
            bb) Urteil des Europäischen Gerichtshofes vom 12.7.1984 –
                Hydrotherm/Compact 164
            cc) Urteil des Europäischen Gerichtshofes vom 10.9.2009 –
                Akzo Nobel 167
            dd) Folgen für den Unternehmensbegriff 170

   c) Der Unternehmensbegriff im nationalen Kartellrecht 174
   d) Der Unternehmensbegriff im Aufsichtsrecht 179
   e) Der Unternehmensbegriff im allgemeinen Zivil- und Gesellschaftsrecht 180
   f) Begriffsbestimmung im Rahmen des § 130 OWiG 181
  3. Stellungnahme 185
   a) Ausgangspunkt Wortlaut und Zweckbestimmung 186
   b) Ablehnung des vereinheitlichenden Unternehmensbegriffes ... 188
   c) Ablehnung der wirtschaftlichen Inhaberschaft 193
   d) Ablehnung der rechtlichen Inhaberschaft 194
   e) Die organisationsbasierte Inhaberschaft 197
   f) Erfasste Unternehmensverbindungen 201
    aa) Aktienkonzerne 201
    bb) GmbH-Konzerne 206
    cc) Unternehmensverbindungen unter Beteiligung sonstiger Rechtsformen 207
    dd) Zwischenergebnis.............................. 208
  4. Weitere Lösungsansätze zur Erfassung von Konzernsachverhalten 209
   a) Die Tochtergesellschaft als Zuwiderhandelnde i.S.d. § 130 OWiG 209
   b) Formelle und faktische Leitung der Tochtergesellschaft 210
    aa) Grundsätzliche Zulässigkeit 211
    bb) Doppelmandat aufgrund faktischer Geschäftsführung 211
    cc) Handeln als Organ 211
   c) Einbeziehung der Tochtergesellschaft über § 30 OWiG 216
    aa) Kontrollaufgaben im bestehenden Pflichtenkreis 216
    bb) Kontrollaufgaben außerhalb des Pflichtenkreises 218
   d) Zwischenergebnis 218
 III. Pflichtenprogramm...................................... 220
 IV. Ausblick 222

C. Zusammenfassung 231

Teil 5
Grenzüberschreitende Sachverhalte

A. Einführung 235

B. Rechtliche Grundlagen internationaler Unternehmensverbindungen 237
 I. Weisungsrechte der ausländischen Konzernobergesellschaft 237
 II. Weisungsrechte der inländischen Konzernobergesellschaft 239
 III. Folgen für die bußgeldbewehrte Aufsichtspflicht 240

C. Die räumliche Geltung inländischer Sanktionsnormen 240
   I. Strafanwendungsrecht 241
   II. Anwendung des Ordnungswidrigkeitenrechts 243
D. Transnationale Aufsichtspflichten im Konzern 244
   I. Die Verantwortlichkeit inländischer Konzernobergesellschaften bei Zuwiderhandlungen im Ausland 245
      1. Handlungsort der Aufsichtspflichtverletzung bei inländischen Konzernobergesellschaften 245
      2. Die im Ausland begangene Zuwiderhandlung als taugliche Anknüpfungstat 246
         a) Bestimmung des Pflichtenkatalogs nach inländischen Wertungsmaßstäben 247
            aa) Erfassung von Auslandstaten durch die inländische Rechtsordnung 247
            bb) Erfassung von Auslandstaten außerhalb des räumlichen Anwendungsbereiches 249
         b) Ausländische Strafnormen als Pflichtenmaßstab 253
            aa) Auslegung am Wortlaut 254
            bb) Literaturansichten und Kritik 255
            cc) Eigene Lösung 256
         c) Kombinationsansatz 265
      3. Zwischenergebnis 266
   II. Die Verantwortlichkeit ausländischer Konzernobergesellschaften bei Zuwiderhandlungen im Inland 266
      1. Handlungsort der Aufsichtspflichtverletzung bei ausländischen Konzernobergesellschaften 266
         a) Handlungsortbegründung bei echten Unterlassungsdelikten ... 267
         b) Die Anknüpfungstat als handlungsortbegründendes Element .. 267
            aa) Beschluss des Bundesgerichtshofes vom 10.9.2003 267
            bb) Gegenstimmen der Literatur 268
         c) Handlungsortbegründung im Lichte der Rechtsnatur 270
            aa) Der Erfolgsort des § 130 OWiG als konkretes Gefährdungsdelikt 270
            bb) Bußgeldbescheid des Bundeskartellamtes vom 13.11.1998 271
      2. Rechtsfolgenbetrachtung 274
      3. Zwischenergebnis 276
   III. Die Verantwortlichkeit ausländischer Konzernobergesellschaften bei Zuwiderhandlungen im Ausland 276
E. Zusammenfassung 277

**Teil 6
Fazit**

A. Die Beantwortung der Ausgangsfragen 282

B. Schlussbetrachtung 285
   I. Blickwinkel Politik 285
   II. Blickwinkel Wissenschaft 287
   III. Blickwinkel Praxis 287

Literaturverzeichnis 289
Stichwortverzeichnis 313

Abkürzungsverzeichnis

2. StrRG	Zweites Gesetz zur Reform des Strafrechts
A.A.	Anderer Ansicht
Abs.	Absatz
a.E.	am Ende
AEUV	Vertrag über die Arbeitsweise der Europäischen Union
a.F.	alte Fassung
AG	Aktiengesellschaft/Die Aktiengesellschaft (Zeitschrift)/Amtsgericht
AktG	Aktiengesetz
Art.	Artikel
Az.	Aktenzeichen
BAG	Bundesarbeitsgericht
BAGE	Entscheidungen des Bundesarbeitsgerichts
BAnz AT	Amtlicher Teil des Bundesanzeigers
BayObLG	Bayerisches Oberstes Landesgericht
BayObLGSt	Sammlung des Bayerischen Obersten Landesgerichtes in Strafsachen
BB	Betriebs-Berater (Zeitschrift)
BDA	Bundesvereinigung der Deutschen Arbeitgeberverbände
BDI	Bundesverband der Deutschen Industrie e.V.
BFH	Bundesfinanzhof
BGB	Bürgerliches Gesetzbuch
BGBl. I	Bundesgesetzblatt Teil I
BGHSt	Entscheidungen des Bundesgerichtshofs in Strafsachen
BGHZ	Entscheidungen des Bundesgerichtshofs in Zivilsachen
BRAK	Bundesrechtsanwaltskammer
BR-Drucks.	Drucksache(n) des Deutschen Bundesrates
BT-Drucks.	Drucksache(n) des Deutschen Bundestages
BUJ	Bundesverband der Unternehmensjuristen e.V.
BV	Besloten vennootschap met beperkte aansprakelijkheid (niederländische Gesellschaft mit beschränkter Haftung)
BVerfG	Bundesverfassungsgericht
BVerfGE	Entscheidungen des Bundesverfassungsgerichts
bzw.	beziehungsweise
ca.	circa
CCZ	Corporate Compliance Zeitschrift
DB	Der Betrieb (Zeitschrift)
DCGK	Deutscher Corporate Governance Kodex

ders.	derselbe
dies.	dieselbe(n)
DIHK	Deutscher Industrie- und Handelskammertag e.V.
Diss.	Dissertation
DOJ	United States Department of Justice
DStR	Deutsches Steuerrecht (Zeitschrift)
ebd.	ebenda
EG	Europäische Gemeinschaft
EGOWiG	Einführungsgesetz zum Gesetz über Ordnungswidrigkeiten
EGV	Vertrag zur Gründung der Europäischen Gemeinschaft
EU	Europäische Union
EuG	Gericht der Europäischen Union
EuGH	Europäischer Gerichtshof
e.V.	eingetragener Verein
EWS	Europäisches Wirtschaft- und Steuerrecht (Zeitschrift)
f.	folgende
ff.	fortfolgende
Fn.	Fußnote
GA	Goltdammer's Archiv für Strafrecht (Zeitschrift)
gem.	gemäß
GG	Grundgesetz
GmbH	Gesellschaft mit beschränkter Haftung
GmbHG	Gesetz betreffend die Gesellschaften mit beschränkter Haftung
GmbHR	GmbH-Rundschau (Zeitschrift)
GRUR	Gewerblicher Rechtsschutz und Urheberrecht (Zeitschrift)
GRUR-RR	Gewerblicher Rechtsschutz und Urheberrecht Rechtsprechungs-Report (Zeitschrift)
GWB	Gesetz gegen Wettbewerbsbeschränkungen
GWR	Zeitschrift für Gesellschafts- und Wirtschaftsrecht
HGB	Handelsgesetzbuch
h.M.	herrschende Meinung
HRRS	Onlinezeitschrift für Höchstrichterliche Rechtsprechung zum Strafrecht
Hs.	Halbsatz
IDW	Institut der Wirtschaftsprüfer
i.S.	im Sinne
ISO	International Organization for Standardization
IStGH	Internationaler Strafgerichtshof
JR	Juristische Rundschau (Zeitschrift)
JuS	Juristische Schulung (Zeitschrift)
JZ	JuristenZeitung

KG	Kommanditgesellschaft
KGaA	Kommanditgesellschaft auf Aktien
KonTraG	Gesetz zur Kontrolle und Transparenz im Unternehmensbereich
KStG	Körperschaftssteuergesetz
KWG	Gesetz über das Kreditwesen
LG	Landgericht
LMRR	Lebensmittelrecht Rechtsprechung (Zeitschrift)
Ltd.	Limited (Kapitalgesellschaft u.a. im Vereinigten Königreich)
m.w.N.	mit weiteren Nachweisen
NJOZ	Neue Juristische Online-Zeitschrift
NJW	Neue Juristische Wochenschrift
Nr.	Nummer
NStZ	Neue Zeitschrift für Strafrecht
NStZ-RR	NStZ-Rechtsprechungsreport Strafrecht
NV	naamloze vennootschap (niederländische Aktiengesellschaft)
NZA	Neue Zeitschrift für Arbeitsrecht
NZG	Neue Zeitschrift für Gesellschaftsrecht
NZI	Neue Zeitschrift für das Recht der Insolvenz und Sanierung
NZKart	Neue Zeitschrift für Kartellrecht
NZWiSt	Neue Zeitschrift für Wirtschafts-, Steuer- und Unternehmensstrafrecht
OECD	Organisation für wirtschaftliche Zusammenarbeit und Entwicklung
OHG	Offene Handelsgesellschaft
OLG	Oberlandesgericht
OLGZ	Entscheidungssammlung der Oberlandesgerichte in Zivilsachen
OWiG	Gesetz über Ordnungswidrigkeiten
PartG	Partnerschaftsgesellschaft
PartGG	Gesetz über Partnerschaftsgesellschaften Angehöriger Freier Berufe
plc	public limited company (britische Aktiengesellschaft)
PS	Prüfungsstandard
RFHE	Sammlung der Entscheidungen und Gutachten des Reichsfinanzhofs
RG	Reichsgericht
RGBl. I	Reichsgesetzblatt Teil I
RGSt	Entscheidungen des Reichsgerichts in Strafsachen
RiStBV	Richtlinien für das Strafverfahren und das Bußgeldverfahren

Abkürzungsverzeichnis

RM	Reichsmark
Rn.	Randnummer(n)
Rs.	Rechtssache(n)
Rspr.	Rechtsprechung
S.	Seite(n)
SDÜ	Schengener Durchführungsübereinkommen
SE	Societas Europaea
SEC	United States Securities and Exchange Commission
Sec.	Section
Slg.	Sammlung der Rechtsprechung des Gerichtshofes und des Gerichts Erster Instanz
Sog.	Sogenannte(r)
S.p.A.	Società per Azioni (italienische Aktiengesellschaft)
StGB	Strafgesetzbuch
StPO	Strafprozessordnung
StraFo	Strafverteidiger Forum (Zeitschrift)
StV	Strafverteidiger (Zeitschrift)
u.a.	und andere/unter anderem
UK	United Kingdom
UKBA	United Kingdom Bribery Act 2010
USA	United States of America
u.U.	unter Umständen
UWG	Gesetz gegen den unlauteren Wettbewerb
VAG	Gesetz über die Beaufsichtigung der Versicherungsunternehmen
Var.	Variante
VerbStrG-E	Verbandsstrafgesetzbuch (Entwurf)
vgl.	vergleiche
VStGB	Völkerstrafgesetzbuch
WiSta	Wirtschaft und Statistik (Zeitschrift)
wistra	Zeitschrift für Wirtschafts- und Steuerstrafrecht
WM	Wertpapiermitteilungen. Zeitschrift für Wirtschafts- und Bankenrecht
WpHG	Gesetz über den Wertpapierhandel
WRP	Wettbewerb in Recht und Praxis (Zeitschrift)
WuW	Wirtschaft und Wettbewerb (Zeitschrift)
z.B.	zum Beispiel
ZGR	Zeitschrift für Unternehmens- und Gesellschaftsrecht
ZHR	Zeitschrift für das gesamte Handels- und Wirtschaftsrecht
Ziff.	Ziffer(n)
ZIP	Zeitschrift für Wirtschaftsrecht
ZIS	Zeitschrift für Internationale Strafrechtsdogmatik

ZJS	Zeitschrift für das Juristische Studium
ZRP	Zeitschrift für Rechtspolitik
ZStW	Zeitschrift für die gesamte Strafrechtswissenschaft
ZUM	Zeitschrift für Urheber- und Medienrecht
ZWeR	Zeitschrift für Wettbewerbsrecht
ZWH	Zeitschrift für Wirtschaftsstrafrecht und Haftung im Unternehmen

Teil 1
Einführung

A. Problemaufriss

„Die Summen haben schon Dimensionen wie in den USA." stellte die Welt am Sonntag im Jahr 2011 angesichts der Bußgeldpraxis der Münchener Strafverfolgungsbehörden fest und fragte den Leiter der Staatsanwaltschaft München I, ob bereits amerikanische Verhältnisse erreicht seien.[1] In dem Zeitungsinterview hatte dieser zuvor geäußert, die Münchener Justiz könne bei Aufsummierung der letzten Jahre bald in die Größenordnung von insgesamt einer Milliarde Euro vorstoßen.

„*Nein. Wir setzen nur unsere deutsche Rechtslage um, nichts anderes. Dazu gehört auch das Ordnungswidrigkeitenrecht – vielleicht etwas unterschätzt.*"[2]

Denn gleichwohl das Ordnungswidrigkeitenrecht nicht selten mit Regelungen über Bagatellvergehen assoziiert wird,[3] kommt ihm bei der Verfolgung und Ahndung von Wirtschaftskriminalität nicht nur angesichts der erwähnten Summen erhebliche Bedeutung zu. Drei Jahre vor diesem Interview hatte die Staatsanwaltschaft München I allein gegen die *Siemens AG* im Rahmen deren vielbeachteter und Ende 2006 bekannt gewordener Korruptionsaffäre eine Geldbuße in Höhe von 395 Millionen Euro verhängt.[4] Der Vorwurf in dem zu Grunde liegenden Bußgeldbescheid bezog sich auf die Verletzung des § 130 OWiG.[5] Die Norm regelt die Aufsichtspflichtverletzung in Unternehmen. Danach hat der Inhaber eines Unternehmens für eine gehörige Aufsicht Sorge zu tragen, um Pflichtverstöße im Unternehmen zu verhindern. Unter Einbeziehung der Gewinnabschöpfungsregeln drohen bei Zuwiderhandlung Geldbußen, die allein mit Blick auf die Münchener Bußgeldpraxis exorbitante Ausmaße erreichen können. Angesichts dieser Haftungsrisiken für Unternehmen und deren Verantwortungsträger verdient die Regelung eine intensive Betrachtung. Dabei rückt die Norm nicht nur zunehmend in das Blickfeld von Wissenschaft, unter-

---

1 „Wenn er kommt ist Zahltag", Welt am Sonntag Online vom 14.8.2011, abrufbar im Internet unter http://www.welt.de/print/wams/muenchen/article13543574/Wenn-er-kommt-ist-Zahltag.html.
2 Manfred *Nötzel*, Leitender Oberstaatsanwalt der Staatsanwaltschaft München I, Welt am Sonntag Online vom 14.8.2011, siehe vorherige Fn.
3 *Eidam* in: Eidam, 14. Kapitel Rn. 63 f.
4 Der Bußgeldbescheid ist in einer Entwurfsfassung abrufbar auf der Internetseite der Siemens AG unter http://www.siemens.com/press/pool/de/events/2008-12-PK/MucStaats.pdf.
5 Vgl. zum Bußgeldbescheid der Staatsanwaltschaft München I gegen die Siemens AG ausführlich später Rn. 230 ff.

1 Einführung

nehmerischer Praxis und vor allem von Verfolgungsbehörden.[6] Auch der Gesetzgeber unterstrich die Bedeutung des § 130 OWiG vor nicht allzu langer Zeit durch die Umsetzung der 8. GWB-Novelle, in deren Rahmen die maximale Bußgelddrohung jedenfalls für Unternehmen durch Anpassung der §§ 130, 30 OWiG verzehnfacht wurde.[7]

4 Trotz der großen Bedeutung der Norm sind zahlreiche Fragen bis heute ungeklärt.[8] So richtet sich § 130 OWiG dem Wortlaut nach an den Inhaber eines Unternehmens oder Betriebes, worunter nach allgemeiner Auffassung deren Rechtsträger verstanden wird. Für den Fall eines Einzelunternehmens sind die Verantwortlichkeiten damit klar bestimmbar. Vor allem größere Unternehmen sind jedoch heute nur sehr selten als Einzelunternehmen organisiert. Auch wenn nicht zuletzt aufgrund der un-

---

6 Nicht unerwähnt bleiben darf jedoch bereits an dieser Stelle die Uneinheitlichkeit der Normanwendung auf Seiten der Verfolgungsbehörden. Während das Bundeskartellamt und vor allem in den letzten Jahren auch manche Schwerpunktstaatsanwaltschaften die Norm in ihr Standardrepertoire aufgenommen haben, bleibt sie anderenorts nach wie vor unbeachtet. Vgl. hierzu und allgemein zur Relevanz der Norm später Rn. 221 ff.
7 Achtes Gesetz zur Änderung des Gesetzes gegen Wettbewerbsbeschränkungen vom 26.6.2013, BGBl. I S. 1738. § 30 OWiG erlaubt es, direkt gegen Verbände Bußgelder zu verhängen, wenn die verantwortlichen Leitungspersonen eine betriebsbezogene Straftat oder Ordnungswidrigkeit begangen haben, wobei die Aufsichtspflichtverletzung i.s.d. § 130 OWiG in diesem Kontext eine der bedeutsamsten Anknüpfungstaten darstellt (vgl. hierzu noch später Rn. 122 ff.). Grundsätzlich koppelt der Gesetzgeber die maximale Verbandsgeldbuße im Rahmen des § 30 OWiG für Verstöße der Leitungspersonen gegen Ordnungswidrigkeitenrecht an den Bußgeldrahmen der im Rahmen der Anknüpfungstat verletzten Norm, vgl. § 30 Abs. 2 S. 2 OWiG. Im Falle der Aufsichtspflichtverletzung beträgt das Höchstmaß der Geldbuße gem. § 130 Abs. 3 S. 1 OWiG eine Million Euro. Durch die 8. GWB-Novelle wurde ein neuer Satz in die Regelung des § 30 OWiG eingefügt, wonach die Verbandsgeldbuße nunmehr das Zehnfache der in der durch die Anknüpfungstat verletzten Norm bezeichneten Höchstgeldbuße betragen kann, § 30 Abs. 2 S. 3 OWiG n.F. Voraussetzung ist ausweislich des Wortlautes jedoch, dass die für die Anknüpfungstat relevante Norm auf diese Bestimmung des § 30 Abs. 2 S. 3 OWiG verweist. Im Rahmen der 8. GWB-Novelle wurde dies dann sogleich für die Regelung des § 130 OWiG umgesetzt und insofern eine entsprechende Verweisung in § 130 Abs. 3 S. 2 OWiG n.F. eingefügt. Während es für die Leitungsperson selbst gem. § 130 Abs. 3 S. 1 OWiG damit bei einer maximalen Geldbuße in Höhe von einer Million Euro bleibt, kann gegen das Unternehmen gem. §§ 130 Abs. 3 S. 2 i.V.m. 30 Abs. 2 S. 3 OWiG ein Bußgeld in Höhe von bis zu zehn Millionen Euro verhängt werden. Vgl. hierzu auch *Altenburg/Peukert* BB 2014, 649 (651 f.); *Achenbach* wistra 2013, 369 (371 f.); *Mühlhoff* NZWiSt 2013, 321 (322 f.); *Corell/von Saucken* wistra 2013, 297 (300); ferner allgemein zur 8. GWB-Novelle *Bosch/Fritsche* NJW 2013, 2225 (2225 ff.); *Ost* NZKart 2013, 25 (25 ff.); *Bechtold* NZKart 2013, 263 (263 ff.).
8 Zu erwähnen ist insofern die Feststellung von *Achenbach* wistra 1998, 296 (296), wonach die Norm „zu den schwierigsten Vorschriften des deutschen Wirtschaftsstrafrechts" zählt. Auch nach über 15 Jahren dürfte dieser Ausspruch Gültigkeit entfalten, wenngleich dem Wirtschaftsstrafrechtler freilich auch an anderer Stelle kaum übersehbare Problembereiche begegnen. Als Beispiel soll nur der vieldiskutierte Untreuetatbestand dienen, der auch nach mittlerweile zahlreichen höchstrichterlichen Stellungnahmen Anlass für umfassende Diskussionen bietet.

vermeidbaren Unüberblickbarkeit und Dynamik konzernartiger Unternehmensverbindungen auf genaue Werte nicht zurückgegriffen werden kann, so wird vermutet, dass rund drei Viertel aller Aktiengesellschaften und etwa die Hälfte aller Gesellschaften mit beschränkter Haftung Teil von Unternehmensgruppen sind.[9] Allein die Deutsche Bank soll über 4000 Tochtergesellschaften verfügen.[10] Damit erlangt die Frage – vor allem auch in praktischer Hinsicht – Bedeutung, an wen sich die Aufsichtspflichten in Konzernsachverhalten richten. Ist nach § 130 OWiG jedes Konzernunternehmen für sich verantwortlich oder hat vielmehr die Konzernobergesellschaft für die Implementierung von Aufsichtsstrukturen in allen untergeordneten Tochter- und Enkelgesellschaften Sorge zu tragen? Angesichts der großen Verbreitung von Konzernverbindungen handelt es sich dabei nicht nur um eine Ergänzungsfrage, sondern vielmehr um einen entscheidenden Gesichtspunkt der Bußgeldpraxis und damit der Verfolgung und Ahndung von Wirtschaftskriminalität.[11]

Es überrascht daher nicht, dass in der rechtswissenschaftlichen Diskussion Abhandlungen und Stellungnahmen zu diesem Themenkomplex – gerade auch in jüngster Vergangenheit – spürbar zugenommen haben.[12] Dabei ist jedoch ein weitreichender

---

9 *Habersack* in: Emmerich/Habersack, Konzernrecht, § 1 Rn. 8; *Altmeppen* in: MK-AktG, Einleitung zum dritten Buch vor § 291 AktG Rn. 19; *Saenger* Gesellschaftsrecht, Rn. 923; *Wiesenack/Klein* in: Eisele/Koch/Theile, S. 7; *Theisen* Der Konzern, S. 21 spricht gar von rund 90 % aller Aktiengesellschaften und von wohl weit mehr als der Hälfte der deutschen Personengesellschaften. Vgl. zur Konzernverbreitung auch die Angaben bei *Hackel* Konzerndimensionales Kartellrecht, S. 82; *Görling* Konzernhaftung, S. 47 ff.
10 So etwa *Schneider* NZG 2009, 1321 (1323).
11 Dies gilt umso mehr, als in Großkonzernen Pflichtverletzungen wohl vergleichsweise selten in der unmittelbaren Sphäre einer Konzernobergesellschaft vorkommen, sondern regelmäßig gerade in Tochtergesellschaften begangen werden. Vgl. insofern die Ergebnisse der – wenn auch basierend auf einem quantitativ überschaubaren Teilnehmerkreis – empirischen Untersuchung von *Wiesenack/Klein* in: Eisele/Koch/Theile, S. 18: „Problemherde treten augenscheinlich jedenfalls faktisch regelmäßig auf Ebene der Tochtergesellschaft auf."
12 Vgl. nur aus dem Bereich der wirtschaftsstrafrechtlich orientierten Dissertationen – und damit lediglich in Ergänzung zu der einschlägigen Kommentarliteratur und den nicht nur vereinzelten Beiträgen in Fachzeitschriften und Sammelbänden – zuletzt aus dem Jahr 2014 *Muders* Haftung im Konzern; *Caracas* Internationale Konzernstrukturen; und aus dem Jahr 2011 *Grundmeier* Rechtspflicht, die sich bei ihrer Untersuchung zu Compliance-Pflichten im Konzern weit überwiegend auf die konzernweite Anwendbarkeit des § 130 OWiG konzentriert. Daneben gibt es unter den jüngeren Dissertationen eine ganze Reihe von Untersuchungen, die der hier aufgeworfenen Streitfrage jedenfalls einzelne Abschnitte widmen, vgl. etwa aus dem Jahr 2014 *Sonnenberg* Aufsichtspflicht, S. 55 f.; aus dem Jahr 2013 *Huber* Compliance-Pflichten, S. 205 ff.; *Wilhelm* Aufsichtsmaßnahmen, S. 25 ff.; *Petermann* Compliance-Maßnahmen, S. 106 ff.; *Lang* Corporate Compliance, S. 159 ff.; aus dem Jahr 2012 *Hackel* Konzerndimensionales Kartellrecht, S. 354 ff.; aus dem Jahr 2011 *Geismar* Aufsichtspflichtverletzung, S. 62 ff.; aus dem Jahr 2010 – wenn auch nur in äußerster Knappheit – *Fruck* Aufsichtspflichtverletzung, S. 22; sowie aus dem Jahr 2009 *Vogt* Verbandsgeldbuße, S. 281 ff. In der weiter zurückliegen-

3

1 Einführung

und auf die Bußgeldpraxis ausstrahlender Konsens nach wie vor nicht ersichtlich.[13] So nahm die Staatsanwaltschaft München I im Fall Siemens – freilich ohne vertiefte Auseinandersetzung mit der Adressatenfrage – die Konzernspitze für Verstöße bei Tochtergesellschaften wie selbstverständlich in die Pflicht.[14] Auch in der Rechtswissenschaft finden sich Stimmen, die für eine derart weitreichende Anwendbarkeit des § 130 OWiG plädieren. Ebenso findet sich jedoch auch die nicht nur vereinzelt vertretene Auffassung, nach der die Pflichten des § 130 OWiG nicht über die Grenzen der einzelnen Konzerngesellschaften hinaus reichen und eine Verantwortung der Konzernspitze damit in entsprechenden Fällen ausscheidet. Vervollständigt wird das Meinungsspektrum durch Autoren, die Mittelwege vorschlagen, indem sie eine konzernweite Anwendung der Norm an das Überwinden mehr oder weniger hoher Hürden koppeln. Einen solchen Mittelweg vertrat jüngst auch das OLG München in einer der seltenen höherinstanzlichen Stellungnahmen zu dieser Fragestellung.[15] Wenn bereits die Ergebnisse dieser mittlerweile vieldiskutierten Streitfrage durch eine solche Vielfalt gekennzeichnet sind, so gilt dies freilich erst recht für die dabei herangezogenen dogmatischen Legitimationsansätze – sofern sich denn überhaupt um sie bemüht wird. Die vorliegende Untersuchung kann daher nicht für sich beanspruchen, eine Nische zu besetzen, indem sie bisher unbeachtete Problemfragen erörtert. Sie kann aber für sich beanspruchen, sich bisher ungeklärten Rechtsfragen zu widmen.

6 Weitestgehend Neuland betritt die Untersuchung überdies, sofern sie den Blick auch auf grenzüberschreitende Sachverhalte richtet.[16] Die annähernd ausnahmslose

---

den Vergangenheit finden sich indes nur wenige Dissertationen, die entsprechende Ausführungen enthalten. Dies mag angesichts der bereits aufgezeigten Relevanz überraschen, ist aber wohl zum erheblichen Teil auf das lange Schattendasein der Verfolgung von Wirtschaftskriminalität auf Leitungsebene der Unternehmen zurückzuführen. Freilich gibt es Ausnahmen, die bereits einige Jahre nach Inkrafttreten des Ordnungswidrigkeitengesetzes die praxiserhebliche Erscheinung des Konzerns bei der Untersuchung des § 130 OWiG berücksichtigen, vgl. insofern pionierhaft aus dem Jahr 1976 *Thiemann* Aufsichtspflichtverletzung, S. 150 ff.

13 So nach *Gürtler* in: Göhler, § 130 OWiG Rn. 5a; *Schücking* in: Krieger/Schneider, § 36 Rn. 5; *Kraatz* Wirtschaftsstrafrecht, Rn. 74.

14 Eine derart empfindliche Sanktion auf dogmatisch fragilem Gerüst war im Falle Siemens – wie auch in anderen prominenten Korruptionsfällen – wohl nur deshalb möglich und von Bestand, weil der zu Grunde liegende Bußgeldbescheid letztendlich Ergebnis einer Einigung zwischen Unternehmen und Staatsanwaltschaft war, vgl. hierzu nur *Beulke/Moosmayer* CCZ 2014, 146 (146 f.). In Folge dessen vermochten damit auch diese vielbeachteten Fälle keine Gelegenheit für eine höchstrichterliche Klärung der aufgeworfenen Rechtsfragen zu bieten.

15 *OLG München* Beschluss vom 23.9.2014, Az. 3 Ws 599, 600/14: „Die Anwendbarkeit des § 130 OWiG auf Konzernsachverhalte kann nicht pauschal beantwortet werden, sondern ist stets von den konkreten Umständen des Einzelfalls abhängig."

16 So widmen etwa unter den bereits genannten Untersuchungen nur einzelne Autoren ihr Augenmerk auch grenzüberschreitenden Komponenten. Umfassendere Ausführungen finden sich soweit ersichtlich insofern einzig bei *Caracas* Internationale Konzernstruktu-

Außerachtlassung überrascht angesichts der erheblichen Bedeutung, die internationale Konzernverbindungen in der heutigen Wirtschaftslandschaft einnehmen[17] und kann – wie zu zeigen sein wird – nicht auf die Banalität der dabei aufgeworfenen Rechtsfragen zurückgeführt werden. Dabei beschränkt kaum ein Unternehmensverbund seine geschäftlichen Aktivitäten auf das Inland.[18] Während auf der einen Seite inländische Konzernobergesellschaften über zahlreiche Tochter- und Enkelgesellschaften im Ausland verfügen, sind auf der anderen Seite viele deutsche Unternehmen Konzernobergesellschaften aus dem Ausland – wie etwa den USA – zuzuordnen.[19] Auch hier stellen sich im Falle der Pflichtverletzung in Tochtergesellschaften bedeutsame Fragen. Müssen sich inländische Konzernobergesellschaften für Pflichtverletzungen in ausländischen Tochtergesellschaften nach § 130 OWiG verantworten? Besteht für deutsche Verfolgungsbehörden daneben die Möglichkeit, gegen ausländische Konzernobergesellschaften Bußgelder zu verhängen, wenn in inländischen Tochtergesellschaften Pflichtverletzungen geschehen?

Die aufgezeigten Problemstellungen führen damit zu den Ausgangsfragen der Untersuchung:
1. Richten sich die Aufsichtspflichten des § 130 OWiG im Unternehmensverbund gegen die Konzernobergesellschaft?
2. Wie sind gegebenenfalls grenzüberschreitende Sachverhalte zu beurteilen?

Die scheinbar vor allem mit Blick auf die Verfolgungspraxis große Bedeutung des § 130 OWiG, die Dominanz von Konzernverbindungen in der heutigen Unternehmenslandschaft sowie die zunehmende Überschreitung von Landes- und Wirtschaftsraumgrenzen im Rahmen der Globalisierung sollen dabei die Relevanz dieser Darstellung indizieren.

B. Eingrenzung des Untersuchungsthemas

Die Betonung der Regelung des § 130 OWiG soll dabei für die notwendige thematische Eingrenzung der Untersuchung stehen. Denn die Verknüpfung des gesamten Sanktionenrechts mit dem gesellschaftsrechtlichen Sondergebilde des Unterneh-

---

ren. Wenigstens einige Zeilen widmet den konzernweiten Aufsichtspflichten im internationalen Konzern *Grundmeier* Rechtspflicht, S. 101 f. Abseits der Konzernproblematik finden sich Ausführungen zur grenzüberschreitenden Reichweite des § 130 OWiG schließlich – wenn auch nur denkbar knapp – bei *Buchholz* Zuwiderhandlung, S. 103 ff.
17 Vgl. nur *Altmeppen* in: MK-AktG, Einleitung zum dritten Buch vor § 291 AktG Rn. 35.
18 *Theisen* Der Konzern, S. 8: „Die multinationale Konzernverbindung stellt in der Konzernpraxis die größte Grundgesamtheit dar. Es muss heute als der Regelfall bezeichnet werden, dass eine unternehmerische Aktivität sich auf mehr als zwei Länder erstreckt."
19 Vgl. zur Verbreitung transnationaler Konzernunternehmungen *Theisen* Der Konzern, S. 6 f.; sowie später Rn. 382 f.

mensverbundes führt zu kaum überblickbaren Problemfragen, die rechtswissenschaftlich zu erheblichen Teilen noch nicht durchleuchtet sind. Es wird kurz- und mittelfristige Aufgabe der Rechtsforschung sein, hierbei Antworten zu entwickeln und zu formulieren, um damit die Normanwendung für die Adressaten, Verfolgungsbehörden und auch die Rechtsprechung zu erleichtern. Die vorliegende Untersuchung kann freilich nur versuchen, die Lösungsfindung für einen vergleichsweise engen Teilbereich zu fördern. Selbst die Beschränkung auf sanktionsbewehrte Aufsichtspflichten dient nur einer unzureichenden Eingrenzung, da die insofern denkbaren, straf- und ordnungsrechtlichen Anknüpfungspunkte in dogmatischer Hinsicht intensiver und tiefgreifender Betrachtung bedürfen. Mit ihrem Untertitel soll damit die Kontur der Untersuchung gezeichnet werden, indem dort die Konzentration auf die Bestimmung des unmittelbaren Normadressatenkreises des § 130 OWiG im Rahmen von Konzernsachverhalten deutlich gemacht wird. Kernstrafrechtliche Aspekte – etwa zur konzerndimensionalen Garantenpflicht im Kontext unechter Unterlassungsdelikte – sollen hierdurch freilich nicht gänzlich ausgeklammert werden. Gleiches gilt für mit § 130 OWiG eng verknüpfte Normen des Ordnungswidrigkeitenrechts und damit insbesondere für die §§ 9, 30 OWiG, die ihrerseits Anknüpfungspunkte für die Erfassung von Konzernobergesellschaften bei der Sanktionierung von Aufsichtspflichtverstößen bieten können. Allerdings muss sich die Untersuchung abseits der hier im Fokus stehenden Regelung des § 130 OWiG auf eine überblickartige Skizzierung beschränken und soll dabei auf die Darstellung der Aspekte konzentriert werden, deren Beurteilung für die eingangs formulierten Ausgangsfragen maßgeblich und dienlich sind. Keine Einschränkung soll wie beschrieben indes in räumlicher Hinsicht erfolgen, so dass sich die Arbeit auch der grenzüberschreitenden Anwendbarkeit des § 130 OWiG widmen wird.

C. Gang der Untersuchung

10 Die Untersuchung beginnt dabei mit der erforderlichen Darstellung der gesellschaftsrechtlichen Grundlagen (Teil 2 Rn. 18 ff.). Die überblickartige Skizzierung der historischen Entwicklung der Konzernierung und des Konzernrechts soll die Darstellung der wesentlichen Gründe für die Eingehung von Konzernverbindungen stützen. Es folgt die Erläuterung der heutigen Erscheinungsformen von Unternehmensverbindungen, ehe im Anschluss auf Besonderheiten des Pflichten- und Haftungsprogramms von Konzernobergesellschaften eingegangen wird. Dabei kann und soll die Untersuchung keine erschöpfende Darstellung der gesellschaftsrechtlichen Konzernführungs-, Konzernkontroll- und Konzernüberwachungspflichten bieten. Vielmehr wird sich hier auf die fragmentarische Darstellung der für die Beurteilung der ordnungsrechtlichen Aufsichtspflichten relevanten Gesichtspunkte beschränkt.

Gang der Untersuchung 1

Nach Erörterung der gesellschaftsrechtlichen Grundlagen erfolgt ein Überblick der 11
kernstrafrechtlichen Verantwortlichkeiten im Rahmen von Konzernsachverhalten
(Teil 3 Rn. 122 ff.). Unterschieden wird dabei zwischen Verantwortlichkeit der
Konzernspitze durch aktive Begehung auf der einen Seite und durch Unterlassen
auf der anderen Seite. In den Fokus rücken dabei jeweils mit Blick auf Konzernverbindungen die Anwendung der Grundsätze der mittelbaren Täterschaft kraft Organisationsherrschaft sowie der Geschäftsherrenhaftung, die jeweils in ihren Grundzügen dargestellt werden. Erwähnung finden in diesem Kontext überdies Besonderheiten bei den vor allem im Wirtschaftsstrafrecht verbreiteten Sonderdelikten.

Im weiteren Verlauf folgt die Diskussion der Frage nach der Anwendbarkeit des 12
§ 130 OWiG im Rahmen von Konzernsachverhalten (Teil 4 Rn. 173 ff.). Einleitend
wird dabei auf die allgemeinen Grundlagen der Regelung einzugehen sein, wobei
neben der Erläuterung der Tatbestandsmerkmale insbesondere für die vorliegende
Untersuchung bedeutsame Ausführungen zur Rechtsnatur und zum Regelungszweck in den Fokus rücken. Nach Überlegungen zur heutigen Regelungsrelevanz,
unter anderem im Rahmen der vielerorts geführten Diskussion um Corporate Compliance, widmet sich die Untersuchung sodann der eigentlichen Problematik der
konzerndimensionalen Anwendbarkeit des § 130 OWiG. Der Darstellung der Verfolgungspraxis und der – insofern nur bedingt vorhandenen – Rechtsprechung folgt
dabei der Überblick über mögliche dogmatische Legitimationsmöglichkeiten einer
konzernweiten Anwendung, wobei die Schilderung des Meinungsstandes in der
wissenschaftlichen Diskussion nicht ohne den Blick auf das – insbesondere europäische – Wettbewerbsrecht erfolgt, in dessen Rahmen bereits eine längere Rechtsprechungshistorie auf vergleichbare Fragestellungen blickt. In kritischer Auseinandersetzung mit den in der wissenschaftlichen Diskussion vorgebrachten Argumenten
versucht sich die Untersuchung sodann an einer Lösung der Streitfrage, wobei die
eigene Stellungnahme hier vor allem an der augenscheinlich viel zu selten bzw. verkürzt herangezogenen Maxime des Regelungszweckes des § 130 OWiG ausgerichtet sein soll, und damit oftmals rechtspolitisch geprägte Argumente in den Hintergrund – jedoch nicht ins Abseits – rücken lässt. Einbezogen werden schließlich auch
die mit § 130 OWiG eng verknüpften Regelungen der §§ 9, 30 OWiG, die ihrerseits
Diskussionsansätze für die Einbeziehung von Konzernsachverhalten bieten.

Aufgrund der heute gängigen multinationalen Ausrichtung von Unternehmen wird 13
sich die Untersuchung darüber hinaus um Klärung der Behandlung grenzüberschreitender Sachverhalte bemühen (Teil 5 Rn. 382 ff.). Dabei beginnt das Kapitel
mit einer überblickartigen Einleitung zu den rechtlichen Rahmenbedingungen internationaler Konzerne sowie den Grundlagen zur räumlichen Geltung des Straf- und
Ordnungswidrigkeitenrechts. Sodann wird die Anwendbarkeit des § 130 OWiG in
zwei Richtungen geprüft werden. Zunächst erfolgt die Beurteilung der ordnungsrechtlichen Aufsichtspflichten inländischer Muttergesellschaften gegenüber ausländischen Tochtergesellschaften, ehe die entgegengesetzte Richtung der Aufsichtspflichten einer ausländischen Muttergesellschaft gegenüber inländischen Tochter-

gesellschaften und die insofern bestehenden Möglichkeiten der Sanktionierung nach deutschem Ordnungswidrigkeitenrecht erörtert werden. Das Kapitel soll abgerundet werden mit einem Blick auf die Rechtsfolgenseite, nicht unerwähnt bleiben soll insbesondere die Problematik der Doppelbestrafung.

14 Die Untersuchung schließt in ihrem Fazit mit einer Zusammenfassung der wichtigsten Thesen zur Beantwortung der Ausgangsfragen sowie einer Schlussbetrachtung (Teil 6 Rn. 481 ff.).

D. Terminologie

15 Hinzuweisen ist bereits an dieser Stelle auf sprachliche Ungenauigkeiten, die in der rechtswissenschaftlichen Literatur im Zusammenhang mit dem Konzernrecht üblicherweise vorzufinden sind. Sofern sich Abhandlungen mit dem Konzernrecht auseinandersetzen, werden damit in den meisten Fällen die Regelungen über verbundene Unternehmen im Allgemeinen bezeichnet.[20] Der Konzern im engeren Sinne, dessen Legaldefinition sich in § 18 AktG findet, stellt jedoch lediglich eine Form der Unternehmensverbindung dar. Daneben werden etwa in § 16 AktG Unternehmen in Mehrheitsbesitz sowie in § 17 AktG Unternehmen in einem Abhängigkeitsverhältnis beschrieben. Sofern im Rahmen dieser Untersuchung die Bezeichnung des Konzernrechts aufgegriffen wird, folgt die Darstellung der rechtswissenschaftlichen Praxis und nimmt damit Bezug auf die Regelungen über die verbundenen Unternehmen im Ganzen. Im Rahmen des Aktiengesetzes sind dabei zum einen die Regelungen der §§ 15 bis 22 AktG relevant, die durch ihren Charakter als vor allem definierende Normen als allgemeiner Teil des Konzernrechts bezeichnet werden können. Daneben sind die Vorschriften der §§ 291 bis 328 AktG umfasst. Hier finden sich Bestimmungen über abhängige Aktiengesellschaften. Sofern die Unterscheidung der verschiedenen Formen von Unternehmensverbindungen für die Untersuchung Relevanz entfaltet, erfolgt freilich eine ausdrückliche Differenzierung unter Benennung der konkreten Art der Unternehmensverbindung.

16 Eine zweite sprachliche Klarstellung hat mit Blick auf die Begriffsverwendung im Rahmen der am Konzern beteiligten Gesellschaften zu erfolgen. Um die Lesbarkeit zu vereinfachen, werden mit den Begriffen Obergesellschaft, Muttergesellschaft oder auch Mutterunternehmen unterschiedliche Bezeichnungen verwendet, die jedoch synonym verstanden werden sollen. Gleiches gilt für die Begriffe Untergesellschaft, Tochtergesellschaft oder Tochterunternehmen. Wo mehrstufige Konzernver-

---

20 Vgl. hierzu auch *Bayer* in: MK-AktG, § 15 AktG Rn. 6; *Vetter* in: Schmidt/Lutter, § 15 AktG Rn. 8; *Habersack* in: Emmerich/Habersack, Konzernrecht, § 1 Rn. 2; *Theisen* Der Konzern, S. 27; *Koch* in: Hüffer, § 15 AktG Rn. 2; *Maier-Reimer* in: Henssler/Strohn, § 15 AktG Rn. 1; *Raiser/Veil* Recht der Kapitalgesellschaften, § 50 Rn. 2.

bindungen Erwähnung finden, wird überdies auch der Begriff der Enkelgesellschaft genutzt.

Ein weiterer terminologischer Hinweis ist schließlich mit Blick auf die Verwendung des Strafrechtsbegriffes angezeigt. Sofern hier von § 130 OWiG als eine der bedeutsamsten Regelungen des Wirtschaftsstrafrechts die Rede ist, mag dies missverständlich wirken. Denn die Norm ist eine solche des Ordnungswidrigkeitenrechts, das trotz unübersehbarer Nähe und Parallelen durch den Gesetzgeber vom Strafrecht abgegrenzt wurde. Dennoch erlangt das Ordnungswidrigkeitenrecht im Rahmen der Bekämpfung von Wirtschaftskriminalität große Bedeutung. Zurückzuführen ist dies mitunter auch auf die Regelung des § 30 OWiG, die es erlaubt, Bußgelder direkt gegen Unternehmen zu verhängen. Sofern für das Wirtschaftsstrafrecht das Ordnungswidrigkeitenrecht ganz wesentliche Bedeutung erlangt, erscheint es auch aufgrund der strukturellen Ähnlichkeit[21] angezeigt, insofern von einem umspannenden weiten Strafrechtsbegriff auszugehen, der das Ordnungswidrigkeitenrecht einschließt und sodann auch dieser Untersuchung zu Grunde gelegt wird.[22] Sofern Differenzierungen geboten sind, werden solche explizit bezeichnet.

---

21 Ähnlich *Schünemann* Unternehmenskriminalität, S. 7 f. So zeigt sich die enge Verknüpfung schon durch das strafrechtliche Gesetzlichkeitsprinzip, das auch im Ordnungswidrigkeitenrecht Geltung entfaltet, vgl. nur *Rogall* in: KK-OWiG, § 3 OWiG Rn. 1; *Klesczewski* Ordnungswidrigkeitenrecht, Rn. 70.

22 Siehe hierzu auch *Rotsch* in: Rotsch, Criminal Compliance, § 1 Rn. 11. Zur dogmatischen Abgrenzung von Ordnungswidrigkeiten- und Kernstrafrecht vgl. nur *Gürtler* in: Göhler, vor § 1 OWiG Rn. 4 ff.

Teil 2
Gesellschaftsrechtliche Grundlagen

A. Einführung in das Konzernrecht

18 Die Relevanz des Konzerns ist mit Blick in die Praxis unübersehbar. Wie einführend dargelegt, ist jedenfalls die überwiegende Zahl der deutschen Kapitalgesellschaften Teil von Unternehmensverbindungen.[1] Der Konzern ist in der Unternehmenspraxis heute damit nichts anderes als die gängige Organisationsform.[2]

I. Historische Entwicklung des Konzernrechts

19 Die Wurzeln dieser heute die globale Wirtschaftslandschaft so prägenden Erscheinung reichen weit in die Vergangenheit. Insbesondere die Idee der Bündelung von Arbeitskraft und Arbeitsmitteln unter einer koordinierenden, einheitlichen Leitung bei gleichzeitiger Erhaltung einer gewissen Selbstständigkeit ist bereits in der frühen Wirtschaftsgeschichte zu finden. Der nicht selten auch freiwillige Zusammenschluss von Bauern unter einer Grundherrschaft begann bereits gegen Ende des 6. Jahrhunderts im fränkischen Reich.[3] War hier jedoch noch der erhoffte Schutz vor Anderen wesentlicher Anstoß des Zusammenschlusses, waren es im Rahmen der Etablierung der Zünfte, beginnend ab dem 12. Jahrhundert in Italien, bereits Motive, die einem modernen Ökonomieverständnis sehr nahe kommen. Wesentliches Merkmal war mitunter die Reduzierung des Wettbewerbs und die Förderung der Produktion, etwa durch Nutzung gemeinsamer Einrichtungen.[4]

20 Mit den modernen Erscheinungsformen von Konzernverbindungen hatten diese Formen der Bündelung dennoch wenig gemein. Die Voraussetzung von Konzernen im Sinne des heutigen Verständnisses schuf erst die erfolgreiche Verbreitung von Aktiengesellschaften, die allerdings bedeutend später einsetzte. Zwar wurden bereits im 15. Jahrhundert in Italien erste gemeinschaftliche Unternehmen gegründet, bei denen Papiere zur Legitimation der Eigentümer ausgegeben wurden.[5] Ihre wesentliche Gestalt erlangte die Aktiengesellschaft aber erst durch den französischen

---

1 Vgl. insofern bereits oben die Nachweise in 2. Fn. zu Rn. 4.
2 So auch *Theisen* Der Konzern, S. 21; *Wiesenack/Klein* in: Eisele/Koch/Theile, S. 7; vgl. auch *Raiser/Veil* Recht der Kapitalgesellschaften, § 50 Rn. 1; *Görling* Konzernhaftung, S. 27, 47 ff.; *van Vormizeele* WuW 2010, 1008 (1008).
3 *Schmoeckel* Rechtsgeschichte, Rn. 56.
4 *Schmoeckel* Rechtsgeschichte, Rn. 59.
5 *Schmoeckel* Rechtsgeschichte, Rn. 261.

code de commerce im 18. Jahrhundert. Festgesetzt wurden darin eine Generalversammlung der Aktionäre, ein von dieser Versammlung abhängiger Vorstand als Geschäftsführungsorgan sowie ein Aufsichtsrat zur Kontrolle des Vorstandes.[6] Maßgeblich für die Etablierung dieser neuen Gesellschaftsform war vor allem der zunehmende Kapitalbedarf in der Zeit der industriellen Revolution.[7] Große Produktionsanlagen erforderten Kapital, das auch durch den Zusammenschluss mehrerer Einzelunternehmen als solches nicht zu verwirklichen war. Die Abkehr vom anfänglichen Konzessionssystem kurz vor der Reichsgründung sorgte ab 1870 schließlich dafür, dass auch in Deutschland die Verbreitung von Aktiengesellschaften erheblich zunahm.[8] Allein zwischen 1871 und 1873 wurden 500 neue Aktiengesellschaften gegründet.[9] Gab es in Preußen 1835 insgesamt 25 Unternehmen dieser Rechtsform,[10] waren es 1890 im Kaiserreich bereits 2383.[11] Nur 16 Jahre später sollten es 5060 Aktiengesellschaften sein.[12]

Die Aktien dieser in ihrer Anzahl zunehmenden Gesellschaften wurden aber nicht allein von Individualpersonen erworben und gehalten. Auch die Unternehmen selbst beteiligten sich untereinander. Ziel war vornehmlich die Schwächung oder gar Ausschaltung des Wettbewerbs durch Beherrschung ganzer Marktsegmente sowie die Sicherung von Rohstoffen.[13] Die Marktdominanz sollte daher nicht nur den Absatz stärken, sondern auch konjunkturelle Schwankungen absichern.[14]

Die zunehmende Konzernierung erfolgte dabei parallel zur – zunächst bedeutsameren – Bildung von Kartellen.[15] Beide Erscheinungen nahmen eine beachtliche Rolle in der weiteren Wirtschaftsentwicklung ein. Die durch sie beginnende Phase der Unternehmenskonzentration lässt sich in vier wesentliche Phasen einteilen.[16]

1. Erste Konzentrationsphase: Das Deutsche Kaiserreich

Sowohl Kartelle wie auch Konzernverflechtungen konnten sich in der deutschen Wirtschafts- und Rechtswirklichkeit zunächst weitgehend schrankenlos etablieren und dabei von einer vermeintlich nachteiligen Wirkung des freien Wettbewerbes profitieren.[17] Vor dem Hintergrund der konjunkturellen Interessenslage legitimierte auch das Reichsgericht in seiner bedeutenden Entscheidung zum *Sächsischen Holz-*

---

6 *Schmoeckel* Rechtsgeschichte, Rn. 263.
7 *Schmoeckel* Rechtsgeschichte, Rn. 265.
8 *Schmoeckel* Rechtsgeschichte, Rn. 278.
9 *Dettling* Entstehungsgeschichte, S. 51.
10 *Schmoeckel* Rechtsgeschichte, Rn. 264.
11 *Schmoeckel* Rechtsgeschichte, Rn. 280.
12 *Schmoeckel* Rechtsgeschichte, Rn. 280.
13 *Dettling* Entstehungsgeschichte, S. 52.
14 *Dettling* Entstehungsgeschichte, S. 52.
15 Vgl. hierzu *Dettling* Entstehungsgeschichte, S. 51 f.
16 Die nachstehende Einteilung folgt *Dettling* Entstehungsgeschichte, S. 49.
17 *Dettling* Entstehungsgeschichte, S. 51.

2 Gesellschaftsrechtliche Grundlagen

stoff-Fabrikanten-Verband die Zulässigkeit von Kartellen[18] und konnte sich dabei auf die herrschende Ansicht in der Rechtswissenschaft, aber auch auf die öffentliche Meinung stützen.[19] Und wenn es auch eine vollständige Selbstentmündigung von Aktiengesellschaften als unzulässig erachtete,[20] so waren der Rechtsprechung des Reichsgerichts dennoch zumindest keine Bedenken hinsichtlich der Beteiligung von juristischen Personen an anderen juristischen Personen zu entnehmen.[21] Anders war dies in den USA, wo der *Sherman Anti-Trust Act* vom 2.7.1890 sowohl Kartelle wie auch Unternehmensbeteiligungen untersagte und vielmehr ausschließlich vollständige Fusionen zur einzig zulässigen Form der Unternehmenskooperation erklärte.[22]

24 Vor allem die Minderheitsaktionäre genossen damit im deutschen Kaiserreich einen sehr viel beschränkteren Schutz, während die Erleichterung der Unternehmensleitung in den deutlich sichtbaren Vordergrund gerückt wurde. Im Grundsatz stand

---

18 RGZ 38, 155 (157 f.): „Sinken in einem Gewerbezweige die Preise der Produkte allzu tief herab, und wird hierdruch der gedeihliche Betrieb des Gewerbes unmöglich gemacht oder gefährdet, so ist die dann eintretende Krisis nicht nur dem Einzelnen, sondern auch der Volkswirtschaft im allgemeinen verderblich, und es liegt daher im Interesse der Gesamtheit, daß nicht dauernd unangemessen niedrige Preise in einem Gewerbszweige bestehen. (…) Hiernach kann es auch nicht schlechthin und im allgemeinen als dem Interesse der Gesamtheit zuwiderlaufend angesehen werden, wenn sich die an einem Geschäftszweige beteiligten Unternehmen zusammenschließen, um die gegenseitigen Preisunterbietungen und das dadurch herbeigeführte Sinken der Preise ihrer Produkte zu verhindern oder zu mäßigen; es kann vielmehr, wenn die Preise wirklich dauernd so niedrig sind, daß den Unternehmen der wirtschaftliche Ruin droht, ihr Zusammenschluß nicht bloß als eine berechtigte Betätigung des Selbsterhaltungstriebs, sondern auch als eine dem Interesse der Gesamtheit dienende Maßregel erscheinen. Es ist denn auch von verschiedenen Seiten die Bildung von Syndikaten und Kartellen der hier fraglichen Art gerade als ein Mittel bezeichnet worden, das bei fachgemäßer Anwendung der ganzen Volkswirtschaft durch Verhütung unwirtschaftlicher, mit Verlusten arbeitender Überproduktion und der an diese sich knüpfenden Katastrophen Nutzen zu schaffen besonders geeignet ist." Vgl. dazu ausführlich *Schmoeckel* Rechtsgeschichte, Rn. 381 ff.
19 *Spindler* Interdependenzen, S. 42 f.
20 Betont wurde das Selbstmündigungsverbot durch das Reichsgericht in zwei Entscheidungen: RGZ 3, 123 (132) aus dem Jahre 1888 und RGZ 82, 308 (316 f.) aus dem Jahre 1913; vgl. hierzu auch *Spindler* Interdependenzen, S. 76.
21 Vgl. hierzu nur RGZ 105, 236 (241), wo die Zulässigkeit der Beteiligung von Unternehmen an anderen Unternehmen vorausgesetzt und lediglich eine Sittenwidrigkeit aufgrund übermäßiger Bindung diskutiert wurde. Vgl. zur Zulässigkeit unternehmerischer Beteiligungen auch *Dettling* Entstehungsgeschichte, S. 54; *Spindler* Interdependenzen, S. 76.
22 *Schmoeckel* Rechtsgeschichte, Rn. 289; vgl. zum Sherman Anti-Trust Act auch *Dettling* Entstehungsgeschichte, S. 19. Eine Ablichtung der Gesetzesausfertigung wird durch die US-amerikanische *National Archives and Records Administration* bereitgestellt im Internet unter http://www.ourdocuments.gov/document_data/pdf/doc_051.pdf (Seite 1) sowie http://www.ourdocuments.gov/document_data/pdf/doc_051b.pdf (Seite 2). Die Regelungen sind heute verankert in Title 15 (Commerce and Trade) des United States Code, §§ 1 bis 7, abrufbar auf der Internetseite des *US Government Printing Office* unter http://www.gpo.gov/fdsys/pkg/USCODE-2013-title15/pdf/USCODE-2013-title15-chap1.pdf.

zwar gegen schädigende Einflussnahme durch den Mehrheitsaktionär bald die Schadensersatznorm des § 826 BGB zur Verfügung, aufgrund der strengen Anspruchsvoraussetzungen erwies sich dieser Schutz jedoch als nur sehr unzulänglich.[23]

2. Zweite Konzentrationsphase: Die Weimarer Republik

Auch wenn die Bedingungen zur Unternehmenskonzentration damit schon vor Ausbruch des Ersten Weltkrieges günstig waren, so war es vor allem die Inflation zu Beginn der 1920er Jahre, die der Entwicklung zusätzliche und entscheidende Geschwindigkeit verlieh. Die mit der drastischen Inflation verbundene Möglichkeit des Kapitaleinsatzes sorgte für einen Kampf um die Machtverhältnisse innerhalb von Aktiengesellschaften und legte den Grundstein für „industrielle Herzogtümer".[24] Die Konzernierung überflügelte im Rahmen dieser Entwicklung bald die Kartellierung.[25] 1927 waren bereits 60 % des Aktienkapitals in Konzerne eingebunden,[26] von den insgesamt 9634 Aktiengesellschaften im Jahre 1932 bildeten 4060 Bestandteile von Unternehmensgruppen.[27] Von insgesamt 22,3 Milliarden RM, die das Gesamtkapital der Aktiengesellschaften zu dieser Zeit ausmachten, verfügten die konzerngebundenen Gesellschaften über 18,8 Milliarden RM.[28]

25

Die in der Gesetzgebung bis dahin noch nicht in besonderer Weise gewürdigte Erscheinung des Konzerns profitierte in dieser Phase von zwei entscheidenden Regelungen. Durch das sogenannte Schachtelprivileg wurde zum einen die Doppelbesteuerung von Konzernunternehmen verhindert.[29] Zum anderen nahm das zunächst durch die Rechtsprechung eingeführte Prinzip der Organschaft an, dass ein untergeordnetes Unternehmen Teil und damit Organ einer Gesamtkörperschaft sei.[30] Die bedeutende Konsequenz war der Wegfall der Umsatzsteuerpflicht auf konzerninterne Umsätze sowie die Möglichkeit des Ausgleichs von Gewinnen und Verlusten einzelner Konzerngesellschaften.[31] Maßgeblich für die Anerkennung als untergeordnetes Unternehmen war dabei die Frage nach der Möglichkeit der eigenen Wil-

26

---

23 *Dettling* Entstehungsgeschichte, S. 55.
24 So etwa *Friedlaender* Konzernrecht, S.7.
25 *Friedlaender* Konzernrecht, S. 7; *Dettling* Entstehungsgeschichte, S. 57.
26 *Schmoeckel* Rechtsgeschichte, Rn. 288; *Dettling* Entstehungsgeschichte, S. 58. Vgl. auch die Zusammenstellung von *Treude* Gebundene Wirtschaft, S.43, wonach 1929 in vielen Branchen 75 bis 95 % des Nominalkapitals der Aktiengesellschaften von Konzernen beherrscht wurde. Siehe hierzu auch *Spindler* Interdependenzen, S. 42.
27 *Dettling* Entstehungsgeschichte, S. 58.
28 *Spindler* Interdependenzen, S. 41 f.; *Dettling* Entstehungsgeschichte, S. 58.
29 *Dettling* Entstehungsgeschichte, S. 59 f.; vgl. zur Entstehung des Schachtelprivilegs auch *Spindler* Interdependenzen, S. 15 ff.
30 Zur Rechtsprechung des Reichsfinanzhofes nur RFHE 22, 183 (183 ff.); vgl. zur Rechtsprechungshistorie auch *Spindler* Interdependenzen, S. 17 ff.
31 *Dettling* Entstehungsgeschichte, S. 60.

2 Gesellschaftsrechtliche Grundlagen

lensbildung.[32] Hielt ein anderes Unternehmen die Mehrheit des stimmberechtigten Kapitals, wurde diese Möglichkeit regelmäßig verneint und die Organschaft angenommen.[33] Weitere Merkmale für das Vorliegen einer abhängigen Konzerngesellschaft konnten in der Verlustübernahme durch die herrschende Gesellschaft, die Identität der entscheidenden Verantwortungsträger der Unternehmen oder aber in einer Absichtserklärung der gemeinsamen Förderung der Obergesellschaft zu sehen sein.[34]

27 Aufgegeben wurde dabei auch das anfangs durch das Reichsgericht postulierte Selbstentmündigungsverbot.[35] Die Möglichkeit der vertraglichen Weisungsrechte wurde damit weiterer Katalysator konzernartiger Verbindungen und Verflechtungen. Muttergesellschaften profitierten darüber hinaus in dem bedeutsamen Bereich des Außenhaftungsrechts von weitreichendem Schutz. Für die Verbindlichkeiten von Tochterunternehmen musste sie nur in den selten bejahten Fällen der Durchgriffshaftung einstehen.[36] Auch im Rahmen der Innenhaftung musste das Interesse der abhängigen Unternehmen zunehmend einem übergeordneten Konzerninteresse zurückweichen. Nach der wohl herrschenden Meinung konnten Schädigungen der untergeordneten Konzernglieder mit Rücksicht auf das Gesamtkonzerninteresse jedenfalls dann nicht verhindert werden, wenn zugleich Abfindungsansprüche für Minderheitengesellschafter vorgesehen waren.[37]

28 In die Zwischenphase der beiden großen Kriege fielen neben diesen konzernfreundlichen Entwicklungen jedoch auch Elemente einer ersten Kehrtwende.[38] Insbesondere für Kartelle brachte die Kartellverordnung von 1923 erste Einschränkungen.[39] Auf die Konzernierung hatte dies jedoch kaum Einfluss.[40] Erst das Hereinbrechen der Weltwirtschaftskrise und die daraus resultierenden Zusammenbrüche von Konzernen führten zu – wenn auch zögerlichen – Reaktionen. Die für das Aktienrecht bedeutsame Notverordnung vom 19.9.1931[41] traf erstmalig – wenn auch nur weni-

---

32 RFHE 22, 183 (187); *Dettling* Entstehungsgeschichte, S. 60.
33 *Dettling* Entstehungsgeschichte, S. 61.
34 Vgl. zum Ganzen *Dettling* Entstehungsgeschichte, S. 60 f.; sowie ausführlich *Spindler* Interdependenzen, S. 17 ff.
35 So wurden die beiden Entscheidungen aus den Jahren 1888 und 1913 (siehe hierzu bereits oben 4. Fn. zu Rn. 23) durch das Reichsgericht später nicht mehr aufgegriffen, vgl. etwa RGZ 105, 236 (241); entsprechend *Dettling* Entstehungsgeschichte, S. 63.
36 So *Dettling* Entstehungsgeschichte, S. 62; vgl. dazu auch *Spindler* Interdependenzen, S. 247 ff.
37 *Dettling* Entstehungsgeschichte, S. 65.
38 *Habersack* in: Emmerich/Habersack, Konzernrecht, § 1 Rn. 5.
39 Verordnung gegen Mißbrauch wirtschaftlicher Machtstellungen vom 2.11.1923, RGBl. I 1923, S. 1067 ff.; siehe dazu *Dettling* Entstehungsgeschichte, S. 46 ff.
40 *Dettling* Entstehungsgeschichte, S. 68.
41 Verordnung des Reichspräsidenten über Aktienrecht, Bankenaufsicht und über eine Steueramnestie vom 19.9.1931, RGBl. I S. 493 ff.

ge[42] – Regelungen zum Konzernrecht, insbesondere zur Rechnungslegung.[43] Fortan mussten unabhängige Abschlussprüfer jährliche Bilanzprüfungen durchführen,[44] der Jahresabschluss konnte zudem allein durch die Generalversammlung beschlossen werden.[45]

3. Dritte Konzentrationsphase: Das nationalsozialistische Reich

Die weitgehend schrankenlose Kartellierung und Konzernierung der Zeit vor Hitlers Machtergreifung führte dazu, dass der Wettbewerb weitestgehend der Kontrolle von mächtigen Privatorganisationen weichen musste. Die Nationalsozialisten machten sich die Verflechtungen und Verbindungen zu eigen, um ihrerseits die Wirtschaft zu lenken und zu beeinflussen.[46] Da aber auch sie Interesse an einer leistungsstarken nationalen Wirtschaftslandschaft hatten, wurde auf Beschränkungen der Konzernierung verzichtet.[47]

29

In die Zeit des totalitären Dritten Reiches fiel auch der Erlass des Aktiengesetzes 1937.[48] Im Wesentlichen war es Ergebnis von Reformbemühungen, die noch zu Zeiten der Weimarer Republik begonnen und fortentwickelt wurden.[49] Dennoch war es nicht frei von nationalsozialistischen Elementen. So wurden die Rechte des Vorstandes nachhaltig gestärkt, letztlich wohl auch als Ausfluss des Führerprinzips.[50] Hinsichtlich der Konzernierung bediente sich das Aktiengesetz der Begrifflichkeiten der Notverordnung von 1931, definierte aber in § 15 AktG-1937 Konzerne erstmals als rechtlich selbstständige Unternehmen unter einer gemeinsamen Leitung. Insgesamt normierte das Konzernrecht zwar Einschränkungen, es betonte aber

30

---

42 *Habersack* in: Emmerich/Habersack, Konzernrecht, § 1 Rn. 11.
43 Vgl. hierzu *Dettling* Entstehungsgeschichte, S. 70 f.
44 § 262a Abs. 1 HGB-1931: „Der Jahresabschluß der Gesellschaft ist unter Einbeziehung der zugrunde liegenden Buchführung und des Geschäftsberichts durch einen oder mehrere sachverständige Prüfer (Bilanzprüfer) zu prüfen, bevor der Jahresabschluß der Generalversammlung zur Beschlußfassung vorgelegt wird." Vgl. auch *Schmoeckel* Rechtsgeschichte, Rn. 291.
45 § 260 Abs. 1 HGB-1931. Vgl. hierzu auch *Dettling* Entstehungsgeschichte, S. 71.
46 *Dettling* Entstehungsgeschichte, S. 72. *Haussmann* Konzentration, S. 288 f. führte hierzu aus: „Unter diesen Umständen, in denen sich in der Tat eine objektiv kritische Einstellung gegenüber den Konzentrationserscheinungen nicht durchsetzen konnte, ist es nicht verwunderlich, daß sich in der Entwicklung, die nach 1933 einsetzte, bereits ein Netz von kartellmäßigen Organisationen und konzernmäßigen Verdickungen in Deutschland vorfand, welches der denkbar geeignete Nährboden für die nunmehr beginnende totalitäre Wirtschaftslenkung darstellte."
47 So *Dettling* Entstehungsgeschichte, S. 73.
48 Gesetz über Aktiengesellschaften und Kommanditgesellschaften auf Aktien (Aktiengesetz) vom 30.1.1937, RGBl. I S. 107 ff.
49 *Dettling* Entstehungsgeschichte, S. 73.
50 Vgl. *Schmoeckel* Rechtsgeschichte, Rn. 291, wonach die Stärkung des Vorstandes aber auch Ergebnis US-amerikanischer Einflüsse gewesen sein könnte.

auch den entschädigungslosen Vorrang des Konzerninteresses und schaffte ein weiterhin konzernfreundliches Wirtschaftsumfeld.[51]

4. Vierte Konzentrationsphase: Der Anfang der Bundesrepublik

31 Nachhaltige Veränderungen ergaben sich damit erst nach Ende der nationalsozialistischen Herrschaft. Der große Umschwung in der Frühphase der Bundesrepublik umfasste auch die Wirtschaftsordnung. Insbesondere Kartelle sollten zurückgedrängt werden, die Schaffung von mehr Wettbewerb stand im Vordergrund.[52] Bereits in der Besatzungsphase wurden daher Maßnahmen zur Dekartellierung getroffen,[53] ehe zum Beginn des Jahres 1958 das Gesetz gegen Wettbewerbsbeschränkungen in Kraft trat und in § 1 GWB ein grundsätzliches Kartellverbot kodifizierte.[54]

32 Die Konzernierung wurde hingegen weit weniger deutlich eingeschränkt.[55] Das neue Aktiengesetz von 1965 regelte das Konzernrecht zwar erheblich umfassender, mitunter durch eine Verstärkung der Offenlegungspflichten,[56] die grundsätzliche Akzeptanz blieb aber erhalten. Insbesondere herrschte in Deutschland weiterhin das Verständnis eines vorrangigen Konzerninteresses,[57] anders als etwa in den USA.[58]

33 Der Weg der Konzernierung wurde damit – anders als der der Kartellierung – bis heute nicht verlassen. Er vollzog sich seit der Etablierung der Aktiengesellschaften fortlaufend durch die Phasen der nationalen Geschichte und Wirtschaftsordnung, wenn auch – abhängig von der geschichtlichen Phase – mit verschiedenen Rahmenbedingungen und unterschiedlicher Intensität.[59]

II. Bedeutung und Gefahren der Konzernierung

34 Die im Wesentlichen bis heute anhaltende Etablierung von Konzernverbindungen darf dabei jedoch nicht als Versäumnis verstanden werden. Anders als im Falle der Bildung von Kartellen wird die Entstehung von Konzernverbindungen heute vor-

---

51 *Dettling* Entstehungsgeschichte, S. 77 f.
52 *Schmoeckel* Rechtsgeschichte, Rn. 292.
53 *Schmoeckel* Rechtsgeschichte, Rn. 399.
54 Gesetz gegen Wettbewerbsbeschränkungen vom 27.7.1957, BGBl. I 1957, S. 1081 ff.; vgl. hierzu auch *Schmoeckel* Rechtsgeschichte, Rn. 405.
55 Gleichwohl fanden auch hier vereinzelt angeordnete Entflechtungen statt, vgl. dazu *Schmoeckel* Rechtsgeschichte, Rn. 399; *Habersack* in: Emmerich/Habersack, Konzernrecht, § 1 Rn. 6.
56 *Schmoeckel* Rechtsgeschichte, Rn. 292.
57 *Dettling* Entstehungsgeschichte, S. 361.
58 So *Schmoeckel* Rechtsgeschichte, Rn. 293.
59 Erst in der jüngsten Vergangenheit sind erstmalig auch autonome Entflechtungstendenzen spürbar, vgl. insofern die Untersuchungsergebnisse von *Wiesenack/Klein* in: Eisele/Koch/Theile, S. 38.

nehmlich als nicht negativ erachtet.[60] Im Gegenteil gewährleisten Konzerne auch aktuell zu ganz wesentlichen Anteilen die Nachhaltigkeit der deutschen Wirtschaftskraft. Die Einbindung von etwa drei Viertel aller deutschen Aktiengesellschaften in Konzerne zeigt die herausragende Bedeutung, die Unternehmensgruppen in der heutigen Wirtschaft nach wie vor oder vielmehr gerade heute in einer weitgehend globalisierten Welt einnehmen.[61]

1. Ursachen für Konzernbildung und Unternehmenskonzentration

Die Gründe für den Erfolg der Konzernerscheinung und damit die Ursachen für die Eingehung derartiger Unternehmensverbindungen sind vielschichtig und bis heute umstritten.[62] Nach wie vor wird dem Steuerrecht eine große Bedeutung beigemessen, gleichwohl das durch die Anerkennung der Organschaft ursprünglich gegebene Privileg des Entfalls der Umsatzsteuer auf konzerninterne Umsätze heute aufgrund des allgemein geltenden Vorsteuerabzugs obsolet ist.[63] Auch das Schachtelprivileg hat seine ursprünglich erhebliche Anreizwirkung für die Bildung von Konzernverbindungen eingebüßt. Danach kamen Konzerngesellschaften in den Genuss, keiner doppelten Gewinnbesteuerung zu unterliegen. Die Körperschaftsteuer wurde innerhalb bestehender Konzernverbindungen nur einmal bei der ausschüttenden Kapitalgesellschaft erhoben. Erforderlich war jedoch eine Beteiligung in Höhe von 25 %. Unternehmen waren damit von dem Interesse getrieben, diesen Schwellenwert zu erreichen. Mit Inkrafttreten des Körperschaftsteuerreformgesetzes am 1.1.1977[64] entfiel diese Anreizwirkung jedoch, nachdem fortan unabhängig von einer Mindestbeteiligung eine Doppelbesteuerung ausgeschlossen wurde.[65]

35

Dennoch sorgen Privilegien wie die nach wie vor bestehende Möglichkeit des Gewinn- und Verlustausgleiches für die steuerrechtliche Attraktivität von Unternehmensverbindungen.[66] Aber auch abseits des Steuerrechts gibt es zahlreiche Gründe für die Eingehung von Unternehmensverbindungen. So verlangt etwa die ständig fortschreitende Internationalisierung und Globalisierung die Erschließung neuer Märkte und Räume, um die Wettbewerbsfähigkeit von Unternehmen nachhaltig zu erhalten.[67] Das Betreten solch neuer Märkte durch den Erwerb von Anteilen dort bereits ansässiger Marktteilnehmer ist dabei häufig genutztes Mittel.[68] Denn im Vergleich zur vollständigen Verschmelzung von Unternehmen kann die bloße Einge-

36

---

60 Vgl. nur *Kuhlmann/Ahnis* Konzern- und Umwandlungsrecht, Rn. 8.
61 Vgl. zur Verbreitung bereits oben 2. Fn. zu Rn. 4.
62 *Habersack* in: Emmerich/Habersack, Konzernrecht, § 1 Rn. 19.
63 *Habersack* in: Emmerich/Habersack, Konzernrecht, § 1 Rn. 40 f.
64 Körperschaftsteuerreformgesetz vom 31.8.1976, BGBl. I S. 2597 ff.
65 Vgl. zum Ganzen *Habersack* in: Emmerich/Habersack, Konzernrecht, § 1 Rn. 31 f.
66 Vgl. dazu *Habersack* in: Emmerich/Habersack, Konzernrecht, § 1 Rn. 34 ff.
67 Vgl. zum Ganzen *Saenger* Gesellschaftsrecht, Rn. 924.
68 Darüber hinaus kann dadurch das Überschreiten gesetzlicher Marktzutrittsbarrieren erleichtert werden, vgl. insofern *Görling* Konzernhaftung, S. 29.

hung einer Unternehmensverbindung durch Anteilserwerb gewichtige Vorteile mit sich bringen.[69] Zu denken ist dabei an erster Stelle an den im Vergleich zum Kompletterwerb geringeren Kapitalaufwand.[70] Darüber hinaus können der Erhalt von Firmen- und Markennamen in fremden Märkten Vorteile mit sich bringen.[71] Gleiches gilt für den Erhalt der rechtlichen Selbstständigkeit der Unternehmen.[72] So können vor allem die geschäftlichen Risiken grundsätzlich auf unterschiedliche Legaleinheiten verteilt bleiben, sofern abseits der Sonderfälle für das Vorliegen einer Durchgriffshaftung zwischen den beteiligten Unternehmen keine Solidarhaftung besteht.[73] Die Möglichkeit der klaren Kosten- und Erfolgszuordnung innerhalb des Unternehmensverbundes fördert die Transparenz.[74] Zudem werden auch Vorteile bei der Trennung der strategischen Konzernleitung von der operativen Leitung des Tagesgeschäfts innerhalb der Tochterunternehmen angeführt.[75] Soll die Verbindung etwa wegen Misserfolgs rückgängig gemacht werden, bietet schließlich eine Unternehmensbeteiligung eine im Vergleich zur Verschmelzung deutlich vereinfachte Loslösungsmöglichkeit.[76]

37 Für den anhaltenden Erfolg von Unternehmensverbindungen sind aus betriebswirtschaftlicher Sicht zudem Mengendegressionseffekte zu erwähnen, die mit der Bündelung unternehmerischer Kapazitäten einhergehen.[77] Danach kann eine Unternehmensverbindung die Produktionskosten jedes beteiligten Unternehmens im Hinblick auf die durchschnittlichen Stückkosten senken, indem sich die fixen Produktionskosten auf eine größere Gesamtstückzahl verteilen.[78] Weitere Möglichkeiten der Kosteneinsparung können daneben aus einer gemeinsamen Warenbeschaffung resultieren. Bedeutsam sind schließlich die Möglichkeiten des sogenannten Cash-Poolings, das Konzernunternehmen erlaubt, die Liquidität zu bündeln und damit konzernintern Überschüsse und Unterdeckungen auszugleichen.[79] Nachdem die Rechtsprechung lange Zeit zunehmend strengere Anforderungen an die Zulässigkeit

---

69 *Saenger* Gesellschaftsrecht, Rn. 924.
70 *Saenger* Gesellschaftsrecht, Rn. 924; *Raiser/Veil* Recht der Kapitalgesellschaften, § 50 Rn. 9.
71 *Saenger* Gesellschaftsrecht, Rn. 924; *Kuhlmann/Ahnis* Konzern- und Umwandlungsrecht, Rn. 8; *Drygala/Staake/Szalai* Kapitalgesellschaftsrecht, § 29 Rn. 6.
72 *Saenger* Gesellschaftsrecht, Rn. 924; *Raiser/Veil* Recht der Kapitalgesellschaften, § 50 Rn. 9.
73 Zu den anerkannten Fallgruppen der Durchgriffshaftung siehe unten Rn. 107 ff.
74 *Drygala/Staake/Szalai* Kapitalgesellschaftsrecht, § 29 Rn. 6.
75 *Drygala/Staake/Szalai* Kapitalgesellschaftsrecht, § 29 Rn. 6.
76 *Saenger* Gesellschaftsrecht, Rn. 924.
77 Vgl. zu den wertsteigernden Synergieeffekten auch *Görling* Konzernhaftung, S. 36 f.; *Raiser/Veil* Recht der Kapitalgesellschaften, § 50 Rn. 10; *Altmeppen* in: MK-AktG, Einleitung zum dritten Buch vor § 291 AktG Rn. 21.
78 *Raiser/Veil* Recht der Kapitalgesellschaften, § 50 Rn. 10.
79 *Saenger* Gesellschaftsrecht, Rn. 924; vgl. dazu auch *Theisen* Der Konzern, S. 454.

entsprechender Liquiditätsbündelung stellte,[80] entschied sich der Gesetzgeber mit dem Gesetz zur Modernisierung des GmbH-Rechts und zur Bekämpfung von Missbräuchen (MoMiG)[81] durch ausdrückliche Billigung in § 30 Abs. 1 S. 2 GmbHG zur Förderung der Cash-Poolings.[82]

Maßgeblich für die aufgezeigte Entwicklung sind damit im Ergebnis wettbewerbliche Vorteile.[83] Eng verknüpft ist die Erscheinung der Konzernbindung insofern mit der Unternehmenskonzentration. Darunter verstanden werden der „Zusammenschluss bisher selbstständiger Unternehmen zur Entstehung immer größerer Unternehmen" und die damit gleichzeitig einhergehende „Verringerung der Zahl selbstständiger Unternehmen auf einem bestimmten Markt oder in der gesamten Volkswirtschaft".[84] Eine zunehmende Unternehmenskonzentration ist in sämtlichen Industrienationen zu beobachten und soll sich zudem ständig beschleunigen.[85] Gleichwohl die Schnittmengen beider Begriffe deutlich sind und die Konzernierung oftmals als Teil der Unternehmenskonzentration bezeichnet wird, besteht keine Deckungsgleichheit. So kann etwa die Eingliederung eines anderen Unternehmens in das eigene Unternehmen zur Bildung eines Konzerns und dabei gleichzeitig zur Unternehmenskonzentration führen. Ein Konzern kann aber auch entstehen, wenn ein Unternehmen einen eigenen Unternehmensteil rechtlich ausgliedert, mit diesem aber verbunden bleibt. Auch dann entsteht durch die Verbindung rechtlich selbstständiger Unternehmen ein Konzern, eine Konzentration im dargelegten Sinn geht damit aber nicht einher. **38**

Neben steuerrechtlichen und primär wettbewerbsorientierten Gesichtspunkten können schließlich rein organisationsrechtliche Gründe Anlass zur Schaffung von mehr oder weniger weit verzweigten Konzernstrukturen sein. Gleichwohl auf empirische Daten insofern kaum zurückgegriffen werden kann, soll die Verteilung der wirtschaftlichen Betätigung auf verschiedene, selbstständige Legaleinheiten oftmals auch der Vermeidung oder aber wenigstens der Begrenzung der Haftung der Konzernspitze dienen.[86] Auch wenn – wie zu zeigen sein wird – durchaus auch über die **39**

---

80 Kritisch zum Cash-Pooling etwa BGHZ 149, 10 (16 ff.). Zu den hohen Kapitalaufbringungs- und -erhaltungsanforderungen in Cash-Pool-Systemen zudem BGHZ 157, 72 (75 ff.); 166, 8 (15 ff.).
81 Gesetz zur Modernisierung des GmbH-Rechts und zur Bekämpfung von Missbräuchen (MoMiG) vom 23.10.2008, BGBl. I S. 2026 ff.
82 *Saenger* Gesellschaftsrecht, Rn. 924.
83 Vgl. zu den ökonomischen Vorteilen der Konzernierung ausführlich *Görling* Konzernhaftung, S. 28 ff.
84 Definition nach *Habersack* in: Emmerich/Habersack, Konzernrecht, § 1 Rn. 19 m.w.N. Zur Begriffsbestimmung siehe auch *Lenel* Ursachen der Konzentration, S. 4 ff.
85 So *Habersack* in: Emmerich/Habersack, Konzernrecht, § 1 Rn. 19.
86 Vgl. insofern die empirischen Erkenntnisse bei *Wiesenack/Klein* in: Eisele/Koch/Theile, S. 19 f.; vgl. auch *van Vormizeele* WuW 2010, 1008 (1008); *Raiser/Veil* Recht der Kapitalgesellschaften, § 50 Rn. 1; *Drygala/Staake/Szalai* Kapitalgesellschaftsrecht, § 29 Rn. 4; *Arens* Untreue, S. 45; *Vogt* Verbandsgeldbuße, S. 24, in der die Haftungsabschottung gar als Hauptmotiv der Konzernbildung sieht.

Grenzen selbstständiger Konzerngesellschaften hinaus herrschende Gesellschaften in verschiedenen Teilbereichen, wie etwa dem europäischen Wettbewerbsrecht, in den Sanktionsadressatenkreis einbezogen werden können, so kann die Aufteilung in rechtlich unabhängige Gesellschaften jedenfalls Barrieren errichten, die wenigstens dann nicht einfach zu überspringen sind, wenn Sanktionsnormen dem Grunde nach auf die Situation eines Einzelunternehmens ausgerichtet sind.[87]

2. Gefahren der Konzernierung

40 Dass Unternehmenskonzentration und Konzernierung überhaupt einer Regulierung bedürfen, ist Ergebnis der Gefahren, die unmittelbare Folge dieser Erscheinungen sind. Wenn dies auch für sämtliche Rechtsformen gilt, so treten diese Gefahren insbesondere bei Aktiengesellschaften zu Tage.[88] Die Aktiengesellschaft wurde durch den Gesetzgeber konzipiert als Publikumsgesellschaft mit einer Vielzahl weitestgehend einflussloser Aktionäre auf der einen Seite, sowie einem Vorstand, der unter eigener Verantwortung und zu erheblichen Teilen ohne Einbindung der Gesellschafter – etwa über den Aufsichtsrat – das Unternehmen leitet, auf der anderen Seite.[89] Ein breit angelegter Schutz der Gesellschafter und Gläubiger des Unternehmens vor Handlungen einzelner Aktionäre war damit in den Augen des Gesetzgebers nicht erforderlich.[90] Zudem geht das Gesellschaftsrecht aus vom Gleichlauf der Interessen aller Gesellschafter, der Gläubiger sowie der Verwaltung, die insgesamt auf das Wohl des Unternehmens abzielen.[91] Gefahren entstehen deshalb, wenn ein einzelner Aktionär eine beherrschende Stellung erreicht und in der Folge etwa für Kapitalabführungen oder der Vermeidung von Wettbewerb innerhalb des Unternehmensverbundes sorgen kann.[92] Um die Gesellschaft und damit vor allem deren Gläubiger und Minderheitsgesellschafter vor derartig schädigenden Handlungen zu schützen, war mit zunehmender Verflechtung von Unternehmen die Schaffung eines ausgewogenen Konzernrechts unausweichlich.[93] Geschützt vor der Einbindung in einen Konzern wird schließlich nicht nur das abhängige Unternehmen, sondern auch das zukünftig herrschende Unternehmen.[94] Risiken ergeben sich für die

---
87 Indes einschränkend jedenfalls für die Vermeidung zivilrechtlicher Haftungsrisiken *Altmeppen* in: MK-AktG, Einleitung zum dritten Buch vor § 291 AktG Rn. 24.
88 *Habersack* in: Emmerich/Habersack, Konzernrecht, § 1 Rn. 23.
89 Vgl. zum Ganzen *Habersack* in: Emmerich/Habersack, Konzernrecht, § 1 Rn. 23 ff.
90 *Habersack* in: Emmerich/Habersack, Konzernrecht, § 1 Rn. 23.
91 *Eschenbruch* Konzernhaftung, Rn. 2003.
92 *Habersack* in: Emmerich/Habersack, Konzernrecht, § 1 Rn. 23.
93 Vgl. hierzu auch *Saenger* Gesellschaftsrecht, Rn. 926; *Hirschmann* in: Hölters, § 15 AktG Rn. 1; zum Ganzen *Habersack* in: Emmerich/Habersack, Konzernrecht, § 1 Rn. 23 ff. In dieser Schutzfunktion erschöpft sich der Zweck des Konzernrechts indes nicht. Neben der Schutzkomponente kommt vielmehr eine Organisationskomponente hinzu. Konzernrecht ist damit auch Organsationsrecht, vgl. *Schmidt* Gesellschaftsrecht, S. 935.
94 *Habersack* in: Emmerich/Habersack, Konzernrecht, § 1 Rn. 28.

Gesellschafter der Obergesellschaft hier insbesondere aus der fehlenden Möglichkeit der direkten Einflussnahme auf die Tochtergesellschaft und dem fehlenden, unmittelbaren Zugriff auf deren Vermögen, was etwa dann relevant werden kann, wenn die Obergesellschaft Vermögen auf die Tochtergesellschaft überträgt und somit der Zugriff durch die Gesellschafter erschwert wird.[95]

Nicht geschützt wird hingegen der Wettbewerb. Das Konzernrecht regelt nicht die Zulässigkeit von Verbindungen, sondern setzt diese voraus; wettbewerbsbeeinträchtigende Verflechtungen zu vermeiden ist vielmehr Aufgabe des Kartellrechts.[96]

41

B. Erscheinungsformen des verbundenen Unternehmens

Die Regelungen des Konzernrechts finden sich im Wesentlichen in §§ 15 bis 22 AktG sowie §§ 291 bis 328 AktG. Die Bezeichnung Konzernrecht ist dabei unpräzise. Wie einleitend dargestellt, werden unter dem Konzernrecht Regelungen verstanden, die nicht nur den Konzern i.S.d. § 18 AktG betreffen, sondern daneben auch weitere im Aktiengesetz geregelte Unternehmensverbindungen.[97] So nennt § 15 AktG neben dem Konzern i.S.d. § 18 AktG Unternehmen im Mehrheitsbesitz gem. § 16 Abs. 1 AktG, Unternehmen im Abhängigkeitsverhältnis gem. § 17 Abs. 1 AktG, wechselseitig beteiligte Unternehmen gem. § 19 AktG sowie Vertragsteile eines Unternehmensvertrages i.S. der §§ 291, 292 AktG. Gleichwohl sich die Regelungen im Aktiengesetz wiederfinden, gelten §§ 15 bis 18 AktG nicht nur für die Aktiengesellschaften, sondern grundsätzlich für Unternehmungen sämtlicher Rechtsformen, inklusiver solcher des ausländischen Rechts.[98] § 19 AktG beschränkt seinen Anwendungsbereich hingegen auf Kapitalgesellschaften.[99] Die §§ 20 bis 22 AktG regeln schließlich besondere Mitteilungspflichten bei Bestehen einer Beteiligung von mindestens 25 % des Kapitals an einer Aktiengesellschaft oder durch eine Aktiengesellschaft und entfalten für andere Gesellschaftsformen als Bezugsobjekt damit keine unmittelbare Relevanz.[100]

42

---

95 *Saenger* Gesellschaftsrecht, Rn. 927.
96 *Saenger* Gesellschaftsrecht, Rn. 928; *Raiser/Veil* Recht der Kapitalgesellschaften, § 50 Rn. 13.
97 Vgl. hierzu bereits oben Rn. 15.
98 BGHZ 115, 187 (189 f.); BAGE 110, 100 (115); 112, 166 (173); *Maier-Reimer* in: Henssler/Strohn, § 15 AktG Rn. 1; *Emmerich* in: Emmerich/Habersack, Konzernrecht, § 2 Rn. 2; *Kuhlmann/Ahnis* Konzern- und Umwandlungsrecht, Rn. 18; *Saenger* Gesellschaftsrecht, Rn. 289.
99 Vgl. § 19 Abs. 1 S. 1 AktG.
100 Eine Ausnahme stellt insofern die KGaA dar, die insofern wie eine AG behandelt wird und damit ebenfalls in den Anwendungsbereich der §§ 20 ff. AktG fällt, vgl. *Habersack* in: Emmerich/Habersack, Aktien- und GmbH-Konzernrecht, Einleitung, Rn. 3; *Maier-Reimer* in: Henssler/Strohn, § 20 AktG, Rn. 2.

2 Gesellschaftsrechtliche Grundlagen

43 Auch die §§ 291 bis 328 AktG entfalten unmittelbare Geltung allein für Aktiengesellschaften, sie werden insofern vereinzelt als besonderer Teil des Aktienkonzernrechts bezeichnet.[101] Für die Anwendbarkeit des Aktienkonzernrechts maßgeblich ist dabei grundsätzlich die Rechtsform des abhängigen Unternehmens.[102] Die Regelungen der §§ 291 bis 328 AktG finden damit auch Anwendung auf Unternehmensverbindungen, in denen die Obergesellschaft etwa als Gesellschaft mit beschränkter Haftung ausgestaltet ist, sofern die abhängige Gesellschaft eine Aktiengesellschaft oder eine Kommanditgesellschaft auf Aktien ist.[103]

44 Mit Ausnahme des Bilanzrechts[104] finden sich darüber hinausgehend keine umfassenden Regelungen zum Konzernrecht. Insbesondere abseits der Rechtsform der Aktiengesellschaft ist es damit Aufgabe von Rechtsprechung und Literatur, die bestehenden Regelungslücken zu schließen.[105]

I. Allgemeine Regelungen

45 Allen genannten Unternehmensverbindungen i.S.d. § 15 AktG ist das Vorliegen der Unternehmereigenschaft als Grundvoraussetzung gemein. Bei einem Aktienkonzern etwa muss damit neben der beherrschten Aktiengesellschaft auch der herrschende Aktionär Unternehmen sein. Diese Unterscheidung zwischen Unternehmensaktionären und anderen (Privat-)Aktionären resultiert aus der bereits dargelegten Risikolage. Von einem Aktionär, dessen wirtschaftliche Tätigkeit sich auf ein einziges Unternehmen beschränkt, wird erwartet, dass er im Regelfall das Interesse dieses Unternehmens als sein eigenes betrachtet oder jedenfalls keine ihm zuwiderlaufenden Sonderinteressen verfolgt.[106] Bei einem Unternehmensaktionär ist die Verfolgung unterschiedlicher Interessen jedoch häufig nicht auszuschließen oder gar unvermeidlich. Denn neben dem Interesse der beherrschten Gesellschaft verlangt auch das eigene Interesse des Unternehmensaktionärs Beachtung. Die möglicherweise widerstreitenden Interessen verlangen insofern nach ausdifferenzierten Regelungen.[107] Der BGH sieht in der Folge eine Unternehmereigenschaft als gegeben, wenn bei einem Gesellschafter eine wirtschaftliche Interessenbindung außerhalb der Gesellschaft hinzukommt, „die stark genug ist, um die ernste Besorgnis zu begründen, der Aktionär könnte um ihretwillen seinen Einfluß zum Nachteil der

---

101 Vgl. dazu *Kuhlmann/Ahnis* Konzern- und Umwandlungsrecht, Rn. 20 ff.
102 *Emmerich* in: Emmerich/Habersack, Konzernrecht, § 2 Rn. 1.
103 *Emmerich* in: Emmerich/Habersack, Konzernrecht, § 2 Rn. 1.
104 Vgl. hier die Regelungen der §§ 290 bis 315 HGB.
105 *Saenger* Gesellschaftsrecht, Rn. 929; *Kuhlmann/Ahnis* Konzern- und Umwandlungsrecht, Rn. 20.
106 So BGHZ 69, 334 (337).
107 Vgl. hierzu BGHZ 95, 330 (334 f.); *Bayer* in: MK-AktG, § 15 AktG Rn. 7 f.

Gesellschaft geltend machen."[108] Das Vorliegen einer bestimmten Rechtsform ist dabei nicht erforderlich.[109] In Betracht kommen neben Kapital- und Personengesellschaften vielmehr auch Vereine und Stiftungen.[110] Vor allem kann auch eine natürliche Person Unternehmen in diesem Sinne sein, sofern diese auch außerhalb der Gesellschaft unternehmerische Interessen verfolgt.[111] Vor dem Hintergrund des Regelungszwecks, der vorrangig dem Schutz des beherrschten Unternehmens gilt, bezieht sich diese Begriffsdefinition ausgehend von der Gefahr des außerhalb der Gesellschaft stehenden Interesses dabei lediglich auf die Bestimmung des herrschenden Unternehmens.[112] Hinsichtlich der beherrschten Gesellschaft ist indes von einer anderen Begriffsdefinition auszugehen;[113] hier soll jedwede rechtlich verselbststän-

---

108 BGHZ 69, 334 (337); daran anknüpfend BGHZ 74, 359 (365); 80, 69 (72); 95, 330 (337); 115, 187 (189 f.); 117, 8 (16); 135, 107 (113); 148, 123 (125); *BGH* NJW 1994, 446 (446). Vgl. auch *Koppensteiner*, in: KK-AktG, § 15 AktG Rn. 15; *Hirschmann* in: Hölters, § 15 AktG Rn. 5; *Koch* in: Hüffer, § 15 AktG Rn. 10; *Bayer* in: MK-AktG, § 15 AktG Rn. 13; *Kuhlmann/Ahnis* Konzern- und Umwandlungsrecht, Rn. 30. Während die Rechtsprechung damit versucht, den Unternehmensbegriff durch positive Merkmale zu definieren, geht ein Großteil der Literatur den entgegengesetzten Weg und nimmt die Unternehmenseigenschaft an, wenn es sich um keinen reinen Privatgesellschafter – mithin also um einen Nichtkaufmann ohne anderem unternehmerischen Engagement – handelt, vgl. hierzu *Maier-Reimer* in: Henssler/Strohn, § 15 AktG Rn. 4 f.; *Emmerich* in: Emmerich/Habersack, Konzernrecht, § 2 Rn. 7; *Saenger* Gesellschaftsrecht, Rn. 931.
109 *Koppensteiner* in: KK-AktG, § 15 AktG Rn. 56; *Koch* in: Hüffer, § 15 AktG Rn. 8; *Hirschmann* in: Hölters, § 15 AktG Rn. 5; *Raiser/Veil* Recht der Kapitalgesellschaften, § 51 Rn. 6; vgl. hierzu auch bereits oben 2. Fn. zu Rn. 42.
110 *Emmerich* in: Emmerich/Habersack, Konzernrecht, § 2 Rn. 9; *Bayer* in: MK-AktG, § 15 AktG Rn. 14 ff.; *Hirschmann* in: Hölters, § 15 AktG Rn. 5; *Raiser/Veil* Recht der Kapitalgesellschaften, § 51 Rn. 7.
111 Vgl. nur *BGH* NJW 1993, 1200 (1202); *BGH* NJW 1994, 446 (446); *Maier-Reimer* in: Henssler/Strohn, § 15 AktG Rn. 3; *Hirschmann* in: Hölters, § 15 AktG Rn. 5; *Schmidt* Gesellschaftsrecht, S. 937; *Drygala/Staake/Szalai* Kapitalgesellschaftsrecht, § 29 Rn. 24; *Raiser/Veil* Recht der Kapitalgesellschaften, § 51 Rn. 7. Das anderweitige Interesse einer natürlichen Person kann aber nicht allein daraus ergeben, dass der Individualaktionär einer Aktiengesellschaft noch Aktien anderer Gesellschaften besitzt. Um ein Abgrenzungsmerkmal zu finden, wird eine maßgebliche Beteiligung bei einer weiteren Gesellschaft verlangt, vgl. hierzu *Kuhlmann/Ahnis* Konzern- und Umwandlungsrecht, Rn. 31; *Emmerich* in: Emmerich/Habersack, Konzernrecht, § 2 Rn. 10 ff.; *Saenger* Gesellschaftsrecht, Rn. 933. Vgl. insofern auch BGHZ 148, 123 (125 f.). Probleme bereitet die Bestimmung der Unternehmenseigenschaft in diesem Sinne zudem bei der Beteiligung von Holdinggesellschaften und der öffentlichen Hand, vgl. *Kuhlmann/Ahnis* Konzern- und Umwandlungsrecht, Rn. 37 ff.; *Saenger* Gesellschaftsrecht, Rn. 934 f.; ausführlich hierzu auch *Emmerich* in: Emmerich/Habersack, Konzernrecht, § 2 Rn. 13 ff., 20 ff.
112 *Kuhlmann/Ahnis* Konzern- und Umwandlungsrecht, Rn. 29 f.
113 *Bayer* in: MK-AktG, § 15 AktG Rn. 11; *Koppensteiner* in: KK-AktG, § 15 AktG Rn. 86; *Raiser/Veil* Recht der Kapitalgesellschaften, § 51 Rn. 2. Dem Aktiengesetz bzw. selbst dem Konzernrecht liegt damit kein einheitlicher Unternehmensbegriff zu Grunde.

digte Organisationsform in Betracht kommen und damit vermieden werden, dass der Anwendungsbereich der insofern schützenden Normen zu eng ist.[114] Die Bestimmung des Unternehmensbegriffes im Rahmen der § 15 ff. AktG folgt damit der Prämisse, die Konzerngefahr weitestgehend einzudämmen.[115]

II. Mehrheitsbeteiligung gem. § 16 AktG

46 Die Regelung der unterschiedlichen Formen verbundener Unternehmen im Aktiengesetz beginnt mit im Mehrheitsbesitz stehenden Unternehmen und mit Mehrheit beteiligten Unternehmen. Erforderlich ist gem. § 16 Abs. 1 AktG die Mehrheit an den Anteilen der Gesellschaft oder aber die Mehrheit an den Stimmrechten. Auch in Aktiengesellschaften muss dies nicht zwingend deckungsgleich sein, Differenzen können etwa durch die Ausgabe stimmrechtsloser Vorzugsaktien gem. §§ 12 Abs. 1 S. 2, 139 ff. AktG entstehen.[116]

47 Beachtenswert ist zudem die Regelung des § 16 Abs. 4 AktG, wonach die Anteile von weiteren abhängigen Gesellschaften hinzugerechnet werden. So kann sich die Mehrheitsbeteiligung einer Muttergesellschaft an einer Enkelgesellschaft erst durch Hinzurechnung der Anteile einer Tochtergesellschaft zu den eigenen Anteilen ergeben.

48 Eine bedeutsame Folge des Vorliegens einer Mehrheitsbeteiligung ist die gesetzliche Vermutung der Abhängigkeit gem. § 17 Abs. 2 AktG.[117]

III. Abhängigkeit gem. § 17 AktG

49 Wichtige Folge der Abhängigkeit wiederum ist die damit verbundene Konzernvermutung gem. § 18 Abs. 1 S. 3 AktG. Ergebnis ist somit eine mehrstufige Vermu-

---

114 Vgl. dazu *Koppensteiner* in: KK-AktG, § 15 AktG Rn. 86 f.; *Bayer* in: MK-AktG, § 15 AktG Rn. 48; *Koch* in: Hüffer, § 15 AktG Rn. 19; *Hirschmann* in: Hölters, § 15 AktG Rn. 10; *Emmerich* in: Emmerich/Habersack, Konzernrecht, § 2 Rn. 19; *Kuhlmann/Ahnis* Konzern- und Umwandlungsrecht, Rn. 44; *Saenger* Gesellschaftsrecht, Rn. 936; *Raiser/Veil* Recht der Kapitalgesellschaften, § 51 Rn. 3.

115 So *Saenger* Gesellschaftsrecht, Rn. 931; vgl. hierzu auch *Maier-Reimer* in: Henssler/Strohn, § 15 AktG Rn. 3; *Vetter* in: Schmidt/Lutter, § 15 AktG Rn. 73.

116 *Hirschmann* in: Hölters, § 16 AktG Rn. 2; *Raiser/Veil* Recht der Kapitalgesellschaften, § 51 Rn. 11. Erst recht ist bei der GmbH das Auseinanderfallen von Anteilen und Stimmrechten möglich, sofern hier für die Regelung unter den Gesellschaftern weitgehende Vertragsfreiheit herrscht, vgl. § 45 Abs. 1 GmbHG; siehe hierzu auch *Emmerich* in: Emmerich/Habersack, Konzernrecht, § 3 Rn. 2 f.

117 Darüber hinaus folgen aus der bloßen Mehrheitsbeteiligung selbst nur wenige unmittelbare Konsequenzen, vgl. hierzu auch *Raiser/Veil* Recht der Kapitalgesellschaften, § 51 Rn. 11.

tungskette.[118] Liegt eine Mehrheitsbeteiligung eines Unternehmens an einem anderen Unternehmen vor, so wird gem. § 17 Abs. 2 AktG ein Abhängigkeitsverhältnis zwischen beiden Unternehmen vermutet. § 18 Abs. 1 S. 3 AktG vervollständigt diese Kette, indem die Regelung ihrerseits aus dem Abhängigkeitsverhältnis die Vermutung für das Vorliegen eines Konzerns im engeren Sinne ableitet.

Jedoch entfaltet die Abhängigkeit gem. § 17 AktG bereits losgelöst von der Konzernvermutung des § 18 Abs. 1 S. 3 AktG erhebliche Bedeutung. Denn zahlreiche Regelungen knüpfen bereits an das Vorliegen eines Abhängigkeitsverhältnisses an, ohne dass dabei auch ein Konzernverhältnis i.S.d. § 18 AktG bestehen muss.[119] So regeln etwa §§ 311 bis 318 AktG den Schutz abhängiger Gesellschaften außerhalb von Vertrags- und Eingliederungskonzernen, wobei das Vorliegen eines Abhängigkeitsverhältnisses genügt. Weitere anknüpfende Normen finden sich in § 100 Abs. 2 S. 1 Nr. 2 AktG, der die persönlichen Voraussetzungen für Aufsichtsratsmitglieder regelt, sowie in § 136 Abs. 2 AktG betreffend den Ausschluss des Stimmrechts eines Aktionärs im Rahmen der Hauptversammlung.[120] Auch außerhalb des Aktienkonzernrechts finden sich Regelungen, die lediglich ein Abhängigkeitsverhältnis gem. § 17 AktG, nicht aber zwingend eine Konzernverbindung i.S.d. § 18 AktG voraussetzen.[121] Bedeutsames Beispiel ist etwa § 36 Abs. 2 S. 1 GWB, wonach Unternehmen im Abhängigkeitsverhältnis ein einheitliches Unternehmen i.s. des Wettbewerbsrechts darstellen.[122]

50

Abhängigkeit liegt vor, wenn ein Unternehmen beherrschenden Einfluss auf ein anderes nehmen kann.[123] Im Rahmen von Aktiengesellschaften kann sich die Möglichkeit zur Einflussnahme insbesondere aus der Möglichkeit ergeben, über die Hauptversammlung gem. § 101 AktG die Zusammenstellung des Aufsichtsrates der

51

---

118 Vgl. hierzu auch *Emmerich* in: Emmerich/Habersack, Aktien und GmbH-Konzernrecht, § 17 AktG Rn. 5.
119 *Bayer* in: MK-AktG, § 17 AktG Rn. 2; *Saenger* Gesellschaftsrecht, Rn. 937 f.; *Emmerich* in: Emmerich/Habersack, Konzernrecht, § 3 Rn. 15 bezeichnet die Abhängigkeit insofern als „Zentralbegriff des Aktienkonzernrechts". So auch *Koch* in: Hüffer, § 17 AktG Rn. 1; *Hirschmann* in: Hölters, § 17 AktG Rn. 1; *Maier-Reimer* in: Henssler/ Strohn, § 17 AktG Rn. 1; *Vetter* in: Schmidt/Lutter, § 17 AktG Rn. 3; *Raiser/Veil* Recht der Kapitalgesellschaften, § 51 Rn. 15.
120 Vgl. *Saenger* Gesellschaftsrecht, Rn. 938.
121 *Bayer* in: MK-AktG, § 17 AktG Rn. 9 weist in diesem Kontext jedoch darauf hin, dass die entsprechenden Normen außerhalb des Aktiengesetzes je nach konkretem Regelungszweck auch eine andere und damit von § 17 Abs. 1 AktG teils losgelöste Bestimmung des Abhängigkeitsbegriffes erfordern können.
122 Daneben erlangt das aus dem anglo-amerikanischen und französischen Rechtsraum stammende Kontrollkonzept zunehmend Einfluss und wird vermehrt als Anknüpfungspunkt auch in deutschen Regelungen zu Grunde gelegt, vgl. hierzu *Emmerich* in: Emmerich/Habersack, Konzernrecht, § 3 Rn. 16.
123 *Emmerich* in: Emmerich/Habersack, Konzernrecht, § 3 Rn. 14; *Saenger* Gesellschaftsrecht, Rn. 937; *Bayer* in: MK-AktG, § 17 AktG Rn. 11. Entscheidend ist die Perspektive der beherrschten Gesellschaft, vgl. *Koch* in: Hüffer, § 17 AktG Rn. 4.

beherrschten Gesellschaft entscheidend zu beeinflussen.[124] Zwar kann ein Mehrheitsaktionär nicht unmittelbar auf die Führung der Gesellschaft einwirken, über die Hauptversammlung und den Aufsichtsrat lässt sich somit aber wenigstens mittelbar Einfluss auch auf den Vorstand der beherrschten Gesellschaft nehmen, da dieser immerhin gem. § 84 AktG durch den Aufsichtsrat bestellt und abberufen wird.[125] Nach der Rechtsprechung des BGH kann damit selbst eine Minderheitsbeteiligung Abhängigkeit begründen, sofern etwa eine Aktiengesellschaft zahlreiche, kleinere Anlegeraktionäre aufweist, die der Hauptversammlung üblicherweise fernbleiben und einem Aktionär mit großer Minderheitsbeteiligung somit faktische Hauptversammlungsmehrheit überlassen.[126] In der GmbH ist die Einflussnahme eines beherrschenden Gesellschafters nochmals deutlich erleichtert, sofern es hier gem. § 46 Nr. 5 GmbHG zu seinen eigenen Aufgaben gehört, Geschäftsführer zu bestellen und abzuberufen.[127]

52 Ein Abhängigkeitsverhältnis kann damit dann angenommen werden, wenn ein Gesellschafter in der Lage ist, entscheidend Einfluss auf die Personalpolitik zu nehmen, indem die geschäftsführenden Organe mit Personen besetzt werden, die insbesondere aus Interesse an ihrer Wiederwahl bzw. Weiterbeschäftigung in seinem Interesse handeln.[128] Nach der Rechtsprechung kommt es in der Folge darauf an, ob der beherrschende Gesellschafter zumindest in der Lage ist, auf längere Sicht Konsequenzen für die Verwaltung herbeizuführen, wenn seinem Willen nicht entsprochen wird.[129] Unerheblich ist dabei, ob die Beherrschung auch tatsächlich ausgeführt wird. Maßgeblich ist alleine die Möglichkeit der entsprechenden Einflussnahme.[130]

53 Bedeutsam ist dabei, dass sich die Abhängigkeit aus gesellschaftsrechtlichen Instrumentarien ergeben muss.[131] Nicht ausreichend sind damit Beherrschungsmöglichkeiten aus anderen Gründen, wie etwa Kreditverhältnissen oder Lieferverträgen.[132]

---

124 *Emmerich* in: Emmerich/Habersack, Konzernrecht, § 3 Rn. 18; *Raiser/Veil* Recht der Kapitalgesellschaften, § 51 Rn. 16.
125 *Bayer* in: MK-AktG, § 17 AktG Rn. 26; *Emmerich* in: Emmerich/Habersack, Konzernrecht, § 3 Rn. 18. Vgl. hierzu auch *BFH* NZG 2011, 916 (917).
126 BGHZ 69, 334 (347); 135, 107 (114); *Saenger* Gesellschaftsrecht, Rn. 938; *Emmerich* in: Emmerich/Habersack, Konzernrecht, § 3 Rn. 30; *Koch* in: Hüffer, § 17 AktG Rn. 9.
127 *Emmerich* in: Emmerich/Habersack, Konzernrecht, § 3 Rn. 32.
128 *Bayer* in: MK-AktG, § 17 AktG Rn. 26; *Hirschmann* in: Hölters, § 17 AktG Rn. 3; *Emmerich* in: Emmerich/Habersack, Konzernrecht, § 3 Rn. 19.
129 *OLG Düsseldorf* NZG 2005, 1012 (1013); *Saenger* Gesellschaftsrecht, Rn. 937.
130 BGHZ 62, 193 (201); *OLG Düsseldorf* NZG 2005, 1012 (1013); so auch *Bayer* in: MK-AktG, § 17 AktG Rn. 11; *Koch* in: Hüffer, § 17 AktG Rn. 4, 6; *Maier-Reimer* in: Henssler/Strohn, § 17 AktG Rn. 5; *Emmerich* in: Emmerich/Habersack, Konzernrecht, § 3 Rn. 19; *Saenger* Gesellschaftsrecht, Rn. 937.
131 *Hirschmann* in: Hölters, § 17 AktG Rn. 5; *Maier-Reimer* in: Henssler/Strohn, § 17 AktG Rn. 5; *Emmerich* in: Emmerich/Habersack, Konzernrecht, § 3 Rn. 21 ff.
132 *Koch* in: Hüffer, § 17 AktG Rn. 8; *Hirschmann* in: Hölters, § 17 AktG Rn. 5; *Saenger* Gesellschaftsrecht, Rn. 938.

Beherrschungs- und Gewinnabführungsverträge sind als Elemente des Aktienrechts hingegen geeignet, um eine Abhängigkeit i.S.d. § 17 AktG zu begründen.[133] Nicht gesellschaftsrechtliche Einflüsse können allenfalls in Verbindung mit der Ausübung von Beteiligungsrechten, nicht aber losgelöst von diesen eine Abhängigkeit begründen.[134]

Die Abhängigkeit muss sich dabei grundsätzlich auf den gesamten Tätigkeitsbereich des beherrschten Unternehmens erstrecken.[135] Nicht ausreichend ist jedenfalls die Abhängigkeit in einzelnen Teilbereichen, vielmehr müssen die wichtigsten Geschäftsbereiche erfasst sein.[136] **54**

Schließlich ist für das Vorliegen von Abhängigkeit ausreichend, wenn der herrschende Einfluss nur mittelbar herstellbar ist, etwa durch die Hinzuziehung einer beherrschten Tochtergesellschaft, die ihrerseits über Anteile und Stimmrechte am betroffenen Unternehmen verfügt und zusammen mit der Obergesellschaft damit eine beherrschende Einflussnahme ermöglicht.[137] Entsprechendes gilt für den Fall der Mehrmütterschaft, in dem zwei oder mehr Obergesellschaften erst durch koordiniertes Zusammenwirken herrschenden Einfluss erhalten.[138] **55**

Um die Rechtsfolgen der Abhängigkeit zu vermeiden, muss ein Unternehmen mit Mehrheitsbeteiligung die Vermutung des § 17 Abs. 2 AktG widerlegen.[139] Denkbar ist dies mittels Abschluss eines Entherrschungsvertrags, der die Einflussnahme der **56**

---

133 *Koch* in: Hüffer, § 17 AktG Rn. 12; *Hirschmann* in: Hölters, § 17 AktG Rn. 5; *Emmerich* in: Emmerich/Habersack, Konzernrecht, § 3 Rn. 22.
134 So BGHZ 121, 137 (145). Vgl. hierzu auch *Maier-Reimer* in: Henssler/Strohn, § 17 AktG Rn. 5.
135 *OLG Karlsruhe* NZG 2004, 334 (335); *Maier-Reimer* in: Henssler/Strohn, § 17 AktG Rn. 4.
136 *OLG Karlsruhe* NZG 2004, 334 (335). Nach einer Literaturmeinung soll indes der Einfluss in einem der zentralen Unternehmensbereiche – wie etwa dem Finanzwesen – ausreichend sein, um Abhängigkeit i.S.d. § 17 Abs. 1 AktG zu begründen, vgl. hierzu *Emmerich* in: Emmerich/Habersack, Konzernrecht, § 3 Rn. 25.
137 *Maier-Reimer* in: Henssler/Strohn, § 17 AktG Rn. 9; *Emmerich* in: Emmerich/Habersack, Konzernrecht, § 3 Rn. 27; *Raiser/Veil* Recht der Kapitalgesellschaften, § 51 Rn. 20.
138 Vgl. dazu BGHZ 62, 193 (196), wonach aber jedenfalls eine ausreichend sichere Grundlage für eine beständig gemeinsame Herrschaftsausübung bestehen muss. Diese kann sich etwa aus Konsortialverträgen, aber auch aus tatsächlichen Umständen wie etwa Personenidentität hinsichtlich der Leitungsorgane der beteiligten Gesellschaften ergeben. Vgl. hierzu auch *Maier-Reimer* in: Henssler/Strohn, § 17 AktG Rn. 10; *Saenger* Gesellschaftsrecht, Rn. 938.
139 *Bayer* in: MK-AktG, § 17 AktG Rn. 85; *Emmerich* in: Emmerich/Habersack, Konzernrecht, § 3 Rn. 46 ff.; *Koch* in: Hüffer, § 17 AktG Rn. 19; *Raiser/Veil* Recht der Kapitalgesellschaften, § 51 Rn. 26.

Obergesellschaft verhindert und die Autonomie der Verwaltung der vermeintlich abhängigen Gesellschaft stärkt.[140]

57 Gleiches gilt für die Vermutung des § 18 Abs. 1 S. 3 AktG. Auch hier müssen Unternehmen in einem Abhängigkeitsverhältnis einen Nachweis erbringen, möchten sie die rechtliche Einordnung als Konzern i.s.d. § 18 AktG verhindern.[141]

IV. Der Konzern gem. § 18 AktG

58 Ein Konzern i.S.d. § 18 AktG wird gebildet durch die Zusammenfassung mehrerer rechtlich selbstständiger Unternehmen unter einer einheitlichen Leitung. Obwohl der daraus resultierende Zusammenschluss Namensgeber für das gesamte Konzernrecht ist, knüpfen die entsprechenden Regelungen nur vereinzelt an das Vorliegen eines Konzerns in diesem engen Verständnis an.[142]

59 Wesentliches Merkmal stellt die einheitliche Leitung dar.[143] Umstritten ist dabei, auf welche Unternehmensbereiche sich diese einheitliche Leitung erstrecken muss.[144] Die Vertreter eines engen Konzernverständnisses verlangen insofern eine einheitliche Planung der Konzernspitze für alle zentralen unternehmerischen Bereiche, die gegenüber den Konzernuntergesellschaften ohne Rücksicht auf deren rechtliche Selbstständigkeit durchgesetzt wird.[145] Zu diesen zentralen Bereichen werden insbesondere das Finanz- sowie das Personalwesen gezählt, deren einheitliche Leitung demnach zur Mindestvoraussetzung für die Annahme eines Konzerns i.S.d. § 18 Abs. 1 AktG ist. Die Vertreter eines weiten Konzernverständnisses sehen beim Vorliegen einer einheitlichen Finanz- und Personalplanung ebenfalls ein Konzernverhältnis als gegeben.[146] Darüber hinaus halten sie aber auch die einheitliche Pla-

---

140 *Emmerich* in: Emmerich/Habersack, Konzernrecht, § 3 Rn. 49 ff.; *Koch* in: Hüffer, § 17 AktG Rn. 22; *Hirschmann* in: Hölters, § 17 AktG Rn. 18; *Maier-Reimer* in: Henssler/Strohn, § 17 AktG Rn. 14; vgl. ausführlich auch *Bayer* in: MK-AktG, § 17 AktG Rn. 99 ff.
141 Vgl. hierzu *Emmerich* in: Emmerich/Habersack, Konzernrecht, § 4 Rn. 29.
142 *Bayer* in: MK-AktG, § 18 AktG Rn. 16, 22 ff; *Maier-Reimer* in: Henssler/Strohn, § 18 AktG Rn. 2; *Raiser/Veil* Recht der Kapitalgesellschaften, § 51 Rn. 36; *Hommelhoff*, Konzernleitungspflicht, S. 222.
143 *Bayer* in: MK-AktG, § 18 AktG Rn. 28; *Koch* in: Hüffer, § 18 AktG Rn. 8; *Maier-Reimer* in: Henssler/Strohn, § 18 AktG Rn. 1.
144 *Bayer* in: MK-AktG, § 18 AktG Rn. 28; *Maier-Reimer* in: Henssler/Strohn, § 18 AktG Rn. 3.
145 So etwa *Saenger* Gesellschaftsrecht, Rn. 939, 941; *Kuhlmann/Ahnis* Konzern- und Umwandlungsrecht, Rn. 84.
146 *Koch* in: Hüffer, § 18 AktG Rn. 9; *Vetter* in: Schmidt/Lutter, § 18 AktG Rn. 9; *Bayer* in: MK-AktG, § 18 AktG Rn. 31. Sofern beide Ansichten das Vorliegen einer einheitlichen Finanzplanung ausreichen lassen, stehen sie insofern in Übereinstimmung mit der Auffassung des BGH vgl. *BGH* NJW 1989, 1800 (1803); *BGH* NJW 1991, 3142 (3143).

nung in einzelnen zentralen Unternehmensbereichen wie Einkauf, Organisation oder Verkauf für ausreichend.[147]

Ein weiteres Merkmal des Konzerns stellt nach § 18 Abs. 1 S. 1 AktG die Zusammenfassung der beteiligten Unternehmen dar. Während die heute wohl überwiegende Meinung diesem Merkmal neben dem Vorliegen einer einheitlichen Leitung keine eigenständige Bedeutung beimisst,[148] sehen einzelne Autoren hierin den Anknüpfungspunkt für die notwendige Abgrenzung des Konzerns von einem Kartell.[149] Diese Auffassung verlangt dabei eine beständige und somit über den Einzelfall hinaus – und damit für eine im Voraus nicht festliegende Zahl von Fällen – existierende Zusammenfassung von Unternehmen, im Gegensatz zur bloßen Koordinierung des Wettbewerbsverhaltens im Einzelfall.[150]

60

1. Eingliederungskonzern, Vertragskonzern, und faktischer Konzern

Betrachtet man den Konzern im Sinne des § 18 AktG, so ist zwischen dem Eingliederungskonzern, dem Vertragskonzern sowie dem faktischen Konzernen zu unterscheiden.

61

a) Eingliederungskonzern

Bei der Eingliederung handelt es sich um die denkbar engste Verbindung rechtlich selbstständiger Unternehmen.[151] Unterschieden wird zwischen der Eingliederung hundertprozentiger Tochtergesellschaften (§ 319 AktG) sowie der Eingliederung durch Mehrheitsbeschluss (§ 320 AktG). Voraussetzung ist in beiden Fällen das

62

---

147 Ein weites Konzernverständnis wird etwa vertreten von *Emmerich* in: Emmerich/Habersack, Konzernrecht, § 4 Rn. 15; *Vetter* in: Schmidt/Lutter, § 18 AktG Rn. 11; *Hirschmann* in: Hölters, § 18 AktG Rn. 15; *Maier-Reimer* in: Henssler/Strohn, § 18 AktG Rn. 3; *Schall* in: Spindler/Stilz, § 18 AktG Rn. 14. Im Ergebnis auch *Bayer* in: MK-AktG, § 18 AktG Rn. 32 f., der zugleich auf die im Ergebnis geringe Bedeutung des Streits hinweist. Die kaum vorhandene Relevanz attestieren überdies auch *Raiser/Veil* Recht der Kapitalgesellschaften, § 51 Rn. 34.
148 Vgl. nur *Koch* in: Hüffer, § 18 AktG Rn. 7; *Bayer* in: MK-AktG, § 18 AktG Rn. 27; *Hirschmann* in: Hölters, § 18 AktG Rn. 10; *Maier-Reimer* in: Henssler/Strohn, § 18 AktG Rn. 3; *Kuhlmann/Ahnis* Konzern- und Umwandlungsrecht, Rn. 27.
149 So vor allem *Emmerich* in: Emmerich/Habersack, Konzernrecht, § 4 Rn. 19 ff.
150 *Emmerich* in: Emmerich/Habersack, Konzernrecht, § 4 Rn. 19a.
151 So *Wilsing* in: Henssler/Strohn, § 319 AktG Rn. 1; *Veil* in: Spindler/Stilz, § 319 AktG Rn. 2; *Kuhlmann/Ahnis* Konzern- und Umwandlungsrecht, Rn. 878; *Saenger* Gesellschaftsrecht, Rn. 956; *Raiser/Veil* Recht der Kapitalgesellschaften, § 55 Rn. 1; *Habersack* in: Emmerich/Habersack, Konzernrecht, § 10 Rn. 1, 51: „Wirtschaftlich gesehen kommt die Eingliederung der Verschmelzung nahe. (…) Man kann deshalb die eingegliederte Gesellschaft geradezu als rechtlich selbstständige Betriebsabteilung bezeichnen." Insofern einschränkender *Grunewald* in: MK-AktG, Vorbemerkung vor § 319 AktG Rn. 3.

Vorliegen von zwei Aktiengesellschaften.[152] Im Rahmen der Eingliederung i.S.d. § 319 AktG muss die künftige Hauptgesellschaft gem. § 319 Abs. 1 S. 1 AktG über 100 % des Aktienkapitals der einzugliedernden Gesellschaft verfügen. Die Hauptversammlung der einzugliedernden Gesellschaft kann die Eingliederung sodann beschließen. Erforderlich ist darüber hinaus gem. § 319 Abs. 2 S. 1 AktG ein Zustimmungsbeschluss der Hauptversammlung der zukünftigen Hauptgesellschaft. Ein Grund für das Zustimmungserfordernis ist insbesondere in der Übernahme der Verbindlichkeiten der einzugliedernden Gesellschaft zu sehen.[153]

63 Eine Eingliederung ist gem. § 320 AktG aber auch dann möglich, wenn die zukünftige Hauptgesellschaft noch nicht über 100 % des Aktienkapitals der einzugliedernden Gesellschaft verfügt. Die Hauptversammlung dieser einzugliedernden Gesellschaft kann die Eingliederung dann durch Mehrheitsbeschluss herbeiführen. Erforderlich ist jedoch, dass auf die künftige Hauptgesellschaft zu diesem Zeitpunkt 95 % des Aktienkapitals fallen. Die übrigen Aktionäre erhalten dann einen Abfindungsanspruch, der gem. § 320b Abs. 1 S. 2 AktG grundsätzlich auf die Zuteilung von Aktien der Hauptgesellschaft gerichtet ist.[154]

64 Durch die Eingliederung erhält die Hauptgesellschaft die Möglichkeit, weitgehend frei über das Vermögen der eingegliederten Gesellschaft zu verfügen.[155] Hierzu erhält sie gem. § 323 Abs. 1 S. 1 AktG ein Weisungsrecht gegenüber dem Vorstand der eingegliederten Gesellschaft. Gleichwohl die beteiligten Unternehmen ihre rechtliche Selbstständigkeit erhalten, wird durch dieses Weisungsrecht die grundsätzlich bestehende Unabhängigkeit des Vorstandes der beherrschten Tochtergesellschaft i.S.d. § 76 Abs. 1 AktG verdrängt.[156] Der Hauptgesellschaft steht es dabei auch frei, gegenüber der eingegliederten Gesellschaft für diese nachteilige Weisungen zu erteilen.[157] Allein rechtswidrige Weisungen müssen und dürfen nicht befolgt bzw. umgesetzt werden.[158] Bedeutsamer Ausgleich dieser umfassenden Rechte ist die Haftung der Hauptgesellschaft nach § 322 AktG. Danach haftet die Obergesellschaft ab dem Zeitpunkt der Eingliederung für die Verbindlichkeiten der eingeglie-

---

152 Während dabei die SE ebenfalls umfasst sein soll, gilt dies wohl nicht für die KGaA; vgl. zum Ganzen *Habersack* in: Emmerich/Habersack, Konzernrecht, § 10 Rn. 4, 17; *Grunewald* in: MK-AktG, § 319 AktG Rn. 5 f., 8 ff.; *Koch* in: Hüffer, § 319 AktG Rn. 4.
153 *Habersack* in: Emmerich/Habersack, Konzernrecht, § 10 Rn. 10; *Grunewald* in: MK-AktG, § 319 AktG Rn. 19; *Koch* in: Hüffer, § 319 AktG Rn. 6. Zu den Haftungsfolgen bei der Eingliederung siehe sogleich.
154 Vgl. hierzu auch *Habersack* in: Emmerich/Habersack, Konzernrecht, § 10 Rn. 31; *Grunewald* in: MK-AktG, § 320b AktG Rn. 4; *Koch* in: Hüffer, § 320b AktG Rn. 3.
155 *Wilsing* in: Henssler/Strohn, § 319 AktG Rn. 1; *Drygala/Staake/Szalai* Kapitalgesellschaftsrecht, § 32 Rn. 52.
156 *Saenger* Gesellschaftsrecht, Rn. 956. Soweit keine Weisungen erteilt werden, verbleibt es indes für den Vorstand der eingegliederten Aktiengesellschaft bei seinen Pflichten aus §§ 76, 93 AktG, vgl. *Raiser/Veil* Recht der Kapitalgesellschaften, § 55 Rn. 10.
157 *Wilsing* in: Henssler/Strohn, § 323 AktG Rn. 2.
158 *Wilsing* in: Henssler/Strohn, § 323 AktG Rn. 2.

derten Gesellschaft gegenüber deren Gläubiger als Gesamtschuldnerin, und zwar unabhängig davon, ob diese Verbindlichkeiten vor oder nach Eingliederung entstanden sind.[159] In dieser strengen Haftung mag schließlich auch ein wesentlicher Grund für die relativ geringe Verbreitung von Eingliederungskonzernen in der Praxis liegen.[160]

b) Vertragskonzern

Deutlich häufiger als Eingliederungskonzerne sind hingegen Vertragskonzerne. Die Rechtssituation verglichen zur Eingliederung ist hier ähnlich, aber eben keinesfalls identisch.[161] Der Vertragskonzern wird durch den Abschluss eines Beherrschungsvertrages gem. § 291 Abs. 1 S. 1 Hs. 1 AktG herbeigeführt.[162] Im Unterschied zur Eingliederung ist hier zunächst der Verbleib von außenstehenden Aktionären möglich.[163] Im Rahmen eines Beherrschungsvertrages unterstellt ein Unternehmen seine Leitung auf vertraglicher Grundlage einem anderen Unternehmen.[164] Das herrschende Unternehmen erwirbt auch hier ein Weisungsrecht gegenüber dem beherrschten Unternehmen gem. § 308 Abs. 1 S. 1 AktG, das die eigenverantwortliche und weisungsunabhängige Geschäftsführungsbefugnis des Vorstandes i.S.d. § 76 Abs. 1 AktG verdrängt.[165] Das Weisungsrecht aufgrund eines Beherrschungsvertrages ist verglichen mit der Situation nach der Eingliederung jedoch eingeschränkt, sofern im Rahmen des § 308 Abs. 1 AktG verlangt wird, dass die Weisung wenn nicht dem reinen Interesse der beherrschten Gesellschaft, dann aber wenigstens einem Gesamtkonzerninteresse dient. Ist dies offensichtlich nicht der Fall,

65

---

159 *Habersack* in: Emmerich/Habersack, Konzernrecht, § 10 Rn. 46; *Grunewald* in: MK-AktG, § 322 AktG Rn. 3; *Koch* in: Hüffer, § 322 AktG Rn. 5; *Wilsing* in: Henssler/Strohn, § 322 AktG Rn. 2.
160 Vgl. zur geringen praktischen Bedeutung *Altmeppen* in: MK-AktG, Einleitung zum dritten Buch vor § 291 AktG Rn. 8; *Raiser/Veil* Recht der Kapitalgesellschaften, § 55 Rn. 1; *Emmerich* in: Emmerich/Habersack, Konzernrecht, § 11 Rn. 6.
161 *Habersack* in: Emmerich/Habersack, Konzernrecht, § 4 Rn. 3.
162 *Kuhlmann/Ahnis* Konzern- und Umwandlungsrecht, Rn. 470.
163 *Emmerich* in: Emmerich/Habersack, Konzernrecht, § 11 Rn. 3. Vielmehr noch ist für den Abschluss eines Beherrschungsvertrages überhaupt keine Kapitalbeteiligung und damit erst recht auch keine Mehrheitsbeteiligung i.S.d. § 16 Abs. 1 AktG erforderlich. In der Praxis wird der Entschluss, sich einem Beherrschungsvertrag zu unterwerfen, freilich oftmals von einem Mehrheitsgesellschafter ausgehen, der seine faktische Herrschaftsmacht durch eine Vertragskonzerngestaltung stärken möchte. Beherrschungsverträge werden daher regelmäßig nur zwischen Gesellschaften geschlossen, die auch kapitalverflochten sind, vgl. *Kuhlmann/Ahnis* Konzern- und Umwandlungsrecht, Rn. 469.
164 *Emmerich* in: Emmerich/Habersack, Konzernrecht, § 11 Rn. 2; *Saenger* Gesellschaftsrecht, Rn. 969.
165 *Saenger* Gesellschaftsrecht, Rn. 971; *Kuhlmann/Ahnis* Konzern- und Umwandlungsrecht, Rn. 473.

ist die Befolgung der Weisung gem. § 308 Abs. 1, 2 AktG zu verweigern.[166] Um Gläubiger und weitere Aktionäre der beherrschten Gesellschaft zu schützen, sehen §§ 300 bis 305 AktG verschiedene Schutzmechanismen wie die Verpflichtung zur Schaffung von Rücklagen (§ 300 AktG) oder die Begrenzung der Gewinnabführung zwischen beherrschter und herrschender Gesellschaft (§ 301 AktG) vor.[167] Größerer Bedeutung kommt dabei der Regelung des § 302 Abs. 1 AktG zu, wonach die herrschende Gesellschaft grundsätzlich die Verluste der beherrschten Gesellschaft auszugleichen hat.[168] Im Vergleich zur Eingliederung haftet die Obergesellschaft eines Vertragskonzerns jedoch nicht primär als Gesamtschuldnerin für die Verbindlichkeiten der Tochtergesellschaften, eine dem § 322 AktG vergleichbare Regelung gibt es für den Vertragskonzern nicht.

c) Faktischer Konzern

66 Jeder Konzern, der nicht aufgrund eines Beherrschungsvertrages oder durch Eingliederung entsteht, ist indes faktischer Konzern.[169] Dies gilt auch dann, wenn Unternehmen durch andere Unternehmensverträge i.S. der §§ 291 f. AktG verbunden sind.[170] Der Abschluss eines Gewinnabführungsvertrages gem. § 291 Abs. 1 S. 1 Hs. 2 AktG führt damit nicht zum Entstehen eines Vertragskonzerns. Regelmäßig werden dann aber eine Abhängigkeit und damit – aufgrund der Vermutung des § 18 Abs. 1 S. 3 AktG – ein faktischer Konzern entstehen.[171]

67 Anders als beim Vertragskonzern besteht im Rahmen des faktischen Konzerns mangels ausdrücklichem Weisungsrecht keine Konzernleitungsmacht des herrschenden Unternehmens.[172] Für die Tochtergesellschaft bleibt es im Falle einer Aktiengesellschaft damit bei der eigenverantwortlichen Leitung durch den Vorstand gem. § 76 Abs. 1 AktG.[173] Dem Vorstand der Tochtergesellschaft ist es damit zwar unbenommen, den Vorstellungen des herrschenden Unternehmens zu folgen, eine Rechts-

---

166 Da im Falle der Eingliederung keine schutzwürdigen Minderheitsaktionäre existieren und die Gläubiger über die Schutzvorschriften der §§ 321 ff. AktG geschützt sind, geht das Weisungsrecht des § 323 Abs. 1 AktG für den Fall der Eingliederung nicht mit einer derartigen Einschränkung einher, vgl. *Habersack* in: Emmerich/Habersack, Konzernrecht, § 10 Rn. 52; *Grunewald* in: MK-AktG, § 323 AktG Rn. 1. Vgl. zur Leitungsmacht der Konzernobergesellschaft auch unten Rn. 76 ff.
167 *Kuhlmann/Ahnis* Konzern- und Umwandlungsrecht, Rn. 626 ff.
168 *Saenger* Gesellschaftsrecht, Rn. 974; *Schmidt* Gesellschaftsrecht, S. 953; *Kuhlmann/Ahnis* Konzern- und Umwandlungsrecht, Rn. 636 ff.
169 *Emmerich* in: Emmerich/Habersack, Konzernrecht, § 4 Rn. 3; *Hirschmann* in: Hölters, § 18 AktG Rn. 5.
170 *Emmerich* in: Emmerich/Habersack, Konzernrecht, § 4 Rn. 3.
171 Vgl. dazu *Emmerich* in: Emmerich/Habersack, Konzernrecht, § 3 Rn. 22.
172 *Habersack* in: Emmerich/Habersack, Konzernrecht, § 24 Rn. 17. Vgl. zur Leitungsmacht bei faktischen Konzernverbindungen auch unten Rn. 76 ff.
173 *Bödeker* in: Henssler/Strohn, § 311 AktG Rn. 1; *Habersack* in: Emmerich/Habersack, Konzernrecht, § 24 Rn. 17; *Raiser/Veil* Recht der Kapitalgesellschaften, § 53 Rn. 10.

pflicht hierzu besteht jedoch nicht.[174] Veranlasst die Obergesellschaft kraft ihrer Möglichkeiten zur mittelbaren Einflussnahme – bei der AG etwa über ihren Einfluss in Hauptversammlung und Aufsichtsrat – dennoch Nachteile für die Tochtergesellschaft, so hat sie diese gem. § 311 AktG auszugleichen.[175] Wird der Nachteil nicht ausgeglichen, tritt an die Stelle des Ausgleichanspruchs gem. § 317 Abs. 1 AktG ein Anspruch auf Schadensersatz der Tochtergesellschaft und unter Umständen ihrer Aktionäre gegen die Obergesellschaft und deren gesetzliche Vertreter.[176] Ist die Einflussnahme der herrschenden Gesellschaft indes derart groß, dass sich die auszugleichenden Nachteile nicht mehr isoliert bezeichnen lassen, so wird ein qualifiziert faktischer Konzern angenommen, bei dem die Verlustausgleichspflicht der §§ 302, 303 AktG auch außerhalb von Vertragskonzernen Anwendung finden soll.[177]

Aufgrund der aufgezeigten Rechtsfolgen durch die Begründung von Vertragskonzernen, wie vor allem den Regelungen zum Verlustausgleich, kommen faktische Konzerne in der Praxis weit häufiger vor.[178] Dies gilt insbesondere hinsichtlich Tochtergesellschaften, die als GmbH ausgestaltet sind.[179] Anders als bei der Aktiengesellschaft, wo allein das Weisungsrecht gem. §§ 308 Abs. 1, 323 Abs. 1 AktG die Unabhängigkeit des Vorstandes der Tochtergesellschaft gem. § 76 Abs. 1 AktG verdrängen kann, bestehen bei einer GmbH auch ohne Beherrschungsverträge gem. § 37 Abs. 1 GmbHG weitgehende Einflussmöglichkeiten der Gesellschafter gegen-

68

---

174 *Habersack* in: Emmerich/Habersack, Konzernrecht, § 24 Rn. 17.
175 *Habersack* in: Emmerich/Habersack, Konzernrecht, § 25 Rn. 2.
176 *Saenger* Gesellschaftsrecht, Rn. 952.
177 *Mansdörfer/Timmerbeil* WM 2004, 362 (363). Der qualifiziert faktische Konzern spielt vor allem im GmbH-Recht eine große Rolle. Auch hier waren die entsprechenden Haftungsgrundsätze lange anerkannt. Voraussetzung der analogen Anwendung der §§ 302, 303 AktG war dabei ein objektiver Missbrauch der beherrschenden Gesellschafterstellung, vgl. BGHZ 122, 123 (130). Für die Einpersonen-GmbH verabschiedete sich die Rechtsprechung jedoch zum Anfang des Jahrtausends von dieser Figur und etablierte stattdessen die Grundsätze der Existenzvernichtungshaftung, vgl. BGHZ 149, 10 (15 ff.). In der Folge wird in entsprechenden Fällen heute auf die Generalklausel des § 826 BGB abgestellt, um auch außerhalb von Konzernverbindungen dem unkontrollierten Vermögensabzug durch den Alleingesellschafter vorzubeugen, vgl. BGHZ 173, 246 (251); vgl. zu dieser Rechtsprechungsentwicklung *Tröger/Dangelmayer* ZGR 2011, 558 (563 ff.). Für den Aktienkonzern soll es ungeachtet dieses Rechtsprechungswandels aufgrund der bestehenden Unterschiede zwischen Einpersonen-GmbH und Aktiengesellschaft bei den ursprünglichen Haftungsgrundsätzen und damit bei einer analogen Anwendung der §§ 302, 303 AktG bleiben, vgl. zum Ganzen *Emmerich* in: Emmerich/Habersack, Konzernrecht, § 28 Rn. 1 ff.; kritisch zur Anwendung bei der Aktiengesellschaft hingegen *Altmeppen* in: MK-AktG, Anhang zu § 317 AktG Rn. 13 ff. mit Hinweis auf das in der Praxis kaum notwendige Abweichen von den Regelungen der §§ 311 ff. AktG.
178 *Theisen* Der Konzern, S. 56; *Saenger* Gesellschaftsrecht, Rn. 968; *Emmerich* in: Emmerich/Habersack, Konzernrecht, § 11 Rn. 6; a.A. wohl *Kremer/Klahold* ZGR 2010, 113 (122).
179 So *Saenger* Gesellschaftsrecht, Rn. 977; *Liebscher* GmbH-Konzernrecht, Rn. 304.

über der Geschäftsführung.[180] Sofern dennoch auch im Bereich der GmbH Beherrschungsverträge abgeschlossen werden, dient dies vor allem der Umgehung der aufwendigen Einflussnahme durch die förmliche Gesellschafterversammlung sowie der Erreichung der körperschaftssteuerrechtlichen Privilegien aus der Organschaft gem. §§ 14, 17 KStG.[181] Die weitgehenden Einflussmöglichkeiten der Gesellschafter im Rahmen einer GmbH auch ohne Beherrschungsvertrag führen jedoch zum Vorliegen anderer Grundvoraussetzungen im Vergleich zum faktischen Konzern betreffend eine beherrschte Aktiengesellschaft. Aufgrund dieser unterschiedlichen Ausgangslagen scheidet damit auch die analoge Anwendung des § 311 AktG aus, der von einer grundsätzlichen Weisungsunabhängigkeit des Vorstandes ausgeht.[182] An die Stelle der Kodifizierungen betreffend den faktischen Aktienkonzern tritt insbesondere die allgemeine Treuepflicht der Gesellschafter einer GmbH gegenüber der Gesellschaft, bei deren Verletzung im Ergebnis ein Schadensersatzanspruch aus § 280 Abs. 1 BGB in Betracht kommt.[183]

69 Liegt ein Beherrschungsvertrag oder eine Eingliederung vor, ist die Konzernvermutung aus § 18 Abs. 1 S. 2 AktG unwiderlegbar. Die Vermutung des § 18 Abs. 1 S. 3 AktG für das Vorliegen eines faktischen Konzerns kann hingegen widerlegt werden. Erforderlich ist dann der Nachweis des Fehlens einer einheitlichen Leitung. Zu beachten ist aber, dass wesentliche Rechtsfolgen – wie etwa die Anwendbarkeit der §§ 311 ff. AktG – sich bereits aus dem Vorliegen der Abhängigkeit gem. § 17 Abs. 1 AktG ergeben, das Vorliegen eines faktischen Konzerns i.S.d. § 18 Abs. 1 S. 1 AktG damit diesbezüglich ohnehin nicht erforderlich ist.[184]

2. Gleichordnungs- und Unterordnungskonzern

70 Neben Vertragskonzernen, der Eingliederung und faktischen Konzernen kann zudem zwischen Gleichordnungs- und Unterordnungskonzernen unterschieden werden. Während es sich bei Unterordnungskonzernen um den Regelfall einer Unternehmensverbindung zwischen beherrschendem und beherrschtem Unternehmen handelt, existiert in einem Gleichordnungskonzern gem. § 18 Abs. 2 AktG zwar eine einheitliche Leitung, aber keine Abhängigkeit zwischen den Beteiligten.[185] So

---

180 Vgl. hierzu auch *Saenger* Gesellschaftsrecht, Rn. 977. Vgl. zur Leitungsmacht bei faktischen GmbH-Konzernverbindungen auch unten Rn. 81 ff.
181 *Saenger* Gesellschaftsrecht, Rn. 977; *Drygala/Staake/Szalai* Kapitalgesellschaftsrecht, § 32 Rn. 61; *Emmerich* in: Emmerich/Habersack, Konzernrecht, § 32 Rn. 7.
182 *Habersack* in: Emmerich/Habersack, Konzernrecht, § 29 Rn. 7.
183 BGHZ 65, 15 (18 f.); *Saenger* Gesellschaftsrecht, Rn. 979; *Habersack* in: Emmerich/Habersack, Konzernrecht, § 29 Rn. 7; *Drygala/Staake/Szalai* Kapitalgesellschaftsrecht, § 31 Rn. 62.
184 Siehe hierzu bereits oben Rn. 50 ff.
185 *Koch* in: Hüffer, § 18 AktG Rn. 20; *Maier-Reimer* in: Henssler/Strohn, § 18 AktG Rn. 9; *Emmerich* in: Emmerich/Habersack, Konzernrecht, § 4 Rn. 30; *Saenger* Gesellschaftsrecht, Rn. 943.

ist etwa denkbar, dass den beteiligten Unternehmen ein sofortiges Kündigungsrecht zusteht, um die Unterwerfung unter eine einheitliche Leitung jederzeit und kurzfristig lösen zu können.[186]

Um eine Abgrenzung dieser eher seltenen Erscheinung zu gewöhnlichen Kooperationsverhältnissen zu ermöglichen, werden hierbei an die einheitliche Leitung besonders hohe Anforderungen gestellt.[187] So genügt auch den Vertretern eines weiten Konzernverständnisses anders als beim Unterordnungskonzern nicht lediglich die einheitliche Leitung in einzelnen, wesentlichen unternehmerischen Bereichen.[188] Erforderlich ist vielmehr auch nach dieser Ansicht hier eine einheitliche Leitung der gesamten Unternehmung. Anderenfalls wäre schnell jedes Kartell als Gleichordnungskonzern zu qualifizieren.[189]   71

V. Wechselseitig beteiligte Unternehmen gem. § 19 AktG

Geregelt werden schließlich in § 19 AktG noch die Beziehungen wechselseitig beteiligter Unternehmen. Gegenstand entsprechender Konstellationen können nach dem ausdrücklichen Wortlaut der Norm lediglich Kapitalgesellschaften sein.[190] Gem. § 19 Abs. 1 S. 1 AktG handelt es sich dabei um Unternehmen, denen je mindestens 25 % der Anteile des anderen Unternehmens gehören. Sofern kein Unternehmen die Mehrheit der Anteile eines anderen Unternehmens hält und auch sonst kein Abhängigkeitsverhältnis besteht, so ist von einfachen wechselseitigen Beziehungen die Rede.[191] Folge ist die Anwendbarkeit des § 328 AktG, der den Zweck verfolgt, die Rechte aus dem 25 % der Anteile übersteigenden Anteilsbesitz und damit den Einfluss zu beschränken.[192] Ist jedoch eines der beteiligten Unternehmen abhängig von dem anderen Unternehmen (§ 19 Abs. 2 AktG) oder sind gar beide Unternehmen voneinander abhängig (§ 19 Abs. 3 AktG), so werden diese als quali-   72

---

186 *Emmerich* in: Emmerich/Habersack, Konzernrecht, § 4 Rn. 34.
187 Vgl. zur vergleichsweise geringen Bedeutung des Gleichordnungskonzerns *Kerssenbrock* in: Kessler/Kröner/Köhler, § 2 Rn. 90; *Schücking* in: MünchHdb GesR I, § 4 Rn. 92; *Krieger* in: MünchHdb GesR IV, § 68 Rn. 79; einschränkend hingegen *Bayer* in: MK-AktG, § 18 AktG Rn. 49, der auf die in letzter Zeit veränderte Einschätzung der Bedeutung – gerade im Bereich der Versicherungswirtschaft – hinweist.
188 Vgl. etwa *Maier-Reimer* in: Hensler/Strohn, § 18 AktG Rn. 9; *Schall* in: Spindler/Stilz, § 18 AktG Rn. 15; *Emmerich* in: Emmerich/Habersack, Konzernrecht, § 4 Rn. 33.
189 *Emmerich* in: Emmerich/Habersack, Konzernrecht, § 4 Rn. 33; ferner auch *Maier-Reimer* in: Hensler/Strohn, § 18 AktG Rn. 9.
190 Vgl. insofern auch *Bayer* in: MK-AktG, § 19 AktG Rn. 22.
191 *Krieger* in: MünchHdb GesR IV, § 68 Rn. 95; *Emmerich* in: Emmerich/Habersack, Konzernrecht, § 5 Rn. 1; *Bayer* in: MK-AktG, § 19 AktG Rn. 19; *Maier-Reimer* in: Hensler/Strohn, § 19 AktG Rn. 3.
192 *Emmerich* in: Emmerich/Habersack, Konzernrecht, § 5 Rn. 15.

fiziert wechselseitig beteiligte Unternehmen bezeichnet.[193] Anders als im Rahmen des § 17 Abs. 2 AktG führt das Vorliegen einer Mehrheitsbeteiligung hier zur unwiderlegbaren Vermutung der Abhängigkeit.[194] Folge für entsprechende Unternehmensverbindungen ist dann die Anwendbarkeit der für Abhängigkeitsverhältnisse üblichen Bestimmungen, die Regelung des § 328 AktG wird nach § 19 Abs. 4 AktG verdrängt.[195]

73 Wechselseitige Beziehungen sind dabei keinesfalls auf Verbindungen zwischen zwei Unternehmen beschränkt.[196] Denkbar sind vielmehr auch ringförmige oder zirkuläre Beteiligungen, an denen mehrere Gesellschaften mitwirken.[197] Gleichwohl auch hier nur begrenzt auf valides statistisches Material zurückgegriffen werden kann, wird von einer relativ weiten Verbreitung entsprechender Beziehungen ausgegangen.[198]

C. Auswirkungen auf den unternehmerischen Pflichten- und Haftungsumfang

74 Unternehmensverbindungen und die entstehenden Rechtsfolgen stellen nach alledem – entgegen der Bedeutung von Konzernen in der Rechtstatsächlichkeit – etwas grundsätzlich Untypisches im Hinblick auf die deutsche Gesellschaftsrechtsordnung dar. Denn unser Gesellschaftsrechtssystem geht grundsätzlich von eigenständigen Gesellschaften aus, die im Wesentlichen verpflichtet sind, ihren eigenen Interessen zu dienen und damit unabhängig und eigenständig auftreten.[199] Unternehmensverbindungen durchbrechen diese Grundsätze an zahlreichen Stellen und modifizieren damit die klassischen Leitungs- und Verantwortungsprinzipien.

---

193 *Emmerich* in: Emmerich/Habersack, Konzernrecht, § 5 Rn. 1; *Bayer* in: MK-AktG, § 19 AktG Rn. 20 f.; *Maier-Reimer* in: Hensler/Strohn, § 19 AktG Rn. 4 f.
194 *Koch* in: Hüffer, § 19 AktG Rn. 4; *Saenger* Gesellschaftsrecht, Rn. 944. *Maier-Reimer* in: Hensler/Strohn, § 19 AktG Rn. 4 f. weist indes darauf hin, die unwiderlegliche Vermutung könne nicht auch beidseitig qualifiziert wechselseitige Beteiligungen umfassen, da gegenseitige Abhängigkeit denkmöglich sei. Insofern liege in diesem Fall eine Fiktion vor, die für beide beteiligten Unternehmen die Geltung der Vorschriften sowohl für beherrschte wie auch für herrschende Unternehmen anordne.
195 *Krieger* in: MünchHdb GesR IV, § 68 Rn. 110; *Emmerich* in: Emmerich/Habersack, Konzernrecht, § 5 Rn. 1; *Saenger* Gesellschaftsrecht, Rn. 944.
196 Anders im Fall fehlender Abhängigkeit, vgl. *Krieger* in: MünchHdb GesR IV, § 68 Rn. 98.
197 So explizit *Emmerich* in: Emmerich/Habersack, Konzernrecht, § 5 Rn. 2. Vgl. auch *Saenger* Gesellschaftsrecht, Rn. 944.
198 Vgl. hierzu *Emmerich* in: Emmerich/Habersack, Konzernrecht, § 5 Rn. 3.
199 *Saenger* Gesellschaftsrecht, Rn. 925; *Eschenbruch* Konzernhaftung, Rn. 2003. Vgl. hierzu auch bereits oben Rn. 40.

I. Konzernleitungsmacht und -pflicht

Deutlich wird dies vor allem beim Vertragsaktienkonzern i.S.d. § 18 Abs. 1 S. 2 AktG, der auf dem Abschluss eines Beherrschungsvertrages basiert.

1. Möglichkeiten der Konzernleitung

Wie gezeigt verdrängt dort das Weisungsrecht gem. § 308 Abs. 1 AktG die grundsätzliche Unabhängigkeit des Vorstandes einer Aktiengesellschaft gem. § 76 Abs. 1 AktG.[200] Die Obergesellschaft erlangt damit an dieser Stelle eine Konzernleitungsmacht.[201] Allerdings wird die Leitungsmacht des Vorstandes dadurch lediglich eingeschränkt, nicht aber aufgehoben.[202] Erteilt die Obergesellschaft keine Weisungen oder sind diese unzulässig, so bleibt es bei der unabhängigen Leitung gem. § 76 Abs. 1 AktG.[203] Damit kommt der Prüfungspflicht des Vorstandes der abhängigen Gesellschaft betreffend die Zulässigkeit von Weisungen erhebliche Bedeutung zu.[204] Die Unzulässigkeit ergibt sich allerdings nicht bereits aus der Nachteilhaftigkeit einer Weisung. Denn auch eine nachteilige Weisung kann gem. § 308 Abs. 1 S. 2 AktG zulässig sein, solange sie dem Konzerninteresse dient.[205] Daneben dürfen Weisungen nicht rechts- und sittenwidrig sein oder aber der Satzung des Unternehmens widersprechen.[206] Ist dies gegeben, sind die Weisungen für den Vorstand der abhängigen Gesellschaft gem. § 308 Abs. 2 S. 1 AktG bindend. Als Korrektiv dient die Regelung des § 309 AktG, die den Organen der herrschenden Gesellschaft besondere Pflichten auferlegt. So macht sich der Vorstand der Obergesellschaft gem. § 309 Abs. 1, Abs. 2 S. 1 AktG haftbar, wenn er im Rahmen einer Weisung nicht die Sorgfalt eines ordentlichen und gewissenhaften Geschäftsleiters anwendet.

Das Weisungsrecht des § 308 Abs. 1 AktG besteht dabei grundsätzlich nur zwischen Gesellschaften, die untereinander einen Beherrschungsvertrag abgeschlossen haben. Existieren etwa in einem Verhältnis Muttergesellschaft zur Enkelgesell-

---

200 Vgl. bereits oben Rn. 65.
201 *Habersack* in: Emmerich/Habersack, Konzernrecht, § 24 Rn. 17.
202 *Bödeker* in: Henssler/Strohn, § 308 AktG Rn. 15; *Emmerich* in: Emmerich/Habersack, Konzernrecht, § 23 Rn. 45.
203 Vgl. für den Vertragskonzern *Emmerich* in: Emmerich/Habersack, Konzernrecht, § 11 Rn. 43; sowie entsprechend für die Eingliederung *Habersack* in: Emmerich/Habersack, Konzernrecht, § 10 Rn. 53. In Anlehnung zur Terminologie des Staatsorganisationsrechts lässt sich insofern von einer konkurrierenden Leitungsmacht der Konzernspitze sprechen.
204 Vgl. hierzu *Emmerich* in: Emmerich/Habersack, Konzernrecht, § 23 Rn. 47.
205 *Bödeker* in: Henssler/Strohn, § 308 AktG Rn. 11; *Emmerich* in: Emmerich/Habersack, Konzernrecht, § 23 Rn. 1; *Saenger* Gesellschaftsrecht, Rn. 971; *Krieger* in: MünchHdb GesR IV, § 70 Rn. 148; *Kuhlmann/Ahnis* Konzern- und Umwandlungsrecht, Rn. 592.
206 *Bödeker* in: Henssler/Strohn, § 308 AktG Rn. 12; *Emmerich* in: Emmerich/Habersack, Konzernrecht, § 23 Rn. 35 ff.

schaft Beherrschungsverträge nur jeweils mit der Tochtergesellschaft, so kommt eine direkte Weisung der Mutter- an die Enkelgesellschaft nach herrschender Ansicht nicht in Betracht.[207] Vielmehr soll die Muttergesellschaft darauf beschränkt sein, den Vertretern der Tochtergesellschaft anzuweisen, ihrerseits eine Weisung an die Enkelgesellschaft zu erteilen.[208]

78 Darüber hinaus können Weisungen gem. § 308 Abs. 1 AktG grundsätzlich nur gegenüber dem Vorstand des beherrschten Unternehmens erteilt werden.[209] Eine direkte Weisung gegenüber nachgeordneten Mitarbeitern scheidet damit grundsätzlich aus.[210] Allerdings können entsprechende Rechte mit Zustimmung des Tochtervorstandes vertraglich gesondert vereinbart werden.[211] Hinsichtlich des Umfangs erstreckt sich das Weisungsrecht dabei auf den gesamten Leitungsbereich des Vorstandes gem. § 76 Abs. 1 AktG.[212] Die Vertretung der abhängigen Gesellschaft verbleibt jedoch Aufgabe ihrer Organe gem. § 78 AktG.[213]

79 Entsprechendes gilt für die Eingliederung. Das Weisungsrecht ergibt sich hier aus § 323 Abs. 1 S. 1 AktG. Nach §§ 323 Abs. 1 S. 2, 308 Abs. 2 S. 1 AktG sind auch in diesem Fall die Weisungen für den Vorstand der eingegliederten Gesellschaft bindend. Da es bei der Eingliederung keine Minderheitsaktionäre gibt und auch die Interessen der Gläubiger durch die Gläubigerschutz- und Haftungsregelungen der §§ 321, 322 AktG ausreichend gewahrt sind, ist das Vorliegen eines Konzerninteresses i.S.d. § 308 Abs. 1 AktG für die Zulässigkeit der Weisung im Rahmen der Eingliederung nicht erforderlich.[214] Hinsichtlich der Sorgfaltsanforderungen gelten jedoch die Bestimmungen der §§ 309, 310 AktG gem. § 323 Abs. 1 S. 2 AktG sinngemäß.[215]

---

207 *Bödeker* in: Henssler/Strohn, § 308 AktG Rn. 3; *Kuhlmann/Ahnis* Konzern- und Umwandlungsrecht, Rn. 597; *Krieger* in: MünchHdb GesR IV, § 70 Rn. 152; a.A. jedoch *Altmeppen* in: MK-AktG, § 308 AktG Rn. 29.
208 Zum Ganzen *Emmerich* in: Emmerich/Habersack, Konzernrecht, § 23 Rn. 6.
209 *Bödeker* in: Henssler/Strohn, § 308 AktG Rn. 6; *Krieger* in: MünchHdb GesR IV, § 70 Rn. 146; *Emmerich* in: Emmerich/Habersack, Konzernrecht, § 23 Rn. 11.
210 *Bödeker* in: Henssler/Strohn, § 308 AktG Rn. 6; *Koch* in: Hüffer, § 308 AktG Rn. 7; *Kuhlmann/Ahnis* Konzern- und Umwandlungsrecht, Rn. 599. Gleiches gilt gegenüber Aufsichtsrat und Hauptversammlung der beherrschten Gesellschaft, vgl. *Krieger* in: MünchHdb GesR IV, § 70 Rn. 145; *Raiser/Veil* Recht der Kapitalgesellschaften, § 54 Rn. 3, 42.
211 *Drygala/Staake/Szalai* Kapitalgesellschaftsrecht, § 32 Rn. 25.
212 *Bödeker* in: Henssler/Strohn, § 308 AktG Rn. 10; *Krieger* in: MünchHdb GesR IV, § 70 Rn. 146; *Emmerich* in: Emmerich/Habersack, Konzernrecht, § 23 Rn. 22; *Koch* in: Hüffer, § 308 AktG Rn. 12.
213 *Emmerich* in: Emmerich/Habersack, Konzernrecht, § 23 Rn. 17.
214 *Wilsing* in: Henssler/Strohn, § 323 AktG Rn. 2; *Emmerich* in: Emmerich/Habersack, Konzernrecht, § 23 Rn. 52; *Kuhlmann/Ahnis* Konzern- und Umwandlungsrecht, Rn. 883.
215 *Kuhlmann/Ahnis* Konzern- und Umwandlungsrecht, Rn. 883.

Im faktischen Aktienkonzern und in den Fällen der bloßen Abhängigkeit gem. § 17 Abs. 1 AktG ist ein derartiges Weisungsrecht nicht vorgesehen.[216] Zwar kann das herrschende Unternehmen auch hier versuchen, Einfluss auf die Leitung des abhängigen Unternehmens zu nehmen. Allerdings ist der Vorstand der abhängigen Gesellschaft dabei nicht verpflichtet, entsprechenden Anweisungen Folge zu leisten.[217] Dem Vorstand steht es vielmehr frei, die Vorstellungen der Obergesellschaft umzusetzen.[218] Um auch im Rahmen der Begriffsverwendung diese Unterschiede zu betonen, wird im Gesetz anstelle der verbindlichen Weisung von einer Veranlassung gesprochen.[219] Der Vorstand der beherrschten Gesellschaft kann dabei auch für die eigene Gesellschaft nachteiligen Veranlassungen entsprechen, sofern die Obergesellschaft die hierdurch entstehenden Nachteile gem. § 311 Abs. 1 AktG ausgleicht.[220] Findet ein entsprechender Ausgleich nicht statt, ist die Obergesellschaft gem. § 317 Abs. 1 S. 1 AktG zum Ersatz des entstandenen Schadens verpflichtet.[221]

80

Abseits der Fälle beherrschter Aktiengesellschaften und Kommanditgesellschaften auf Aktien gelten für den Fall beherrschter Gesellschaften mit beschränkter Haftung wie gezeigt besondere Bestimmungen. Auch ohne dem Vorliegen eines Beherrschungsvertrages bestehen hier schon weitreichende Einflussmöglichkeiten der Gesellschafter, insbesondere durch die Möglichkeiten der Weisungen im Rahmen der Gesellschafterversammlung gem. § 37 GmbHG.[222] Die damit verbundenen Rechte der Gesellschafter beziehen sich nicht nur auf generelle Weisungen, sondern können auch die Umsetzung konkreter Maßnahmen betreffen.[223] Im Falle verbundener

81

---

216 *Krieger* in: MünchHdb GesR IV, § 69 Rn. 23; *Habersack* in: Emmerich/Habersack, Konzernrecht, § 25 Rn. 3.
217 *Krieger* in: MünchHdb GesR IV, § 69 Rn. 28.
218 *Habersack* in: Emmerich/Habersack, Konzernrecht, § 24 Rn. 17, § 25 Rn. 40.
219 *Habersack* in: Emmerich/Habersack, Konzernrecht, § 25 Rn. 2 ff.
220 *Habersack* in: Emmerich/Habersack, Konzernrecht, § 25 Rn. 41 ff. Den Vorstand der abhängigen Gesellschaft trifft insofern eine Prüfungspflicht, vgl. *Krieger* in: MünchHdb GesR IV, § 69 Rn. 28.
221 Kommt die herrschende Gesellschaft ihrer Ausgleichspflicht nicht nach, wird der Vorstand der abhängigen Gesellschaft nachteiligen Veranlassungen künftig nur noch gegen sofortigen Nachteilsausgleich folgen dürfen, vgl. *Habersack* in: Emmerich/Habersack, Konzernrecht, § 25 Rn. 43.
222 Vgl. *Altmeppen* in: Roth/Altmeppen, § 37 GmbHG Rn. 3; *Jacoby* in: Bork/Schäfer, § 37 GmbHG Rn. 10; *U. Schneider/S. Schneider* in: Scholz, § 37 GmbHG Rn. 37; *Lenz* in: Michalski, § 37 GmbHG Rn. 16; *Stephan/Tieves* in: MK-GmbHG, § 37 GmbHG Rn. 115; *Koppensteiner/Gruber* in: Rowedder/Schmidt-Leithoff, § 37 GmbHG Rn. 26; *Zöllner/Noack* in: Baumbach/Hueck, § 37 GmbHG Rn. 20; *Emmerich* in: Emmerich/Habersack, Konzernrecht, § 32 Rn. 7.
223 *U. Schneider/S. Schneider* in: Scholz, § 37 GmbHG Rn. 37; *Schmidt* in: Ensthaler/Füller/Schmidt, § 37 GmbHG Rn. 7; *Stephan/Tieves* in: MK-GmbHG, § 37 GmbHG Rn. 115; *Koppensteiner/Gruber* in: Rowedder/Schmidt-Leithoff, § 37 GmbHG Rn. 26; *Kleindiek* in: Lutter/Hommelhoff, § 37 GmbHG Rn. 17; *Zöllner/Noack* in: Baumbach/Hueck, § 37 GmbHG Rn. 20.

Unternehmen stehen sie damit dem herrschenden Gesellschafter zur Verfügung.[224] Sofern ein Alleingesellschafter handelt, ist dabei auch nicht die Herbeiführung eines Gesellschafterbeschlusses erforderlich.[225] Mit den Worten des BGH wäre die Herbeiführung eines Beschlusses dann eine „nutzlose Förmelei".[226] Die entsprechende Anwendung der §§ 311 ff. AktG scheidet insofern aus, da diese Regelungen von der grundsätzlich unabhängigen Geschäftsleitung einer Aktiengesellschaft ausgehen.[227] An die Stelle der Regelungen im Aktiengesetz treten vielmehr die durch den BGH entwickelten, mitgliedschaftlichen Treuepflichten.[228] Im Kern liegt darin vor allem ein generelles Schädigungsverbot des herrschenden Unternehmens, das jede schädigende Einflussnahme auf die abhängige Gesellschaft verbietet. In diesem Rahmen besteht auch keine Möglichkeit eines Nachteilsausgleichs analog § 311 Abs. 2 AktG, um die Zulässigkeit schädigender Einflussnahmen herzustellen.[229]

82 Gleichwohl damit die Möglichkeiten der Einflussnahme bei Gesellschaften mit beschränkter Haftung ohnehin weitreichend sind, werden Beherrschungsverträge damit nicht entbehrlich. Sie ermöglichen insbesondere direkte Weisungen an die Geschäftsführung und machen – jedenfalls im Falle mehrerer Gesellschafter – Umwege über Gesellschafterversammlungen überflüssig.[230] Daneben entsteht erst durch den Beherrschungsvertrag die Möglichkeit nachteiliger Weisungen analog § 308 AktG, denen sonst wie gezeigt das allgemeine Schädigungsverbot entgegensteht.[231]

2. Pflicht zur Konzernleitung

83 Die geschilderten Möglichkeiten der Einflussnahme auf untergeordnete Gesellschaften begründen jedoch nicht zwingend zugleich die gleichlaufende Pflicht, die entsprechenden Möglichkeiten auszuschöpfen. Bei der Beurteilung der Frage nach der Konzernleitungspflicht der Geschäftsleitung einer Obergesellschaft muss dabei unterschieden werden zwischen Pflichten der Geschäftsleitung, die ihr gegenüber den nachgeordneten Gesellschaften obliegen und solchen, die sie gegenüber ihrer eigenen – und damit der herrschenden Gesellschaft – wahrzunehmen hat.

---

224 *Altmeppen* in: Roth/Altmeppen, § 37 GmbHG Rn. 12.
225 *U. Schneider/S. Schneider* in: Scholz, § 37 GmbHG Rn. 38; *Lenz* in: Michalski, § 37 GmbHG Rn. 16; *Jacoby* in: Bork/Schäfer, § 37 GmbHG Rn. 10.
226 *BGH* NJW 2010, 64 (64).
227 *Habersack* in: Emmerich/Habersack, Konzernrecht, § 29 Rn. 6; *Saenger* Gesellschaftsrecht, Rn. 958.
228 Vgl. hierzu bereits oben letzte Fn. zu Rn. 68.
229 *Habersack* in: Emmerich/Habersack, Konzernrecht, § 30 Rn. 11.
230 *Emmerich* in: Emmerich/Habersack, Konzernrecht, § 32 Rn. 7; *Saenger* Gesellschaftsrecht, Rn. 977.
231 *Emmerich* in: Emmerich/Habersack, Konzernrecht, § 32 Rn. 7. Daneben sprechen vor allem steuerliche Privilegien für die Begründung eines Vertragskonzerns auch betreffend eine GmbH.

a) Pflicht zur Konzernleitung gegenüber der abhängigen Gesellschaft

Die Pflicht zur Wahrnehmung der Leitungsmöglichkeiten gegenüber der abhängigen Gesellschaft wird von der heute h.M. abgelehnt.[232] Offensichtlich ist dies für die Fälle, in denen auch eine rechtlich begründete Leitungsmacht der Obergesellschaft nicht gegeben ist, wie etwa bei faktischen Konzernverhältnissen. Denn wo schon kein fundiertes Recht zum Tätigwerden besteht, kann auch keine Pflicht begründet sein. Doch auch bei Vorliegen entsprechender Leitungsmöglichkeiten – wie etwa im Rahmen eines Beherrschungsvertrages – werden entsprechende Pflichten zur Erteilung von Weisungen abgelehnt.[233] Als Begründung wird insbesondere der Wortlaut des Gesetzes angeführt, der den Organen der herrschenden Gesellschaft zwar gestattet, Weisungen zu erteilen, dies aber nicht verlangt.[234]

84

b) Pflicht zur Konzernleitung gegenüber der eigenen Gesellschaft

Anders wird die Frage jedoch beurteilt, sofern es um die Ausschöpfung der Leitungsmacht als Pflicht gegenüber der eigenen Gesellschaft geht. Zu den Grundpflichten der Geschäftsführungsorgane gehört die Nutzung aller Möglichkeiten, die das Wohl des eigenen Unternehmens fördern.[235] Dazu gehört auch die Möglichkeit der Nutzung der Instrumente, die hinsichtlich der Beteiligung an anderen Unternehmen bestehen.[236] Wie weit die daraus resultierenden Pflichten reichen, ist in der Literatur höchst umstritten.

85

aa) Keine umfassende Konzernleitungspflicht

Die Diskussion um Bestehen und Reichweite der Konzernleitungspflicht wurde dabei maßgeblich befeuert durch die 1982 veröffentlichte Habilitationsschrift *Hommelhoffs*. Die Untersuchung ist noch heute Referenz für eine Ansicht, nach der aus den Möglichkeiten der Einflussnahme durch die Organe einer Konzernobergesellschaft auch parallele bzw. entsprechend weit reichende Pflichten entstehen; mit an-

86

---

232 *Bödeker* in: Henssler/Strohn, § 309 AktG Rn. 6; *Altmeppen* in: MK-AktG, § 311 AktG Rn. 400; *Langenbucher* in: Schmidt/Lutter, § 291 AktG Rn. 42; *Emmerich* in: Emmerich/Habersack, Aktien- und GmbH-Konzernrecht, § 308 AktG Rn. 34; *Krieger* in: MünchHdb GesR IV, § 70 Rn. 155; *Wellhöfer* in: Wellhöfer/Peltzer/Müller, § 4 Rn. 379; *Fleischer* CCZ 2008, 1 (3); *Lang* Corporate Compliance, S. 187 ff.
233 Für den Vertragskonzern *Altmeppen* in: MK-AktG, § 309 AktG Rn. 52; *Emmerich* in: Emmerich/Habersack, Konzernrecht, § 23 Rn. 19; *Epe/Liese* in: Hauschka, § 10 Rn. 185. Für die Eingliederung *Habersack* in: Emmerich/Habersack, Konzernrecht, § 10 Rn. 53.
234 *Spindler* WM 2008, 905 (915).
235 Vgl. nur *BGH* NJW 1986, 584 (585); *BGH* NJW-RR 1989, 1255 (1257); *Schmidt* JuS 2013, 462 (463); ferner auch *Fleischer* in: Fleischer, § 9 Rn. 23; *Sieg/Zeidler* in: Hauschka, § 4 Rn. 1.
236 *Koch* in: Hüffer, § 76 AktG Rn. 21; *Fleischer* in: Fleischer, § 18 Rn. 7; *Spindler* WM 2008, 905 (915). Für die GmbH *Drygala/Leinekugel* in: Oppenländer/Trölitzsch, § 42 Rn. 74.

deren Worten soll das Recht zur Konzernleitung in gleichem Ausmaß auch eine Pflicht zur Konzernleitung begründen.[237] Folgen soll diese weitgehende Pflicht aus der Regelung des § 76 Abs. 1 AktG, die vom Vorstand einer Muttergesellschaft die Ausschöpfung aller Möglichkeiten, und damit auch solche aus einer Kapitalbeteiligung verlangt.[238] Die hieraus resultierenden Pflichten sollen so weit reichen, dass der Vorstand einer Obergesellschaft die Tochtergesellschaften zu einem Konzern zusammenführen und sie bis in alle Einzelheiten zu lenken hat.[239] Gleichwohl der Arbeit *Hommelhoffs* bis heute große Beachtung geschenkt wird, konnte sich diese restriktive Ansicht in der Rechtswissenschaft nicht durchsetzen.[240] Verwiesen wird dabei auf die Konzeption des Aktienrechts, das eben auch Abhängigkeitsverhältnisse ohne Vorliegen einer einheitlichen Leitung ausdrücklich vorsieht.[241] Gerade dieses Abhängigkeitsverhältnis nehmen zahlreiche Normen jedoch zur Grundlage weitergehender Regelungen.[242] Die damit bestehende, große Bedeutung der Abhängigkeit i.S.d. § 17 Abs. 1 AktG sei nur schwer nachvollziehbar, sollte es sich dabei um

---

237 *Hommelhoff* Konzernleitungspflicht, S. 79: „Es ist nach allem der sich in die abhängige Untergesellschaft hineinverlängernde Zweck der Obergesellschaft, der aus dem schlichten Beteiligungsverhältnis ein Konzernverhältnis, aus der *Obergesellschaft die Konzernspitze* und aus der *Untergesellschaft die Konzerntochter* formt. Nicht etwa in das freie Belieben der Vorstandsmitglieder der Obergesellschaft ist es gestellt, sondern im allgemeinen Gesellschaftsrecht liegt es begründet, daß *der Vorstand der Obergesellschaft Konzernvorstand* ist. Und genau das entspricht dem Selbstverständnis der Praxis."

238 *Hommelhoff* Konzernleitungspflicht, S. 45: „Aus der Verpflichtung des Vorstands auf den Zweck der Gesellschaft lassen sich gewichtige Argumente für seine Rechtspflicht gewinnen, dargebotene Herrschaftsmacht in der Untergesellschaft auch tatsächlich auszuüben."

239 *Hommelhoff* Konzernleitungspflicht, S. 417 ff.: „Der Vorstand ist daher nach § 76 I AktG verpflichtet, die Aktivitäten und Ressourcen, auf die er in beiden Gesellschaften Einfluß nehmen kann, unter seiner einheitlichen Leitung zusammenzufassen. Der Vorstand ist zur Konzernleitung verpflichtet; er selbst ist Konzernvorstand; seine Gesellschaft Konzernspitze." Ein trotz Leitungsmacht gewährter Autonomiefreiraum der Geschäftsleitung eines Tochterunternehmens stehe „nicht im Einklang mit dem Leitungsauftrag, den das Gesetz dem Konzernvorstand in § 76 I AktG erteilt: Es verpflichtet ihn, die Konzernpolitik ebenso in den eigenen Händen zu behalten, wie die konzernprägenden Maßnahmen selbst zu treffen. Im übrigen muß er das gesamte Konzerngeschehen bis in alle Einzelheiten der Tochteraktivitäten hinein durch seine Vorgaben leiten, die Durchführungen seiner Entscheidungen kontrollieren und gegebenenfalls lenkend eingreifen."

240 Vgl. nur *Koch* in: Hüffer, § 76 AktG Rn. 47; *Spindler* in: MK-AktG, § 76 AktG Rn. 42 ff.; *ders.* WM 2008, 905 (915); *Langenbucher* in: Schmidt/Lutter, § 291 AktG Rn. 40; *Veil* in: Spindler/Stilz, § 309 AktG Rn. 17; *Habersack* in: Emmerich/Habersack, Aktien- und GmbH-Konzernrecht, § 311 AktG Rn. 11; *Grundmeier* Rechtspflicht, S. 111.

241 *Fleischer* in: Fleischer, § 18 Rn. 11; *Bayer* in: MK-AktG, § 18 AktG Rn. 21.

242 Vgl. insofern bereits oben Rn. 50 ff.

einen eigentlich rechtswidrigen Zustand handeln.[243] Und für nichts anderes plädiere die strikte Auffassung *Hommelhoffs*, wenn dieser fordere, die bloße Herrschaftsmacht i.S.d. § 17 Abs. 1 AktG müsse stets zur Konzernleitung verdichtet werden.[244] Damit werde stets die Schaffung von Konzernverbindungen i.S.d. § 18 Abs. 1 AktG verlangt, der Zustand der bloßen Abhängigkeit ohne Vorliegen einheitlicher Leitung sei damit auf Dauer unzulässig.[245]

Überdies soll die Annahme einer umfassenden Konzernleitungspflicht der Systematik der § 311 ff. AktG widersprechen, die für den Fall faktischer Konzernverbindungen vom Erhalt der eigenverantwortlichen Leitung durch den Vorstand der abhängigen Gesellschaft gem. § 76 Abs. 1 AktG ausgehen.[246]

87

bb) Pflicht zur Wahrung der gesellschaftlichen Interessen

Die dargestellten Argumente machen jedoch deutlich, dass sich die Kritik an der umfassenden Konzernleitungspflicht vor allem auf faktische Konzernverbindungen bezieht. Allerdings belassen es auch die Vertreter der Gegenauffassung nicht dabei, eine Konzernleitungspflicht gänzlich abzulehnen. Denn die grundsätzliche Pflicht eines Geschäftsleitungsorgans, sich eröffnende Geschäftschancen zu nutzen – und damit auch solche aus Kapitalbeteiligungen – bleibt auch hier weitestgehend unbestritten.[247] Ob und wie weit hieraus Leitungspflichten folgen, soll indes – und hier liegt der Unterschied zur restriktiven Auffassung *Hommelhoffs* – im pflichtgemäßen Ermessen der Geschäftsführung der Obergesellschaft stehen.[248] Dabei soll es sodann keinesfalls ausgeschlossen sein, dass nach pflichtgemäßen Ermessen eine dezentrale Leitungsstruktur im Rahmen bloßer Abhängigkeitsverhältnisse bestehen darf.[249]

88

Gerade im Falle der faktischen Konzernierung ist dabei zu berücksichtigen, dass Weisungsrechte wie im Rahmen von Beherrschungsverträgen und Eingliederung nicht bestehen. Die insofern verbleibenden Barrieren der rechtlichen Möglichkeit zwingen auch zu entsprechenden Beschränkungen der rechtlichen Pflicht. Denn die Wahrnehmung rechtlich nicht möglicher Maßnahmen kann nicht verlangt werden.

89

---

243 *Huber* Compliance-Pflichten, S. 98; so im Ergebnis auch *Grundmeier* Rechtspflicht, S. 111.
244 Vgl. insofern *Hommelhoff* Konzernleitungspflicht, S. 77.
245 *Huber* Compliance-Pflichten, S. 98.
246 *Huber* Compliance-Pflichten, S. 98 f.
247 Vgl. hierzu *Fleischer* CCZ 2008, 1 (3); *Koch* in: Hüffer, § 76 AktG Rn. 49; *Spindler* WM 2008, 905 (915); *Lang* Corporate Compliance, S. 169.
248 *Hölters* in: Hölters, § 76 AktG Rn. 53; *Spindler* in: MK-AktG, § 76 AktG Rn. 42 ff.; *Koch* in: Hüffer, § 76 AktG Rn. 47; *Langenbucher* in: Schmidt/Lutter, § 291 AktG Rn. 40; *Fleischer* in: Fleischer, § 18 Rn. 14; *Huber* Compliance-Pflichten, S. 125; *Lang* Corporate Compliance, S. 169. Einschränkender für die GmbH *Drygala/Leinekugel* in: Oppenländer/Trölitzsch, § 42 Rn. 74.
249 *Fleischer* CCZ 2008, 1 (3); *Krieger* in: MünchHdb GesR IV, § 69 Rn. 24.

90 Weniger eindeutig ist die Ablehnung der Thesen *Hommelhoffs*, sofern die Konzernleitungspflicht im Rahmen von Vertragskonzernen und der Eingliederung in Rede steht, mithin also in den Konstellationen bestehender Weisungsrechte.[250] Zwar wird auch hier grundsätzlich darauf verwiesen, dass eine umfassende Konzernleitungspflicht zu einer Pflicht der Weisungserteilung führe, was im Wortlaut des § 308 AktG jedoch ausdrücklich nicht angeordnet sei.[251] Die Norm gewähre daher lediglich ein Weisungsrecht, der Rückschluss von Berechtigung auf Verpflichtung sei unzulässig.[252] Dennoch wird ausgehend von den Pflichten aus § 76 Abs. 1 AktG das postulierte Ermessen der Geschäftsleitung der Obergesellschaft bei der Frage, ob sie eine umfassende Konzernleitung etabliere, vielerorts eingeschränkt, wenn auch gleichwohl nicht im Sinne *Hommelhoffs* negiert.[253] Sofern es sich um einen Fall der Eingliederung handelt, wird sich vor dem Hintergrund der Haftung gem. § 322 AktG indes ein Verzicht auf Weisungsmöglichkeiten kaum mehr begründen lassen.[254]

II. Kontroll- und Überwachungspflichten

91 Während damit den Geschäftsführungsorganen einer Konzernobergesellschaft ein Ermessen bei der Frage eingeräumt wird, wie weit Konzernleitungsmaßnahmen reichen müssen, rücken damit in der Folge weitere Pflichten in den Fokus. Denn nicht in völliger Deckung mit der Frage des Eingriffs in die Führung der Tochtergesellschaft ist die Frage zu beantworten, wie weit diese zu kontrollieren und zu überwachen ist. Während also bei der Frage der aktiven Konzernleitung ein Ermessen über die Reichweite der Leitungsmaßnahmen gewährt wird, kann dies nicht gleichermaßen für die Kontroll- und Überwachungspflichten gelten.[255] Aufgrund der Pflicht, das eigene Unternehmen vor Risiken und Schäden zu bewahren, kann die Kontrolle und Überwachung der Tochterunternehmen vielmehr notwendige Voraussetzung des ordnungsgemäßen Ermessens der Leitungsorgane hinsichtlich der aktiven Führung der Tochtergesellschaft durch die Obergesellschaft sein.[256] Sofern Konzernobergesellschaften für Verbindlichkeiten der Untergesellschaften einzustehen ha-

---

250 Vgl. etwa nur *Krieger* in: MünchHdb GesR IV, § 70 Rn. 155; *Fleischer* in: Fleischer, § 18 Rn. 13.
251 *Spindler* WM 2008, 905 (915).
252 *Huber* Compliance-Pflichten, S. 100; im Ergebnis auch *Altmeppen* in: MK-AktG, § 309 AktG, Rn. 52; *Hölters* in: Hölters, § 76 AktG, Rn. 52.
253 *Spindler* in: MK-AktG, § 76 AktG Rn. 42 ff.; *ders.* WM 2008, 905 (915); *Fleischer* in: Fleischer, § 18 Rn. 13; a.A. und damit im Ergebnis wohl zu weit *Haas/Ziemons* in: BeckOK-GmbHG, § 43 GmbHG Rn. 135.
254 *Habersack* in: Emmerich/Habersack, Konzernrecht, § 10 Rn. 53.
255 *Hölters* in: Hölters, § 76 AktG Rn. 54; *Drygala/Staake/Szalai* Kapitalgesellschaftsrecht, § 33 Rn. 6; *Krieger* in: MünchHdb GesR IV, § 69 Rn. 24.
256 Vgl. hierzu auch *Sieg/Zeidler* in: Hauschka, § 3 Rn. 16; *Bürkle* in: Hauschka, § 8 Rn. 77.

ben, ist diese Notwendigkeit der Überwachung evident. Darüber hinaus sind die Interessen der Konzernobergesellschaft und gegebenenfalls weiterer Konzerngesellschaften aber auch abseits von primären Fiskalinteressen zu wahren. So können etwa Pflichtenverstöße und Gesetzesübertretungen nicht nur zu direkten Vermögenseinbußen führen, sondern durch Sekundärschäden wie etwa Reputationsbeeinträchtigungen erhebliche Nachteile für den gesamten Konzernverbund und damit vor allem auch für die Konzernobergesellschaft mit sich bringen.[257] Der Kontrolle und Überwachung von Tochtergesellschaften kommen damit für den Gesamtkonzern, wie aber auch für jede einzelne Konzerngesellschaft – und damit freilich auch für die Konzernobergesellschaft –, erhebliche Bedeutung zu.

Um derartige Risiken zu verhindern, muss bereits abseits von Konzernen auf Ebene eines Einzelunternehmens eine Organisationsstruktur etabliert werden, die Gesetzesübertretungen im eigenen Tätigkeitsbereich verhindert.[258] Unter dem Begriff *Corporate Compliance* wird diese Aufgabe zusammengefasst, die Unternehmen in Deutschland zunehmend beschäftigt und fordert.[259] Ausgangspunkt dieser Entwicklung war der Finanzsektor, wo bereits Anfang der Neunzigerjahre auch deutsche Finanzinstitute mit der Implementierung von Compliance-Organisationen begannen, um die Einhaltung der für Wertpapierdienstleistungen geltenden Regelungen sicherzustellen.[260] Nach der Jahrtausendwende erlangte Compliance dann auch für Unternehmen abseits des Finanzsektors zunehmende Bedeutung. Wesentlicher Entwicklungstreiber waren dabei vor allem für Unternehmen mit Bezug zu den USA Neuregelungen des dort geltenden Kapitalmarktrechts, die in Folge aufsehenerregender Unternehmenszusammenbrüche verabschiedet wurden.[261] Spätestens mit der vielbeachteten Aufdeckung der Korruptionsaffäre um den Siemens-Konzern im Herbst 2006 und deren Folgen rückte Compliance dann auch in Deutschland auf breiter Front und unabhängig von einzelnen, speziell regulierten Branchen in den Fokus von Wissenschaft und Praxis.[262] Gleichwohl die Frage nach der Rechtspflicht zur Implementierung entsprechender Systeme nicht abschließend geklärt ist,[263]

92

---

257 Vgl. hierzu auch *Kremer/Klahold* ZGR 2010, 113 (122, 139); *Fleischer* CCZ 2008, 1 (5).
258 Vgl. nur *Koch* in: Hüffer, § 76 AktG Rn. 11; *Pietzke* CCZ 2010, 45 (50). Zum Ausmaß der insofern gesellschaftsrechtlich begründeten Pflichten siehe ausführlich sogleich.
259 Zur mittlerweile entstandenen Relevanz des Themenkomplexes Compliance siehe ausführlich unten Rn. 221 ff.
260 Vgl. nur *Lösler* NZG 2005, 104 (104); *Bottmann* in: Park, Teil 2 Kapitel 1 Rn. 1. Zu den historischen Ursprüngen der Compliance ausführlich auch *Eufinger* CCZ 2012, 21 (21 f.); *Rotsch* in: Rotsch, Criminal Compliance, § 1 Rn. 17 ff.
261 So trat als Reaktion u.a. auf den vielbeachteten Zusammenbruch des US-Energiekonzerns *Enron* 2002 der Sarbanes-Oxley-Act in Kraft. In der Regelung, die sich neben US-Unternehmen auch an ausländische Prüfungsgesellschaften und ausländische Unternehmen mit einer US-Börsennotierung richtet, wird etwa die Notwendigkeit umfassender interner Kontrollen und Dokumentation festgelegt, vgl. hierzu nur *Hütten/Stromann* BB 2003, 2223 (2223 ff.).
262 Siehe zum Fall Siemens unten Rn. 230 ff.
263 Vgl. nur *Hauschka* in: Hauschka, § 1 Rn. 21 ff.

kann sich nach heute wohl allgemeiner Ansicht kein Unternehmen mehr leisten, den Themenbereich Compliance auszublenden.[264] Getrieben durch umfassende öffentliche Diskussionen und eine stetig sich intensivierende Verfolgungspraxis versuchen Unternehmen, Haftungsrisiken durch die Implementierung entsprechender Präventionsstrukturen zu minimieren.[265]

93 Eine klare Eingrenzung des mit dem Begriff Compliance umfassten Pflichtenkatalogs oder gar dessen dogmatische Verankerung ist trotz einer unübersehbaren Flut an Veröffentlichungen[266] dabei bis heute nicht gelungen, die Schaffung einer neuen und eigenständigen „Schublade" mitunter aber auch gar nicht erforderlich. Derartige Ansätze versuchen, das Phänomen Compliance als neues Rechtsgebiet mit klar umrissener Kontur zu etablieren. Vielmehr aber muss Compliance – und dies deckt sich mit der Umsetzung in Praxis und Wissenschaft gleichermaßen – als Summe der Präventionsmaßnahmen verstanden werden, die Gesetzeskonformität mit Regelungen aus zahlreichen und bisweilen sehr unterschiedlichen Bereichen gewährleisten sollen.[267] Damit wird auch der Weg zur Ermittlung der Rechtsgrundlage von Compliance vorgezeichnet. Denn wenn es dabei um die Aufgabe geht, Gesetzeskonformität als solches herzustellen, dann ist auch „das Gesetz" – in diesem Sinne verstanden als Summe aller Normen des kodifizierten Rechts – als Rechtsgrundlage der Compliance anzusehen.[268] Dennoch ist Compliance weitaus mehr, als das – unspektakuläre, weil selbstverständliche[269] – Gebot, nicht gegen die Rechtsordnung zu verstoßen.[270] Vielmehr gibt Corporate Compliance der Unternehmensleitung auf, durch aktive Maßnahmen eine Struktur zu etablieren, die Übertretungen verhindert

---

264 Vgl. nur *Fett/Theusinger* BB Special 4 (zu BB 2010, Heft 50), 6 (7).
265 Siehe zur Verbreitung von Compliance-Programmen in deutschen Unternehmen später 3. Fn. zu Rn. 222.
266 So auch *Michalke* StV 2011, 245 (245); *Klindt/Pelz/Theusinger* NJW 2010, 2385 (2385); vgl. hierzu auch *Rotsch* ZIS 2010, 614 (614).
267 Vgl. *Rotsch* in: Rotsch, Criminal Compliance, § 1 Rn. 10; *Wessing/Dann* in: MAH WirtschaftsstrafR, § 4 Rn. 3; wobei ein Compliance-Management-System nicht zwingend auf die Zielrichtung beschränkt sein muss, Verstöße gegen die hoheitliche Rechtsordnung zu vermeiden. Vielmehr können auch unternehmensinterne und anderweitig im Rahmen der Selbstregulierung auferlegte Pflichten zum Maßstab der Präventionsorganisation werden. Überdies soll die Betonung der Prävention nicht darüber hinwegtäuschen, dass die nachhaltige und andauernde Gewährleistung der Regelkonformität auch repressive Maßnahmen eines Unternehmens erfordern kann, wenn interne Pflichtverletzungen erkannt wurden; vgl. hierzu auch *Rotsch* in: Rotsch, Compliance vor den Aufgaben der Zukunft, S. 3 (9 f.).
268 So auch *Hauschka* in: Hauschka, § 1 Rn. 21; *Petermann* Compliance-Maßnahmen, S. 71.
269 Vgl. hierzu auch *Spindler* in: MK-AktG, § 91 AktG Rn. 66; *Rieder/Falge* in: Inderst/Bannenburg/Poppe, 2. Kapitel Rn. 2; *Ransiek* StV 2011, 321 (322); *Rotsch* ZIS 2010, 614 (614).
270 *Koch* in: Hüffer, § 76 AktG Rn. 11; *Oppenheim* DStR 2014, 1063 (1063); *Kremer/Klahold* ZGR 2010, 113 (116 f.); *Rotsch* ZIS 2010, 614 (614); *Schneider* NZG 2009, 1321 (1322); *Passarge* NZI 2009, 86 (86).

oder jedenfalls erschwert.[271] Die eine Rechtsgrundlage für das Gesamtphänomen Compliance kann es aufgrund der aufgezeigten Konturlosigkeit damit nicht geben. Vielmehr finden sich in verschiedenen Rechtsbereichen Regelungen, die Aufsichts- und Kontrollmaßnahmen zur Vermeidung von Rechtsverstößen – je nach Norm mehr oder minder konkret – verlangen und damit den Zweck von Compliance in kleinen oder großen Teilen decken. Diese Normen rücken richtigerweise in den Vordergrund, wenn um das dogmatische Fundament von Compliance diskutiert wird.[272] Sie finden sich in spezialgesetzlichen Regelungen gleichermaßen wie in allgemein gültigen Normen.[273]

Gleichwohl diese Regelungen als rechtliche Grundlage der Compliance teils seit vielen Jahren und Jahrzehnten bestehen, greift es zu kurz, Compliance als alten Wein in neuen Schläuchen zu bezeichnen.[274] Die Entwicklung der Rechtswirklichkeit und dabei vor allem der Verfolgungspraxis der – auch ausländischen – Behörden haben den genannten Normen eine neue Bedeutung verliehen und Unternehmen damit vor die Aufgabe gestellt, den vielseitigen und unterschiedlich begründeten Anforderungen erstmals durch ein gesamtkoordiniertes und systematisches Vorgehen unter Anpassung der Unternehmensprozesse zu entsprechen.[275] Compliance resultiert damit aus der Bündelung von normierten Anforderungen, denen jeweils für sich betrachtet in der Vergangenheit weitaus geringere Bedeutung zukam oder jedenfalls zugemessen wurde. Und die hieraus entstehenden und unter dem Begriff der Compliance zusammengefassten Pflichten stellen in ihrer ganzheitlichen Betrachtung in der Tat eine – nunmehr nicht mehr ganz – neue Herausforderung für Unternehmen dar, womit die gesonderte Aufarbeitung der Problematik Compliance und der sich dabei stetig neu entwickelten Problemfelder auch in dem bekannten

---

271 *Koch* in: Hüffer, § 76 AktG Rn. 11; *ders.* WM 2009, 1013 (1013); *Hölters* in: Hölters, § 93 AktG Rn. 91; *Reichert/Ott* NZG 2014, 241 (241); *Oppenheim* DStR 2014, 1063 (1063); *Schweizer* ZUM 2012, 2 (3); *Reichert* ZIS 2011, 113 (114); *Pietzke* CCZ 2010, 45 (50); *Passarge* NZI 2009, 86 (86); *Bürkle* BB 2005, 565 (565); *Petermann* Compliance-Maßnahmen, S. 71. Mit Fokus auf der Vermeidung strafrechtlich relevanter Verhaltensweisen *Theile* StV 2011, 381 (381).
272 Vgl. hierzu auch *Rotsch* in: FS Samson, S. 141 (141); *ders.* ZIS 2010, 614 (614), der insofern einen Wettbewerb der Rechtsgebiete um die Vereinnahmung des Bereiches Compliance befürchtet.
273 Vor allem im Kapitalmarktrecht finden sich dabei konkrete Regelungen, die zur Umsetzung von Compliance-Maßnahmen verpflichten, vgl. insofern § 33 WpHG und § 25a KWG. Eine vergleichbare Regelung existiert im Versicherungsrecht mit § 64a VAG. Siehe hierzu auch unten Rn. 276.
274 So auch *Klindt/Pelz/Theusinger* NJW 2010, 2385 (2385). Die entsprechende, provokative Ausgangsfrage geht zurück auf *Cauers/Haas/Jakob/Kremer/Schartmann/Welp* DB 2008, 2717 (2717). Vgl. hierzu auch *Vogt* NJOZ 2009, 4206 (4220).
275 So auch *Klindt/Pelz/Theusinger* NJW 2010, 2385 (2385), die überdies zu Recht darauf hinweisen, dass durch die Gesamtbetrachtung der einschlägigen Rechtsgebiete und der insofern erforderlichen Verknüpfung zusätzlich gänzlich neue Pflichten und Risiken entstehen.

Umfang durchaus angezeigt ist.[276] Die im weiten Sinne wirtschaftsstrafrechtlichen Komponenten haben zu der rasanten Entwicklung sicherlich entscheidend beigetragen, wenn erst durch finanziell drastische Sanktionierung auch auf gesellschaftsrechtlicher Ebene Fragen zu möglichen Kompensationen aufkamen. In diesem Zusammenhang kommt der Regelung des § 130 OWiG große Bedeutung zu. Sie stellt den Anknüpfungspunkt zur ordnungsrechtlichen Ahndung mangelnder Aufsicht im Unternehmen dar und wird daher auch als „zentrale strafrechtliche Compliance-Norm" bezeichnet.[277] Doch auch im Gesellschaftsrecht finden sich Anknüpfungspunkte für den Bereich der Compliance. Insofern gewinnen die an dieser Stelle der Untersuchung im Fokus stehenden Überwachungs- und Kontrollpflichten an Bedeutung, die nicht nur im Einzelunternehmen, sondern auch im Konzernverbund zu berücksichtigen sind.

1. Gesellschaftsrechtliche Überwachungspflichten im Einzelunternehmen

95 Für die Begründung gesellschaftsrechtlicher Überwachungspflichten herangezogen wird auf Ebene des Einzelunternehmens etwa die allgemeine Leitungsmacht des Vorstandes gem. § 76 AktG, aus der zugleich eine Leitungspflicht entwächst.[278] Es steht dem Vorstand eines Einzelunternehmens damit nicht frei, seine Leitungsaufgaben wahrzunehmen. Hierzu ist er vielmehr verpflichtet.[279] Zu der Unternehmensleitung gehört dabei auch die Kontrolle und Überwachung.[280] Daraus wird bereits an dieser Stelle die Pflicht des Vorstandes aus § 76 Abs. 1 AktG abgeleitet, durch Wahrnehmung von – mehr oder weniger ausgeprägten – Compliance-Maßnahmen

---

276 Vgl. hierzu auch *Benz/Klindt* BB 2010, 2977 (2980). Bemerkenswert ist in diesem Zusammenhang die Entwicklung, die Compliance nimmt. Mit Blick aus der Beratungspraxis ist festzustellen, dass Compliance in einigen Unternehmen nunmehr nicht alleine mit insofern negativer Ausrichtung als Instrument der Haftungsvermeidung gesehen und umgesetzt, sondern überdies in positiver Betrachtungsweise ganz bewusst als Integritätsgewährleistung zur aktiven Stärkung des Unternehmens- und Markenwertes eingesetzt wird.

277 So *Bock* ZIS 2009, 68 (70). Vgl. zur Regelung des § 130 OWiG ausführlich unten Rn. 173 ff.

278 Vgl. zu § 76 Abs. 1 AktG als Rechtsgrundlage der Compliance nur *Koch* in: Hüffer, § 76 AktG Rn. 12; *Spindler* in: MK-AktG, § 76 AktG Rn. 16; *Fleischer* NJW 2009, 2337 (2338); *Grundmeier* Rechtspflicht, S. 25.

279 *Bürkle* BB 2005, 565 (568). Betont wird in diesem Zusammenhang, dass die insofern bestehenden Verantwortlichkeiten nicht vollends delegiert werden können, sondern vielmehr von den originären Pflichtenkreis der Leitungsorgane zählen, vgl. *LG München I* NZWiSt 2014, 183 (189); *Fleischer* NZG 2014, 321 (323); *Hölters* in: Hölters, § 93 AktG Rn. 80.

280 *Reichert* ZIS 2011, 113 (114); *Schweizer* ZUM 2012, 2 (3); *Petermann* Compliance-Maßnahmen, S. 77. Vgl. für die GmbH BGHZ 127, 336 (347), wonach der Geschäftsführer „für die ordnungsgemäße Auswahl, Einweisung, Information und Überwachung von Mitarbeitern" haftet.

Übertretungen im eigenen Unternehmen zu verhindern oder jedenfalls zu erschweren.[281]

Eine besondere Konkretisierung dieser Pflichten findet sich in § 91 Abs. 2 AktG. Danach hat der Vorstand ein Überwachungssystem einzurichten, das es ermöglicht, den Fortbestand der Gesellschaft gefährdende Entwicklungen früh zu erkennen. Da die Regelung sich ihrem Wortlaut nach auf die Vermeidung existenzgefährdender Entwicklungen beschränkt, ist die Norm für sich allein allerdings nur unzureichende Rechtsgrundlage umfassender Compliance-Systeme zur Vermeidung sämtlicher – und damit auch nicht existenzgefährdender – Pflichtverstöße.[282] **96**

Compliance-Pflichten ergeben sich überdies aus der Legalitätspflicht jedes Vorstandsmitglieds.[283] Danach haben die Geschäftsführungsorgane sich bei der Ausübung ihrer Tätigkeit stets gesetzestreu zu verhalten.[284] Dies gilt auch dann, wenn **97**

---

281 So insbesondere *LG München I* NZWiSt 2014, 183 (190): „Dabei kann sich der Beklagte auch nicht darauf berufen, der Begriff „Compliance" sei im fraglichen Zeitraum noch nicht etabliert gewesen. Letztendlich geht es nämlich darum, dass der Vorstand sicherstellen muss, wie die Organisation innerhalb eines Unternehmens zu erfolgen hat, um zwingende gesetzliche Vorgaben einzuhalten, um die es bei der Vermeidung strafbarer Korruptionshandlungen geht. Diese Pflicht resultiert unmittelbar jedenfalls auch aus § 76 AktG und stellt sicherlich keine aus dem anglo-amerikanischen Rechtskreis stammende Neuerung dar. (…) Neu ist die Begrifflichkeit Compliance, nicht jedoch der dahinterstehende Grundgedanke, dass der Vorstand müsse dafür Sorge tragen, dass seitens der Gesellschaft und ihrer Mitarbeiter die zu beachtenden gesetzlichen Vorgaben auch tatsächlich eingehalten werden." Das LG München I hatte hier über den Schadensersatzanspruch der Siemens AG gegen ihren ehemaligen Finanzvorstand Heinz-Joachim Neubürger zu entscheiden. Das Unternehmen beantragte dabei eine Schadensersatzleistung in Höhe von 15 Millionen Euro wegen Pflichtverletzung ihres vormaligen Vorstandes im Rahmen der vielbeachteten Korruptionsaffäre. Vgl. zum Urteil des LG München I auch *Fleischer* NZG 2014, 321 (321 ff.); *Oppenheim* DStR 2014, 1063 (1063 ff.); vgl. zur Korruptionsaffäre der Siemens AG unten Rn. 230 ff. Vgl. zu den Präventionsorganisationspflichten aus § 76 Abs. 1 AktG außerdem *Dauner-Lieb* in: Henssler/Strohn, § 76 AktG Rn. 7; *Pietzke* CCZ 2010, 45 (50); *Reichert* ZIS 2011, 113 (114); *Huber* Compliance-Pflichten, S. 91; ferner *Fett/Theusinger* BB Special 4 (zu BB 2010, Heft 50), 6 (8); *Bürkle* BB 2005, 565 (568).
282 *Fleischer* NZG 2014, 321 (322); *Koch* in: Hüffer, § 76 AktG Rn. 14; *ders.* WM 2009, 1013 (1014); *Schneider* NZG 2009, 1321 (1323); *Kremer/Klahold* ZGR 2010, 113 (120); *Grundmeier* Rechtspflicht, S. 27. Im Ergebnis auch *Huber* Compliance-Pflichten, S. 41, 68; *Lang* Corporate Compliance, S. 89 f.
283 *LG München I* NZWiSt 2014, 183 (187). Dabei ließ das Gericht letztendlich offen, ob die entsprechenden Organisationspflichten aus § 91 Abs. 2 AktG oder aus der allgemeinen Leitungspflicht der §§ 76 Abs. 1, 93 Abs. 1 AktG herzuleiten sind. Vgl. hierzu auch *Reichert/Ott* NZG 2014, 241 (241).
284 *Dauner-Lieb* in: Henssler/Strohn, § 93 AktG Rn. 17; *Rieder/Falge* in: Inderst/Bannenburg/Poppe, 2. Kapitel Rn. 4; *Bunting* ZIP 2012, 1542 (1543); *Reichert* ZIS 2011, 113 (114); *M.Wolf* BB 2011, 1353 (1354); *Fleischer* NJW 2009, 2337 (2337); *ders.* CCZ 2008, 1 (1); *Schneider/Schneider* ZIP 2007, 2061 (2061); *Wilsing* in: Krieger/Schneider, § 27 Rn. 21; *Gilch/Schautes* in: Momsen/Grützner, 2. Kapitel A Rn. 4; *Huber* Compliance-Pflichten, S. 70; *Rathgeber* Criminal Compliance, S. 148.

gesetzeswidriges Verhalten im konkreten Einzelfall scheinbar förderlich für die Gesellschaft wäre.[285] Das unternehmerische Ermessen kann damit nur innerhalb der geltenden Rechtsordnung Entfaltung finden.[286] Die Pflicht zur Rechtstreue beschränkt sich dabei nicht auf das eigene Verhalten des Vorstandes, vielmehr hat die Geschäftsleitung jedes rechtswidrige Verhalten innerhalb eines Unternehmens zu unterbinden.[287] Hierfür hat sie etwa für die ordnungsgemäße Auswahl, Einweisung und Information der nachgeordneten Mitarbeiter und zudem für die Einführung einer Überwachungsstruktur zu sorgen.[288] Die Legalitätspflicht gilt als Bestandteil der allgemeinen Sorgfaltspflichten aus § 93 Abs. 1 S. 1 AktG, wonach der Vorstand im Rahmen der Geschäftsführung die Sorgfalt eines ordentlichen und gewissenhaften Geschäftsleiters walten zu lassen hat.[289] Resultiert aus mangelhafter Aufsicht ein Vermögensschaden der Gesellschaft, droht dem Vorstandsmitglied eine Inanspruchnahme gem. § 93 Abs. 2 AktG.[290] Nach der vielbeachteten *ARAG/Garmenbeck*-Entscheidung des BGH ist der Aufsichtsrat dabei grundsätzlich auch verpflichtet, entsprechende Ansprüche zu prüfen und gegen den Vorstand gem. § 112 AktG durchzusetzen.[291] Bei Gesellschaften mit beschränkter Haftung ergibt sich eine entsprechende Ersatzpflicht des Geschäftsführers aus § 43 Abs. 2 GmbHG. Für die Geltendmachung ist hier gem. § 46 Nr. 8 GmbHG die Gesellschafterversammlung zuständig.[292]

---

285 *Mertens/Cahn* in: KK-AktG, § 93 AktG Rn. 71; *Reichert* ZIS 2011, 113 (113); *Fleischer* CCZ 2008, 1 (1); *Lang* Corporate Compliance, S. 102.
286 *Fleischer* CCZ 2008, 1 (1).
287 *LG München I* NZWiSt 2014, 183 (187); *Koch* in: Hüffer, § 76 AktG Rn. 13; *Rieder/Falge* in: Inderst/Bannenburg/Poppe, 2. Kapitel Rn. 5; *Oppenheim* DStR 2014, 1063 (1063); *Fleischer* CCZ 2008, 1 (2); *Koch* WM 2009, 1013 (1013); *Buck-Heeb* CCZ 2009, 18 (19); *Reichert* ZIS 2011, 113 (113); *Passarge* NZI 2009, 86 (89); *M. Wolf* BB 2011, 1353 (1354); *Rodewald/Unger* BB 2006, 113 (113); *Huber* Compliance-Pflichten, S. 70; *Lang* Corporate Compliance, S. 99; *Rathgeber* Criminal Compliance, S. 148.
288 BGHZ 127, 336 (347); *OLG Köln* NZG 2001, 135 (136); vgl. auch *Fleischer* CCZ 2008, 1 (2); *Gilch/Schautes* in: Momsen/Grützner, 2. Kapitel A Rn. 4.
289 *Dauner-Lieb* in: Henssler/Strohn, § 93 AktG Rn. 7; *Bunting* ZIP 2012, 1542 (1543); vgl. zu der begrifflichen Unterscheidung von Geschäftsleitung und Geschäftsführung *Koch* in: Hüffer, § 76 AktG Rn. 8.
290 *Rodewald/Unger* BB 2006, 113 (113); *Moosmayer* Compliance, S. 19 f. Vgl. insofern auch *LG München I* NZWiSt 2014, 183 (183 ff.). Das Gericht verurteilte den ehemaligen Finanzvorstand der Siemens AG antragsgemäß auf Zahlung von 15 Millionen Euro Schadensersatz an sein ehemaliges Unternehmen. Zwar war zugleich ein Widerklageantrag des Beklagten teilweise begründet, die insofern zugesprochenen Leistungen konnten die Zahlungspflicht jedoch wirtschaftlich nicht annähernd kompensieren.
291 BGHZ 135, 244 (252) – ARAG/Garmenbeck. Vgl. hierzu auch die Urteilsbesprechung von *Götz* NJW 1997, 3275 (3275).
292 Aufgrund der höheren Insolvenzanfälligkeit der GmbH sind Schadensersatzklagen gegen Geschäftsführer häufiger im Vergleich zu Klagen gegen Vorstände einer AG. Üblicherweise tritt in diesen Fällen der Insolvenzverwalter als Kläger auf. Vgl. hierzu *Strohn* CCZ 2013, 177 (177).

Als weitere Grundlage für die Etablierung einer unternehmensweiten Präventionsorganisation wird schließlich die Schadensabwendungspflicht herangezogen, wobei diese nicht isoliert von der Pflicht zur sorgfältigen Geschäftsleitung aus §§ 76 Abs. 1, 93 Abs. 1 AktG gesehen werden kann, sondern dieser vielmehr entspringt.[293] Es ist danach Aufgabe des Vorstandes einer Aktiengesellschaft, jedwede Schäden von der Gesellschaft abzuwenden.[294] Gleiches gilt für die Geschäftsleitungsorgane im Rahmen der übrigen Gesellschaftsformen. Sofern Pflichtverstöße etwa durch Bußgelder, Ersatzansprüche oder Reputationsschäden Nachteile für die Gesellschaft mit sich bringen, haben die Geschäftsleitungsorgane damit die Maßnahmen zu ergreifen, die für eine Vermeidung etwaiger Verstöße hilfreich sind.[295]

98

Das Verständnis, die ordnungsgemäße Leitung eines Unternehmens umfasse auch die Wahrnehmung von Compliance-Maßnahmen, deckt sich überdies mit den Bestimmungen des Deutschen Corporate Governance Kodex (DCGK).[296] Dort ist in 4.1.3. DCGK geregelt: „Der Vorstand hat für die Einhaltung der gesetzlichen Bestimmungen und der unternehmensinternen Richtlinien zu sorgen und wirkt auf deren Beachtung durch die Konzernunternehmen hin (Compliance)." Zwar kommt dem Kodex selbst kein unmittelbarer Gesetzescharakter zu,[297] nach dem Verständnis der Kodexkommission soll er jedoch an dieser Stelle die Gesetzeslage beschreiben.[298]

99

Die Verbindung der aus §§ 76, 93 AktG resultierenden Pflichten verdichtet sich damit zu dem Gebot, durch die Implementierung einer wirksamen Organisations- und

100

---

293 Vgl. dazu auch *Koch* WM 2009, 1013 (1014); *Lang* Corporate Compliance, S. 101; *Grundmeier* Rechtspflicht, S. 29. *Bunting* ZIP 2012, 1542 (1544) weist indes darauf hin, dass sich allein hieraus jedenfalls keine erschöpfende Kontrollpflicht ergeben kann.
294 *Bunting* ZIP 2012, 1542 (1544); *Grundmeier* Rechtspflicht, S. 29.
295 *Koch* WM 2009, 1013 (1014); *Lang* Corporate Compliance, S. 101; *Grundmeier* Rechtspflicht, S. 29.
296 Für die aktuelle Fassung des DCGK vom 24.6.2014 vgl. die Bekanntmachung des Deutschen Corporate Governance Kodex vom 30.9.2014 durch das Bundesministerium der Justiz und für Verbraucherschutz, BAnz AT 30.9.2014 B1.
297 Absolut h.M., vgl. nur *OLG München* NZG 2009, 508 (509); *Goette* in: MK-AktG, § 161 AktG Rn. 22; *Hoffmann-Becking* in: MünchHdb GesR IV, § 29 Rn. 59; *Koch* WM 2009, 1013 (1020); *Seibert* BB 2002, 581 (582); *Kirschbaum/Wittmann* JuS 2005, 1063 (1064); *Petermann* in: Eisele/Koch/Theile, S. 99 (110); *ders.* Compliance-Maßnahmen, S. 82; *Huber* Compliance-Pflichten, S. 17, 66 f.; *Lang* Corporate Compliance, S. 158. Einschränkend *Wernsmann/Gatzka* NZG 2011, 1001 (1004). Trotz fehlender unmittelbarer Bindungswirkung stößt der Kodex in der Praxis indes auf große Akzeptanz, vgl. *v. Werder* in: Ringleb/Kremer/Lutter/v. Werder, Rn. 1388 ff.; *Hartig* BB 2012, 2959 (2961); vgl. hierzu ausführlich auch die Studienergebnisse bei *v. Werder/Bartz* DB 2014, 905 (907 ff.).
298 *Ringleb* in: Ringleb/Kremer/Lutter/v. Werder, Rn. 575.

Kontrollstruktur die Gefahr von Pflichtverstößen zu minimieren.[299] Welche Maßnahmen dabei konkret zu ergreifen sind, wird indes nicht bestimmt.[300] Dies soll sich vielmehr nach den konkreten Anforderungen im Einzelfall richten[301] und insofern im Ermessen der Geschäftsleitung stehen.[302] Die aufgezeigten Pflichten können damit bei entsprechenden Voraussetzungen zur Notwendigkeit eines umfassenden Compliance-Management-Systems führen; für alle Fälle erforderlich ist dies jedoch nicht.[303] Im Ergebnis besteht nach wohl weitgehendem Konsens jedenfalls im Gesellschaftsrecht keine unbedingte Pflicht, ein umfassendes Compliance-Management-System zu implementieren, jedoch aber die Pflicht zur Prüfung, ob dies erforderlich ist.[304] Führt die Risikoanalyse zu entsprechenden Ergebnissen, kann sodann hieraus die Pflicht zur Einführung folgen.[305]

---

299 Eine exakte Abgrenzung der genannten Normen erfolgt dabei selten und ist indes auch schwer möglich, da die Regelungsbereiche insofern ineinandergreifen. Zumeist wird daher auf eine Gesamtschau der §§ 76, 93 AktG verwiesen, wenn die entsprechenden Organisationspflichten beschrieben werden; vgl. nur *Fleischer* NZG 2014, 321 (322); *Oppenheim* DStR 2014, 1063 (1063); *Huber* Compliance-Pflichten, S. 69, 91. Entsprechend wurde die exakte dogmatische Verankerung auch offengelassen durch *LG München I* NZWiSt 2014, 183 (187). Für den Geschäftsführer einer GmbH ergeben sich die Pflichten aus den entsprechenden Regelungen des GmbHG, mitunter also §§ 35 Abs. 1 S. 1, 43 Abs. 1 GmbHG. Vgl. hierzu auch BGHZ 127, 336 (347); *Petermann* Compliance-Maßnahmen, S. 82 f.; *Lang* Corporate Compliance, S. 93 ff.
300 *M. Wolf* BB 2011, 1353 (1354).
301 Vgl. *LG München I* NZWiSt 2014, 183 (187), wonach für den Pflichtenumfang entscheidend sind: „Art, Größe und Organisation des Unternehmens, die zu beachtenden Vorschriften, die geografische Präsenz wie auch die Verdachtsfälle aus der Vergangenheit." Vgl. auch *Fleischer* CCZ 2008, 1 (2); *Spindler* in: MK-AktG, § 91 AktG Rn. 66; *Huber* Compliance-Pflichten, S. 71; *Grundmeier* Rechtspflicht, S. 30.
302 *Spindler* in: MK-AktG, § 91 AktG Rn. 66; *Hölters* in: Hölters, § 93 AktG Rn. 92; *Hauschka* in: Hauschka, § 1 Rn. 23; *Gilch/Schautes* in: Momsen/Grützner, 2. Kapitel A Rn. 4; *Reichert* ZIS 2011, 113 (116); *M. Wolf* BB 2011, 1353 (1354); *Pietzke* CCZ 2010, 45 (50); *Kremer/Klahold* ZGR 2010, 113 (120 f.); *Schneider* NZG 2009, 1321 (1325); *Bürkle* BB 2005, 565 (568); *Lang* Corporate Compliance, S. 107; *Grundmeier* Rechtspflicht, S. 30.
303 *Spindler* in: MK-AktG, § 91 AktG Rn. 66; *Koch* in: Hüffer, § 76 AktG Rn. 14; *Pietzke* CCZ 2010, 45 (50); *Petermann* in: Eisele/Koch/Theile, S. 99 (109); *ders.* Compliance-Maßnahmen, S. 79. Dies deckt sich auch mit dem Verständnis der Kodexkommission, die mit Ziffer 4.1.3. ebenfalls nicht auf eine vom Einzelfall losgelöste Pflicht zur Einführung umfassender Compliance-Programme abzielt, vgl. *Ringleb* in: Ringleb/Kremer/Lutter/v. Werder, Rn. 579, 582, 595.
304 *Lotze* NZKart 2014, 162 (164); *Kremer/Klahold* ZGR 2010, 113 (120). Im Ergebnis wohl auch so *LG München I* NZWiSt 2014, 183 (187); *Hölters* in: Hölters, § 93 AktG Rn. 92; *Lang* Corporate Compliance, S. 108.
305 *LG München I* NZWiSt 2014, 183 (187); *Reichert/Ott* NZG 2014, 241 (242); *Lotze* NZKart 2014, 162 (164); *Kremer/Klahold* ZGR 2010, 113 (120 f.); *Lang* Corporate Compliance, S. 114; *Grundmeier* Rechtspflicht, S. 30.

2. Gesellschaftsrechtliche Überwachungspflichten im Unternehmensverbund

Ausgehend von diesen Grundsätzen lässt sich die hier in Rede stehende Frage beantworten, inwieweit die Konzernierung Auswirkungen auf das Pflichtenprogramm des Vorstandes der Obergesellschaft hat. Denn mit Blick auf die Legalitäts- und Schadensabwendungspflicht steht fest, dass konzernweite Belange jedenfalls nicht vollends ausgeblendet werden können.[306] Dabei handelt es sich nicht etwa um ein besonderes Haftungsprogramm von Konzernobergesellschaften, vielmehr ergeben sich die Pflichten schon unmittelbar – wie auch auf Ebene des Einzelunternehmens – aus dem Verhältnis zwischen Obergesellschaft und ihrem Leitungsorgan.[307] Denn das Leitungsorgan hat das Unternehmensinteresse unter allen in Betracht kommenden Gesichtspunkten zu wahren.[308] Nun liegt es aber auf der Hand, dass Übertretungen und Pflichtverletzungen in der Sphäre einer Tochter- oder Enkelgesellschaft nicht nur Auswirkungen auf diese haben können, sondern vielmehr auf den gesamten Konzernverbund und damit auch auf die Obergesellschaft.[309] In Konzernen mit Dachmarkenstrategien kann sich dies schon aus den nicht zu unterschätzenden Reputationsschäden und den Folgen für die gesamte Unternehmensgruppe ergeben.[310]

101

---

306 *Spindler* in: MK-AktG, § 76 AktG Rn. 42; *Lotze* NZKart 2014, 162 (164 f.).
307 Im Ergebnis wie hier *Fleischer* CCZ 2008, 1 (5).
308 *Dauner-Lieb* in: Henssler/Strohn, § 76 AktG Rn. 10; *Wellhöfer* in: Wellhöfer/Peltzer/Müller, § 11 Rn. 10; *Hopt*, in: Hopt/Wohlmannstetter, S. 5; *Huber* Compliance-Pflichten, S. 146. Vgl. auch Ziff. 4.1.1. DCGK: „Der Vorstand leitet das Unternehmen in eigener Verantwortung im Unternehmensinteresse, also unter Berücksichtigung der Belange der Aktionäre, seiner Arbeitnehmer und der sonstigen dem Unternehmen verbundenen Gruppen (Stakeholder) mit dem Ziel nachhaltiger Wertschöpfung" und Ziff. 4.3.3. DCGK: „Die Vorstandsmitglieder sind dem Unternehmensinteresse verpflichtet. Kein Mitglied des Vorstands darf bei seinen Entscheidungen persönliche Interessen verfolgen und Geschäftschancen, die dem Unternehmen zustehen, für sich nutzen." Hierzu auch vgl. *Ringleb* in: Ringleb/Kremer/Lutter/v. Werder, Rn. 565, 828 f. Kritisch zum Begriff des Unternehmensinteresses *Spindler* in: MK-AktG, § 76 AktG Rn. 63 ff.; zum Ganzen auch *Fleischer* in: Fleischer, § 1 Rn. 21 ff.
309 Vgl. allgemein hierzu auch *Huber* Compliance-Pflichten, S. 142; *Lang* Corporate Compliance, S. 173 f.
310 Dachmarkenstrategien bezwecken das Angebot sämtlicher Produkte oder Dienstleistungen eines Unternehmens oder aber eines Gesamtkonzerns unter einer Marke. So bietet etwa der Allianz-Konzern seine Versicherungsprodukte zu erheblichen Teilen unabhängig von der Zuordnung zu juristisch selbstständigen Tochterunternehmen unter der Gesamtmarke Allianz an. Den gegensätzlichen Ansatz verfolgt etwa der Volkswagen-Konzern, wenn dort z.B. die zugehörigen, eigenständigen Marken Audi, Seat oder Skoda gepflegt werden; vgl. zum Ganzen *Meffert* Dienstleistungsmarken, S. 140 f. Während die Vorteile einer Dachmarkenstrategie vor allem darin zu sehen sind, dass alle beteiligten Unternehmen an einer möglicherweise etablierten Marke partizipieren, die gemeinsam gestärkt und beworben werden kann, sind Nachteile unter anderem dann zu befürchten, wenn es an einer Stelle zu negativen Unternehmensnachrichten kommt, vgl. hierzu *Pepels*, Marketing, S. 78 f. So wird ein medienwirksamer Unternehmensskandal etwa bei Skoda hinsichtlich der Reputation den Volkswagen-Konzern mit seinen weite-

Evident werden die Gefahren aus der Sphäre der Tochtergesellschaft aber vor allem, wenn die Obergesellschaft etwa gem. § 302 AktG auch in finanzieller Hinsicht für Verluste der Tochtergesellschaft einzustehen hat – oder aber auf Gewinnchancen verzichten muss.[311]

102 Die für die Ebene des Einzelunternehmens aufgezeigte Pflicht zur Kontrolle kann damit nicht an den Grenzen der rechtlich selbstständigen Obergesellschaft halt machen.[312] Schon bei der Risikobeurteilung für das eigene Unternehmen muss die Geschäftsleitung daher die Risiken einfließen lassen, die aus verbundenen Unternehmen resultieren können.[313] Wie auf Ebene des Einzelunternehmens ist damit nicht gesagt, dass konzernweit zwingend umfassende Compliance-Management-Systeme etabliert werden müssen.[314] Freilich kann sich das aber bei entsprechender Risikolage als alternativlos ergeben; beim Großteil multinationaler Großkonzerne wird davon auch regelmäßig auszugehen sein.[315]

103 Allerdings kann der Verzicht auf ein solches Compliance-Management-System nur gerechtfertigt sein, wenn er Folge einer ordnungsgemäßen Ermessensentscheidung ist.[316] Eine solche Ermessensentscheidung verlangt aber auch Kontrolle und Überwachung der nachgeordneten Gesellschaften, um eine ausreichend valide Grundlage für die insofern erforderliche Ermessensentscheidung zu erhalten.[317] Damit steht es im Ergebnis nicht im Ermessen der Leitung einer Obergesellschaft, ob sie die Belange der Tochtergesellschaften überhaupt in ihre Kontrollstrukturen miteinbezieht. Die Tochtergesellschaft kann nicht vollends sich selbst überlassen werden.[318] Vielmehr muss geprüft werden, ob eine dezentrale Struktur im Einzelfall zur Vermeidung von Risiken und Schäden konkret geeignet ist.

104 Die Formulierung der Ziffer 4.1.3. des Deutschen Corporate Governance Kodex zeigt, dass auch die Kodexkommission von einer entsprechend konzernweiten Geltung der entsprechenden Kontroll- und Organisationspflichten ausgeht. Da der Ko-

---

ren Marken weniger hart treffen als der gleiche Skandal bei einer Allianz-Tochter deren Gesamtkonzern treffen würde. Vgl. hierzu ferner auch *Kremer/Klahold* ZGR 2010, 113 (122, 139); *Fleischer* CCZ 2008, 1 (5).
311 *Huber* Compliance-Pflichten, S. 149 f; *Grundmeier* Rechtspflicht, S. 119. Vgl. zum Ganzen auch *Koch* in: Hüffer, § 76 AktG Rn. 21.
312 Vgl. auch *Hölters* in: Hölters, § 76 AktG Rn. 54; *Fleischer* CCZ 2008, 1 (5); *Schneider/Schneider* ZIP 2007, 2061 (2063); *Huber* Compliance-Pflichten, S. 143.
313 Vgl. hierzu auch *Koch* in: Hüffer, § 76 AktG Rn. 49; *Kremer/Klahold* ZGR 2010, 113 (139, 142); *Fleischer* CCZ 2008, 1 (5); *Huber* Compliance-Pflichten, S. 176.
314 *Hölters* in: Hölters, § 93 AktG Rn. 111; *Schneider* NZG 2009, 1321 (1326).
315 Vgl. auch *Schneider* NZG 2009, 1321 (1326), nach dem sich der Umfang der Compliance-Pflichten auch grundsätzlich danach richtet, ob der Gesamtkonzern auch im Übrigen zentral oder dezentral geführt wird.
316 So im Ergebnis auch *Kremer/Klahold* ZGR 2010, 113 (142); *Fleischer* CCZ 2008, 1 (4); ferner *Koch* in: Hüffer, § 76 AktG Rn. 23.
317 *Hölters* in: Hölters, § 76 AktG Rn. 54.
318 *Spindler* in: MK-AktG, § 76 AktG Rn. 42; *Hölters* in: Hölters, § 76 AktG Rn. 54; *Huber* Compliance-Pflichten, S. 144.

dex die aktuelle Gesetzeslage beschreiben soll, hält die Kodexkommission die Konzerndimension demnach für gesetzlich verankert.[319]

Die Ergebnisse auf Ebene des Einzelunternehmens und im Rahmen von Unternehmensverbindungen gleichen sich daher.[320] Auf Grundlage von Kontrolle und Überwachung muss mit Blick auf den Gesamtkonzern analysiert und beurteilt werden, in welchem Umfang Präventionsstrukturen ausreichend bestehen oder neu implementiert werden müssen.[321] Die Ergebnisse können bis hin zur alternativlosen Pflicht zur Einführung umfassender Compliance-Programme reichen; für jeden Einzelfall zwingend ist dies indes nicht.[322]

105

Die Reichweite der Pflichten kann dabei aber freilich nicht weiter reichen, als es die zur Verfügung stehenden Instrumentarien erlauben.[323] Ein Eingriff in die Organisationsstruktur der Tochtergesellschaft kann also nur verlangt werden, wenn auf rechtlich sicherem Fundament entsprechende Befugnisse bestehen.[324] Zu denken ist also insbesondere an die Weisungsrechte aus §§ 308, 323 AktG für Vertragskonzerne sowie den Fall der Eingliederung.[325] Sofern es um Kontroll- und Überwachungspflichten geht, kommt dabei vor allem den Informationsrechten erhebliche Bedeutung zu.[326] Nur wo auch Informationen zur Verfügung stehen und eingeholt werden können, kann auch ein wirksames Kontrollsystem installiert werden.[327] So sind bei

106

---

319 Vgl. *Ringleb* in: Ringleb/Kremer/Lutter/v. Werder, Rn. 575.
320 Keinesfalls aber decken sich damit auch die Ausmaße der daraus resultierenden Pflichten. Während der Vorstand der Obergesellschaft sein eigenes Unternehmen mit Blick auf die umfassende Legalitätspflicht organisieren muss, sind seine gesellschaftsrechtlich gestellten Aufgaben mit Blick auf Tochtergesellschaften nach der hier vertretenen Ansicht auf die Vermeidung von Schäden der Obergesellschaften gerichtet, vgl. insofern auch *Lang* Corporate Compliance, S. 177.
321 Zum insofern bestehenden Ermessen vgl. auch *Grundmeier* Rechtspflicht, S. 121 f.
322 Zu betonen ist an dieser Stelle nochmals, dass sich die Pflicht zur Wahrnehmung von Compliance-Maßnahmen allgemein nicht allein aus den Überwachungs- und Kontrollpflichten des Gesellschaftsrechts ergibt. Vielmehr handelt es sich an dieser Stelle wie gezeigt „lediglich" um die Pflichten, die die Geschäftsleitung im Innenverhältnis gegenüber der eigenen Gesellschaft binden. Dies ist schon daher nur bedingt zur Umrahmung der Compliance-Pflichten als Ganzes geeignet, da solche auch entstehen sollen, wenn für das Unternehmen selbst kein Schaden zu befürchten ist. Die Pflichten des Vorstands im Innenverhältnis bilden dann aber nur eine unzureichende Grundlage, vgl. hierzu auch *Schneider* NZG 2009, 1321 (1323). Ob darüber hinaus auch im Außenverhältnis eine (konzernweite) Compliance-Pflicht besteht, ist eine gesondert zu beantwortende Frage, vgl. hierzu auch *Koch* WM 2009, 1013 (1014 f.). Zu insofern möglicherweise bestehenden Pflichten aus § 130 OWiG vgl. ausführlich Rn. 173 ff.
323 *Koch* in: Hüffer, § 76 AktG Rn. 20; *Bürkle* in: Hauschka, § 8 Rn. 65; *Huber* Compliance-Pflichten, S. 144; *Grundmeier* Rechtspflicht, S. 120.
324 *Fett/Theusinger* BB Special 4 (zu BB 2010, Heft 50), 6 (9).
325 Insofern nimmt *Petermann* in: Eisele/Koch/Theile, S. 99 (110) eine Überwachungspflicht gegenüber der Tochtergesellschaft jedenfalls im Vertragskonzern an.
326 Vgl. insofern auch *Huber* Compliance-Pflichten, S. 103, 121, 144; *Grundmeier* Rechtspflicht, S. 120.
327 *Huber* Compliance-Pflichten, S. 144, 180.

Vertragskonzernen und bei Gesellschaften mit beschränkter Haftung aufgrund der bestehenden Weisungsmöglichkeiten und den damit verbundenen Informationsansprüchen[328] weitergehende Pflichten anzuerkennen als bei der bloßen Abhängigkeit i.S.d. § 17 Abs. 1 AktG, wo mit der unverbindlichen Veranlassung ein vergleichsweise unwirksames Leitungsinstrument zur Verfügung steht.[329] Die grundsätzliche Kontroll- und Überwachungspflicht erfährt damit an dieser Stelle ebenso eine Begrenzung, wie die sich aus der Risikoanalyse möglicherweise ergebende Pflicht zur Implementierung übergreifender Organisationsstrukturen. Ausgehend von einer bloßen Mehrheitsbeteiligung i.S.d. § 16 Abs. 1 AktG bis hin zur Eingliederung wird damit letztendlich in Abhängigkeit der jeweiligen Eingriffs- und Informationsmöglichkeiten ein gestuftes Pflichtenprogramm zu zeichnen sein.[330]

III. Haftungsdurchgriff

107   Bei der Beurteilung der Konzernierungswirkung ist neben den Ausflüssen im Pflichtenprogramm der Obergesellschaft schließlich auf eine mögliche Erweiterung des Haftungsverbundes einzugehen. Unter dem Stichwort des Haftungsdurchgriffes wird dabei diskutiert, ob Konzernobergesellschaften unmittelbar für Verbindlichkeiten der Tochtergesellschaften in Anspruch genommen werden können, auch wenn sie selbst nicht haftungsbegründend an einer Schuldentstehung mitwirken.

108   Dabei ist zunächst der Grundsatz der rechtlichen Selbstständigkeit der verbundenen Gesellschaften zu betonen. Aus dieser Selbstständigkeit erwächst das Trennungsprinzip, das einem Haftungsdurchgriff grundsätzlich im Wege steht.[331] Nach der Konzeption unserer Gesellschaftsrechtsordnung ist ein Haftungsdurchgriff damit grundsätzlich ausgeschlossen.[332] Vielmehr haftet jede Gesellschaft eigenständig für ihre eigenen Verbindlichkeiten.

109   Relativiert wird diese strikte Trennung indes durch die bereits dargelegten, besonderen Regelungen des Konzernrechts. So normiert für den Fall der Eingliederung § 322 Abs. 1 AktG eine Ausnahme des Trennungsprinzips, sofern die Obergesellschaft nach dieser Regelung für Verbindlichkeiten der Tochtergesellschaft als Gesamtschuldnerin haftet. Zwar existiert für den in der Praxis deutlich verbreiteteren Vertragskonzern keine entsprechende Haftungsregelung. Allerdings statuiert § 302 AktG für entsprechende Unternehmensverbindungen einen Verlustausgleichsanspruch der Tochtergesellschaft gegen die Obergesellschaft. Gläubiger der

---

328   *Emmerich* in: Emmerich/Habersack, Konzernrecht, § 23 Rn. 22.
329   Siehe hierzu ausführlich oben Rn. 76 ff.
330   Vgl. hierzu auch *Fett/Theusinger* BB Special 4 (zu BB 2010, Heft 50), 6 (14).
331   BGHZ 166, 84 (98); *Emmerich* in: Emmerich/Habersack, Konzernrecht, § 20 Rn. 25; *Eschenbruch* Konzernhaftung, Rn. 2091.
332   *Gehring/Kasten/Mäger* CCZ 2013, 1 (5); *Mansdörfer/Timmerbeil* WM 2004, 362 (363).

Tochtergesellschaften können diesen Anspruch pfänden lassen.[333] Auch wenn damit keine Primärverbindlichkeit des herrschenden Unternehmens begründet wird, so wird jedoch im Ergebnis der Zweck eines Haftungsdurchgriffs als Mittel der Sicherung für den Gläubiger erfüllt. In faktischen Konzernverbindungen findet sich hingegen keine entsprechende Regelung des Verlustausgleichs. Hier muss die herrschende Gesellschaft lediglich gem. §§ 311 Abs. 1, 317 AktG Nachteile ausgleichen, die sie der abhängigen Gesellschaft konkret zugefügt hat.[334] Erst wenn die Obergesellschaft derart umfassend in das abhängige Unternehmen eingreift, dass die konkret zugefügten Nachteile sich nicht mehr isoliert feststellen lassen, erwächst auch im Rahmen von faktischen Konzernverbindungen eine Verlustausgleichspflicht entsprechend § 302 AktG.[335]

Daneben werden mögliche allgemein schuldrechtliche Schadensersatzansprüche der Tochtergesellschaft gegenüber der Obergesellschaft wegen Verletzung der Sorgfaltspflichten gem. §§ 280, 311 Abs. 2 Nr. 3, 241 Abs. 2 BGB angeführt, die gegebenenfalls auch Gläubigern des abhängigen Unternehmens zur Verfügung stehen sollen.[336] 110

Eine tatsächliche Durchbrechung des Trennungsprinzips bedeutet all dies jedoch nicht, da es dabei nicht um akzessorische Primäransprüche gegen die Obergesellschaft geht, sondern lediglich um abgeleitete Ansprüche der abhängigen gegenüber der herrschenden Gesellschaft. Damit bleibt es abseits der Eingliederung grundsätzlich bei der Geltung des Trennungsprinzips. Ausnahmen hiervon sollen nur in engen Grenzen möglich sein, wenn die Haftungsabschottung einen Verstoß gegen Treu und Glauben und damit rechtsmissbräuchlich sein soll.[337] Genannt wird dabei etwa die Fallgruppe der bewussten Vermögens- und Sphärenmischung.[338] 111

IV. Deliktsrechtliche Haftungsfolgen

Zu erwähnen sind schließlich mögliche Folgen der Konzernierung im Rahmen des Deliktsrechts. Auch hier wird eine Haftung der Konzernobergesellschaft möglich sein, sofern sie zur Wahrnehmung ihrer Aufgaben auf eine nachgeordnete Konzerngesellschaft zurückgreift. 112

---

333 *Mansdörfer/Timmerbeil* WM 2004, 362 (363).
334 Vgl. hierzu bereits oben Rn. 67.
335 *Mansdörfer/Timmerbeil* WM 2004, 362 (363). Vgl. zum qualifiziert faktischen Konzern und der Abkehr von dieser Rechtsfigur für die Einpersonen-GmbH bereits oben letzte Fn. zu Rn. 67.
336 So *Mansdörfer/Timmerbeil* WM 2004, 362 (364).
337 *Eschenbruch* Konzernhaftung, Rn. 2092; *Mansdörfer/Timmerbeil* WM 2004, 362 (364); *Gehring/Kasten/Mäger* CCZ 2013, 1 (5); *Emmerich* in: Emmerich/Habersack, Konzernrecht, § 20 Rn. 25.
338 Vgl. zu dieser und weiteren Fallgruppen *Mansdörfer/Timmerbeil* WM 2004, 362 (364 f.); *Gehring/Kasten/Mäger* CCZ 2013, 1 (5); *Görling* Konzernhaftung, S. 83.

113 Dabei wird zunächst diskutiert, ob eine Tochtergesellschaft als Verrichtungsgehilfe der Obergesellschaft gem. § 831 BGB in Betracht kommt. Für die vorliegende Untersuchung kann dies durchaus von Interesse sein, da § 831 BGB und § 130 OWiG erkennbare Parallelen aufweisen. Der Geschäftsherr haftet auch im Rahmen des § 831 BGB nicht für fremdes Verschulden. Haftungsanknüpfungspunkt ist vielmehr das eigene Fehlverhalten in Form der Verletzung von Verkehrssicherungspflichten. Der Haftung kann der Geschäftsherr dabei gem. § 831 Abs. 1 S. 2 BGB etwa entgehen, wenn er die bestellten Personen sorgfältig auswählt. Ob eine Tochtergesellschaft als Verrichtungsgehilfe der Obergesellschaft in Betracht kommt, ist indes strittig.[339] Verlangt wird hierbei grundsätzlich das Bestehen eines Abhängigkeits- und Weisungsverhältnisses, wobei es entscheidend auf die tatsächlichen Umstände ankommen soll. Bei einer Übertragung von Aufgaben an externe Unternehmen sind diese grundsätzlich nicht als Verrichtungsgehilfen anzusehen, da eine entsprechende Abhängigkeit und Weisungsgebundenheit dann fehlt. Nun ist die Situation in einem Unternehmensverbund damit augenscheinlich nicht vergleichbar. Anders als zwischen unverbundenen Unternehmen ist ein Abhängigkeitsverhältnis hier nicht zu leugnen, schon die entsprechende Wortwahl des § 17 AktG ist hierbei ein kaum übersehbarer Fingerzeig. Überdies bestehen jedenfalls im Vertragskonzern, im Fall der Eingliederung sowie im faktischen GmbH-Konzern Weisungsrechte der herrschenden Gesellschaft. Wenn für die Verrichtungsgehilfenstellung die Einbindung in den Organisationsbereich des Geschäftsherrn notwendig ist,[340] so kann dies damit durchaus als gegeben angesehen werden. Dennoch soll es nach Ansicht des BGH für die Annahme einer Verrichtungsgehilfenstellung nicht genügen, wenn zwei Unternehmen miteinander verbunden sind.[341] Vielmehr fehle es auch hier regelmäßig an den Voraussetzungen der Abhängigkeit sowie der unzureichenden Eigenverantwortlichkeit.[342] Die Übertragung von Aufgaben im Unternehmensverbund an eine bestimmte Konzerngesellschaft diene vielmehr gerade regelmäßig dazu, dass diese durch eigenständige und damit weitestgehend unabgestimmte Umsetzung die anderen Konzerngesellschaften entlastet.[343] Freilich hat der BGH mit seiner Formulierung nicht die Möglichkeit versperrt, aufgrund der konkreten Umstände im Einzelfall nicht doch eine ausreichende enge Einbindung in den Organisationsbereich anzunehmen.[344] Da der BGH dabei auf die tatsächlichen Umstände abstellt, ist damit weniger die konkrete Art der Unternehmensverbindung maßgeblich, sondern vielmehr die Frage, wie sehr eine beherrschte Gesellschaft im Rahmen der

---

339 Kritisch bereits zur Frage, ob juristische Personen überhaupt als Verrichtungsgehilfen in Betracht kommen *Koch* WM 2009, 1013 (1018); später dann ausdrücklich ablehnend *ders.* in: Hüffer, § 76 AktG Rn. 22.
340 So *BGH* NJW 2009, 1740 (1741).
341 *BGH* NJW 2013, 1002 (1003).
342 *BGH* NJW 2013, 1002 (1003).
343 *BGH* NJW 2013, 1002 (1003).
344 Die Verrichtungsgehilfenstellung einer Tochtergesellschaft wurde etwa angenommen von *OLG Düsseldorf* GRUR-RR 2013, 273 (274).

konkret in Rede stehenden Tätigkeit fremdbestimmt und unselbstständig handelte. Auch wenn die Terminologie hier zur Ziehung von Parallelen verleitet, so ist die Abhängigkeit als Voraussetzung für die Verrichtungsgehilfenstellung nicht mit der Abhängigkeit i.S.d. § 17 AktG gleichzusetzen. Das Konzernrecht bestimmt das Verhältnis der verbundenen Unternehmen insofern abstrakt und unabhängig von Einzeltätigkeiten. Eine Unternehmensverbindung ist damit im Ganzen zu qualifizieren, sie kann nicht mit Blick auf die eine Tätigkeit als Konzernverbindung im engeren Sinne und mit Blick auf eine andere Tätigkeit als bloßes Abhängigkeitsverhältnis angesehen werden. Bei der deliktsrechtlichen Betrachtung sind wie gezeigt die tatsächlichen Umstände in den Vordergrund zu rücken. Hier kann im Einzelfall auch bei einer bloßen Mehrheitsbeteiligung ein entsprechend fremdbestimmtes Handeln vorliegen. Direkte Ableitungen für das Vorliegen einer Verrichtungsgehilfenstellung der Tochtergesellschaft und eines entsprechenden, deliktsrechtlichen Haftungsrisikos für die Obergesellschaft lassen sich unmittelbar aus dem Bestehen einer Unternehmensverbindung nicht begründen. Freilich können die rechtlichen Rahmenbedingungen im Unternehmensverbund jedoch als Indikator wirken, um die notwendige Fremdbestimmtheit der Tochtergesellschaft zu begründen. Dies ist dann Frage des Einzelfalls. Nicht übersehen werden darf indes der vergleichsweise geringe Pflichtumfang der Norm. § 831 BGB verlangt keine umfassenden Organisationsmaßnahmen, sondern statuiert eine auf eine Verrichtungsperson gerichtete Pflicht zur Eignungsprüfung.[345] Hält man sich sodann die durch den dezentralen Entlastungsbeweis gegebenen Exkulpationsmöglichkeiten der Leitungspersonen durch persönliche Auswahl der nachgeordneten Mitarbeiter vor Augen, manifestiert sich der weitgehende Bedeutungsverlust der Regelung.[346]

Neben § 831 BGB verbleibt indes der allgemeine Haftungstatbestand des § 823 Abs. 1 BGB. Die unzureichende Umsetzung von Organisationspflichten kann auch hier zu Schadensersatzansprüchen führen. Sofern eine Konzernobergesellschaft eine Untergesellschaft zur Umsetzung ihrer eigenen Aufgaben einsetzt und dabei maßgeblich bestimmend einwirkt, kann sich im Falle unzureichender Organisation damit auch ein Haftungsanspruch ergeben, wenn die Organisation mangelhaft war und damit Rechtsgutverletzungen Dritter ermöglicht wurden.[347] Freilich handelt es sich dann erst recht nicht mehr um unmittelbare Besonderheiten der Konzernhaftung, sondern vielmehr um allgemeine Grundsätze, die auch außerhalb von Kon-

---

345 *Koch* WM 2008, 1013 (1016); vgl. zur Einordnung der Norm im Rahmen der deliktsrechtlichen Unternehmenshaftung auch *Wagner* in: MK-BGB, § 831 BGB Rn. 11; *Spindler* in: BeckOK-BGB, § 831 BGB Rn. 7 f.
346 *Koch* WM 2008, 1013 (1016).
347 *Buxbaum* GRUR 2009, 240 (244). Um die geltenden Grundsätze zur Konzernleitungspflicht nicht zu unterlaufen, plädiert *Koch* WM 2008, 1013 (1019) dabei für strenge Maßstäbe hinsichtlich der Leitungsintensität der Obergesellschaft gegenüber der Tochtergesellschaft.

zernsachverhalten stets dann zu berücksichtigen sind, wenn sich jemand der Unterstützung eines Dritten bedient.[348]

D. Zusammenfassung

115 Konzerne stellen in der heutigen Wirtschaftslandschaft den Normalfall dar. Der Blick in die Wirtschafts- und Rechtsgeschichte zeigt, dass die Konzernierung dabei von Beginn an auf die Nutzung von Wettbewerbsvorteilen ausgelegt war. Maßgeblich für die starke Verbreitung waren dabei die gleichen Motive wie heute. Denn nach wie vor liegt die Attraktivität von Unternehmensverbindungen in der Möglichkeit, wirtschaftliche Potentiale und Kapazitäten zu bündeln, ohne gleich eine Verschmelzung zwischen verschiedenen Unternehmen herbeiführen zu müssen. Das Steuerrecht vermag dabei weiterhin Nachteile für Konzernverbindungen zu vermeiden. Vorteile ergeben sich indes zum einen über den im Vergleich zur Verschmelzung geringeren Kapitalbedarf, wenn sich eine Gesellschaft der anderen bemächtigen möchte. Vor allem aber können Konzernverbindungen durch die rechtliche Selbstständigkeit in gewissem Ausmaß eine Haftungsabschottung herbeiführen, ohne aufgrund der zahlreichen Einflussmöglichkeiten auf eine Steuerungsmöglichkeit der Tochtergesellschaften zu verzichten.

116 Gleichwohl der Unternehmensverbund ökonomisch als Paradigma gelten mag, wird die Eingehung von Konzernverbindungen von Gefahren begleitet. Denn während unser Gesellschaftsrecht grundsätzlich von eigenständigen und unabhängigen Gesellschaften ausgeht, droht im Falle der Konzernierung ein Auseinanderdriften von Gesellschafts- und Gesellschafterinteressen. Es ist eine der Hauptaufgaben des Konzernrechts, diesen Gefahren zu begegnen. Dabei regelt das Aktiengesetz verschiedene Formen von Unternehmensverbindungen, ohne sich dabei auf Aktienkonzerne zu beschränken. So wird neben der bloßen Mehrheitsbeteiligung gem. § 16 Abs. 1 AktG in § 17 Abs. 1 AktG das Abhängigkeitsverhältnis geregelt, an deren Vorliegen zahlreiche Rechtsfolgen in und außerhalb des Gesellschaftsrechts anknüpfen. Daneben beschreibt § 18 Abs. 1 AktG den Konzern im engeren Sinn. Erfasst ist dabei zunächst der Vertragskonzern, der durch Abschluss eines Beherrschungsvertrages entsteht und der herrschenden Gesellschaft gem. § 308 AktG unmittelbare Weisungsrechte gegenüber den Geschäftsleitungsorganen der beherrschten Gesellschaft gewährt. Dem Vertragskonzern vergleichbar ist der Fall der Eingliederung, bei der es sich um die denkbar engste Verbindung zweier rechtlich

---

348 Vgl. hierzu aber auch *Koch* WM 2008, 1013 (1016 f.), der auf die umfangreiche, jedoch sachlich eingeschränkte Kasuistik hinweist, nach der vor allem besonders gefahrschaffende Tätigkeiten Verkehrssicherungspflichten auslösen, nicht aber bereits die bloße unternehmerische Tätigkeit als solche.

selbstständiger Unternehmen handelt, und in deren Rahmen gem. § 323 AktG ebenfalls unmittelbare Weisungsrechte gegenüber der Geschäftsleitung der Tochtergesellschaft bestehen. Existiert zwischen abhängigen Gesellschaften eine einheitliche Leitung ohne beherrschungsvertragliche Grundlage und liegt auch keine Eingliederung vor, handelt es sich indes um einen faktischen Konzern. Eine rechtlich begründete Leitungsmacht durch kodifizierte Weisungsrechte besteht hier nicht. Die Einflussmöglichkeiten der Obergesellschaft ergeben sich vielmehr aus den mittelbaren Einwirkungsmöglichkeiten im Rahmen der Hauptversammlung und im Aufsichtsrat einer Aktiengesellschaft oder aber im Rahmen der Weisungsmöglichkeiten des GmbH-Gesellschafters gegenüber der Geschäftsführung.

Gleichwohl in all diesen Fällen die rechtliche Selbstständigkeit der beteiligten Gesellschaften erhalten bleibt, ändert sich das Pflichtenprogramm im Rahmen der Leitung der herrschenden Gesellschaft. Dabei ist zunächst festzustellen, dass die Konzernierung grundsätzlich Möglichkeiten der Konzernleitung eröffnet. In besonderer Weise gilt dies, sofern durch die Begründung von Vertragskonzernen oder im Fall der Eingliederung unmittelbare Weisungsrechte entstehen. Aus der Existenz dieser Leitungsmacht folgt die Frage nach einer Pflicht, nach der diese Möglichkeiten auch wahrgenommen bzw. ausgeschöpft werden müssen. Gegenüber der Tochtergesellschaft lässt sich eine entsprechende Pflicht der Leitungsorgane der Obergesellschaft nicht begründen. Die Möglichkeit der Einflussnahme führt nicht zur Pflicht der Einflussnahme. Allerdings besteht gegenüber der eigenen Gesellschaft die Pflicht der Leitungsorgane, Leitungsbefugnisse umfassend wahrzunehmen. Dies strahlt auch auf Konzernverbindungen aus. Zwar wird nicht zu verlangen sein, alle Leitungsbefugnisse im Hinblick auf Tochtergesellschaften vollumfänglich auszuschöpfen. Allerdings bedarf es hier eines pflichtgemäßen Ermessens auf valider Grundlage, um zu entscheiden, ob konzernweite Leitung erforderlich ist, oder aber dezentrale Strukturen gelebt werden können. Zu berücksichtigen sind dabei die rechtlichen Möglichkeiten der Einflussnahme und damit auch die der Informationsbeschaffung. Da rechtlich Unmögliches nicht verlangt werden kann, sorgen diese für eine entsprechende Begrenzung der Pflichten. **117**

Im Rahmen der Leitungsaufgabe erlangen sodann Kontroll- und Überwachungspflichten entscheidende Bedeutung. Sie stellen die unabdingbare Grundlage für die Ermittlung des notwendigen Umfangs der aktiven Leitungsmaßnahmen dar. Auf Ebene des Einzelunternehmens ist der Bestand derartiger Pflichten unbestritten. Die Geschäftsleitung hat demnach zu prüfen, ob die Unternehmensziele erreicht werden. Hierzu gehören die Abwendung von Risiken und damit auch die Pflicht, für rechtmäßiges Handeln innerhalb des Unternehmens zu sorgen. Dabei hat die Geschäftsleitung zu prüfen, welche Maßnahmen zur Erreichung der Ziele erforderlich sind. Während die grundsätzliche Kontrollpflicht damit unabdingbar ist, steht der Geschäftsleitung ein Ermessen zu, wenn es um die Frage geht, welche Maßnahmen zur Gewährung rechtstreuen Verhaltens innerhalb des Unternehmens notwendig sind. Je nach Ergebnis der erforderlichen Risikoanalyse kann sich dabei aber auch **118** die alternativlose Pflicht zur Einführung eines umfassenden Compliance-Management-Systems ergeben. Diese in der Literatur etablierte Auffassung wurde zuletzt auch gerichtlich durch das LG München I bestätigt. Im Ergebnis besteht damit auf Ebene des Einzelunternehmens nicht per se eine Pflicht zur Implementierung umfassender Compliance-Programme. Es besteht aber die Pflicht zur Prüfung, welche Maßnahmen im konkreten Fall erforderlich sind. Und hieraus kann sich sodann in der Tat die Pflicht zur Einführung eines entsprechenden Systems ergeben.

119 Auf Konzernebene setzt sich dies fort. Da sich Risiken in der Sphäre der Tochtergesellschaft unmittelbar oder aber mittelbar – zu denken ist neben primär rein finanziellen Einbußen etwa auch an nachhaltige Reputationsschäden – auf die Konzernobergesellschaft auswirken können, haben deren Leitungsorgane die entsprechenden Gefahren im Rahmen ihrer Leitungsaufgabe zu berücksichtigen. Die auf Ebene des Einzelunternehmens bestehende Pflicht, das notwendige Ausmaß der zu ergreifenden Präventionsmaßnahmen zu ermitteln, wird auf Konzernebene durch die Gefahren in der Sphäre einer Tochtergesellschaft beeinflusst. Im Ergebnis bleibt es dabei auch auf Konzernebene bei den gewonnenen Erkenntnissen: grundsätzlich besteht keine zwingende Pflicht zur Einführung eines umfassenden und konzernweit angelegten Compliance-Management-Systems. Es besteht aber die Pflicht zur Risikoanalyse, bei der auch die Konzerngesellschaften einzubeziehen sind. Und je nach konkreter Erkenntnislage kann sich die Pflicht dann durchaus auf die Implementierung einer entsprechenden, konzernweit angelegten Präventionsstruktur ausweiten. Auch an dieser Stelle ist allerdings zu betonen, dass die Pflichten nicht weiter reichen können, als die rechtlichen Möglichkeiten. Insbesondere auf Konzernebene erlangen damit die Informationsrechte der Obergesellschaft gegenüber den beherrschten Gesellschaften Bedeutung, da eine fundierte Kontrolle ohne Informationen nicht möglich ist. Während beim Vertragskonzern und im Rahmen der Eingliederung unmittelbare Weisungsrechte und damit auch die Möglichkeiten der Informationsbeschaffung bestehen, gilt dies für den Fall faktischer Konzernverbindungen – und erst recht für bloße Mehrheitsbeteiligungen und Fälle der Abhängigkeit – nur eingeschränkt.

120 Das Pflichtenprogramm der Konzernleitung wird nach alledem im Vergleich zur Einzelunternehmung spürbar erweitert. Nochmals zu betonen ist, dass es sich hierbei indes um Pflichten gegenüber der eigenen Gesellschaft handelt, nicht aber um solche gegenüber der abhängigen Gesellschaft. Im Außenverhältnis bleibt es hingegen grundsätzlich beim Trennungsprinzip, nachdem jede Legaleinheit für ihr Handeln selbst verantwortlich ist. Ein unmittelbarer Haftungsdurchgriff zulasten der Obergesellschaft hinsichtlich Verbindlichkeiten der Tochtergesellschaft besteht damit nicht. Das Konzernrecht vermag diesen Grundsatz zwar an verschiedenen Stellen zu durchbrechen, wenn es Ausgleichspflichten zugunsten der Tochtergesellschaft auferlegt, die gegebenenfalls auch durch deren Gläubiger geltend gemacht werden können. Dennoch handelt es sich dabei mit Ausnahme des insofern bestehenden Sonderfalls der Eingliederung nicht um die Begründung von primären Haf-

tungsansprüchen. Eine unmittelbare Primärhaftung der Obergesellschaft kann damit abseits der Eingliederung nur in wenigen Ausnahmefällen entstehen, in denen jede andere Entscheidung dem Grundsatz von Treu und Glauben widersprechen würde.

Schließlich kann die Konzernierung auch auf das deliktsrechtliche Haftungsprogramm Auswirkungen haben. Gleichwohl im Einzelfall die bestehenden, tatsächlichen Beziehungen zwischen Konzernobergesellschaft und Tochtergesellschaft eine enge Einbindung der Tochter in den Organisationsbereich der Obergesellschaft bewirken können, vermag die Verbindung zweier Unternehmen zu einem Konzern im weiten oder auch engeren Sinn für sich jedoch nicht zu genügen, um unmittelbar eine Verrichtungsgehilfenstellung im Sinne des § 831 BGB abzuleiten. Auch der BGH scheint eine Verrichtungsgehilfenstellung nach seiner jüngeren Rechtsprechung zwischen verbundenen Unternehmen mehr als Ausnahme denn als Regelfall anzusehen. Damit verbleibt der allgemeine Haftungstatbestand des § 823 Abs. 1 BGB, wenn die Obergesellschaft zur Wahrnehmung ihrer Aufgaben auf eine Tochtergesellschaft zurückgreift, hierbei maßgeblich deren Geschäftstätigkeit bestimmt und es in der Folge eines Organisationsverschuldens der Obergesellschaft zu Rechtsgutverletzungen Dritter kommt. Eine Besonderheit der Konzernhaftung ist in dieser Fallkonstellation indes nicht zu sehen. Vielmehr ist ein solcher Haftungsanspruch Ergebnis der Anwendung allgemeiner Haftungsgrundsätze.

121

Teil 3
Überblick der strafrechtlichen Verantwortlichkeiten im Konzern

A. Grundlagen des Unternehmensstrafrechts

122 Ein kodifiziertes Unternehmensstrafrecht gibt es in Deutschland – anders als in zahlreichen ausländischen Rechtsordnungen – bislang nicht.[1] Zwar gab es auch und gerade in der jüngeren Vergangenheit immer wieder Vorstöße zur Einführung entsprechenden Regelungen, wie zuletzt etwa den 2013 veröffentlichten Entwurf eines Verbandsstrafgesetzbuches durch den Justizminister von Nordrhein-Westfalen.[2] Dennoch ist es bis heute bei einem grundsätzlichen Individualstrafrecht geblieben. Zurückgeführt wird dies nicht selten auf das dem deutschen Strafrecht zu Grunde gelegten und verfassungsrechtlich verankerten Schuldprinzip:[3] *nulla poena sine*

---

1 Dies ist in jedem Fall unstrittig, sofern ein enger Strafrechtsbegriff angelegt wird, vgl. nur *Wittig* Wirtschaftsstrafrecht, § 5 Rn. 4 ff.; *Kudlich/Oğlakcıoğlu* Wirtschaftsstrafrecht, Rn. 85; *Jäger* in: FS I. Roxin, S. 43 (43); *Trüg* wistra 2010, 241 (242); *Leitner* StraFo 2010, 232 (323); zum Vormarsch der Verbandsstrafbarkeit im Ausland auch *Neumann* in: Kempf/Lüderssen/Volk, S. 13 (13), der angesichts dessen vom deutschen Sonderweg spricht. *Ransiek* in: Kempf/Lüderssen/Volk, S. 285 (286) bezeichnet die deutsche Sicht aus rechtsvergleichender Sicht gar als „eine eher altmodisch anmutende Ausnahme." Vgl. insofern zum Unternehmensstrafrecht in den USA ausführlich *Engelhart* Sanktionierung, S. 70 ff.; zudem *Partsch* in: Kempf/Lüderssen/Volk, S. 55 (55 ff.); *Ehrhardt* Unternehmensdelinquenz, S. 95 ff.; zur strafrechtlichen Haftung juristischer Personen in Spanien *Arroyo Zapatero* in: FS I. Roxin, S. 711 (711 ff.); *Silva Sánchez* in: Kempf/Lüderssen/Volk, S. 59 (59 ff.); zur Rechtslage in Italien *Guerrini* NZWiSt 2014, 361 (361 ff.).

2 Vgl. zum Entwurf des Verbandsstrafgesetzbuches unten Rn. 365 ff. Von den Befürwortern einer strafrechtlichen Verantwortlichkeit werden zur Untermauerung ihrer Argumente oftmals entsprechende europäische und internationale Vorgaben angeführt, vgl. etwa den Justizminister des Landes Nordrhein-Westfalen und damit den Initiator des Entwurfes eines Verbandsstrafgesetzbuches *Kutschaty* ZRP 2013, 74 (75). Bezug genommen wird dabei u.a. etwa auf den *OECD Report on the application of the convention combating bribery of foreign public officials in international business transactions and the 2009 revised recommendation combating bribery in international business transactions*, S. 70, abrufbar auf der Internetseite der OECD unter http://www.oecd.org/berlin/47413672.pdf. Andere verweisen indes auf die Feststellung, weder die OECD-Empfehlungen noch sonstige internationale Vorgaben würden dabei zwingend die Implementierung eines Unternehmensstrafrechts verlangen, vgl. insofern *Kotzur* in: Kempf/Lüderssen/Volk, S. 379 (384); *Pieth* in: Kempf/Lüderssen/Volk, S. 395 (397); *Trüg* wistra 2010, 241 (245).

3 Vgl. hierzu bereits BGHSt 5, 28 (32), wonach es dem bis dato geltenden deutschen Rechtsdenken widerspreche, „gegen juristische Personen oder sonstige Personengesamtheiten eine Kriminalstrafe zu verhängen. Sie paßt nicht zu dem im deutschen Recht entwickelten sozialethischen Schuld- und Strafbegriff." Entsprechend auch *Momsen* in:

culpa.⁴ Die entsprechende Schuldfähigkeit wird indes nur natürlichen Personen zugeschrieben.⁵ Gleichwohl wird – gar bei manchem Gegner eines Unternehmensstrafrechts – oftmals vertreten, die Einführung sei auch vor dem Hintergrund des geltenden Schuldprinzips für den Gesetzgeber jedenfalls aus verfassungsrechtlichen Gründen nicht grundsätzlich versperrt.⁶ Das Schuldprinzip beziehe sich allein auf die Verantwortlichkeit natürlicher Personen, im Rahmen einer Unternehmensstrafe könne das Gebot schon mangels grundsätzlicher Anwendbarkeit keine Hürde darstellen.⁷ Die Einführung eines Gesetzes zur Bestrafung juristischer Personen wird dennoch auch heute jedenfalls in der wissenschaftlichen Diskussion nach wie vor weit überwiegend abgelehnt.⁸

Nicht gesagt ist damit freilich, dass staatliche Sanktionen de lege lata nicht auch juristische Personen treffen können. Bedeutsam ist insofern die Regelung des § 30 OWiG, die eine Verhängung von Bußgeldern gegen juristische Personen und Personengesellschaften ermöglicht. Voraussetzung ist die Begehung einer Straftat oder Ordnungswidrigkeit durch eine Leitungsperson, durch die Pflichten des Verbandes verletzt oder dieser bereichert wurde bzw. werden sollte.⁹ Die Norm des

123

BeckOK-StGB, § 14 StGB Rn. 28; *Förster* in: Rebmann/Roth/Herrmann, § 30 OWiG Rn. 5. Freilich beschränken sie die Argumente nicht auf diesen Aspekt. Neben der mangelnden Schuldfähigkeit wird der Einführung einer Verbandsstrafbarkeit auch die fehlende Handlungsfähigkeit juristischer Personen entgegengehalten, vgl. dazu *Roxin* Allgemeiner Teil Band I, § 8 Rn. 58 ff., um nur ein weiteres der zahlreichen Argumente der Kritiker zu nennen.

4   BVerfGE 20, 323 (331); 25, 269 (285); vgl. hierzu auch den Großen Strafsenat des BGH: BGHSt 2, 194 (200).
5   *Schmitz* in: Kempf/Lüderssen/Volk, S. 311 (312); *Leipold* ZRP 2013, 34 (35); vgl. zum Ganzen *Kirch-Heim* Sanktionen, S. 155 ff.
6   Vgl. dazu auch *Vogel* StV 2012, 427 (429); *ders.* in: Kempf/Lüderssen/Volk, S. 205 (205 ff.); *Jäger* in: FS I. Roxin, S. 43 (48 ff.); *Beckemper* in: Kempf/Lüderssen/Volk, S. 277 (277 ff.); *Schmitz* in: Kempf/Lüderssen/Volk, S. 311 (312); *Kudlich/Oğlakcioğlu* Wirtschaftsstrafrecht, Rn. 89.
7   *Neumann* in: Kempf/Lüderssen/Volk, S. 13 (19); *Vogel* StV 2012, 427 (429); *ders.* in: Kempf/Lüderssen/Volk, S. 205 (208); *Schmitz* in: Kempf/Lüderssen/Volk, S. 311 (312). Kritisch zu dieser Folgerung *Schünemann* ZIS 2014, 1 (11).
8   Vgl. etwa *Schünemann* ZIS 2014, 1 (1 ff.): „Ein kriminalpolitischer Zombie"; *ders.* Gesetzesantrag NRW, S. 34; *Neumann* in: Kempf/Lüderssen/Volk, S. 13 (20); *Theile* in: Kempf/Lüderssen/Volk, S. 175 (190); *Sachs* in: Kempf/Lüderssen/Volk, S. 195 (204); *von Rosen* in: Kempf/Lüderssen/Volk, S. 263 (268); *Achenbach* in: Kempf/Lüderssen/Volk, S. 271 (275); *Weber-Rey* in: Kempf/Lüderssen/Volk, S. 321 (331); *Leipold* ZRP 2013, 34 (34 ff.); *ders.* NJW-Spezial 2013, 696 (696); *Trüg* wistra 2010, 241 (248). So wohl jedenfalls für den Augenblick auch *Beckemper* in: Kempf/Lüderssen/Volk, S. 277 (283). *Heine/Weißer* in: Schönke/Schröder, Vorbem. zu den §§ 25 ff. StGB Rn. 127 attestieren indes eine Trendwende in der Diskussion hin zu einer verstärkten Forderung nach umfassender strafrechtlicher Verantwortlichkeit von Unternehmen. Vgl. in diesem Zusammenhang auch die Darstellung des Entwurfes eines Verbandsstrafgesetzbuchs durch den Justizminister von Nordrhein-Westfalen, Rn. 365 ff. Vgl. insgesamt zur Diskussion auch *Wittig* Wirtschaftsstrafrecht, § 8 Rn. 9; *Roxin* Allgemeiner Teil Band I, § 8 Rn. 61 ff.
9   *Wittig* Wirtschaftsstrafrecht, § 12 Rn. 1.

§ 30 OWiG hat sich aufgrund dieser Rechtsfolge zu einem der wichtigsten Bestandteile im Rahmen der Ahndung wirtschaftskrimineller Verhaltensweisen im Unternehmenskontext entwickelt.[10] Nicht selten wird sie bereits auf Grundlage der bestehenden Rechtslage als Ankerpunkt eines inländischen Unternehmensstrafrechts interpretiert.[11] Verfolgungsbehörden und Gerichte nehmen die Norm als Grundlage, um mitunter Bußgelder in mehrstelliger Millionenhöhe zu verhängen.[12]

124 Eine der wichtigsten Anknüpfungstaten des § 30 OWiG stellt dabei die betriebliche Aufsichtspflichtverletzung des § 130 OWiG dar.[13] Bevor auf diese Regelung und dabei insbesondere auf die konzerndimensionale Anwendung vertieft eingegangen wird, empfiehlt sich die vorgelagerte Skizzierung der konzernweiten Verantwortlichkeiten im Kernstrafrecht.[14] Im Mittelpunkt steht dabei die Frage, wie sich gegen die Konzernspitze bzw. deren gesetzliche Vertreter strafrechtliche Vorwürfe für etwaige Straftaten in der Sphäre der Tochtergesellschaften begründen lassen.

---

10 Statistisches Material zur Anwendungspraxis findet sich indes nur in sehr begrenztem Umfang, vgl. insofern *Engelhart* Sanktionierung, S. 492 f.
11 Betreffend die Terminologie ist dies freilich nur dann auch dem Grunde nach zutreffend, wenn der Strafrechtsbegriff sich in diesem Kontext auch auf das Ordnungswidrigkeitenrecht erstreckt, vgl. insofern bereits oben erste Fn. zu Rn. 122. Zu einer Strafbarkeit – auch in diesem weitverstandenen Sinne – des Unternehmens gelangt man allerdings auch über die Einbeziehung des § 30 OWiG nicht. Vielmehr erfolgt hier auf Rechtsfolgenseite eine Einbeziehung in den Sanktionsadressatenkreis. Strafbar im Sinne der Tatbestandverwirklichung bleibt allein der Täter der Anknüpfungstat, vgl. hierzu nur *Wittig* Wirtschaftsstrafrecht, § 8 Rn. 7. Hier zeigen sich – neben der Verortung im eng verstandenen Strafrecht statt im Ordnungswidrigkeitenrecht – die grundlegenden Unterschiede zwischen den Vorschlägen zu einem Unternehmensstrafrecht gegenüber der geltenden Rechtslage. Zu betonen ist aber, dass das Kernstrafrecht auch heute schon über vereinzelte Sanktionsmöglichkeiten gegenüber Unternehmen verfügt. Zu nennen sind etwa der Verfall gem. § 73 Abs. 3 StGB sowie die Einziehung gem. §§ 75, 74 StGB, wobei gerade der Einziehung gegenüber Unternehmen in der Praxis wohl nur eine sehr geringe Bedeutung zukommt, vgl. hierzu auch *I. Roxin* in: Kempf/Lüderssen/Volk, S. 37 (38 ff.). Vgl. zur Bedeutung des § 30 OWiG auch *Leitner* StraFo 2010, 323 (328); *Petermann* Compliance-Maßnahmen, S. 23.
12 Vgl. nur die Bußgeldbescheide der Staatsanwaltschaft München I gegen die Siemens AG und die MAN Nutzfahrzeuge AG unten Rn. 229 ff.
13 *BKartA* WuW 1999, 385 (388): „praktisch wichtigste Bezugstat des § 30 OWiG "; *Dörr* in: Kempf/Lüderssen/Volk, S. 23 (28); *Kretschmer* in: FS Geppert, S. 287 (299); *Petermann* Compliance-Maßnahmen, S. 30. Siehe zum Zusammenspiel der §§ 9, 30, 130 OWiG und der Bedeutung dieses Haftungssystems unten Rn. 204 ff.
14 In diesem Zusammenhang ist darauf hinzuweisen, dass bei dem Problembereich der strafrechtlichen Verantwortlichkeit im Konzern vieles umstritten und noch mehr ungeklärt ist, vgl. nur *Fleischer* in: Fleischer, § 15 Rn. 125. Während sich die vorliegende Untersuchung an dieser Stelle auf eine grundlegende Skizzierung der wesentlichen Problemstellungen beschränken muss, ist der Bedarf an vertieften Untersuchungen in diesem Bereich insbesondere vor dem Hintergrund der großen praktischen Relevanz von Konzernverbindungen deutlich indiziert.

B. Aktive Begehung durch die Konzernspitze

Bei der Beurteilung der aktiven Begehungsweise zeigen sich dabei auf den ersten Blick vergleichsweise geringe Schwierigkeiten.[15] Etwaige gesellschaftsrechtliche Grenzen zwischen Obergesellschaft- und Tochtergesellschaft spielen grundsätzlich keine Rolle. Im Falle der aktiven Begehung lässt sich die Strafbarkeit dem Grunde nach unabhängig von der Zugehörigkeit zu einzelnen Konzerngesellschaften begründen. So kann sich die Strafbarkeit eines Organmitglieds der Konzernobergesellschaft grundsätzlich ergeben, wenn es durch Weisungen gegenüber der Tochtergesellschaft zu strafbaren Handlungen veranlasst. Zwar besteht aus Sicht der Organmitglieder der Tochtergesellschaft im Fall strafwürdiger Weisungen keine Befolgungspflicht.[16] Wird solchen Weisungen entsprochen, lässt die insofern bestehende Entscheidungsverantwortlichkeit des Organs der Tochtergesellschaft die Strafbarkeit für das handelnde Organmitglied der Obergesellschaft indes freilich nicht vollständig entfallen.[17] Dies ergibt sich schon mit Blick auf die Regelungen zur Anstiftung, bei der die Strafbarkeit ebenfalls nicht aufgrund vollständiger Entscheidungsherrschaft beim Täter zurücktritt.[18] Damit lässt sich eine Strafbarkeit auch abseits von Weisungsrechten etwa in faktischen Konzernen begründen, wenn durch Veranlassungen strafbares Verhalten innerhalb der Tochtergesellschaft initiiert wird. Auch hier führt die fehlende Pflicht zur Befolgung von Veranlassungen nicht zum Entfallen der Strafbarkeit, weder für den Weisungsgeber, und erst recht nicht für den Weisungsempfänger. Da die gesellschaftsrechtlich verbürgten Einflussmöglichkeiten im Konzernverbund nur straflose Verhaltensweisen umfassen, scheinen konzernrechtliche Besonderheiten auf die strafrechtliche Beurteilung damit kaum Auswirkung zu haben. Der Blick ins Detail offenbart an dieser Stelle dennoch zahlreiche – und im Konzernkontext weitestgehend ungeklärte – Probleme, die sich meist

125

---

15 Wobei als Vergleichsmaßstab hier die Beurteilung strafrechtlicher Verhaltensweisen auf Ebene des Einzelunternehmens dienen soll. Freilich ergeben sich bereits dort an zahlreichen Stellen – oftmals heftig umstrittene bzw. völlig ungeklärte – Problemstellungen, wenn die Frage nach der strafrechtlichen Verantwortlichkeit beantwortet werden soll, vgl. hierzu nur *Rotsch* in: Momsen/Grützner, 1. Kapitel B Rn. 46. Sofern also bereits auf Ebene des Einzelunternehmens zahlreiche ungeklärte Fragen in Erscheinung treten, stellen sich diese in gleichem Maße auch im Rahmen von Konzernsachverhalten.
16 *Bödeker* in: Hensslein/Strohn, § 308 AktG Rn. 12, 17 f.; *Altmeppen* in: MK-AktG, § 308 AktG Rn. 100; *Koch* in: Hüffer, § 308 AktG Rn. 14, § 323 AktG Rn. 4; *Emmerich* in: Emmerich/Habersack, Aktien- und GmbH-Konzernrecht, § 308 AktG Rn. 58; *Habersack* in: Emmerich/Habersack, Aktien- und GmbH-Konzernrecht, § 323 AktG Rn. 6; *Wilsing* in: Hensslein/Strohn, § 323 AktG Rn. 2. Gegen Strafrecht verstoßende Weisungen sind vielmehr nichtig und dürfen überdies auch nicht befolgt werden, vgl. *Ransiek* Unternehmensstrafrecht, S. 65; *Vogt* Verbandsgeldbuße, S. 41. Für das Weisungsrecht eines GmbH-Gesellschafters gegenüber dem Geschäftsführer *BGH* NJW 1974, 1088 (1089).
17 *Tschierschke* Sanktionierung, S. 60.
18 Vgl. hierzu *Vogt* Verbandsgeldbuße, S. 42.

als unmittelbarer Anschlussfragenkomplex aus der allgemeinen Behandlung von Straftaten im Unternehmensbereich ergeben.

I. Form der Strafbarkeit

126 Aufgrund welcher Beteiligungsform sich das handelnde Organmitglied der Konzernobergesellschaft gegebenenfalls strafbar macht, ergibt sich aus den allgemeinen Grundsätzen. Denkbar sind dabei alle Beteiligungsformen, die das Strafgesetzbuch in seinen Kategorien Täterschaft und Teilnahme bereithält. In Betracht kommt insofern zum einen die Strafbarkeit wegen Anstiftung gem. § 26 StGB oder Beihilfe gem. § 27 StGB.[19] Freilich ist aber auch eine täterschaftliche Begehungsweise möglich. Kommt es in der Sphäre der Tochtergesellschaft zu strafrechtlich relevanten Verhaltensweisen, ist auf Ebene der Konzernspitze bzw. bei den entsprechenden gesetzlichen Vertretern insofern grundsätzlich eine Strafbarkeit wegen mittelbarer Täterschaft gem. § 25 Abs. 1 Alt. 2 StGB, Mittäterschaft gem. § 25 Abs. 2 StGB, oder Nebentäterschaft denkbar. Verwirklichen Vertreter aus der Obergesellschaft und der beherrschten Gesellschaft etwa gemeinsam einen Straftatbestand und wirken sie dabei arbeitsteilig zusammen – zu denken ist beispielsweise an gemeinsame Vertragsverhandlungen mit Dritten, in deren Rahmen Korruptionsabreden erfolgen –, so ebnen die allgemeinen Grundsätze den Weg zur Mittäterschaft gem. § 25 Abs. 2 StGB ohne dass es auf die Besonderheiten einer mehr oder minder eng verknüpften Unternehmensverbindung ankäme.[20]

127 Im Kontext von Konzernverbindungen werden daneben aber wohl vor allem Sachverhaltskonstellationen in den Fokus rücken, bei denen Organmitglieder der beherrschten Tochtergesellschaften aufgrund der Einflussnahme der Konzernspitze strafrechtsrelevante Handlungen begehen, bei deren Umsetzung sich der betroffene Vertreter der Muttergesellschaft dann aber nicht mehr unmittelbar beteiligt. Denkbar ist also die Verwirklichung von Straftatbeständen aufgrund informeller Hinweise und Empfehlungen aus der Sphäre der Konzernmutter, durch Veranlassungen in einem faktischen Konzernverhältnis, oder aber durch Erteilung entsprechender Weisungen bei Vertragskonzernen sowie dem Fall der Eingliederung. Wenn der aus der Sphäre der Obergesellschaft stammende Veranlasser bei der eigentlichen Tatbegehung nicht mehr mitwirkt, wird eine Strafbarkeit wegen Mittäterschaft gem. § 25 Abs. 2 StGB dann grundsätzlich ausscheiden.[21] Zum einen fehlt es dann an der ge-

---

19 Vgl. hierzu auch *Krause* in: Krieger/Schneider, § 35 Rn. 4.
20 Freilich sind dabei – wie stets – die Besonderheiten des Einzelfalls und damit insbesondere das Ausmaß der Tatbeteiligung sowie das Vorliegen eines gemeinsamen Tatplans in jedem konkreten Fall zu untersuchen.
21 Vgl. hierzu *Roxin* Allgemeiner Teil Band II, § 25 Rn. 189.

meinschaftlichen Tatausführung.[22] Überdies wird in einem Beherrschungsverhältnis meist auch ein gemeinsamer Tatentschluss nicht vorliegen.[23] Handelt der Tatausführende aus seiner Perspektive in Ausübung eines mehr oder minder ausdrücklichen Befehls, so kann nicht mehr von zwei gleichberechtigten Entscheidungsträgern und damit auch nicht mehr von einem gemeinsamen Tatentschluss ausgegangen werden.[24]

Gleichwohl die Annahme von Mittäterschaft gem. § 25 Abs. 2 StGB dann ausscheidet, ist auf Seiten des Veranlassers auf Stufe der Konzernspitze an eine mögliche Strafbarkeit wegen mittelbarer Täterschaft gem. § 25 Abs. 1 Alt. 2 StGB zu denken. Dabei ist Täter auch derjenige, der die Tat durch einen anderen und damit ohne eigene unmittelbare Handlung verwirklicht.[25] Voraussetzung ist dabei grundsätzlich das Vorliegen eines Defizits beim Tatmittler, dieser darf danach in der Regel selbst

128

---

22 Ab wann keine die Mittäterschaft begründende Mitwirkung bei der Tatausführung mehr vorliegt, ist heftig umstritten. Der BGH legt insofern – nur im Ursprung ausgehend von seiner traditionell von subjektiven Elementen geprägten Betrachtungsweise – in seiner ständigen Rechtsprechung eine wertende Gesamtbetrachtung zu Grunde, die im Ergebnis einen sehr weiten Anwendungsraum für die Mittäterschaft eröffnet. Kriterien sollen dabei das eigene Tatinteresse, der Umfang der Tatbeteiligung sowie das Ausmaß der Tatherrschaft in objektiver sowie subjektiver Hinsicht sein, vgl. nur BGHSt 37, 289 (291); *BGH* NStZ-RR 2012, 241 (243); *BGH* NStZ-RR 2005, 71 (71); *BGH* wistra 2005, 380 (381). Dem Richter soll dabei ein weiter Beurteilungsspielraum zustehen, *BGH* NStZ-RR 2012, 241 (243); *BGH* wistra 2005, 380 (381). Insbesondere soll nach Auffassung des BGH dabei auch genügen, wenn der Mittäter seine persönliche Tätigkeit auf Vorbereitungs- und Unterstützungshandlungen beschränkt, vgl. insofern schon *BGH* NJW 1951, 410 (410); BGHSt 11, 268 (271 f.); 14, 123 (128 f.). Es soll überdies gar ausreichen, dass „der Mittäter den tatausführenden Genossen in dessen Tatentschluß bestärkt" hat, BGHSt 37, 289 (292). Diese weitgehende und den Täterwillen in den Vordergrund stellende Rechtsprechung ist in der Literatur auf erhebliche Kritik gestoßen, vgl. nur *Roxin* Allgemeiner Teil Band II, § 25 Rn. 203 ff.
23 *Roxin* Allgemeiner Teil Band II, § 25 Rn. 121. Im Ergebnis so auch *Rütsch* Durchgriff, S. 103 f., der die Beantwortung der Frage allerdings wohl davon abhängig machen will, ob ein bindendes Weisungsrecht oder aber nur faktische Leitungsmacht besteht. Allerdings gibt es auch im Vertragskonzern sowie im Fall der Eingliederung kein bindendes Recht bezüglich strafrechtsrelevanter Weisungen. Solche sind vielmehr stets nicht nur unverbindlich, sondern dürfen überdies nicht befolgt werden. Damit handelt es sich in entsprechenden Fallkonstellationen aber immer um den Fall rein faktischer Leitungsmacht, so dass die vorgeschlagene Differenzierung jedenfalls an dieser Stelle nicht überzeugt. Etwas anderes kann auch nicht gelten, wenn man berücksichtigt, dass Weisungen in Vertragskonzernen wenigstens grundsätzlich bindend sind. Denn die Unverbindlichkeit einer strafrechtsrelevanten Weisung ist evident, damit kommt ihr auch im Gesamtkontext eines Vertragskonzerns kein anderes Gewicht zu als der Veranlassung im faktischen Konzern. Mögliche nachteilige Wirkungen bei Nichtbefolgung – etwa die Abberufung als Vorstand – drohen bereits im Fall bloßer Mehrheitsbeteiligung.
24 *BGH* NStZ 1984, 413 (413): „Mittäterschaft kommt vor allem in Betracht, wenn der Beteiligte in der Rolle eines gleichberechtigten Partners mitgewirkt hat." Vgl. auch *Roxin* Allgemeiner Teil Band II, § 25 Rn. 121; *Wessels/Beulke/Satzger* Strafrecht AT, Rn. 526.
25 *Fischer* § 25 StGB Rn. 5.

nicht volldeliktisch handeln.[26] Exemplarischer Anwendungsfall ist damit etwa die Veranlassung des Ausführenden durch Täuschung.[27] Nun wird sich die ausführende Person auf Ebene der Tochtergesellschaft über die Strafbarkeit einer entsprechenden Handlung oftmals bewusst sein. Die strafrechtliche Verantwortlichkeit für die Umsetzung entfällt auch nicht aufgrund weisungsgebundenen Handelns. Denn der Empfänger einer Weisung – gleich ob nach § 308 Abs. 1 AktG oder aber nach § 323 Abs. 1 AktG – ist an diese nicht gebunden, sofern deren Umsetzung eine strafrechtsrelevante Handlung erfordert.[28] Vielmehr ist er verpflichtet, eine solche Umsetzung abzulehnen.[29] Erst recht gilt dies freilich für die Fälle ohnehin nicht bindender Veranlassungen im faktischen Konzern, oder bloßen Hinweisen und Empfehlungen durch Vertreter aus Konzernobergesellschaften. Kommt es dennoch zur Umsetzung, ist der entsprechende Täter aus der Sphäre der Tochtergesellschaft dann aber auch in vollem Umfang für sein Handeln verantwortlich und tauglicher Täter der entsprechenden Straftat.[30] Ein Defizit beim ausführenden Tatmittler liegt damit nicht vor.

129 Dennoch scheidet die Annahme mittelbarer Täterschaft nicht zwangsläufig aus. In Betracht kommt vielmehr die durch *Roxin* entwickelte mittelbare Täterschaft im Rahmen organisatorischer Machtapparate.[31] Danach steht als Ausnahme des dargelegten Grundsatzes auch die umfassende Verantwortlichkeit des Ausführenden der Annahme mittelbarer Täterschaft nicht entgegen, wenn sich der Hintermann seiner Macht aufgrund hierarchischer Strukturen bedient. Ausgangspunkt dieser Konstruktion waren die Verbrechen der nationalsozialistischen Zeit, in der sich Entscheidungsträger menschlicher Werkzeuge bedienten, um ihre Gräueltaten umzusetzen.[32] Auf die konkrete Person des Ausführenden kam es dabei nicht an, der nationalsozialistische Machtapparat garantierte den Befehlsgebern die Ausführung. Die dabei vorhandene, beliebige Ersetzbarkeit des unmittelbaren Täters war ausschlaggebendes Motiv für *Roxin* mit Blick auf den Befehlshaber für eine Strafbarkeit als Täter nach den Grundsätzen der mittelbaren Täterschaft zu plädieren.[33] Gleichwohl der unmittelbar Ausführende freilich weiterhin vollumfänglich strafrechtlich verantwortlich für die Umsetzung ist, seien die Befehlshaber auf dessen Durchführung zur

---

26 BGHSt 40, 218 (236); *Fischer* § 25 StGB Rn. 5, 11; *Hellmann* in: Hellmann/Beckemper, Wirtschaftsstrafrecht, Rn. 933.
27 Vgl. nur *Joecks* in: MK-StGB, § 25 StGB Rn. 80; *Roxin* Allgemeiner Teil Band II, § 25 Rn. 63.
28 Siehe bereits oben 2. Fn. zu Rn. 125.
29 *Koch* in: Hüffer, § 308 AktG Rn. 14, § 323 AktG Rn. 4. Für das allgemeine Weisungsrecht der Gesellschaft einer GmbH *BGH* NJW 1974, 1088 (1089). Siehe hierzu auch bereits oben 1. Fn. zu Rn. 125.
30 Vgl. hierzu auch *Vogt* Verbandsgeldbuße, S. 42 f.
31 Vgl. hierzu *Roxin* Täterschaft und Tatherrschaft, S. 242 ff.; *ders.* Allgemeiner Teil Band II, § 25 Rn. 105 ff.
32 *Roxin* Täterschaft und Tatherrschaft, S. 242 ff.
33 *Roxin* Täterschaft und Tatherrschaft, S. 245; *ders.* Allgemeiner Teil Band II, § 25 Rn. 106.

Umsetzung ihres Entschlusses anders als bei der Anstiftung nicht angewiesen.³⁴ Notwendiges Element einer entsprechenden Konstruktion sei aber die „Rechtsgelöstheit des Machtapparates"³⁵. Während der Ansatz *Roxins* in der Literatur schnell Zustimmung fand,³⁶ ließ der BGH die Konstruktion im Rahmen der Verurteilung von NS-Verbrechen unbeachtet.³⁷ Die Würdigung der sog. Mauerschützenfälle diente jedoch später dem BGH dazu, die mittelbare Täterschaft kraft organisatorischer Machtapparate aufzugreifen und anzuwenden.³⁸

Bekanntlich beließ es der BGH jedoch nicht bei der Anwendung der Grundsätze auf Fälle des Missbrauchs staatlicher Machtbefugnisse. Zum einen seien sie auch auf Fälle mafiaähnlich organisierter Verbrechen zu erstrecken.³⁹ Überdies könne aber selbst „das Problem der Verantwortlichkeit beim Betrieb wirtschaftlicher Unternehmen" über die Konstruktion der mittelbaren Täterschaft kraft Organisationsherrschaft gelöst werden.⁴⁰ Während die Erstreckung auf andere vom Recht gelöste Machtapparate wie mafiaähnliche Organisationen überwiegend Zustimmung erntete, wird die durch die Rechtsprechung angenommene Erstreckung auf wirtschaftli-

130

---

34 *Roxin* Täterschaft und Tatherrschaft, S. 245; *ders.* Allgemeiner Teil Band II, § 25 Rn. 107.
35 Vgl. dazu *Roxin* ZIS 2006, 293 (297 f.).
36 Vgl. mit Blick auf den heutigen Meinungsstand nur *Fischer* § 25 StGB Rn. 11; *Joecks* in: MK-StGB, § 25 StGB Rn. 147 ff.; *Schünemann* in: LK-StGB, § 25 StGB Rn. 122; *Hellmann* in: Hellmann/Beckemper, Wirtschaftsstrafrecht, Rn. 935; *Rengier* Strafrecht AT, § 43 Rn. 60. Erst in den letzten Jahren hat sich indes zunehmende Kritik gegen die Konstruktion als solche entwickelt, vgl. insofern *Schild* in: NK-StGB, § 25 StGB Rn. 123; *Renzikowski* in: Maurach/Gössel/Zipf, § 48 Rn. 68 ff.; *Brammsen/Apel* ZJS 2008, 257 (260 ff.); *Rotsch* NStZ 2005, 13 (14 ff.); *ders.* JR 2004, 248 (250 f.); *ders.* NStZ 1998, 491 (493). Zu verweisen ist in diesem Zusammenhang zudem auf *Schroeder* Täter hinter dem Täter, S. 152 f., 168; *ders.* ZIS 2009, 569 (569 ff.), der zwar ebenfalls im Ergebnis von der Zulässigkeit der mittelbaren Täterschaft kraft Organisationsherrschaft ausgeht, dies seit jeher aber auf anderem dogmatischen Fundament errichten möchte. Sofern die Konstruktion der Organisationsherrschaft als solche heute jedenfalls in der (internationalen) Rechtsprechung weitverbreitet Anerkennung findet, dürfte dies neben Roxin auch Schroeders Verdienst sein.
37 *Roxin* Allgemeiner Teil Band II, § 25 Rn. 108.
38 Vgl. insofern BGHSt 40, 218 (218 ff.). Außerhalb der Beurteilung politischer Machtapparate hatte der BGH die Konstruktion bereits in seiner „Katzenkönig"-Entscheidung aufgegriffen, siehe hierzu BGHSt 35, 347 (353). Die höchstrichterliche Rezeption war indes nicht auf die Bundesrepublik beschränkt. Als bekanntes Beispiel dient die Verurteilung des ehemalige Präsidenten Perus, Alberto Fujimori. Im April 2009 wurde dieser unter ausdrücklicher Bezugnahme u.a. auf die Veröffentlichungen Roxins vom Obersten Strafgerichtshof seines Landes als mittelbarer Täter in einem organisatorischen Machtapparat verurteilt, vgl. *Ambos* ZIS 2009, 552 (552 ff.); *Rotsch* ZIS 2009, 549 (549 ff.); *Morozinis* Organisationsdelikte, S. 637 ff.; zu weiteren Rezeptionen u.a. durch den IStGH vgl. *Roxin* ZIS 2009, 565 (565 ff.).
39 BGHSt 40, 218 (237).
40 BGHSt 40, 218 (237). Die Anwendbarkeit der mittelbaren Täterschaft kraft Organisationsherrschaft auch bei unternehmerischer Betätigung bestätigt *BGH* JR 2004, 245 (246).

che Unternehmen indes auf breiter Front als zu weitgehend abgelehnt.[41] Namentlich *Roxin* als Urheber der mittelbaren Täterschaft kraft Organisationsherrschaft weist darauf hin, bei einer auf Basis des Rechts arbeitenden Organisation könne erwartet werden, „daß rechtswidrige Anweisungen nicht befolgt werden".[42] Verglichen zu den vom Recht losgelösten Organisationen fehle es dann aber an der beliebigen Austauschbarkeit.[43] Derartige Konstruktionen führten damit grundsätzlich nur zur Anstiftung.[44] Sofern ein Bedürfnis für die Erfassung des Befehlsgebers im Unternehmen als Täter bestehe, könne dies über die Einbeziehung der Unterlassensstrafbarkeit erreicht werden.[45]

131 Nimmt man die Unterschiede auch in Nuancen in den Blick, hat sich bei den Fragen um die Annahme einer mittelbaren Täterschaft kraft Organisationsherrschaft ein unüberschaubares Meinungsspektrum gebildet.[46] Sofern eine Erstreckung auf Wirtschaftsunternehmen abgelehnt wird, gilt dies freilich entsprechend für Wirtschaftskonzerne, so dass sich Probleme hier schon dem Grunde nach nicht stellen. Damit bleibt es bei der Anwendung der allgemeinen Grundsätze, die dann unabhängig von gesellschaftsrechtlichen Konstruktionen in den meisten Fällen zur Strafbarkeit wegen Anstiftung gem. § 26 StGB gelangen. Die Frage einer möglichen täterschaftlichen Verantwortung wird indes auf Fragen des strafbaren Unterlassens verlagert.[47]

132 Etwas anderes gilt, wenn man mit dem BGH eine mittelbare Täterschaft auch im Rahmen gesetzmäßig organisierter Wirtschaftsunternehmen für möglich erachtet. Dann ist zu fragen, in wie weit es sich auswirkt, wenn Befehlsgeber und Tatmittler

---

41 Vgl. nur *Joecks* in: MK-StGB, § 25 StGB Rn. 150; *Schünemann* in: LK-StGB, § 25 StGB Rn. 131; *ders.* ZIS 2006, 301 (304); *Wittig* Wirtschaftsstrafrecht, § 6 Rn. 113; *Kudlich/Oğlakcıoğlu* Wirtschaftsstrafrecht, Rn. 110; *Kraatz* Wirtschaftsstrafrecht, Rn. 66; *Wessels/Beulke/Satzger* Strafrecht AT, Rn. 541; *Rengier* Strafrecht AT, § 43 Rn. 67 ff.; *Bock* Criminal Compliance, S. 302 f.; *Morozinis*, Organisationsdelikte, S. 448. Bereits im Grundsatz ablehnend *Schild* in: NK-StGB, § 25 StGB Rn. 123 f.; *Brammsen/Apel* ZJS 2008, 257 (260 ff.); *Rotsch* NStZ 2005, 13 (14 ff.); *ders.* JR 2004, 248 (250 f.); *ders.* NStZ 1998, 491 (493); differenzierend *Bosch* Organisationsverschulden, S. 252 ff.; a.A. jedoch *Urban* Organisationsherrschaft, S. 199 f., 217 ff.
42 *Roxin* Allgemeiner Teil Band II, § 25 Rn. 130; *ders.* Täterschaft und Tatherrschaft, S. 249: „Aus der Struktur der Organisationsherrschaft folgt, daß sie nur dort vorliegen kann, wo der Apparat als ganzer außerhalb der Rechtsordnung wirkt. Denn solange Leitung und Ausführungsorgane sich prinzipiell an eine von ihnen unabhängige Rechtsordnung gebunden halten, kann die Anordnung strafbarer Handlungen nicht herrschaftsbegründend wirken, weil die Gesetze den höheren Rangwert haben und im Normalfall die Durchführung rechtswidriger Befehle und damit die Willensmacht des Hintermannes ausschließen."
43 *Roxin* Allgemeiner Teil Band II, § 25 Rn. 130.
44 *Roxin* Allgemeiner Teil Band II, § 25 Rn. 130; *Morozinis* Organisationsdelikte, S. 451; hierzu auch *Wittig* Wirtschaftsstrafrecht, § 6 Rn. 116; a.A. jedoch *Hellmann* in: Hellmann/Beckemper, Wirtschaftsstrafrecht, Rn. 935.
45 *Roxin* Allgemeiner Teil Band II, § 25 Rn. 137; *Joecks* in: MK-StGB, § 25 StGB Rn. 152.
46 So *Fischer* § 25 StGB Rn. 15.
47 Vgl. hierzu sogleich Rn. 146 ff.

zwar dem gleichen Unternehmensverbund, nicht aber dem gleichen Unternehmen angehören. Sofern die Erstreckung der mittelbaren Täterschaft kraft Organisationsherrschaft auf Wirtschaftsunternehmen befürwortet wird, muss dies dann aber grundsätzlich auch konzernweit angenommen werden. Die Aufteilung in rechtlich selbstständige Einheiten allein mag dann noch für keine Unterbrechung der täterschaftlichen Verantwortung sorgen. Denn entscheidend ist, ob der Befehlsgeber seinen Entschluss kraft Organisationsherrschaft gegenüber dem Tatmittler durchsetzen konnte. Bestehen im Konzernverbund verbindliche Weisungsrechte, entsprechen die Hierarchiestrukturen zwischen den durch das Weisungsverhältnis verbundenen Personen der Situation in einem Einzelunternehmen. Es ist dann kein sachlicher Unterschied ersichtlich, der eine andere Beurteilung rechtfertigen würde. Fraglich ist dann aber, ob die Leitungsmacht auch außerhalb von Vertragskonzern und Eingliederung ausreichend ist, um eine entsprechende Organisationsherrschaft zu begründen. Der BGH sah dies in seiner *Bremer Vulkan*-Entscheidung jedenfalls in einem Fall gegeben, in dem eine Aktiengesellschaft Alleingesellschafter einer GmbH ist und bejahte insofern das Vorliegen mittelbarer Täterschaft kraft Organisationsherrschaft durch die Vorstände der Muttergesellschaft.[48] Zu berücksichtigen ist aber, dass der Gesellschafter einer GmbH unabhängig von konzernrechtlichen Regelungen über Weisungsrechte verfügt, die den Aktionären einer Aktiengesellschaft indes nicht zur Verfügung stehen.[49] Differenzierter ist damit wohl der Fall einer bloß faktischen Konzernverbindung betreffend eine beherrschte Aktiengesellschaft zu beurteilen, in der wie gezeigt eine verbindliche Weisung ohnehin nicht zur Verfügung steht. Allerdings wurde bereits festgestellt, dass eine strafrechtsrelevante Weisung auch im Vertragskonzern nicht bindend ist, gleiches gilt bereits auf Ebene des Einzelunternehmens. Damit führt bereits im Einzelunternehmen eine rein faktische Folgepflicht zur Begründung der mittelbaren Täterschaft kraft Organisationsherrschaft, wenn man denn diese mit dem BGH überhaupt auf Wirtschaftsunternehmen erstrecken möchte. Es dürfte konsequent sein, damit auch im Rahmen faktischer Konzernverbindungen diese tatsächliche Folgepflicht ausreichen zu lassen, um auch hier die Voraussetzungen für die mittelbare Täterschaft zu begründen.[50] Damit könnte sich die Reichweite der Organisationsherrschaft nicht nur – entsprechend der konzernrechtlichen Weisungsrechte – auf die Leitungspersonen der Tochtergesellschaften erstrecken, sondern überdies bei Vorliegen einer entsprechend faktischen Folgepflicht gar auf nachgeordnete Mitarbeiter.

Bei Allgemeindelikten, die hinsichtlich der Tätereigenschaft keine besonderen Voraussetzungen verlangen und somit durch jedermann begangen werden können, sind

133

---

48 BGHSt 49, 147 (163 f.).
49 Siehe dazu bereits oben Rn. 76 ff.
50 Indes wäre hier im konkreten Einzelfall wohl eine besonders präzise Untersuchung dahingehend vorzunehmen, ob der Täter tatsächlich noch ausgehend von der Befehlsgewalt gehandelt hat oder nicht vielmehr der Fall einer originären – und damit nicht mit Herrschaftsmacht verbundenen – Anstiftung vorliegt.

konzernspezifische Besonderheiten nach alledem dennoch grundsätzlich überschaubar. Die aufgezeigten Probleme sind vielmehr solche, die auch auf Ebene des Einzelunternehmens entsprechend auftreten können. Allenfalls im Rahmen der mittelbaren Täterschaft kraft Organisationsherrschaft können hier Fragen auftreten, wenn im Rahmen von Unternehmensverbindungen keine Weisungsrechte bestehen. Dann ist problematisch, ob dem Befehlsgeber insofern überhaupt ausreichende Leitungsmacht zukommt, um die Grundsätze der mittelbaren Täterschaft kraft Organisationsherrschaft anzuwenden. Freilich stellen sich derartige Fragen nur, wenn man entgegen zahlreicher Stimmen der Literatur überhaupt in Anlehnung an die Rechtsprechung des BGH die Anwendbarkeit der mittelbaren Täterschaft kraft Organisationsherrschaft auch auf rechtmäßig organisierte Wirtschaftsunternehmungen ausweitet.

II. Sonderdelikte

134 Relevanz kann die bestehende Trennung zwischen den rechtlich selbstständigen Gesellschaften jedoch entfalten, wenn die Verwirklichung eines strafbewehrten Sonderdelikts in Rede steht. Als Sonderdelikte gelten solche Tatbestände, die im Gegensatz zu Allgemeindelikten eine besondere Eigenschaft des Täters voraussetzen.[51] Fehlt einer Person diese Eigenschaft, kann sie allenfalls als Teilnehmer wegen Anstiftung oder Beihilfe bestraft werden, nicht aber als Täter.[52] Vor allem im Wirtschaftsstrafrecht sind derartige Sonderdelikte verbreitet.[53] So richtet sich der Straftatbestand des Vorenthaltens und Veruntreuens von Arbeitsentgelt gem. § 266a StGB seinem ausdrücklichen Wortlaut nach allein gegen den Arbeitgeber.[54] Der Tatbestand stellt somit ein Sonderdelikt dar.[55] Die Arbeitgeberstellung ergibt sich dabei aus den sozialversicherungsrechtlichen Vorschriften, die wiederum auf das Arbeitsrecht Bezug nehmen.[56] Nicht selten wird Arbeitgeber i.S.d. § 266a StGB dabei eine juristische Person sein, die wie ausgeführt selbst als direkter Adressat einer Strafe nicht in Betracht kommt. Durch die Regelung des § 14 Abs. 1 Nr. 1 StGB rücken dann etwa die gesetzlichen Vertreter der juristischen Person in die Pflichtenstellung, bei einer GmbH damit deren Geschäftsführer.[57] Bei der Arbeitgebereigenschaft handelt es sich somit um ein besonderes persönliches Merk-

---
51 *Wittig* Wirtschaftsstrafrecht, § 6 Rn. 1.
52 *Wittig* Wirtschaftsstrafrecht, § 6 Rn. 2, 71 f.
53 *Rogall* in: KK-OWiG, § 30 OWiG Rn. 91; *Wittig* Wirtschaftsstrafrecht, § 6 Rn. 1, 70; *Tiedemann* Wirtschaftsstrafrecht AT, Rn. 159; *Kraatz* Wirtschaftsstrafrecht, Rn. 10; *Rotsch* in: Momsen/Grützner, 1. Kapitel B Rn. 10.
54 Daneben wird der Täterkreis in § 266a Abs. 5 StGB auf die dort genannten Personengruppen erweitert.
55 *Fischer* § 266a StGB Rn. 3; *Wittig* in: BeckOK-StGB, § 266a StGB Rn. 4.
56 *BGH* NStZ-RR 2013, 278 (278); *Wittig* Wirtschaftsstrafrecht, § 22 Rn. 9.
57 Vgl. hierzu *Perron* in: Schönke/Schröder, § 14 StGB Rn. 16/17.

mal i.S.d. § 14 Abs. 1 StGB, so dass die Voraussetzungen für eine Pflichtenüberwälzung gegeben sind.[58] § 30 OWiG ermöglicht sodann wie gezeigt, die Sanktionierung auch auf das Unternehmen zu erstrecken. Sofern § 30 OWiG voraussetzt, dass der Vertreter bei Begehung der Anknüpfungstat gerade auch in dieser Eigenschaft tätig wird, wird dies vor allem bei Sonderdelikten regelmäßig der Fall sein.[59] Denn die Pflichtenüberleitung gem. § 14 StGB gründet ja gerade auf der Wahrnehmung der Organ- und Vertretertätigkeit. Gerade der Blick auf § 30 OWiG und die Möglichkeit der Unternehmenssanktionierung unterstreichen daher die Bedeutung der Sonderdelikte für das Wirtschaftsstrafrecht.

Sofern in diesem Kontext juristisch selbstständige Einzelgesellschaften in Rede stehen, bewegt sich die dogmatische Zurechnung – freilich mit einigen Ausnahmen – auf gefestigtem Terrain. Handelt es sich indes um eine Konzerngesellschaft, ergeben sich beachtenswerte Folgefragen. Unproblematisch ist dabei, wenn es sich um Vorgänge in der Konzernobergesellschaft handelt. Diese bleibt in dem bezeichneten Beispiel Arbeitgeber ihrer Arbeitnehmer und ist damit originärer Adressat des § 266a StGB. Über die Regelung des § 14 Abs. 1 StGB rücken die gesetzlichen Vertreter in die entsprechende Pflichtenstellung und machen sich somit im Falle der rechtswidrigen und schuldhaften Tatbestandsverwirklichung selbst strafbar. Weniger eindeutig ist der Fall, wenn sich Vorgänge in der Sphäre der Tochtergesellschaft ereignen. Dann ist zunächst zu prüfen, ob die besondere Tätereigenschaft auch bei der Obergesellschaft gegeben ist. Wäre das der Fall, könnten auch oder vielmehr gerade deren gesetzliche Vertreter gem. § 14 Abs. 1 StGB sanktioniert werden, in anschließender Anwendung des § 30 Abs. 1 OWiG die Konzernmuttergesellschaft als solche. Ob die Tätereigenschaft bei der Obergesellschaft vorliegt, ist dabei im Rahmen des konkreten Tatbestandes zu prüfen. Sofern sich ein Sonderdelikt an ein Unternehmen richtet, wird indes eine Einbeziehung der Konzernobergesellschaft in den tauglichen Täterkreis regelmäßig ausscheiden. Im Rahmen des als Beispiel angeführten § 266a StGB verbleibt eine juristische Person Arbeitgeber ihrer Angestellten, auch wenn das Unternehmen untergeordnete Konzerngesellschaft ist. Ein Arbeitsverhältnis mit der Konzernobergesellschaft entsteht durch die Konzernierung nicht. Nachdem also die Konzernierung auf Ebene der Tätereigenschaft kaum Auswirkungen entfalten wird, rückt die Frage in den Vordergrund, ob sich auf Ebene der Pflichtenüberleitung gem. § 14 StGB Änderungen ergeben.

135

---

58 *Wittig* Wirtschaftsstrafrecht, § 22 Rn. 12.
59 Vgl. dazu *Rogall* in: KK-OWiG, § 30 OWiG Rn. 91. Indes kommt eine Anwendung des § 30 OWiG durchaus auch bei der Verwirklichung von Allgemeindelikten in Betracht, sofern sie denn ausreichende Betriebsbezogenheit aufweisen, vgl. *Gürtler* in: Göhler, § 30 OWiG Rn. 20.

1. Auswirkungen der Konzernierung auf Ebene der Organ- und Vertreterhaftung

136 Dabei ist zunächst festzustellen, dass die Konzernierung auf die formelle Organstellung in den verbundenen Gesellschaften keine unmittelbare Auswirkung hat. Der Vorstand einer beherrschten Aktiengesellschaft bleibt auch nach Abschluss des Beherrschungsvertrages Vorstand und damit Vertretungsorgan der Gesellschaft gem. § 76 AktG.[60] Gleiches gilt für den Geschäftsführer einer beherrschten GmbH. Erst recht verbleiben die Organe in ihrer gesellschaftsrechtlichen Position, wenn ein lediglich faktisches Konzernverhältnis oder bloße Abhängigkeit besteht, da in diesem Fall grundsätzlich nicht einmal mehr ein unmittelbares Weisungsrecht gegeben ist.[61] Damit ergeben sich auf den ersten Blick im Falle der Konzernierung auch keine Änderungen im Rahmen der Vertreterhaftung.

137 Etwas anderes kann sich jedoch aus den Grundsätzen der faktischen Geschäftsführung ergeben. Gem. § 14 Abs. 3 StGB steht es einer Pflichtenüberwälzung nicht im Wege, wenn die Bestellung des Organs unwirksam ist. Damit erstreckt sich der Anwendungsbereich des § 14 Abs. 3 StGB auch auf faktische Vertreter. Daran anknüpfend wird – insbesondere durch die Rechtsprechung – vertreten, der faktische Geschäftsführer eines Unternehmens rücke nicht nur im Falle eines unwirksamen Bestellungsaktes in die Pflichtenstellung, sondern auch, wenn überhaupt kein Bestellungsakt vorliegt.[62] Mitunter soll danach derjenige in die strafrechtliche Verantwortung rücken, der faktisch die Position des Geschäftsleitungsorgans innehat.[63] In der Literatur findet diese Ansicht indes nur bedingt Zustimmung.[64]

---

60 Sowohl bei der Aktiengesellschaft wie auch der GmbH müssen die Geschäftsleitungsorgane zwingend mit natürlichen Personen besetzt sein. Auch im Fall der Konzernierung kann eine Obergesellschaft damit nicht zum Vertretungsorgan bestellt werden. Etwas anderes gilt im Bereich der Personengesellschaften etwa für die GmbH & Co. KG. Hier ist die GmbH als einzig haftender Komplementär zugleich geschäftsführender Gesellschafter, die Kommanditisten sind gem. §§ 164, 170 HGB von der Geschäftsführung ausgeschlossen. Gem. § 14 Abs. 1 Nr. 2 StGB findet dann zunächst eine Überwälzung der Pflichtenstellung der KG auf die GmbH statt. In einem zweiten Schritt erfolgt sodann gem. § 14 Abs. 1 Nr. 1 StGB die Überwälzung auf den Geschäftsführer der Komplementär-GmbH. Vgl. hierzu *Hellmann* in: Hellmann/Beckemper, Wirtschaftsstrafrecht, Rn. 915; *Muders* Haftung im Konzern, S. 194.

61 Für die bestehenden Ausnahmen im Rahmen der Gesellschafterversammlung einer GmbH vgl. oben Rn. 81.

62 BGHSt 31, 118 (121 f.); *BGH* StV 1984, 461 (461); *BGH* NStZ 1998, 568 (569); *BGH* NJW 2013, 624 (625); zur Rechtsprechungshistorie betreffend die faktische Geschäftsführung vgl. auch *Dierlamm* NStZ 1996, 153 (154 f.).

63 Vgl. für die AG bereits BGHSt 21, 101 (104): „Es muß (…) strafrechtlich auch derjenige als Vorstand der AG angesehen werden, der im Einverständnis oder wenigstens mit Duldung des maßgebenden Gesellschaftsorgans, nämlich des Aufsichtsrats, die Stellung des Vorstands der AG tatsächlich einnimmt."

64 Kritisch, sofern überhaupt auf einen Bestellungsakt verzichtet wird, *Radtke* in: MK-StGB, § 14 StGB Rn. 123; *Perron* in: Schönke/Schröder, § 14 StGB Rn. 42/43; *Rotsch* in: Momsen/Grützner, 1. Kapitel B Rn. 59; *Hellmann* in: Hellmann/Beckemper, Wirt-

Für den Fall der Konzernierung ergibt sich in der Folge die Frage, ob die Vertretungsorgane der Obergesellschaft bei entsprechender Einflussnahme auf die Geschicke der Tochtergesellschaft als deren faktische Geschäftsführer angesehen werden können und damit in Bezug auf diese in die strafrechtliche Organ- und Vertreterverantwortung treten. Namentlich für die GmbH wird angenommen, dass der Gesellschafter durchaus als faktischer Geschäftsführer in Betracht kommt.[65] Sodann stellt sich im Rahmen von Unternehmensverbindungen die Frage, ob die Obergesellschaft selbst in den Pflichtenkreis des formalen Geschäftsführers rückt oder aber die Geschäftsleitungsorgane der Konzernspitze. Bedeutung erlangt diese Unterscheidung, wenn in der Folge in Anwendung des § 30 OWiG ein Bußgeld gegen die Obergesellschaft verhängt werden soll. Tritt diese selbst in die Pflichtenstellung des Geschäftsführers ein, ist dies unproblematisch. Ihre Geschäftsleitungsorgane rücken dann erst in einem zweiten Schritt gem. § 14 Abs. 1 StGB in die Pflichtenstellung der Konzernobergesellschaft, unzweifelhaft ist dann auch eine Anknüpfungstat i.S.d. § 30 OWiG gegeben. Problematischer wäre die Zurechnungskette zu schließen, wenn die Vertreter der Obergesellschaft selbst als faktische Geschäftsführer direkt in den Pflichtenkreis des formal bestellten Geschäftsführers der Tochtergesellschaft rücken würden. Denn dann werden die Pflichten nicht über die Obergesellschaft abgeleitet. Die Leitungsperson nimmt vielmehr eine Doppelmandatsstellung ein: zum einen als formeller Vertreter der Obergesellschaft, zum anderen als faktischer Geschäftsführer der Tochtergesellschaft. Für die anschließende Verhängung eines Bußgeldes gegen die Obergesellschaft ist gem. § 30 OWiG dann zu fragen, ob der Doppelmandatsträger im Rahmen der Anknüpfungstat lediglich als faktischer Geschäftsführer der Tochtergesellschaft gehandelt hat oder aber zumindest auch als Vertreter der Obergesellschaft.

138

Vertreten wird dabei, die Leitungsperson der Obergesellschaft würde nicht kraft ihrer eigenen Machtposition in die Führung der Tochtergesellschaft eingreifen, sondern hierbei stets nur als Vertreter der hinter ihr stehenden Obergesellschaft handeln. Damit sei auch diese selbst als faktisches Leitungsorgan der Tochtergesellschaft anzusehen.[66] Dieser Ansicht ist jedoch entgegenzutreten. Sofern hier eine faktische Betrachtungsweise in Rede steht, kann es nicht darauf ankommen, auf welcher rechtlichen Grundlage Leitungsmaßnahmen getroffen werden. Damit ist auch unerheblich, dass etwaige Weisungsrechte und Möglichkeiten der Veranlassung rechtlich der Obergesellschaft zustehen, nicht aber direkt deren gesetzlichen Vertretern. Für die Einordnung als *faktischer* Geschäftsführer ist vielmehr entscheidend, wer *tatsächlich* die Leitungsaufgabe übernimmt. Juristische Personen müssen mangels Handlungsfähigkeit bei einer rein faktischen Betrachtungsweise insofern

139

---
schaftsstrafrecht, Rn. 921; *Büning* Faktischer Geschäftsführer, S. 234. *Kudlich/Oğlakcioğlu* Wirtschaftsstrafrecht, Rn. 528 wollen die Anwendung einer faktischen Betrachtungsweise indes vom jeweils in Rede stehenden Straftatbestand abhängig machen.
65 *BGH* StV 2000, 486 (486 f.).
66 So *Muders* Haftung im Konzern, S. 217; *Vogt* Verbandsgeldbuße, S. 262 f.

jedoch ausscheiden. Dabei ist zu berücksichtigen, dass jedenfalls eine formelle Bestellung einer juristischen Person als Vorstand bzw. Geschäftsführer nicht in Betracht kommt, wenn es sich beim Tochterunternehmen um eine Kapitalgesellschaft handelt. Damit ist es in entsprechenden Fällen sodann auch konsequent, der Obergesellschaft selbst die Stellung als faktisches Leitungsorgan zu verwehren und stattdessen deren konkret handelnde Führungskräfte als faktische Geschäftsführer anzusehen.[67] Soll nun gegen die Obergesellschaft ein Bußgeld gem. § 30 OWiG verhängt werden, muss sodann wie erwähnt geprüft werden, ob eine entsprechende Anknüpfungstat vorliegt. Hierzu ist zu klären, ob die Leitungsperson der Obergesellschaft auch in deren Sphäre gehandelt hat, oder aber als faktischer Geschäftsführer der Tochtergesellschaft allein für diese. Welcher Gesellschaft das Handeln der Leitungsperson zuzurechnen ist, muss im Einzelfall ermittelt werden. Für die Zurechnung zur Obergesellschaft soll dabei genügen, wenn das Handeln der Leitungsper-

---

[67] Im Rahmen zivilrechtlicher Haftungsfragen entspricht diese Ansicht auch der Rechtsprechung, vgl. insofern BGHZ 150, 61 (68): „Was nach dem Gesetz für das rechtlich dem geschäftsführenden Organ angehörige Mitglied gilt, ist auch für die Beurteilung maßgebend, ob jemand faktisch als Mitglied des geschäftsführenden Organs in Betracht kommt." Kritisch hierzu indes *Schürnbrand* Organschaft, S. 305; *Fleischer* in: Fleischer, § 11 Rn. 28; *Burgard* NZG 2002, 606 (608). Die Gegenmeinung verweist unter anderem auf den Geschäftsführer, der aufgrund von Vorstrafen ebenfalls kraft Gesetzes nicht formell zum Leitungsorgan bestimmt werden dürfe. Dieser sei aber ungerechtfertigt bevorzugt, würde man ihm aufgrund der rechtlichen Unzulässigkeit der ordentlichen Geschäftsführung die Risiken faktischer Geschäftsführung nehmen, gleichwohl er tatsächlich als solcher auftritt; vgl. hierzu *Vogt* Verbandsgeldbuße, S. 262. In Übertragung dieser Grundsätze soll dann auch eine juristische Person faktisches Organ sein können, die formelle Hürde in Form der Unzulässigkeit ordentlich bestellter Geschäftsführung stünde dem somit nicht entgegen. Dieser Auffassung muss indes die mangelnde Vergleichbarkeit der angeführten Sachverhaltskonstellationen entgegen gehalten werden. Vorstrafen stellen eine Hürde dar, um der eigentlich als Geschäftsführer tauglichen Person die Wahrnehmung dieser Aufgabe zu verwehren. Die juristische Person ist jedoch schon dem Grunde nach ungeeignet hierfür. Überdies geht es im Rahmen der ersten Fragestellung betreffend vorhandener Vorstrafen darum, die tatsächlich handelnde Person auch als faktischen Geschäftsführer in die Verantwortung zu nehmen. Bei der Frage der faktischen Organstellung juristischer Personen nutzen die Vertreter der benannten Auffassung indes die gleichen Argumente, um die tatsächlich handelnde Person – trotz rein faktischer Betrachtungsweise – jedenfalls primär aus der Verantwortlichkeit zu entlassen und die juristische Person selbst als faktisches Organ anzusehen. Konsequenz ist, dass das Eingreifen der Leitungsperson der Obergesellschaft dann immer auch dieser zuzurechnen ist, wie sich zeigt immer dann eine Anknüpfungstat i.S.d. § 30 OWiG vorliegt, wenn das Leitungsorgan seine Pflichtenstellung von der Obergesellschaft ableitet. Überzeugender ist, das Handeln des Leitungsorgans dahingehend zu prüfen, ob darin zugleich eine Handlung in der Sphäre der Obergesellschaft liegt – was zwar die Regel sein mag, aber keinesfalls zwingend ist. In den Ausnahmefällen, in denen die Leitungsmaßnahme ausschließlich die Sphäre der Tochtergesellschaft berührt, ist eine Inanspruchnahme der Obergesellschaft sodann aber ungerechtfertigt.

son insgesamt dem Konzerninteresse und damit auch dem der Konzernspitze dienen soll.[68]

Für die Annahme faktischer Geschäftsführung erforderlich ist jedoch, dass die Geschäftsleitung tatsächlich umfassend und nicht nur in einzelnen Teilbereichen übernommen wird.[69] Da dabei die tatsächlichen Verhältnisse in den Vordergrund rücken, kommt es auch hier auf die rechtlich begründeten Einwirkungsmöglichkeiten in Form einer rein abstrakten Sichtweise nicht an. Vielmehr muss ermittelt werden, wer im konkreten Fall die Geschäftsleitung in tatsächlicher und damit faktischer Hinsicht innehat. In den Hintergrund rückt somit die Frage, welche konkrete Form der Unternehmensverbindung vorliegt. Denn während selbst im Rahmen der Eingliederung eine durchaus vollkommen eigenständige Geschäftsleitung durch die Tochtergesellschaft in Betracht kommt, kann diese faktisch gar im Falle bloßer Mehrheitsbeteiligung gem. § 16 Abs. 1 AktG bei der Obergesellschaft liegen. Dabei im konkreten Fall die maßgeblichen Grenzen zu bestimmen, wird oftmals nicht leicht fallen. Zwar bietet das Konzernrecht mit dem Merkmal der einheitlichen Leitung i.S.d. § 18 Abs. 1 AktG ebenfalls ein faktisches Kriterium, von einer Deckungsgleichheit wird indes kaum auszugehen sein. Voraussetzung für das Vorliegen faktischer Geschäftsführung ist eine dem formal bestellten Vertreter überragende oder zumindest deutlich überwiegende Stellung.[70] Eine einheitliche Leitung gem. § 18 Abs. 1 AktG wird bereits für den Fall einer konzernweit einheitlichen Finanzplanung angenommen.[71] Wenn darüber hinaus aber nicht in das Tagesgeschäft der Tochtergesellschaft eingegriffen wird, wird eine faktische Geschäftsführung im strafrechtlichen Sinne trotz Bestehens einer einheitlichen Leitung gem. § 18 Abs. 1 AktG nicht anzunehmen sein.[72] Damit wird man um eine strafrechtsautonome Subsumtion im konkreten Einzelfall nicht herumkommen. Den Kritikern einer entsprechend weiten Auffassung wird damit Nahrung gegeben, wenn vergleichsweise weitreichende Rechtsfolgen auf derart unbestimmte Voraussetzungen ge-

140

---

68 Vgl. zur Zurechnung des Doppelmandatsträgerhandelns auch später Rn. 337 ff.
69 *Sahan* in: FS I. Roxin, S. 295 (296). Beschränkt sich der Gesellschafter dabei auf eine – selbst umfassende – Erteilung von Weisungen gegenüber dem Geschäftsführer, scheidet die Annahme faktischer Geschäftsführung aus, vgl. *Schünemann* in: LK-StGB, § 266 StGB Rn. 246.
70 BGHSt 21, 101 (103 ff.); 31, 118 (121 f.); *BGH* NJW 2013, 624 (625); *BGH* NStZ 1998, 568 (569); *Radtke* in: MK-StGB, § 14 StGB Rn. 119; *Groß* Faktische Vertretungsorgane, S. 150; *Dierlamm* NStZ 1996, 153 (156). Zwischenzeitlich schien der BGH den Anwendungsbereich der faktischen Geschäftsführung weitaus umfassender spannen zu wollen, sofern er keine überragende Stellung gegenüber dem formalen Geschäftsführer verlangte, sondern vielmehr bereits „ein Übergewicht" ausreichen lassen wollte, so jedenfalls *BGH* StV 1984, 461 (461); vgl. hierzu auch die kritischen Anmerkungen von *Otto* StV 1984, 462 (462 f.); *Dierlamm* NStZ 1998, 569 (570).
71 Vgl. hierzu bereits oben Rn. 58 ff.
72 *BGH* NJW 1997, 66 (67) verlangt insofern etwa die „extreme Ausübung des Weisungsrechts." Vgl. zu den Anforderungen an das Vorliegen faktischer Geschäftsführung beim Alleingesellschafter einer GmbH auch *BGH* StV 2000, 486 (487).

stützt werden – und das bei einer Rechtsfigur, die sich im Gesetzestext nicht ausdrücklich wiederfindet.[73] Unabhängig davon sollen diese im Wesentlichen für die GmbH diskutierten Grundsätze nicht ohne weiteres auf die Aktiengesellschaft übertragbar sein. Aufgrund der „formaleren Organstruktur" wird bei dieser vielmehr vertreten, eine faktische Übernahme der Vorstandstätigkeit käme nur bei fehlerhafter Bestellung oder aber klaren Missbrauchsfällen in Betracht.[74] Im Rahmen von Konzernverbindungen dürfte hier selbst für den Fall der umfassenden Wahrnehmung der bestehenden Weisungsrechte kein Weg hinführen. Der BGH scheint indes auch hier eine großzügigere Linie zu verfolgen. In einer bereits älteren Entscheidung führte er aus, die Konzernobergesellschaft könne ihren Einfluss nutzen, um ihren „Inhaber oder Leiter" zum Vorstandsmitglied einer abhängigen Aktiengesellschaft zu bestellen. Hinsichtlich der strafrechtlichen Verantwortlichkeit könne aber nichts anderes gelten, wenn die Obergesellschaft ihren Vertreter ohne förmliche Entsendung in den Tochtervorstand deren Geschäfte führen lässt.[75]

141 Während demnach die Konzernierung im Rahmen des § 14 Abs. 1 StGB grundsätzlich keine Auswirkungen entfaltet, ist die Pflichtenüberwälzung kraft faktischer Geschäftsführung auf übergeordnete Konzerngesellschaften mit Durchschreiten eines mehr oder minder dichten Nebels verbunden – und das auf teils unbefestigtem Terrain. Es verbleibt § 14 Abs. 2 StGB, der die Pflichtenübertragung auch auf Beauftragte anordnet.[76] Dass die Obergesellschaft mit Wahrnehmung jedenfalls einzelner Aufgaben betraut wird, ist dabei dem Grunde nach nicht ausgeschlossen. Der typische Fall der einseitigen Wahrnehmung von Leitungsmacht ist damit jedoch nicht vergleichbar. Hierin liegt sodann gerade keine willentliche Beauftragung durch den eigentlichen Pflichtenadressaten, eine Anwendung des § 14 Abs. 2 StGB scheidet damit aus.[77]

2. Sonderfall Untreue

142 Zur Vervollständigung der gebotenen Darstellung soll zudem noch der Tatbestand der Untreue gem. § 266 StGB Erwähnung finden. Dem Untreuetatbestand kommt

---

73 Für eine Konkretisierung des Gesetzeswortlautes in § 14 Abs. 3 StGB plädierte etwa *Tiedemann* NJW 1986, 1842 (1845); vgl. hierzu auch *Tschierschke* Sanktionierung, S. 67.
74 *Tiedemann* Wirtschaftsstrafrecht AT, Rn. 235.
75 BGHSt 21, 101 (107).
76 Von den Gegnern der Figur des faktischen Geschäftsführers, die über die unwirksame Bestellung gem. des Wortlautes des § 14 Abs. 3 StGB hinausgeht, wird § 14 Abs. 2 StGB meist ins Feld geführt, um das vermeintlich rechtspolitische Bedürfnis an der strafrechtlichen Erfassung des faktischen Organs zu befriedigen. Denn § 14 Abs. 2 S. 1 Nr. 1 StGB verlange gerade keine ausdrückliche Beauftragung, so dass eine konkludente Einräumung der Leitungsbefugnis genüge. Dies sei regelmäßig in den Fällen faktischer Geschäftsführung gegeben. Vgl. insofern *Perron* in: Schönke/Schröder, § 14 StGB Rn. 42/43; *Radtke* in: MK-StGB, § 14 StGB Rn. 123; *Hellmann* in: Hellmann/Beckemper, Wirtschaftsstrafrecht, Rn. 921, 925.
77 Vgl. hierzu differenzierend *Ransiek* wistra 2005, 121 (125).

im Rahmen des Wirtschaftsstrafrechts eine erhebliche Bedeutung zu.[78] Auch hier handelt es sich um ein Sonderdelikt, verlangt der Tatbestand doch nach zutreffender Ansicht in seinen beiden Alternativen das Vorliegen einer Vermögensbetreuungspflicht.[79] Nur wem eine solche Vermögensbetreuungspflicht zukommt, ist tauglicher Täter der Untreue.[80] Im Rahmen der Konzernierung stellt sich folglich die Frage, ob derartige Vermögensbetreuungspflichten sich über die Grenzen einzelner Konzerngesellschaften hinaus erstrecken. Letztendlich handelt es sich um die Frage, inwieweit dem Gesellschafter eine entsprechende Pflicht zukommt und ob hierbei Besonderheiten gelten, wenn es sich um verbundene Unternehmen handelt. Dabei ist jedenfalls für die Aktiengesellschaft davon auszugehen, dass die Aktionäre gegenüber der Gesellschaft nicht vermögensbetreuungspflichtig sind.[81] Gleiches gilt grundsätzlich für den Gesellschafter einer GmbH gegenüber dieser.[82] Der faktische Geschäftsführer hingegen soll wie das ordnungsgemäß bestellte Organ Träger entsprechender Pflichten sein,[83] wobei derartige Konstruktionen im Rahmen von Konzernsachverhalten wie gezeigt nur in engen Grenzen und auf bedingt tragfähigem Fundament errichtet werden können.[84] Damit ist jedenfalls mit Blick auf beherrschte Kapitalgesellschaften davon auszugehen, dass den Gesellschafter als solchen regelmäßig keine Vermögensbetreuungspflichten treffen.[85]

Im Rahmen der Beurteilung von Konzernverbindungen ist es indes nicht bei diesem Befund geblieben. Der BGH hatte die entsprechenden Fragen im Rahmen der bereits erwähnten *Bremer Vulkan*-Entscheidung zu beantworten. Vereinfacht beschrieben handelte der Sachverhalt von einer Aktiengesellschaft, die zwei Unter-

---

78 Vgl. nur *Schünemann* in: FS I. Roxin, S. 341 (341); *ders.* in: LK-StGB, § 266 StGB Rn. 3: „Zentraldelikt des modernen Wirtschaftsstrafrechts"; so auch *Waßmer* in: Graf/Jäger/Wittig, § 266 StGB Rn. 1. Für die im Rahmen dieser Untersuchung im Fokus stehenden Aufsichtspflichten entfaltet die Regelung indes jedenfalls unmittelbar keine herausragende Relevanz. Zwar kann vereinzelt die Verletzung insofern bestehender gesellschaftsrechtlicher Pflichten eine Untreuestrafbarkeit mit sich bringen, die Pflicht zur Wahrnehmung umfassender Aufsichts- oder Compliance-Maßnahmen wird sich allein aus § 266 StGB jedoch nicht ableiten lassen, vgl. hierzu ausführlich *Theile* wistra 2010, 457 (457 ff.).
79 *Wittig* Wirtschaftsstrafrecht, § 20 Rn. 7; *Sahan* in: FS I. Roxin, S. 295 (295).
80 *Wittig* Wirtschaftsstrafrecht, § 20 Rn. 7.
81 *Wittig* in: BeckOK-StGB, § 266 StGB Rn. 34.8.
82 *Waßmer* in: Graf/Jäger/Wittig, § 266 StGB Rn. 53; *Wittig* in: BeckOK-StGB, § 266 StGB Rn. 34.8.
83 BGHSt 34, 379 (382); BGH NJW 2013, 624 (625); *Wittig* in: BeckOK-StGB, § 266 StGB Rn. 34.8.; *Sahan* in: FS I. Roxin, S. 295 (297); *Bauer* Cash-Pooling, S. 71. Danach kann auch der sog. aktive Mehrheitsgesellschafter in die Pflichtenstellung rücken. Allerdings soll dies nicht gelten, wenn sich der Gesellschafter dabei auf die Erteilung von Weisungen gegenüber dem Geschäftsführer beschränkt, vgl. insofern *Schünemann* in: LK-StGB, § 266 StGB Rn. 247; *ders.* Organuntreue, S. 17.
84 Siehe hierzu eben Rn. 136 ff.
85 Ausdrücklich auch *Waßmer* in: Graf/Jäger/Wittig, § 266 StGB Rn. 53.

nehmen in Form der GmbH als Alleingesellschafter erwarb.[86] Da sich der Gesamtkonzern in einem wirtschaftlich angeschlagenen Zustand befand, wurde ein konzernweites Cash-Management-System eingerichtet. Durch Ausnutzung der Liquiditätsreserven in den einzelnen Gesellschaften sollten teure Neukreditaufnahmen verhindert werden. Den beiden neu erworbenen Gesellschaften wurde im Wege der Weisung aufgegeben, ebenfalls Einzahlungen in das Cash-Management-System zu leisten. Nach einiger Zeit fiel die Obergesellschaft in Konkurs. Eine Rückgewähr der Einzahlungen der beiden erworbenen Gesellschaften war nicht möglich. Beide Unternehmen waren gezwungen, jeweils Beträge in dreistelliger Millionenhöhe zur Konkurstabelle anzumelden.[87] Den Auftakt in der höchstrichterlichen Aufarbeitung des Falles machte dabei zunächst der II. Zivilsenat, der im Rahmen der Beurteilung eines Schadensersatzanspruches aus § 823 Abs. 2 BGB i.V.m. § 266 Abs. 1 Alt. 2 StGB über das Bestehen einer Vermögensbetreuungspflicht zulasten des herrschenden Unternehmens zu befinden hatte. Ohne auf die gezeigten, im Strafrecht vorherrschenden Ansichten zu den Pflichten des Gesellschafters einzugehen, folgerte der Senat die Vermögensbetreuungspflicht aus der Stellung als beherrschendes Unternehmen.[88] Aufgrund dieser Stellung sei die Obergesellschaft in der Lage, auf die Tochtergesellschaft und deren Geschäftsführung einzuwirken.[89] Soweit sie aufgrund dieser Befugnisse über Vermögenswerte der beherrschten Gesellschaft verfüge, treffe sie insofern auch eine Vermögensbetreuungspflicht i.S.d. § 266 StGB.[90] Im strafrechtlichen Hauptverfahren hatte das LG Bremen indes auch drei Vorstandsmitglieder der Obergesellschaft wegen Untreue zu zwei Jahren Freiheitsstrafe zur Bewährung verurteilt.[91] Nach der Entscheidung des II. Zivilsenats hatte im Rahmen der Revision im Strafverfahren damit auch der 5. Strafsenat Gelegenheit, zur Frage der konzernweiten Vermögensbetreuungspflichten Stellung zu nehmen. Der Strafsenat äußerte sich dabei zurückhaltender. Dabei stellte er zunächst das insofern entscheidende Vorliegen eines existenzgefährdenden Eingriffs fest.[92] Der Zweck einer Kapitalgesellschaft erschöpfe sich nicht in einer bloßen Vermögensanlage für die Gesellschafter.[93] Daraus folge die Treuwidrigkeit von Vermögensverfügungen, die eine konkrete und unmittelbare Existenzgefährdung zur Folge haben.[94] Die

---

86 Vgl. zum Sachverhalt BGHSt 49, 147 (148 ff.).
87 BGHSt 49, 147 (152).
88 BGHZ 149, 10 (17); vgl. hierzu auch *Bauer* Cash-Pooling, S. 90.
89 BGHZ 149, 10 (17).
90 BGHZ 149, 10 (17). Wie bei der Begründung der Vermögensbetreuungspflicht, ließ der Senat auch weitergehende Ausführungen zur Reichweite dieser Pflichten vermissen. Vielmehr beschränkte er sich mit der Bezugnahme auf *BGH* NJW 1989, 112 auf einen Verweis, um die Pflicht auf die Nichtgefährdung der Existenz der Tochtergesellschaft zu begrenzen, vgl. hierzu auch *Bauer* Cash-Pooling, S. 91, 93 f.; kritisch zum Urteil auch *Schünemann* Organuntreue, S. 16 f.
91 BGHSt 49, 147 (148).
92 BGHSt 49, 147 (157 ff.).
93 BGHSt 49, 147 (158).
94 BGHSt 49, 147 (158).

Pflicht, derartig existenzbedrohende Maßnahmen zu unterlassen, träfe nicht nur die Geschäftsführung, sondern in gleicher Weise den beherrschenden Alleingesellschafter.[95] Damit stellte der Strafsenat nicht auf die konzernrechtliche Stellung des beherrschenden Unternehmens und die damit verbundene Leitungsmacht ab, sondern insofern auf die allgemeinen Pflichten eines Alleingesellschafters.[96] Denn diesem stünde innerhalb wie außerhalb der Liquidation nur der Zugriff auf den zur Erfüllung der Gesellschaftsverbindlichkeiten nicht benötigten Überschuss zu.[97] Ob allein aus diesen Pflichten entsprechende Vermögensbetreuungspflichten folgen, ließ der Senat indes ausdrücklich dahingestellt.[98] Zwar gelangte er auch in diesem Fall zur Annahme einer Vermögensbetreuungspflicht i.S.d. § 266 StGB. Dies allerdings nicht ohne zu betonen, dass entscheidend hierfür die Umstände des konkreten Einzelfalls gewesen seien.[99] Als maßgeblich erachtete der Senat sodann die Tatsache, dass die betroffenen Vermögenswerte der Untergesellschaften hier in einem zentralen Cash-Management-System verwaltet wurden. Erreichen die Einzahlungen einzelner Konzerngesellschaften dabei ein solches Ausmaß, dass die Tilgung der eigenen Verbindlichkeiten gefährdet wird, „dann trifft die Muttergesellschaft eine Vermögensbetreuungspflicht, die Rückzahlung der Gelder – etwa durch ausreichende Besicherung – zu gewährleisten."[100]

Inwieweit sich hieraus allgemeine Aussagen zu den Vermögensbetreuungspflichten in Konzernverbindungen ableiten lassen, ist fraglich. Zu sehr betonte der 5. Strafsenat in seiner Entscheidung die konkreten Umstände des Einzelfalls.[101] Zu berücksichtigen sind dabei vor allem die umfassenden Einwirkungsmöglichkeiten, die dem Alleingesellschafter einer GmbH zukommen. Damit dürften die dargelegten Pflichten vor allem für GmbH-Gesellschafter Relevanz entfalten, sofern sie ihre Leitungsmacht entsprechend in Anspruch nehmen.[102] In der Literatur stieß die Rechtsprechung des BGH indes nicht nur auf Zustimmung. Hier wird das Vorliegen bloßer

144

---

95 BGHSt 49, 147 (158).
96 *Bauer* Cash-Pooling, S. 101.
97 BGHSt 49, 147 (158).
98 BGHSt 49, 147 (160). Ebenso ausdrücklich offengelassen durch BGHSt 54, 52 (58).
99 BGHSt 49, 147 (160).
100 BGHSt 49, 147 (161); daran anknüpfend BGHSt 54, 52 (58); zustimmend *Waßmer* in: Graf/Jäger/Wittig, § 266 StGB Rn. 55. Dies ist jedenfalls konsequent, sofern sich die Muttergesellschaft wie hier selbst in Zahlungsschwierigkeiten befindet. Ist diese indes selbst solvent, wird jedenfalls in Vertragskonzernen aufgrund der Verlustausgleichspflichten schon ein existenzgefährdender Eingriff kaum vorliegen, vgl. *Altmeppen* in: MK-AktG, § 302 AktG Rn. 37.
101 Vgl. insofern auch *Tiedemann* GmbH-Strafrecht, Vor §§ 82 ff. GmbHG Rn. 18; *Arens* Untreue, S. 129; im Ergebnis ebenso *Schünemann* in: LK-StGB, § 266 StGB Rn. 265.
102 So betont auch *Ransiek* wistra 2005, 121 (124 f.) die Vermögensbetreuungspflicht als Folge der Weisungsrechte gegenüber dem Gesellschafter: „Wer dem rechtlich Verpflichteten Weisungen erteilen und sie faktisch durchsetzen kann, wird aufgrund der tatsächlichen Einflussnahme selbst vermögensbetreuungspflichtig." Vgl. hierzu auch *Fleischer* NJW 2004, 2867 (2868 f.).

Herrschaftsmacht allein vielerorts als unzureichend für die Begründung von Vermögensbetreuungspflichten erachtet.[103] Die Möglichkeit, bindende Weisungen erteilen zu können, reiche insofern nicht aus. Vermögensbetreuungspflichten kämen lediglich dann in Betracht, wenn der Gesellschafter durch umfassende Wahrnehmung seiner Herrschaftsmacht faktischer Geschäftsführer werde.[104] Für diesen Fall bestätigte sodann auch der BGH nochmals ausdrücklich das Vorliegen einer Vermögensbetreuungspflicht des Geschäftsführers einer GmbH gegenüber einem abhängigen Unternehmen.[105] Doch selbst im Falle faktischer Geschäftsführung soll es schließlich nach Ansicht mancher Autoren nicht zu einer Vermögensbetreuungspflicht kommen.[106] Es bleibe danach vielmehr dabei, dass dem Gesellschafter eine solche grundsätzlich nicht zukomme.[107]

145 Gleichwohl im Rahmen dieser Untersuchung eine tiefgreifende Erörterung kaum möglich ist, zeigt die grundlegende Skizzierung bereits zahlreiche Unklarheiten sowie die wenig gefestigten Meinungen im Rahmen der Konzernuntreue.[108] Auch die Reichweite der höchstrichterlichen Rechtsprechungserkenntnisse zum GmbH-Konzern bleibt unklar.[109] Eine Übertragbarkeit auf die in dieser Hinsicht doch deutlich anders strukturierte Aktiengesellschaft ist jedenfalls fraglich.[110]

---

103 Vgl. nur *Dierlamm* in: MK-StGB, § 266 StGB Rn. 280; *Leimenstoll* ZIS 2010, 143 (148); *Wessing/Krawczyk* NZG 2009, 1176 (1177). Anders jedoch *Fleischer* NJW 2004, 2867 (2868), der aus der Mehrheitsherrschaft und der daraus resultierenden Leitungsmacht auf die Dispositionsbefugnis über das GmbH-Vermögen und damit auf eine Vermögensbetreuungspflicht schließt. Im Ergebnis ebenso *Arens* Untreue, S. 139 f.
104 *Tiedemann* NJW 1986, 1842 (1845 f.); *Waßmer* in: Graf/Jäger/Wittig, § 266 StGB Rn. 54; wohl auch *Schünemann* in: LK-StGB, § 266 StGB Rn. 247, 265. Vgl. in diesem Zusammenhang auch den Hinweis von *Sahan* in: FS I. Roxin, S. 295 (300 ff.), wonach die Vermögensbetreuungspflicht des formalen Geschäftsführers dann regelmäßig erlischt.
105 *BGH* NJW 2013, 624 (625).
106 Vgl. hierzu *Dierlamm* in: MK-StGB, § 266 StGB Rn. 279.
107 Vgl. hierzu bereits oben 5. Fn. zu Rn. 142.
108 *Schünemann* in: LK-StGB, § 266 StGB Rn. 265: „Von festen Konturen eines besonderen Untreuetypus der „Konzernuntreue" kann (…) nicht ansatzweise gesprochen werden." *Saliger* in: SSW-StGB, § 266 StGB Rn. 92: „vielfach noch klärungsbedürftige Konzernuntreue". Vgl. auch *Arnold* Untreue, S. 1.
109 *Tiedemann* GmbH-Strafrecht, Vor §§ 82 ff. GmbHG Rn. 18; *Arens* Untreue, S. 129: „Das Bremer-Vulkan-Urteil des BGH hat mehr Verwirrung als Klarheit gebracht."
110 Vgl. hierzu *Arens* Untreue, S. 310 f., 329. A.A. wohl *Bauer* Cash-Pooling, S. 245 ff. hinsichtlich des Alleinaktionärs, der nach dieser Auffassung jedenfalls im Ergebnis weitgehend wie der Alleingesellschafter der GmbH behandelt werden soll. Gleiches soll

C. Strafbarkeit durch Unterlassen

Ebenfalls vielschichtige Problemstellungen ergeben sich bei der Beurteilung von strafbarem Unterlassen durch Vertreter der Konzernobergesellschaft, wenn es in der Sphäre der Tochtergesellschaft zu strafrechtsrelevanten Handlungsweisen kommt. Dabei ist als Grundsatz zunächst festzuhalten, dass sich aus der bloßen Möglichkeit der Obergesellschaft zur Einflussnahme auf die Tochtergesellschaft allein noch keine Begründung zur Strafbarkeit des Unterlassens entnehmen lässt.[111] Im Falle echter Unterlassungsdelikte ist vielmehr anhand des konkret bezeichneten Normadressatenkreises zu klären, ob sich die entsprechende Norm auch gerade gegen die Obergesellschaft bzw. ihre Vertreter richtet.[112] Im Falle der unechten Unterlassungsdelikte, in deren Rahmen das Unterlassen der aktiven Begehung gleichgestellt wird, ist das Vorliegen einer Erfolgsabwendungspflicht erforderlich, die sich grundsätzlich nicht bereits aus der Abwendungsmöglichkeit ergibt.[113] Verlangt wird viel-

146

---

dann auch im Rahmen faktischer Konzernverbindungen gelten. Voraussetzung soll indes die tatsächliche Einflussnahme sein. Für Vertragskonzerne weisen *Schünemann* in: LK-StGB, § 266 StGB Rn. 266 sowie *Tiedemann* GmbH-Strafrecht, Vor §§ 82 ff. GmbHG Rn. 17 darauf hin, dass wegen der Verlustausgleichspflicht des § 302 AktG etwaige Vermögensnachteile auf Ebene der Tochtergesellschaft ohnehin regelmäßig entfallen. Dies überzeugt jedoch nur bedingt, bezieht sich doch § 302 AktG lediglich auf den Ausgleich der Jahresverluste. Jedoch muss nicht jeder Vermögensnachteil i.S.d. § 266 StGB gleichsam mit einem Jahresverlust der Tochtergesellschaft einhergehen. *Bauer* Cash-Pooling, S. 250 f. betont überdies, dass im Rahmen von Vertragskonzernen eine rechtmäßige Weisung schon nie eine Verletzung der Vermögensinteressen der Tochtergesellschaft darstellen könne, da diese durch den Beherrschungsvertrag insofern modifiziert seien. Handle die Obergesellschaft indes außerhalb der Weisungsrechte, hätten die gleichen Grundsätze wie bei der faktischen Konzernierung zu gelten. Im Falle der Eingliederung komme schließlich eine Verletzung der Vermögensbetreuungspflicht nicht in Betracht, da die Obergesellschaft unbeschränkt über das Vermögen der Tochtergesellschaft verfügen dürfe. Für *Ewald* Untreue, S. 126, 139, 220 wirkt das Weisungsrecht im Vertragskonzern gerade konstitutiv mit Blick auf die Vermögensbetreuungspflicht der Obergesellschaft gegenüber der Untergesellschaft. Im Rahmen der Eingliederung scheide dies indes auch nach seiner Ansicht aufgrund des dort vollumfassenden Zugriffsrechts aus. In faktischen Konzernverbindungen soll die tatsächliche Ausübung von Einfluss Vermögensbetreuungspflichten begründen, das bloße Bestehen der Einflussmöglichkeiten genüge indes nicht. Auch *Arnold* Untreue, S. 168 möchte Vermögensbetreuungspflichten im Konzern anhand der allgemeinen Grundsätze zur Gesellschafteruntreue beurteilen und beschränkt diese demnach sowohl im Vertragskonzern wie auch im faktischen Konzern auf Fälle der aktiven Einflussnahme. Nach *Höf* Untreue, S. 126 scheidet eine Vermögensbetreuungspflicht indes auch dann aus, wenn die Obergesellschaft die faktische Leitung übernimmt. Da hier keine rechtlich verbindlichen Weisungsrechte bestehen, bleibt es vielmehr bei der eigenverantwortlichen Leitung durch die Organe der abhängigen Gesellschaft. Im faktischen Aktienkonzern bestünden nach dieser Ansicht keine Vermögensbetreuungspflichten.

111 Vgl. hierzu auch *Koch* AG 2009, 564 (572).
112 Vgl. insofern zur Regelung des § 130 OWiG ausführlich sogleich Rn. 173 ff.
113 BGHSt 30, 391 (394); *Fischer* § 13 StGB Rn. 8.

mehr eine Garantenstellung des vermeintlichen Unterlassungstäters, die ihn zur aktiven Abwendung des Erfolges verpflichtet.

I. Die Produkthaftung

147 Im Kontext unternehmerischer Betätigung ist dabei zunächst auf die strafrechtliche Produkthaftung einzugehen. Sie findet ihre Grundlage in der Produktion und dem Vertrieb gefährlicher Sachen.[114] Hat ein Unternehmen bereits vor Inverkehrbringen der Ware positive Kenntnis von der Gefährlichkeit, ist dabei an die Verwirklichung vorsätzlicher oder fahrlässiger Tätigkeitsdelikte zu denken. Im Rahmen des Unterlassens können indes Fallgestaltungen eine Rolle spielen, in denen ein Produkt trotz dieser erkennbaren Gefährlichkeit vertrieben wird und anschließend keine Sicherungsmaßnahmen wie öffentliche Warnungen oder Rückrufe erfolgen. Um dann die Einbeziehung des untätigen Leitungsorgans in den Adressatenkreises des Straftatbestandes – hier also etwa den des Totschlags gem. § 212 StGB oder der Körperverletzung gem. § 223 StGB – zu erreichen, bedarf es wie erörtert einer Erfolgsabwendungspflicht, mitunter also einer Garantenpflicht gem. § 13 Abs. 1 StGB.[115] Zur Bestimmung von Garantenpflichten hat sich nach einer etablierten Auffassung die Aufteilung in zwei Arten herauskristallisiert.[116] Im Rahmen der sogenannten Beschützergarantenstellung resultiert die Erfolgsabwendungspflicht aus den Obhutspflichten gegenüber einer Sache oder Person.[117] In Unternehmenssachverhalten geht es bei der Frage der Beschützergarantenstellung also darum, etwa das eigene Unternehmen oder aber die Mitarbeiter vor externen Gefahren zu schützen.[118] Im Rahmen der Überwachungsgarantenstellung resultiert die Erfolgsabwendungspflicht hingegen aus der Verantwortlichkeit über Gefahrenquellen, vor denen die Umwelt geschützt werden soll.[119] In Unternehmenssachverhalten rückt demnach dann der Schutz Dritter vor dem eigenen Unternehmen oder aber seinen Mitarbeitern in den Fokus.

148 Für den beschriebenen Fall des unterlassenen Rückrufs gefährlicher Produkte kann insoweit auf Überwachungspflichten aus Ingerenz abgestellt werden. Danach führt

---

114 *Wittig* Wirtschaftsstrafrecht, § 6 Rn. 53.
115 Mit § 8 OWiG findet sich im Ordnungswidrigkeitenrecht eine Regelung, die der kernstrafrechtlichen Regelung inhaltlich entspricht. Unterschiede ergeben sich allein hinsichtlich der Terminologie des Ordnungswidrigkeitenrechts.
116 Zum Folgenden nur BGHSt 48, 77 (91 f.); *Stree/Bosch* in: Schönke/Schröder, § 13 StGB Rn. 9; *Wohlers/Gaede* in: NK-StGB, § 13 StGB Rn. 32; *Fischer* § 13 StGB Rn. 14 f.; *Wessels/Beulke/Satzger* Strafrecht AT, Rn. 716; *Roxin* Allgemeiner Teil Band II, § 32 Rn. 17 ff.
117 *Fischer* § 13 StGB Rn. 14.
118 Vgl. auch *Schlösser* NZWiSt 2012, 281 (282 f.).
119 *Stree/Bosch* in: Schönke/Schröder, § 13 StGB Rn. 11; *Heuchemer* in: BeckOK-StGB, § 13 StGB Rn. 37; *Wessels/Beulke/Satzger* Strafrecht AT, Rn. 716.

ein gefährdendes Vorverhalten zu einer Garantenstellung, die zur Abwendung der aus diesem Verhalten entstehenden Gefahren verpflichtet.[120]

Deutlich umstrittener ist der Fall zu beurteilen, wenn die Gefährlichkeit des Produktes auch bei Anwendung der gebotenen Sorgfalt zum Produktionszeitpunkt nicht erkennbar war, sondern erst im Nachhinein bekannt wird. Der BGH hatte diese Sachverhaltskonstellation in seiner viel beachteten Lederspray-Entscheidung zu beurteilen.[121] Der 2. Strafsenat begründete auch hier eine Garantenstellung aus Ingerenz, indem er trotz Nichterkennbarkeit die Schaffung einer Gefahrenlage als pflichtwidriges Vorverhalten ansah.[122] Gleichwohl die Annahme pflichtwidrigen Vorverhaltens angesichts der initialen Nichterkennbarkeit der Gefährlichkeit in der Literatur weitestgehend auf Ablehnung gestoßen ist,[123] wird auch hier – wenngleich auf dogmatisch unterschiedlichen Gerüsten – im Ergebnis eine Garantenstellung begründet.[124]

Der Fall entfaltet dabei auch für die hier interessierende Frage der Konzernrelevanz Bedeutung. Denn beim Hersteller handelte es sich um eine Konzernobergesellschaft, der Vertrieb der gefährlichen Ware erfolgte hingegen über zwei Tochtergesellschaften. Diese Aufteilung in rechtlich selbstständige Gesellschaften hinderte das erstinstanzlich befasste LG Mainz nicht, neben den Geschäftsführern der beiden Tochtergesellschaften auch die Geschäftsführer der Obergesellschaft wegen strafbaren Unterlassens zu verurteilen.[125] Der BGH bestätigte die Verantwortlichkeit aller Geschäftsführer der drei Gesellschaften. Mit Blick auf die Geschäftsführer der Obergesellschaften resultierte dies aus deren Verantwortung für die Produktion, die Garantenstellung auf Ebene der Tochtergesellschaften aus der Verantwortung für den Vertrieb. Beide Elemente des Wertschöpfungsprozesses sollen danach für sich genommen zur Entstehung entsprechender Garantenstellung führen.[126] Hinsichtlich der Geschäftsführer in den Tochtergesellschaften führte der Senat aus:

---

120 Vgl. zur ständigen Rechtsprechung nur BGHSt 25, 218 (220); *Heuchemer* in: BeckOK-StGB, § 13 StGB Rn. 53; *Wohlers/Gaede* in: NK-StGB, § 13 StGB Rn. 43; *Fischer* § 13 StGB Rn. 47; *Lackner* in: Lackner/Kühl, § 13 StGB Rn. 11.
121 BGHSt 37, 106 (106 ff.). Die Entscheidung wird als eine der bedeutendsten Urteile des BGH in Strafsachen bezeichnet, vgl. insofern *Rotsch* in: Rotsch, Criminal Compliance, § 1 Rn. 36. Auch *Taschke* NZWiSt 2012, 41 (41) spricht in Anlehnung an Schünemann von einer Jahrhundertentscheidung.
122 BGHSt 37, 106 (118 f.).
123 Vgl. nur *Roxin* Allgemeiner Teil Band II, § 32 Rn. 199; *Wittig* Wirtschaftsstrafrecht, § 6 Rn. 55.
124 *Roxin* Allgemeiner Teil Band II, § 32 Rn. 210 etwa nimmt eine Garantenstellung aus Übernahme der Schutzfunktion an. Zu weiteren Begründungsansätzen *Wittig* Wirtschaftsstrafrecht, § 6 Rn. 55.
125 BGHSt 37, 106 (110).
126 BGHSt 37, 106 (114): „Als Geschäftsführern der drei genannten Firmen oblag den Angekl. die Rechtspflicht, dafür zu sorgen, daß Verbraucher der von diesen Firmen produzierten und vertriebenen Ledersprays vor Gesundheitsschäden bewahrt blieben, die

151 „Auch eine unternehmensinterne Organisationsstruktur, die auf der Ebene der Geschäftsleitung gesellschaftsübergreifende Vorgesetzten-Untergebenen-Verhältnisse schafft, ändert grundsätzlich nichts an der mit der Geschäftsführerrolle verbundenen Verantwortung."[127]

152 Allerdings beschränkte der BGH die Reichweite der Garantenpflichten auf Ebene der Geschäftsführer der Tochtergesellschaften auf die Produkte, die auch tatsächlich durch ihre Gesellschaft vertrieben wurden, nicht aber auf die der Schwestergesellschaft.[128] Eine umfassende Verantwortlichkeit verblieb damit allein auf Geschäftsführungsebene der Obergesellschaft.

153 Im Rahmen der strafrechtlichen Produkthaftung vermag die Konzernierung damit zu einer Potenzierung der Verantwortungsträger zu führen. Der BGH stellte jedenfalls ausdrücklich klar, dass etwaige Abhängigkeitsverhältnisse nicht zur Entlassung der untergeordneten Geschäftsleitungsorgane aus ihrer strafrechtlichen Verantwortlichkeit führen. Entscheidend ist demnach, ob im Rahmen einzelner Konzerngesellschaften gefahrbegründendes Verhalten erfolgt. Ist dies der Fall, entstehen jedenfalls auf Ebene der betroffenen Konzerngesellschaft entsprechende Erfolgsabwendungspflichten. Unklar und durch den BGH in seiner Lederspray-Entscheidung nicht beantwortet ist die Frage, ob auch dann auf Ebene der Konzernspitze Garantenpflichten aus Ingerenz entstehen, wenn die gefahrschaffenden Handlungen ausschließlich auf Ebene der Tochtergesellschaft stattgefunden haben, die Konzernspitze sodann aber von der Gefährlichkeit Kenntnis erlangt.

154 Ihre große Bedeutung verdiente sich die Lederspray-Entscheidung durch den Umstand, dass der 2. Strafsenat hier mehrere grundsätzlich umstrittene Problembereiche aufgriff.[129] So äußerte sich der BGH unter anderem zu der Problematik der Gremienentscheidungen und betonte, dass trotz speziell geregelter Verantwortlichkeiten innerhalb der Geschäftsleitung hier der Grundsatz der Generalverantwortung und Allzuständigkeit greife. Denn im Falle zahlreicher Verbraucherbeschwerden handele es sich um eine Ausnahmesituation, in der die Geschäftsführung insgesamt zum Handeln aufgerufen werde und einzelne Organmitglieder sich nicht hinter der Verantwortlichkeit anderer verstecken könnten. Übertragen auf den Konzern könnte man insofern davon ausgehen, dass in entsprechenden Ausnahmesituationen die Generalverantwortung tatsächlich auch die Geschäftsleitung der Obergesellschaft ergreife, diese sich also nicht auf eine Beobachterrolle beschränken dürfe. Ob dieser Rückschluss indes tatsächlich zulässig ist oder aber eine Überdehnung der Verantwortungsprinzipien bedeutet, ist freilich fraglich. Sofern der Tochtergesellschaft

---

ihnen bei bestimmungsgemäßer Benutzung dieser Artikel infolge deren Beschaffenheit zu entstehen drohten. Wer gesundheitsgefährdende Bedarfsartikel in den Verkehr bringt, ist zur Schadensabwendung verpflichtet und muß, falls er dieser Pflicht schuldhaft nicht nachkommt, für dadurch verursachte Schadensfolgen strafrechtlich einstehen."
127 BGHSt 37, 106 (125).
128 BGHSt 37, 106 (123).
129 Vgl. hierzu *Taschke* NZWiSt 2012, 41 (41 f.).

Produktion und Vertrieb eigenständig überlassen werden, spricht vieles gegen eine entsprechende Ausweitung auf die Konzernspitze. Erfolgt jedoch eine zentrale Steuerung oder aber Einflussnahme auf die genannten Bereiche, dürfte der Ingerenzvorwurf auch die Leitungsorgane der Konzernspitze treffen. Daraus ergibt sich zugleich, dass die konkrete konzernrechtliche Ausgestaltung des Unternehmensverbundes für die Beurteilung dieser Frage irrelevant sein dürfte. Anders als im Einzelunternehmen darf die Konzernspitze selbst im Vertragskonzern auf eine zentrale Leitung verzichten. Eine Pflicht zur Einflussnahme kann sich hier allenfalls aus dem insofern nicht maßgeblichen Innenverhältnis als Pflicht gegenüber der eigenen Gesellschaft ergeben.[130]

II. Die Geschäftsherrenhaftung

Für den hier im Fokus stehenden Problemkreis entfaltet neben der speziellen Fallgruppe der Produkthaftung überdies aber vor allem die sogenannte Geschäftsherrenhaftung Bedeutung. Dabei geht es um die Frage, ob Geschäftsleitungsorgane im Allgemeinen für Straftaten ihrer Mitarbeiter wegen strafbarem Unterlassen verantwortlich gemacht werden können, wenn sie diese nicht verhindert haben.[131] **155**

1. Geschäftsherrenhaftung auf Ebene des Einzelunternehmens

Auf Ebene des Einzelunternehmens hat sich die Annahme der Geschäftsherrenhaftung dabei heute weitestgehend durchgesetzt.[132] Die Gegner dieser Konstruktion können damit als Vertreter einer – wenngleich bemerkenswerten – Mindermeinung **156**

---

130 Vgl. zur Konzernleitungspflicht oben Rn. 83 ff. Auch hier kann die Darstellung freilich nicht über eine grobe Skizzierung hinausgehen, handelt es sich bei der strafrechtlichen Produktverantwortung doch um „eines der am wenigsten geklärten Probleme der modernen Strafrechtsdogmatik"; so jedenfalls *Roxin* Allgemeiner Teil Band II, § 32 Rn. 195.
131 *Wittig* Wirtschaftsstrafrecht, § 6 Rn. 56; *Schlösser* NZWiSt 2012, 281 (281).
132 So zuletzt auch in der Rechtsprechung ausdrücklich anerkannt durch BGHSt 57, 42 (45); zustimmend *Roxin* JR 2012, 305 (305); *Mansdörfer/Trüg* StV 2012, 432 (433). Zudem im Ergebnis auch *Fischer* § 13 StGB Rn. 68; *Wohlers/Gaede* in: NK-StGB, § 13 StGB Rn. 53; *Heuchemer* in: § 13 StGB Rn. 65a; *Rengier* in: KK-OWiG, § 8 OWiG Rn. 47; *ders.* Strafrecht AT, § 50 Rn. 68; *Dannecker* NZWiSt 2012, 441 (449); *Tiedemann* Wirtschaftsstrafrecht AT, Rn. 296; *Hellmann* in: Hellmann/Beckemper, Wirtschaftsstrafrecht, Rn. 951; *Rotsch* in: Rotsch, Criminal Compliance, § 4 Rn. 10; *ders.* in: FS I. Roxin, S. 485 (493); *ders.* in: Momsen/Grützner, 1. Kapitel B Rn. 44; *Momsen* in: Momsen/Grützner, 1. Kapitel C Rn. 26; *Schünemann* Unternehmenskriminalität, S. 95 ff.; *Maschke* Aufsichtspflichtverletzungen, S. 13 ff.; *Rathgeber* Criminal Compliance, S. 316 ff.; *Petermann* Compliance-Maßnahmen, S. 164 ff.

bezeichnet werden.[133] Freilich aber unterscheiden sich auch die Ansichten der Befürworter in zahlreichen Detailpunkten.

157 Wie bezeichnet zielt die Geschäftsherrenhaftung darauf ab, die Leitungsperson bei Nichtverhinderung einer Straftat durch einen Mitarbeiter strafrechtlich zur Verantwortung zu ziehen. Die Leitungsperson soll also aufgrund Unterlassens gemäß der durch den Mitarbeiter begangenen Tat strafbar sein. Grundsätzlich lässt sich die Geschäftsherrenhaftung dabei sowohl auf Beschützer- wie auch auf Überwachungspflichten stützen. Im Rahmen der Beschützergarantenstellung bedarf es allerdings entsprechender Obhutspflichten gerade gegenüber Dritten, um eine strafrechtliche Erfolgsabwendungspflicht zur Verhinderung von Mitarbeitertaten zu erreichen. Aus den gesellschaftsrechtlichen Kontroll- und Überwachungspflichten der §§ 76 Abs. 1, 93 Abs. 1 AktG lässt sich eine entsprechende Garantenstellung gegenüber Dritten indes nicht ableiten, wie gezeigt begründen diese Regelungen allein Pflichten gegenüber der eigenen Gesellschaft.[134] Auch sollen die allgemeinen Treuepflichten aus vertraglichen Verhältnissen etwa mit Lieferanten oder Kunden allein nicht genügen, um eine Beschützergarantenstellung zur Entstehung zu bringen. Vielmehr sind darüber hinausgehende Elemente notwendig, um ein besonderes Obhutsverhältnis des Geschäftsherrn gegenüber einem Dritten zu begründen. In Betracht kommt etwa das Bestehen einer Vermögensbetreuungspflicht gegenüber Kunden, wenn es sich bei dem Unternehmen um eine Finanzberatungsgesellschaft handelt.[135] Ferner können beispielsweise im Falle von Krankenhausgesellschaften Obhutspflichten gegenüber Patienten bestehen. In derartigen Sachverhaltskonstellationen wird die Beschützergarantenstellung dann tatsächlich eine strafrechtliche Erfolgsabwendungspflicht hinsichtlich der Begehung von entsprechenden Mitarbeitertaten zu Lasten der insofern geschützten Dritten entstehen lassen. Abseits solch konstituierender Obhutselemente lässt sich aus der bloßen geschäftlichen Tätigkeit indes keine umfassende Beschützergarantenstellung zugunsten Dritter feststellen. Für die Begründung einer allgemeinen Geschäftsherrenhaftung erlangt damit grundsätzlich die Überwachungsgarantenpflicht Bedeutung, wenn damit losgelöst von etwaigen Sonderverbindungen zu Dritten die Vermeidung von Straftaten aus der Sphäre des eigenen Unternehmens erreicht werden soll. Im Rahmen der dogmatischen Verankerung haben sich dabei unterschiedliche Ansätze herauskristallisiert.[136]

---

133 Eine umfassende Garantenpflicht des Geschäftsherrn zur Vermeidung von Mitarbeiterstraftaten ablehnend *Ransiek* Unternehmensstrafrecht, S. 36, 41; *Wessels/Beulke/Satzger* Strafrecht AT, Rn. 724; *Spring* GA 2010, 222 (227). Insgesamt kritisch *Spindler* in: MK-AktG, § 91 AktG Rn. 72; *Stree/Bosch* in: Schönke/Schröder, § 13 StGB Rn. 53: „Eine wenig fruchtbare und in ihrem Ausgangspunkt verfehlte Diskussion".
134 BGHZ 194, 26 (33 f.); *Fischer* § 13 StGB Rn. 68; vgl. hierzu auch bereits oben Rn. 83 ff.
135 Vgl. hierzu *Petermann* Compliance-Maßnahmen, S. 159.
136 Siehe hierzu *Wittig* Wirtschaftsstrafrecht, § 6 Rn. 58; *Dannecker* NZWiSt 2012, 441 (443 f.); sowie ausführlich *Spring* Geschäftsherrenhaftung, S. 126 ff. Der BGH verzich-

Angeführt wird zum einen die Herrschaftsmacht des Geschäftsleitungsorgans kraft **158** seiner Autoritätsstellung und Weisungsbefugnis.[137] Diesem Ansatz scheint grundsätzlich die trotz Weisungsbefugnis bestehende Eigenverantwortlichkeit des unmittelbaren Täters im Wege zu stehen. Prinzipiell soll niemand für das volldeliktische Verhalten eines anderen als Täter verantwortlich gemacht werden.[138] Allerdings wurde schon bei der Frage der mittelbaren Täterschaft kraft Organisationsherrschaft gezeigt, dass die Eigenverantwortlichkeit die Täterschaft der Leitungsperson nicht zwingend auszuschließen vermag.[139] Sodann finden die dort gefundenen Argumente bei den Vertretern des Herrschaftsgedankens auch hier ihre Entsprechung.[140] Die Eigenverantwortlichkeit stehe der Haftung untätiger Sonderstatusträger nicht entgegen.[141] Das Herrschaftsargument muss sich indes mit dem Grundsatz auseinandersetzen, wonach die reine Möglichkeit der Einflussnahme nicht zwangsläufig auch mit einer entsprechenden Pflicht verbunden ist.[142] Es ist jedenfalls keine zwangsläufige Folge, dass aus bestehenden Weisungsrechten auch entsprechend weitgehende Pflichten folgen.[143] Erforderlich ist vielmehr deren gesonderte Begründung. Die Herrschaft kraft Autorität ist damit zwar unbestritten notwendige Voraussetzung für das Entstehen einer Erfolgsabwendungspflicht, sie begründet eine solche jedoch für sich genommen nicht. Vielmehr ist die Einflussmöglichkeit der Geschäftsführung Summand, der erst bei Vorliegen eines ergänzenden materiellen Haftungsgrundes in der Summe zur Garantenpflicht erwächst.[144]

---

tete in seiner Entscheidung zur Geschäftsherrenhaftung (BGHSt 57, 42) freilich darauf, sich auf eine dogmatische Verankerung festzulegen, vgl. hierzu auch *Schramm* JZ 2012, 969 (969).

137 *Rönnau/Schneider* ZIP 2010, 53 (57); *Kuhn* wistra 2012, 297 (297); *Rengier* in: KK-OWiG, § 8 OWiG Rn. 48; *ders.* Strafrecht AT, § 50 Rn. 68.

138 Vgl. zum Grundsatz *Roxin* Allgemeiner Teil Band II, § 32 Rn. 125; *Tiedemann* Wirtschaftsstrafrecht AT, Rn. 291.

139 Vgl. hierzu soeben Rn. 128 ff.

140 Zu den Parallelen zwischen mittelbarer Täterschaft kraft Organisationsherrschaft und der Geschäftsherrenhaftung vgl. auch *Bosch* Organisationsverschulden, S. 258. Zustimmend *Stree/Bosch* in: Schönke/Schröder, § 13 StGB Rn. 53, die darauf hinweisen, dass in beiden Fällen „letztlich die Errichtung bzw. Beherrschung einer Organisation zur Last gelegt wird".

141 So *Rönnau/Schneider* ZIP 2010, 53 (56). Vgl. hierzu auch *Roxin* Allgemeiner Teil Band II, § 32 Rn. 137.

142 *Spring* Geschäftsherrenhaftung, S. 210; vgl. insofern auch *Fleischer* in: Fleischer, § 15 Rn. 125, der in diesem Zusammenhang darauf hinweist, dass eine Pflicht zur Wahrnehmung der Einflussmöglichkeiten allenfalls im Innenverhältnis gegenüber der eigenen Gesellschaft angezeigt sein kann, eine Schutzwirkung im Außenverhältnis sich daraus aber gerade nicht ableitet.

143 *Weigend* in: LK-StGB, § 13 StGB Rn. 56; im Ergebnis auch *Rathgeber* Criminal Compliance, S. 315; *Spring* GA 2010, 222 (225).

144 Vgl. insofern die Formel bei *Spring* Geschäftsherrenhaftung, S. 22; hierzu auch *ders.* GA 2010, 222 (225 f.).

3 *Überblick der strafrechtlichen Verantwortlichkeiten im Konzern*

159 Teile der Literatur führen daher zunehmend über das Herrschaftsargument hinausgehend die Qualifizierung des Betriebes als Gefahrenquelle an.[145] Faktisch als Kehrseite der damit verbundenen Chancen soll die unternehmerische Tätigkeit unter Einsatz von personellen und sachlichen Ressourcen Verkehrssicherungspflichten und damit eine entsprechende Garantenstellung begründen.[146] Das Unternehmen stelle eine aus sachlichen und personellen Elementen bestehende Gefahrenquelle dar, für die sich daraus ergebenden Risiken habe der Geschäftsherr aufgrund der Organisationszuständigkeit in strafrechtlicher Hinsicht einzutreten.[147]

160 Während die Geschäftsherrenhaftung nach alledem dem Grunde nach überwiegend Anerkennung findet, herrscht ebenso weitgehende Einigkeit über die Notwendigkeit der Begrenzung der Reichweite.[148] Eine solche Garantenpflicht kann nicht uferlos gelten. So beschränkt der BGH die Pflicht auf die Verhinderung betriebsbezogener Straftaten.[149] Taten, die ein Mitarbeiter lediglich bei Gelegenheit seiner Arbeit begeht, sollen indes nicht erfasst sein.[150] Der 4. Strafsenat führt dabei weiter aus, dass eine Tat dann betriebsbezogen sei, „wenn sie einen inneren Zusammenhang mit der betrieblichen Tätigkeit des Begehungstäters oder mit der Art des Betriebs aufweist".[151] Darüber hinausgehend wird vereinzelt vertreten, die Garantenpflicht gar

---

145 *Fischer* § 13 StGB Rn. 70; *Roxin* Allgemeiner Teil Band II, § 32 Rn. 137; *Rotsch* in: Rotsch, Criminal Compliance, § 4 Rn. 13; *Dannecker/Dannecker* JZ 2010, 981 (991). Vgl. hierzu auch *Wittig* Wirtschaftsstrafrecht, § 6 Rn. 58.
146 *Rotsch* in: Rotsch, Criminal Compliance, § 4 Rn. 14; *Dannecker/Dannecker* JZ 2010, 981 (991).
147 Vgl. hierzu *Roxin* Allgemeiner Teil Band II, § 32 Rn. 137; *Hellmann* in: Hellmann/Bekkemper, Wirtschaftsstrafrecht, Rn. 951; *Wohlers/Gaede* in: NK-StGB, § 13 StGB Rn. 53; *Dannecker* NZWiSt 2012, 441 (449); *Rathgeber* Criminal Compliance, S. 315; *Petermann* Compliance-Maßnahmen, S. 162; einschränkend *Spring* Geschäftsherrenhaftung, S. 235 ff., der eine relevante Gefahrschaffung nur dann als gegeben sieht, wenn ein „Defizit" beim Mitarbeiter – etwa wegen eines Mangels an den für die konkrete Tätigkeit nötigen Fertigkeiten – ein deutlich erhöhtes Gefahrenpotential für Dritte bedingt. Im Ergebnis nähert sich dieser Ansatz der Begründung der Geschäftsherrenhaftung kraft pflichtwidrigem Vorverhaltens des Geschäftsherrn (hier die Zuweisung eines ungeeigneten Mitarbeiters) und damit einer Garantenpflicht aus Ingerenz an.
148 *Roxin* Allgemeiner Teil Band II, § 32 Rn. 141; *Wittig* Wirtschaftsstrafrecht, § 6 Rn. 58c; *Rönnau/Schneider* ZIP 2010, 53 (56).
149 BGHSt 57, 42 (45).
150 Zustimmend *Wohlers/Gaede* in: NK-StGB, § 13 StGB Rn. 53; *Hellmann* in: Hellmann/Beckemper, Wirtschaftsstrafrecht, Rn. 951; *Spring* Geschäftsherrenhaftung, S. 229, 238 f.
151 BGHSt 57, 42 (46). Wegen insofern mangelnder Konturierung des Merkmals der Betriebsbezogenheit kritisch *Poguntke* CCZ 2012, 158 (160); vgl. zur Kritik an der Rechtsprechung des BGH und der im konkreten Fall erfolgten Bestimmung des Begriffes der Betriebsbezogenheit auch *Rogall* in: KK-OWiG, § 130 OWiG Rn. 90; *Schlösser* NZWiSt 2012, 281 (285); *Bülte* NZWiSt 2012, 176 (177 ff.); *Dannecker* NZWiSt 2012, 441 (444 f.); *Kudlich* HRRS 2010, 177 (179 f.).

auf solche Fälle zu beschränken, in denen sich aus der Eigenart des Betriebes besondere Gefahren ergeben.[152]

2. Geschäftsherrenhaftung auf Konzernebene

Fraglich ist, wie sich diese Grundsätze auf Konzernsachverhalte übertragen lassen. Keine konzernrechtlichen Besonderheiten ergeben sich hinsichtlich einer etwaigen Beschützergarantenstellung. Besteht zwischen Obergesellschaft und einem Dritten ein entsprechendes Obhutsverhältnis – etwa in der Gesundheitsbranche – sind die Obergesellschaft bzw. ihre gesetzlichen Vertreter unproblematisch zur Wahrnehmung von Schutzmaßnahmen verpflichtet, dies schließt dann auch die Vermeidung von Gefährdungen aus der Sphäre von Tochtergesellschaften im Rahmen der bestehenden Erfolgsabwendungsmöglichkeiten mit ein.[153] Bedeutsamer ist indes die Frage, ob die Obergesellschaft bzw. deren Leitungsorgane Träger einer Überwachungsgarantenstellung hinsichtlich der Mitarbeiter beherrschter Konzerngesellschaften sind. Wie gezeigt, werden zur Begründung der Geschäftsherrenhaftung dabei zwei Ankerpunkte angeführt.[154] Erste Grundlage soll dabei die Herrschaftsmacht sein, als zweites Element wird das Bestehen von Verkehrssicherungspflichten angeführt. **161**

Mit Blick auf die Herrschaftsmacht ist zunächst festzustellen, dass jedenfalls im Vertragskonzern und dem Fall der Eingliederung – sowie mit Abstrichen im Rahmen des faktischen GmbH-Konzerns – Weisungsrechte bestehen, die durchaus den Schluss zur Begründung entsprechender Herrschaftsmacht nahelegen. Allerdings sind hier zwei Punkte zu bemerken. Zum einen unterscheiden sich die Weisungsrechte zwischen Konzerngesellschaften von den Weisungsrechten einer Leitungsperson gegenüber den Mitarbeitern in seinem Unternehmen. Denn das konzernrechtliche Weisungsrecht besteht als solches nur gegenüber den Geschäftsführungsorganen der beherrschten Gesellschaft. Eine direkte Weisung gegenüber Mitarbeitern nachgeordneter Konzerngesellschaften scheidet damit aus. Ob die Möglichkeit, mittelbar über Weisung der Leitungspersonen der Tochtergesellschaft auch deren Mitarbeiter zu verpflichten, ausreicht, um die Grundsätze der Geschäftsherrenhaftung insgesamt auf Konzernsachverhalte zu übertragen, ist indes fraglich. Überdies muss als zweiter Punkt angemerkt werden, dass das Herrschaftsargument für sich nur bedingt als tragfähige Grundlage für die Begründung der Geschäftsherrenhaftung dienen kann.[155] **162**

---

152 *Ransiek* Unternehmensstrafrecht, S. 36 ff.; so auch *Weigend* in: LK-StGB, § 13 StGB Rn. 56 unter Betonung der Eigenverantwortlichkeit des Mitarbeiters, die das Entstehen einer Garantenpflicht in allen anderen Fällen verhindern soll.
153 Vgl. auch *Petermann* Compliance-Maßnahmen, S. 159 f.
154 Vgl. soeben Rn. 158 ff.
155 Vgl. soeben Rn. 158 ff.

163 Als tragfähiger erweist sich dabei der Grundsatz der bestehenden Pflichten zur Beherrschung einer Gefahrenquelle. Sofern hier davon ausgegangen wird, etwaige Pflichten seien die Kehrseite der unternehmerischen Betätigung und den damit verbundenen Chancen aus dem Einsatz personeller und sachlicher Ressourcen, scheint die Übertragung auf Konzernsachverhalte gerechtfertigt. Denn an dieser Stelle kann es tatsächlich keinen Unterschied machen, ob die zur Wertschöpfung bzw. zur Förderung des Gesamtkonzernergebnisses eingesetzten personellen und sachlichen Ressourcen im eigenen Unternehmen angesiedelt sind, oder aber in abhängigen Konzerngesellschaften. Freilich gewinnen dann die Erfolgsabwendungsmöglichkeiten an Bedeutung. Denn sie bilden die logische Grenze der Erfolgsabwendungspflicht. Unmögliches kann die Rechtsordnung nicht fordern.[156] So ist im Rahmen von Konzernverbindungen zu berücksichtigen, dass die Leitungsorgane der Obergesellschaft nur im Falle des Abschlusses eines Beherrschungsvertrages sowie der Eingliederung über rechtlich abgesicherte Weisungsrechte verfügen. Diese gelten wie erörtert auch nur gegenüber den Leitungsorganen, womit sich die im Rahmen einer Garantenpflicht gebotenen Handlungen auch auf die Erteilung von Weisungen gegenüber diesen beschränken müssen. Erst recht gilt dies im Rahmen mehrstufiger Konzernverbindungen, wenn sodann eine Weisungskette zur Einflussnahme erforderlich wird. Im faktischen Konzernverhältnis – jedenfalls sofern der Fall einer beherrschten Aktiengesellschaft in Rede steht – fehlen indes bereits umfassende Informationsrechte der Obergesellschaft. Ohne die Möglichkeit, sich überhaupt über die Abläufe in nachgeordneten Gesellschaften zu informieren, kann dann aber auch nicht auf umfassende Vermeidungspflichten geschlossen werden.

164 Gleichwohl hier noch vieles ungeklärt ist,[157] scheinen im Ergebnis damit gute Gründe für eine Übertragung der Grundsätze der Geschäftsherrenhaftung auch auf Unternehmensverbunde zu sprechen.[158] Der Pflichtenumfang ist sodann allerdings deutlich beschränkt. Eine zwangsläufige Grenze bilden insofern die konzernrecht-

---

156 Vgl. zu dieser Selbstverständlichkeit nur *Wessels/Beulke/Satzger* Strafrecht AT, Rn. 708.
157 Vgl. auch *Petermann* Compliance-Maßnahmen, S. 160.
158 So auch *Tiedemann* NJW 1986, 1842 (1845), der dies jedenfalls für den Fall annimmt, in dem die Muttergesellschaft 100 % der Anteile der Tochtergesellschaft besitzt. Der Grund für das Abstellen auf das Ausmaß des Anteilsbesitzes bleibt allerdings unklar. Weshalb für Konzernverbindungen, in denen die Obergesellschaft 95 % der Anteile besitzt, etwas Anderes gelten soll, ist nicht ersichtlich. Verbindliche Weisungsrechte als direkte Einflussmöglichkeiten hängen jedenfalls nicht unmittelbar von der Höhe der Kapitalbeteiligung ab. In diesem Kontext ist grundsätzlich hinzuweisen auf die Feststellung von *Schünemann* Unternehmenskriminalität, S. 62: „Wie jede dogmatische Untersuchung im Bereich der unechten Unterlassungsdelikte ist auch die Prüfung der strafrechtlichen Garantenstellungen im Betrieb mit der Hypothek belastet, daß auf einem vom Gesetzgeber weitestgehend ungeregelt gelassenen Gebiet Recht gefunden werden muß."

lich verbürgten Einwirkungsmöglichkeiten, die für eine Beschränkung der Verhinderungspflichten auf Vertragskonzerne und die Eingliederung zu sprechen scheinen.[159]

III. Garantenpflichten kraft Übernahme eines Pflichtenkreises

Davon zu trennen ist schließlich die Frage nach dem Bestehen von Garantenpflichten gem. § 13 Abs. 1 StGB aufgrund der Übernahme eines Pflichtenkreises. Namentlich für die Tätigkeit des Compliance-Officers hat der BGH in einem vielbeachteten obiter dictum angenommen, die Übernahme des entsprechenden Pflichtenkreises führe zur Entstehung von Garantenpflichten hinsichtlich der Vermeidung von Straftaten im Unternehmen.[160] Für die Beurteilung von Konzernsachverhalten könnten sich damit auch an dieser Stelle Anknüpfungspunkte für eine strafrechtliche Haftung ergeben, sofern die Konzernspitze sich die konzernweite Überwachung zu eigen gemacht und damit den originären Pflichtenkreis der Leitungsorgane der Tochtergesellschaft übernommen hat. 165

Anders als im Falle der Übernahme von gesetzlich konkretisierten Pflichten wird allerdings angenommen, dass es hierbei um eine vom Geschäftsherrn als eigentlichen Inhaber der Überwachungsgarantenstellung übernommene Pflichtenstellung geht.[161] Mit dem Geschäftsherrn ist in diesem Fall nicht der Unternehmensträger gemeint. Sofern als Grundlage der Geschäftsherrenhaftung auf das Unternehmen als Gefahrenquelle abgestellt wird, ist zwar der Unternehmensträger selbst verantwort- 166

---

159 Auch an dieser Stelle muss sich die Untersuchung wie bereits dargelegt auf eine grobe Skizzierung beschränken. Eine erschöpfende Problemerörterung ist damit einer gesonderten – und in Anbetracht der Relevanz von Konzernverbindungen in der Praxis durchaus angezeigten – Betrachtung vorbehalten. Allerdings gleichen sich die Anknüpfungspunkte und Argumente mit der Diskussion um die Anwendungsreichweite des § 130 OWiG. Insofern kann hier auf die nachfolgend umfassende Untersuchung und Darstellung verwiesen werden, vgl. dazu Rn. 240 ff.
160 BGHSt 54, 44 (50); kritisch *Spindler* in: MK-AktG, § 91 AktG Rn. 72. Vgl. hierzu zudem *Geiger* CCZ 2011, 170 (171 ff.); *Dann/Mengel* NJW 2010, 3265 (3267 f.); *Bürkle* CCZ 2010, 4 (4 ff.); *Kraft/Winkler* CCZ 2009, 29 (31 ff.); sowie auch die Ansicht von *Stree/Bosch* in: Schönke/Schröder, § 13 StGB Rn. 53a: „Die Entscheidung zum Compliance-Officer wird insbesondere von präventiv beratenden Berufsgruppen aufgrund entsprechender monetärer Interessen in ihrer praktischen Bedeutung maßlos überschätzt (…), da eine betriebsnützliche „Straftatverhütungspflicht" bei entsprechend übernommenem Organisationskreis eine bereits zuvor anerkannte Selbstverständlichkeit ist." Vgl. zur umfassenden wissenschaftlichen Rezeption der Entscheidung auch die Nachweise bei *Rotsch* in: FS I. Roxin, S. 485 (485).
161 *Konu* Garantenstellung, S. 181 ff.; *Dann/Mengel* NJW 2010, 3265 (3267); vgl. hierzu auch *Rotsch* in: FS I. Roxin, S. 485 (492 f.), der eine strafbare Garantenpflicht im Ergebnis aber ablehnt, da hier keine Erfolgsabwendungspflicht, sondern lediglich eine Pflicht zur Information des originären Pflichtenträgers – hier also der Leitungsperson – entstehe.

lich und damit originärer Adressat der entsprechenden Pflichten.[162] Dies gilt auch für den Fall, in dem eine juristische und damit handlungsunfähige Person Unternehmensträger ist.[163] Denn schon die Existenz der Regelung der Organ- und Vertreterhaftung gem. § 14 StGB zeigt, dass auch eine juristische Person in den originären Adressatenkreis strafrechtlicher Pflichten fallen kann. Allerdings treten die nach dem jeweiligen Gesellschaftsstatut verantwortlichen Leitungsorgane hier unmittelbar in die Pflichtenstellung ein. Anders als bei Tatbeständen, die besondere persönliche Merkmale aufweisen, ist im Rahmen der Begründung von Garantenpflichten nach den aufgezeigten Grundsätzen der Geschäftsherrenhaftung eine Ableitung über § 14 StGB außerhalb von Sonderdelikten nicht erforderlich.[164] Die Geschäftsleitungsorgane rücken vielmehr direkt in die Garantenpflicht des Unternehmens.[165]

167 Zusammengefasst übertragen demnach die verantwortlichen Geschäftsleitungsorgane des betroffenen Unternehmens einen Ausschnitt ihres Pflichtenprogramms. Für den Fall des Compliance-Officers bedeutet dies, dass die übergeordnete Verantwortung beim Leitungsorgan der Gesellschaft verbleibt. Übertragen auf den Konzernsachverhalt führt dies auf den ersten Blick zu konstruiert wirkenden Ergebnissen. Entsprechend der dargestellten Grundsätze ist zwar durchaus denkbar, dass die Leitungsorgane einer Tochtergesellschaft ihre Überwachungspflichten umfassend auf die Organmitglieder der übergeordneten Obergesellschaft übertragen. Die Organe der Konzernspitze würden sodann allerdings wiederum zwangsläufig auch die Leitungsorgane der Tochtergesellschaft überwachen, obwohl es sich dabei um abgeleitete Pflichten eben dieser Leitungsorgane handelt. Zu einem zwangsläufigen Ausschluss führt diese auf den ersten Blick merkwürdig anmutende Pflichtenübertragung jedoch nicht.[166] Im Ergebnis bleibt es allerdings bei den Einschränkungen, die schon im Rahmen der Geschäftsherrenhaftung ausgeführt wurden. Die Einwirkungsmöglichkeiten stellen in jedem Fall die Grenze der Verhinderungspflichten dar, außerhalb von Vertragskonzern und Eingliederung sind diese indes schnell erreicht. Innerhalb dieser Grenzen werden sich Garantenpflichten aber durchaus begründen lassen, sofern die Konzernspitze den Aufgabenbereich der Überwachung der Tochtergesellschaft tatsächlich übernimmt. Außerhalb dieser Grenzen verbleibt es in Anwendung der Grundsätze der Geschäftsherrenhaftung hingegen bei der Pflichtenstellung der Leitungsorgane des beherrschten Unternehmens.

---

162 *Dannecker* NZWiSt 2012, 441 (445).
163 *Dannecker* NZWiSt 2012, 441 (446).
164 *Radtke* in: MK-StGB, § 14 StGB Rn. 41; *Böse* in: NK-StGB, § 14 StGB Rn. 15; *Perron* in: Schönke/Schröder, § 14 StGB Rn. 6; *Dannecker* NZWiSt 2012, 441 (446).
165 *Dannecker* NZWiSt 2012, 441 (447); *Rönnau/Schneider* ZIP 2010, 53 (54 f.); *Dannecker/Dannecker* JZ 2010, 981 (991).
166 Für eine ähnliche Fragestellung *Ransiek* wistra 2005, 121 (125).

D. Zusammenfassung

Sofern es innerhalb von Konzernstrukturen zu strafbaren Verhaltensweisen kommt, stellen sich in Anbetracht einer möglichen Strafbarkeit der Leitungsorgane der Konzernobergesellschaft unterschiedliche Fragen. Im Rahmen von Allgemeindelikten handelt es sich dabei meist um Problemstellungen, die in entsprechender Weise bereits auf Ebene des Einzelunternehmens begegnen. Bei der durch die höchstrichterliche Rechtsprechung auch für Wirtschaftsunternehmen anerkannten mittelbaren Täterschaft kraft Organisationsherrschaft können indes besondere Problemstellungen auftreten, wenn im Rahmen von Unternehmensverbindungen keine Weisungsrechte bestehen. Dann ist problematisch, ob dem Befehlsgeber insofern überhaupt ausreichende Leitungsmacht zukommt, um die Grundsätze der mittelbaren Täterschaft kraft Organisationsherrschaft zur Anwendung zu bringen. Freilich ergeben sich derartige Fragen nur, wenn man entgegen zahlreicher Stimmen der Literatur überhaupt die Anwendbarkeit der mittelbaren Täterschaft kraft Organisationsherrschaft auch auf rechtmäßig organisierte Wirtschaftsunternehmungen ausweitet. **168**

Bei den im Wirtschaftsstrafrecht verbreiteten Sonderdelikten stellt sich indes die Frage, ob originäre Pflichten einer beherrschten Gesellschaft gem. § 14 StGB auf die Konzernspitze übergewälzt werden können. Eine Vertreterhaftung i.S.d. § 14 Abs. 1 StGB muss jedenfalls mit Blick auf beherrschte Kapitalgesellschaften ausscheiden, da die Leitungsorgane nicht von juristischen Personen und damit auch nicht durch die Muttergesellschaft als solche besetzt werden können. Denkbar ist hingegen eine Beauftragung der Obergesellschaft durch die Tochtergesellschaft und damit die grundsätzliche Anwendbarkeit des § 14 Abs. 2 StGB. Im üblichen Fall der einseitigen Übernahme von Leitungsmacht durch die Obergesellschaft wird von einer Beauftragung allerdings nicht auszugehen sein. Damit verbleibt insbesondere die von der Regelung des § 14 Abs. 3 StGB ausgehende und durch die Rechtsprechung etablierte Figur des faktischen Geschäftsführers. Dabei kann auch der Gesellschafter in die strafrechtliche Vertreter- und Organverantwortung rücken, wenn er entgegen der formalen Struktur tatsächlich die Geschäftsführung ausübt. Dies müsste unmittelbar geschehen, eine Beschränkung auf die Erteilung von Weisungen – gleich wie umfassend – gegenüber dem formellen Geschäftsleitungsorgan genügt nicht. In originären Konzernstrukturen werden diese Voraussetzungen nur selten erfüllt sein. Hinzu kommt die Notwendigkeit einer überragenden Stellung gegenüber dem formellen Geschäftsführer. Die Steuerung und Lenkung einzelner Teilbereiche würde nicht genügen, erforderlich wäre vielmehr die operative Steuerung des Tagesgeschäfts im Innen- wie auch im Außenverhältnis. Aufgrund der formellen Struktur werden sich diese vor allem für die GmbH entwickelten Grundsätze zudem nur bedingt auf die Aktiengesellschaft übertragen lassen, so dass der Anwendungsbereich hier nochmals reduziert wird. Im Ergebnis sind damit durchaus Fälle denkbar, in denen innerhalb von Konzernverbindungen eine strafrechtliche **169**

Pflichtenüberwälzung auf die Obergesellschaft erfolgen kann. Diese Fälle werden aber weit überwiegend eine Ausnahme, nicht aber den Regelfall darstellen.

170 Im Rahmen der Strafbarkeit durch aktives Tun ist im Zusammenhang mit Konzernverbindungen schließlich auf den Untreuetatbestand hinzuweisen, dem im Wirtschaftsstrafrecht eine zentrale Rolle zukommt. Bedeutung erlangt in entsprechenden Unternehmensverbindungen die Frage, ob zwischen den einzelnen Gesellschaften Vermögensbetreuungspflichten bestehen. Eine umfassende Rechtsprechung steht dabei nicht zur Verfügung. Vielmehr beschränkt sich diese weitestgehend auf die Beurteilung von besonderen Einzelkonstellationen und versucht dabei regelmäßig erkennbar, allgemeingültige und vom konkreten Einzelfall losgelöste Aussagen zu vermeiden. Jedenfalls für die GmbH kann aber dennoch ein Bild gezeichnet werden, wonach Vermögensbetreuungspflichten jedenfalls bei der umfassenden Wahrnehmung von Leitungsmacht in Betracht kommt. Herauskristallisiert haben sich dabei vor allem zwei Fallgestaltungen. Zum einen wird eine Pflichtenstellung angenommen, wenn die Obergesellschaft bzw. nach der hier vertretenen Ansicht deren Leitungsorgane – unter Überwindung der insofern hohen Hürden – als faktische Geschäftsführer in Erscheinung treten und damit den originären strafrechtlichen Pflichtenkreis der Geschäftsleitung übernehmen. Überdies soll es abseits davon auch genügen, wenn die Obergesellschaft in existenzgefährdender Weise auf das Vermögen der Tochtergesellschaft zugreift, ohne selbst zum Verlustausgleich in der Lage zu sein. Eine Übertragbarkeit dieser für die GmbH entwickelten Grundsätze auf die Aktiengesellschaft scheint indes fraglich.

171 Nicht weniger Fragen stellen sich, sofern im Rahmen von Konzernsachverhalten Unterlassungstaten der Vertreter der Obergesellschaft in Rede stehen. Im Rahmen der strafrechtlichen Produkthaftung wird eine Garantenstellung kraft Ingerenz davon abhängen, ob auf die gefahrbegründenden Prozesse Einfluss genommen wird. Überlassen die Vertreter der Obergesellschaft diese hingegen in der alleinigen Verantwortung der Tochtergesellschaft, wird eine Garantenstellung unabhängig von der konkreten Ausgestaltung der Unternehmensverbindung nicht entstehen. Bedeutung erlangt im Rahmen des Unterlassens aber vor allem die Frage, inwieweit die Leitungsorgane der Obergesellschaft grundsätzlich Träger von Erfolgsabwendungspflichten bezogen auf strafrechtsrelevante Handlungen der Mitarbeiter in den Konzerngesellschaften sind. Jedenfalls auf Ebene des Einzelunternehmens hat sich dabei die Annahme einer Geschäftsherrenhaftung durchgesetzt, die zuletzt auch Einzug in die Rechtsprechung des BGH fand. Danach trifft die Geschäftsleitungspersonen eine Überwachungsgarantenstellung, die allgemein zur Vermeidung von Straftaten durch Angehörige des Unternehmens verpflichtet. Begründet wird diese Garantenstellung zum einen mit dem Vorliegen der Herrschaftsmacht der Geschäftsleitung sowie zunehmend mit dem Bestehen einer Gefahrenquelle, zusammengesetzt aus den sachlichen und personellen Risiken, die mit dem geschäftlichen Betrieb einhergehen. Auch wenn es sich dabei um originäre Pflichten des Unternehmensträgers handelt, treten die verantwortlichen Geschäftsleitungspersonen hier di-

rekt in die Garantenstellung ein. Auf Konzernebene drängt sich sodann die Frage auf, ob für die Organe der Konzernspitze eine entsprechende Pflicht folgt, Straftaten durch Mitarbeiter der Tochtergesellschaften zu verhindern. Ob die auf Ebene des Einzelunternehmens etablierten Grundsätze auf Konzernsachverhalte übertragbar sind, ist indes wie so vieles im Konzernstrafrecht[167] – und dies überrascht angesichts der großen praktischen Relevanz von Konzernverbindungen – wenig beleuchtet. Das Argument der Herrschaftsmacht mag angesichts der Leitungsmöglichkeiten auf den ersten Blick durchaus übertragbar sein, gleichwohl weisen die Einwirkungsmöglichkeiten zwischen Konzerngesellschaften doch erhebliche Unterschiede gegenüber den Möglichkeiten innerhalb eines Unternehmens auf. Vor allem aber ist es zu kurz gegriffen, von dem bloßen Bestehen von Rechten auch auf entsprechende Pflichten zu schließen. Um eine konzernweite Garantenstellung zu begründen, ist neben dem Vorhandensein bloßer Erfolgsabwendungsmöglichkeiten ein gesondertes, pflichtenbegründendes Element erforderlich. Hierbei kann durchaus auf die im Rahmen des Einzelunternehmens dargelegten Grundsätze der Schaffung einer Gefahrenquelle verwiesen werden. In der Tat ist nicht ersichtlich, wieso der Einsatz sachlicher und personeller Ressourcen zugunsten eines übergeordneten Konzerninteresses anders zu beurteilen sein soll, als die vergleichbare Situation im Einzelunternehmen. Freilich rücken dann die Erfolgsabwendungsmöglichkeiten in den Vordergrund, die naturgemäß die Grenzen von entsprechenden Pflichten bilden müssen. Wie weit die aus der Betriebsgefahr entstehenden Garantenpflichten reichen, ist damit anhand der konkreten Konzernstruktur unter Berücksichtigung der gesellschaftsrechtlichen Leitungsmacht zu beurteilen. Schließlich kann eine Garantenstellung zulasten der Leitungsorgane der Obergesellschaft bestehen, wenn diese zur Übernahme von Überwachungsmaßnahmen und damit eines besonderen Pflichtenkreises von den Vertretern der Untergesellschaft beauftragt werden. Eine konzernrechtliche Besonderheit ist hierin allerdings nicht zu sehen.

Im Ergebnis können sich im Rahmen von Konzernverbindungen damit durchaus strafrechtliche Risiken für die Obergesellschaft und ihre gesetzlichen Vertreter ergeben. Die Begehung von Straftaten durch Mitarbeiter der Tochtergesellschaft kann **172**

---

167 Dieser in Deutschland ersichtlich nicht verwendete Begriff soll freilich nicht auf eine Strafbarkeit des Konzerns hindeuten. Wenn es in Deutschland de lege lata kein Unternehmensstrafrecht gibt, so kann es erst recht kein Konzernstrafrecht geben. Überdies ist der Konzern als solcher im Gegensatz zu seinen Konzerngesellschaften auch keine rechtsfähige Person, so dass er als Adressat strafrechtlicher Pflichten schon gar nicht in Betracht kommt. Allerdings lässt die vorstehende – und in diesem Rahmen notwendigerweise auf die Oberfläche beschränkte – Skizzierung die vielschichtigen und umfassenden Problemstellungen erahnen, die sich in strafrechtlicher Hinsicht aus den Besonderheiten der Konzernverbindung ergeben können. Es ist angesichts der praktischen Relevanz von Konzernverbindungen und dem erkennbaren Vormarsch des Wirtschaftsstrafrechts dringende Aufgabe der Wissenschaft, die dabei vorhandenen Probleme aufzuarbeiten. Die Formulierung Konzernstrafrecht mag dabei als Oberbegriff dienlich sein, um die relevanten Gesichtspunkte zusammenzufassen und offen zu legen.

zur täterschaftlichen Verantwortung der Leitungspersonen der Konzernspitze führen. Wenn dabei jedoch bereits auf dogmatischer Ebene nicht selten unbefestigtes Terrain beschritten werden muss, so sind die Hürden in der Praxis ungleich größer. Denn nicht selten werden sowohl mit Blick auf die Kausalität aber auch mit Blick auf die subjektiven Tatbestandsvoraussetzungen in Form des Vorsatzes Beweisschwierigkeiten bestehen, eine täterschaftliche Beteiligung der Konzernspitze sich damit oftmals nicht nachweisen lassen.[168] Dies ist freilich keine Besonderheit des Konzernstrafrechts, sondern vielmehr eine generelle Problemstellung im Rahmen der Ahndung von Unternehmenskriminalität. Sofern sich die Beweisschwierigkeiten – wie allerdings wohl selten – einzig auf den Vorsatz beziehen, könnte zwar die Heranziehung der Fahrlässigkeitsdelikte Abhilfe schaffen.[169] Allerdings sind die Hürden auf Tatbestandsseite damit nicht umfassend genommen, zudem werden hierdurch zahlreiche bedeutsame Vorsatzdelikte aus dem Verantwortungsbereich der Konzernspitze verdrängt.[170] Die aufgezeigten dogmatischen Undurchsichtigkeiten im Kernstrafrecht und die erheblichen Beweisschwierigkeiten lassen damit – wie gezeigt nicht nur im Rahmen von Konzernsachverhalten – einer Norm außerhalb des Kernstrafrechts ganz erhebliche Bedeutung zukommen: der betrieblichen Aufsichtspflichtverletzung gem. § 130 OWiG.[171]

---

168 *Hellmann* in: Hellmann/Beckemper, Wirtschaftsstrafrecht, Rn. 954; *Kudlich/Oğlakcıoğlu* Wirtschaftsstrafrecht, Rn. 113; *Rotsch* in: Momsen/Grützner, 1. Kapitel B Rn. 12. Jedenfalls für die Geschäftsherrenhaftung *Wittig* Wirtschaftsstrafrecht, § 6 Rn. 59. Entsprechend für die Beteiligung des Compliance-Officers *Kraft* wistra 2010, 81 (85).
169 Zu diesem Ansatz gezwungen ist insbesondere *Petermann* Compliance-Maßnahmen, S. 129 ff. bei seinem Versuch der Begründung umfassender Verantwortlichkeiten im Konzern, da auch er die Beweisschwierigkeiten anerkennt, der möglicherweise als Auffangtatbestand zur Verfügung stehenden Regelung des § 130 OWiG (siehe hierzu sogleich ausführlich) aber die konzerndimensionale Anwendbarkeit abspricht.
170 Vgl. zur Bedeutung der Vorsatzdelikte gerade im Wirtschaftsstrafrecht *Wittig* Wirtschaftsstrafrecht, § 6 Rn. 59; *Kraft* wistra 2010, 81 (85).
171 So im Ergebnis auch *Hellmann* in: Hellmann/Beckemper, Wirtschaftsstrafrecht, Rn. 954; *Spring* Geschäftsherrenhaftung, S. 55.

Teil 4
Der Konzern im Rahmen des § 130 OWiG

Wenngleich zur Begründung kernstrafrechtlicher Verantwortlichkeit beachtliche Hürden übersprungen werden müssen, schwinden damit nicht zugleich die Risiken der Verantwortung für pflichtwidriges Mitarbeiterverhalten. Wie bereits im Rahmen der gesellschaftsrechtlichen Kontroll- und Überwachungspflichten beschrieben, kann sich heute kein Unternehmen mehr erlauben, auf Compliance zu verzichten.[1] Spätestens die medienträchtigen Korruptionsskandale bedeutender Unternehmen wie *Siemens*, *MAN* und *Ferrostaal* sorgten auch hier zu Lande für eine Sensibilisierung der verantwortlichen Unternehmensführungen. Seitdem führen Unternehmen zunehmend Compliance-Programme ein, teilweise mit erheblichem Aufwand. Abseits internationaler Großkonzerne ist die Einführung entsprechender Präventionsstrukturen selbst in mittelständischen Unternehmungen zunehmend feststellbar.[2]

173

Gezeigt wurde bereits, dass mit der Implementierung entsprechender Strukturen der Vorstand einer Aktiengesellschaft seinen aktienrechtlichen Pflichten aus §§ 76 Abs. 1, 93 Abs. 1 AktG nachkommen kann. Als Rechtsgrundlage für die Errichtung von Compliance-Programmen dienen diese Regelungen jedoch nur bedingt. Zum einen greift die Herleitung aus dem Aktienrecht zu kurz, da neben der Aktiengesellschaft auch alle weiteren Unternehmungen gleich welcher Rechtsform mit den Anforderungen notwendiger Präventionsstrukturen konfrontiert werden. Zum anderen zeigt die Rechtswirklichkeit, dass Compliance-Systeme nur selten aus dem Lichte unternehmensinterner Pflichtenkataloge zu bestimmen sind und allein der Entsprechung von Geschäftsleitungspflichten im Innenverhältnis dienen sollen.

174

A. Die Regelung des § 130 OWiG

Bei der Diskussion um die relevanten Rechtsgrundlagen für die Einführung von Compliance-Maßnahmen rückt vielmehr das Ordnungswidrigkeitenrecht und dabei die Haftung des Aufsichtspflichtigen gem. § 130 OWiG in den Fokus. Zwar ist eine Gleichsetzung der Aufsichtspflichten aus § 130 OWiG und der grundsätzlich erforderlichen Compliance-Maßnahmen nicht statthaft, da der Bereich Compliance deutlich mehr beschreibt als die Wahrnehmung der bußgeldbewehrten Aufsichtspflich-

175

---
1 Vgl. hierzu oben Rn. 91 ff.
2 Zur Verbreitung von Compliance-Management-Systemen in Deutschland siehe sogleich Rn. 222 ff.

ten.³ Die Unternehmensaufgabe Compliance in ihrem heute weit verstandenen Sinn berührt vielmehr die Pflichten zahlreicher geschriebener und ungeschriebener Normen.⁴ Der ordnungsrechtlichen Aufsichtspflicht des § 130 OWiG ist unter diesen Regelungen jedoch insofern besonderes Augenmerk beizumessen, als sie auf Rechtsfolgenseite eine beachtliche Ahndung von unterlassener Compliance mit sich bringen kann und insbesondere auf Tatbestandsseite die Aufsichtspflichten des § 130 OWiG einen maßgeblichen Bestandteil der Compliance-Pflichten einschließen. Durch die Regelung der Aufsichtsmaßnahmen im Unternehmen wird § 130 OWiG damit zum zentralen Anknüpfungspunkt für kodifiziertes Compliance-Recht.⁵

---

3 Siehe hierzu *Rotsch* in: Rotsch, Criminal Compliance, § 2 Rn. 10. Dies bedeutet allerdings nur bedingt eine Zustimmung gegenüber *Niesler* in: Graf/Jäger/Wittig, § 130 OWiG Rn. 9 ff., der die Verknüpfung von Compliance und § 130 OWiG weit darüber hinausgehend einschränkt: „Zumindest derzeit beeinflusst die Compliance die Auslegung des Begriffs der Aufsichtspflicht noch nicht." Dieser Befund überrascht jedenfalls mit Blick auf die Bußgeldpraxis, wenn dort nicht selten eine – freilich zu undifferenzierte – Gleichsetzung der ordnungsrechtlichen Aufsichts- mit Compliance-Pflichten erfolgt, vgl. insofern zum Bußgeldverfahren gegen die Siemens AG unten Rn. 230 ff.
4 Vgl. hierzu bereits oben Rn. 91 ff. Zu weit daher *Pietrek* Verantwortlichkeit des Betriebsinhabers, S. 150: „Fehlt ein Compliance-System demgegenüber völlig oder enthält es nicht alle zwingenden Elemente eines solchen, so ist das Tatbestandsmerkmal der Aufsichtspflichtverletzung jedenfalls erfüllt." Dieser Auffassung liegt ersichtlich die Fehlvorstellung zu Grunde, jedes zwingende Element eines Compliance-Systems sei zugleich eine notwendige Aufsichtsmaßnahme i.S.d. § 130 OWiG. Dies kann aber offensichtlich nicht richtig sein. Compliance im gemeinhin anerkannten Sinn soll mehr leisten als die Vermeidung von Straftaten und Ordnungswidrigkeiten der Mitarbeiter, worauf sich indes der Anwendungsbereich des § 130 OWiG beschränkt. So werden oftmals etwa gesellschaftsrechtliche Sorgfaltspflichten Compliance-Maßnahmen verlangen, die nicht zugleich Aufsichtspflichten i.S.d. § 130 OWiG sind. Zu denken ist etwa an Compliance-relevante Elemente einer Investitions- bzw. Beteiligungsprüfung im Transaktionsprozess (Due Diligence) oder aber an Elemente einer Geschäftspartneranalyse (Business Partner Screening). Zwar können derartige Versäumnisse stets vor dem Hintergrund der Untreue strafrechtliche Relevanz erlangen. Der Vorwurf wird dann aber regelmäßig die Geschäftsleitungsebene selbst treffen, ein Fall des § 130 OWiG gerade nicht vorliegen. Schließlich wären auch spezialgesetzlich normierte Compliance-Regelungen wie etwa im Wertpapierhandelsrecht überflüssig, würde bereits der allgemein anwendbare § 130 OWiG stets alle erforderlichen Compliance-Maßnahmen erfassen.
5 Im Ergebnis so auch *Moosmayer* CCZ 2014, 1 (1), der das Ordnungswidrigkeitenrecht daher gar als „Mutter aller Compliance Maßnahmen" bezeichnet. Vgl. zur Bedeutung des § 130 OWiG im Rahmen der Compliance auch *ders.* NJW 2012, 2013 (3013 f.); *Bock* in: Rotsch, Criminal Compliance, § 8 Rn. 2; *ders.* ZIS 2009, 68 (68 ff.); *Achenbach* NZWiSt 2012, 321 (323); *Withus* CCZ 2011, 63 (64); *Rieble* CCZ 2008, 34 (36); *Schücking* in: Krieger/Schneider, § 36 Rn. 1; *Klahold/Berndt* in: Momsen/Grützner, 3. Kapitel A Rn. 83; *Eidam* in: Eidam, 14. Kapitel Rn. 35, 40: „§ 130 OWiG – Die deutsche Compliance Grundlage"; einschränkender *Rogall* in: KK-OWiG, § 130 OWiG Rn. 57 f., der jedoch auch eine im Rahmen des § 130 OWiG mögliche Enthaftung des Aufsichtspflichtigen durch Vorhaltung eines Compliance-Systems erwähnt.

I. Regelungsinhalt

1. Die Aufsichtspflichtverletzung i.S.d. § 130 OWiG

Gem. § 130 Abs. 1 S. 1 OWiG handelt der Inhaber eines Betriebes oder Unternehmens ordnungswidrig, wenn er Aufsichtsmaßnahmen unterlässt und hierdurch eine Straftat oder Ordnungswidrigkeit eines Mitarbeiters ermöglicht wird. Die Anknüpfungstat muss sich dabei gegen Pflichten richten, die dem Grunde nach das Unternehmen bzw. seinen Inhaber treffen.   **176**

a) Normadressaten

aa) Betrieb und Unternehmen

Die Norm richtet sich demnach an den Inhaber eines Betriebs oder Unternehmens. Mit der jedenfalls begrifflichen Unterscheidung zwischen Betrieb und Unternehmen lehnte der Gesetzgeber die Norm an die im Kernstrafrecht formulierte Regelung über das Handeln für einen anderen gem. § 50a StGB a.F.[6] an, die sich seit Inkrafttreten des zweiten Strafrechtsreformgesetzes[7] nunmehr in § 14 StGB findet.[8] § 14 Abs. 2 S. 1 StGB erwähnt dabei den Inhaber eines Betriebes, während in § 14 Abs. 2 S. 2 StGB die Klarstellung erfolgt, wonach ein Unternehmen dem Betrieb im Sinne dieser Vorschrift gleichgestellt wird. Die dem § 14 StGB entsprechende Regelung des Ordnungswidrigkeitenrechts findet sich in § 9 OWiG.   **177**

Eine Definition des Betriebsbegriffes enthalten jedoch weder das Strafgesetzbuch noch das Ordnungswidrigkeitengesetz.[9] Verstanden wird darunter eine planmäßige „(meist auch räumlich zusammengefügte) Einheit von Personen und Sachmitteln unter einheitlicher Leitung zur Erreichung des auf eine gewisse Dauer gerichteten Zweckes, Güter oder Leistungen materieller oder immaterieller Art hervorzubringen oder zur Verfügung zu stellen."[10] Die Rechtsform ist dabei unerheblich.[11] Umfasst sind damit juristische Personen, rechtsfähige Personengesellschaften und mit-   **178**

---

6 § 50a StGB in der Fassung des Einführungsgesetzes zum Gesetz über Ordnungswidrigkeiten (EGOWiG) vom 24.5.1968, BGBl. I S. 503.
7 Zweites Gesetz zur Reform des Strafrechts (2. StrRG) vom 4.7.1969, BGBl. I S. 717.
8 Zu der Anlehnung der Begriffsverwendung an § 50a StGB a.F. vgl. die Gesetzesbegründung zum Regierungsentwurf des OWiG vom 8.1.1967, BT-Drucks. V/1269, S. 70.
9 Vgl. hierzu *Schücking* in: Krieger/Schneider, § 36 Rn. 26: „Dabei herrscht im Ordnungswidrigkeitenrecht eine erstaunliche Unordnung der Vorstellungen davon, was unter den von § 130 OWiG vorausgesetzten und gesetzlich nicht näher definierten Begriffen des Betriebs, des Unternehmens und des Inhabers eines solchen zu verstehen ist."
10 So *Roxin* Allgemeiner Teil Band II, § 27 Rn. 127; entsprechend *Wittig* Wirtschaftsstrafrecht, § 6 Rn. 94; *Schünemann* in: LK-StGB, § 14 StGB Rn. 56; *Perron* in: Schönke/Schröder, § 14 StGB Rn. 28/29; *Gürtler* in: Göhler, § 9 OWiG Rn. 43; *Bock* in: Rotsch, Criminal Compliance, § 8 Rn. 6.
11 *Perron* in: Schönke/Schröder, § 14 StGB Rn. 28/29; *Gürtler* in: Göhler, § 9 OWiG Rn. 43.

unter sogar natürliche Personen wie etwa der Betrieb eines Einzelhandelskaufmanns. Neben gewerblichen Betrieben sind insbesondere auch Einrichtungen freier Berufe umfasst.[12] Insgesamt wird der Betriebsbegriff weit verstanden.[13]

179 Neben dem Betriebsinhaber nennt § 130 OWiG zusätzlich den Inhaber eines Unternehmens. Anders als der Betriebsbegriff, der üblicherweise mittels einem technisch-orientierten Zweck umschrieben wird, bezeichnet der Unternehmensbegriff eine rechtlich-wirtschaftliche Einheit.[14] Nach der überwiegenden Ansicht kommt dieser Differenzierung kaum eine eigenständige Bedeutung zu.[15] Der Grund der gesonderten Benennung soll vielmehr in der häufigen Verwendung des Unternehmensbegriffes im Nebenstrafrecht liegen sowie an der daran anknüpfenden Absicht des Gesetzgebers, die Einbeziehung in den Anwendungsbereich der Norm klarzustellen.[16] Vereinzelt wird dem Unternehmensbegriff allenfalls dort eine eigenständige Bedeutung beigemessen, wo er die Zusammenfassung mehrerer Betriebe im genannten, technisch-orientierten Verständnis bezeichnet.[17]

bb) Inhaberschaft

180 Normadressat ist der Inhaber des Betriebs oder Unternehmens. Auch der Inhaberbegriff findet sich in § 14 Abs. 2 StGB bzw. § 9 Abs. 2 OWiG, auf eine Definition des Begriffes verzichten jedoch auch an dieser Stelle das Strafgesetzbuch wie auch das Ordnungswidrigkeitengesetz.

(1) Originärer Pflichtenadressat

181 Offensichtlich ist die Inhaberschaft bei natürlichen Personen, so etwa beim Betrieb eines Einzelkaufmanns.[18] Hier ist eben die natürliche Person selbst als Inhaber ihres Betriebes anzusehen.[19] Weniger eindeutig ist die Bestimmung des Inhabers jedoch bei juristischen Personen und den rechtsfähigen Personengesellschaften i.S.d. § 14

---

12 *Fischer* § 14 StGB Rn. 8; *Rogall* in: KK-OWiG, § 9 OWiG Rn. 75; *Gürtler* in: Göhler, § 9 OWiG Rn. 43; *Roxin* Allgemeiner Teil Band II, § 27 Rn. 127.
13 *Rogall* in: KK-OWiG, § 9 OWiG Rn. 75; *Gürtler* in: Göhler, § 9 Rn. 43.
14 *Perron* in: Schönke/Schröder, § 14 StGB Rn. 28/29; *Rogall* in: KK-OWiG, § 9 OWiG Rn. 76; *Bock* in: Rotsch, Criminal Compliance, § 8 Rn. 6.
15 *Roxin* Allgemeiner Teil Band II, § 27 Rn. 128; *Wittig* Wirtschaftsstrafrecht, § 6 Rn. 95, 131; *Schünemann* in: LK-StGB, § 14 StGB Rn. 57; *Böse* in: NK-StGB, § 14 StGB Rn. 37; *Niesler* in: Graf/Jäger/Wittig, § 130 OWiG Rn. 15. *Bohnert* § 9 OWiG Rn. 19 hält eine begriffliche Abgrenzung gar für unmöglich und daneben auch für unnötig. Im Ergebnis so auch *Gürtler* in: Göhler, § 9 OWiG Rn. 44.
16 So *Roxin* Allgemeiner Teil Band II, § 27 Rn. 128; *Schünemann* in: LK-StGB, § 14 StGB Rn. 57; *Gürtler* in: Göhler, § 9 OWiG Rn. 44. Vgl. auch die Gesetzesbegründung zum Regierungsentwurf des EGOWiG vom 20.1.1967, BT-Drucks. V/1319, S. 65: „Ob beide Begriffe genau gegeneinander abgegrenzt werden können (…) kann dahinstehen."
17 *Radtke* in: MK-StGB, § 14 StGB Rn. 92; *Rogall* in: KK-OWiG, § 9 OWiG Rn. 76; *Perron* in: Schönke/Schröder, § 14 StGB Rn. 28/29; *Geismar* Aufsichtspflichtverletzung, S. 51 f.
18 Vgl. auch *Radtke* in: MK-StGB, § 14 StGB Rn. 105.
19 Vgl. auch *Rogall* in: KK-OWiG, § 9 OWiG Rn. 79; *Bohnert* § 130 OWiG Rn. 8.

Abs. 2 BGB. Zur Begriffsbestimmung lohnt der Blick über die Grenzen des Straf- und Ordnungswidrigkeitenrechts hinaus. Denn der Inhaberbegriff wird an zahlreichen Stellen durch den Gesetzgeber aufgegriffen, so etwa in § 793 BGB, in dessen Rahmen die Rechte aus der Schuldverschreibung auf den Inhaber geregelt werden. Als Inhaber wird in diesem Rahmen jedoch der unmittelbare Besitzer der Urkunde gem. § 854 BGB bezeichnet.[20] Dies kann keinen Beitrag zur Klärung der vorliegenden Fragestellung leisten, da es sich bei Betrieben und Unternehmen nicht um Sachen i.S.d. § 90 BGB handelt und ein unmittelbarer Besitz i.S.d. § 854 BGB daher ausscheidet.[21] Entsprechendes gilt für das Eigentum, das ebenfalls eine Sache i.S.d. § 90 BGB als Bezugsobjekt voraussetzt.[22] Abseits des Sachenrechts wird der Inhaberbegriff darüber hinaus regelmäßig verwendet, wenn Gläubiger von Forderungen bezeichnet werden.[23] Auch dies hilft bei der Inhaberschaft eines Betriebes oder Unternehmens jedoch nicht weiter, handelt es sich bei hierbei um Sach- bzw. Rechtsgesamtheiten, nicht aber um Forderungen.[24] In Betracht käme allenfalls, – je nach Rechtsform – die Mitglieder bzw. Gesellschafter der juristischen Personen und rechtsfähigen Personengesellschaften als Inhaber anzusehen. Im Falle einer Aktiengesellschaft wären dies die Aktionäre. Allerdings kann auch hierin nicht die Lösung der Begriffsfrage zu sehen sein, sind doch vor allem etwaige Privataktionäre offensichtlich weder einzeln noch in ihrer Gesamtheit Adressaten der betrieblichen Aufsichtspflichten.[25]

Die Herleitung über eine isolierte Begriffsbestimmung ausgehend von zivilrechtlichen Grundsätzen zeigt sich damit als wenig zielführend. Die Inhaberschaft muss vielmehr mit Blick auf die Bezugspunkte Betrieb und Unternehmen definiert werden. Doch auch hier finden sich Anknüpfungspunkte im Zivilrecht. § 613a BGB etwa regelt den Übergang eines Betriebs oder Betriebsteils auf einen neuen Inhaber. Als Inhaber des Betriebes gilt dabei die für den Betrieb verantwortliche Person, wobei jede rechtsfähige Person in Betracht kommt, neben natürlichen Personen damit auch die rechtsfähigen Personengesellschaften sowie juristische Personen.[26] Verantwortlich in diesem Sinne ist die Person, die den Betrieb im eigenen Namen führt.[27] Juristische Personen und rechtsfähige Personengesellschaften zeichnen sich da-

---

20 *Habersack* in: MK-BGB, § 793 BGB Rn. 25. Daneben soll auch der mittelbare Besitz genügen, wenn die Ausübung des Rechts durch Dritte ausgeschlossen ist, vgl. *Sprau* in: Palandt, § 793 BGB Rn. 10.
21 Vgl. nur *Joost* in: MK-BGB, § 854 BGB Rn. 2; *Graf* in: FG Feigen, S. 37 (44).
22 *Vieweg/Werner* Sachenrecht, § 3 Rn. 3 f.; vgl. hierzu auch *Koch* AG 2009, 564 (567); ders. ZHR 171 (2007), 554 (571).
23 Vgl. nur *Vieweg/Werner* Sachenrecht, § 3 Rn. 4.
24 *Stresemann* in: MK-BGB, § 90 BGB Rn. 45.
25 *Rogall* in: KK-OWiG, § 130 OWiG Rn. 25; *Niesler* in: Graf/Jäger/Wittig, § 130 OWiG Rn. 18.
26 BAGE 42, 312 (321 f.); *BAG* NZA 2007, 1428 (1430); *Müller-Glöge* in: MK-BGB, § 613a BGB Rn. 55; *Preis* in: ErfK-Arbeitsrecht, § 613a BGB Rn. 43.
27 *BAG* NJW 2003, 3581 (3582 f.); *Willemsen* in: Henssler/Willemsen/Kalb, § 613a BGB Rn. 46.

durch aus, dass sie selbst direkt Träger von Rechten und Pflichten sein können.[28] Sie verfügen insofern über eine eigene Rechtspersönlichkeit mit der Fähigkeit zur Rechtsträgerschaft.[29] Maßgeblich für die Bestimmung der Inhaberschaft ist damit insbesondere bei Gesellschaften diese eigene Rechtsträgerschaft, nicht aber die einzelnen Gesellschafter.[30]

183 Rechtsfähige Personengesellschaften und juristische Personen sind damit selbst Inhaber ihres Betriebes. Als ihr eigener Rechtsträger sind sie nicht auf die Vermittlung durch die Rechtspersönlichkeit ihrer Gesellschafter angewiesen, sie können als fähiger Adressat von Rechten und Pflichten vielmehr selbst die Inhaberschaft wahrnehmen. Diese Grundsätze ließen sich aufgrund vergleichbarer Problemstellung auf die Frage der Begriffsbestimmung der Inhaberschaft im Rahmen des § 130 OWiG übertragen. Dennoch erfolgt die Definition der Inhaberschaft durch das Schrifttum hier meist autonom und ausgehend von der Funktion der konkreten Regelung.[31] Mit Inhaber des Betriebes oder Unternehmens ist demnach derjenige gemeint, an den sich die konkreten Pflichten richten, um deren Durchsetzung es bei § 130 OWiG geht.[32] Dies soll keinen Zirkelschluss darstellen, sondern lediglich die Umschreibung des tauglichen Täters ausgehend vom Gesetzeszweck.[33] Für die Adressierung der Aufsichtspflichten ist auch danach ein Abstellen auf natürliche Personen als Gesellschafter oder Mitglieder nicht erforderlich.[34] Im Ergebnis gleichen sich die Argumente und Ergebnisse zur Bestimmung der Betriebs- bzw. Unternehmensinhaberschaft im Rahmen des Ordnungswidrigkeiten- und Zivil- bzw. Arbeitsrechts.

---

28 Vgl. für die AG § 1 Abs. 1 AktG, für die KGaA § 278 Abs. 1 AktG, für die GmbH § 13 Abs. 1 GmbHG, für die OHG § 124 Abs. 1 HGB, für die KG §§ 161 Abs. 2 i.V.m. 124 Abs. 1 HGB, für die PartG § 7 Abs. 2 PartGG i.V.m. § 124 Abs. 1 HGB, für den eingetragenen Verein §§ 21 f. BGB und für die Stiftung § 80 BGB. Vgl. zur AG auch *Spindler* MK-AktG, § 76 AktG Rn. 59: „Die Verfassung der AG ist nicht nur eine Ordnung der Gesellschaft im Sinne der personifizierten Gesamtheit der Aktionäre, sondern, da eine AG gewöhnlich ein Unternehmen mit erwerbswirtschaftlicher Zielsetzung betreibt, zugleich auch eine Ordnung zum Betrieb eines Unternehmens, dessen juristische Inhaber die Gesellschaft ist. (…) Rechts- und Pflichtsubjekt ist allein die Gesellschaft."
29 Vgl. zur offenen Handelsgesellschaft *Schmidt* in: MK-HGB, § 124 HGB Rn. 9; *Habersack* in: Staub, § 124 HGB Rn. 21 f.; *Schäfer* Gesellschaftsrecht, § 4 Rn. 2.
30 Ein Gesellschafterwechsel begründet damit auch keinen Betriebsübergang auf einen neuen Inhaber, vgl. zur ständigen Rechtsprechung BAGE 42, 312 (322); *Franzen* in: NK-BGB, § 613a BGB Rn. 19; *Willemsen* in: Henssler/Willemsen/Kalb, § 613a BGB Rn. 45. Dies gilt selbst dann, wenn alle Gesellschafter ausscheiden und ihre Anteile auf einen oder mehrere Neuerwerber übertragen, vgl. BAGE 42, 312 (322); BAG NZA 2007, 1428 (1430); *Preis* in: ErfK-Arbeitsrecht, § 613a BGB Rn. 43.
31 Kritisch insofern *Schücking* in: Krieger/Schneider, § 36 Rn. 26 f.
32 So *Rogall* in: KK-OWiG, § 130 OWiG Rn. 25; *Beck* in: BeckOK-OWiG, § 130 OWiG Rn. 34; *Bohnert* § 130 OWiG Rn. 8; *Mosbacher* in: Lemke/Mosbacher, § 130 OWiG Rn. 5.
33 *Beck* in: BeckOK-OWiG, § 130 OWiG Rn. 34.
34 Vgl. insofern auch BGHZ 125, 366 (374): „Sinn des § 130 OWiG ist demnach die Erstreckung der Sanktionsmöglichkeit auf den Unternehmensträger."

Dass die gesetzlichen Vertreter von juristischen Personen und den rechtsfähigen Personengesellschaften nicht als Inhaber i.S.d. § 130 OWiG anzusehen sind, ergibt sich darüber hinaus aus dem früheren Gesetzeswortlaut. Denn bis zum Inkrafttreten des zweiten Änderungsgesetzes zur Bekämpfung der Umweltkriminalität[35] stellte der Gesetzgeber die Organe in § 130 Abs. 2 OWiG a.F. dem Inhaber ausdrücklich gleich und dokumentierte somit die fehlende Deckung der Begriffe.[36] Nach alledem ist die juristische Person bzw. die rechtsfähige Personengesellschaft selbst geeigneter Adressat der Pflichten aus § 130 OWiG und damit – jedenfalls auf Ebene des Einzelunternehmens[37] – auch als Inhaber i.S.d. Norm anzusehen.[38]

Dies deckt sich mit den Begriffsverständnissen im Rahmen entsprechend formulierter Normen. § 8 Abs. 2 UWG etwa enthält eine Regelung, wonach sich wettbewerbliche Unterlassungs- und Beseitigungsansprüche auch gegen den „Inhaber des Unternehmens" richten, wenn die begründenden Zuwiderhandlungen i.S.d. §§ 3 bis

184

---

35   31. Strafrechtsänderungsgesetz – Zweites Gesetz zur Bekämpfung der Umweltkriminalität vom 27.6.1994, BGBl. I S. 1440.
36   § 130 Abs. 2 OWiG a.F. lautete:
„Dem Inhaber eines Betriebes oder Unternehmens stehen gleich
1. sein gesetzlicher Vertreter,
2. die Mitglieder des zur gesetzlichen Vertretung berufenen Organs einer juristischen Person sowie die vertretungsberechtigten Gesellschafter einer Personenhandelsgesellschaft,
3. Personen, die beauftragt sind, den Betrieb oder das Unternehmen ganz oder zum Teil zu leiten, soweit es sich um Pflichten handelt, für deren Erfüllung sie verantwortlich sind."
Mit der Streichung des Absatzes verband der Gesetzgeber nicht die Gleichsetzung der Organe mit dem Inhaber. Vielmehr sollte durch Streichung die Anwendbarkeit der bis dahin verdrängten, allgemeinen Regelung des § 9 OWiG ermöglicht werden. § 130 Abs. 2 OWiG a.F. stellte mit seiner Beschränkung auf die obere Leitungsebene das einzige Sonderdelikt dar, bei dem der Täterkreis im Vergleich zur allgemeinen Regelung des § 9 OWiG beschränkt war. Die hierdurch entstandenen Sanktionslücken sollten mit der Streichung geschlossen werden, vgl. die Gesetzesbegründung zum Regierungsentwurf des zweiten Gesetzes zur Bekämpfung der Umweltkriminalität (2. UKG) vom 5.3.1991, BT-Drucks. 12/192, S. 34.
37   Die dargestellte Begriffsbestimmung bezieht sich allein auf Ermittlung des Normadressaten im Rahmen des Einzelunternehmens und soll die primäre Adressatenstellung des Individualgesellschafters bzw. -aktionärs sowie der Leitungspersonen ausschließen. Ob mit Blick auf Konzernsachverhalte insofern eine weitere Präzisierung des Rechtsträgerprinzips bzw. eine Anpassung bei der Bestimmung des Inhaberbegriffes angezeigt ist, ist eine hiervon zu trennende Frage, deren Beantwortung an späterer Stelle erfolgen soll. Vgl. hierzu ausführlich Rn. 228 ff.
38   Vgl. hierzu *OLG Celle* NZWiSt 2013, 68 (71); *Niesler* in: Graf/Jäger/Wittig, § 130 OWiG Rn. 18; *Bock* in: Rotsch, Criminal Compliance, § 8 Rn. 7; *Koch* AG 2009, 564 (567).

7 UWG von Mitarbeitern oder Beauftragten des Unternehmens ausgehen.[39] Als Unternehmensinhaber wird dabei regelmäßig diejenige natürliche oder juristische Person bezeichnet, in deren Namen und Verantwortung das Unternehmen geführt wird.[40] Bei Verbänden, die ihren Willen durch ihre Organe bilden und verwirklichen, ist dies der Verband selbst, nicht aber seine Organe.[41] Gleiches gilt im Rahmen der vergleichbaren Regelung des § 99 UrhG. Auch hier wird für den Fall von Rechtsverletzungen durch Arbeitnehmer oder Beauftragte die Haftung des Inhabers des Unternehmens geregelt, wobei im Falle von juristischen Personen diese selbst als Unternehmensinhaber angesehen werden.[42]

(2) Die Pflichtenübertragung gem. § 9 OWiG

185 Gleichwohl die Rechtsträgerschaft damit die Inhaberschaft ermöglicht, fehlt juristischen Personen und rechtsfähigen Personengesellschaften die Handlungsfähigkeit. Ohne ihre Organe bzw. Gesellschafter sind sie nicht in der Lage, den auferlegten Pflichtenkatalog umzusetzen. Damit liefe jedoch auch die Bußgelddrohung des § 130 OWiG ins Leere, da das Unterlassen von Pflichtmaßnahmen nur sanktioniert werden kann, wenn die Wahrnehmung auch möglich ist. § 9 OWiG regelt für entsprechende Fälle die Organ- und Vertreterhaftung im Ordnungswidrigkeitenrecht.[43] Danach wird die täterschaftliche Verantwortung auf die Leitungspersonen übertragen, auch wenn die Organe und Vertreter wie gezeigt selbst nicht Inhaber des Betriebes oder des Unternehmens sind.[44] Diese Pflichtenüberwälzung setzt voraus, dass es sich bei der Inhaberschaft um ein besonderes persönliches Merkmal i.S.d. § 9 Abs. 1 a.E. OWiG handelt, da sie eben nur beim Unternehmen als originärem Pflichtenadressat vorliegt, nicht aber bei den Leitungspersonen. Die genaue Umgrenzung der besonderen persönlichen Merkmale i.S.d. §§ 14 StGB und 9 OWiG ist vieldiskutiert und umstritten. Da die Regelungen aber letztendlich die Pflichtenübernahme durch Personen anordnen, die grundsätzlich vom Täterkreis der Ausgangsnorm nicht erfasst sind, ist die Übertragbarkeit der Pflichtenstellung notwen-

---

39 Die Vorgängerregelung § 13 Abs. 4 UWG-1909 sprach noch vom Inhaber des Betriebes. Mit der Neuformulierung wollte der Gesetzgeber der Regelung jedoch keinen neuen Bedeutungsgehalt beimessen, eine Differenzierung zwischen beiden Begriffen war nach den Gesetzesunterlagen nicht bezweckt, vgl. die Gesetzesbegründung zum Regierungsentwurf des Gesetzes gegen den unlauteren Wettbewerb (UWG) vom 22.8.2003, BT-Drucks. 15/1487, S. 32. Siehe hierzu auch *Bergmann/Goldmann* in: Harte-Bavendamm/ Henning-Bodewig, § 8 UWG Rn. 305.
40 *Köhler* in: Köhler/Bornkamm, § 8 UWG Rn. 2.48; *Bergmann/Goldmann* in: Harte-Bavendamm/Henning-Bodewig, § 8 UWG Rn. 305.
41 *Bergmann/Goldmann* in: Harte-Bavendamm/Henning-Bodewig, § 8 UWG Rn. 305; *Köhler* in: Köhler/Bornkamm, § 8 UWG Rn. 2.48; *Ohly* in: Ohly/Sosnitza, § 8 UWG Rn. 151.
42 *Bohne* in: Wandtke/Bullinger, § 99 UrhG Rn. 7; *Spindler* in: Spindler/Schuster, § 99 UrhG Rn. 7.
43 Vgl. für die wortgleiche Regelung im Kernstrafrecht § 14 StGB.
44 Vgl. hierzu *Roxin* Allgemeiner Teil Band II, § 27 Rn. 85; *Gürtler* in: Göhler, § 9 OWiG Rn. 2.

diges Element für das Vorliegen besonderer, persönlicher Merkmale i.S.d. Normen. Die Übertragbarkeit ist dabei nicht immer einfach zu ermitteln und erfordert eine individuelle Ermittlung für jeden Ausgangstatbestand.[45] Grundsätzlich ausgeschlossen ist die Übertragbarkeit höchstpersönlicher Pflichtenstellungen.[46] Vertretbare Statusmerkmale, wie etwa die Eigenschaft als Arbeitgeber oder Unternehmer, sind hingegen geeignete besondere persönliche Merkmale in diesem Sinne.[47] Bei der Inhaberschaft i.S.d. § 130 OWiG handelt es sich um ein solches vertretbares Statusmerkmal. Die damit begründeten Pflichten können und müssen auf Organe übertragen werden, da eine eigenständige Wahrnehmung bei juristischen Personen ausscheidet.[48]

Die Betriebs- und Unternehmensinhaberschaft des § 130 OWiG ist damit besonderes persönliches Merkmal i.S.d. § 9 OWiG.[49] Damit wird in Anwendung der Norm denjenigen Personen die Betriebsinhaberschaft zugerechnet, die für die juristische Person bzw. die rechtsfähige Personengesellschaft handeln. § 9 Abs. 1 Nr. 1 OWiG nennt dabei für juristische Personen deren vertretungsberechtigtes Organ bzw. die Mitglieder dieses Organs. Bei der GmbH ist dies der Geschäftsführer,[50] bei Aktiengesellschaften, Genossenschaften und Vereinen der Vorstand.[51] Bei rechtsfähigen Personengesellschaften treten gem. § 9 Abs. 1 Nr. 2 OWiG die vertretungsberechtigten Gesellschafter in die Pflichtenstellung der Gesellschaft ein.[52] § 9 Abs. 1 Nr. 3 OWiG erweitert den Kreis darüber hinaus noch auf gesetzliche Vertreter, bei Unternehmen somit etwa den Insolvenzverwalter.[53] Häufig sind die genannten Organe dabei nicht durch eine einzelne Person besetzt. Gemäß dem Prinzip der Allzuständigkeit[54] sind dann grundsätzlich alle Mitglieder des Kollegialorgans verpflich-

186

---

45 *Böse* in: NK-StGB, § 14 StGB Rn. 14.
46 *Böse* in: NK-StGB, § 14 StGB Rn. 14; *Fischer* § 14 StGB Rn. 2.
47 *Wittig* Wirtschaftsstrafrecht, § 6 Rn. 81.
48 Vgl. insofern für § 130 OWiG *Niesler* in: Graf/Jäger/Wittig, § 130 OWiG Rn. 18, der die Inhaberschaft in diesen Fällen als sanktionsrechtliche Bezugsgröße bezeichnet.
49 Vgl. nur *Wittig* Wirtschaftsstrafrecht, § 6 Rn. 133; *Gürtler* in: Göhler, § 130 OWiG Rn. 6.
50 Siehe § 35 Abs. 1 GmbHG. Der Geschäftsführer einer Komplementär-GmbH vertritt auch die entsprechende GmbH & Co. KG, vgl. *Roxin* Allgemeiner Teil Band II, § 27 Rn. 119; *Niesler* in: Graf/Jäger/Wittig, § 130 OWiG Rn. 18; *Saenger* Gesellschaftsrecht, Rn. 427.
51 Siehe für die AG § 78 Abs. 1 AktG, für die Genossenschaft § 24 Abs. 1 GenG und für den Verein § 26 Abs. 1 BGB; vgl. auch *Niesler* in: Graf/Jäger/Wittig, § 130 OWiG Rn. 18.
52 Bei der OHG sind dies gem. § 125 HGB alle nicht von der Geschäftsführung ausgeschlossenen Gesellschafter, bei der KG gem. §§ 161 Abs. 2 i.V.m. 125 ff. HGB die Komplementäre, vgl. *Saenger* Gesellschaftsrecht, Rn. 284, 351.
53 *Roxin* Allgemeiner Teil Band II, § 27 Rn. 121.
54 Vgl. nur für die GmbH § 35 Abs. 2 S. 2 GmbHG: „Ist der Gesellschaft gegenüber eine Willenserklärung abzugeben, genügt die Abgabe gegenüber einem Vertreter der Gesellschaft nach Absatz 1."

tet.⁵⁵ Aufgrund der Mannigfaltigkeit der Vorstandsaufgaben ist jedoch eine Aufgabenverteilung zwischen den Organmitgliedern die Regel.⁵⁶ Üblich sind daher interne Geschäftsverteilungspläne, in denen die unterschiedlichen Aufgabenbereiche klar zugeordnet werden.⁵⁷ Sofern hierbei auch die Sicherstellung der betrieblichen Aufsichtspflichten einem bestimmten Mitglied zugewiesen wird, konzentriert sich entsprechend auch die Verantwortlichkeit.⁵⁸ Zu einem gänzlichen Ausschluss der Verantwortlichkeit bei den übrigen Mitgliedern des Kollegialorgans führt dies indes nicht.⁵⁹ Erlangen sie Kenntnis von der unzureichenden Pflichtenwahrnehmung durch das verantwortliche Mitglied oder drängen sich die Defizite zumindest auf, so lebt auch bei ihnen die Verantwortlichkeit für die Umsetzung der dann erforderlichen Maßnahmen wieder auf.⁶⁰ Insofern verbleibt auch bei den nach dem Geschäftsverteilungsplan unzuständigen Mitgliedern des Kollegialorgans eine Mindestsubstanz der grundsätzlichen Gesamtverantwortung.⁶¹

187 § 9 Abs. 2 OWiG erstreckt die Verantwortlichkeit daneben auch auf gewillkürte Vertreter. So rückt nach § 9 Abs. 2 S. 1 Nr. 1 OWiG auch derjenige in die Pflichtenstellung, der zur Leitung oder Teilleitung eines Betriebes oder Unternehmens beauftragt ist.⁶² Damit können insbesondere die Führungskräfte räumlich oder organisatorisch getrennter Unternehmensbereiche in die Betriebsinhaberstellung des § 130 OWiG wachsen, so etwa Zweigstellen- oder Abteilungsleiter.⁶³ Maßgeblich

---

55 *Niesler* in: Graf/Jäger/Wittig, § 130 OWiG Rn. 23; *Wittig* Wirtschaftsstrafrecht, § 6 Rn. 143; *Eidam* in: Eidam, 1. Kapitel, Rn. 83; *Hellmann* in: Hellmann/Beckemper, Rn. 972; *Krause* in: Krieger/Schneider, § 35 Rn. 18.
56 *Wittig* Wirtschaftsstrafrecht, § 6 Rn. 119; *Momsen* in: Momsen/Grützner, 1. Kapitel C Rn. 23.
57 Eine entsprechende Aufteilung der Verantwortlichkeiten war auch im Rahmen der bereits erwähnten Lederspray-Entscheidung des BGH gegeben, vgl. hierzu BGHSt 37, 106 (123 ff.).
58 *Roxin* Allgemeiner Teil Band II, § 27 Rn. 124; *Wittig* Wirtschaftsstrafrecht, § 6 Rn. 120; *Momsen* in: Momsen/Grützner, 1. Kapitel C Rn. 23; vgl. für die Wahrnehmung der Aufsichtspflichten des § 130 Abs. 1 OWiG auch *OLG Celle* NZWiSt 2013, 68 (71); *Niesler* in: Graf/Jäger/Wittig, § 130 OWiG Rn. 23; *Hellmann* in: Hellmann/Beckemper, Rn. 972; *Bock* in: Rotsch, Criminal Compliance, § 8 Rn. 7.
59 Vgl. insofern *Rogall* in: KK-OWiG, § 130 OWiG Rn. 72; *Wittig* Wirtschaftsstrafrecht, § 6 Rn. 121, 143; *Momsen* in: Momsen/Grützner, 1. Kapitel C Rn. 23. Grundsätzlich zu strafbewehrten Pflichten im Kollegialorgan *Krause* in: Krieger/Schneider, § 35 Rn. 18 ff.
60 *Niesler* in: Graf/Jäger/Wittig, § 130 OWiG Rn. 24; *Schücking* in: Krieger/Schneider, § 36 Rn. 46; *Pelz* in: Hauschka, § 6 Rn. 9; *Wittig* in: Heussen/Korf/Schröder/Weber, § 24 Rn. 106; *Rettenmaier/Palm* NJOZ 2010, 1414 (1415).
61 *Wittig* Wirtschaftsstrafrecht, § 6 Rn. 143; *Momsen* in: Momsen/Grützner, 1. Kapitel C Rn. 23; *Schücking* in: Krieger/Schneider, § 36 Rn. 46; *Bock* in: Rotsch, Criminal Compliance, § 8 Rn. 7.
62 Eine sachliche Differenzierung ist mit der Verwendung der Begriffe Betrieb und Unternehmen nach der herrschenden Meinung hier nicht verbunden, vgl. hierzu bereits oben Rn. 179 ff.
63 Vgl. hierzu *Roxin* Allgemeiner Teil II, § 27 Rn. 127 ff.; *Gürtler* in: Göhler, § 9 OWiG Rn. 19 ff.

ist dabei nicht die Bezeichnung der Stelle, sondern der Umfang der tatsächlich ausgeübten Funktion.[64] Für Aufsichtspflichtverletzungen haben (Teil-)Betriebsleiter daher nur einzustehen, wenn sie auch zur Abwendung von Zuwiderhandlungen berufen sind.[65] Neben (Teil-)Betriebsleitern kann es sich dabei gem. § 9 Abs. 2 S. 1 Nr. 2 OWiG auch um sonstige Personen handeln, die vom Betriebs- bzw. Unternehmensinhaber zur eigenverantwortlichen Wahrnehmung von Aufgaben ausdrücklich beauftragt wurden.[66] Umfasst sind damit insbesondere auch betriebsfremde Personen wie etwa externe Rechtsanwälte, sofern diese nicht nur beratend tätig sind, sondern im betroffenen Aufgabenkreis eigenständig entscheiden können.[67]

Schließlich stellt § 9 Abs. 3 OWiG klar, dass Vertreter und Beauftragte auch dann verantwortlich sind, wenn die der entsprechenden Befugnis zu Grunde liegende Handlung rechtsunwirksam ist. Insofern erstreckt sich die Regelung auch auf faktische Vertretungskonstellationen.[68] **188**

b) Tathandlung

Die Tathandlung umschreibt ein Unterlassen, § 130 OWiG stellt insofern ein echtes Unterlassungsdelikt dar.[69] Ergriffen werden müssen nach der Norm die Aufsichtsmaßnahmen, die zur Verhinderung von straf- und bußgeldbewehrten Handlungen innerhalb des Unternehmens erforderlich sind. Um welche Maßnahmen es sich dabei im Einzelnen handelt, lässt der Wortlaut des § 130 OWiG offen.[70] Einzig in § 130 Abs. 1 S. 2 OWiG findet sich eine Konkretisierung, sofern hier auch die ordentliche Auswahl und ausreichende Überwachung von Aufsichtspersonen als erforderliche Maßnahme genannt wird. Die Verwendung des Begriffes „auch" zeigt bereits, dass sich das Pflichtenprogramm hierin freilich regelmäßig nicht vollum- **189**

---

64 *Roxin* Allgemeiner Teil Band II, § 27 Rn. 131.
65 *Niesler* in: Graf/Jäger/Wittig, § 130 OWiG Rn. 19.
66 In Betracht kommt je nach Ausgestaltung des Aufgabenbereiches auch der Compliance Officer, vgl. insofern *Bock.* in: Rotsch, Criminal Compliance, § 8 Rn. 7; *Kraatz* Wirtschaftsstrafrecht, Rn. 74.
67 *Roxin* Allgemeiner Teil Band II, § 27 Rn. 133.
68 Zur Reichweite der faktischen Organstellung vgl. bereits oben Rn. 137 ff.
69 *Rogall* in: KK-OWiG, § 130 OWiG Rn. 17, 38; *Gürtler* in: Göhler, § 130 OWiG Rn. 9; *Bohnert* § 130 OWiG, Rn. 2; *Niesler* in: Graf/Jäger/Wittig, § 130 OWiG Rn. 5; *Schünemann* Unternehmenskriminalität, S. 69; *Wittig* Wirtschaftsstrafrecht, § 6 Rn. 135; *Kraatz* Wirtschaftsstrafrecht, Rn. 73; *Kleszewski* Ordnungswidrigkeitenrecht, Rn. 561; *Rotsch* in: Rotsch, Criminal Compliance, § 4 Rn. 30; *ders.* in: Momsen/Grützner, 1. Kapitel B Rn. 50; *Bock* in: Rotsch, Criminal Compliance, § 8 Rn. 5; *ders.* Criminal Compliance, S. 366; *Theile* in: Rotsch, Criminal Compliance, § 38 Rn. 3; *Schücking* in: Krieger/Schneider, § 36 Rn. 23; *Pietrek* Verantwortlichkeit des Betriebsinhabers, S. 138; so auch explizit *Kindler* Unternehmen, S. 97, die im weiteren Verlauf ihrer Untersuchung jedoch insofern widersprüchlich von einem unechten Unterlassungsdelikt spricht, vgl. etwa S. 110.
70 Vgl. nur *Pelz* in: Hauschka, § 6 Rn. 14; *Kindler* Unternehmen, S. 97.

fänglich erschöpfen kann.[71] Art und Ausmaß der konkret umzusetzenden Maßnahmen hängen im Übrigen jedoch vom Einzelfall ab.[72] Maßstab der zu treffenden Aufsichtsmaßnahmen ist dabei die Sorgfalt, die von einem ordentlichen Angehörigen des jeweiligen Tätigkeitsbereichs verlangt werden kann.[73] Die Aufsicht soll im Grundsatz so ausgeführt werden, dass die betriebsbezogenen Pflichten aller Voraussicht nach eingehalten werden.[74] Dem Betriebsinhaber kommt dabei ein breiter Ermessensspielraum zu.[75] Die Grenze ist jedenfalls durch die Grundsätze der Geeignetheit, der objektiven Erforderlichkeit sowie der Zumutbarkeit vorgezeichnet.[76] Der Aufsichtspflichtige hat demnach nur solche Maßnahmen umzusetzen, die in Anbetracht der konkreten Umstände auch geeignet sind, Zuwiderhandlungen zu verhindern.[77] Dabei ist allerdings nicht erforderlich, die Aufsichtsstruktur so zu organisieren, dass alle vorsätzlichen Verstöße gegen betriebliche Pflichten verhindert werden.[78] Aus der bloßen Tatsache einer verwirklichten Zuwiderhandlung kann damit nicht zwangsläufig auf das Vorliegen eines Aufsichtsdefizits geschlossen werden.[79] Darüber hinaus darf sich der Pflichtenadressat bei mehreren gleich geeigneten Maßnahmen für diejenige entscheiden, die mit der geringsten Belastung verbun-

---

71 *Rogall* in: KK-OWiG, § 130 OWiG Rn. 39.
72 *BGH* NStZ 1986, 34 (34); vgl. auch *OLG Düsseldorf* wistra 1999, 115 (116): „Dabei kann das Ausmaß der Aufsichtspflicht das von dem verantwortlichen Betriebsinhaber oder ihm gleichstehender Personen zu verlangen ist, nicht schlechthin festgelegt werden, sondern hängt von den Umständen des Einzelfalls ab, u.a. insbesondere von der Organisation des Betriebs, von der Vielfalt, der Art und der Bedeutung der zu beachtenden Vorschriften und von der praktischen Durchführbarkeit der Überwachung." So auch schon *BGH* wistra 1985, 228 (228); *OLG Düsseldorf* wistra 1991, 38 (39); *OLG Zweibrücken* NStZ-RR 1998, 311 (311 f.). Vgl. zudem bereits die Gesetzesbegründung zum Regierungsentwurf des OWiG vom 8.1.1967, BT-Drucks. V/1269, S. 70. Siehe zudem auch *Gürtler* in: Göhler, § 130 OWiG Rn. 10; *Niesler* in: Graf/Jäger/Wittig, § 130 OWiG Rn. 30 f.; *Förster* in: Rebmann/Roth/Herrmann, § 130 OWiG Rn. 14; *Wittig* Wirtschaftsstrafrecht, § 6 Rn. 140; *Hellmann* in: Hellmann/Beckemper, Wirtschaftsstrafrecht, Rn. 963; *Momsen* in: Momsen/Grützner, 1. Kapitel C Rn. 29; *Kindler* Unternehmen, S. 97.
73 *OLG Düsseldorf* wistra 1999, 115 (116); *Gürtler* in: Göhler, § 130 OWiG Rn. 12.
74 *OLG Düsseldorf* wistra 1991, 38 (39); *OLG Zweibrücken* NStZ-RR 1998, 311 (312); *Gürtler* in: Göhler, § 130 OWiG Rn. 11.
75 *Niesler* in: Graf/Jäger/Wittig, § 130 OWiG Rn. 31.
76 *Niesler* in: Graf/Jäger/Wittig, § 130 OWiG Rn. 30; *Gürtler* in: Göhler, § 130 OWiG Rn. 12; *Klesczewski* Ordnungswidrigkeitenrecht, § 7 Rn. 570 f.; *Schücking* in: Krieger/Schneider, § 36 Rn. 37; *Pelz* in: Hauschka, § 6 Rn. 15; *Bock* HRRS 2010, 316 (317 f.).
77 *Rogall* KK-OWiG, § 130 OWiG Rn. 45; *Gürtler* in: Göhler, § 130 OWiG Rn. 9.
78 *BGH* wistra 1986, 222 (224).
79 *BGH* wistra 1986, 222 (224); *Bock* in: Rotsch, Criminal Compliance, § 8 Rn. 10. In der Praxis wird dieses Gebot freilich nicht immer als geltende Maxime zu Grunde gelegt, vgl. insofern nur *Corell/von Saucken* wistra 2013, 297 (297): „Dagegen ist in der Praxis festzustellen, dass die Behörden häufig automatisch von der Zuwiderhandlung auf eine entsprechende Aufsichtspflichtverletzung schließen. Es gilt dann der unzulässige Rückschluss: Wo eine Zuwiderhandlung erfolgt ist, bestanden keine ausreichenden Aufsichtsmaßnahmen." Kritisch insofern auch *Schaefer/Baumann* NJW 2011, 3601 (3604).

den ist.[80] Schließlich muss die Maßnahme auch zumutbar sein.[81] Jedenfalls verlangt § 130 OWiG nicht, alle überhaupt möglichen Maßnahmen umzusetzen, der Aufbau einer flächendeckenden Kontrollstruktur ist damit nicht erforderlich.[82] Erst recht werden keine Maßnahmen verlangt, die rechtlich unzulässig sind.[83] Zu beachten ist in diesem Zusammenhang auch das Vertrauensverhältnis zwischen Arbeitgeber und Arbeitnehmer. Der Arbeitgeber kann dabei grundsätzlich davon ausgehen, dass seine Arbeitnehmer ihren Pflichten ordnungsgemäß nachkommen.[84] Eine durchgängige oder gar schikanöse Kontrollkultur, die den Betriebsfrieden stören und die Würde der Mitarbeiter verletzten kann, darf damit nicht auferlegt werden.[85] Neben dem Umfang der Aufsichtsmaßnahmen sind auch die Kosten zu berücksichtigen. Auch hier sind Ausuferungen unzumutbar. Gleiches gilt für eine übermäßige Bürokratisierung und die daraus resultierende Gefahr der Effektivitätseinschränkung.[86] Das Ausmaß der aufgrund des § 130 OWiG wahrzunehmenden Pflichten findet somit im Ergebnis wenigstens durch den verfassungsrechtlich gesicherten Verhältnismäßigkeitsgrundsatz für den Normadressaten erkennbare Schranken.[87]

Gleichwohl der Gesetzgeber die erforderlichen Aufsichtspflichten damit dennoch weitestgehend unbestimmt beschreibt, konnten Rechtsprechung und Wissenschaft wenigstens in Ansätzen Elemente mehr oder weniger grundlegend umzusetzender Maßnahmenprogramme entwickeln.[88] So ist etwa die sorgfältige Auswahl des Personals wesentliches Pflichtenelement.[89] Darüber hinaus müssen den Mitarbeitern

190

---

80 *Rogall* KK-OWiG, § 130 OWiG Rn. 50; *Niesler* in: Graf/Jäger/Wittig, § 130 OWiG Rn. 30.
81 *BGH* wistra 1986, 222 (223); *OLG Düsseldorf* wistra 1999, 115 (116); *Gürtler* in: Göhler, § 130 OWiG Rn. 12; *Pelz* in: Hauschka, § 6 Rn. 1; *Bock* in: Rotsch, Criminal Compliance, § 8 Rn. 15.
82 *BGH* wistra 1986, 222 (223); *Rogall* KK-OWiG, § 130 OWiG Rn. 40; *Gürtler* in: Göhler, § 130 OWiG Rn. 12; *Pelz* in: Hauschka, § 6 Rn. 15; *Kindler* Unternehmen, S. 99.
83 So ist etwa eine lückenlose Video- oder Telefonüberwachung arbeitsrechtlich kaum zulässig und damit auch im Rahmen des § 130 OWiG nicht umzusetzen, vgl. *Rogall* KK-OWiG, § 130 OWiG Rn. 40.
84 *BGH* wistra 1986, 222 (223).
85 *BGH* wistra 1986, 222 (223); *Rogall* KK-OWiG, § 130 OWiG Rn. 51.
86 *Rogall* in: KK-OWiG, § 130 OWiG Rn. 51.
87 Zum Verhältnismäßigkeitsgrundsatz als Ausfluss des Rechtsstaatsprinzips aus Art. 20 Abs. 2 S. 2, Abs. 3 GG vgl. nur BVerfGE 90, 145 (173).
88 Herauskristallisiert hat sich dabei eine Aufteilung in Leitungs-, Koordinations-, Organisations- und Kontrollpflichten; vgl. insofern *Rogall* in: KK-OWiG, § 130 OWiG Rn. 42, der im Weiteren eine Konkretisierung in fünf Stufen vorschlägt: die sorgfältige Auswahl der Mitarbeiter, die sachgerechte Organisation der Aufgabenverteilung, die angemessene Aufklärung der Mitarbeiter über ihre Aufgaben und Pflichten, die Überwachung und Kontrolle der Mitarbeiter, sowie schließlich das Einschreiten gegen Verstöße.
89 *OLG Hamm* wistra 2002, 274 (275); *Rogall* in: KK-OWiG, § 130 OWiG Rn. 54; *Niesler* in: Graf/Jäger/Wittig, § 130 OWiG Rn. 32; *Gürtler* in: Göhler, § 130 OWiG Rn. 12; *Förster* in: Rebmann/Roth/Herrmann, § 130 OWiG Rn. 15; *Wittig* Wirtschaftsstrafrecht, § 6 Rn. 141; *Hellmann* in: Hellmann/Beckemper, Rn. 963; *Pelz* in: Hauschka, § 6 Rn. 20.

funktionsgerechte Betriebsmittel zur Verfügung gestellt werden.[90] Nach Einstellung obliegt dem Betriebsinhaber zudem die Pflicht, seine Mitarbeiter über die für sie relevanten, gesetzlichen Pflichten zu unterrichten.[91] Eine bloß allgemeine Aufforderung an die Mitarbeiter, der geltenden Rechtslage zu entsprechen, ist dabei regelmäßig ungenügend.[92] Auch genügt es nicht, die Mitarbeiter einmalig über ihre Pflichten aufzuklären. Erforderlich ist grundsätzlich vielmehr die periodische Wiederholung entsprechender Belehrungen.[93] Gesteigerte Aufklärungspflichten können dabei insbesondere entstehen, wenn sich maßgebliche Gesetze ändern.[94] Werden zudem Aufsichtspflichten an Mitarbeiter delegiert, ist eine lückenlose Verteilung dieser Aufgabenbereiche wichtig.[95] Der Betriebsinhaber muss Aufsichtspersonen über Inhalt und Umfang ihrer Pflichten exakt aufklären.[96] Dabei gilt es auch, Kompetenzüberschreitungen zu vermeiden, damit nicht ein Mitarbeiter auf die Wahrnehmung der Pflichten durch einen anderen Mitarbeiter vertraut und somit im Ergebnis niemand mehr Verantwortung trägt.[97]

191 Neben der Aufklärung ist die fortwährende Kontrolle der Mitarbeiter wesentliches Element der Aufsichtspflicht aus § 130 OWiG.[98] Besonders gilt dies im Hinblick auf neue Mitarbeiter,[99] sowie wenn es innerhalb des Unternehmens bereits zu Übertretungen gekommen ist.[100] Aber auch unabhängig von derartig gesteigerten Aufsichtspflichten ist es Aufgabe des Betriebsinhabers, durch regelmäßige Stichprobenkontrollen die Einhaltung der Pflichten durch die Mitarbeiter zu gewährleisten

---

90 *OLG Düsseldorf* wistra 1991, 38 (39); *Rogall* in: KK-OWiG, § 130 OWiG Rn. 67; *Förster* in: Rebmann/Roth/Herrmann, § 130 OWiG Rn. 17.
91 *OLG Düsseldorf* wistra 1991, 38 (39); *Rogall* in: KK-OWiG, § 130 OWiG Rn. 59; *Pelz* in: Hauschka, § 6 Rn. 21; *Rettenmaier/Palm* NJOZ 2010, 1414 (1416).
92 *Rogall* in: KK-OWiG, § 130 OWiG Rn. 59.
93 *Rogall* in: KK-OWiG, § 130 OWiG Rn. 61; *Gürtler* in: Göhler, § 130 OWiG Rn. 12.
94 Vgl. insofern *Rogall* in: KK-OWiG, § 130 OWiG Rn. 60 f., der jedoch zu Recht darauf hinweist, dass Mitarbeiter in Fachabteilungen – wie etwa in der Buchhaltung – die für ihren Tätigkeitskreis geltenden Vorschriften regelmäßig kennen dürften und der daher die Pflicht zur Belehrung nicht überstrapazieren möchte.
95 *Rogall* in: KK-OWiG, § 130 OWiG Rn. 55; *Niesler* in: Graf/Jäger/Wittig, § 130 OWiG Rn. 33; *Pelz* in: Hauschka, § 6 Rn. 19.
96 *OLG Düsseldorf* wistra 1991, 38 (39); *Rogall* in: KK-OWiG, § 130 OWiG Rn. 55.
97 So *OLG Düsseldorf* wistra 1999, 115 (116); *Niesler* in: Graf/Jäger/Wittig, § 130 OWiG Rn. 33; *Gürtler* in: Göhler, § 130 OWiG Rn. 14; *Pelz* in: Hauschka, § 6 Rn. 19; *Rettenmaier/Palm* NJOZ 2010, 1414 (1416).
98 *Rogall* in: KK-OWiG, § 130 OWiG Rn. 62; *Gürtler* in: Göhler, § 130 OWiG Rn. 12; *Mosbacher* in: Lemke/Mosbacher, § 130 OWiG Rn. 12; *Förster* in: Rebmann/Roth/Herrmann, § 130 OWiG Rn. 16;*Pelz* in: Hauschka, § 6 Rn. 23; *Bock* in: Rotsch, Criminal Compliance, § 8 Rn. 32.
99 *BayObLG* wistra 2001, 478 (479).
100 *OLG Düsseldorf* wistra 1991, 38 (39); *Gürtler* in: Göhler, § 130 OWiG Rn. 13; *Pelz* in: Hauschka, § 6 Rn. 27.

und Verstöße zumindest wesentlich zu erschweren.[101] Erforderlich ist daher, Kontrollen wenigstens so oft durchzuführen und auf so einen großen Anteil der Belegschaft zu erstrecken, dass sie auch als Kontrollen wahrgenommen werden.[102] Das ist jedenfalls ausgeschlossen, wenn die Kontrollen nur in erheblichen Abständen erfolgen und regelmäßig in dem Sinne stattfinden, dass sich die Mitarbeiter darauf einstellen können.[103] Unbenommen ist dem Betriebsinhaber, die Kontrollen nicht selbst durchzuführen, sondern dies an andere Aufsichtspersonen zu delegieren.[104] Allerdings kann sich der Betriebsinhaber dadurch nicht in vollem Umfang von seinen Pflichten befreien, bei ihm verbleibt vielmehr die Oberaufsicht.[105] Bei mehrstufiger Verteilung der Aufsichtspflicht kann es etwa Aufgabe des Betriebsinhabers sein, durch Aufstellung eines Organisationsplans Lücken in der Aufsicht vorzubeugen.[106] Der Einsatz von Aufsichtspersonen kann darüber hinaus bei entsprechender Größe des Unternehmens bis hin zu der Notwendigkeit erwachsen, eine Revisionsabteilung einzurichten.[107] Diese ist personell und technisch so auszustatten, dass sie der Aufgabe der ausreichenden Kontrolle auch nachkommen kann.[108] Um den Kontrollen das notwendige Gewicht zu verleihen, ist ferner erforderlich, für den Fall von Zuwiderhandlungen Sanktionen anzudrohen und diese gegebenenfalls auch umzusetzen.[109] Auch hier zieht der Grundsatz der Verhältnismäßigkeit die Grenzen.[110]

---

101 BGHSt 25, 158 (163); *BGH* wistra 1985, 228 (228 f.); *OLG Düsseldorf* wistra 1999, 115 (116); *OLG Düsseldorf* wistra 1991, 38 (39); *Gürtler* in: Göhler, § 130 OWiG Rn. 12; *Pelz* in: Hauschka, § 6 Rn. 25.
102 So das *BayObLG* wistra 2001, 478 (479), das insofern „auch in Betrieben, in denen sich das Personal als zuverlässig erwiesen hat, nur einfache Vorschriften zu beachten sind und die Gefahr von Verstößen höchstens als durchschnittlich einzustufen ist, mindestens monatliche Kontrollen" für erforderlich hält. Vgl. hierzu auch *Niesler* in: Graf/Jäger/Wittig, § 130 OWiG Rn. 37.
103 *Rogall* in: KK-OWiG, § 130 OWiG Rn. 64.
104 *OLG Düsseldorf* wistra 1999, 115 (116); *Pelz* in: Hauschka, § 6 Rn. 18.
105 *OLG Hamm* wistra 2003, 469 (469); *OLG Düsseldorf* wistra 1999, 115 (116); *Rogall* in: KK-OWiG, § 130 OWiG Rn. 73; *Gürtler* in: Göhler, § 130 OWiG Rn. 15; *Niesler* in: Graf/Jäger/Wittig, § 130 OWiG Rn. 28; *Förster* in: Rebmann/Roth/Herrmann, § 130 OWiG Rn. 18.
106 *Rogall* in: KK-OWiG, § 130 OWiG Rn. 71.
107 *BGH* wistra 1985, 228 (228); *Rogall* in: KK-OWiG, § 130 OWiG Rn. 56; *Niesler* in: Graf/Jäger/Wittig, § 130 OWiG Rn. 32, 37; *Pelz* in: Hauschka, § 6 Rn. 19, 30, der die Pflicht je nach Größe des Unternehmens bis hin zur Schaffung einer Compliance-Organisation erstrecken möchte.
108 *BGH* wistra 1982, 34 (34); *Rogall* in: KK-OWiG, § 130 OWiG Rn. 56; *Pelz* in: Hauschka, § 6 Rn. 17.
109 *Rogall* in: KK-OWiG, § 130 OWiG Rn. 65; ferner *Niesler* in: Graf/Jäger/Wittig, § 130 OWiG Rn. 35; *Hellmann* in: Hellmann/Beckemper, Wirtschaftsstrafrecht, Rn. 963.
110 *Rogall* in: KK-OWiG, § 130 OWiG Rn. 66.

192 Schließlich muss der Betriebsinhaber dafür Sorge tragen, dass neben den personellen und technischen Ressourcen die für die Aufsicht erforderliche Sachkunde vorhanden ist.[111] Soweit erforderlich, kann daraus die Pflicht folgen, sich externer Unterstützung zu bedienen.[112] Ab einer gewissen Größe des Unternehmens und der damit verbundenen Komplexität, wird dies allein im Hinblick auf die Vermeidung strafrechtlichen Verhaltens unvermeidbar sein. Aus der schwierigen Überschaubarkeit der hierbei entstehenden Rechtsfragen erwächst eine gesteigerte Aufsichtspflicht.[113] Regelmäßig wird die Hinzuziehung wirtschaftsstrafrechtlicher Fachexpertise in solchen Fällen unumgänglich sein, etwa durch die Mandatierung spezialisierter Beratungseinheiten. Dies gilt sowohl im Hinblick auf die notwendigen Belehrungen der Mitarbeiter. Vor allem gilt dies aber auch mit Blick auf die Kontrollmechanismen, wenn es darum geht, wirtschaftsstrafrechtlich relevantes Verhalten zu erkennen und aufzudecken. Fachexpertise ist darüber hinaus meist dann unentbehrlich, wenn im Anschluss an aufgedeckte Pflichtverletzungen die Bestimmung und Implementierung von Maßnahmen erfolgen, die künftig die Vermeidung von entsprechenden Zuwiderhandlungen gewährleisten sollen. Die Hinzuziehung wirtschaftsstrafrechtlicher Fachberater und die Umsetzung der durch diese vorgeschlagenen Maßnahmen kann damit nicht erst auf Ebene des subjektiven Tatbestandes oder unter Bezugnahme auf die Regelung des unvermeidbaren Verbotsirrtums i.S. des § 11 Abs. 2 OWiG im Rahmen der Verantwortlichkeit Bedeutung erlangen.[114] Betriebsinhaber können hierdurch vielmehr bereits auf Ebene des objektiven Tatbestandes des § 130 OWiG ihrem Pflichtenprogramm entsprechen und den Vorwurf unzureichender Aufsicht vermeiden.[115]

---

111 *BayObLG* wistra 2001, 478 (479).
112 *BGH* LMRR 1976, 2 (2); *Gürtler* in: Göhler, § 130 OWiG Rn. 15; *Rettenmaier/Palm* NJOZ 2010, 1414 (1416 f.).
113 *Gürtler* in: Göhler, § 130 OWiG Rn. 13.
114 Zur Regelung des unvermeidbaren Verbotsirrtums gem. § 11 Abs. 2 OWiG vgl. auch *Schücking* in: Krieger/Schneider, § 36 Rn. 55: „Angesichts mancher unbestimmter Rechtsbegriffe in § 130 Abs. 1 OWiG, liegt der Hinweis nahe, dass ein nach § 11 Abs. 2 OWiG beachtlicher Verbotsirrtum das Verschulden des Betroffenen ausschließen kann."
115 Vgl. hierzu ausführlich *Kudlich/Wittig* ZWH 2013, 253 (253 ff.); *dies.* ZWH 2013, 303 (303 ff.); *Eidam* in: Eidam, 6. Kapitel Rn. 88. Vgl. hierzu auch *BGH* NJW-RR 2009, 973 (974) für die Verantwortlichkeit eines Vorstandsmitglieds für einen kartellrechtlichen Verstoß, an dem er unmittelbar jedoch nicht beteiligt war: „Eine Ahndung des Betr. wäre deshalb nur bei einer schuldhaften Verletzung seiner Aufsichtspflichten möglich, die er als Organ der Nebenbetr. wahrzunehmen hatte (§ 130 Abs. 1 OWiG i.V. mit § 9 I Nr. 1 OWiG). Eine schuldhafte Verletzung dieser Pflichten ist jedoch nicht erkennbar. Der Betr. hat die kartellrechtliche Behandlung des Anteilsverkaufs einer spezialisierten Anwaltskanzlei übertragen. Auf deren Sachkunde konnte er sich grundsätzlich verlassen." In diesem Sinne auch *Bechtold* NJW 2009, 3699 (3706).

c) Anknüpfungstat

Weitere Voraussetzung einer Aufsichtspflichtverletzung i.S.d. § 130 OWiG ist das Vorliegen einer entsprechenden Anknüpfungstat. **193**

aa) Der Terminus der Zuwiderhandlung

§ 130 Abs. 1 S. 1 a.E. OWiG verwendet dabei den Terminus der „Zuwiderhandlung". Nicht verlangt wird damit eine vollendete Straftat oder Ordnungswidrigkeit.[116] Genügend ist vielmehr, wenn die Handlungsweise im Rahmen der Anknüpfungstat den äußeren Geschehensablauf einer Straftat oder einer Ordnungswidrigkeit beschreibt.[117] Der Grund dieser Einschränkung liegt in der Vermeidung von Sanktionslücken. Verstöße werden nicht selten von Unternehmensangehörigen begangen, die nicht unter die Organ- und Vertreterhaftung des § 14 StGB bzw. § 9 OWiG fallen. Würde man im Rahmen der Anknüpfungstat eine tatbestandliche Erfüllung verlangen, würden damit oftmals die gerade im Wirtschaftsstrafrecht bedeutsamen Sonderdelikte – und damit etwa solche Regelungen, die sich an den Betriebsinhaber selbst richten – als Anknüpfungstat ausscheiden.[118] Erforderlich ist jedoch wenigstens das Vorliegen eines natürlichen Vorsatzes beim Täter der Anknüpfungstat.[119] Durch die beschriebene Einschränkung wird der Betriebsangehörige, der nicht unter die Regelung des § 14 StGB bzw. § 9 OWiG fällt, zwar nicht zum tauglichen Täter entsprechender Sonderdelikte, ermöglicht wird aber die Sanktionierung des Betriebsinhabers.[120] Weitere Voraussetzung im Rahmen der Anknüpfungstat ist die Rechtswidrigkeit, während schuldhaftes bzw. vorwerfbares Verhalten nicht erforderlich ist.[121] **194**

bb) Die Betriebsbezogenheit der Pflichtverletzung

Freilich ist dabei nicht jede Zuwiderhandlung taugliche Anknüpfungstat. Das Unternehmen ist nicht Träger allgemeiner Strafvermeidungs- und Strafverfolgungspflichten hinsichtlich sämtlicher Übertretungen, die durch Mitarbeiter begangen werden. Vielmehr kommen nur Verstöße gegen solche Normen in Betracht, die **195**

---

116 *Gürtler* in: Göhler, § 130 OWiG Rn. 21; *Förster* in: Rebmann/Roth/Herrmann, § 130 OWiG Rn. 10; *Kindler* Unternehmen, S. 103 f.
117 *Rogall* in: KK-OWiG, § 130 OWiG Rn. 79; *Niesler* in: Graf/Jäger/Wittig, § 130 OWiG Rn. 56; *Gürtler* in: Göhler, § 130 OWiG Rn. 12; *Förster* in: Rebmann/Roth/Herrmann, § 130 OWiG Rn. 10; *Kleszczewski* Ordnungswidrigkeitenrecht, § 7 Rn. 564; *Bock* in: Rotsch, Criminal Compliance, § 8 Rn. 45.
118 Vgl. die Gesetzesbegründung zum Regierungsentwurf des OWiG vom 8.1.1967, BT-Drucks. V/1269, S. 70; *Rogall* in: KK-OWiG, § 130 OWiG Rn. 80; *Niesler* in: Graf/Jäger/Wittig, § 130 OWiG Rn. 56; *Gürtler* in: Göhler, § 130 OWiG Rn. 21; *Achenbach* NZWiSt 2012, 321 (324).
119 BayObLGSt 2003, 107 (109); *Niesler* in: Graf/Jäger/Wittig, § 130 OWiG Rn. 57; *Schünemann*, Unternehmenskriminalität, S. 117.
120 So *Rogall* in: KK-OWiG, § 130 OWiG Rn. 80; *Gürtler* in: Göhler, § 130 OWiG Rn. 21.
121 *Wittig* Wirtschaftsstrafrecht, § 6 Rn. 147; *Gürtler* in: Göhler, § 130 OWiG Rn. 21.

grundsätzlich den Betriebs- bzw. Unternehmensinhaber treffen. Für dessen Sanktionierung ist damit die Betriebsbezogenheit der Zuwiderhandlung notwendiges Merkmal.[122] Erforderlich ist ein Zusammenhang der Übertretung mit den Pflichten der Betriebs- und Unternehmensführung.[123] Dies ist jedenfalls gegeben bei der Verwirklichung von Sonderdelikten, die sich gerade an den Betriebsinhaber richten.[124] Darüber hinaus ist aber auch die Verwirklichung von Allgemeindelikten ausreichend, sofern sie eine genügende Verknüpfung zu den Inhaberpflichten aufweisen.[125] Hinsichtlich der Bestimmung der Kriterien zur Ermittlung der Betriebsbezogenheit bei Allgemeindelikten besteht indes ein reger Streit, der über den Anwendungsbereich des § 130 OWiG hinausreicht. Denn vergleichbare Fragestellungen ergeben sich im Rahmen des § 30 OWiG ebenso wie bei der strafrechtlichen Geschäftsherrenhaftung, sofern auch dort die Betriebsbezogenheit der Anknüpfungs- bzw. Begehungstat gefordert wird. Für den Bereich der strafrechtlichen Geschäftsherrenhaftung rückt der BGH dabei den inneren Zusammenhang der betrieblichen Tätigkeit des Begehungstäters in den Vordergrund, allerdings nicht ohne sich damit der Kritik zahlreicher Autoren der rechtswissenschaftlichen Literatur auszusetzen.[126] Die in diesem Kontext dargestellte Diskussion um den Begriff der Betriebsbezogenheit kann damit an dieser Stelle aufgegriffen werden.[127] Letztendlich ver-

---

122 Vgl. statt aller nur *Rogall* in: KK-OWiG, § 130 OWiG Rn. 81; *Gürtler* in: Göhler, § 130 OWiG Rn. 18; *Förster* in: Rebmann/Roth/Herrmann, § 130 OWiG Rn. 6.
123 *Klesczewski* Ordnungswidrigkeitenrecht, § 7 Rn. 565; vgl. auch die Gesetzesbegründung zum Regierungsentwurf zum 41. Strafrechtsänderungsgesetz vom 30.11.2006, BT-Drucks. 16/3656, S. 14.
124 *Rogall* in: KK-OWiG, § 130 OWiG Rn. 91, 103; *Gürtler* in: Göhler, § 130 OWiG Rn. 18.
125 Die Frage, ob auch Allgemeindelikte als Anknüpfungstat i.S.d. § 130 OWiG geeignet sind, war lange strittig. Ein Teil der Literatur lehnte dies ab, vgl. insofern nur *Schünemann* Unternehmenskriminalität, S. 114, 121. Für diese Ansicht sprach der Wortlaut des § 130 Abs. 1 OWiG a.F., der nicht allein von Pflichten sprach, die „den Inhaber treffen", sondern von Pflichten, die „den Inhaber als solchen treffen." Mit dem 41. Strafrechtsänderungsgesetz vom 7.8.2007 wurde der Zusatz „als solchen" gestrichen, vgl. BGBl. I S. 1786. Die heute h.M. lehnt eine ausschließliche Beschränkung auf Sonderdelikte daher ab, vgl. nur *Rogall* in: KK-OWiG, § 130 OWiG Rn. 84; *Niesler* in: Graf/Jäger/Wittig, § 130 OWiG Rn. 62; *Gürtler* in: Göhler, § 130 OWiG Rn. 18; *Förster* in: Rebmann/Roth/Herrmann, § 130 OWiG Rn. 7; *Klesczewski* Ordnungswidrigkeitenrecht, Rn. 565; *Bock* in: Rotsch, Criminal Compliance, § 8 Rn. 47; *Schücking* in: Krieger/Schneider, § 36 Rn. 48. Vgl. dazu auch die Gesetzesbegründung zum Regierungsentwurf zum 41. Strafrechtsänderungsgesetz vom 30.11.2006, BT-Drucks. 16/3656, S. 8, 14: „Die in § 130 Abs. 1 Satz 1 OWiG vorgesehene Streichung der Wörter „als solchen" soll daher klarstellen, dass § 130 OWiG nicht nur Sonderdelikte erfasst, sondern – ebenso wie § 30 OWiG – grundsätzlich auch Allgemeindelikte erfassen kann (…). Trotz dieser Streichung bleibt es aber bei dem – auch bei § 30 OWiG geltenden – Erfordernis, dass die Pflichtverletzung im Zusammenhang mit der Betriebs- oder Unternehmensführung erfolgt sein muss."
126 Vgl. hierzu bereits oben Rn. 160.
127 Siehe zur Diskussion oben 4. Fn. zu Rn. 160.

mögen aber auch die dabei angebotenen Differenzierungsmerkmale nicht darüber hinwegzublicken, dass es vorliegend um eine wertende Betrachtung des Sachzusammenhangs geht.[128] Stellt sich die Anknüpfungs- bzw. Begehungstat als Realisierung der betrieblichen Gefahr dar und lässt sich damit ein Zusammenhang mit dem Aufgabenkreis des Anknüpfungs- bzw. Begehungstäters herstellen, so ist von einer entsprechenden Betriebsbezogenheit auszugehen.[129] Nicht erforderlich ist freilich, dass die Handlung pflicht- und weisungsgemäß ist.[130] Untauglich sind hingegen die Verwirklichung des allgemeinen Lebensrisikos und damit Pflichtverletzungen mit höchstpersönlichem Einschlag bzw. solche, die keinen Bezug zur unternehmerischen Tätigkeit aufweisen.[131]

Aus alledem wird teilweise die umfassende Anwendbarkeit von § 130 OWiG im Rahmen von Korruptionssachverhalten angezweifelt. So greifen etwa *Groß/Reichling* die Bußgeldpraxis auf, die im Rahmen des § 130 OWiG ganz wesentlich durch aufsehenerregende Korruptionsskandale geprägt wurde, und gelangen zur bemerkenswerten Erkenntnis, die Regelung könne de lege lata bei Korruptionshandlungen wenn überhaupt nur sehr bedingt Anwendung finden und stelle damit im Ergebnis ein stumpfes Schwert der Bekämpfung von Wirtschaftskriminalität dar.[132] So sei die Betriebsbezogenheit einer Korruptionshandlung dann nicht gegeben, wenn der erklärte Wille des Betriebsinhabers sich gegen Bestechungen richte.[133] Komme es dennoch zu Korruption durch Mitarbeiter, sei darin ein pflichtwidriges Verhalten gegenüber dem Arbeitgeber zu sehen, eine Sanktionierung des Betriebes dann aber unbillig.[134] Darüber hinaus handele es sich bei Korruptionsregelungen meist nicht um Pflichten, die sich gegen den Betriebsinhaber richten. Die Regelungen zur Bestechlichkeit im geschäftlichen Verkehr beträfen lediglich Angestellte, nicht aber auch den Betriebsinhaber.[135] Aktive Bestechungshandlungen sollen zudem häufig über die Einrichtung schwarzer Kassen erfolgen. Die Bildung derartiger Kassen sei für sich genommen aber vor allem eine Handlung gegen das Unternehmen, hierfür

196

---

128 Im Ergebnis ähnlich *Rogall* in: KK-OWiG, § 130 OWiG Rn. 90.
129 Vgl. auch *Rogall* in: KK-OWiG, § 130 OWiG Rn. 98 ff.
130 *Rogall* in: KK-OWiG, § 130 OWiG Rn. 101.
131 Vgl. bereits die Gesetzesbegründung zum Regierungsentwurf des OWiG vom 8.1.1967, BT-Drucks. V/1269, S. 69: „Dem Geschäftsherrn und den ihm gleichgestellten Personen kann nicht zugemutet werden, über die in dem Betrieb tätigen Personen wie über Pflegebefohlene zu wachen und darauf zu achten, daß sie sich im Betrieb straflos führen, also z.B. keinen Diebstahl, keine Beleidigung, keine Körperverletzung, kein Sittlichkeitsdelikt usw. begehen." Eine umfängliche Erfassung von Allgemeindelikten ist auch nach Änderung des Gesetzeswortlauts nicht beabsichtigt, vgl. insofern die Gesetzesbegründung zum Regierungsentwurf zum 41. Strafrechtsänderungsgesetz vom 30.11.2006, BT-Drucks. 16/3656, S. 14.
132 *Groß/Reichling* wistra 2013, 89 (89 ff.).
133 *Groß/Reichling* wistra 2013, 89 (91 f.).
134 *Groß/Reichling* wistra 2013, 89 (92).
135 *Groß/Reichling* wistra 2013, 89 (92).

könne dieses dann nicht zur Rechenschaft gezogen werden.[136] Die spätere Bestechungshandlung hingegen werde dann aus der schwarzen Kasse und damit aus Mitteln finanziert, die nicht mehr im Herrschaftsbereich des Unternehmens liegen, damit handele es sich um „private Straftaten der Betriebsangehörigen und nicht um die Verletzung einer betriebsbezogenen Pflicht".[137] Da schwarze Kassen grundsätzlich versteckt sind, könnten Aufsichtsmaßnahmen dann im Übrigen auch gar keine Wirkung mehr entfalten. Geeignete Aufsichtsmaßnahmen seien damit nicht ersichtlich, die Ahndung für Unterlassen sei damit ausgeschlossen.[138]

197 In der Tat verdienen die Autoren Zustimmung, sofern sie die Selbstverständlichkeit bemängeln, mit der Korruptionstaten als geeignete Zuwiderhandlung i.S.d. § 130 OWiG angesehen werden. Im Ergebnis vermögen die angebrachten Argumente jedoch nicht zu überzeugen. Insbesondere kann es für den Ausschluss der Verantwortlichkeit des Betriebsinhabers nicht genügen, seinen entgegenstehenden Willen klar zu kommunizieren. Ein Unternehmen könnte dann etwa im kartellrechtlichen Kontext die Verantwortlichkeit i.S.d. § 130 OWiG bereits damit ausschließen, indem es klar zum Ausdruck bringt, Preisabsprachen zu missbilligen. In einer derartigen Erklärung darf sich aber nach der ratio des § 130 OWiG das Pflichtenprogramm der Norm nicht erschöpfen. Der Betriebsinhaber soll vielmehr durch Aufsichtsmaßnahmen sicherstellen, dass dieser Unternehmenswille auch umgesetzt wird. Zuzustimmen ist hingegen, wenn die Bestechlichkeit im Verkehr gem. § 299 Abs. 1 StGB für sich genommen als untaugliche Zuwiderhandlung angesehen wird, da sich diese Norm ausdrücklich an Angestellte richtet und somit gerade nicht an den Betriebsinhaber.[139] Sofern die Aufsichtsmaßnahmen dazu dienen sollen, vor allem aber aktiven Bestechungshandlungen aus dem Unternehmen heraus zu begegnen, gilt diese Einschränkung freilich nicht. Das Verbot der aktiven Bestechung im geschäftlichen Verkehr gem. § 299 Abs. 2 StGB richtet sich, wie die insofern bedeutsame Amtsträgerbestechung gem. § 334 StGB, nämlich anders als die Regelung zur Bestechlichkeit auch gegen den Betriebsinhaber.[140] Dass es sich insofern um ein Allgemeindelikt handelt, stellt für sich genommen noch keinen Hinderungsgrund dar, da auch Verstöße gegen Allgemeindelikte nach richtiger Ansicht Zuwiderhandlungen i.S.d. § 130 Abs. 1 OWiG darstellen können.[141] Auch geht die Betriebsbezogenheit nicht dadurch verloren, dass die Gefahr der Begehung von entsprechenden Zuwiderhandlungen nicht nur in einzelnen, sondern in zahlreichen Unternehmen und Branchen besteht. Die Beschränkung auf betriebstypische Gefahren soll Handlungsweisen ausschließen, die in entsprechenden Unternehmen unter ge-

---

136 *Groß/Reichling* wistra 2013, 89 (92).
137 *Groß/Reichling* wistra 2013, 89 (92).
138 *Groß/Reichling* wistra 2013, 89 (92 f.).
139 Vgl. hierzu auch *Rogall* in: KK-OWiG, § 130 OWiG Rn. 98.
140 *Fischer* § 299 StGB Rn. 19; § 334 StGB Rn. 2; *Wittig* Wirtschaftsstrafrecht, § 26 Rn. 57.
141 Vgl. hierzu bereits oben 4. Fn. zu Rn. 195.

wöhnlichen Umständen nicht zu erwarten sind. Nicht aber gemeint ist die Beschränkung auf Zuwiderhandlungen, die gerade nur im betroffenen Unternehmen zu erwarten sind.[142] Alles andere würde zur kaum nachvollziehbaren Konsequenz führen, weit verbreitete Handlungsweisungen auszuschließen und nur isoliert auftretende Delikte zu erfassen. Eine Vereinbarkeit mit der ratio der Norm wäre hier kaum ersichtlich. Schließlich überzeugt auch nicht der Ausschluss der Anwendbarkeit beim Einsatz von schwarzen Kassen. Zuzustimmen ist zwar, dass die Bildung schwarzer Kassen für sich genommen noch keine Zuwiderhandlung i.S.d. § 130 OWiG darstellen kann, sofern hier lediglich Interessen des Unternehmens selbst berührt werden und eine Gefährdung fremder Rechtsgüter insoweit ausscheidet. Dennoch geht der späteren Bestechungshandlung die Betriebsbezogenheit dadurch nicht verloren. Die Mittel in der schwarzen Kasse werden nicht zu privaten Geldern des Täters. Wenn man voraussetzt, dass die Bildung der schwarzen Kasse notwendige Vortat ist, und eine Bestechungshandlung ohne diese Vortat nicht zu Stande gekommen wäre – weil der Angestellte etwa nicht in der Lage oder jedenfalls nicht bereit dazu ist, die Bestechungsgelder tatsächlich aus dem Privatvermögen aufzubringen – so bleibt diese Bestechungshandlung betriebsbezogen. Auch können durchaus geeignete Aufsichtsmaßnahmen zur Verhinderung entsprechender Taten getroffen werden, und zwar vor allem auch bereits hinsichtlich des Abführens des Geldes aus dem einsehbaren Vermögen des Betriebsherrn. Hierbei lässt sich auch ein ausreichender Zurechnungszusammenhang zwischen Aufsichtsmaßnahmen etwa zur Vermeidung der Bildung schwarzer Kassen und der späteren Bestechungszahlung herstellen. Dass die Bildung schwarzer Kassen zunächst alleine Unternehmensinteressen tangiert, unterbricht den Zurechnungszusammenhang jedenfalls nicht.

cc) Der Täterkreis der Zuwiderhandlung

Umstritten ist überdies, wer als tauglicher Täter der Anknüpfungstat in Betracht kommt. Kraft ausdrücklichem Wortlaut der Norm muss die Zuwiderhandlung in dem Betrieb oder Unternehmen erfolgt sein. Einigkeit herrscht folglich, sofern es sich um eine Person handeln muss, die in Wahrnehmung der Unternehmens- bzw. Betriebsangelegenheiten agiert.[143] Auch ist weitestgehend unbestritten, dass dabei neben den eigenen Mitarbeitern auch sonstige Personen in Betracht kommen.[144] Of-

198

---

142 Vgl. insofern auch *Momsen* in: Momsen/Grützner, 1. Kapitel C Rn. 26.
143 *OLG Hamm* NStZ 1992, 499 (499); *Niesler* in: Graf/Jäger/Wittig, § 130 OWiG Rn. 58 f.
144 Absolut h.M., vgl. nur BayObLGSt 1998, 54 (55); *OLG Hamm* NStZ 1992, 499 (499); *Rogall* in: KK-OWiG, § 130 OWiG Rn. 108; *ders.* ZStW 1986, 573 (606); *Niesler* in: Graf/Jäger/Wittig, § 130 OWiG Rn. 59; *Gürtler* in: Göhler, § 130 OWiG Rn. 19; *Mosbacher* in: Lemke/Mosbacher, § 130 OWiG Rn. 17; *Förster* in: Rebmann/Roth/Herrmann, § 130 OWiG Rn. 8; *Bock* in: Rotsch, Criminal Compliance, § 8 Rn. 46; *Schmid* in: Müller-Gugenberger/Bieneck, § 30 Rn. 156; *Theile/Petermann* JuS 2011, 496 (499); *Többens* NStZ 1999, 1 (5).

fensichtlich ist, dass an dieser Stelle sodann Eingrenzungsmerkmale gefunden werden müssen. Sicherlich kann sich die Aufsichtspflicht nicht auf jede Person erstrecken, die in Zusammenhang mit dem Betrieb tätig wird. Auch hilft hier das Erfordernis der Betriebsbezogenheit der Pflichtverletzung für sich allein nicht weiter. Zu denken ist etwa an industrielle Lieferketten. Ein Automobilhersteller soll dem Markt Fahrzeuge zuführen, von denen keine Gefahren ausgehen. Die Pflicht des Einbaus risikofreier Bauteile kann damit durchaus als betriebsbezogen charakterisiert werden. Damit würde sich die Aufsichtspflicht aber womöglich nicht nur auf die Mitarbeiter etwaiger Zulieferer erstrecken. Selbst deren Zuliefererunternehmen könnten noch erfasst sein, wenn es dort zu Produktionsfehlern kommt. Eine derart weite Aufsichtspflicht wird kaum verlangt werden können. Im dargestellten Fall wird es vielmehr Aufgabe der betriebsinternen Qualitätskontrolle sein, die Sicherheit der gelieferten Bauteile zu prüfen. Diese Aufgabe unternehmenseigener Mitarbeiter wird dann freilich auch in die Reichweite der Aufsichtspflichten fallen.[145] Einige Vertreter der Literatur verlangen daher, dass sich die Aufsichtspflicht nur auf solche Personen erstreckt, die sich in der Organisationssphäre des eigenen Unternehmens befinden.[146] Erforderlich soll insofern das Vorliegen von Direktions- und Weisungsrechten im Rahmen eines Subordinationsverhältnisses sein.[147] Damit muss es sich beim Anknüpfungstäter auch nach dieser Ansicht nicht um eigene Mitarbeiter handeln.[148] In Betracht kommen vielmehr etwa auch Leiharbeiter, sofern sie der Organisationsherrschaft des betroffenen Unternehmens unterliegen. Eine weitere Auffassung lehnt diese Konturierung als zu eng ab, da dem Unternehmen damit die Möglichkeit eröffnet werde, durch Auslagerung auf Dritte sich sogar den eigenen Kernpflichten zu entledigen.[149] Ein Subordinationsverhältnis sei damit nicht erforderlich. Zu prüfen sei vielmehr, ob der Dritte im Rahmen einer eigenen unternehmerischen Verantwortlichkeit gehandelt habe.[150] In diesem Fall erstrecke sich die Aufsichtspflicht nicht auf entsprechende betriebsfremde Personen. Damit dürfte auch nach dieser Ansicht im erwähnten Lieferkettenfall eine Aufsichtspflicht gegenüber den Mitarbeitern der nachgeordneten Lieferunternehmen ausscheiden. Diese handeln vielmehr in eigener unternehmerischer Verantwortung und sind ihrerseits Träger der Pflicht, dem Markt keine gefährlichen Bauteile zuzuführen. Aller-

---

145 Je nach Risikolage kann dies ein mehr oder minder ausgeprägtes Geschäftspartnerscreening im Rahmen eines unternehmenseigenen sog. „Third-Party-Managements" erfordern, das etwa Hinweise auf mehrfach aufgetretene Produktionsmängel eines Lieferanten erkennbar macht und damit zur intensiveren Prüfung der gelieferten Bauteile führt.
146 *Rogall* in: KK-OWiG, § 130 OWiG Rn. 108; *ders.* ZStW 1986, 573 (606).
147 *Rogall* in: KK-OWiG, § 130 OWiG Rn. 108; *ders.* ZStW 1986, 573 (606); *Beck* in: BeckOK-OWiG, § 130 OWiG Rn. 90; *Bock* in: Rotsch, Criminal Compliance, § 8 Rn. 46.
148 *Rogall* in: KK-OWiG, § 130 OWiG Rn. 108.
149 *Gürtler* in: Göhler, § 130 OWiG Rn. 19; zustimmend *Sonnenberg* Aufsichtspflicht, S. 111.
150 So auch *Achenbach* NZWiSt 2012, 321 (324); *Rettenmaier/Palm* NJOZ 2010, 1414 (1415).

dings versäumen es auch die Vertreter einer weiten Auffassung nicht zu betonen, dass nur das Unterlassen möglicher Aufsichtsmaßnahmen pflichtwidrig sein kann.[151] Damit stellt sich jedoch die Folgefrage, wie eine Aufsichtsstruktur abseits eines Subordinationsverhältnisses aufgebaut sein kann. Im Ergebnis dürften zwischen beiden Ansichten keine zu großen Unterschiede bestehen. Fehlt es an Direktions- bzw. Weisungsrechten, wird regelmäßig eine eigenverantwortliche Tätigkeit des Dritten gegeben sein.[152]

Die Feststellung, welche konkrete Person die Zuwiderhandlung begangen hat, ist darüber hinaus nicht erforderlich.[153] Damit genügt vielmehr die Erkenntnis, dass überhaupt eine Person in Wahrnehmung der Betriebs- bzw. Unternehmensangelegenheiten eine entsprechende Zuwiderhandlung begangen hat.[154] Unerheblich ist ferner der Ort der Zuwiderhandlung.[155]   199

dd) Die Zurechnung der Zuwiderhandlung

Schließlich muss ein ausreichender Zurechnungszusammenhang zwischen Aufsichtspflichtverletzung und Anknüpfungstat gegeben sein. Dabei beschreibt der Wortlaut der Norm zunächst den Fall, in dem die Zuwiderhandlung durch die gehörige Aufsicht verhindert worden wäre. Hier lassen sich die Grundsätze heranziehen, die für die Kausalität im Rahmen der Unterlassungsstrafbarkeit entwickelt wurden.[156] Erforderlich ist insofern eine an Sicherheit grenzende Wahrscheinlichkeit, dass es bei Wahrnehmung der Aufsichtspflichten nicht zur Zuwiderhandlung ge-   200

---

151 *Gürtler* in: Göhler, § 130 OWiG Rn. 19; *Bohnert* § 130 OWiG Rn. 31; vgl. auch *Többens* NStZ 1999, 1 (5); *Sonnenberg* Aufsichtspflicht, S. 111.
152 So im Ergebnis wohl auch BayObLGSt 1998, 54 (55); vgl. auch *Wilhelm* Aufsichtsmaßnahmen, S. 59, die als eine die Ansichten überspannende Lösung eine Beschränkung der Aufsichtspflicht über Dritte „durch das Kriterium der Direktionsmacht, der Subsidiarität des § 130 OWiG, dem Grundsatz der Eigenverantwortlichkeit und der unternehmerischen Organisationsfreiheit" vorschlägt.
153 Vgl. insofern bereits die Gesetzesbegründung zum Regierungsentwurf des OWiG vom 8.1.1967, BT-Drucks. V/1269, S. 69: „Würde die Vorschrift etwa in dem Sinne eingeengt werden, daß der Täter in „Wahrnehmung der ihm übertragenen Aufgaben" gehandelt haben muß, so wären die Fälle ausgenommen, in denen die Aufsichtspflichtverletzung in einem Organisationsmangel besteht und gerade deshalb nicht festgestellt werden kann, wer der Täter gewesen ist und ob er im Rahmen seines Aufgabenbereichs gehandelt hat. Es wäre kriminalpolitisch unerwünscht und sachlich nicht gerechtfertigt, gerade diese – nicht selten vorkommenden – Fälle auszunehmen." Siehe hierzu auch *Schünemann* Unternehmenskriminalität, S. 115.
154 *Rogall* in: KK-OWiG, § 130 OWiG Rn. 110; *Gürtler* in: Göhler, § 130 OWiG Rn. 20; *Schücking* in: Krieger/Schneider, § 36 Rn. 48; so im Ergebnis auch *Niesler* in: Graf/Jäger/Wittig, § 130 OWiG Rn. 61, der jedoch mit gutem Grund darauf hinweist, dass Feststellungen zum subjektiven Tatbestand kaum möglich sind, wenn der konkrete Täter der Zuwiderhandlung nicht festgestellt werden kann.
155 *Klesczewski* Ordnungswidrigkeitenrecht, § 7 Rn. 567; *Rogall* in: KK-OWiG, § 130 OWiG Rn. 111; *ders.* ZStW 1986, 573 (606).
156 Vgl. dazu allgemein *Roxin* Allgemeiner Teil Band II, § 31 Rn. 37 ff.

kommen wäre.[157] Früh wurde bereits in Anknüpfung an die allgemeine Risikoerhöhungslehre vertreten, allein das Erschweren der Zuwiderhandlung genüge zur Begründung.[158] Diese weite Auffassung konnte sich lange nicht durchsetzen, ehe sie vom Gesetzgeber aufgegriffen wurde.[159] Seit Inkrafttreten des zweiten Gesetzes zur Bekämpfung der Umweltkriminalität[160] genügt auch nach dem Wortlaut der Norm, dass die Zuwiderhandlung durch gehörige Aufsicht „wesentlich erschwert worden wäre". Nach der Gesetzesbegründung sollte die Norm damit „funktionsgerechter und praktikabler" werden.[161] Ob eine Aufsichtsmaßnahme die Zuwiderhandlung mit Sicherheit verhindert hätte, sei regelmäßig schwer festzustellen. Auf der anderen Seite könne auf eine Verknüpfung zwischen Aufsichtspflichtverletzung und Zuwiderhandlung auch nicht verzichtet werden. Daher wurde die Abweichung vom strengen Kausalitätszusammenhang vorgeschlagen und fand letztendlich auch Einzug in den Gesetzeswortlaut. Um klarzustellen, dass dabei nicht jede Aufsichtspflichtverletzung genügt, die für die Zuwiderhandlung in irgendeiner Weise förderlich war, wurde der Begriff „wesentlich" mit aufgenommen. Nach dem Willen des Gesetzgebers ist damit eine erhebliche Erhöhung des Risikos von Zuwiderhandlungen erforderlich.[162]

201 Zwischen Aufsichtspflichtverletzung und Zuwiderhandlung muss des Weiteren ein ausreichender Pflichtwidrigkeitszusammenhang bestehen.[163] In Anknüpfung an die allgemeinen Lehren ist insofern eine Ausrichtung am Schutzzweck der Norm angezeigt.[164] Um die Ausuferung der isolierten Kausalitätsermittlung im Sinne der *conditio sine qua non* – Formel zu begrenzen, ist damit erforderlich, dass sich das durch das pflichtwidrige Verhalten entstandene Risiko gerade im konkreten Taterfolg verwirklicht hat.[165]

---

157 *BGH* LMRR 1976, 2 (2); *BGH* wistra 1982, 34 (34).
158 Vgl. zur Risikoerhöhungslehre *Roxin* Allgemeiner Teil Band II, § 31 Rn. 46 ff.
159 Vgl. zur ablehnenden Ansicht etwa *BGH* wistra 1982, 34 (34 f.).
160 31. Strafrechtsänderungsgesetz – Zweites Gesetz zur Bekämpfung der Umweltkriminalität vom 27.6.1994, BGBl. I S. 1440.
161 Vgl. zum Folgenden Gesetzesbegründung zum Regierungsentwurf des zweiten Gesetzes zur Bekämpfung der Umweltkriminalität (2. UKG) vom 5.3.1991, BT-Drucks. 12/192, S. 33 f.
162 *BayObLG* wistra 2001, 478 (479). Eine schematische Lösung zur Bestimmung des insofern ausreichenden Kausalzusammenhanges ist in diesem Zusammenhang indes nur schwer zu bieten. *Rogall* in: KK-OWiG, § 130 OWiG Rn. 117 verlangt eine substanzielle Reduzierung der Wahrscheinlichkeit der Zuwiderhandlung und sieht diese jedenfalls bei einer Rückführung der Wahrscheinlichkeit um mehr als 25 % als gegeben. Da jedoch die Übersetzung der Risikominimierung in konkrete Prozentzahlen schwer fällt, bleibt es im Ergebnis bei einer Wertungsfrage, vgl. insofern auch *Niesler* in: Graf/Jäger/Wittig, § 130 OWiG Rn. 66; *Gürtler* in: Göhler, § 130 OWiG Rn. 22a.
163 *Rogall* in: KK-OWiG, § 130 OWiG Rn. 118.
164 *Rogall* in: KK-OWiG, § 130 OWiG Rn. 147; *Bock* in: Rotsch, Criminal Compliance, § 8 Rn. 49; *Schücking* in: Krieger/Schneider, § 36 Rn. 52.
165 Vgl. hierzu *Gürtler* in: Göhler, § 130 OWiG Rn. 22b.

d) Subjektiver Tatbestand

Auf Ebene des subjektiven Tatbestandes sind schließlich sowohl die vorsätzliche wie auch eine fahrlässige Begehungsweise erfasst. Auf die konkrete Zuwiderhandlung brauchen sich Vorsatz und Fahrlässigkeit dabei nicht zu beziehen, die Anknüpfungstat ist nach absolut herrschender Meinung vielmehr nur objektive Bedingung der Ahndung.[166] Zur Begründung des Vorsatzes ist damit nicht erforderlich, dass der Pflichtenträger die Begehung eines bestimmten Pflichtverstoßes als Folge seiner unzureichenden Aufsicht vorhersah, wohl aber das Erkennen der Gefahr einer betriebstypischen Zuwiderhandlung.[167] Hat der Täter diese Gefahr unter Verstoß gegen die Sorgfaltspflichten nicht erkannt, kommt eine fahrlässige Tatbestandverwirklichung in Betracht. Den Maßstab bildet insofern die Sorgfalt, die von einem ordentlichen Angehörigen des betroffenen Tätigkeitsbereiches verlangt werden kann. Dabei wird von Unternehmern grundsätzlich verlangt, dass sie sich über ihre notwendigen Pflichten ausreichend informieren. Bloße Unkenntnis genügt jedenfalls nicht, um die Verwirklichung des subjektiven Tatbestandes auszuschließen.[168]

202

Erstreckt sich der Vorsatz des Betriebsinhabers indes auch auf die konkrete Zuwiderhandlung, wird regelmäßig eine Strafbarkeit wegen Unterlassen oder aber wegen Teilnahme in Betracht kommen. Ein Rückgriff auf § 130 OWiG ist aufgrund der Funktion als Auffangtatbestand[169] dann nicht möglich.[170]

203

2. Das Haftungssystem der §§ 9, 30, 130 OWiG

Der Aufsichtspflichtverletzung kommt damit – vor allem vor dem Hintergrund der fortschreitenden Entwicklung im Bereich Compliance – erhebliche Bedeutung zu.[171] Seine große Relevanz im Rahmen des Wirtschafsstrafrechts verdankt die Norm bzw. überhaupt das Ordnungswidrigkeitenrecht in einer Rechtsordnung, der

204

---

166 Vgl. bereits die Gesetzesbegründung zum Regierungsentwurf des OWiG vom 8.1.1967, BT-Drucks. V/1269, S. 70. Zudem BayObLGSt 2003, 107 (109); *Rogall* in: KK-OWiG, § 130 OWiG Rn. 77; *Niesler* in: Graf/Jäger/Wittig, § 130 OWiG Rn. 55; *Gürtler* in: Göhler, § 130 OWiG Rn. 17; *Förster* in: Rebmann/Roth/Herrmann, § 130 OWiG Rn. 5a; *Wittig* Wirtschaftsstrafrecht, § 6 Rn. 144, 146; *Schünemann* Unternehmenskriminalität, S. 69, 118; *Achenbach* NZWiSt 2012, 321 (324); *Schücking* in: Krieger/Schneider, § 36 Rn. 47; *Kindler* Unternehmen, S. 97.
167 *OLG Düsseldorf* WuW 2007, 265 (272); *Wittig* Wirtschaftsstrafrecht, § 6 Rn. 144; *Niesler* in: Graf/Jäger/Wittig, § 130 OWiG Rn. 68; *Gürtler* in: Göhler, § 130 OWiG Rn. 16a.
168 *Többens* NStZ 1999, 1 (4); *Niesler* in: Graf/Jäger/Wittig, § 130 OWiG Rn. 70.
169 Zur Einordnung des § 130 OWiG als Auffangtatbestand siehe sogleich Rn. 214 ff.
170 Vgl. dazu auch *Wittig* Wirtschaftsstrafrecht, § 6 Rn. 144.
171 Siehe zur Bedeutung der Regelung sogleich ausführlich Rn. 221 ff.

die Verbandsstrafbarkeit fremd ist, der Möglichkeit des Rückgriffes auf das Unternehmen selbst.[172]

205 Wie ausgeführt hält das Ordnungswidrigkeitenrecht mit der Regelung des § 30 OWiG die wirksamste Regelung zur Sanktionierung von Verbänden bereit. Allerdings ist der Anwendungsbereich der Norm deutlich eingeschränkt, da grundsätzlich die Anknüpfungstat einer Leitungsperson erforderlich ist. Oftmals erfolgen Pflichtverstöße jedoch auf nachgeordneten Ebenen. Leitungsorgane werden meist nicht beteiligt sein – jedenfalls aber wird ihnen eine Beteiligung wie beschrieben in der Praxis nicht nachweisbar sein. Wenn nunmehr aber lediglich Taten der Führungskräfte taugliche Anknüpfungspunkte für die Verhängung einer Verbandsgeldbuße darstellen, scheint der Anwendungsbereich des § 30 OWiG deutlich überschaubar. Vor diesem Hintergrund zeigt sich die Bedeutung der betrieblichen Aufsichtspflichtverletzung i.S.d. § 130 OWiG. Wurde die Mitarbeitertat durch unzureichende Aufsicht der Leitungsorgane ermöglicht, begehen diese gem. § 130 OWiG eine Aufsichtspflichtverletzung, die sie nach Pflichtenüberleitung gem. § 9 OWiG auch zu verantworten haben. Sodann ist aber eine geeignete Anknüpfungstat i.S.d. § 30 OWiG gegeben und der Weg zur Verhängung einer Verbandsgeldbuße eröffnet. Zusammengefasst führt das Zusammenspiel der §§ 9, 30, 130 OWiG bei jeder betriebsbezogenen Straftat oder Ordnungswidrigkeit durch einen Mitarbeiter zur Möglichkeit der Verhängung einer Verbandsgeldbuße, es sei denn die Aufsichtsmaßnahmen der Leitungspersonen erwiesen sich im konkreten Fall als ausreichend.

206 Durch dieses bemerkenswerte Haftungssystem haben sich die Normen §§ 9, 30, 130 OWiG die eigenständige Bezeichnung als Haftungstroika verdient,[173] § 130 OWiG wird überdies als wichtigste Anknüpfungstat des § 30 OWiG gewertet.[174] Geschuldet ist diese Bedeutung freilich auch der Rechtsfolgenseite. Dem Unternehmen droht dabei nicht nur eine Bußgeld in Höhe von bis zu zehn Millionen Euro gem. § 30 Abs. 1, Abs. 2 S. 2 und 3 OWiG i.V.m. §§ 9, 130 Abs. 1, Abs. 3 S. 1 und 2 OWiG.[175] Darüber hinaus ermöglicht § 30 Abs. 3 OWiG i.V.m. § 17 Abs. 4 OWiG, die aus der Zuwiderhandlung resultierenden Gewinne vollumfäng-

---

172 *Schücking* in: Krieger/Schneider, § 36 Rn. 14, sieht § 30 OWiG in diesem Zusammenhang als „kleines Unternehmensstrafrecht" an.
173 So *Többens* NStZ 1999, 1 (1, 7); *Witting* in: MAH WirtschaftsstrafR, § 25 Rn. 129. Siehe hierzu auch *Schücking* in: Krieger/Schneider, § 36 Rn. 1: „Die Anwendung der Troika der §§ 9, 30, 130 OWiG ist heute zur Routine von Ordnungswidrigkeitenbehörden und Staatsanwaltschaften geworden." Ferner *Niesler* in Graf/Jäger/Wittig, § 30 OWiG, Rn. 5: „Normtrias".
174 Vgl. hierzu bereits oben erste Fn. zu Rn. 124.
175 Bis zum Inkrafttreten der 8. GWB-Novelle war die maximale Bußgelddrohung im Rahmen des § 30 OWiG noch auf eine Million Euro beschränkt, vgl. hierzu bereits oben letzte Fn. zu Rn. 3.

lich abzuschöpfen.[176] Die Höhe des Bußgeldes kann in Anwendung des § 17 Abs. 4 S. 2 OWiG damit zehn Millionen Euro deutlich übersteigen.[177]

Während also aufgrund der Regelung des § 9 OWiG die Leitungspersonen selbst Bußgeldrisiken ausgesetzt sind, ermöglicht die Haftungstroika das Unternehmen als originären Adressat der Aufsichtspflichten zu sanktionieren. Die Möglichkeit der Verhängung einer Geldbuße gegen juristische Personen und Personengesellschaften rundet die Ahndung der Aufsichtspflichtverletzung damit letztendlich nicht nur ab, sie ist vielmehr Grundlage für deren praktische Relevanz – gerade auch im Kontext der aktuellen Compliance-Diskussion.[178] Bevor hierzu im Rahmen der grundlegenden Darstellung der Aufsichtspflichtverletzung auf Ebene des Einzelunternehmens abschließende Gedanken folgen, ist zunächst noch auf für die weitere Beurteilung

207

---

176 Im Strafrecht wird die Abschöpfung der wirtschaftlichen Vorteile einer Tat durch den Verfall gem. § 73 StGB ermöglicht. Dieser ist weder Strafe noch weist er einen strafähnlichen Charakter auf, vgl. *BVerfG* NJW 2004, 2073 (2074); BGHSt 47, 369 (373). Der strafrechtliche Verfall tritt vielmehr als Maßnahme eigener Art neben die Strafe, vgl. *BVerfG* NJW 2004, 2073 (2074). Im Ordnungswidrigkeitenrecht kann die Abschöpfungsfunktion hingegen dem Bußgeld selbst zukommen, vgl. *Wittig* Wirtschaftsstrafrecht, § 9 Rn. 5; *Hellmann* in: Hellmann/Beckemper, Wirtschaftsstrafrecht, Rn. 1000. Die Geldbuße stellt insofern eine Kombination aus eigentlichem Bußgeldanteil und Gewinnabschöpfung dar, so *Mitsch* in: KK-OWiG, § 17 OWiG Rn. 10; *Wittig* Wirtschaftsstrafrecht § 9 Rn. 6. Nur wenn gar keine Geldbuße festgesetzt wird und die wirtschaftlichen Vorteile somit isoliert abgeschöpft werden sollen, kann auf die ordnungswidrigkeitsrechtliche Verfallsvorschrift des § 29a OWiG zurückgegriffen werden, die der Verfallsvorschrift des § 73 StGB entspricht, vgl. *Wittig* Wirtschaftsstrafrecht, § 9 Rn. 7; *Hellmann* in: Hellmann/Beckemper, Wirtschaftsstrafrecht, Rn. 1001. Im Falle der Unternehmensgeldbuße stellt § 30 Abs. 5 OWiG klar, dass eine ergänzende Anwendung der Verfallsvorschriften ausscheidet. Damit erweist sich der Anwendungsbereich des § 29a OWiG als relativ eng, vgl. *Dessecker* in: Momsen/Grützner, 1. Kapitel E Rn. 40.
177 So verhängte etwa das LG München I im Dezember 2011 eine Geldbuße in Höhe von 139,7 Millionen Euro gegen die Ferrostaal AG als Nebenbeteiligte eines Strafverfahrens in Anwendung des § 30 OWiG, nachdem in dem Verfahren zwei eigentlich angeklagte, ehemalige Mitarbeiter des Unternehmens wegen Bestechungsdelikten verurteilt wurden. Das Bußgeld setzte sich dabei aus einem Ahndungsteil in Höhe von 500.000 Euro sowie einem Gewinnabschöpfungsteil in Höhe von 139,2 Millionen Euro zusammen, vgl. die Pressemitteilung des OLG München vom 20.12.2011, abrufbar im Internet unter http://m.jusline.de/show_pm.php?feed=130590. Zu berücksichtigen ist dabei, dass nach der zu diesem Zeitpunkt geltenden Rechtslage der Ahndungsteil im Rahmen des § 30 OWiG a.F. noch auf eine Höchstgrenze von einer Million Euro begrenzt war. Vgl. zu den Bußgeldern gegen die Siemens AG sowie gegen die MAN Nutzfahrzeuge AG sowie die MAN Turbo AG unten Rn. 229 ff.
178 In diesem Zusammenhang sei erwähnt, dass nicht allein die Geschäftsleitungspersonen gem. § 9 OWiG in die Pflichtenstellung des Unternehmens aus § 130 OWiG rücken. Als Beauftragter i.S.d. § 9 OWiG soll vielmehr auch der Compliance-Officer tauglicher Adressat des Bußgeldbescheides sein, vgl. nur *Hauschka*, CCZ 2014, 165 (168); sowie bereits oben vorletzte Fn. zu Rn. 187.

erforderliche Fragen zur Rechtsnatur sowie zum Regelungszweck der Norm einzugehen.

II. Rechtsnatur

208 Die exakte Bestimmung der Rechtsnatur des § 130 OWiG bereitet bis heute Probleme. Die anhaltende Diskussion im Schrifttum bezieht sich dabei im Wesentlichen auf die Einordnung der Regelung als abstraktes oder aber als konkretes Gefährdungsdelikt. Dabei handelt es sich keinesfalls um eine Streitfrage mit bloß theoretisch-dogmatischer Reichweite.[179] Die Unterscheidung entfaltet vielmehr auch – zum Teil ganz erhebliche – praktische Relevanz, etwa bei der Handlungsortbestimmung.[180]

209 Ersichtlich unbestritten ist die Einordnung des Tatbestandes der Aufsichtspflichtverletzung als echtes Unterlassungsdelikt.[181] Nach dem Willen des Gesetzgebers soll dabei allein das Unterlassen der erforderlichen Aufsichtsmaßnahmen Inhalt des Tatbestandes sein.[182] Das Vorliegen der Zuwiderhandlung soll hingegen lediglich eine objektive Bedingung der Ahndung darstellen.[183] Vieles spricht damit für die Annahme eines abstrakten Gefährdungsdeliktes, das – um die sanktionsrechtliche Haftung nicht ausufern zu lassen – um eine objektive Ahndungsbedingung ergänzt wurde. Für eine entsprechende Auslegung spricht auch der Wortlaut der Norm, der jedenfalls nicht ausdrücklich nach dem Vorliegen darüber hinausgehender Tatbestandsmerkmale verlangt.[184] Ergebnis einer entsprechenden Auslegung wäre auf Ebene des Tatbestandes die Unabhängigkeit der Aufsichtspflichtverletzung von einer konkreten Zuwiderhandlung. Deren Vorliegen wäre vielmehr nach Ermittlung der Tatbestandsverwirklichung maßgeblich, um die Ahndung nach § 130 Abs. 1 OWiG zu ermöglichen. Eine derartige Loslösung der Aufsichtspflichten von der Zuwiderhandlung stößt jedoch auf erhebliche Bedenken. Eine Ahndung wäre bereits möglich, wenn sich die Schuld bzw. Verantwortlichkeit allein auf die mangelnde Aufsicht erstrecken würde, die Zuwiderhandlung bliebe außen vor. Objektive Bedingungen der Strafbarkeit bzw. Ahndung stoßen damit ganz grundsätzlich

---

179 In diese Richtung wohl aber *Niesler* in: Graf/Jäger/Wittig, § 130 OWiG Rn. 6; sowie *Bock* in: Rotsch, Criminal Compliance, § 8 Rn. 5, der eine Entscheidung dieser Frage „mangels praktischer Konsequenzen" dahinstehen lässt.
180 Siehe zu den sich daraus ergebenden praktischen Konsequenzen unten Rn. 454 ff. Wie hier *Buchholz* Zuwiderhandlung, S. 16, der zudem die Bedeutung der Differenzierung für die Beurteilung von Versuch und Rücktritt im Rahmen des § 130 OWiG anführt.
181 Vgl. hierzu oben erste Fn. zu Rn. 189.
182 Vgl. die Gesetzesbegründung zum Regierungsentwurf des OWiG vom 8.1.1967, BT-Drucks. V/1269, S. 70.
183 Gesetzesbegründung zum Regierungsentwurf des OWiG vom 8.1.1967, BT-Drucks. V/1269, S. 70; zudem bereits oben erste Fn. zu Rn. 202.
184 Vgl. auch *Buchholz* Zuwiderhandlung, S. 17.

vor dem Hintergrund des Schuldprinzips auf verfassungsrechtliche Bedenken.[185] Diesen kann indes begegnet werden, wenn sie als lediglich strafbegrenzendes Element wirken und verstanden werden.[186] Dies ist hier jedoch schon deshalb kaum vertretbar, da die Zuwiderhandlung gem. § 130 Abs. 3 S. 3 OWiG erheblichen Einfluss auf die Bußgeldhöhe entfaltet. Die Bemessung der Geldbuße darf in Anlehnung an das strafrechtliche Schuldprinzip aber auch im Ordnungswidrigkeitenrecht nicht losgelöst von der Vorwerfbarkeit erfolgen.[187] Eine isolierte und von der Zuwiderhandlung losgelöste Beurteilung der betrieblichen Aufsichtspflicht kann eine Verletzung des verfassungsrechtlichen Schuldprinzips damit nur schwer vermeiden. Darüber hinaus stößt auch die Bestimmung des erforderlichen Ausmaßes der Aufsichtspflichten auf erhebliche Schwierigkeiten, wenn sie losgelöst von der Zuwiderhandlung erfolgt. Von der Aufsichtspflicht verbleibt dann nur ein weitestgehend konturenloses Pflichtenprogramm, verfassungsrechtliche Bedenken vor dem Hintergrund des Bestimmtheitsgrundsatzes sind die Konsequenz.[188]

Vorgeschlagen wird daher, § 130 Abs. 1 OWiG als konkretes Gefährdungsdelikt **210** und dabei das Herbeiführen einer konkreten Zuwiderhandlungsgefahr als Tatbestandsmerkmal anzusehen.[189] Entgegengehalten wird dem, § 130 Abs. 1 OWiG komme dann nur mehr die Eigenschaft einer bloßen Zurechnungs- und Teilnahmeregelung bezüglich des Verhältnisses des Betriebsinhabers zum Zuwiderhandelnden zu.[190] Eine derartige Beschränkung sei aber nicht Intention des Gesetzgebers, dieser wollte mit der Normierung des § 130 OWiG vielmehr einen eigenen, selbstständigen Unrechtsgehalt sanktionieren. Der Aufsichtspflichtverletzung soll demnach ein eigener Unrechtswert zukommen, der über die bloße Zurechnung des Unwertes der Zuwiderhandlung hinausgeht.[191] Anders könne auch nicht legitimiert werden, dass

---

185 Vgl. hierzu *Rönnau* JuS 2011, 697 (697 f.); *Paeffgen* in: NK-StGB, Vorbemerkungen zu den §§ 32 ff. StGB Rn. 305; *Geisler* Objektive Bedingungen, S. 199 f.; *Satzger* Internationales und Europäisches Strafrecht, § 5 Rn. 31.
186 *Eisele* in: Schönke/Schröder, Vorbemerkungen zu den §§ 13 ff. StGB Rn. 125; *Bosch* in: MK-StGB, § 113 StGB Rn. 27; *Wessels/Beulke/Satzger* Strafrecht AT, Rn. 149; *Geisler* Objektive Bedingungen, S. 231: „unrechtsneutrale objektive Strafbarkeitsbedingungen"; kritisch indes *Rönnau* JuS 2011, 697 (698).
187 Vgl. *Mitsch* in: KK-OWiG, Einleitung Rn. 123.
188 Vgl. hierzu *Rogall* in: KK-OWiG, § 130 OWiG Rn. 18.
189 So insbesondere *Rogall* in: KK-OWiG, § 130 OWiG Rn. 19. Für die Annahme eines konkreten Gefährdungsdeliktes plädieren im Ergebnis auch *Gürtler* in: Göhler, § 130 OWiG Rn. 9; *Achenbach* in: Achenbach/Ransiek, 1. Teil, 3. Kapitel Rn. 54; *Bock* Criminal Compliance, S. 366; *Theile* in: Rotsch, Criminal Compliance, § 38 Rn. 3; *Klesczewski* Ordnungswidrigkeitenrecht, Rn. 561; *Kraatz* Wirtschaftsstrafrecht, Rn. 73; *Sonnenberg* Aufsichtspflicht, S. 24 ff.; *Wilhelm* Aufsichtsmaßnahmen, S. 50 ff.; *Buchholz* Zuwiderhandlung, S. 22; *Hüneröder* Aufsichtspflichtverletzung, S. 113; *Maschke* Aufsichtspflichtverletzungen, S. 31 ff.; *Pietrek* Verantwortlichkeit des Betriebsinhabers, S. 138; wohl auch *Schücking* in: Krieger/Schneider, § 36 Rn. 23; ausdrücklich offengelassen durch BGHZ 125, 366 (373).
190 So insbesondere *Bosch* Organisationsverschulden, S. 321 ff.
191 *Beck* in: BeckOK, § 130 OWiG Rn. 17.

im Rahmen der Aufsichtspflichtverletzung Fahrlässigkeit des Normadressaten genügt, während die Zuwiderhandlung selbst meist Vorsatz verlangt.[192] Der Betriebsinhaber sei damit schlechter gestellt verglichen mit dem Fall, in dem er nicht durch Delegation, sondern selbstständig handelt. Die Annahme eines konkreten Gefährdungsdeliktes sei damit nicht zu befürworten. Darüber hinaus soll gerade bei größeren Betrieben die Unüberschaubarkeit der Risiken Grund der Regelung sein. Der Betriebsinhaber sei dabei häufig gar nicht in der Lage, sämtliche Gefahren konkret vorherzusehen.[193] Damit bliebe der Anwendungsbereich des § 130 OWiG für eine erhebliche Anzahl an Sachverhalten verschlossen, was ersichtlich nicht im Interesse des Gesetzgebers liegen könne.[194] Schließlich würde die Zuwiderhandlung durch eine entsprechende Bezugnahme in den – vor allem auch subjektiven – Tatbestand überführt werden, was vom Gesetzgeber durch die Ausgestaltung der Zuwiderhandlung als objektive Bedingung der Ahndung ersichtlich unerwünscht gewesen sei.[195] Eine beachtliche – wenn nicht gar zumindest lange Zeit überwiegende[196] – Anzahl an Autoren erblickt in § 130 OWiG trotz der aufgezeigten Bedenken damit ein abstraktes Gefährdungsdelikt.[197] Nicht erklärt wird damit freilich die Koppelung des Bußgeldrahmens an die Zuwiderhandlung. Der Konturenlosigkeit der Aufsichtspflichtverletzung soll hingegen durch eine eingeschränkte Auslegung begegnet werden. Durch die Beschränkung auf zur Vermeidung von betriebsspezifischen Gefahren erforderlichen und zumutbaren Aufsichtsmaßnahmen sei eine ausreichende Konturierung möglich.[198] Die Ebene der abstrakten Gefährdungsdelikte sei damit noch nicht verlassen.[199]

211 Tatsächlich verschwimmen hier jedoch die Grenzen zur konkreten Gefährdung. Denn wenn zur Vermeidung einer von möglichen Zuwiderhandlungen gänzlich losgelösten Beurteilung der Aufsichtspflichten auf Maßnahmen zur Vermeidung betriebsspezifischer Gefahren zurückgegriffen wird, ist der Weg zur Begründung eines konkreten Gefährdungsdeliktes bereits eröffnet. Kein Lösungsansatz liegt jedenfalls in der Einbeziehung der Zuwiderhandlung in den Tatbestand. Die Regelung wäre dann neben den Täter- und Teilnahmevorschriften bedeutungslos.[200] Ein eigenständiger Anwendungsbereich würde alleine für den Fall verbleiben, in dem der Betriebsinhaber einfach fahrlässig handelt, und eine Verantwortlichkeit wegen Täterschaft oder Teilnahme an der Zuwiderhandlung wegen des Erfordernisses vorsätzlichen Handelns ausscheidet. In einer derartigen Haftungserweiterung kann der

---
192 *Bosch* Organisationsverschulden, S. 324.
193 *Beck* in: BeckOK, § 130 OWiG Rn. 17.
194 *Beck* in: BeckOK, § 130 OWiG Rn. 17.
195 *Fruck* Aufsichtspflichtverletzung, S. 21.
196 So jedenfalls BGHZ 125, 366 (373).
197 Vgl. *Bohnert* § 130 OWiG Rn. 2; *Adam* wistra 2003, 285 (289); *Fruck* Aufsichtspflichtverletzung, S. 20 f.
198 Ausführlich *Adam* wistra 2003, 285 (289 ff.).
199 Vgl. hierzu *Rogall* in: KK-OWiG, § 130 OWiG Rn. 17.
200 Vgl. *Rogall* in: KK-OWiG, § 130 OWiG Rn. 18.

Normzweck des § 130 OWiG alleine sicherlich nicht liegen. Dies würde letztendlich auch dem ersichtlichen Willen des Gesetzgebers widersprechen.

Die Zuwiderhandlung könnte jedoch dann bloße objektive Bedingung der Ahndung bleiben, wenn nicht ihr Eintritt Element des Tatbestandes wäre, sondern vielmehr das Herbeiführen einer konkreten Gefahr von betriebstypischen Zuwiderhandlungen. Sofern einer solchen Bestimmung der Norm als konkretes Gefährdungsdelikt das Verkommen zu einer bloßen Zurechnungsnorm vorgeworfen wird, überzeugt dies im Ergebnis nicht. Denn das Erfordernis einer konkreten Gefährdung verlangt gerade nicht auch deren Bezug auf die tatsächlich erfolgte Zuwiderhandlung. Es ginge zu weit, würde man bei Annahme eines konkreten Gefährdungsdeliktes verlangen, der Betriebsinhaber habe die Gefahr der konkreten Zuwiderhandlung bewusst herbeigeführt.[201] Ausreichend, aber eben auch erforderlich ist vielmehr das Hervorrufen der Gefahr der Begehung von Zuwiderhandlungen entsprechenden Typus.[202] In einem Großunternehmen könnte der Tatbestand damit etwa bereits dann erfüllt sein, wenn der Betriebsinhaber fahrlässig die Gefahr der Begehung von Preisabsprachen herbeiführt. Gerechtfertigt ist dann auch die Verknüpfung der Bußgeldhöhe mit dem Sanktionsrahmen der entsprechenden, wettbewerbsrechtlichen Regelungen. Der Bezug zu einer konkreten Preisabsprache durch einen konkreten Mitarbeiter an einem konkreten Unternehmensstandort ist freilich nicht erforderlich. Damit reduziert sich der Anwendungsbereich des § 130 OWiG aber auch nicht auf eine reine Zurechnungs- und Teilnahmeregelung, der jeder eigene Unrechtsgehalt fehlt. Die in der Folge tatsächlich erfolgte Preisabsprache verbleibt vielmehr objektive Bedingung der Ahndung und damit außerhalb des Tatbestandes. 212

Die Annahme eines konkreten Gefährdungsdeliktes vermag den Herausforderungen hinsichtlich der Rechtsnatur des § 130 OWiG damit letztendlich am besten entgegenzutreten, eine zunehmende Anzahl an Autoren folgt somit zu Recht dieser Auffassung.[203] 213

III. Regelungszweck

Den betrieblichen Aufsichtspflichten wird durch die Regelungssystematik des Ordnungswidrigkeitengesetzes – und damit insbesondere mit Blick auf die Haftungstroika der §§ 9, 30, 130 OWiG[204] – spürbare Beachtung geschenkt. Dies ist letztendlich Resultat der kriminalpolitischen Bedeutung, die der Gesetzgeber bereits attestierte, weit bevor Begriffe wie Compliance begannen, die Unternehmens- und Wirt- 214

---

201 Vgl. auch *Maschke* Aufsichtspflichtverletzungen, S. 33.
202 So *Rogall* in: KK-OWiG, § 130 OWiG Rn. 19; *Wilhelm* Aufsichtsmaßnahmen, S. 52; *Maschke* Aufsichtspflichtverletzungen, S. 33; im Ergebnis auch *Achenbach* in: Achenbach/Ransiek, 1. Teil, 3. Kapitel Rn. 54.
203 Siehe hierzu die Nachweise oben in erste Fn. zu Rn. 210.
204 Vgl. hierzu oben Rn. 204 ff.

schaftsstrafverfolgungswirklichkeit zu bestimmen.²⁰⁵ Einzug in das Ordnungswidrigkeitengesetz fand die Regelung der Aufsichtspflichtverletzung in Betrieben und Unternehmen im Rahmen der Neufassung des Gesetzes im Jahre 1968, seiner Zeit noch als § 33 OWiG.²⁰⁶ Die Absicht des Gesetzgebers lag in der einheitlichen und abschließenden Regelung der betrieblichen Aufsichtspflichten, nachdem zuvor zahlreiche Bundes- und Landesgesetze unterschiedlicher Sachbereiche entsprechende Sanktionsdrohungen enthielten.²⁰⁷

215 Der Schutzzweck der Norm zielt auf die Stärkung des Rechtsgüterschutzes derjenigen ab, zu dessen Gunsten auch die Regelungen bestehen, die durch die betriebsbezogene Zuwiderhandlung verletzt wurden.²⁰⁸ Dies ergibt sich bereits aus der Koppelung des Bußgeldrahmens des § 130 Abs. 3 S. 3 OWiG mit dem Bußgeldrahmen der Anknüpfungstat.²⁰⁹ Das zu schützende Rechtsgut deckt sich damit mit den Rechtsgütern, die durch die die Zuwiderhandlung ahndenden Regelungen geschützt werden.²¹⁰

216 Wesentliches Anliegen der Regelung ist dabei, den spezifischen Risiken entgegenzuwirken, die sich aus der Beschäftigung von Arbeitnehmern ergeben. Denn den Inhaber von Betrieben und Unternehmen treffen zahlreiche Pflichten. Für ihn ist es allerdings unvermeidbar, zur Wahrnehmung der unterschiedlichen Aufgaben Mitarbeiter einzusetzen,²¹¹ die wiederum vom Pflichtkreis zahlreicher Regelungen überhaupt nicht erfasst sind.

---

205 Vgl. die Gesetzesbegründung zum Regierungsentwurf des OWiG vom 8.1.1967, BT-Drucks. V/1269, S. 67.
206 Gesetz über Ordnungswidrigkeiten (OWiG) vom 24.5.1968, BGBl. I S. 481. Vgl. zu den Vorgängerregelungen *Rogall* in: KK-OWiG, § 130 OWiG Rn. 7; *Sonnenberg* Aufsichtspflicht, S. 9 ff.
207 Vgl. die Gesetzesbegründung zum Regierungsentwurf des OWiG vom 8.1.1967, BT-Drucks. V/1269, S. 67.
208 Vgl. nur *Mosbacher* in: Lemke/Mosbacher, § 130 OWiG Rn. 3; *Förster* in: Rebmann/Roth/Herrmann, § 130 OWiG Rn. 2; *Petermann* in: Eisele/Koch/Theile, S. 99 (103); *Sonnenberg* Aufsichtspflicht, S. 22 f.; *Hüneröder* Aufsichtspflichtverletzung, S. 63; *Wilhelm* Aufsichtsmaßnahmen, S. 87. So im Ergebnis wohl auch BGHZ 125, 366 (373), der allerdings missverständlich voranstellt, dass das Schutzgut „in erster Linie das Interesse der Allgemeinheit an der Schaffung und Aufrechterhaltung einer innerbetrieblichen Organisationsform" sei. Vgl. dazu auch *Rogall* in: KK-OWiG, § 130 OWiG Rn. 15, der insofern darauf hinweist, dass die Aufrechterhaltung der betrieblichen Ordnung „kein Selbstzweck" sei, „sondern überhaupt nur insoweit von Interesse, als damit anderen Zwecken, nämlich der Vermeidung von betriebsbezogenen Zuwiderhandlungen entgegengewirkt werden kann." A.A. hingegen *Bosch* Organisationsverschulden, S. 321 ff.
209 *Rogall* in: KK-OWiG, § 130 OWiG Rn. 15.
210 *Rogall* in: KK-OWiG, § 130 OWiG Rn. 16; *Gürtler* in: Göhler, § 130 OWiG Rn. 3a; *Petermann* in: Eisele/Koch/Theile, S. 99 (103); *Will* Aufsichtspflichten, S. 25. So auch *Niesler* in: Graf/Jäger/Wittig, § 130 OWiG Rn. 5, der dabei von der Vorverlagerung des Rechtsgüterschutzes spricht. So auch *Sonnenberg* Aufsichtspflicht, S. 22 f.
211 *Krause* in: Krieger/Schneider, § 35 Rn. 6; *Kindler* Unternehmen, S. 94.

Die Regelung des § 130 OWiG 4

„*Es entsteht so die rechtlich eigenartige Situation, daß der Inhaber des Betriebes, der eigentliche Verpflichtete, vielfach gar nicht handelt, während der Handelnde nicht oder jedenfalls nicht in erster Linie verpflichtet ist und deshalb der Verantwortung ferner steht. Rechte und Pflichten wären nicht im angemessenen Maße gegeneinander abgewogen, wenn man dem Inhaber des Betriebes zwar die Vorteile gesteigerter Betätigungsmöglichkeiten einräumen wollte, die der Betrieb mit sich bringt, wenn er aber schon deswegen aus seiner Verantwortung entlassen wäre, weil er nicht selbst handelt, sondern andere für sich handeln läßt. Die gesteigerte Betätigungsmöglichkeit, die der Betrieb mit sich bringt, und die typische Lage, daß andere Personen den Wirkungskreis des Inhabers ausfüllen, müssen für ihn eine Art Garantenstellung begründen, die sich allerdings in einer gehörigen Aufsichtspflicht erschöpfen kann.*"[212] 217

Letztendlich verfolgt die Norm damit das Ziel, insbesondere im Bereich der Sonderdelikte unerwünschte Strafbarkeitslücken zu schließen.[213] Das allgemeine Strafrecht ist grundsätzlich auf Fallgestaltungen zugeschnitten, bei denen Entscheidung und Ausführung in einer Person liegen.[214] Durch Delegation der Aufgaben an von zahlreichen Normen nicht angesprochene Mitarbeiter könnte der Betriebsinhaber Haftungsrisiken für sich und seine Mitarbeiter ausschließen.[215] Die gegen den Betriebsinhaber bestehenden Sanktionsdrohungen würden ins Leere laufen. 218

Auf diese Feststellung wird sich nicht selten beschränkt, wenn eine Darstellung des Regelungszwecks des § 130 OWiG erfolgt. In der Vermeidung von Sanktionslücken erschöpft sich der Gesetzeszweck indes nicht vollständig. Dies belegt bereits die Einbeziehung von Allgemeindelikten, die auch eine Sanktionierung bzw. Bestrafung des tatsächlichen Begehungstäters zur Folge haben können.[216] Den Betriebsinhaber trifft insofern eine Verantwortlichkeit, die parallel zu der des Mitarbeiters besteht. Begegnet wird damit dem ansonsten bestehenden Ungleichgewicht aus wirtschaftlichen Möglichkeiten und Risiken.[217] Wer durch den Einsatz zahlreicher Mitarbeiter aufgrund der Skaleneffekte deutlich erhöhte Produktivitätschancen genießt, muss auch die erforderlichen Maßnahmen treffen, um die Risiken einzudämmen, die von seinem Unternehmen ausgehen. Es wäre schlichtweg unbillig, dem Betriebsinhaber zuzugestehen, sich durch Delegation seiner geschäftlichen Tätigkeiten vollumfassend seinen Haftungsrisiken zu entziehen, zugleich aber die Früchte des Unternehmens zu ernten.[218] Der Gesetzeszweck liegt damit neben der Vermeidung von Sanktionslücken in der Wahrung des Gleichgewichtes zwischen 219

---

212 Gesetzesbegründung zum Regierungsentwurf des OWiG vom 8.1.1967, BT-Drucks. V/1269, S. 69.
213 *Rogall* in: KK-OWiG, § 130 OWiG Rn. 4; *Kraatz* Wirtschaftsstrafrecht, Rn. 72.
214 *Schünemann* Unternehmenskriminalität, S. 5.
215 *Kindler* Unternehmen, S. 95.
216 Zur Einbeziehung von Allgemeindelikten vgl. bereits oben Rn. 195 ff.
217 So im Ergebnis auch *Bunting* ZIP 2012, 1542 (1546).
218 Vgl. hierzu auch die Gesetzesbegründung zum Regierungsentwurf des OWiG vom 8.1.1967, BT-Drucks. V/1269, S. 69. Vgl. auch *Niesler* in: Graf/Jäger/Wittig, § 130 OWiG Rn. 25.

wirtschaftlichen Ertragschancen und der Verantwortlichkeit für die unternehmensbezogenen Handlungsweisen.

220 Voraussetzung für die Anwendung der Norm ist damit, dass der Betriebsinhaber überhaupt Aufgaben delegiert.[219] Verstößt der Betriebsinhaber selbst gegen ihn bestehende Pflichten, so ist er direkt den Sanktionen der betroffenen Regelungen ausgesetzt. Ein Rückgriff auf § 130 Abs. 1 OWiG ist dann nicht nur entbehrlich, sondern verbietet sich mangels Delegation auch.[220] Darüber hinaus scheidet die Anwendung der Norm im Wege der Subsidiarität auch dann aus, wenn der Betriebsinhaber neben oder gemeinschaftlich mit dem Mitarbeiter den Pflichtverstoß begeht.[221] Ausreichend ist insofern, wenn den Betriebsinhaber neben seinem Mitarbeiter der Vorwurf des strafbaren oder ordnungswidrigkeitsrechtlich relevanten Unterlassens trifft.[222] Ebenso ausgeschlossen ist die Anwendung des § 130 Abs. 1 OWiG, wenn sich der Betriebsinhaber im Wege der Anstiftung oder Beihilfe wegen der Beteiligung an einer betriebsbezogenen Tat seines Mitarbeiters verantworten muss.[223] § 130 OWiG ist damit im Ergebnis Auffangtatbestand, der nur dann zur Anwendung kommt, wenn dem Betriebsinhaber bzw. seinem gesetzlichen Vertreter oder Beauftragten i.S.d. § 9 OWiG kein Vorwurf wegen eigener Begehung der Zuwiderhandlung oder Beteiligung an dieser gemacht werden kann.[224] Vor allem bei größeren Unternehmen werden die gesetzlichen Vertreter jedoch oftmals tatsächlich keine Kenntnis von Zuwiderhandlungen der Mitarbeiter haben und eine originäre Verantwortung der Leitungsorgane an der konkreten Tat daher ausscheiden. Mit den darüber hinaus – vor allem bei Unterlassungstaten im Rahmen des subjektiven Tatbestandes – bestehenden Beweisschwierigkeiten verbleibt damit ein erheblicher Anwendungsbereich für die Regelung des § 130 OWiG.[225] Der Charakter als Auffangtatbestand darf damit nicht über die Relevanz der Regelung hinwegtäuschen.[226]

IV. Relevanz der Regelung heute

221 Statistische Werte über die Häufigkeit und Höhe verhängter Bußgelder nach § 130 OWiG sind – insbesondere mangels zentraler Erfassung – kaum verfügbar.

---

219 Vgl. nur *OLG Hamm* NStZ 1992, 499 (499); *Niesler* in: Graf/Jäger/Wittig, § 130 OWiG Rn. 25; *Rogall* in: KK-OWiG, § 130 OWiG Rn. 5.
220 Vgl. nur *Kindler* Unternehmen, S. 95.
221 *Niesler* in: Graf/Jäger/Wittig, § 130 OWiG Rn. 13.
222 *Rogall* in: KK-OWiG, § 130 OWiG Rn. 124.
223 *Rogall* in: KK-OWiG, § 130 OWiG Rn. 124.
224 *Gürtler* in: Göhler, § 130 OWiG Rn. 25; *Schücking* in: Krieger/Schneider, § 36 Rn. 11; *Kindler* Unternehmen, S. 95.
225 *Hellmann* in: Hellmann/Beckemper, Wirtschaftsstrafrecht, Rn. 954.
226 Vgl. auch *Schünemann* Unternehmenskriminalität, S. 111: „Die nicht zu leugnende Beliebtheit dieses Tatbestandes zeigt auch, daß die Gerichte lieber diese explizite Vorschrift anwenden, als sich auf das Glatteis des unechten Unterlassungsdelikts zu wagen."

Erst recht gilt dies für die Anzahl der aufgenommenen Bußgeldverfahren infolge möglicher Aufsichtspflichtverstöße. Die vereinzelt ersichtlichen empirischen Erhebungen weisen auf eine geringe Zahl von Verfahren hin, die mit Verhängung einer entsprechenden Geldbuße abgeschlossen wurden.[227]

Dennoch kommt der Regelung des § 130 OWiG heute praktisch eine unübersehbare Bedeutung zu. Fundament dieser erheblichen Relevanz ist die Entwicklung im Bereich der bereits erwähnten Compliance.[228] Während dieser Begriff zur Jahrtausendwende in vielen Unternehmen noch ein Fremdwort war, ist Compliance heute aus der Wirtschaftslandschaft kaum mehr wegzudenken.[229] Laut einer Studie der Wirtschaftsprüfungsgesellschaft *PricewaterhouseCoopers* verfügen heute 74 % der deutschen Großunternehmen über ein Compliance-Programm.[230] Allein die Compliance-Abteilung der *Siemens AG* beschäftigt rund 600 Mitarbeiter.[231] Juristische Aus- und Fortbildungsdienstleister bieten Compliance-Seminare an, Universitäten Lehrgänge und Zertifikate für Compliance-Officer. Beinahe jeden Monat finden sich zahlreiche Unternehmensjuristen und externe Berater zu deutschlandweit stattfindenden Compliance-Konferenzen und -Symposien ein. In den letzten Jahren haben sich verschiedene Compliance-Verbände etabliert, allein die vier größten vereinen zusammen über 900 Mitglieder.[232] Veröffentlichungen zum Thema sind kaum

222

---

227 Vgl. hierzu die Studie von *Geismar* Aufsichtspflichtverletzung, S. 124 f., die 97 Vertreter von Schwerpunktstaatsanwaltschaften nach der praktischen Bedeutung des § 130 OWiG befragte. Danach liegt der Prozentsatz der durch die Befragten bearbeiteten Fälle von Wirtschaftskriminalität, bei denen die Regelung des § 130 OWiG angewandt wird, bei maximal 5 bis 8 Prozent. Zugleich vertraten jedoch rund 80 % der Befragten die Ansicht, die heute verfügbaren Sanktionen des Ordnungswidrigkeitenrechts würden zu selten angewandt, um in der forensischen Praxis Wirkung entfalten zu können.
228 Vgl. zum Begriff bereits oben Rn. 91 ff. Freilich wäre es aber auch zu kurz gegriffen, die Bedeutung des § 130 OWiG alleine an den Aufstieg der Compliance-Diskussion zu koppeln. Gerade im Kartellrecht wurde der Norm erhebliche Bedeutung beigemessen, weit bevor hier zu Lande die ersten Chief Compliance Officer ernannt wurden, vgl. insofern *Maschke* Aufsichtspflichtverletzungen, S. 27 ff.
229 Vgl. zur Entwicklung in den letzten Jahren nur *Rotsch* in: Rotsch, Criminal Compliance, § 1 Rn. 17 ff.; *ders.* in: Momsen/Grützner, 1. Kapitel B Rn. 77.
230 Vgl. insofern *Bussmann/Nestler/Salvenmoser* Wirtschaftskriminalität und Unternehmenskultur 2013, S. 26. Befragt wurden im Rahmen der Erhebung 603 Unternehmen mit jeweils mindestens 500 Beschäftigten. Während durchschnittlich 74 % aller befragten Unternehmen angaben, über Compliance-Programme zu verfügen, waren es in den Vorjahren noch 52 % (2011), 44 % (2009) bzw. 41 % (2007).
231 *Moosmayer* Compliance, S. 110; ferner insgesamt zum Compliance-System der Siemens AG S. 107 ff.
232 Vgl. die Angaben aus JUVE Rechtsmarkt, Ausgabe Dezember 2013, „Jede Menge Köche", S. 50 ff.: Das 2007 gegründete Netzwerk Compliance umfasst über 520 Mitglieder, das 2012 gegründete DICO (Deutsches Institut für Compliance) über 100 Mitglieder aus den Bereichen Unternehmen, Beratung und Wissenschaft. 2013 gründete sich der BCM (Berufsverband der Compliance Manager), der sich ausschließlich an Unternehmensjuristen richtet und dabei ca. 280 Mitglieder zählt. Der schwerpunktmäßig on-

mehr zählbar, eigene Zeitschriftenreihen sind entstanden.[233] Compliance-Richtlinien sind heute in Unternehmen eine ebenso verbreitete Normalität wie Compliance-Schulungen.[234] Zur Wahrnehmung der Compliance-Pflichten werden ferner Hinweisgebersysteme unterhalten.[235] Sie ermöglichen zum Teil unter erheblichem technischen Einsatz auch anonyme Meldungen über gesicherte Onlinekommunikationsplattformen.[236] Neben internen Anlaufstellen bieten Unternehmen der Mitarbeiterschaft in Ergänzung externe Ombudsleute, um sich im Falle von erkannten Pflichtverstößen oder wenigstens Verdachtsmomenten an eine vertrauensvolle externe Stelle wenden zu können.[237] Auf Seiten des Beratermarktes sind in wenigen Jahren gesamte Dienstleistungsbereiche entstanden und massiv ausgebaut worden. Juristische Fachverlage ernennen jedes Jahr „Kanzleien des Jahres für Compliance". Internationale Wirtschaftskanzleien ergänzten ihr Portfolio und werben heute mit der Konzeptionierung und Implementierung umfassender Compliance-Programme so-

---

line tätige BDCO (Bundesverband Deutscher Compliance Officer) verfügt über 40 Mitglieder, daneben aber auch über eine mehr als 200 Personen umfassende Gruppe im wirtschaftsorientierten Internetnetzwerkportal Xing.

233 Siehe nur *Klindt/Pelz/Theusinger* NJW 2010, 2385, die von einer explosionsartigen Zunahme der juristischen Implikationen des Themas Compliance sprechen: „Eine Vielzahl von Büchern, die Herausgabe compliance-spezifischer Zeitschriften, unzählige Fachaufsätze und natürlich (…) viele gerichtliche Entscheidungen unterschiedlicher Instanzen zeigen ein breites Panoptikum, in dem sich Compliance heutzutage abspielt." Kritisch zum Phänomen Compliance insofern *Rogall* in: KK-OWiG, § 130 OWiG Rn. 58. Siehe hierzu insgesamt auch bereits oben erste Fn. zu Rn. 93.

234 Allein die Siemens AG schulte seit Bekanntwerden der Korruptionsaffäre über 220.000 Mitarbeiter weltweit in Compliance, vgl. *Moosmayer* Compliance, S. 113.

235 Vgl. hierzu ausführlich *Schemmel/Ruhmannseder/Witzigmann* Hinweisgebersysteme, 2. Kapitel, Rn. 97 ff.

236 Für Unternehmen mit US-Börsennotierung ist die Einrichtung eines anonymen Hinweisgebersystems zur Meldung fragwürdiger Buchführungs- und Bilanzprüfungspraktiken gem. Section 301 des Sarbanes-Oxley-Acts (SOX) verpflichtend, vgl. *Schemmel/Ruhmannseder/Witzigmann* Hinweisgebersysteme, 3. Kapitel, Rn. 6 ff. Bleiben interne Hinweise unbeantwortet bzw. schaffen diese keine Abhilfe, können Mitarbeiter eines Unternehmens die Hinweise auch den Behörden zur Kenntnis bringen. Für Unternehmen mit US-Bezug ist dabei der 2010 in Kraft getretene Dodd-Frank Wall Street Reform and Consumer Protection Act (kurz: Dodd-Frank Act) bedeutsam. Danach können Hinweisgeber zwischen 10 % und 30 % des durch die US-Börsenaufsicht SEC festgesetzten Bußgeldes als persönliche Prämie erhalten, sofern die Behörden bis zur Hinweismeldung noch keine Kenntnis über den Sachverhalt hatten, und es durch den Hinweis zur Aufklärung und Sanktionierung des Unternehmens gekommen ist, vgl. *Eidam* in: Eidam, 14. Kapitel, Rn. 94. Ein derartiges Belohnungssystem ist in den USA jedoch nicht neu. Bereits der 1863 in Kraft getretene False-Claims Act gewährt Belohnungen für Arbeitnehmer, die Behörden bei der Aufdeckung von illegalem Umgang mit öffentlichen Geldern entscheidend unterstützen, vgl. *Schürrle* CCZ 2011, 218 (218). Wie zu erwarten hat die Diskussion über Provisionszahlungen für Hinweisgeber schnell auch Europa erreicht, vgl. nur *Fleischer/Schmolke* NZG 2012, 361 (361 ff.); *Wrase/Fabritius* CCZ 2011, 69 (69 ff.).

237 Umfassend *Schemmel/Ruhmannseder/Witzigmann* Hinweisgebersysteme, 5. Kapitel, Rn. 37 ff.

wie mit der Durchführung von Compliance-Untersuchungen. Wirtschaftsprüfungsgesellschaften testieren nach dem eigens geschaffenen IDW Prüfungsstandard 980 die Wirksamkeit von Compliance-Management-Systemen.[238] Neu entstandene, spezialisierte Beratungseinheiten versuchen mit interdisziplinären Ansätzen lukrative Marktanteile zu besetzen. Und der Großteil der wirtschaftsstrafrechtlichen Rechtsanwaltsboutiquen schreibt sich den Dienstleistungsbereich Compliance wie selbstverständlich in das Aufgabenspektrum. Denn die Nähe zum Wirtschaftsstrafrecht ergibt sich aus dem Zweck der Compliance-Maßnahmen: die Vermeidung von Pflichtverstößen und Übertretungen.[239] Und nicht selten stehen dabei straf- und bußgeldbewehrte Regelungen des Wirtschaftsstrafrechts im Vordergrund, allen voran Korruption und Geldwäsche, aber auch wettbewerbswidriges Verhalten.[240]

Das Ordnungswidrigkeitenrecht und damit das Wirtschaftsstrafrecht im weiten Sinne erlangen aber nicht nur Bedeutung bei der Zielrichtung von Compliance-Programmen. Vielmehr schon entfalten sie ihre Relevanz bereits im Rahmen der Rechtsgrundlage. Zwar ist die Diskussion um die rechtliche Verankerung von Com- **223**

---

238 Vgl. insofern den IDW Prüfungsstandard: Grundsätze ordnungsgemäßer Prüfung von Compliance Management Systemen (IDW PS 980), Stand: 11.3.2011. Begleitet wurde die Einführung des Standards durch die Diskussion, ob Wirtschaftsprüfer zur Beurteilung von Compliance-Strukturen überhaupt geeignet sind oder ob es sich bei Compliance nicht viel mehr um ein Thema handelt, das Juristen vorbehalten ist. *Böttcher* NZG 2011, 1054 (1057) erachtet bei Prüfungen von Compliance-Management-Systemen jedenfalls die Hinzuziehung juristischer Expertise für unerlässlich. Auch *Rieder/Jerg* CCZ 2010, 201 (204) sehen die notwendige Sachkunde beim Wirtschaftsprüfer insofern nur bedingt gegeben, vgl. zur Gegenansicht die Beitragsreplik von *Gelhausen/Wermelt* CCZ 2010, 208 (208 ff.). Vgl. zur Diskussion auch *Kudlich/Wittig* ZWH 2013, 303 (304 ff.); *Hüffer/Schneider* ZIP 2010, 55 (55 ff.). Zur Korrelation zwischen IDW PS 980 und den gesellschaftsrechtlichen Compliance-Pflichten zudem auch *Koch* in: Hüffer, § 76 AktG Rn. 17; ferner auch *Spindler* in: MK-AktG, § 91 AktG Rn. 61 f.
239 Vgl. *BGH* NStZ 2009, 686 (687 f.); ferner auch Ziffer 4.1.3 des Deutschen Corporate Governance Kodex (DCGK): „Der Vorstand hat für die Einhaltung der gesetzlichen Bestimmungen und der unternehmensinternen Richtlinien zu sorgen und wirkt auf deren Beachtung durch die Konzernunternehmen hin (Compliance)."
240 Vgl. zur Bedeutung des Wirtschaftsstrafrechts im Rahmen der Compliance *Rotsch* in: Rotsch, Criminal Compliance, § 1 Rn. 12; *Moosmayer* Compliance, S. 1; *Eisolt* BB 2010, 1843 (1845); *Theile* StV 2011, 381 (381); vgl. auch *BGH* NStZ 2009, 686 (687 f.): „Eine solche, neuerdings in Großunternehmen als „Compliance" bezeichnete Ausrichtung, wird im Wirtschaftsleben mittlerweile dadurch umgesetzt, dass so genannte Compliance Officers geschaffen werden (…). Deren Aufgabengebiet ist die Verhinderung von Rechtsverstößen, insbesondere auch von Straftaten, die aus dem Unternehmen heraus begangen werden und diesem erhebliche Nachteile durch Haftungsrisiken oder Ansehensverlust bringen können." Auch der IDW PS 980 trägt dem Rechnung, sofern auch hier die Vermeidung wirtschaftsstrafrechtlichen Verhaltens zum wesentlichen Zweck eines Compliance-Management-Systems erhoben wird, vgl. insofern die Auflistung in IDW PS 980 (elfte Fn. zu Rn. 222), Tz. A3. Zur Bedeutung des Wirtschaftsstrafrechts für Compliance-Management-Systeme und Prüfungen nach dem IDW PS 980 siehe auch *Schemmel/Minkoff* CCZ 2012, 49 (50).

pliance nicht abschließend beurteilt.[241] Neben aktienrechtlichen Grundlagen wird aber vor allem die Aufsichtspflichtverletzung des § 130 OWiG regelmäßig angeführt.[242] Die in § 130 OWiG geregelte und bußgeldbewehrte Pflicht zur Ergreifung von Aufsichtsmaßnahmen zur Vermeidung von Pflichtverstößen verbindet damit die bestehende Rechtsordnung mit der tatsächlichen, rasanten Entwicklung der letzten Jahre, die Norm verdient sich somit die Bezeichnung als „Compliance-Tatbestand".[243] Wenn Compliance in der heutigen Unternehmenswirklichkeit eine so erhebliche Stellung einnimmt, so rückt damit gleichermaßen auch die Regelung § 130 OWiG in den Fokus. Beleg ist der bereits erwähnte Bußgeldbescheid der Staatsanwaltschaft München I gegenüber der Siemens AG, die zumindest die in nationaler Sicht spürbarste Ahndung der Korruptionsaffäre eben auf § 130 OWiG stützte.[244]

224 § 130 OWiG stellt damit die direkteste und unmittelbarste Drohung des Gesetzgebers gegen unzureichende Präventionsorganisation dar. Vor allem der negativ-generalpräventive Effekt wird verstärkt durch die duale Zielrichtung.[245] Die Organe des Unternehmens sind im Hinblick auf mögliche Bußgelder persönlich ebenso verantwortlich wie das Unternehmen selbst.[246] Dabei birgt die Aufsichtspflichtverletzung gem. § 130 OWiG nicht nur in Form der unmittelbaren Verhängung von Bußgeldern Risiken für Vorstände und andere Leitungsorgane. Verstöße gegen betriebliche Aufsichtspflichten und daraus folgende Geldbußen zulasten der Gesellschaft können zudem zivilrechtliche Haftungsansprüche gegen den Vorstand mit sich bringen.[247] Aufgrund des für den Vorstand geltenden Legalitätsprinzips bedeutet die Begehung einer betriebsbezogenen Straftat oder Ordnungswidrigkeit im Rahmen seiner Organtätigkeit auch stets die Pflichtverletzung gegenüber der Gesellschaft.[248]

---

241 Vgl. hierzu bereits oben Rn. 91 ff.
242 Vgl. Rn. 175.
243 Siehe *Rieble* CCZ 2008, 34 (36); *Withus* CCZ 2011, 63 (64). Vgl. zur Bedeutung des § 130 OWiG im Rahmen der Compliance bereits oben letzte Fn. zu Rn. 175.
244 Siehe zum Bußgeldbescheid ausführlich sogleich Rn. 230 ff.
245 Vgl. hierzu auch *Kindler* Unternehmen, S. 117 ff. *Schünemann* Unternehmenskriminalität, S. 125 f. unterstellt der Norm hingegen deutliche Mängel in der „Präventionseffizienz".
246 Für die neben der Unternehmensverantwortlichkeit bestehende, persönliche Haftung der Leitungsorgane als Individualpersonen im Hinblick auf § 130 OWiG kann erneut beispielhaft auf die vielbeachtete Korruptionsaffäre der Siemens AG verwiesen werden. Während wegen aktiver Beteiligung an den Korruptionshandlungen gegen mehrere Mitarbeiter der involvierten Siemens-Konzerngesellschaften Strafverfahren eingeleitet und Untersuchungshaftbefehle erlassen wurden, leitete die Staatsanwaltschaft München I auch Ordnungswidrigkeitenverfahren wegen Verletzung der Aufsichtspflichten aus § 130 OWiG u.a. gegen den damaligen Aufsichtsratsvorsitzenden Heinrich von Pierer sowie gegen den damaligen Vorstandsvorsitzenden Klaus Kleinfeld persönlich ein, vgl. *Eidam* in: Eidam, 14. Kapitel Rn. 9.
247 Siehe hierzu ausführlich *Werner*, CCZ 2010, 143 (143 ff.).
248 Vgl. nur *Hölters* in: Hölters, § 93 AktG Rn. 389; *Wilsing* in: Krieger/Schneider, § 36 Rn. 23; *Lotze* NZKart 2014, 162 (163); *Fleischer* CCZ 2008, 1 (2).

Im Falle einer Aktiengesellschaft etwa gehört es dann zu den Pflichten des Aufsichtsrates, mögliche Ersatzansprüche gegen das verantwortliche Vorstandsmitglied zu prüfen und gegebenenfalls durchzusetzen.[249] Neben der Bußgelddrohung begegnet dem Leitungsorgan damit zusätzlich das nicht zu unterschätzende Risiko des Regresses.[250]

Gleichwohl die Regelung des § 130 OWiG damit aufgrund der rechtstatsächlichen Entwicklung der letzten Jahre zunehmende Bedeutung erlangt hat, darf schließlich der inhaltlich fehlende Tiefgang der Norm nicht unerwähnt bleiben. Denn wem deutlich gemacht wird, mit was er im Falle eines Pflichtenverstoßes zu rechnen hat, der wird daran interessiert sein, auch über diese Pflicht und deren Ausmaß hinreichende Kenntnis zu erlangen, um die angedrohten Sanktionen und Haftungsfolgen zu vermeiden. Die Voraussetzungen des Pflichtverstoßes zeigen sich aber im Bereich des § 130 OWiG als undurchsichtig. Ein wesentlicher Grund für diese Unbestimmtheit mag darin liegen, dass die konkret erforderlichen Maßnahmen stets einzelfallabhängig zu bestimmen sind und allgemeingültige Aussagen nur bedingt getroffen werden können.[251] Das Unternehmen begibt sich aber damit nicht unbedingt auf den standfestesten Grund, wenn es ein Compliance-Programm entwirft und implementiert. Ob die ergriffenen Maßnahmen tatsächlich ausreichend sind, wird häufig unklar bleiben und möglicherweise erst im Falle einer trotz Compliance-Maßnahmen begangenen und aufgedeckten Straftat beurteilt werden, wenn die Tat eine richterliche Untersuchung der durch die Geschäftsleitung initiierten Maßnahmen zur Folge hat.[252] Zwar können die Verantwortungsträger im Rahmen ihrer Compli-

---

249 Siehe hierzu die vielbeachtete Entscheidung BGHZ 135, 244 (252).
250 So wurde Heinz-Joachim Neubürger, ehemaliger Finanzvorstand der Siemens AG, mehr als sechs Jahre nach Bekanntwerden der Korruptionsaffäre verurteilt, seinem ehemaligen Arbeitgeber Schadenersatz in Höhe von 15 Millionen Euro zu leisten, vgl. Süddeutsche Zeitung vom 11.12.2013, „Ex-Siemens-Finanzchef Neubürger muss Millionen zahlen": „Der Konzern wirft Neubürger vor, während der Korruptionsaffäre seine Aufsichtspflicht vernachlässigt zu haben."; sowie bereits oben zum zu Grunde liegenden Urteil des LG München I, letzte Fn. zu Rn. 95. Weitaus drastischer sind die Forderungen im Rahmen der Korruptionsaffäre beim MAN-Konzern (vgl. hierzu sogleich Rn. 234 ff). Zur Kompensation des Schadens, der in Zusammenhang mit der Affäre entstanden sei, erreichte Hakan Samuelsson, ehemaliger Vorstandsvorsitzender der MAN SE, nach Presseberichten eine Aufforderung zur Zahlung von 237 Millionen Euro, vgl. Süddeutsche Zeitung vom 17.1.2011, „Piech gnadenlos". Vgl. zu den Regressrisiken von Vorständen und Geschäftsführern in diesem Zusammenhang auch *Lotze* NZKart 2014, 162 (162).
251 So schon die Gesetzesbegründung zum Regierungsentwurf des OWiG vom 8.1.1967, BT-Drucks. V/1269, S. 70. Vgl. zudem bereits oben 4. Fn. zu Rn. 189.
252 So auch *Hauschka/Greeve* BB 2007, 165 (166): „Der (Miss-)Erfolg wird damit zum Maßstab der Erforderlichkeit." Kritisch insofern auch *Corell/von Saucken* wistra 2013, 297 (297 f.); *Schaefer/Baumann* NJW 2011, 3601 (3604); *Nell* ZRP 2008, 149 (150): „Denn welche Maßnahmen Staatsanwälte oder Richter im Zuge eines etwaigen Verfahrens tatsächlich als geeignet ansehen, um betriebsbezogene Verstöße zu verhindern oder wesentlich zu erschweren, ist nicht antizipierbar."

ance-Bemühungen auf mehr oder minder etablierte nationale und internationale Compliance-Standards, Rahmenwerke und Empfehlungen zurückgreifen.[253] Entsprechende Regelwerke vermögen jedoch das Pflichtenprogramm des § 130 OWiG

---

[253] Vor allem in den USA lassen sich dabei belastbare Standards finden. So zählt die United States Sentencing Commission in ihren Sentencing Guidelines konkrete, einzelne Maßnahmen auf, die Bestandteil einer unternehmensinternen Präventionsorganisation sein sollten. Die US Sentencing Guidelines sind einsehbar auf der Internetpräsenz der United States Sentencing Commission (http://www.ussc.gov/Guidelines/2010_guide lines/ToC_HTML.cfm); vgl. hierzu auch ausführlich *Hauschka* in: Hauschka, § 1 Rn. 40 ff. Auch wenn es sich bei den Sentencing Guidelines um Strafzumessungsregelungen handelt, so lassen sich aus dem Katalog wertvolle Rückschlüsse auf die Ausgestaltung eines Compliance-Programmes gewinnen, um bereits die Einleitung eines Ermittlungsverfahrens zu verhindern und nicht erst die Strafzumessung zu beeinflussen. So verzichteten das US-Justizministerium DOJ sowie die US-Börsenaufsicht SEC zuletzt auf die Einleitung eines Verfahrens gegen die US-Investmentbank Morgan Stanley, obwohl ein hochrangiger Auslandsmitarbeiter Bestechungszahlungen in Höhe von mehr als 5 Millionen US-Dollar gestand und damit unter anderem ein Verstoß gegen den US Foreign Corrupt Practices Act (FCPA) und weitere Strafvorschriften vorlag. Den Verzicht begründeten beide Behörden mit dem Vorhandensein eines effektiven Ethik- und Compliance-Programmes; vgl. hierzu *Grützner/Behr* CCZ 2013, 71 (71 ff.); *Momsen/Tween* in: Rotsch, Criminal Compliance, § 30 Rn. 47 f. Zum Ausbleiben von US-Gerichtsverfahren wegen Umsetzung der Sentencing Guidelines siehe auch *Withus* CCZ 2011, 63 (66). Im Jahr 2012 veröffentlichten DOJ und SEC zudem eine umfassende Anleitung zur Auslegung des FCPA, vgl. „A Resource Guide to the U.S. Foreign Corrupt Practices Act", abrufbar im Internet unter http://www.sec.gov/spotlight/fcpa/fcpa-resource-guide.pdf; vgl. hierzu auch *Spehl/Grützner* CCZ 2013, 198 (198 f.); *Rübenstahl/Skoupil* wistra 2013, 209 (210 ff.). Auch im Vereinigten Königreich können Unternehmer zumindest bei der Korruptionsprävention auf staatliche Ausgestaltungshilfen blicken. Dort trat zum 1.7.2011 der UK Bribery Act (UKBA) in Kraft, abrufbar im Internet unter http://www.legislation.gov.uk/ukpga/2010/23/contents. Zwar wird auch dort auf eine Aufzählung unbedingt erforderlicher Maßnahmen zur Verhinderung von Korruption verzichtet und sich vielmehr darauf beschränkt, überhaupt die Ergreifung von Maßnahmen anzuordnen, vgl. Section 7 UKBA. Allerdings wurde das Justizministerium durch Section 9 UKBA ermächtigt, Leitlinien zu veröffentlichen, die erläutern, was unter geeigneten Maßnahmen zu verstehen ist. Die Leitlinien „Bribery Act 2010: Guidance about commercial organisations preventing bribery" sind abrufbar auf der Internetpräsenz des britischen Justizministeriums (http://www.justice.gov.uk/down loads/legislation/bribery-act-2010-guidance.pdf). Auch wenn diese Leitlinien für die Rechtsprechung nicht bindend sind (Bribery Act 2010 Guidance, S. 20: „These principles are not prescriptive.") und darüber hinaus auch keine Checklisten enthalten, die von Unternehmen abgearbeitet werden können, so geben sie belastbare Anhaltspunkte, worauf bei der Einführung eines Compliance-Programms geachtet werden soll, vgl. *Hugger/Röhrich* BB 2010, 2643 (2645). Siehe zu den Leitlinien auch *Deister/Geier/Rew* CCZ 2011, 81 (81 ff.). In Deutschland konnten sich entsprechende Anleitungen unter Einbeziehung des formellen Gesetzgebers bisher nicht etablieren. Nur vereinzelt sind überhaupt vergleichbare Ansätze erkennbar, etwa durch die „Praktischen Hilfestellungen für Antikorruptionsmaßnahmen", die unter Beteiligung einzelner Bundesministerien im „Initiativkreis Korruptionsprävention Bundesverwaltung/Wirtschaft – Gemeinsam gegen Korruption" entstanden sind (abrufbar im Internet unter

nicht zu präjudizieren.[254] Im Ergebnis besteht damit zwar eine straf- oder wenigstens bußgeldbewehrte Pflicht zur Ergreifung von Präventionsmaßnahmen; welche Vorkehrungen konkret erforderlich sind, bleibt jedoch zumindest durch den Gesetzgeber unbeantwortet.[255] Sofern das BVerfG wie auch der EuGH verlangen, Adressaten von straf- und bußgeldbewehrten Gesetzen möglichst genau zu beschreiben, mit welchen Handlungsweisen Sanktionen vermieden werden können, ist dieser Befund höchst bedenklich.[256]

„Art. 103 II GG gewährleistet, dass eine Tat nur bestraft werden kann, wenn die Strafbarkeit gesetzlich bestimmt war, bevor die Tat begangen wurde. Dies verpflichtet den Gesetzgeber, die Voraussetzungen der Strafbarkeit so genau zu umschreiben, dass Tragweite und Anwendungsbereich der Straftatbestände für den Normadressaten schon aus dem Gesetz selbst zu erkennen sind und sich durch Auslegung ermitteln und konkretisieren lassen (...). Das Grundgesetz will auf diese Weise sicherstellen, dass jedermann sein Verhalten auf die Strafrechtslage eigenverantwortlich einrichten kann und keine unvorhersehbaren staatlichen Reaktionen befürchten muss (...). Die Legislative ist von Verfassungs wegen verpflichtet, die Grenzen der Strafbarkeit selber zu bestimmen; sie darf diese Entscheidung nicht anderen staatlichen Gewalten, etwa der Strafjustiz, überlassen. Das Bestimmtheitsgebot ist also Handlungsanweisung an den Strafgesetzgeber und Handlungsbegrenzung für den Strafrichter zugleich."[257] **226**

---

http://www.bmi.bund.de/SharedDocs/Downloads/DE/Broschueren/2013/praktische-hilfestellungen-antikorruptionsmassnahmen.pdf?__blob=publicationFile). Die nationale Compliancediskussion wird hierdurch indes nicht spürbar beeinflusst. Vielmehr finden häufig ausländische Standards Erwähnung, wenn über etablierte best-practice-Ansätze gesprochen wird. Abzuwarten bleibt dabei die Resonanz auf den im Dezember 2014 veröffentlichten ISO Standard „19600:2014 – Compliance management systems – Guidelines" (der Standard kann erworben werden auf der Internetseite der *International Organization for Standardization* unter http://www.iso.org). Der Standard enthält nicht etwa als Zertifizierungsgrundlage Mindestanforderungen an Compliance-Management-Systeme, sondern ist vielmehr konzipiert als Leitfaden mit umfassenden Empfehlungen, vgl. insofern *Sünner* CCZ 2015, 2 (3); *Ehnert* CCZ 2015, 6 (7). Über hoheitliche Normkonkretisierung handelt es sich freilich auch hier nicht, kritisch insofern *Hauschka* CCZ 2015, 1 (1). Ferner zum ISO 19600 *Schmidt/Wermelt/Eibelshäuser* CCZ 2015, 18 (18 ff.).

254 Dies gilt erst recht vor dem Hintergrund der fehlenden Deckungsgleichheit zwischen Compliance-Pflichten und den Aufsichtspflichten aus § 130 OWiG, vgl. hierzu bereits oben Rn. 175.

255 Zu den Versuchen der Konkretisierung und Systematisierung der erforderlichen Aufsichtsmaßnahmen durch Wissenschaft und Rechtsprechung vgl. bereits oben Rn. 189 ff.

256 Vgl. nur *EuGH* Urteil vom 17.7.1997, Rs. C-354/95 – NFU, Slg.1997, I-4559, Rn. 57. Siehe hierzu auch BVerfGE 113, 273 (308): „Der Grundsatz, wonach eine Tat nur bestraft werden kann, wenn die Strafbarkeit gesetzlich bestimmt war, bevor die Tat begangen wurde, ist eine spezielle rechtsstaatliche Garantie des Vertrauens in die Verlässlichkeit der Rechtsordnung, die eine klare Orientierung zu geben hat, was strafbar und was straflos ist. Ohne eine solch verlässliche Orientierung vermag sich individuelle Freiheit nicht zu entfalten."

257 BVerfGE 105, 135 (152 f.).

4 Der Konzern im Rahmen des § 130 OWiG

227 Die überwältigende Mehrheit im Schrifttum sieht im Kontext des § 130 OWiG etwaige Bedenken bezüglich der Erfüllung des verfassungsrechtlich verankerten Bestimmtheitsgrundsatzes heute als überwunden an.[258] In erstaunlicher Weise beschränkt sich die Begründung zahlreicher Autoren dabei auf die Feststellung, dass eine verfassungskonforme Auslegung der Norm durch die auch hier vertretene Bezugnahme der zu treffenden Aufsichtspflichten auf betriebstypische Gefahren mittlerweile gefunden sei.[259] Gerechtfertigt wird die Unbestimmtheit der Norm darüber hinaus meist mit der Unmöglichkeit allgemeinverbindlicher Detailregelungen.[260] Das ist jedenfalls richtig, denn für multinationale Konzerngesellschaften sind sicherlich andere Maßstäbe anzulegen als für regionale Kleinunternehmen. Unserem Rechtssystem ist eine grundsätzliche Abstraktheit daher auch immanent. Es ist auch im Grundsatz nicht erforderlich, für jeden einzelnen Unternehmer sämtliche konkret erforderlichen Aufsichtsmaßnahmen zu benennen; es kann ihm überlassen werden, die Überlegungen hinsichtlich der erforderlichen Maßnahmen anzustellen.[261] Ob dies jedoch den völligen Verzicht auf eine weitergehende Konkretisierung legiti-

---

258 Vgl. nur *Niesler* in: Graf/Jäger/Wittig, § 130 OWiG Rn. 8; *Förster* in: Rebmann/Roth/Herrmann, § 130 OWiG Rn. 1a; *Bock* in: Rotsch, Criminal Compliance, § 8 Rn. 9; *Maschke* Aufsichtspflichtverletzungen, S. 70 f.; entsprechend *Hermanns/Kleier* Grenzen der Aufsichtspflicht, S. 15, nicht ohne aber auch auf die bestehende Rechtsunsicherheit hinzuweisen, siehe hierzu S. 56. Tatsächlich ist angesichts der bisherigen Praxis des BVerfG kaum zu erwarten, dass § 130 OWiG bei einer entsprechenden Vorlage für verfassungswidrig erklärt werden würde. In der Vergangenheit wurden Strafbestimmungen nur selten als zu unbestimmt erachtet, siehe hierzu im Kontext Insiderstrafrecht *Hammen* ZIS 2014, 303 (306) sowie zum Ordnungswidrigkeitenrecht *Koch* ZHR 171 (2007), 554 (566). Nichts desto trotz bleibt die Norm weit davon entfernt, dem Adressaten klar das Ausmaß des Erforderlichen zu beschreiben. Selbst in den Reihen der etablierten und führenden Wirtschaftskanzleien und damit der Berater zahlreicher Leiter bedeutender Unternehmen wird kaum jemand in der Lage sein, einen Katalog der im Rahmen der Präventionsorganisation wahrzunehmenden Aufgaben zielsicher zu erstellen. Vor dem Hintergrund drohender Bußgelder und Imageschäden sowie der längst erkannten Marketingpotentiale werden bei entsprechender wirtschaftlicher Potenz vielmehr teils exorbitante Systeme und Prozesse erarbeitet, implementiert, gelebt und kommuniziert. Gleichwohl dies hier keinesfalls auf Kritik stoßen soll, hat diese Vorgehensweise freilich nichts zu tun mit der Ermittlung der tatsächlich erforderlichen Maßnahmen und damit vor allem nichts mit Vorhersehbarkeit und Rechtsanwendungsgleichheit. Vgl. allgemein zu der Übererfüllung von Compliance-Pflichten vor dem Hintergrund unbestimmter Anforderungen und den daraus resultierenden Gefahren *Schmidl* in: Momsen/Grützner, 2. Kapitel C Rn. 1 ff.
259 Vgl. hierzu oben Rn. 195 ff.
260 Vgl. etwa *Rogall* in: KK-OWiG, § 130 OWiG Rn. 41. Zur einzelfallabhängigen Bestimmung des Pflichtenkataloges gem. § 130 OWiG bereits oben 4. Fn. zu Rn. 189.
261 *Bock* Criminal Compliance, S. 443.

miert, ist fraglich.[262] Selbstverständlich ist dies jedenfalls nicht.[263] Denn auch wenn grundsätzlich keine exakten Maßnahmenkataloge gesetzlich kodifiziert werden müssen und dem Normadressaten die Subsumtionsaufgabe überlassen werden darf, so entpflichtet dies den Staat nicht, im Rahmen seiner Möglichkeiten und des Verhältnismäßigkeitsgrundsatzes diese Rechtssicherheit und Rechtsklarheit zu fördern.[264] Vor dem Hintergrund der verfassungsrechtlichen Grundprinzipien wäre

---

262 Vgl. nur *Hassemer/Kargl* in: NK-StGB, § 1 StGB Rn. 41: „Die Mehrdeutigkeit der Rechtssprache und die daraus folgende Unbestimmtheit der Strafgesetze ist mithin eine notwendige Konsequenz aus dem Wirklichkeitsbezug des Strafrechts. Vagheit, Porosität und Wertausfüllungsbedürftigkeit kennzeichnen danach auch Strafgesetze: Eindeutige, nicht mehr auslegbare Tatbestände sind vom Gesetzgeber nicht zu leisten (…), Dispositionsbegriffe folglich unverzichtbar. Deshalb wird man sich damit abfinden müssen, dass das Bestimmtheitsgebot durch diese Begriffe nicht verletzt wird. Dies stellt den Gesetzgeber jedoch nicht von der Pflicht frei, seine Entsch. mit höchstmöglicher Präzision in den Tatbestandsmerkmalen zum Ausdruck zu bringen."

263 Kritisch insofern auch *Bussmann/Matschke* CCZ 2009, 132 (133); *Bock* Criminal Compliance, S. 455 f.

264 Die Darstellung möglicher Konkretisierungsformen ist in der vorliegenden Untersuchung nicht vollends möglich und sollte vielmehr Gegenstand gesonderter Diskussionen sein. Anregungen könnte – auch im vollen Bewusstsein der großen Stärken der deutschen Rechtsordnung – der Blick ins Ausland liefern. Sofern hier von einer engen Verknüpfung zwischen Compliance-Pflichten und ordnungsrechtlichen Aufsichtspflichten ausgegangen wird, fällt auf, dass zahlreiche fremde Rechtsordnungen über weitaus konkretere Darstellungen der sanktionsbewehrten Compliance- bzw. Aufsichtspflichten verfügen (vgl. für die exemplarischen Regelungen in USA und UK oben 3. Fn. Rn. 225). Um dem Problem der notwendigen Einzelfallbetrachtung gerecht zu werden, weisen diese Regelungen eine bemerkenswert durchgängige Gemeinsamkeit auf: sie sind stets nicht als allgemeinverbindliche Verbotsgesetze ausgestaltet, sondern erlauben begründete Abweichungen im Einzelfall. Eine derartige Konstruktion würden auch die deutschen Rechtsinstrumentarien bieten. Diskussionswürdig könnte etwa eine Ergänzung der RiStBV um konkrete Elemente einer Aufsichtsstruktur sein, die im Rahmen des § 130 Abs. 1 OWiG grundsätzlich zu implementieren bzw. bei der Beurteilung durch den Staatsanwalt zu berücksichtigen sind (ein entsprechender Ansatz findet sich auch bei *Rathgeber* Criminal Compliance, S. 354 ff.). Auch wenn die Staatsanwaltschaft nicht exklusiv für die Beurteilung von Aufsichtspflichten zuständig ist, kann eine transparente Konkretisierung durchaus an dieser Stelle erfolgen. Die RiStBV ist für jedermann einsehbar. Dass zudem eine Aufzählung von – jedenfalls in größeren Unternehmen – gewöhnlich umzusetzenden Maßnahmen nicht utopisch ist, zeigen die zahlreichen Systematisierungen und Fallgruppendarstellungen im Schrifttum zu § 130 OWiG. Eine derartige Regelung innerhalb einer Verwaltungsvorschrift würde keine allgemeinverbindliche Verpflichtung begründen, dem Normadressaten dennoch eine belastbare Orientierungshilfe bieten. Die Wahrung der Einzelfallgerechtigkeit – insbesondere im Hinblick auf kleinere Unternehmen – würde die Ausgestaltung der Richtlinie Rechnung tragen können, vgl. hierzu die Einführung zur RiStBV: „(…) Die Richtlinien können wegen der Mannigfaltigkeit des Lebens nur Anleitung für den Regelfall geben. Der Staatsanwalt (…) kann wegen der Besonderheit des Einzelfalles von den Richtlinien abweichen." Freilich wäre mit der Verortung der Konkretisierung in einer Verwaltungsvorschrift aufgrund der fehlenden, unmittelbaren Anwendbarkeit nur

eine weitergehende Konkretisierung des Pflichtenprogramms auch in positiv-generalpräventiver Hinsicht daher unbedingt wünschenswert.²⁶⁵

B. Anwendbarkeit auf Konzernsachverhalte

228 Die Unbestimmtheit der Norm beschränkt sich jedoch nicht allein auf den Umfang des Pflichtenkataloges. Unklarheiten bestehen vielmehr auch im Hinblick auf den Adressatenkreis der Regelung. Besonders bemerkbar macht sich dies im Rahmen von Konzernsachverhalten, denen aufgrund der erheblichen Verbreitung von Unternehmensverbindungen eine besondere praktische Relevanz zukommt.²⁶⁶ Im Fokus

---

sehr bedingt ein Zugewinn an Rechtssicherheit für den Normadressaten und auch für den Normanwender verbunden – vergleichbar mit der Rechtslage im Ausland, wo nichtgesetzliche Standards wie gezeigt fest etabliert sind. Ein Zugewinn aber wäre es; ohne auf die erforderliche Einzelfallgerechtigkeit verzichten zu müssen.

265 So im Ergebnis auch *Bussmann/Matschke* CCZ 2009, 132 (133): „Mit seiner Zurückhaltung und der Verlagerung der Entscheidungsgewalt auf den Bußgeldrichter gibt der deutsche Gesetzgeber den Unternehmen Steine statt Brot." Vgl. auch *Moosmayer/Gropp-Stadler* NZWiSt 2012, 241 (243), die unter Bezugnahme auf den OECD Prüfbericht für Deutschland vom 17.3.2011 zum Stand der Anwendung der OECD Konvention zur Bekämpfung der Bestechung ausländischer Amtsträger im internationalen Geschäftsverkehr eine Kodifizierung von Mindeststandards im Rahmen der §§ 30, 130 OWiG zur Diskussion stellen; ähnlich im Rahmen der Diskussion um die Einführung eines Verbandsstrafgesetzes *Hoven/Wimmer/Schwarz/Schumann* NZWiSt 2014, 161 (165); *Beulke/Moosmayer* CCZ 2014, 146 (151). Einschränkend *Rogall* in: KK-OWiG, § 130 OWiG Rn. 41, der jedenfalls aber auch einer zusätzlichen Erwähnung von Leitungs- und Organisationspflichten als Beispiele erforderlicher Aufsichtsmaßnahmen einen erheblichen Zugewinn an Präzision beimessen würde. A.A. hingegen *Geismar* Aufsichtspflichtverletzung, S. 139 f., die eine weitergehende Konkretisierung für nicht erforderlich hält und ergänzend Ergebnisse einer Befragung von Vertretern von Schwerpunktstaatsanwaltschaften anführt, bei der gefragt wurde: „Sehen Sie ein Erfordernis, die in § 130 OWiG genannten betriebsbezogenen Pflichten präzisierter zu umschreiben bzw. den Tatbestand auf grobe Aufsichtspflichtverletzungen zu beschränken?" 21 Stimmen entfielen auf die Antwortmöglichkeit „Ja", während 70 Stimmen auf „Nein" entfielen. 6 Befragungsteilnehmer machten zu der Frage keine Angabe. Doch auch unabhängig von der Frage nach der ausreichenden Validität der Kontrollgruppe dient diese Erhebung kaum zur empirischen Gewinnung repräsentativer Werte. Zu unpräzise und mehrdeutig ist die Fragestellung. Denn auch mit der hier befürworteten Konkretisierung des Pflichtenkataloges ist keinesfalls das Ansinnen nach der Beschränkung der Regelungsreichweite auf lediglich grobe Aufsichtspflichten verbunden, eine eindeutige Beantwortung der im Rahmen der Studie gestellten Frage mithin nicht möglich.

266 Siehe zur heutigen Bedeutung von Unternehmensverbindungen bereits oben 2. Fn. zu Rn. 4. Vgl. in diesem Zusammenhang auch *Pampel* BB 2007, 1636 (1637), der Konzernsachverhalte im kartellrechtlichen Kontext gar als „Hauptanwendungsfall des § 130 OWiG" sieht.

steht dabei die Frage, ob die Leitungsorgane von Konzernobergesellschaften bei Pflichtenverstößen in nachgeordneten Tochtergesellschaften wegen Aufsichtspflichtverletzungen gem. § 130 OWiG sanktioniert werden können und somit über § 30 OWiG auch ein Bußgeldrisiko für die Konzernobergesellschaft selbst besteht, wenn es in Tochtergesellschaften zu Zuwiderhandlungen kommt. Die Problemstellung betrifft also den tauglichen Normadressaten und die Frage, ob eine Konzernobergesellschaft lediglich Inhaber i.S.d. § 130 OWiG des eigenen isolierten Konzernunternehmens ist, oder aber ob sich die Inhaberschaft über die Grenzen der einzelnen Konzerngesellschaft auf verbundene Unternehmen erstreckt.

I. § 130 OWiG auf Konzernebene in der Praxis

Angesichts der festgestellten Verbreitung von Unternehmensverbindungen ist wenig überraschend, dass sich die Bußgeldpraxis bereits mit Konzernsachverhalten auseinandersetzen musste. Bezeichnend ist dabei, dass die in der jüngsten Vergangenheit bedeutendsten und damit meistbeachtesten Bußgeldverfahren beinahe ausschließlich Konzernsachverhalte betrafen. 229

1. Bußgeldbescheid der Staatsanwaltschaft München I gegen die Siemens AG

An erster Stelle zu nennen ist dabei der Bußgeldbescheid der Staatsanwaltschaft München I gegen die Siemens AG aus dem Jahre 2008, der in Folge des vielbeachteten Korruptionsskandals gegenüber dem Unternehmen erlassen wurde. Jedenfalls aus Sicht der deutschen Strafverfolgungsbehörden fand damit ein Verfahren seinen Höhepunkt, das bereits zwei Jahre zuvor in den Blickpunkt der öffentlichen Debatte geraten war. Am 15.11.2006 wurden auf Veranlassung der Staatsanwaltschaft München I zahlreiche Objekte der Siemens AG und ihrer Konzerngesellschaften durchsucht.[267] Ca. 250 Beamte sowie 23 Staatsanwälte waren an der Durchsuchungsaktion beteiligt.[268] Anlass waren dabei unter anderem anonyme Hinweise durch mehrere Siemens-Mitarbeiter auf mögliche Untreuehandlungen – zu Lasten des Unternehmens.[269] Im Zuge der umfassenden Ermittlungen stellte sich heraus, dass sich innerhalb des Siemens-Konzerns eine extensive Korruptionspraxis entwickelt hatte. Die Verfolgungsbehörden eröffneten daraufhin zahlreiche Ermittlungsverfahren gegen Mitarbeiter der Siemens AG und ihrer Tochtergesellschaften. Dabei richtete sich 230

---

267 Ausführlich zum Sachverhalt S. *Wolf* in: Graeff/Schröder/Wolf, S. 9 ff.; *Volz/Rommerskirchen* Die Spur des Geldes, S. 9 ff.
268 Vgl. die Pressemitteilung 04/06 der Staatsanwaltschaft München I vom 16.11.2006, abrufbar im Internet unter http://www.justiz.bayern.de/sta/sta/m1/presse/archiv/2006/00558/.
269 Vgl. die Pressemitteilung 04/06 der Staatsanwaltschaft München I vom 16.11.2006 (vorherige Fn.).

der behördliche Blick nicht allein auf die Individualtäter, sondern auch gegen den Unternehmensverbund selbst. 2008 folgte schließlich der Bußgeldbescheid gegen die Siemens AG. Die Staatsanwaltschaft München I setzte darin eine Geldbuße in Höhe von 395 Millionen Euro fest.[270]

231 Der Bußgeldbescheid nimmt dabei zunächst Bezug auf die Führungsstruktur der Siemens AG und stellt fest, dass die Wahrnehmung der Aufsichtspflichten des § 130 OWiG zur Verhinderung von Straftaten aus dem Unternehmen heraus Aufgabe des Gesamtvorstandes gewesen sei.[271] Im Folgenden spricht der Bußgeldbescheid dann jedoch nicht mehr von der Wahrnehmung von Aufsichtspflichten, sondern von der Complianceverantwortung.[272] Gleichwohl diese Aufgabe auf einzelne Vorstandsmitglieder übertragen werden könne, sei dies im vorliegenden Fall nicht umgesetzt worden.[273] Damit sei die Complianceverantwortung beim Gesamtvorstand verblieben, an den der Chief Compliance Officer im Übrigen auch berichtete.[274] Der Bußgeldbescheid setzt fort mit der Schilderung diverser Vorstandssitzungen und Vermerke, aufgrund derer die Mitglieder des Gesamtvorstandes im Laufe der Jahre zunehmend Kenntnisse über Pflichtverletzungen durch Mitarbeiter erlangten.[275] Insbesondere mehrten sich die Hinweise über hohe Geldbeträge, die im Rahmen zweifelhafter Beraterverträge ausbezahlt wurden.[276] Daraufhin vorgeschlagene Präventionsmaßnahmen, wie die Einführung eines Weisungsrechts des Compliance Officers gegenüber den Revisionsabteilungen zur Ermöglichung ausreichend inten-

---

270 Von der Bußgeldsumme entfielen 250.000 Euro auf die Ahndung der Tat, während 394.750.000 Euro den Gewinnabschöpfungsteil ausmachten, vgl. den Bußgeldbescheid der Staatsanwaltschaft München I gegen die Siemens AG (oben 2. Fn. zu Rn. 3), S. 2, 12 f. Es war nicht das erste Bußgeld, das die Siemens AG im Rahmen der Korruptionsaffäre in Deutschland zahlen musste. Das LG München I hatte mit Beschluss vom 4.10.2007 bereits eine Geldbuße in Höhe von 201 Millionen Euro gegen das Unternehmen verhängt. Dabei entfielen eine Million Euro auf den Ahndungsteil, weitere 200 Millionen dienten der Gewinnabschöpfung. Anknüpfungspunkt waren Bestechungszahlungen eines leitenden Angestellten der Unternehmenssparte „Com" im Ausland, die durch Verletzung der unternehmerischen Aufsichtspflichten der Organe der Siemens AG ermöglicht wurden, vgl. hierzu *Rettenmaier/Palm* NJOZ 2010, 1414 (1415), sowie auch den Geschäftsbericht der Siemens AG zum 30. September 2007, S. 20, abrufbar im Internet unter http://www.siemens.com/investor/pool/de/investor_relations/ finanzpublikationen/geschaeftsbericht/gb2007/jahresabschluss_siemens_ag.pdf.
271 Bußgeldbescheid der Staatsanwaltschaft München I gegen die Siemens AG (oben 2. Fn. zu Rn. 3), S. 3.
272 Bußgeldbescheid der Staatsanwaltschaft München I gegen die Siemens AG (oben 2. Fn. zu Rn. 3), S. 3 ff.
273 Bußgeldbescheid der Staatsanwaltschaft München I gegen die Siemens AG (oben 2. Fn. zu Rn. 3), S. 3.
274 Bußgeldbescheid der Staatsanwaltschaft München I gegen die Siemens AG (oben 2. Fn. zu Rn. 3), S. 3.
275 Bußgeldbescheid der Staatsanwaltschaft München I gegen die Siemens AG (oben 2. Fn. zu Rn. 3), S. 5 ff.
276 Bußgeldbescheid der Staatsanwaltschaft München I gegen die Siemens AG (oben 2. Fn. zu Rn. 3), S. 5 ff.

siver, interner Untersuchungen, wurden jedoch nicht weiterverfolgt.[277] Die Compliancestruktur der Siemens AG war nach Ansicht der Staatsanwaltschaft zu diesem Zeitpunkt „derart schwach ausgestattet, dass eine tatsächliche Umsetzung der Compliancevorgaben schlicht nicht möglich war".[278] Die Complianceabteilung beschäftigte lediglich sechs Mitarbeiter, der Chief Compliance Officer widmete nur 25 % seiner Arbeitszeit überhaupt Compliancethemen. Es sei mitunter vorgekommen, „dass Personen zu Group Compliance Officern ernannt wurden, die bekanntermaßen selbst in Schmiergeldzahlungen involviert waren".[279] Infolge des unzureichenden Compliancesystems sei es „in verschiedenen Geschäftsbereichen der Siemens AG zur Bildung von schwarzen Kassen über Scheinberaterverträge und zu Bestechungshandlungen für die Erlangung von Aufträgen"[280] gekommen. In manchen Geschäftsbereichen sei die Zahlung von Bestechungsgeldern aus schwarzen Kassen gar „akzeptierter Teil der Unternehmensstrategie" gewesen.[281] So wurden nach späterer Aussage von Unternehmensvertretern im Rahmen der internen Aufarbeitung Nachweise gefunden, nach denen die Durchführung „vertraulicher Zahlungen" sogar in Stellenbeschreibungen aufgenommen wurde.[282] Dem Gesamtvorstand wurde vorgeworfen, keine klare Leitlinie ausgegeben zu haben, wonach Korruption im Unternehmen nicht geduldet werde.[283] Darüber hinaus waren die unterbliebenen Verbesserungen am offenkundig unzureichenden Compliancesystem sowie generell eine Kultur des „Wegsehens" Gegenstand des Vorwurfes gegenüber dem Gesamtvorstand.[284] Gegen die Siemens AG wurde daher in Anwendung der §§ 30 Abs. 4, 130 OWiG eine selbstständige Geldbuße festgesetzt.[285]

---

277 Bußgeldbescheid der Staatsanwaltschaft München I gegen die Siemens AG (oben Fn. 4), S. 7 f.
278 Bußgeldbescheid der Staatsanwaltschaft München I gegen die Siemens AG (oben 2. Fn. zu Rn. 3), S. 9.
279 Bußgeldbescheid der Staatsanwaltschaft München I gegen die Siemens AG (oben 2. Fn. zu Rn. 3), S. 10.
280 Bußgeldbescheid der Staatsanwaltschaft München I gegen die Siemens AG (oben 2. Fn. zu Rn. 3), S. 11.
281 Bußgeldbescheid der Staatsanwaltschaft München I gegen die Siemens AG (oben 2. Fn. zu Rn. 3), S. 13.
282 So das ehemalige Vorstandsmitglied der Siemens AG Peter Y. Solmssen im Interview mit *Weidenfeld* in: Weidenfeld, S. 36. Solmssen war in unmittelbarer Reaktion auf die Korruptionsaffäre aus den USA von General Electrics zu Siemens geholt worden, um dort im Vorstand fortan die Bereiche Recht und Compliance zu verantworten.
283 Bußgeldbescheid der Staatsanwaltschaft München I gegen die Siemens AG (oben 2. Fn. zu Rn. 3), S. 13.
284 Bußgeldbescheid der Staatsanwaltschaft München I gegen die Siemens AG (oben 2. Fn. zu Rn. 3), S. 13.
285 Bußgeldbescheid der Staatsanwaltschaft München I gegen die Siemens AG (oben 2. Fn. zu Rn. 3), S. 12. Die selbstständige Festsetzung i.S.d. § 30 Abs. 4 OWiG erfolgte, da das Ordnungswidrigkeitenverfahren gegen das betroffene Leitungsorgan wegen Verletzung der Pflichten aus § 130 Abs. 1 OWiG gem. § 47 Abs. 1 OWiG eingestellt wurde.

232 Unerwähnt blieb dabei insgesamt die Frage nach der Konzerndimension der ordnungswidrigkeitsrechtlichen Aufsichtspflicht. Dem Gesamtvorstand wurde zur Last gelegt, durch mangelnde Aufsicht Zuwiderhandlungen ermöglicht zu haben, die tatsächlich in zahlreichen – vor allem auch ausländischen – Tochtergesellschaften begangen wurden.[286] Ob derartige konzernweite Sachverhalte überhaupt von der Regelung des § 130 OWiG erfasst werden können, wurde im Bescheid nicht diskutiert. Die konzernweite Anwendbarkeit wurde der Entscheidung vielmehr wie selbstverständlich zu Grunde gelegt. Die oberflächliche oder zumindest nicht transparent dokumentierte Auseinandersetzung mit dieser Problemstellung wurde darüber hinaus durch terminologische Ungenauigkeiten begleitet. So fanden sich im Rahmen der Begründung des Bescheides zunächst allgemeine Aussagen zur Siemens AG. Dabei wurde ausgeführt, „das Unternehmen" beschäftige „ca. 430.000 Mitarbeiter (Stand 2008)", wobei die Siemens AG über zahlreiche Tochtergesellschaften mit unterschiedlichen Beteiligungsverhältnissen verfüge.[287] Tatsächlich war es jedoch nicht die Siemens AG selbst, die im Jahr 2008 eine entsprechende Anzahl an Mitarbeitern beschäftigte, sondern vielmehr der Gesamtkonzern, vor allem unter Einbeziehung der zahlreichen Landesgesellschaften.[288] Bereits an dieser Stelle scheint damit eine Gleichsetzung des Unternehmens Siemens mit dem Gesamtkonzern Siemens zu erfolgen. Der Bußgeldbescheid setzt fort mit einer Aufzählung der Geschäftsbereiche, in denen „der Konzern" tätig war, sowie mit der Nennung des Gesamtumsatzes „des Konzerns" und schließlich der Feststellung, die „Siemens AG" produziere an rund 290 Standorten,[289] freilich auch hier ohne die Muttergesellschaft von einzelnen Landesgesellschaften abzugrenzen.

233 Die Siemens AG akzeptierte den Bußgeldbescheid und zahlte die Geldbuße in Höhe von 395 Millionen Euro. Gleichwohl eine Auseinandersetzung mit der Frage der

---

Bei der Bußgeldbemessung wurden zu Gunsten der Siemens AG die zu diesem Zeitpunkt noch ausstehenden Sanktionen der US-Behörden berücksichtigt, ebenso wie das durch das LG München I gesondert verhängte Bußgeld in Höhe von 201 Millionen Euro für Aufsichtsverstöße im Geschäftsbereich Information and Communication Networks (vgl. hierzu oben letzte Fn. zu Rn. 230). Gewürdigt wurde außerdem die außergewöhnlich umfassende Kooperation des Unternehmens im Rahmen der Aufklärung sowie der Austausch der maßgeblichen Verantwortungsträger, wie etwa des Vorstandsvorsitzenden sowie des Aufsichtsratsvorsitzenden der Siemens AG.

286 Vgl. hierzu auch *Habersack* in: Weidenfeld, S. 154 f.; *Graf* in: FG Feigen, S. 37 (38).
287 Bußgeldbescheid der Staatsanwaltschaft München I gegen die Siemens AG (oben 2. Fn. zu Rn. 3), S. 2.
288 Vgl. hierzu den Siemens Geschäftsbericht 2008, S. 238, abrufbar im Internet unter http://www.siemens.com/investor/pool/de/investor_relations/d08_00_gb2008.pdf. So verfügt der Konzern in beinahe allen Regionen über eigenständige Landesgesellschaften, so etwa über die Siemens S.p.A. in Italien, die Siemens plc in Großbritannien, die Siemens Ltd. in China, oder die Siemens Corporation in den USA; vgl. hierzu den Überblick *Siemens weltweit*, abrufbar im Internet unter http://www.siemens.com/about/de/weltweit.htm.
289 Bußgeldbescheid der Staatsanwaltschaft München I gegen die Siemens AG (oben 2. Fn. zu Rn. 3), S. 2.

konzernweiten Aufsichtspflichten nicht erfolgte, sanktionierte die Staatsanwaltschaft München I die Siemens AG damit in Anknüpfung an die unzureichende Wahrnehmung von Aufsichtspflichten im Hinblick auf den Gesamtkonzern.

2. Bußgeldbescheid der Staatsanwaltschaft München I gegen die MAN Nutzfahrzeuge AG

Es verging nicht viel Zeit, bis ein weiterer Münchener Großkonzern die Staatsanwaltschaft München I beschäftigte. Am 5.5.2009 durchsuchten abermals zahlreiche Ermittlungsbeamte und Staatsanwälte Geschäftsräume, Ziel waren diesmal Objekte der MAN SE sowie ihrer Tochter- bzw. Enkelgesellschaften MAN Nutzfahrzeuge AG, MAN Turbo AG und MAN Truck & Bus Deutschland GmbH.[290] Begründet wurden die Durchsuchungsmaßnahmen mit dem Verdacht der Bestechung und der Bestechlichkeit im geschäftlichen Verkehr sowie der Steuerhinterziehung.[291] Der Verdacht bezog sich dabei im Detail auf verdeckte Provisionszahlungen beim Verkauf von Nutzfahrzeugen in einer Gesamthöhe von ca. einer Million Euro in Deutschland und mehreren Millionen Euro im Ausland.[292] Am 10.12.2009 verhängte das LG München I ein Bußgeld in Höhe von 75,3 Millionen Euro gegen die MAN Turbo AG.[293] Am gleichen Tag erließ die Staatsanwaltschaft München I einen Bußgeldbescheid über die gleiche Höhe gegen die MAN Nutzfahrzeuge AG.[294] Die beiden Gesellschaften mussten damit einen Gesamtbetrag in Höhe von 150,6 Millionen Euro zahlen.

234

Dabei ahndete die Staatsanwaltschaft München I mit ihrem Bußgeldbescheid gegen die MAN Nutzfahrzeuge AG auch hier die Verletzung der Aufsichtspflicht des Vorstandes durch Vorhalten einer mangelhaften Compliancestruktur, wodurch zahlreiche Bestechungstaten ermöglicht wurden.[295] Anders als zuvor im Fall Siemens machte sie hierfür aber nicht den Vorstand der Muttergesellschaft – hier der MAN SE – verantwortlich, sondern ausschließlich den Vorstand der hundertprozentigen Tochtergesellschaft MAN Nutzfahrzeuge AG. Dennoch beschränkte die Staatsanwaltschaft den Anwendungsbereich des § 130 Abs. 1 OWiG abermals nicht auf den Bereich des einzelnen Konzernunternehmens. So erklärte die Behörde nach der

235

---

290 Vgl. den Geschäftsbericht 2009 der MAN SE, S. 137, abrufbar im Internet unter: http://www.equitystory.com/Download/Companies/MAN/Annual%20Reports/DE0005937007-JA-2009-EQ-D-00.pdf.
291 Vgl. die Pressemitteilung 03/09 der Staatsanwaltschaft München I vom 11.5.2009, abrufbar im Internet unter http://www.justiz.bayern.de/sta/sta/m1/presse/archiv/2009/02014/.
292 Vgl. den Geschäftsbericht 2009 der MAN SE (oben 1. Fn. zu Rn. 234), S. 137.
293 Vgl. den Geschäftsbericht 2009 der MAN SE (oben 1. Fn. zu Rn. 234), S. 137.
294 Vgl. den Geschäftsbericht 2009 der MAN SE (oben 1. Fn. zu Rn. 234), S. 137.
295 Vgl. die Pressemitteilung 11/09 der Staatsanwaltschaft München I vom 10.12.2009, abrufbar im Internet unter http://www.justiz.bayern.de/sta/sta/m1/presse/archiv/2009/02346/.

4 *Der Konzern im Rahmen des § 130 OWiG*

Durchsuchungsaktion, der Bestechungsverdacht richte sich schwerpunktmäßig auf „im Bereich LKW von den Verkäufern in den Niederlassungen als Provisionen bezeichnete Bestechungsgelder an Mitarbeiter der Kunden der MAN Nutzfahrzeuge AG".[296] Bei den Niederlassungen handelte es sich jedoch um solche der MAN Truck & Bus Deutschland GmbH, die wiederum hundertprozentige Tochtergesellschaft der MAN Nutzfahrzeuge AG war[297] und für diese den inländischen Vertrieb umsetzte.[298] Die Verletzung der Aufsichtspflicht durch den Vorstand der MAN Nutzfahrzeuge AG bezog sich damit auf Zuwiderhandlungen, die sich bei der Tochtergesellschaft ereigneten.

236 Die Staatsanwalt München I erstreckte damit auch in diesem Fall den Anwendungsbereich über die Grenzen einzelner Konzerngesellschaften hinaus, wenngleich zumindest die Konzernobergesellschaft MAN SE hier nicht direkter Adressat eines Bußgeldes war.

3. Bußgeldbescheid des Bundeskartellamts gegen die Etex Holding GmbH

237 Zwischen den beiden beschriebenen Fällen der Staatsanwaltschaft München I hatte auch das Bundeskartellamt einen Fall der Aufsichtspflichtverletzung mit Konzernkomponente zu entscheiden. Der zu Grunde liegende Sachverhalt betraf mehrere Unternehmen der Tondachziegelbranche, die sich dem Vorwurf der wettbewerbsbeschränkenden Absprachen ausgesetzt sahen.[299] Zwei der beteiligten Unternehmen waren die Creaton AG und die Pfleiderer Dachziegel GmbH.[300] Die beiden Gesellschaften gehörten zum belgischen Etex-Konzern und waren insofern Tochtergesellschaften der Etex Holding GmbH.[301] Das Bundeskartellamt sah es dabei als erwiesen an, „dass ein für das Europageschäft verantwortlicher leitender Manager des Etex-Konzerns konkrete Anhaltspunkte für die kartellrechtswidrige Absprache (…) hatte und nichts unternahm, um die Umsetzung der Absprache bei den Tochterunternehmen Creaton und Pfleiderer zu verhindern".[302] Das Bundeskartellamt verhängte daher „ein gesondertes Bußgeld in zweistelliger Millionenhöhe wegen einer Aufsichtspflichtverletzung (…) gegen die Etex Holding GmbH gem. § 130

---

296 Vgl. die Pressemitteilung 03/09 der Staatsanwaltschaft München I vom 11.5.2009 (oben 2. Fn. zu Rn. 234).
297 Vgl. insofern den Überblick der konsolidierten Gesellschaften im Geschäftsbericht 2009 der MAN SE (oben 1. Fn. zu Rn. 234), S. 166.
298 Vgl. die Pressemitteilung 03/09 der Staatsanwaltschaft München I vom 11.5.2009 (oben 1. Fn. zu Rn. 235).
299 Vgl. den Fallbericht B1-200/06 des Bundeskartellamtes, S. 1, abrufbar im Internet unter http://www.bundeskartellamt.de/SharedDocs/Entscheidung/DE/Fallberichte/Kartellverbot/2009/B1-200-06.pdf?__blob =publicationFile&v=4.
300 Fallbericht B1-200/06 des Bundeskartellamtes (vorherige Fn.), S. 1.
301 Fallbericht B1-200/06 des Bundeskartellamtes (oben 1. Fn. zu Rn. 237), S. 1.
302 Fallbericht B1-200/06 des Bundeskartellamtes (1. Fn. zu Rn. 237), S. 2.

OWiG".³⁰³ Ausdrücklicher als die Staatsanwaltschaft München I formulierte das Bundeskartellamt damit die seiner Ansicht nach gegebene Möglichkeit, § 130 Abs. 1 OWiG auch über die Grenzen einzelner Konzerngesellschaften hinaus anzuwenden.

Wenig später musste das Bundeskartellamt den Bußgeldbescheid gegen die Etex Holding GmbH im Übrigen wieder aufheben.³⁰⁴ Es hatte sich erst nachträglich herausgestellt, dass der betroffene Manager wenige Tage vor der Kartellabsprache aus der Geschäftsführung der Etex Holding GmbH ausgeschieden war.³⁰⁵ An der Rechtsauffassung des Bundeskartellamtes betreffend die konzernweiten Aufsichtspflichten änderte die Rücknahme indes nichts: „Grundsätzlich besteht für Obergesellschaften jedoch eine bußgeldwehrte Aufsichtspflicht im Konzern, kartellrechtswidrige Handlungen von Gesellschaften, die ihrer Leitung unterstehen, zu verhindern."³⁰⁶

238

4. Beschluss des Bundesgerichtshofes vom 1.12.1981

Eine höchstrichterliche Entscheidung dieser Bußgeldpraxis ist bis heute ausgeblieben.³⁰⁷ Der BGH hatte sich allerdings bei seinem Beschluss vom 1.12.1981 – letztendlich nur am Rande – mit der Frage der konzernweiten Anwendung des § 130 Abs. 1 OWiG auseinanderzusetzen.³⁰⁸ Eine Landeskartellbehörde hatte Bußgelder gegen mehrere Unternehmen verhängt, da deren Organe bzw. Gesellschafter gegen wettbewerbsrechtliche Vorschriften verstoßen bzw. die Aufsichtspflichten aus § 130 OWiG verletzt hatten.³⁰⁹ Der Kartellsenat des OLG München hob die Bescheide auf, woraufhin die Staatsanwaltschaft Rechtsbeschwerde einlegte.³¹⁰ Somit musste sich der BGH mit der Rechtsfrage auseinandersetzen, ob das vertretungsberechtigte Organ einer Aktiengesellschaft Aufsichtspflichten gem. § 130 OWiG gegenüber einer hundertprozentigen Tochtergesellschaft treffen. Allerdings verneinte der BGH im konkreten Fall bereits die Voraussetzungen für das Vorliegen eines jedenfalls schuldhaften Handelns des Aufsichtspflichtigen.³¹¹ Damit konnte dahingestellt bleiben, ob sich die Aufsichtspflichten des § 130 Abs. 1 OWiG überhaupt auf eine Tochtergesellschaft erstrecken können. Allerdings fügte der BGH seiner Urteilsbegründung eine Anmerkung hinzu, die in der Literatur bis heute nicht selten

239

---

303 Fallbericht B1-200/06 des Bundeskartellamtes (1. Fn. zu Rn. 237), S. 2.
304 Vgl. den Fallbericht B1-200/06-P2 des Bundeskartellamtes, abrufbar im Internet unter http://www.bundeskartellamt.de/SharedDocs/Entscheidung/DE/Fallberichte/Kartellverbot/2012/B1-200-06.pdf?__blob =publicationFile&v=5.
305 Fallbericht B1-200/06-P2 des Bundeskartellamtes (vorherige Fn.).
306 Fallbericht B1-200/06-P2 des Bundeskartellamtes (oben 1. Fn. zu Rn. 238).
307 So auch *Graf* in: FG Feigen, S. 37 (39).
308 *BGH* GRUR 1982, 244.
309 *BGH* GRUR 1982, 244 (245).
310 *BGH* GRUR 1982, 244 (245).
311 *BGH* GRUR 1982, 244 (247).

als ein Indiz gegen die gesellschaftsübergreifende Anwendbarkeit des § 130 Abs. 1 OWiG gewertet wird. Denn nach Ansicht des BGH könne die eigene Rechtspersönlichkeit der Tochtergesellschaft – hier einer GmbH – dem entgegenstehen, da diese insofern Inhaberin des Gesellschaftsunternehmens sei.[312] Bei diesem Konjunktivsatz beließ das Gericht jedoch seine Feststellungen zur Problemfrage.

5. Beschluss des OLG München vom 23.9.2014

239a Während der BGH damit bis heute keine Leitlinien zur Beantwortung der Frage aus Sicht der Rechtsprechung vorgegeben hat, nahm mit dem OLG München jüngst ein höherinstanzliches Gericht ausführlicher Stellung. Dem Beschluss zu Grunde lag eine Entscheidung des LG Landshut, in der sich die Zulassung einer Anklage zu einer Hauptverhandlung entgegen der Auffassung der Staatsanwaltschaft nicht auch auf die nebenbeteiligte Konzernmutter und deren Leitungsperson erstreckte.[313] Die Staatsanwaltschaft legte gegen die insoweit abgelehnte Zulassung sofortige Beschwerde zum zuständigen OLG München ein. Nach Ansicht der Staatsanwaltschaft war im konkreten Fall ein – durch ihr vertretungsberechtigtes Leitungsorgan verwicklichter – Aufsichtspflichtverstoß der Konzernmutter hinsichtlich Pflichtverletzungen in einer Tochtergesellschaft gegeben.

239b Anders, als es noch beim BGH anklang, erteilte das OLG München der konzernweiten Anwendbarkeit des § 130 OWiG dabei keinesfalls eine Absage. Im Gegenteil betonte das Gericht, dass eine pauschale Beantwortung dieser Frage nicht möglich sei. Maßgeblich seien die Umstände des Einzelfalls.

239c Letztendlich half das OLG der sofortigen Beschwerde nicht ab und verneinte im konkreten Fall eine Anwendbarkeit des § 130 OWiG auf die Konzernmutter und deren Leitungsperson. Dabei stellt das Gericht zunächst fest, dass eine „originäre gesellschaftsrechtliche Aufsichtspflicht der Muttergesellschaft gegenüber dem Tochterunternehmen"[314] nicht bestehe. Als unmittelbare Begründung wird sodann das Fehlen eines Beherrschungsvertrages angeführt. Dadurch sei „das Tochterunternehmen insoweit als rechtlich selbstständig anzusehen".[315] Die in Rede stehenden Pflichten träfen daher das Tochterunternehmen und deren Geschäftsführer, nicht aber die Muttergesellschaft oder deren vertretungsberechtigte Organe. Auch wenn es in dieser Ausdrücklichkeit nicht behauptet wird: das OLG scheint damit in Fällen des Vertragskonzerns von einer konzerndimensionalen Anwendbarkeit des § 130 OWiG auszugehen.

239d Doch selbst im Falle lediglich faktischer Konzernverbindungen scheint eine solch weitreichende Aufsichtspflicht nach Ansicht des OLG nicht ausgeschlossen:

---

312 *BGH* GRUR 1982, 244 (247).
313 *OLG München* Beschluss vom 23.9.2014, Az. 3 Ws 599, 600/14.
314 *OLG München* Beschluss vom 23.9.2014, Az. 3 Ws 599, 600/14.
315 *OLG München* Beschluss vom 23.9.2014, Az. 3 Ws 599, 600/14.

"Für den Umfang der Aufsichtspflicht im Sinne des § 130 OWiG sind die tatsächlichen Verhältnisse maßgeblich, weshalb auf die tatsächliche Einflußnahme der Konzernmutter auf die Tochtergesellschaft abzustellen ist. Nur wenn der Tochtergesellschaft von der Konzernmutter Weisungen erteilt werden, die das Handeln der Tochtergesellschaft beeinflussen, und dadurch die Gefahr der Verletzung betriebsbezogener Pflichten begründet wird, besteht im Umfang dieser konkreten Einflußnahme eine gesellschaftsrechtliche Aufsichtspflicht der Konzernmutter. Dort, wo die Tochtergesellschaft indes in ihrer Willensbildung und Handlungsfreiheit nicht durch die Weisungen der Konzernmutter beeinflusst wird, verbleibt die ordnungswidrigkeitenrechtliche Verantwortlichkeit zur Einhaltung der betriebsbezogenen Pflichten und die damit korrespondierende besondere Aufsichtspflicht im Sinne des § 130 OWiG trotz der Einbettung in den Konzern bei den Leitungspersonen der rechtlich selbstständigen Tochtergesellschaft (...)." Abseits von Vertragskonzernen sei „also auf eine tatsächlich erfolgte Einflußnahme der Konzernmutter auf die Tochtergesellschaft im Einzelfall abzustellen, um eine unverhältnismäßige und unkalkulierbare Ausweitung der Aufsichtspflich-ten zu vermeiden und eine Kongruenz zwischen Einfluss und Verantwortlichkeit, also zwischen Herrschaft und Haftung, herzustellen."[316]

Eine insoweit ausreichende Einflussnahme erachtete das OLG im konkreten Fall als nicht gegeben. Die reine Kapitalbeteiligung oder personelle Verflechtungen sollen jedenfalls nicht genügen, um die Voraussetzungen einer entsprechenden faktischen Konzernstruktur zu erfüllen. Die Konzernmutter unter derartigen Umständen als Betriebsinhaberin des Tochterunternehmens ansehen zu wollen, sei „sachlich nicht gerechtfertigt und würde überdies wegen unüberschaubarer Zurechnungskaskaden zu einer unzulässigen Ausweitung des Anwendungsbereiches des § 130 OWiG führen"[317]. Hierfür bestehe „auch keinerlei Bedürfnis, weil die Verantwortlichen des Tochterunternehmens von § 130 OWiG selbst erfasst werden und die Verantwortlichen der Muttergesellschaft über § 9 OWiG gegebenenfalls auch sanktioniert werden können, so dass keine Sanktionslücke besteht"[318]. Von teilweise widersprüchlicher Argumentation wird man das Gericht vor diesem Hintergrund nicht vollends freisprechen können. Warum nicht auch in faktischen Konzernverbindungen mangels entsprechender Sanktionslücken ein solches Bedürfnis fehlt, wird jedenfalls nicht beantwortet.

239e

Die Ausführungen des OLG München zur Frage der konzerndimensionalen Anwendbarkeit des § 130 OWiG sind im Ergebnis in mehrfacher Hinsicht bemerkenswert. Sie sind es zum einen schon deshalb, da auch auf Ebene der Oberlandesgerichte ausdrückliche Stellungnahmen bis dato ersichtlich ausgeblieben sind. Zum Zweiten ist die offenkundige Annahme der konzerndimensionalen Aufsichtspflicht in Vertragskonzernen zu betonen. Drittens ergibt sich die Besonderheit des Beschlusses aus der expliziten Feststellung, dass bei entsprechenden tatsächlichen

239f

---

316 OLG München Beschluss vom 23.9.2014, Az. 3 Ws 599, 600/14.
317 OLG München Beschluss vom 23.9.2014, Az. 3 Ws 599, 600/14.
318 OLG München Beschluss vom 23.9.2014, Az. 3 Ws 599, 600/14.

Umständen selbst im Rahmen faktischer Unternehmensverbunde konzernweite Aufsichtspflichten nach § 130 OWiG bestehen können. Ob der Begriff des faktischen Konzerns nach Ansicht des OLG München dabei aktienrechtsakzessorisch oder aber autonom auszulegen ist, bleibt allerdings mangels ausdrücklicher Bezugnahme unklar – ebenso wie die Frage nach der genauen Bestimmung und Qualifizierung der konkreten Umstände des Einzelfalles. Dies ändert nichts an dem beachtlichen Verdienst des Beschlusses, der – soweit ersichtlich – erstmals einen höherinstanzlichen Rechtsprechungsbeitrag zur dogmatischen Fundamentierung des Meinungsspektrums leistet.

II. Dogmatische Begründungsansätze

240　Jedenfalls in der Bußgeldpraxis ist die Erstreckung des Anwendungsbereiches des § 130 Abs. 1 OWiG über die Grenzen der einzelnen Konzerngesellschaft hinaus somit nicht ausgeschlossen. Mit Ausnahme des eben dargestellten Beschlusses des OLG München lässt sich den insoweit vorliegenden Entscheidungen eine dogmatische Begründung jedoch nicht entnehmen. Mit Blick auf die Bußgeldpraxis der Verfolgungsbehörden entsteht jedenfalls der Eindruck, die konzernweite Anwendbarkeit werde wie selbstverständlich vorausgesetzt. Zumindest im Ergebnis findet sich diese Rechtsauffassung auch in zahlreichen Stellungnahmen der wissenschaftlichen Literatur wieder, nicht selten unter Beschränkung auf rein kriminalpolitische Erwägungen und unter Verzicht einer exakt dargelegten dogmatischen Herleitung. Sofern die Befürworter einer konzernweiten Aufsichtspflicht – wie partiell auch das OLG München – ihre Ansicht zudem mit dogmatischen Begründungen unterfüttern, zeigen sich dabei häufig vergleichbare, zum Teil aber auch sich deutlich unterscheidende Ansätze.

1. Die Konzernobergesellschaft als Inhaber des Tochterunternehmens

241　Grundlage einer möglichen Herleitung kann dabei zunächst der Inhaberbegriff darstellen. Eine Anwendung auf Konzernsachverhalte ist möglich, wenn die Konzernobergesellschaft als Inhaber ihrer Tochterunternehmen angesehen werden kann. Die Obergesellschaft wäre dann Adressatin der Aufsichtspflichten aus § 130 Abs. 1 OWiG und gegebenenfalls verantwortlich, wenn es zu Zuwiderhandlungen in Tochterunternehmen kommt.

242　Ob der Inhaberbegriff einer derartigen Auslegung zugänglich ist, kann nur bedingt mit Blick auf Erkenntnisse aus anderen Rechtsgebieten beantwortet werden. Wie im Rahmen der allgemeinen Erörterung abseits von Konzernsachverhalten bereits dargestellt, verbergen sich hinter dem Begriff der Inhaberschaft ganz unterschiedliche rechtliche und tatsächliche Beziehungen, im bürgerlichen Sachenrecht etwa in anderer Form als im Schuldrecht.[319] Auf ein rechtsgebietsübergreifend etabliertes Be-

---

319　Vgl. bereits oben Rn. 180 ff.

griffsverständnis der Inhaberschaft kann damit nicht verwiesen werden, die Begriffsauslegung im Rahmen des Ordnungswidrigkeitenrechts lässt sich folglich nicht auf die bloße Übernahme von gesicherten Erkenntnissen aus anderen Regelungsbereichen beschränken. Dies gilt selbst für den Vergleich zur Betriebs- und Unternehmensinhaberschaft im Rahmen des Arbeitsrechts.[320] Auch wenn hier eine Vergleichbarkeit der Interessenlage und Auslegungskriterien nicht ausgeschlossen werden kann, so ist auch damit nicht die zwangsläufige Deckung bei der Begriffsbestimmung verbunden. Dem Gesetzgeber ist es nicht verwehrt, identischen Begriffen in verschiedenen Regelungsbereichen unterschiedliche Bedeutung beizumessen.[321] Die Begriffsbestimmung hat daher autonom in Anbetracht der konkreten Regelung zu erfolgen, in die er eingebettet ist.[322] Maßgeblich sind die anerkannten Auslegungsgrundsätze und dabei – neben etwa systematischen und historischen Merkmalen – zuvorderst der Wortlaut der Norm und insbesondere die anhand teleologischer Gesichtspunkte zu ermittelnde ratio legis.[323]

Ob sich das etablierte Begriffsverständnis zur Inhaberschaft im Rahmen der allgemeinen Anwendung des § 130 OWiG[324] bei Konzernsachverhalten entsprechend modifizieren lässt, ist nicht schon auf den ersten Blick zu beantworten. Der Wortlaut der Norm hilft an dieser Stelle zunächst nicht entscheidend weiter, da sich der Bezeichnung der Inhaberschaft eine klare und eindeutige Begriffsdefinition nicht entnehmen lässt.[325] Der Wortlaut gewinnt aber dennoch auch hier an Bedeutung, so-

---

320 Vgl. bereits oben Rn. 182 ff.
321 Vgl. nur *BGH* NJW 1958, 310 (310), wo es auf die Auslegung des zivilrechtlich klar konturierten Begriffes des Kommissionärs ging: „Die Begriffe des Handelsrechts gelten nicht schlechthin mit gleichem Inhalt auch im Strafrecht. (…) Die Verschiedenheit der Rechtsgebiete, die schon in der anderen Art ihrer Aufgaben begründet liegt, kann gerade das Gegenteil verlangen. Die Rspr. hat deshalb von jeher bürgerlich-rechtliche Begriffe für das Strafrecht nach seiner Eigenart geprägt, z.B. in § 52 Abs. 2 StGB die Verwandtschaft (BGHSt. 7, 245 f. = NJW 55, 720), die Schwägerschaft (RGSt. 34, 418) und das Verlöbnis (RGSt. 35, 49; 38, 242; *BGH* LM Nr. 25 zu § 222 StGB = JR 55, 104); den Gewahrsam in § 242 StGB (RGSt. 50, 183), den Besitz in § 246 StGB (RGSt. 37, 198), die Erziehung in § 174 Ziff. 1 StGB (BGH 1 StR 107/57 v. 14.5.1957), den Bevollmächtigten in § 266 Abs. 1 Ziff. 2 StGB a.F. (RGSt. 62, 15, 18). Nichts steht im Wege, auch den Begriff des Kommissionärs i.S.d. § 95 Abs. 1 BörsG a.F. in einem eigenständigen strafrechtlichen Sinne zu verstehen."; siehe hierzu auch *Koch* AG 2009, 564 (568); *Vogt* Verbandsgeldbuße, S. 285.
322 Vgl. hierzu auch *Thiemann* Aufsichtspflichtverletzung, S. 152 ff.; *Bunting* ZIP 2012, 1542 (1545). Siehe zur grundsätzlichen Autonomie des Strafrechts zudem auch BGHSt 10, 194 (196); *Wessels/Beulke/Satzger* Strafrecht AT, Rn. 58; *Wittig* Betrug, S. 190; grundlegend *Bruns* Befreiung, passim; kritisch hierzu *Lüderssen* in: FS Hanack, S. 487 (487 ff.). Zur Relativität der Begriffsbildung allgemein auch *Wank* Auslegung, S. 45.
323 Vgl. hierzu nur *Schmitz* in: MK-StGB, § 1 StGB Rn. 70 ff. Zu den Möglichkeiten und Grenzen der Auslegung sogleich ausführlicher Rn. 286 ff.
324 Vgl. hierzu bereits oben Rn. 180 ff.
325 Dies zeigt schon die bereits mehrfach erwähnte, unterschiedliche Verwendung des Inhaberbegriffes in anderen Rechtsgebieten.

4 Der Konzern im Rahmen des § 130 OWiG

fern er die Grenzen der zulässigen Auslegung festsetzt.[326] Ein Inhaberverständnis, das sich dem Wortlaut nicht mehr unterordnen lässt, ist daher unzulässig.[327] Wie im Kernstrafrecht[328] verbietet sich auch für das Ordnungswidrigkeitenrecht eine Ausweitung der Regelungen über den Wortlaut hinaus im Wege der Analogie.[329] Für die Frage der Inhaberschaft von Konzernobergesellschaften im Verhältnis zu Tochterunternehmen bedeutet dies aber keine entscheidende Eingrenzung. Das strikte Rechtsträgerprinzip ist dem Wortlaut nicht immanent.[330] Dass die Kapitalbeteiligung an einer Gesellschaft eine Inhaberschaft jedenfalls im Wortsinn bedeuten kann, lässt sich schon mit dem Blick auf das sachenrechtliche Begriffsverständnis nicht verleugnen.[331]

244 Insofern wird dann auch unter Zugrundelegung eines wirtschaftlich orientierten Inhaberbegriffs – und in Abkehr der herkömmlichen Begriffsbestimmung im Rahmen des § 130 OWiG – vertreten, im Anwendungsbereich dieser Norm sei die Konzernobergesellschaft als Inhaber ihrer Tochterunternehmen anzusehen.[332] Die argumentative Stütze wird dabei zumeist in der im betreffenden Kontext bestehenden Vergleichbarkeit von Konzernen mit Einzelunternehmen gesucht.[333] Hinsichtlich der betrieblichen Aufsichtspflichten könne es keinen Unterschied bedeuten, ob untergeordnete Betriebsteile rechtlich selbstständig oder unselbstständig organisiert sind.[334] Teilweise wird hierbei auch je nach Höhe der Kapitalbeteiligung differenziert. So sehen manche eine Inhaberschaft der Konzernobergesellschaft lediglich gegenüber einer hundertprozentigen Tochtergesellschaft gegeben.[335] Allerdings war dies jedenfalls in der Etex-Entscheidung des Bundeskartellamtes nicht erforderlich. Bei einem der beiden betroffenen Tochterunternehmen lag keine hundertprozentige Kapitalbeteiligung der Muttergesellschaft vor. Das Bundeskartellamt ließ hier insofern

---

326 *Schmitz* in: MK-StGB, § 1 StGB Rn. 71 ff. Vgl. hierzu auch BVerfGE 71, 108 (115): „Der mögliche Wortsinn des Gesetzes markiert die äußerste Grenze (…)." Entsprechend *Rogall* in: KK-OWiG, § 3 OWiG Rn. 53.
327 Grundlegend *Hassemer/Kargl* in: NK-StGB, § 1 StGB Rn. 78.
328 Zum strafrechtlichen Analogieverbot siehe zur ständigen Rechtsprechung BVerfGE 14, 174 (185); 73, 206 (234); 75, 329 (340); 126, 170 (194).
329 Vgl. nur BGHSt 24, 54 (62); *Rogall* in: KK-OWiG, § 3 OWiG Rn. 51.
330 So auch *Koch* AG 2009, 564 (568).
331 Ähnlich *Koch* AG 2009, 564 (568); im Ergebnis so auch *Aberle/Holle* in: Eisele/Koch/Theile, S. 117 (120 f.); *Hackel* Konzerndimensionales Kartellrecht, S. 364; *Muders* Haftung im Konzern, S. 41.
332 So auch das Bundeskartellamt im Fall Etex, vgl. hierzu *Koch* AG 2009, 564 (565). Zum Bußgeldbescheid des Bundeskartellamtes gegen die Etex Holding GmbH siehe auch oben Rn. 237 f. Im Ergebnis für eine entsprechende Inhaberschaft auch *Bunting* ZIP 2012, 1542 (1545 f.); *Sonnenberg* Aufsichtspflicht, S. 57.
333 So auch das Bundeskartellamt im Fall Etex, vgl. hierzu *Koch* AG 2009, 564 (565); ebenso *Sonnenberg* Aufsichtspflicht, S. 57.
334 Vgl. *Koch* AG 2009, 564 (565).
335 *Tiedemann* NJW 1986, 1842 (1845); jedenfalls für diesen Fall auch *Niesler* in: Graf/Jäger/Wittig, § 130 OWiG Rn. 53, der eine entsprechende Aufsicht jedoch nicht auf Fälle einhundertprozentiger Kapitalbeteiligung begrenzen möchte.

das Vorliegen eines „steuernden Eingriffes" genügen und lehnte seine Begründung damit an die Maßstäbe der europäischen Kartellrechtsprechung an.[336] Mit diesem Ansatz wird die wirtschaftliche Betrachtungsweise um eine faktische Beurteilung ergänzt. Entsprechende Auffassungen finden sich auch in der Literatur. Nur wer auch tatsächlich Aufsichtspflichten in der Sphäre der untergeordneten Gesellschaft übernimmt, könne für insofern entstehende Zuwiderhandlungen zur Verantwortung gezogen werden.[337] Wieder andere sehen eine entsprechende Pflichtenstellung jedenfalls bei Abschluss eines Beherrschungsvertrages für gegeben, da die Aufsicht dann auf die Konzernspitze verlagert werde.[338]

Bei zahlreichen Vertretern des wissenschaftlichen Schrifttums stößt eine solch wirtschaftliche Betrachtungsweise indes auf Widerspruch. Vielmehr sei die rechtliche Selbstständigkeit der einzelnen Konzerngesellschaften auch an dieser Stelle zu respektieren.[339] Zudem wird auf den Gleichlauf der Verwendung des Begriffes der Inhaberschaft bei § 130 OWiG und § 9 OWiG bzw. § 14 StGB verwiesen. Auch wenn die Begriffe selbst innerhalb einer Rechtsordnung autonom bestimmt werden können, so wollte der Gesetzgeber hier bewusst eine inhaltliche Abstimmung herstellen. Eine unterschiedliche Begriffsbestimmung könne das Zusammenspiel der eng verknüpften Regelungen des § 130 OWiG und § 9 OWiG stören.[340] Es müsse daher auch im Rahmen des § 130 OWiG auf einen rechtlichen Inhaberbegriff abgestellt werden und insofern der Rechtsträger als alleiniger Inhaber gelten.[341] Eine Hinzuziehung des wirtschaftlichen Eigentümers sei systemwidrig, die Aktionäre einer Aktiengesellschaft könnten auch sonst nicht als aufsichtspflichtige Personen angesehen werden.[342] Auch die Hinzuziehung von Handlungselementen sei nicht zu befürworten.[343] Eine faktische Beurteilung sei daher nicht geeignet, um die Inhaber-

---

336 Vgl. *Koch* AG 2009, 564 (565 ff.).
337 *Wirtz* WuW 2001, 342 (348 f.); vgl. auch *Wilhelm* Aufsichtsmaßnahmen, S. 31, die etwa die Einrichtung einer übergreifenden Compliance-Organisation als insofern haftungsauslösendes Moment für die Konzernobergesellschaft anführt. In diese Richtung auch *Klusmann* in: Wiedemann, § 55 Rn. 41 f.
338 *Geismar* Aufsichtspflichtverletzung, S. 67; entsprechend wohl auch *Huber* Compliance-Pflichten, S. 208, der darüber hinausgehende, verallgemeinernde Aussagen über die Verantwortlichkeit zwischen verbundenen Unternehmen ablehnt.
339 *Gürtler* in: Göhler, § 30 OWiG Rn. 5a; *Petermann* in: Eisele/Koch/Theile, S. 99 (105); *Brettel/Thomas* ZWeR 2009, 25 (58); *Bechtold* NJW 2009, 3699 (3706). Im Ergebnis auch *Ransiek* Unternehmensstrafrecht, S. 105.
340 So *Koch* AG 2009, 564 (567); zustimmend *Graf* in: FG Feigen, S. 37 (45). Im Ergebnis wohl auch *Petermann* Compliance-Maßnahmen, S. 113, wenn er eine nicht gerechtfertigte „Spaltung des ordnungswidrigkeitsrechtlichen Inhaberbegriffs" befürchtet, sofern neben dem Unternehmensträger als Rechtssubjekt auch der Konzern als nicht taugliches Rechtssubjekt von der Norm angesprochen wird.
341 *Petermann* in: Eisele/Koch/Theile, S. 99 (105). Zum im Rahmen des bei § 130 OWiG etablierten Rechtsträgerprinzip vgl. bereits oben Rn. 181 ff.
342 *Potinecke/Block* in: Knierim/Rübenstahl/Tsambikakis, 2. Kapitel Rn. 127. Siehe hierzu auch bereits oben Rn. 181.
343 *Koch* AG 2009, 564 (572 f.); *Theile* in: Rotsch, Criminal Compliance, § 38 Rn. 5.

schaft zu begründen.³⁴⁴ Die Ermittlung der Inhaberschaft dürfe nicht anhand von tatsächlichen Handlungselementen beurteilt werden, sondern anhand der bestehenden Verantwortungssphäre.³⁴⁵ Schließlich könne sich auch im Einzelunternehmen der Aufsichtspflichtige nicht durch das Argument der Verantwortung erziehen, die Aufsichtspflichten seien ihm aufgrund der konkreten Betriebsstruktur entzogen.³⁴⁶ Weiterhin führe die Betrachtungsweise zu einer doppelten Inhaberschaft und damit zu Pflichtenkollisionen zwischen Konzernobergesellschaft und Tochterunternehmen.³⁴⁷

246 Das ersichtliche Hauptargument gegen die Begründung der Inhaberschaft einer Konzernobergesellschaft im Verhältnis zu ihren Tochterunternehmen wird jedoch aus dem Regelungszweck des § 130 OWiG entnommen, insbesondere um einer Erweiterung des Inhaberbegriffs im Rahmen von Konzernsachverhalten aus teleologischen Gesichtspunkten die Grundlage zu entziehen.³⁴⁸ Die Sanktionierung der betrieblichen Aufsichtspflichtverletzung sei dem Auseinanderfallen von Pflichtenadressat und Handelndem geschuldet.³⁴⁹ Zahlreiche Rechtsnormen richten sich ausschließlich gegen den Betriebsinhaber.³⁵⁰ Da dieser sich – vor allem in größeren Betrieben – zur Erledigung der anfallenden Aufgaben aber regelmäßig dem Einsatz von Personal bedient, kommt es zu der Situation, dass der Betriebsinhaber als Pflichtenadressat oft selbst nicht handelt, während die eigentliche handelnde Person nicht zum Adressatenkreis der an den Inhaber gerichteten Normen zählt.³⁵¹ Die hierdurch entstehende Sanktionslücke solle durch § 130 OWiG aufgefangen werden.³⁵² Bei Konzernsachverhalten könne diese Lücke nicht entstehen.³⁵³ Der Inhaber des Tochterunternehmens bzw. die verantwortlichen Vertretungsorgane sind selbst direkt Adressaten der an den Betriebsinhaber gerichteten Pflichten und kön-

---

344 Insbesondere *Muders* Haftung im Konzern, S. 60 ff. verweist dabei auf eine Sperrwirkung des § 9 OWiG. Die faktische Betrachtungsweise führe dazu, dass die Pflichtenüberleitung nach den Grundsätzen des § 9 OWiG unterlaufen würde, indem bereits auf Primäradressatenebene die faktische Leitungsmacht konstitutiv wirkt. Insofern müssten nach seiner Ansicht dann auch die Organe der Gesellschaft vom Inhaberbegriff umfasst sein. Eine entsprechende Pflichtenzuweisung sei indes exklusive Aufgabe des § 9 OWiG.
345 So *Koch* AG 2009, 564 (572 f.).
346 *Koch* AG 2009, 564 (572 f.).
347 *Koch* AG 2009, 564 (571); *Grundmeier* Rechtspflicht, S. 76; *Lang* Corporate Compliance, S. 162 f.
348 Vgl. etwa *Graf* in: FG Feigen, S. 37 (46); *Lang* Corporate Compliance, S. 162.
349 Vgl. *Koch* AG 2009, 564 (568 f.).
350 *Grundmeier* Rechtspflicht, S. 58.
351 *Koch* AG 2009, 564 (568 f.); *Vogt* Verbandsgeldbuße, S. 287.
352 *Koch* WM 2008, 1013 (1018); *ders.* ZHR 171 (2007), 554 (571 f.); *Grundmeier* Rechtspflicht, S. 58; *Graf* in: FG Feigen, S. 37 (46); *Lang* Corporate Compliance, S. 162.
353 *Achenbach* NZWiSt 2012, 321 (326 f.); *Koch* WM 2008, 1013 (1018); *ders.* ZHR 171 (2007), 554 (571 f.); *Lang* Corporate Compliance, S. 162; *Grundmeier* Rechtspflicht, S. 75 spricht insofern vom „Leerlauf der Funktion des § 130 OWiG".

nen dementsprechend auch zur Verantwortung gezogen werden.³⁵⁴ Damit sind sie Adressaten der Aufsichtspflichten aus § 130 Abs. 1 OWiG, eine Sanktionslücke durch Ausschließung der Konzernobergesellschaft sei nicht zu befürchten.³⁵⁵

Schließlich wird die konzernweite Interpretation des Inhaberbegriffes mit Verweis auf die ohnehin bestehenden, verfassungsrechtlichen Bedenken hinsichtlich der Regelung des § 130 OWiG abgelehnt. Die Ausgestaltung im verfassungsrechtlich zulässigen Grenzbereich verlange eine restriktive Auslegung der Tatbestandsmerkmale.³⁵⁶ Eine Ausweitung des Adressatenkreises auf die Konzernobergesellschaft sei auch vor diesem Hintergrund nicht zu befürworten.³⁵⁷   247

2. Der Konzern als Unternehmen

Ein alternativer Weg für die dogmatische Fundamentierung der konzernweiten Anwendung des § 130 OWiG wird überdies darin gesucht, den Anknüpfungspunkt für die Herleitung konzernweiter Aufsichtspflichten bereits im Begriff des „Unternehmens" i.S.d. § 130 Abs. 1 OWiG zu suchen. Denn sofern hierunter auch der gesamte Unternehmensverbund subsumiert werden könnte, wäre eine stabile Grundlage für einen derartig weiten Anwendungsbereich greifbar. Die Konzernobergesellschaft bzw. deren Rechtsträger könnte dann auch bei Zugrundelegung des insofern restriktiven, rechtlichen Inhaberbegriffs als Inhaber des Unternehmensverbundes i.S.d. § 130 Abs. 1 OWiG angesehen werden, über § 9 Abs. 1 OWiG wären die gesetzlichen Vertreter – etwa der Vorstand einer konzernführenden Aktiengesellschaft – somit als Normadressaten verantwortlich, durch die Wahrnehmung von Aufsichtsmaßnahmen Zuwiderhandlungen im gesamten Unternehmensverbund zu verhindern.   248

a) Annäherung über das allgemeine Wirtschaftsverständnis

Ein dementsprechendes Verständnis des Unternehmensbegriffes läuft der ersichtlich tatsächlichen Wahrnehmung – insbesondere außerhalb der Rechtswissenschaft – kaum zuwider. Denn eine trennscharfe Differenzierung der Begriffe Konzern und Unternehmen erfolgt abseits juristischer Anwendung nur selten.³⁵⁸ Ohne Zuweisung   249

---

354 *Achenbach* NZWiSt 2012, 321 (327); *Koch* AG 2009, 564 (571); *ders.* WM 2009, 1013 (1018); *ders.* ZHR 171 (2007), 554 (571 f.); *Vogt* Verbandsgeldbuße, S. 287.
355 *Achenbach* NZWiSt 2012, 321 (327); *Koch* AG 2009, 564 (571); *ders.* WM 2009, 1013 (1018); *ders.* ZHR 171 (2007), 554 (571 f.); *Lang* Corporate Compliance, S. 162; *Vogt* Verbandsgeldbuße, S. 287 f.; zuletzt so auch *OLG München* Beschluss vom 23.9.2014, Az. 3 Ws 599, 600/14, das allerdings in der Folge – und insofern widersprüchlich – die Möglichkeit der konzernweiten Aufsichtspflicht sogar im faktischen Konzern augenscheinlich für nicht ausgeschlossen erachtet.
356 So insbesondere *Koch* AG 2009, 564 (572).
357 *Koch* AG 2009, 564 (572).
358 So auch *Heinichen*, NZWiSt 2013, 95 (95 f.), *Schneider/Schneider*, ZIP 2007, 2061 (2061).

konkreter rechtlicher Merkmale werden beide Bezeichnungen oftmals synonym verwendet. Der Pharmahersteller Bayer etwa sieht sich als „ein weltweit tätiges Unternehmen mit Kernkompetenzen auf den Gebieten Gesundheit, Agrarwirtschaft und hochwertige Materialien",[359] für das weltweit annähernd 120.000 Mitarbeiter tätig sind.[360] Freilich ist hiermit nicht ein Einzelunternehmen gemeint, sondern vielmehr ein Verbund zahlreicher Unternehmen im rechtlichen Sinne. Die Obergesellschaft Bayer AG ist nur sogenannte „strategische Management-Holding" des Konzerns[361] und beschäftigt lediglich rund 700 Mitarbeiter.[362] Auch der Münchener Automobilbauer BMW spricht davon, die BMW Group zähle zu den „größten Industrieunternehmen Deutschlands".[363] Ferner sei „die BMW Group seit vielen Jahren das nachhaltigste Unternehmen der Automobilbranche."[364] Tatsächlich bezeichnet die BMW Group eine ganze Anzahl von Unternehmen im rechtlichen Sinn, deren Muttergesellschaft die Bayerische Motoren Werke AG ist.[365] Derartige Gleichsetzungen der Begriffe sind bei weitem nicht die einzigen Spiegelbilder einer alltäglichen Sprachverwendung, in der Konzernverbindungen zumindest technisch in das Licht einer einzelnen, zusammengehörigen Einheit gedrängt werden. Der Automobilhersteller Volkswagen unterstreicht die Einheitlichkeit etwaig eingebundener Konzernunternehmen etwa durch Ausweisung eines Konzernvorstandsvorsitzenden,[366] bei dem es sich bei rechtlicher Betrachtung um den Vorstandsvorsitzenden der Konzernobergesellschaft Volkswagen AG handelt.[367] Die Grenzen zwischen selbstständigen Konzerngesellschaften und einheitlicher Gesamtunternehmung sind damit oftmals kaum wahrnehmbar. Die häufig durch die Konzernobergesellschaften koordinierte Außenkommunikation am Markt unterstreicht vielmehr regelmäßig die Einheitlichkeit des Unternehmensverbundes, die Aufteilung in zahlreiche selbstständige juristische Personen bleibt oft verborgen. Eine faktische Gleichsetzung von Konzern und Unternehmen ist damit im alltäglichen Sprachgebrauch und wohl auch im wirtschaftlichen Verständnis nicht selten, sondern vielmehr die Regel. Der Versuch zahlreicher Konzerne, als große einheitliche Marke wahrgenommen zu wer-

---

359 Vgl. den Geschäftsbereich des Bayer-Konzerns 2012, im Internet abrufbar unter http://www.geschaeftsbericht2012.bayer.de/de/bayer-geschaeftsbericht-2012.pdfx?forced=true, S. 2.
360 Geschäftsbericht des Bayer-Konzerns 2012 (vorherige Fn.), S. 133.
361 Geschäftsbericht des Bayer-Konzerns 2012 (oben 2. Fn. zu Rn. 249), S. 93.
362 Vgl. den Jahresabschluss 2012 der Bayer AG, abrufbar im Internet unter http://www.investor.bayer.de/securedl/658.
363 Vgl. den Geschäftsbericht der BMW Group 2012, abrufbar im Internet unter http://geschaeftsbericht2012.bmwgroup.com/bmwgroup/annual/2012/gb/German/pdf/bericht2012.pdf, S. 3.
364 Vgl. den Geschäftsbericht der BMW Group 2012 (vorherige Fn.), S. 3.
365 Vgl. den Geschäftsbericht der BMW Group 2012 (oben 6. Fn. zu Rn. 249), S. 78.
366 Vgl. den Geschäftsbericht der Volkswagen AG 2012, abrufbar im Internet unter: http://www.volkswagenag.com/content/vwcorp/content/de/misc/pdf-dummies.bin.html/downloadfilelist/downloadfile/downloadfile_22/file/Y_2012_d.pdf, S. 28.
367 Vgl. den Geschäftsbericht der Volkswagen AG 2012 (vorherige Fn.), S. 25.

den, fördert damit eine geringe Sensibilität bei der präzisen Unterscheidung zwischen Konzern und Unternehmen im rechtlichen Sinne.

Für eine juristische Auseinandersetzung mit dieser Frage ist die Feststellung der weitgehenden Verwässerung von rechtlicher Selbstständigkeit und Vielfalt im nichtjuristischen Alltag indes kaum dienlich. Die – beabsichtigten und unbeabsichtigten – Ungenauigkeiten beschränken sich allerdings nicht allein auf rechtswissenschaftsferne Begriffsverwendungen und Darstellungen, sondern finden vielmehr auch Einzug in juristische Erörterungen. Dies gilt selbst für den Fall, in dem der Differenzierung zwischen Konzern und Unternehmen im rechtlichen Sinne entscheidende Bedeutung zukommt, so etwa wie bei der Frage der Anwendungsreichweite des § 130 OWiG. Als Beispiel dienlich ist hier der Rückgriff auf den Bußgeldbescheid der Staatsanwaltschaft München I gegen die Siemens AG, in dem die Behörde einleitend feststellt, „das Unternehmen" verfüge über 430.000 Mitarbeiter.[368] Tatsächlich verfügte die Siemens AG als Adressat des Bußgeldbescheides lediglich über rund 100.000 Mitarbeiter.[369] 430.000 war zum Zeitpunkt des Bußgeldverfahrensabschlusses hingegen die Anzahl der Mitarbeiter des Gesamtkonzerns.[370] Unklar ist, ob diese Formulierung der Behörde sprachlicher Ungenauigkeit geschuldet war, oder aber Ergebnis einer – dann aber jedenfalls nicht im Bußgeldbescheid dokumentierten – rechtlichen Würdigung der Frage, ob der gesamte Unternehmensverbund in dem Gesamtkontext als ein einheitliches Unternehmen anzusehen ist. 250

b) Der Konzern als Unternehmen im europäischen Kartellrecht

Dass die Einordnung eines Unternehmensverbundes als Unternehmen in diesem Sinne zulässig ist, wird jedenfalls auch in der Rechtswissenschaft nicht selten für möglich gehalten. Als Referenz dient dabei insbesondere das europäische Kartellrecht und damit ein scheinbares Schreckgespenst internationaler Großkonzerne. Denn wenn bereits die hier zu Lande aufgerufenen Bußgelder im Rahmen der berühmt gewordenen Korruptionsskandale der letzten Jahre als astronomisch bezeichnet werden, so kann das europäische Kartellordnungswidrigkeitenrecht die dort erreichten Beträge nochmals deutlich überbieten. Fast 1,5 Milliarde Euro Geldbuße verhängte die Kommission zuletzt 2012 im Rahmen des TV-Kartells.[371] 2013 folgten aufgrund von Zinsmanipulationen immerhin Bußgelder in Höhe von über einer Milliarde Euro gegen führende internationale Finanzinstitute. Doch selbst wenn man nur die Bußgelder gegen einzelne Unternehmen in den Blick nimmt, bleiben 251

---

368 Siehe bereits oben 2. Fn. zu Rn. 232.
369 Vgl. den Geschäftsbericht der Siemens AG zum 30. September 2008, abrufbar im Internet unter http://www.siemens.com/investor/pool/de/investor_relations/jahresabschluss_siemens_ag.pdf, S. 11.
370 Siehe bereits oben 3. Fn. zu Rn. 232.
371 Die nachfolgenden Daten sind den Kartellstatistiken der Europäischen Kommission mit Stand vom 10.12.2014 entnommen, abrufbar im Internet unter http://ec.europa.eu/competition/cartels/statistics/statistics.pdf.

die Zahlen eindrucksvoll. Die Unternehmen Saint Gobain, Philips und LG Electronics zahlten in den letzten Jahren jeweils rund 700 Millionen Euro Geldbuße für Verstöße gegen europäisches Kartellrecht. Mit der Deutschen Bank AG, der Siemens AG und der Schaeffler AG finden sich in der Top10-Liste der Europäischen Kommission freilich auch deutsche Vertreter. Sie alle mussten jeweils weit mehr als 300 Millionen Euro zahlen.

252 Es drängt sich die Frage auf, wie derartige Sanktionen zu Stande kommen. Die Höhe des Bußgeldes ist im europäischen Kartellrecht grundsätzlich auf einen Teil des Jahresumsatzes des betroffenen Unternehmens begrenzt.[372] Wenn aber feststeht, dass etwa die Deutsche Bank tatsächlich über tausende Tochtergesellschaften verfügt[373] und somit in zahlreiche rechtlich eigenständige Einheiten unterteilt ist, so wird schnell klar, dass bei der Bußgeldbemessung nicht allein auf den Umsatz des konkret betroffenen Unternehmens abgestellt wird. Tatsächlich sind derartig hohe Bußgelder nur möglich, weil die Europäische Kommission nicht alleine die jeweils betroffene Konzerngesellschaft in den Blick nimmt, sondern die Sanktionierung vielmehr regelmäßig auf die Konzernspitze erstreckt. Dies scheint jedenfalls dann schon im Ansatz nachvollziehbar, wenn die Konzernobergesellschaft durch ihre Leitungspersonen selbst an den Pflichtverstößen beteiligt ist.[374] Eine aktive Beteiligung wird indes nur selten vorliegen und sich noch seltener nachweisen lassen. Dennoch richtet die Kommission Bußgelder regelmäßig an Konzernobergesellschaften, auch wenn Pflichtverletzungen nur in Tochtergesellschaften erfolgen.[375]

253 Grundlage dieser Bußgeldpraxis ist der kartellrechtliche Unternehmensbegriff. Im europäischen Recht kommt diesem Begriff maßgebliche Bedeutung zu, da sich die kartellrechtlichen Vorschriften der Art. 101 und 102 AEUV an Unternehmen richten.[376] Eine ausdrückliche Definition wird dabei jedoch vergebens gesucht.[377] Die Praxis geht mittlerweile durchweg von einem funktionalen, tätigkeitsbezogenen Unternehmensbegriff aus.[378] In Abgrenzung zu einem institutionellen Begriffsverständnis gelangt man zur Bestimmung des Unternehmens damit nicht über deren Organisation oder Rechtsform, sondern vielmehr über deren Handlungen.[379] Der EuGH definiert das Unternehmen insofern als „jede wirtschaftliche Tätigkeit aus-

---

372 Vgl. dazu *Rittner/Dreher/Kulka* Wettbewerbs- und Kartellrecht, Rn. 1680; *Lettl* Kartellrecht, § 4 Rn. 23.
373 Siehe hierzu bereits oben 3. Fn. zu Rn. 4.
374 Vgl. dazu auch *Kokott/Dittert* WuW 2012, 670 (673); *Hackel* Konzerndimensionales Kartellrecht, S. 180.
375 Vgl. dazu *Rittner/Dreher/Kulka* Wettbewerbs- und Kartellrecht, Rn. 1680.
376 EuGH, Urteil vom 11.7.2013, Rs. C-440/11 P – Kommission/Stichting, Rn. 36; *Emmerich* Kartellrecht, § 3 Rn. 24.
377 *Lettl* Kartellrecht, § 2 Rn. 4; *Kling* ZWeR 2011, 169 (170); *van Vormizeele* WuW 2010, 1008 (1009).
378 *Rittner/Dreher/Kulka* Wettbewerbs- und Kartellrecht, Rn. 675; *Emmerich* Kartellrecht, § 3 Rn. 24; *Lettl* Kartellrecht, § 2 Rn. 4.
379 *Rittner/Dreher/Kulka* Wettbewerbs- und Kartellrecht, Rn. 675.

übende Einheit unabhängig von ihrer Rechtsform und der Art ihrer Finanzierung".[380] Nun führt diese relativ unbestimmte Definition noch nicht abschließend zur Beantwortung der Frage, ob damit die Erfassung eines gesamten Unternehmensverbundes als ein Unternehmen möglich ist. Anknüpfungspunkt hierfür ist vielmehr die Figur der wirtschaftlichen Einheit, deren Entwicklung in der Rechtsprechung der europäischen Gerichte begründet liegt.[381] Dabei musste der EuGH sich bereits frühzeitig mit dem Verhältnis zwischen einzelnen Konzerngesellschaften auseinandersetzen.

aa) Urteil des Europäischen Gerichtshofes vom 14.7.1972 – ICI/Kommission

So hatte sich der EuGH bis 1972 mit verschiedenen Unternehmen zu beschäftigen, die Mitte der 1960er Jahre in mehreren Fällen Absprachen zur Erhöhung der Farbstoffpreise im Gemeinschaftsgebiet getroffen hatten.[382] Die Kommission hatte anlässlich dieser Preiserhöhungen gegen zehn der beteiligten Unternehmen Bußgelder festgesetzt.[383] Bei einem der Unternehmen handelte es sich um die Imperial Chemical Industries Ltd. (ICI) mit Sitz in Großbritannien.[384] Zu diesem Zeitpunkt war das Vereinigte Königreich jedoch noch nicht Mitglied der Europäischen Gemeinschaft. Die ICI wehrte sich daraufhin gegen die Bußgeldfestsetzung. Neben verschiedenen weiteren Rügen machte die Gesellschaft unter anderem die fehlende Zuständigkeit der Kommission geltend, da die ICI ihren Sitz außerhalb der Gemeinschaft habe.[385] Der EuGH bestätigte indes die Zuständigkeit der Kommission und begründete dies unter anderem mit der Ansässigkeit von Tochtergesellschaften im Gemeinschaftsgebiet, die es der ICI erlaubten, ihre Beschlüsse zur abgestimmten Preiserhöhung im Gemeinschaftsgebiet umzusetzen.[386] Die ICI vertrat jedoch die Auffassung, das Verhalten ihrer Tochtergesellschaften sei ihr nicht zuzurechnen.[387] Der EuGH bewertete dies anders. „Der Umstand, daß die Tochtergesellschaft eigene Rechtspersönlichkeit besitzt, vermag indessen noch nicht auszuschließen, daß ihr Verhalten der Muttergesellschaft zugerechnet werden kann."[388] Maßgebliches Kriterium für die Beurteilung dieser Frage war dabei nach Ansicht des *EuGH*, ob die Tochterge-

254

---

380 Vgl. nur *EuGH* Urteil vom 11.7.2013, Rs. C-440/11 P – Kommission/Stichting, Rn. 36; *EuGH* Urteil vom 10.9.2009, Rs. C-97/08 P – Akzo Nobel u.a./Kommission, Slg. 2009, I-8237, Rn. 54 f.; *EuGH* Urteil vom 23.4.1991, Rs. C-41/90 – Höfner und Elser/Macrotron, Slg. 1991, I-1979, Rn. 21.
381 Vgl. hierzu *Rittner/Dreher/Kulka* Wettbewerbs- und Kartellrecht, Rn. 703; *Emmerich* Kartellrecht, § 3 Rn. 50 f.
382 *EuGH* Urteil vom 14.7.1972, Rs. C-48/69 – ICI/Kommission, Slg. 1972, 619, Rn. 1/6.
383 *EuGH* Urteil vom 14.7.1972, Rs. C-48/69 – ICI/Kommission, Slg. 1972, 619, Rn. 7/9.
384 *EuGH* Urteil vom 14.7.1972, Rs. C-48/69 – ICI/Kommission, Slg. 1972, 619, Rn. 7/9.
385 *EuGH* Urteil vom 14.7.1972, Rs. C-48/69 – ICI/Kommission, Slg. 1972, 619, Rn. 125.
386 *EuGH* Urteil vom 14.7.1972, Rs. C-48/69 – ICI/Kommission, Slg. 1972, 619, Rn. 126/130.
387 *EuGH* Urteil vom 14.7.1972, Rs. C-48/69 – ICI/Kommission, Slg. 1972, 619, Rn. 131.
388 *EuGH* Urteil vom 14.7.1972, Rs. C-48/69 – ICI/Kommission, Slg. 1972, 619, Rn. 132/135.

sellschaft trotz eigener Rechtspersönlichkeit ihr Marktverhalten nicht autonom bestimmte, sondern vielmehr lediglich Weisungen der Muttergesellschaft befolgte.[389] Dies sah der EuGH im konkreten Fall als gegeben, da die ICI „das gesamte Kapital oder jedenfalls die Kapitalmehrheit ihrer Tochtergesellschaften hielt" und so deren Preispolitik maßgeblich beeinflussen konnte und nach Auffassung des EuGH auch beeinflusste.[390] Der Gerichtshof nahm im Ergebnis damit im Verhältnis Mutter- und Tochtergesellschaften das Vorliegen einer „wirtschaftlichen Einheit" an.[391] Die formelle Trennung zwischen den Gesellschaften könne dies nicht hindern.[392] Zu betonen ist jedoch an dieser Stelle die Urteilsbegründung des *EuGH*, nach der die Muttergesellschaft sich das Vorgehen der Tochtergesellschaften zurechnen lassen müsse.[393] Eine ausdrückliche Gleichsetzung dieser wirtschaftlichen Einheit mit dem Begriff eines einheitlichen Unternehmens erfolgte im Rahmen des Urteils indes nicht.[394]

bb) Urteil des Europäischen Gerichtshofes vom 12.7.1984 – Hydrotherm/ Compact

255 Dies änderte sich später in einem durch den deutschen BGH ersuchten Vorabentscheidungsverfahren des EuGH.[395] Zu Grunde lag eine Schadensersatzforderung der ausländischen Kommanditgesellschaft Compact gegen die deutsche Hydrotherm Gerätebau GmbH.[396] Begründet wurde die Forderung mit einer Vertragsverletzung. Das in erster Instanz befasste LG Frankfurt am Main verneinte den Anspruch, da der zu Grunde liegende Vertrag aufgrund eines Verstoßes gegen europäisches Wettbewerbsrecht nichtig sei.[397] Denn die beiden Gesellschaften hatten im Rahmen des Vertragsschlusses wettbewerbswidrige Absprachen getroffen, vertragliche Ansprüche waren nach Ansicht des Gerichts daher von vornherein ausgeschlossen. Compact legte gegen das Urteil Berufung ein.[398] Das in der Folge befasste OLG Frankfurt am Main hielt den Anspruch der Compact im Grundsatz für ge-

---

389 *EuGH* Urteil vom 14.7.1972, Rs. C-48/69 – ICI/Kommission, Slg. 1972, 619, Rn. 132/135.
390 *EuGH* Urteil vom 14.7.1972, Rs. C-48/69 – ICI/Kommission, Slg. 1972, 619, Rn. 136/141.
391 *EuGH* Urteil vom 14.7.1972, Rs. C-48/69 – ICI/Kommission, Slg. 1972, 619, Rn. 132/135.
392 *EuGH* Urteil vom 14.7.1972, Rs. C-48/69 – ICI/Kommission, Slg. 1972, 619, Rn. 136/141.
393 *EuGH* Urteil vom 14.7.1972, Rs. C-48/69 – ICI/Kommission, Slg. 1972, 619, Rn. 132/135, 136/141.
394 Vgl. hierzu *Steinle* EWS 2004, 118 (118).
395 *EuGH* Urteil vom 12.7.1984, Rs. C-170/83 – Hydrotherm/Compact, Slg. 1984, 2999.
396 *EuGH* Urteil vom 12.7.1984, Rs. C-170/83 – Hydrotherm/Compact, Slg. 1984, 2999, Rn. 4.
397 *EuGH* Urteil vom 12.7.1984, Rs. C-170/83 – Hydrotherm/Compact, Slg. 1984, 2999, Rn. 5.
398 *EuGH* Urteil vom 12.7.1984, Rs. C-170/83 – Hydrotherm/Compact, Slg. 1984, 2999, Rn. 6.

rechtfertigt und verwies den Rechtsstreit zurück an das LG.[399] Das Vorliegen eines Verstoßes gegen europäisches Wettbewerbsrecht ließ das OLG dabei dahinstehen, da jedenfalls eine sogenannte Gruppenfreistellung nach einer Verordnung gegeben sei, die eine Anwendung der europäischen Regelungen über Wettbewerbsbeschränkungen – in dem Fall Art. 85 Abs. 1 EWG-Vertrag – zu der damaligen Zeit ausschloss.[400] Nach Art. 1 Abs. 1 dieser Verordnung wurde Art. 85 Abs. 1 EWG-Vertrag für unanwendbar erklärt im Falle von Vereinbarungen, an denen nur zwei Unternehmen beteiligt waren. Tatsächlich waren hier aber nicht nur die zwei bereits benannten Unternehmen beteiligt. Denn Hydrotherm hatte den Vertrag nicht alleine mit Compact geschlossen. Auf Seiten Compact waren vielmehr noch deren persönlich haftender Gesellschafter als natürliche Person sowie eine weitere, ihm „gehörende Firma" mit Sitz in Italien als Vertragspartner beteiligt.[401] Weil die Gruppenfreistellungsverordnung damit ihrer Auffassung nicht einschlägig war, legte Hydrotherm gegen das Urteil des OLG Revision beim BGH ein.[402]

Nachdem die Auslegung von Gemeinschaftsrecht hier entscheidungsrelevant war, legte wiederum der BGH dem EuGH im Wege der Vorabentscheidung verschiedene Fragen vor.[403] So fragte das Gericht insbesondere, ob die betroffene Verordnung auch dann anwendbar sei, wenn auf einer Seite des Vertrages mehrere rechtlich selbstständige Unternehmen beteiligt sind.[404] Darüber hinaus fragte der *BGH* ob es insofern von Bedeutung sei, wenn diese personell miteinander verbunden seien.[405] **256**

Entscheidend war damit, ob die drei Vertragspartner der Hydrotherm als ein Unternehmen i.S. der Verordnung anzusehen waren. Nur dann wäre eine Anwendung der Gruppenfreistellungsverordnung in Betracht gekommen. Der EuGH stellte in der Folge zunächst fest, dass der persönlich haftende Gesellschafter der Compact sowohl diese wie auch die andere auf seiner Seite beteiligte Gesellschaft kontrollierte.[406] „Im Rahmen des Wettbewerbsrechts ist unter dem Begriff des Unternehmens eine im Hinblick auf den jeweiligen Vertragsgegenstand bestehende wirtschaftliche Einheit zu verstehen, selbst wenn diese wirtschaftliche Einheit rechtlich aus mehre- **257**

---

399 *EuGH* Urteil vom 12.7.1984, Rs. C-170/83 – Hydrotherm/Compact, Slg. 1984, 2999, Rn. 7.
400 *EuGH* Urteil vom 12.7.1984, Rs. C-170/83 – Hydrotherm/Compact, Slg. 1984, 2999, Rn. 7.
401 *EuGH* Urteil vom 12.7.1984, Rs. C-170/83 – Hydrotherm/Compact, Slg. 1984, 2999, Rn. 3.
402 *EuGH* Urteil vom 12.07.1984, Rs. C-170/83 – Hydrotherm/Compact, Slg. 1984, 2999, Rn. 9.
403 *EuGH* Urteil vom 12.7.1984, Rs. C-170/83 – Hydrotherm/Compact, Slg. 1984, 2999, Rn. 9.
404 *EuGH* Urteil vom 12.7.1984, Rs. C-170/83 – Hydrotherm/Compact, Slg. 1984, 2999, Rn. 9.
405 *EuGH* Urteil vom 12.7.1984, Rs. C-170/83 – Hydrotherm/Compact, Slg. 1984, 2999, Rn. 9.
406 *EuGH* Urteil vom 12.7.1984, Rs. C-170/83 – Hydrotherm/Compact, Slg. 1984, 2999, Rn. 10.

ren natürlichen oder juristischen Personen gebildet wird."⁴⁰⁷ Die Verordnung sei damit auch dann anzuwenden, wenn auf einer Seite zwar mehrere rechtlich selbstständige Unternehmen beteiligt sind, diese aber im Hinblick auf die Vereinbarung eine wirtschaftliche Einheit bilden.⁴⁰⁸ Maßgeblich sei dabei, dass zwischen den beteiligten Unternehmen Interessensgleichheit bestehe, und diese zudem durch eine einzelne Person kontrolliert werden.⁴⁰⁹

258 Anders als noch in seiner Entscheidung in der Rechtssache ICI beschränkte sich der EuGH damit hier nicht auf eine bloße Zurechnung, sondern stellte den Verbund von zwei rechtlich selbstständigen Unternehmen und einer natürlichen Person einem einheitlichen Unternehmen gleich.

259 Die Entscheidung des EuGH betraf jedoch einen ausgewählten Problembereich, nicht hingegen das Kartellordnungswidrigkeitenrecht. Vertreten wurde daher, der EuGH habe die Gleichstellung hier nur vorgenommen, um den Anwendungsbereich der Gruppenfreistellungsverordnung zu eröffnen.⁴¹⁰ Eine übergreifende Aussage sei damit nicht verbunden, auf eine Übertragung dieser Rechtsprechungserkenntnisse auf das Kartellordnungswidrigkeitenrecht könne daher nicht geschlossen werden.⁴¹¹ Gestützt wurde diese Ansicht auf eine weitere Entscheidung des EuGH aus dem Jahr 2003, der diesmal tatsächlich ein Sachverhalt aus dem Kartellbußgeldrecht zu Grunde lag.⁴¹² Die Kommission hatte ein Bußgeld gegen eine Gesellschaft verhängt, mit dem bei deren Schwestergesellschaft begangene Zuwiderhandlungen geahndet werden sollten.⁴¹³ Der EuGH verwies zwar auf seine Rechtsprechung zum Vorliegen einer wirtschaftlichen Einheit, vermied aber die Klarstellung, wonach ein ganzer Unternehmensverbund als ein Unternehmen im Sinne des europäischen Wettbewerbsrechts anzusehen sei. Stattdessen sprach der EuGH auch hier lediglich von der möglichen Zurechnung des Verhaltens zwischen verbundenen Unternehmen.⁴¹⁴

---

407 *EuGH* Urteil vom 12.7.1984, Rs. C-170/83 – Hydrotherm/Compact, Slg. 1984, 2999, Rn. 11.
408 *EuGH* Urteil vom 12.7.1984, Rs. C-170/83 – Hydrotherm/Compact, Slg. 1984, 2999, Rn. 12.
409 *EuGH* Urteil vom 12.7.1984, Rs. C-170/83 – Hydrotherm/Compact, Slg. 1984, 2999, Rn. 11.
410 So *Steinle* EWS 2004, 118 (121).
411 *Steinle* EWS 2004, 118 (121).
412 *EuGH* Urteil vom 2.10.2003, Rs. C-196/99 P – Aristrain/Kommission, Slg. 2003, I-11005.
413 *EuGH* Urteil vom 2.10.2003, Rs. C-196/99 P – Aristrain/Kommission, Slg. 2003, I-11005, Rn. 87.
414 *EuGH* Urteil vom 2.10.2003, Rs. C-196/99 P – Aristrain/Kommission, Slg. 2003, I-11005, Rn. 96.

cc) Urteil des Europäischen Gerichtshofes vom 10.9.2009 – Akzo Nobel

Die Frage nach der Möglichkeit des Vorliegens eines einheitlichen Unternehmens auch im Falle mehrerer juristisch selbstständiger Rechtssubjekte konnte der EuGH mit Bezug auf das europäische Kartellbußgeldrecht schließlich in seinem viel beachteten Urteil zur Haftung der Unternehmensgruppe Akzo Nobel klären.[415] Nach Antrag eines amerikanischen Unternehmens auf Anwendung der Kronzeugen-Regelung im Jahr 1999 leitete die Kommission Untersuchungen gegen verschiedene Biochemieunternehmen ein, die verdächtig waren, sich weltweit an wettbewerbsbeschränkenden Aktivitäten beteiligt zu haben.[416] Die Kommission stellte in der Folge fest, dass mehrere Unternehmen „durch ihre Beteiligung an einem Komplex von Vereinbarungen und aufeinander abgestimmten Verhaltensweisen bestehend aus der Festsetzung von Preisen, der Aufteilung des Marktes und der Vereinbarung von Maßnahmen gegen Wettbewerber" gegen europäisches Kartellrecht verstoßen hatten.[417] Zu den Unternehmen zählten die Akzo Nobel Nederlend BV (Tochtergesellschaft I) sowie die Akzo Nobel Chemicals International BV (Tochtergesellschaft II), beide hundertprozentige Tochtergesellschaften der niederländischen Konzernobergesellschaft Akzo Nobel NV (Obergesellschaft). Daneben war an den wettbewerbsbeschränkenden Aktivitäten nach Ansicht der Kommission auch die Akzo Nobel Chemicals BV (Enkelgesellschaft) beteiligt, eine wiederum hundertprozentige Tochtergesellschaft der Akzo Nobel Nederland BV (Tochtergesellschaft I) und damit Enkelgesellschaft der Akzo Nobel NV (Obergesellschaft).[418] Die Kommission verhängte gegen die Unternehmen als Gesamtschuldnerinnen ein Bußgeld in Höhe von 20,99 Millionen Euro.[419] Die Entscheidung war jedoch nicht nur an die drei tatsächlich beteiligten Gesellschaften Akzo Nobel Nederland BV (Tochtergesellschaft I), Akzo Nobel Chemicals International BV (Tochtergesellschaft II) und Akzo Nobel Chemicals BV (Enkelgesellschaft) gerichtet, sondern auch an die an dem Kartell selbst unbeteiligte Konzernobergesellschaft Akzo Nobel NV (Obergesell-

260

---

415 *EuGH* Urteil vom 10.9.2009, Rs. C-97/08 P – Akzo Nobel u.a./Kommission, Slg. 2009, I-8237.
416 *EuGH* Urteil vom 10.9.2009, Rs. C-97/08 P – Akzo Nobel u.a./Kommission, Slg. 2009, I-8237, Rn. 6 ff.
417 *EuGH* Urteil vom 10.9.2009, Rs. C-97/08 P – Akzo Nobel u.a./Kommission, Slg. 2009, I-8237, Rn. 13.
418 *EuGH* Urteil vom 10.9.2009, Rs. C-97/08 P – Akzo Nobel u.a./Kommission, Slg. 2009, I-8237, Rn. 8, 14.
419 *EuGH* Urteil vom 10.9.2009, Rs. C-97/08 P – Akzo Nobel u.a./Kommission, Slg. 2009, I-8237, Rn. 17.

schaft).⁴²⁰ Auch bei Bemessung der Geldbuße stützte sich die Kommission auf den weltweiten, konsolidierten Jahresumsatz all dieser Unternehmen.⁴²¹

261 Die Adressaten der Entscheidung erhoben Nichtigkeitsklage zum Gericht erster Instanz der Europäischen Gemeinschaften.⁴²² Angeführt wurde unter anderem, die Obergesellschaft Akzo Nobel NV sei zu Unrecht als Gesamtschuldnerin haftbar gemacht worden.⁴²³ Die Tochterunternehmen hätten ihre Geschäftspolitik weitestgehend selbst bestimmt. Einen bestimmenden Einfluss der Muttergesellschaft hätte die Kommission aber im konkreten Fall nicht nachgewiesen, sondern sich vielmehr auf die Feststellung der hundertprozentigen Kapitalbeteiligung beschränkt.⁴²⁴

262 Das Gericht erster Instanz wies die Klage der Rechtsmittelführerinnen ab.⁴²⁵ Neben den Ausführungen zur Beweislast und Vermutungen bei hundertprozentiger Kapitalbeteiligung nahm das Gericht dabei auch ausdrücklich Stellung zu der Frage, ob gegebenenfalls eine bloße Zurechnung der Handlungen der Tochter- und Enkelgesellschaften erfolge, oder aber ob die gesamte Unternehmensgruppe nicht vielmehr als ein Unternehmen anzusehen sei.

263 *„Nicht ein zwischen Mutter- und Tochterunternehmen in Bezug auf die Zuwiderhandlung bestehendes Anstiftungsverhältnis und schon gar nicht eine Beteiligung Ersterer an dieser Zuwiderhandlung, sondern der Umstand, dass sie ein einziges Unternehmen im vorstehend genannten Sinne darstellen, gibt somit der Kommission die Befugnis, die Entscheidung, mit der Geldbußen verhängt werden, an das Mutterunternehmen einer Unternehmensgruppe zu richten. Nach dem gemeinschaftlichen Wettbewerbsrecht stellen nämlich verschiedene Gesellschaften, die zum selben Konzern gehören, eine wirtschaftliche Einheit und somit ein Unternehmen im Sinne der Art. 81 EG und 82 EG dar, wenn sie ihr Marktverhalten nicht autonom bestimmen."⁴²⁶*

---

420 *EuGH* Urteil vom 10.9.2009, Rs. C-97/08 P – Akzo Nobel u.a./Kommission, Slg. 2009, I-8237, Rn. 15. Adressatin der Entscheidung war zudem noch die Akzo Nobel Functional Chemicals BV. Diese Gesellschaft wurde 2009 als hundertprozentiges Tochterunternehmen der Akzo Nobel Chemicals BV (Enkelgesellschaft) gegründet. Die Kommission sah diese neue Gesellschaft als Rechtsnachfolgerin der zuvor in ihrer Muttergesellschaft durchgeführten und in diesem Zusammenhang relevanten Tätigkeiten an und erachtete ihre Einbeziehung in den Adressatenkreis daher als geboten.
421 *EuGH* Urteil vom 10.9.2009, Rs. C-97/08 P – Akzo Nobel u.a./Kommission, Slg. 2009, I-8237, Rn. 9, 17.
422 *EuGH* Urteil vom 10.9.2009, Rs. C-97/08 P – Akzo Nobel u.a./Kommission, Slg. 2009, I-8237, Rn. 18.
423 *EuGH* Urteil vom 10.9.2009, Rs. C-97/08 P – Akzo Nobel u.a./Kommission, Slg. 2009, I-8237, Rn. 21.
424 *EuGH* Urteil vom 10.9.2009, Rs. C-97/08 P – Akzo Nobel u.a./Kommission, Slg. 2009, I-8237, Rn. 26.
425 *EuGH* Urteil vom 10.9.2009, Rs. C-97/08 P – Akzo Nobel u.a./Kommission, Slg. 2009, I-8237, Rn. 1.
426 *EuG* Urteil vom 12.12.2007, Rs. T-112/05 – Akzo Nobel u.a./Kommission, Slg. 2007, II-5049, Rn. 58.

Anwendbarkeit auf Konzernsachverhalte 4

Das Gericht erachtete es in der Folge als Aufgabe der Rechtsmittelführerinnen, im Falle einer hundertprozentigen Beteiligung Beweise zu erbringen, die die Selbstständigkeit der Tochtergesellschaften belegen können und damit die Verantwortlichkeit der Obergesellschaft ausschließen.[427] Es gelangte dabei zu der Auffassung, dass die Rechtsmittelführerinnen einen solchen Beweis nicht im ausreichenden Maße erbracht hatten.[428] 264

Die betroffenen Unternehmen der Unternehmensgruppe Akzo Nobel wandten sich daraufhin mit Rechtsmittel an den EuGH und beantragten, das Urteil des Gerichts erster Instanz aufzuheben.[429] Der EuGH bestätigte die Auffassung des *EuG* wonach die hundertprozentige Kapitalbeteiligung eine widerlegliche Vermutung auslöse, nach der die Muttergesellschaft bestimmenden Einfluss auf das Tochterunternehmen ausübe.[430] Das Vorliegen eines Rechtsfehlers im Urteil des EuG lehnte es daher ab.[431] Vor allem aber konnte der EuGH seine Ausführungen zum Unternehmensbegriff ergänzen. Zwar sprach der EuGH auch in diesem Urteil von der Verhaltenszurechnung zwischen Tochterunternehmen und Muttergesellschaft,[432] allerdings nicht ohne den wettbewerbsrechtlichen Unternehmensbegriff klarzustellen. Danach umfasse der Begriff des Unternehmens „jede eine wirtschaftliche Tätigkeit ausübende Einrichtung unabhängig von ihrer Rechtsform und der Art ihrer Finanzierung (…), selbst wenn diese wirtschaftliche Einheit rechtlich aus mehreren natürlichen oder juristischen Personen gebildet wird."[433] Dies liefert nach Ansicht des EuGH letztendlich die Legitimation für die Verhängung des Bußgeldes auch gegen die an sich unbeteiligte Konzernobergesellschaft. 265

„Weil eine Muttergesellschaft und ihre Tochtergesellschaft ein Unternehmen im Sinne von Art. 81 EG bilden, kann die Kommission demnach eine Entscheidung, mit der 266

---

427 *EuG* Urteil vom 12.12.2007, Rs. T-112/05 – Akzo Nobel u.a./Kommission, Slg. 2007, II-5049, Rn. 60.
428 *EuG* Urteil vom 12.12.2007, Rs. T-112/05 – Akzo Nobel u.a./Kommission, Slg. 2007, II-5049, Rn. 85.
429 *EuGH* Urteil vom 10.9.2009, Rs. C-97/08 P – Akzo Nobel u.a./Kommission, Slg. 2009, I-8237, Rn. 30.
430 *EuGH* Urteil vom 10.9.2009, Rs. C-97/08 P – Akzo Nobel u.a./Kommission, Slg. 2009, I-8237, Rn. 63.
431 *EuGH* Urteil vom 10.9.2009, Rs. C-97/08 P – Akzo Nobel u.a./Kommission, Slg. 2009, I-8237, Rn. 63.
432 *EuGH* Urteil vom 10.9.2009, Rs. C-97/08 P – Akzo Nobel u.a./Kommission, Slg. 2009, I-8237, Rn. 58: „Nach ständiger Rechtsprechung kann einer Muttergesellschaft das Verhalten ihrer Tochtergesellschaft insbesondere dann zugerechnet werden, wenn die Tochtergesellschaft trotz eigener Rechtspersönlichkeit ihr Marktverhalten nicht autonom bestimmt, sondern im Wesentlichen Weisungen der Muttergesellschaft befolgt (…)."
433 *EuGH* Urteil vom 10.9.2009, Rs. C-97/08 P – Akzo Nobel u.a./Kommission, Slg. 2009, I-8237, Rn. 54 f.; so zuletzt auch *EuGH* Urteil vom 10.4.2014, Rs. C-231/11 P und C-233/11 P – Kommission/Siemens AG Österreich u.a., Rn. 43.

Geldbußen verhängt werden, an die Muttergesellschaft richten, ohne dass deren persönliche Beteiligung an der Zuwiderhandlung nachzuweisen wäre."[434]

dd) Folgen für den Unternehmensbegriff

267   Wie zuvor schon das EuG beschränkte sich der EuGH damit nicht auf die bloße Zurechnung zwischen Konzerngesellschaften. Im europäischen Wettbewerbsrecht kann der Verbund mehrerer Konzernunternehmen bei Vorliegen der entsprechenden Voraussetzungen vielmehr als ein einheitliches Unternehmen angesehen werden.[435] In der Folge kommt dann die Haftung mehrerer Rechtsträger einer wirtschaftlichen Einheit als Gesamtschuldner in Betracht.[436] Damit wird im Einzelfall freilich stets die Frage Bedeutung erlangen, wann eine wirtschaftliche Einheit in diesem Sinn vorliegt. Ausgehend von den dargelegten Entscheidungen des EuGH ist klar, dass eine solche jedenfalls bei Bestehen einer hundertprozentigen Kapitalbeteiligung der Mutter vermutet wird.[437] Dann ist es Aufgabe der Konzernobergesellschaft, die das Vorliegen einer wirtschaftlichen Einheit ausschließende Eigen-

---

434   *EuGH* Urteil vom 10.9.2009, Rs. C-97/08 P – Akzo Nobel u.a./Kommission, Slg. 2009, I-8237, Rn. 59; zustimmend später *EuGH* Urteil vom 29.9.2011, Rs. C-521/09 P – Elf Aquitaine/Kommission, Slg. 2011, I-8947, Rn. 55. Im Ergebnis auch *EuGH* Urteil vom 10.4.2014, Rs. C-231/11 P und C-233/11 P – Kommission/Siemens AG Österreich u.a., Rn. 43.

435   Siehe aus der jüngeren Rechtsprechung auch *EuGH* Urteil vom 11.7.2013, Rs. C-440/11 P – Kommission/Stichting, Rn. 36; *EuGH* Urteil vom 20.1.2011, Rs. C-90/09 P – General Quimica u.a./Kommission; *EuGH* Urteil vom 29.9.2011, Rs. C-521/09 P – Elf Aquitaine/Kommission, Slg. 2011, I-8947, Rn. 53; *EuG* NZKart 2013, 29 (30); zur dogmatischen Bestimmung auch *Kersting*, WuW 2014, 1156 (1158 ff.). In der kartellrechtlichen Diskussion wurde lange Zeit vertreten, alleine die Kommission und das EuG würden eine entsprechende Gleichstellung befürworten, während der EuGH lediglich die Zurechnungslösung vertrete, die wirtschaftliche Einheit hingegen nicht als ein Unternehmen ansehe. Spätestens seit der Entscheidung in der Rechtssache Akzo Nobel dürfte diese Ansicht jedoch nur noch schwer vertretbar sein, vgl. hierzu *Hackel* Konzerndimensionales Kartellrecht, S. 152 ff.

436   *EuGH* Urteil vom 10.4.2014, Rs. C-231/11 P und C-233/11 P – Kommission/Siemens AG Österreich u.a., Rn. 48. An dieser Stelle erweist sich jedoch auch die jüngere Rechtsprechung als uneinheitlich. Während in einigen Fällen – wie etwa Akzo Nobel – sämtliche Gesellschaften einer wirtschaftlichen Einheit als Bußgeldadressaten herangezogen werden, beschränkt sich die Kommission in anderen Fällen auch bei wirtschaftlichen Einheiten auf die Bebußung einer Gesellschaft dieser Einheit, vgl. *Aberle* Sanktionsdurchgriff, S. 125. Dabei ist die Rechtsfolge der Gesamtschuldnerhaftung grundsätzlich nicht unproblematisch, wird aber im Ergebnis als zulässig erachtet, vgl. hierzu *Rittner/Dreher/Kulka* Wettbewerbs- und Kartellrecht, Rn. 709 ff.; kritisch indes *Aberle* Sanktionsdurchgriff, S. 139 f.

437   *EuGH* Urteil vom 11.7.2013, Rs. C-440/11 P – Kommission/Stichting, Rn. 40 f.; *EuGH* Urteil vom 20.1.2011, Rs. C-90/09 P – General Quimica u.a./Kommission, Rn. 39; *EuGH* Urteil vom 10.9.2009, Rs. C-97/08 P – Akzo Nobel u.a./Kommission, Slg. 2009, I-8237, Rn. 63; *Emmerich* Kartellrecht, § 3 Rn. 50; *Rittner/Dreher/Kulka* Wettbewerbs- und Kartellrecht, Rn. 707. Nach *EuGH* Urteil vom 29.9.2011, Rs. C-521/09 P – Elf

ständigkeit der Tochtergesellschaft zu belegen.[438] Damit muss der Nachweis erbracht werden, dass das Unternehmen trotz der hohen Kapitalbeteiligung autonom und von der Obergesellschaft unabhängig agiert.[439]

Eine geringere Kapitalbeteiligung ist zwar ebenfalls Hinweis für das Vorliegen einer wirtschaftlichen Einheit.[440] Hier wird die Kommission dann allerdings zusätzliche Indizien vorbringen müssen.[441] Denn maßgeblich ist dann die Feststellung, dass die Obergesellschaft bestimmenden Einfluss auf die Tochtergesellschaft ausübt, diese somit ihr Verhalten nicht autonom bestimmt.[442] Je niedriger die Kapitalbeteiligung ist, desto mehr sonstige Indizien werden von Nöten sein.[443] Damit ist jedoch klar, dass eine nur anteilige Kapitalbeteiligung gleich welcher Höhe für sich

268

Aquitaine/Kommission, Slg. 2011, I-8947, Rn. 56 soll es indes zur Begründung der widerlegbaren Vermutung auch genügen, wenn eine Muttergesellschaft „nahezu das ganze Kapital ihrer Tochtergesellschaft" hält. Insgesamt kritisch hierzu *Gehring/Kasten/Mäger* CCZ 2013, 1 (3 ff.); *de Bronett* EWS 2012, 113 (123); *Kling* ZWeR 2011, 169 (178 ff.); *van Vormizeele* WuW 2010, 1008 (1012 ff.); *Aberle* Sanktionsdurchgriff, S. 121 ff. Zustimmend hingegen *Kokott/Dittert* WuW 2012, 670 (673 ff.).

438 *EuGH* Urteil vom 11.7.2013, Rs. C-440/11 P – Kommission/Stichting, Rn. 40 f.; *EuGH* Urteil vom 29.9.2011, Rs. C-521/09 P – Elf Aquitaine/Kommission, Slg. 2011, I-8947, Rn. 57; *Dannecker/Biermann* in: Immenga/Mestmäcker, EU-Wettbewerbsrecht, Vorbemerkungen zu Art. 23 f. VO 1/2003, Rn. 98; *Emmerich* Kartellrecht, § 3 Rn. 50; vgl. auch *Kling* ZWeR 2011, 169 (176). Vgl. zu den Anforderungen an die Wiederlegung der Vermutung auch jüngst *EuGH* Urteil vom 26.11.2013, Rs. C-50/12 P – Kendrion/Kommission.

439 *EuGH* Urteil vom 29.9.2011, Rs. C-521/09 P – Elf Aquitaine/Kommission, Slg. 2011, I-8947, Rn. 57; *Emmerich* Kartellrecht, § 3 Rn. 50; *Kokott/Dittert* WuW 2012, 670 (676 f.). Vgl. auch *Rittner/Dreher/Kulka* Wettbewerbs- und Kartellrecht, Rn. 708, die dabei darauf hinweisen, dass ein solcher Gegenbeweis in der Praxis selten gelingen wird; so auch *Dannecker/Biermann* in: Immenga/Mestmäcker, EU-Wettbewerbsrecht, Vorbemerkungen zu Art. 23 f. VO 1/2003 Rn. 99; *Kersting* WuW 2014, 1156 (1163 f.); *Kling* ZWeR 2011, 169 (182); *ders.* WRP 2010, 506 (509). Nach *EuGH* Urteil vom 11.7.2013, Rs. C-440/11 P – Kommission/Stichting, Rn. 71 hält sich die Vermutung dennoch „innerhalb akzeptabler Grenzen".

440 *Dannecker/Biermann* in: Immenga/Mestmäcker, EU-Wettbewerbsrecht, Vorbemerkungen zu Art. 23 f. VO 1/2003 Rn. 88.

441 *Emmerich* Kartellrecht, § 3 Rn. 50. Die Kommission hat die Bußgeldhaftung jüngst sogar auf reine Finanzinvestoren ausgeweitet. Im April 2014 verhängte sie im Rahmen des Hochspannungskabel-Kartells Bußgelder in Höhe von knapp über 300 Mio. Euro. Die Private-Equity-Sparte der US-amerikanischen Investmentbank Goldman Sachs hielt dabei wesentliche Anteile an einem der beteiligten Unternehmen. Da die Kommission insofern vom Bestehen eines entscheidenden Einflusses ausging, nahm sie auch den Investor in gesamtschuldnerische Haftung. Vgl. zu der mit ihren Gründen noch nicht veröffentlichten Entscheidung die Pressemitteilung der EU-Kommission vom 2.4.2014, abrufbar im Internet unter http://europa.eu/rapid/press-release_IP-14-358_de.htm.

442 *Dannecker/Biermann* in: Immenga/Mestmäcker, EU-Wettbewerbsrecht, Vorbemerkungen zu Art. 23 f. VO 1/2003 Rn. 89; *Kokott/Dittert* WuW 2012, 670 (672); *Kling* ZWeR 2011, 169 (186); *Aberle* Sanktionsdurchgriff, S. 57.

443 *Hackel* Konzerndimensionales Kartellrecht, S. 165, 182.

grundsätzlich nicht genügt, um eine wirtschaftliche Einheit unwiderleglich zu begründen.[444] Mit Blick auf die damit weiter erforderlichen Indizien wird sodann etwa auf das Bestehen von Weisungsrechten abgestellt.[445] Das Bestehen von Weisungsrechten im Rahmen von Konzernverbindungen muss jedoch anhand der jeweils geltenden, nationalen gesellschaftsrechtlichen Vorgaben beurteilt werden.[446] Für Deutschland ergeben sich Weisungsrechte wie gezeigt im Rahmen von Vertragskonzernen aus § 308 Abs. 1 AktG. Allerdings wurde bereits festgestellt, dass diese eine Leitungsmacht gewähren, nicht jedoch zugleich eine entsprechende Leitungspflicht. Im Außenverhältnis besteht vielmehr keine Pflicht zur Wahrnehmung der Weisungsmöglichkeiten.[447] Daraus wird abgeleitet, dass auch die Qualifikation als Vertragskonzern allein nicht genügen soll, um eine wirtschaftliche Einheit anzunehmen.[448] Vielmehr muss auch die Wahrnehmung der Weisungsrechte positiv festgestellt werden.[449] Etwas Anderes wird im Rahmen der Eingliederung gem. §§ 318 ff. AktG vertreten. Hier ist die Verbindung der beteiligten Gesellschaften derartig eng, dass die Widerlegung einer wirtschaftlichen Einheit wenn überhaupt nur noch in wenigen Ausnahmefällen gelingen soll.[450] Gleiches soll im Rahmen eines faktischen GmbH-Konzerns gelten, da angesichts der unmittelbaren Abhängigkeit der Geschäftsführung vom Mehrheitsgesellschafter und dessen Weisungsrechte kraft Gesellschafterstellung grundsätzlich von keinem autonomen Auftreten der Tochtergesellschaft mehr ausgegangen werden kann.[451] Da derartige Gesellschafterrechte insbesondere in der Aktiengesellschaft nicht existieren, reicht das Vorliegen einer rein faktischen Konzernverbindung abseits der Fälle einer beherrschten GmbH wiederrum nicht aus, um eine wirtschaftliche Einheit zu begründen.[452] Hier bleibt es vielmehr beim Grundsatz, wonach die tatsächliche Beherrschung durch die Obergesellschaft nachgewiesen werden muss.[453]

---

444 Vgl. insofern aber auch *EuGH* Urteil vom 29.9.2011, Rs. C-521/09 P – Elf Aquitaine/Kommission, Slg. 2011, I-8947, Rn. 56, wonach neben vollständigem Kapitalbesitz auch das Halten nahezu des gesamten Kapitals ausreichen soll, um eine entsprechende Vermutung zu begründen. Siehe hierzu und zur Kritik dieser Rechtsprechung bereits oben 3. Fn. zu Rn. 267.
445 *Emmerich* Kartellrecht, § 3 Rn. 50; *van Vormizeele* WuW 2010, 1008 (1010); *Hackel* Konzerndimensionales Kartellrecht, S. 166; einschränkend *Kling* WRP 2010, 506 (508).
446 *Hackel* Konzerndimensionales Kartellrecht, S. 167.
447 Siehe hierzu bereits oben Rn. 83 ff.
448 *Hackel* Konzerndimensionales Kartellrecht, S. 169.
449 *Dannecker/Biermann* in: Immenga/Mestmäcker, EU-Wettbewerbsrecht, Vorbemerkungen zu Art. 23 f. VO 1/2003 Rn. 92; *van Vormizeele* WuW 2010, 1008 (1011).
450 *Hackel* Konzerndimensionales Kartellrecht, S. 169.
451 *Hackel* Konzerndimensionales Kartellrecht, S. 171.
452 *Hackel* Konzerndimensionales Kartellrecht, S. 170 f.
453 *Dannecker/Biermann* in: Immenga/Mestmäcker, EU-Wettbewerbsrecht, Vorbemerkungen zu Art. 23 f. VO 1/2003 Rn. 92; *Aberle* Sanktionsdurchgriff, S. 57.

Neben den Kriterien der Kapitalbeteiligung und bestehender Weisungsrechte werden zudem weitere Indizien betont, wenn es um die Ermittlung der erforderlichen Voraussetzungen geht.[454] Bei Betrachtung der Kriterien fällt auf, dass sie häufig Elemente einer Konzernverbindung sind.[455] Das nationale Konzernrecht erlangt damit bei der Beurteilung der wirtschaftlichen Einheit maßgebliche Bedeutung. Liegt kein Konzern im weiten Sinne gem. §§ 16 ff. AktG vor, scheidet grundsätzlich auch das Vorliegen einer wirtschaftlichen Einheit aus.[456] Der konzernrechtliche Unternehmensbegriff muss daher im kartellrechtlichen Unternehmensbegriff aufgehen. Damit ist aber nicht gesagt, dass der kartellrechtliche Unternehmensbegriff insbesondere in seiner extensiven Anwendung deckungsgleich sein muss mit dem Unternehmensbegriff des deutschen Konzernrechts.[457] In der kartellrechtlichen Diskussion findet vielmehr stets die Notwendigkeit der kartellrechtsautonomen Bestimmung von Begrifflichkeiten Betonung.[458] Nach alledem muss indes – da dies vor allem in der nichtkartellrechtlichen Literatur oftmals übersehen wird – abschließend die Reichweite dieses Verständnisses nochmalige Betonung finden. Auch nach der als gefestigt anzusehenden Rechtsprechung des EuGH bedeutet all dies keine Gleichsetzung des Gesamtkonzerns mit einem einzelnen Unternehmen. Die wirtschaftliche Einheit erstreckt sich nach der Rechtsprechungspraxis auf die Konzernunternehmen, die unter den genannten Voraussetzungen auch als solche zu qualifizieren sind. Damit kann zwar der Gesamtkonzern umfasst sein, zwingend ist dies freilich nicht.[459] So können sowohl einzelne Konzerngesellschaften, wie auch ganze Sparten autonom auftreten und sich damit außerhalb des Kreises der wirtschaftlichen Einheit befinden.[460]

269

---

454 *van Vormizeele* WuW 2010, 1008 (1010).
455 *Hackel* Konzerndimensionales Kartellrecht, S. 190.
456 Indes scheinen unter engen Voraussetzungen auch Ausnahmen von diesem Grundsatz möglich, vgl. hierzu *Hackel* Konzerndimensionales Kartellrecht, S. 190.
457 Unabhängig davon verfügt selbst das Konzernrecht ohnehin nicht über einen einheitlichen Unternehmensbegriff, vgl. hierzu bereits oben Rn. 45.
458 *Zimmer* in: Immenga/Mestmäcker, Wettbewerbsrecht GWB, § 1 GWB Rn. 23; *Bechtold* § 1 GWB Rn. 7; *Hackel* Konzerndimensionales Kartellrecht, S. 189; *Kling* WRP 2010, 506 (507).
459 Kritisch hierzu *Aberle* Sanktionsdurchgriff, S. 105 f.
460 *Hackel* Konzerndimensionales Kartellrecht, S. 181. Vgl. für den mehrstufigen Konzern jüngst *EuGH* Urteil vom 23.1.2014, Rs. T-384/09 – SKW/Kommission, Rn. 83: „Es spielt in diesem Zusammenhang auch keine Rolle, ob eine Gesellschaft bei der Ausübung eines bestimmenden Einflusses auf ihre Tochtergesellschaft selbst unter dem bestimmenden Einfluss ihrer eigenen Muttergesellschaft steht. Dieser Umstand zeigt lediglich, dass die drei Gesellschaften zu demselben Unternehmen gehören und daher alle für die von diesem Unternehmen begangene Zuwiderhandlung verantwortlich gemacht werden können."

c) Der Unternehmensbegriff im nationalen Kartellrecht

270 Das nationale Kartellrecht ist in weiten Zügen an das europäische Recht angelehnt.[461] Insbesondere die umfassenden Gesetzesnovellen der letzten Jahre sorgten für eine weitere Angleichung.[462] Damit scheint es durchaus nicht fernliegend, die auf europäischer Ebene etablierten Grundsätze auch auf die nationale Ebene zu übertragen und damit auch im Rahmen des deutschen Kartellrechts von einer entsprechend extensiven Anwendung des Unternehmensbegriffes auszugehen.[463] Dieser erlangt auch im nationalen Kartellrecht maßgebliche Bedeutung, da sich zahlreiche Normen an Unternehmen richten, so etwa §§ 1, 19 GWB.[464] Das Kartellordnungswidrigkeitenrecht richtet sich hingegen an jedermann, § 81 GWB fehlt grundsätzlich eine Beschränkung auf Unternehmen. Anders als auf europäischer Ebene können damit auch die konkret handelnden Personen sanktioniert werden.[465] Wenngleich an verschiedenen Stellen auf das Unternehmen Bezug genommen wird, fehlt indes auch auf Ebene des nationalen Kartellrechts eine Definition des Begriffes. In der kartellrechtlichen Praxis werden jedoch auch auf nationaler Ebene Bußgelder gegen Konzernobergesellschaften verhängt.[466] Insofern scheint hier in der Tat eine Anlehnung an die europäischen Grundsätze zu erfolgen. Unproblematisch ist dies freilich, sofern eine aktive Beteiligung der Leitungspersonen der Konzernobergesellschaft vorliegt. Allerdings beschränkt sich die Einbeziehung der Obergesellschaft auch hier zu Lande nicht auf Fälle, in denen eine aktive Beteiligung gegeben ist oder aber jedenfalls nachgewiesen werden kann. Die dogmatische Begründung dieser extensiven Bußgeldpraxis ist umstritten.

271 Den Ausgangspunkt bildet dabei § 81 GWB als die Zentralnorm des nationalen Kartellordnungswidrigkeitenrechts. Das im Rahmen der 6. GWB-Novelle[467] grundsätzlich neugestaltete[468] und durch die 7. GWB-Novelle[469] in wesentlichen Teilen angepasste Kartellordnungswidrigkeitenrecht orientiert sich wie erwähnt weitge-

---

461 Vgl. dazu *Aberle* Sanktionsdurchgriff, S. 11.
462 *Emmerich* Kartellrecht, § 20 Rn. 1.
463 Für eine entsprechende Übertragung plädiert etwa *Kersting* WuW 2014, 1156 (1169 ff.).
464 *Emmerich* Kartellrecht, § 20 Rn. 4
465 *Hackel* Konzerndimensionales Kartellrecht, S. 191.
466 Vgl. bereits oben Rn. 237 f.
467 Sechstes Gesetz zur Änderung des Gesetzes gegen Wettbewerbsbeschränkungen vom 26.8.1998, BGBl. I S. 2521.
468 Vgl. hierzu *Dannecker/Biermann* in: Immenga/Mestmäcker, Wettbewerbsrecht GWB, § 81 GWB Rn. 1.
469 Siebtes Gesetz zur Änderung des Gesetzes gegen Wettbewerbsbeschränkungen vom 7.7.2005, BGBl. I S. 1954.

hend am Europarecht.[470] Eine Besonderheit stellt dabei § 81 Abs. 4 GWB dar. § 81 Abs. 4 S. 2 GWB legt fest, dass auch ein Unternehmen Adressat einer Geldbuße sein kann. Das Bußgeld soll dabei die für natürliche Personen bestehende Höchstgrenze überschreiten können, 10 % des Gesamtvorjahresumsatzes des konkreten Unternehmens jedoch nicht übersteigen.[471] Nach anfänglichen Diskussionen wird heute beinahe einhellig davon ausgegangen, dass es sich hierbei um eine reine Bußgeldzumessungsnorm handelt.[472] Der materielle Haftungstatbestand für die Verbandsgeldbuße soll damit auch im Falle des Kartellordnungswidrigkeitenrechts in der Regelung des § 30 OWiG zu sehen sein.[473] § 30 OWiG zählt die tauglichen Adressaten einer Verbandsgeldbuße jedoch abschließend auf, ohne etwa auf Unternehmensverbindungen oder eine wirtschaftliche Einheit abzustellen.[474] Eine bloße, auf das Ergebnis gerichtete Übertragung der europäischen Praxis scheitert folglich am Wortlaut der Norm.[475] Damit bedarf es zur Legitimation der kartellrechtlichen Praxis weiterer Anknüpfungspunkte.

---

470 Vgl. zur Zielsetzung der 7. GWB-Novelle die Gesetzesbegründung zum Regierungsentwurf des Siebten Gesetzes zur Änderung des Gesetzes gegen Wettbewerbsbeschränkungen vom 12.8.2004, BT-Drucks. 15/3640, S. 1; vgl. auch *Vollmer* in: MK-Kartellrecht, § 81 GWB Rn. 2; *P. Schmidt/Koyuncu* BB 2009, 2551 (2552); *Bürger* WuW 2011, 130 (133); *Koch* ZHR 171 (2007), 554 (554); *Bach/Klumpp* NJW 2006, 3524 (3525).
471 Seit Inkrafttreten des § 81 Abs. 4 S. 2 GWB bestand eine rege Diskussion um die Funktion der 10 %-Grenze. In Anlehnung an die europäische Praxis wurde hierin weitverbreitet eine Kappungsgrenze gesehen. § 81 Abs. 4 S. 2 GWB sollte für Unternehmen damit grundsätzlich einen nach oben geöffneten Bußgeldrahmen bestimmen, bei 10 % des Vorjahresumsatzes werde dieser in einem zweiten Schritt lediglich gekappt. Bedeutende Folge dieser Interpretation ist, dass die Grenze auch bei lediglich mittelschweren Verstößen erreicht werden kann. Zahlreiche Autoren kritisierten dieses Verständnis als verfassungswidrig und stützten sich dabei auf die Bundesverfassungsgerichtsentscheidung zu § 43a StGB. Dort verlangte das BVerfG vom Gesetzgeber die Festlegung einer Sanktionsobergrenze, um das Bestimmtheitsgebot zu wahren, vgl. BVerfGE 105, 135 (156). Im Wege einer verfassungskonformen Auslegung hatten sich sodann zahlreiche Autoren dafür ausgesprochen, die 10 %-Grenze des § 81 Abs. 4 S. 2 GWB entgegen dem offenkundigen Willen des Gesetzgebers als echte Bußgeldobergrenze zu verstehen. In seinem Grauzementkartellbeschluss hat sich der BGH dieser Sichtweise angeschlossen, vgl. *BGH* NZKart 2013, 195 (197 ff.). Vgl. zum Ganzen auch *Bechtold* § 81 GWB, Rn. 28 ff.; *Haus* NZKart 2013, 183 (183 ff.); *Achenbach* ZWeR 2009, 3 (16 ff.).
472 *Bürger* WuW 2011, 130 (134); *Koch* ZHR 171 (2007), 554 (562); *Bach/Klumpp* NJW 2006, 3524 (3525).
473 *Dannecker/Biermann* in: Immenga/Mestmäcker, Wettbewerbsrecht GWB, § 81 GWB Rn. 319; *Cramer/Pananis*, in: Loewenheim/Meessen/Riesenkampff, § 81 GWB Rn. 35 ff.; *Achenbach* ZWeR 2009, 3 (11); *Hackel* Konzerndimensionales Kartellrecht, S. 191; *Aberle* Sanktionsdurchgriff, S. 148.
474 *Achenbach* ZWeR 2009, 3 (10); *Brettel/Thomas* ZWeR 2009, 25 (56).
475 *Heinichen* NZWiSt 2013, 94 (96); vgl. hierzu auch *Hackel* Konzerndimensionales Kartellrecht, S. 271, der zur Einbeziehung von Unternehmensverbunden insofern auch den Weg einer europarechtskonformen Auslegung als versperrt erachtet.

4 Der Konzern im Rahmen des § 130 OWiG

272 Diskutiert werden dabei zunächst Möglichkeiten, aufgrund allgemeiner zivilrechtlicher Grundsätze eine Zurechnung der Tochtergesellschaft zur Obergesellschaft zu begründen. So wird etwa versucht, über § 31 BGB die Muttergesellschaft so zu behandeln, als hätte ihr eigener Mitarbeiter an der Ausführung der relevanten Handlung mitgewirkt. Ein Rückgriff auf zivilrechtliche Haftungsgrundsätze wird in diesem Kontext jedoch weitgehend abgelehnt.[476] Das Ordnungswidrigkeitenrecht halte wie das Kernstrafrecht in seinem Allgemeinen Teil grundlegend geltende Zurechnungsnormen vor.[477] Dieses auf die im Sanktionsrecht vorhandene Interessenslage abgestimmte Regelungssystem würde ausgehebelt, fänden die allgemeinen zivilrechtlichen Zurechnungsregelungen vorrangige Anwendung.[478]

273 Eine konzerndimensionale Anwendung wird ferner unter dem Gesichtspunkt der Umsatzzurechnung diskutiert. In den Vordergrund rückt insofern die Regelung des § 81 Abs. 4 S. 3 GWB. Die im Jahr 2007 eingeführte Bestimmung[479] sollte ebenfalls eine Angleichung an die europäische Rechtslage bezwecken.[480] Danach sind bei der Bußgeldbemessung die weltweiten Umsätze aller juristischen und natürlichen Personen zu berücksichtigen, die als wirtschaftliche Einheit handeln. Damit wird zwar nicht die unmittelbare Sanktionierung einer Obergesellschaft erreicht.[481] Durch die Einbeziehung des Gesamtkonzernumsatzes bei Bemessung des Bußgeldes gegenüber einer einzelnen Konzerngesellschaft wird aber in wirtschaftlicher Hinsicht eine entsprechende Abschreckungswirkung erzielt.[482] Mit dem Begriff der wirtschaftlichen Einheit begegnet dem Normadressaten damit eine Figur, die auf europäischer Ebene maßgeblich ist für die konzerndimensionale Sanktionierung. Was im Rahmen des nationalen Kartellrechts unter einer wirtschaftliche Einheit zu verstehen ist, wird im GWB nicht definiert.[483] Nachdem die Regelungen insgesamt eine Anlehnung an europäisches Recht bewirken sollen, scheint eine Übertragung des europäischen Begriffsverständnisses naheliegend. Dennoch wird dies in der kartellrechtlichen Literatur aus einer Reihe von Gründen abgelehnt. Dabei wird darauf verwiesen, die Figur der wirtschaftlichen Einheit diene auf europäischer Ebene der Verhaltenszurechnung. Im Rahmen des § 81 Abs. 4 S. 3 GWB gehe es jedoch um eine Umsatzzurechnung für die Bußgeldbemessung. Damit seien die Anwendungs-

---

476 *Hackel* Konzerndimensionales Kartellrecht, S. 281.
477 *Hackel* Konzerndimensionales Kartellrecht, S. 281 ff.
478 *Hackel* Konzerndimensionales Kartellrecht, S. 281; im Ergebnis so auch *Bechtold* § 81 GWB Rn. 32.
479 Gesetz zur Bekämpfung von Preismissbrauch im Bereich der Energieversorgung und des Lebensmittelhandels vom 18.12.2007 BGBl. I S. 2966.
480 Vgl. insofern die Beschlussempfehlung und Bericht des Ausschusses für Wirtschaft und Technologie zum Regierungsentwurf eines Gesetzes zur Bekämpfung von Preismissbrauch im Bereich der Energieversorgung und des Lebensmittelhandels vom 14.11.2007, BT-Drucks. 16/7156, S. 11.
481 *Vollmer* in: MK-Kartellrecht, § 81 GWB Rn. 111; *Buntschek* WuW 2008, 941 (948).
482 *Hackel* Konzerndimensionales Kartellrecht, S. 293.
483 *Hackel* Konzerndimensionales Kartellrecht, S. 294.

fälle schon nicht vergleichbar.[484] Überdies diene die Festsetzung der Obergrenzen in § 81 Abs. 4 S. 2 GWB dazu, eine Überforderung des Bußgeldadressaten auszuschließen.[485] Bei Zugrundelegung des Gesamtkonzernumsatzes sei dies jedoch nicht mehr gewährleistet, da das Bußgeld weiterhin unmittelbar allein die einzelne Konzerngesellschaft trifft. Schließlich werden nicht zuletzt aufgrund der mangelnden Bestimmtheit verfassungsrechtliche Bedenken vorgetragen.[486] Um diesen Bedenken zu begegnen, wird im Wege der verfassungskonformen Auslegung vorgeschlagen, lediglich der betroffenen Gesellschaft nachgeordnete Konzerngesellschaften in die Umsatzbemessung einzubeziehen.[487] Nur deren Einbeziehung würde die wirtschaftliche Leistungsfähigkeit des betroffenen Unternehmens in gerechtfertigter Weise widerspiegeln.[488] Ober- und Schwestergesellschaften sollen indes außen vor bleiben.[489] Damit bietet aber auch die Regelung des § 81 Abs. 4 S. 3 GWB keinen Anknüpfungspunkt zur Einbeziehung der unbeteiligten Obergesellschaft, zumal diese auch bei extensiver Auslegung der Regelung nicht als unmittelbarer Bußgeldadressat in Betracht käme. § 81 Abs. 4 S. 3 GWB sieht insofern gerade keine Verhaltenszurechnung zwischen Konzerngesellschaften vor.[490]

Ein weiterer Anknüpfungspunkt für die entsprechende Anwendung der europäischen Grundsätze wird in der Verbundklausel des § 36 Abs. 2 GWB gesucht. Danach sind konzernrechtlich verbundene Unternehmen als ein Unternehmen anzusehen. Die Verbundklausel enthält damit die ausdrückliche Klarstellung der hier in Rede stehenden Problemstellung. Allerdings erweist sich die Reichweite der Norm in diesem Kontext als unzureichend. Zwar soll der an dieser Stelle kodifizierte extensive Unternehmensbegriff nach dem Willen des Gesetzgebers umfassend im gesamten GWB Geltung erlangen.[491] Entsprechend beurteilen auch die höchstrichterliche Rechtsprechung sowie weite Teile der Literaturstimmen den Anwendungsbe-

---

484 *Achenbach* ZWeR 2009, 3 (8); *Buntschek* WuW 2008, 941 (946).
485 *Brettel/Thomas* ZWeR 2009, 25 (48).
486 *Cramer/Pananis* in: Loewenheim/Meessen/Riesenkampff, § 81 GWB Rn. 62; vgl. zu den verfassungsrechtlichen Bedenken auch *Böse* in: Graf/Jäger/Wittig, § 81 GWB Rn. 78.
487 So etwa *Böse* in: Graf/Jäger/Wittig, § 81 GWB Rn. 78; vgl. auch *Brettel/Thomas* ZWeR 2009, 25 (62 ff.): „Rechtspolitisch sind § 81 Abs. 4 Satz 2 und 3 GWB als das Ergebnis einer verfehlten Europäisierungspolitik im deutschen Kartellrecht zu bewerten."; zustimmend *Hackel* Konzerndimensionales Kartellrecht, S. 302 ff.
488 Vgl. hierzu *Brettel/Thomas* ZWeR 2009, 25 (62) die überdies darauf hinweisen, dass auch nur die Tochterunternehmen der betroffenen Gesellschaft bei dieser bilanziell konsolidiert werden.
489 *Brettel/Thomas* ZWeR 2009, 25 (62).
490 *Vollmer* in: MK-Kartellrecht, § 81 GWB Rn. 111.
491 Vgl. die Gesetzesbegründung zum Regierungsentwurf des Sechsten Gesetzes zur Änderung des Gesetzes gegen Wettbewerbsbeschränkungen vom 29.1.1998, BT-Drucks. 13/9720, S. 56; hierzu auch *Koch* ZHR 171 (2007), 554 (563).

reich der Definition.⁴⁹² Während allerdings einige Autoren bereits aufgrund der Stellung der Norm im Gesetz deren Reichweite auf den Regelungsbereich der Fusionskontrolle beschränken möchten, wird die Erstreckung jedenfalls auf das Kartellordnungswidrigkeitenrecht weit überwiegend abgelehnt.⁴⁹³ Denn die Verbundklausel verweist auf die allgemeinen Bestimmungen des Konzernrechts und damit unter anderem auf § 17 AktG, der indes Vermutungsregeln aufstellt.⁴⁹⁴ Vermutungen können jedoch sowohl im Strafrecht wie auch im Ordnungswidrigkeitenrecht keine legitime Grundlage darstellen.⁴⁹⁵ Überdies knüpfe § 30 OWiG ohnehin nicht an den Begriff des Unternehmens an, sondern an den der juristischen Person.⁴⁹⁶ Die Legaldefinition des § 36 Abs. 2 GWB sei damit irrelevant.⁴⁹⁷ Schließlich wird auf das Alter der Vorschrift verwiesen. § 81 Abs. 4 S. 3 GWB sei demgegenüber die deutlich jüngere Vorschrift. Wenn § 36 Abs. 2 GWB auf das Kartellordnungswidrigkeitenrecht Anwendung fände, sei die neue Regelung überflüssig oder hätte jedenfalls eine Verweisung enthalten müssen.⁴⁹⁸ Für eine konzerndimensionale Anwendung des Kartellordnungswidrigkeitenrechts könne § 36 Abs. 2 GWB daher nichts beitragen.⁴⁹⁹

275 Auf Basis der kartellrechtlichen Bestimmungen gelingt damit keine Begründung der Einbeziehung von unbeteiligten Konzernobergesellschaften. Bekanntlich belassen es die nationalen Kartellbehörden jedoch nicht dabei. Die Analyse der Etex-Entscheidung des Bundeskartellamtes zeigt vielmehr, dass auch auf nationaler Ebene von einer entsprechenden Möglichkeit der Sanktionsausweitung ausgegangen wird.⁵⁰⁰ Die Behörde bediente sich dabei jedoch nicht speziell kartellrechtlicher Konstruktionen, vielmehr wurde die Erfassung der Obergesellschaft durch eine entsprechende Auslegung des § 130 OWiG erreicht. Der verantwortliche Mitarbeiter der Obergesellschaft habe seine Aufsichtspflichten verletzt, die Zuwiderhandlung sei dadurch ermöglicht worden. Ausschlaggebend war dabei wohl letztendlich ein extensives Verständnis des Unternehmensbegriffes gemäß dem europäischen Ver-

---

492 *BGH* NJW-RR 2010, 618 (619); *Thomas* in: Immenga/Mestmäcker, Wettbewerbsrecht GWB, § 36 GWB Rn. 781; *Bechtold* § 36 GWB Rn. 63; *Emmerich* Kartellrecht, § 32 Rn. 12; *Brettel/Thomas* ZWeR 2009, 25 (57).
493 *Haus* NZKart 2013, 183 (188); *Kling* WRP 2010, 506 (513); *Achenbach* ZWeR 2009, 3 (12); *Brettel/Thomas* ZWeR 2009, 25 (57); *Buntschek* EuZW 2007, 423 (425); *Hackel* Konzerndimensionales Kartellrecht, S. 306.
494 Vgl. zu den Vermutungsregeln und der damit dem Unternehmen übertragenen Beweislast im Rahmen des § 17 AktG bereits oben Rn. 49 ff.
495 *Haus* NZKart 2013, 183 (188); *Kling* WRP 2010, 506 (513); *Brettel/Thomas* ZWeR 2009, 25 (57).
496 Vgl. hierzu *Haus* NZKart 2013, 183 (187 f.).
497 Im Ergebnis auch *Achenbach* ZWeR 2009, 3 (12). *Brettel/Thomas* ZWeR 2009, 25 (57) sprechen insofern von mangelnder Kompatibilität.
498 So *Buntschek* WuW 2008, 941 (946).
499 Im Ergebnis auch *Achenbach* ZWeR 2009, 3 (12).
500 Vgl. hierzu bereits oben Rn. 237 f.

ständnis im Rahmen des § 130 OWiG.[501] Auf grenzenlosen Beifall stößt dies in der kartellrechtlichen Literatur nicht. Auch wenn die Figur der wirtschaftlichen Einheit auf europäischer Ebene zulässig sein mag, sei eine Übertragung auf das grundsätzlich anderen Prinzipien folgende nationale Sanktionsrecht abzulehnen.[502]

d) Der Unternehmensbegriff im Aufsichtsrecht

Während sich der Kartellrechtsgesetzgeber nach alledem mit Ausnahme der Verbundklausel bei der Bestimmung des Unternehmensbegriffes in Zurückhaltung übt, findet sich eine deutlichere Unterscheidung in den – strukturell mit dem hier in Rede stehenden Normenkomplex verwandten – Regelungen des branchenspezifischen Aufsichtsrechts. § 25a Abs. 1 KWG verpflichtet etwa Finanzinstitute zur Schaffung einer ordnungsgemäßen Geschäftsorganisation, um die Einhaltung der zu beachtenden gesetzlichen Bestimmungen zu gewährleisten. In § 25a Abs. 3 KWG wird diese Pflicht bei Institutsgruppen durch ausdrückliche Bestimmung auf die gesamte Gruppe ausgeweitet. Eine ähnliche Regelung sieht § 64a Abs. 2 VAG für Versicherungsunternehmen vor. Auch hier wird die Pflicht zur Schaffung einer entsprechenden Geschäftsorganisation auf die gesamte Versicherungsgruppe erstreckt. In beiden Fällen erfolgt dabei nicht etwa durch Verwendung der Präposition „einschließlich" der lediglich klarstellende Hinweis auf die Einbeziehung der gesamten Gruppe in den Unternehmensbegriff. Vielmehr werden die Begriffe des übergeordneten Unternehmens und der gesamten Gruppe hier nebeneinandergestellt, was für eine inhaltliche Trennung spricht und in der Folge nahelegt, dass der Gesetzgeber in diesem Fall von keinen begrifflichen Schnittmengen ausgeht.

276

---

501 Problematisch ist allerdings, ob der erweiterte Bußgeldrahmen des § 81 Abs. 4 GWB Anwendung finden kann, wenn als konkrete Anknüpfungstat des § 30 OWiG nicht unmittelbar eine Kartellrechtsordnungswidrigkeit, sondern mangels Beteiligung der Leitungsperson lediglich § 130 OWiG in Betracht kommt. Richtigerweise wird man das aufgrund des klaren Wortlautes der Normen und der insofern abschließenden Regelungen der §§ 30, 130 OWiG nicht annehmen können. Zwar verweist § 130 Abs. 3 S. 3 OWiG hinsichtlich der maximalen Bußgeldhöhe auf die nicht verhinderte Zuwiderhandlung. Allerdings knüpft § 130 OWiG an den Pflichtverstoß der Leitungsperson an. Hinsichtlich natürlicher Personen ist jedoch auch im Rahmen des § 81 Abs. 4 S. 1 GWB die Geldbuße auf eine Million Euro begrenzt. Der Bußgeldrahmen des § 130 OWiG wird damit nicht erweitert. Damit richtet sich die Bußgeldhöhe dann allein nach den Bestimmungen der §§ 30, 130 OWiG, freilich unter Einbeziehung der aufgezeigten Möglichkeiten der Gewinnabschöpfung. Vgl. zum Ganzen *Achenbach* ZWeR 2009, 3 (14 ff.); *Brettel/Thomas* ZWeR 2009, 25 (58 f.).
502 Insgesamt kritisch zur Anwendung der Figur der wirtschaftlichen Einheit auf Ebene des nationalen Kartellordnungswidrigkeitenrechts *Haus* NZKart 2013, 183 (189 f.); *Heinichen* NZWiSt 2013 94 (96); *Brettel/Thomas* ZWeR 2009, 25 (56); *Buntschek* WuW 2008, 941 (948); *Aberle* Sanktionsdurchgriff, S. 169, 180. Nicht nur mit Blick auf die Anwendung im innerstaatlichen Recht zudem *van Vormizeele* WuW 2010, 1008 (1012 ff.).

e) Der Unternehmensbegriff im allgemeinen Zivil- und Gesellschaftsrecht

277 Um Rückschlüsse auf die Bestimmung des Unternehmensbegriffs im Rahmen des § 130 OWiG zu erlangen, empfiehlt sich schließlich noch der Blick auf das allgemeine Zivil- und Gesellschaftsrecht. Dabei zeigt sich ein weitestgehend uneinheitliches Bild. Trotz seiner großen Bedeutung ist auch hier keine allgemeingültige Bestimmung des Begriffes „Unternehmen" ersichtlich.[503] Geschuldet ist dieses unterschiedliche Begriffsverständnis den verschiedenen Zielrichtungen, die durch die einzelnen Normen verfolgt werden und eine individuelle Bestimmung erforderlich machen.[504] So unterscheidet sich die Begriffsbestimmung nicht nur innerhalb unserer Rechtsordnung, sondern gar innerhalb des Aktiengesetzes.[505] Selbst innerhalb der konzernrechtlichen Normen wird der Unternehmensbegriff unterschiedlich interpretiert.[506] Keinesfalls sind damit etwa nur Gewerbebetriebe gemeint, was einem klassischen Unternehmensbegriffsverständnis sicherlich am Nächsten käme. Im Rahmen des § 15 AktG kann vielmehr auch einer natürlichen Person die Unternehmenseigenschaft zukommen, sofern sie erhebliche Beteiligungen an unterschiedlichen Gesellschaften aufweist und mithin nicht wie eine reine Privatperson auftritt.[507] Denn hier sollen beherrschte Gesellschaften vor dem Gesellschaftsinteresse zuwider laufenden Absichten eines Mehrheitsgesellschafters geschützt werden. Auch dem Staat soll dabei die Unternehmenseigenschaft zukommen können.[508] Wenn die §§ 15 ff. AktG die Rechtsbeziehungen zwischen Unternehmen unter dem Deckmantel der Unternehmensverbindung regeln, ist zudem klar, dass der dort anzulegende Unternehmensbegriff selbst nicht auch Konzerne erfassen kann. Wie gezeigt kann daraus aber keine allgemein gültige und für alle Rechtsbereiche geltende Begriffsbestimmung abgleitet werden. Wenn etwa § 14 Abs. 1 BGB einen Unternehmer als Abgrenzung zum Verbraucher definiert, dient dies dem Schutz des uner-

---

503 BGHZ 31, 105 (109); 69, 334 (335); *Hopt* in: Bamberger/Hopt, Einleitung vor § 1 HGB Rn. 31; *Maier-Reimer* in: Henssler/Strohn, § 15 AktG Rn. 2; *Koppensteiner* in: KK-AktG, § 15 AktG Rn. 15; *Aberle/Holle* in: Eisele/Koch/Theile, S. 117 (121); *Müller-Gugenberger* in: Müller-Gugenberger/Bieneck, § 23 Rn. 3; *Aberle* Sanktionsdurchgriff, S. 155. Ferner zum Unternehmensbegriff auch *Schmidt* Gesellschaftsrecht, S. 935 f.; *Canaris* Handelsrecht, § 3 Rn. 7.
504 BGHZ 69, 334 (336); *Bayer* in: MK-AktG, § 15 AktG Rn. 10; *Maier-Reimer* in: Henssler/Strohn, § 15 AktG Rn. 2; *Schmidt* Gesellschaftsrecht, S. 936; *Müller-Gugenberger* in: Müller-Gugenberger/Bieneck, § 23 Rn. 4.
505 BGHZ 69, 334 (336); *Bayer* in: MK-AktG, § 15 AktG Rn. 9.
506 Für die unterschiedliche Bestimmung des Unternehmensbegriffs bei einem beherrschten oder herrschenden Unternehmen siehe bereits oben Rn. 45; vgl. hierzu volle *Bayer* in: MK-AktG, § 15 AktG Rn. 11; *Maier-Reimer* in: Henssler/Strohn, § 15 AktG Rn. 2; *Koppensteiner* in: KK-AktG, § 15 AktG Rn. 17; *Hirschmann* in: Hölters, § 15 AktG Rn. 4; *Raiser/Veil* Recht der Kapitalgesellschaften, § 51 Rn. 2.
507 Vgl. hierzu oben Rn. 45.
508 BGHZ 69, 334 (338 ff.); *Zöllner/Beurskens* in: Baumbach/Hueck, Schlussanhang, Rn. 14.

fahrenen Rechtsverkehrsteilnehmers und damit völlig anderen Interessensbeziehungen. Dass die Begriffsbestimmungen hierbei nicht stets deckungsgleich sein müssen, ist offensichtlich. Ein allgemeines Begriffsverständnis des Unternehmens kann und darf dem Zivilrecht damit nicht entnommen werden.

f) Begriffsbestimmung im Rahmen des § 130 OWiG

Während vor allem in der europäischen Kartellrechtspraxis eine Subsumtion mehrerer miteinander verbundener Unternehmen unter den Unternehmensbegriff erfolgt, lässt sich ein entsprechend etabliertes Verständnis abseits des Wettbewerbsrechts damit nicht finden. Ungeachtet dessen treten zahlreiche Autoren auch bei der Bestimmung des Unternehmensbegriffes im Rahmen des § 130 OWiG für eine Erfassung gesamter Konzernverbindungen ein.[509] Dabei wird zunächst angeführt, etwaige einschränkende Begriffsbestimmungen in anderen Rechtsgebieten seien für die Definition des Unternehmensbegriffes des § 130 OWiG nicht bindend.[510] Die Festlegung der Reichweite der Bezeichnung Unternehmen habe hier vielmehr autonom und ausgehend vom konkreten Regelungszweck zu erfolgen.[511] Allein die Wortlautgrenze setze zwingend zu beachtende Schranken. Zur Begründung der Erfassung von Konzernverbindungen durch den Unternehmensbegriff wird dabei zumeist eine wirtschaftliche Betrachtungsweise zu Grunde gelegt.[512] Der Unternehmensverbund

278

---

[509] *Rogall* in: KK-OWiG, § 130 OWiG Rn. 27; *Bohnert* § 130 OWiG Rn. 7; *Beck* in: BeckOK-OWiG, § 130 OWiG Rn. 31; *Ost* NZKart 2013, 25 (27); *Bock* in: Rotsch, Criminal Compliance, § 8 Rn. 6; *ders.* ZIS 2009, 68 (71); *Potinecke/Block* in: Knierim/Rübenstahl/Tsambikakis, 2. Kapitel Rn. 127; *Thiemann* Aufsichtspflichtverletzung, S. 150 ff.; *Bunting* Rechtsgrundlage und Reichweite der Compliance in Aktiengesellschaft und Konzern, S. 14; *Sonnenberg* Aufsichtspflicht, S. 57; *Hackel* Konzerndimensionales Kartellrecht, S. 363; *Hüneröder* Aufsichtspflichtverletzung, S. 70; *Grundmeier* Rechtspflicht, S. 79; *Fruck* Aufsichtspflichtverletzung, S. 22; jedenfalls für den Fall der umfassenden Wahrnehmung der Konzernleitungsmacht auch *Wilhelm* Aufsichtsmaßnahmen, S. 31.
[510] *Thiemann* Aufsichtspflichtverletzung, S. 154; *Grundmeier* Rechtspflicht, S. 78.
[511] *Grundmeier* Rechtspflicht, S. 78.
[512] An dieser Stelle vermengen sich häufig die Argumente für eine weite Auslegung des Inhaberbegriffes und des Unternehmensbegriffes. Bei zahlreichen Stellungnahmen ist eine entsprechende Differenzierung der beiden Begriffe nicht zu erkennen, so etwa bei *Sonnenberg* Aufsichtspflicht, S. 57 ff. So bleibt letztendlich unklar, auf welchem konkreten dogmatischen Gerüst nach diesen Ansichten eine konzernweite Aufsichtspflicht errichtet werden soll. Entsprechendes gilt für *OLG München* Beschluss vom 23.9.2014, Az. 3 Ws 599, 600/14; das Gericht weist zwar dort die Annahme einer Inhaberschaft bei bloßer Kapitalbeteiligung mit Argumenten zurück, die ganz grundsätzlich gegen die Konstruktion eines Inhaberbegriff sprechen. Ob die sodann behauptete Einbeziehung faktischer Konzernverbindungen in den Anwendungsbereich des § 130 OWiG am Unternehmensbegriff erfolgt, bleibt jedoch unklar. Letztendlich generalisieren die Vertreter einer wirtschaftlichen bzw. faktischen Betrachtungsweise die Rechtsfolge, so dass ihre Argumente bei der Auslegung des Inhaberbegriffes und des Unternehmensbegriffes gleichermaßen vorgetragen werden müssen.

unter einheitlicher Leitung sei faktisch wie ein Einzelunternehmen organisiert.[513] Die formalrechtlich verbleibende Selbstständigkeit der einzelnen Einheiten könne bei einer sanktionsrechtlichen Betrachtungsweise unberücksichtigt bleiben.[514] Das Stützen auf faktische Elemente sei dem Straf- bzw. Ordnungswidrigkeitenrecht auch nicht fremd.[515] Allein die Einbeziehung von Unternehmensverbunden führe insofern zu billigen Ergebnissen. Herangezogen werden schließlich die Rechtsprechung des EuGH zum europäischen Kartellrecht und die dabei etablierte Spruchpraxis zum Vorliegen einer wirtschaftlichen Einheit.[516]

279 Entgegengehalten wird dem die unterschiedliche Begriffsverwendung in einzelnen Rechtsgebieten. Wie die Befürworter eines weiten Unternehmensbegriffs führen damit auch seine Gegner die autonome Begriffsbestimmung im Straf- bzw. Ordnungswidrigkeitenrecht an.[517] Insbesondere das Wettbewerbsrecht verfolge eigene Zielsetzungen, die dort zu Grunde gelegten Wertungen seien nicht einfach auf andere Rechtsgebiete übertragbar.[518] So müsse auch die Legitimation der wirtschaftlichen Einheit eigenständig an der konkreten Regelung des § 130 OWiG gemessen werden.[519] Für die Vermutungsregeln zur Begründung einer wirtschaftlichen Einheit sei

---

513 *Rogall* in: KK-OWiG, § 130 OWiG Rn. 27; *Bock* ZIS 2009, 68 (71); *Potinecke/Block* in: Knierim/Rübenstahl/Tsambikakis, 2. Kapitel Rn. 127; *Bunting* Rechtsgrundlage und Reichweite der Compliance in Aktiengesellschaft und Konzern, S. 14; *Sonnenberg* Aufsichtspflicht, S. 57; *Hüneröder* Aufsichtspflichtverletzung, S. 70. Ablehnend aufgrund empirischer Erkenntnisse *Theile* in: Eisele/Koch/Theile, S. 73 (81 ff.). Vgl. hierzu auch *Bohnert* § 130 OWiG Rn. 7, der bei der Möglichkeit der Einwirkung in einzelne Entscheidungen der Tochtergesellschaft eine konzernweite Aufsicht der Obergesellschaft befürwortet. Sofern sich das Direktionsrecht nicht auf die inneren Strukturen der Tochtergesellschaft erstreckt, soll sich die Reichweite des § 130 OWiG indes auf den Konzernbereich beschränken; so wohl auch *Schmid* in: Müller-Gugenberger/Bieneck, § 30 Rn. 139. Eine Bestimmung des Begriffes des Konzernbereiches erfolgt dabei jedoch nicht. Unklar insofern auch *Förster* in: Rebmann/Roth/Herrmann, § 130 OWiG Rn. 5.
514 So *Rogall* in: KK-OWiG, § 130 OWiG Rn. 27; *Hüneröder* Aufsichtspflichtverletzung, S. 70. Im Ergebnis auch *Potinecke/Block* in: Knierim/Rübenstahl/Tsambikakis, 2. Kapitel Rn. 127; *Grundmeier* Rechtspflicht, S. 79; *Fruck* Aufsichtspflichtverletzung, S. 22; mit Einschränkungen *Wilhelm* Aufsichtsmaßnahmen, S. 31.
515 *Grundmeier* Rechtspflicht, S. 77 f.
516 *Ost* NZKart 2013, 25 (27); *Grundmeier* Rechtspflicht, S. 77; *Caracas* Internationale Konzernstrukturen, S. 81 f., 261; *Hackel* Konzerndimensionales Kartellrecht, S. 363: „Die wirtschaftliche Einheit entscheidet demnach über das Vorliegen und das Ausmaß der Aufsichtspflichten im Konzernverbund." Kritisch zu dieser Übertragung aus dem europäischen Kartellrecht *Koch* AG 2009, 564 (570 f.); *Aberle/Holle* in: Eisele/Koch/Theile, S. 117 (121); *Aberle* Sanktionsdurchgriff, S. 205; *Petermann* Compliance-Maßnahmen, S. 113.
517 *Achenbach* NZWiSt 2012, 321 (326); *Aberle/Holle* in: Eisele/Koch/Theile, S. 117 (120 f.).
518 *Aberle/Holle* in: Eisele/Koch/Theile, S. 117 (121).
519 Vgl. insofern vor allem *Koch* AG 2009, 564 (570 f.), der kritisch anmerkt, die faktische Gleichsetzung von Konzern und Unternehmen trage „dem Facettenreichtum deutscher Unternehmensverbindungen nicht ansatzweise Rechnung".

im Ordnungswidrigkeitenrecht indes kein Platz.[520] Wie das Kernstrafrecht richte sich auch das Ordnungswidrigkeitenrecht nach dem Schuldprinzip, die alleinige Haftungsbegründung aufgrund wirtschaftlicher Beteiligung stelle eine Verletzung dieses Grundsatzes dar.[521] Auch sei der Begriff der wirtschaftlichen Einheit nicht in ausreichendem Maße zu konturieren.[522] Außerdem stehe der Regelungszweck des § 130 OWiG einer solch weiten Interpretation des Unternehmensbegriffes entgegen. So wird auch hier angeführt, § 130 OWiG bezwecke die Vermeidung von Sanktionslücken, die in Folge des Auseinanderfallens von originären Normadressaten und handelnden Personen entstehen könnten. Da aber bei Anwendung des engen Unternehmensbegriffes der Rechtsträger des einzelnen Konzernunternehmens bzw. seine vertretungsberechtigten Organe taugliche Normadressaten der Aufsichtspflichten sind, sei auch bei dieser restriktiven Auslegung keine Sanktionslücke zu befürchten.[523] Darüber hinaus wird schließlich eine faktische Betrachtungsweise im Grundsatz abgelehnt.[524] Die Argumente gleichen damit denen der Vertreter eines engen Inhaberbegriffs. Dies liegt zu wesentlichen Teilen auch daran, dass in der argumentativen Auseinandersetzung häufig auch die Gegner der Erfassung von Konzernen im Rahmen des § 130 OWiG nicht präzise unterscheiden, ob ihre Argumente die enge Auslegung des Inhaberbegriffes oder aber die enge Auslegung des Unternehmensbegriffes betreffen.[525]

Schließlich finden sich auch in der höchstrichterlichen Rechtsprechung Äußerungen, die eine kritische Haltung zu einem extensiven Begriffsverständnis deutlich erkennen lassen. So erklärte der BGH unlängst ausdrücklich, „für die Annahme einer bußgeldrechtlichen Konzernhaftung" lasse das geltende Recht keinen Raum.[526] Die Hoffnung auf eine dadurch ausdrücklich erfolgte Stellungnahme zu der hier aufgeworfenen Streitfrage vermag sich jedoch spätestens auf den zweiten Blick nicht zu bewahrheiten. Die zitierte Äußerung betraf die Problematik der Bußgeldhaftung im Falle der Rechtsnachfolge. Vor Inkrafttreten der 8. GWB-Novelle war die Verhängung einer Verbandsbuße gem. § 30 OWiG gegenüber dem Rechtsnachfolger nach der Rechtsprechung des BGH nur in den seltenen Ausnahmefällen zulässig, in denen zwischen Rechtsvorgänger und Rechtsnachfolger nahezu wirtschaftliche Identi-

280

---

520 Insgesamt kritisch *Aberle* Sanktionsdurchgriff, S. 205.
521 *Petermann* Compliance-Maßnahmen, S. 112 f.
522 *Petermann* Compliance-Maßnahmen, S. 113.
523 *Achenbach* NZWiSt 2012, 321 (326 f.); *Thüsing* in: Thüsing, § 2 Rn. 41; *Aberle/Holle* in: Eisele/Koch/Theile, S. 117 (124); *Lang* Corporate Compliance, S. 162. Vgl. hierzu auch bereits oben letzte Fn. zu Rn. 246.
524 *Achenbach* NZWiSt 2012, 321 (326); *Kling* WRP 2010, 506 (513); *Aberle* Sanktionsdurchgriff, S. 205; *Hermanns/Kleier* Grenzen der Aufsichtspflicht, S. 25.
525 Siehe hierzu bereits oben 4. Fn. zu Rn. 278.
526 *BGH* NJW 2012, 164 (165 f.).

tät bestand.⁵²⁷ Unternehmen konnten daher in Anbetracht dieser Rechtslage der Bußgeldhaftung entgehen, indem sie etwa mit Tochtergesellschaften fusionierten.⁵²⁸ Durch die Zusammenführung der Gesellschaftsvermögen war eine wirtschaftliche Identität zur einzelnen Vorgesellschaft nicht mehr zu begründen, eine Sanktionierung der neuen Gesellschaft nach § 30 OWiG nicht möglich. Der bereits erwähnte Beschluss des BGH lautete in diesem Kontext vollständig:

281 *„Demgegenüber fehlt es an einer wirtschaftlichen Identität, wenn Unternehmen mit annähernd gleicher Größe und fast identischen Marktanteilen fusioniert und deren Geschäftsbereiche zusammengeführt werden. Im Fall einer solchen Fusion (…) können der übernehmende und der übertragende Rechtsträger auch bei wirtschaftlicher Betrachtung nicht als dieselbe juristische Person angesehen werden. Mit einer Zurechnung von Vermögensgegenständen konzernverbundener Unternehmen kann eine wirtschaftliche Identität ebenfalls nicht begründet werden. Für die Annahme einer bußgeldrechtlichen „Konzernhaftung" lässt das geltende Recht keinen Raum. Die einzelnen konzernabhängigen Schwestergesellschaften sind im Verhältnis zueinander ebenso selbstständige juristische Personen wie in ihrem Verhältnis zur Muttergesellschaft. Eine die bußgeldrechtliche Haftung begründende Zurechnung von Vermögen könnte daher nur auf der Grundlage einer ausdrücklichen gesetzlichen Bestimmung erfolgen. An einer solchen fehlt es."*⁵²⁹

282 Die isoliert betrachtet grundsätzlich klingende Stellungnahme des BGH zur Konzernhaftung im Ordnungswidrigkeitenrecht betrifft demnach die Frage, ob eine Bußgeldhaftung gem. § 30 OWiG auch auf weitere Konzerngesellschaften übertragen werden kann. Ob auf der Rechtsgrundlagenseite und damit im Vorfeld der Anwendung des § 30 OWiG Konzernverantwortlichkeiten etwa im Rahmen der betrieblichen Aufsichtspflichten bestehen, ist hiermit freilich nicht beantwortet.⁵³⁰ So schloss der Gesetzgeber im Rahmen der 8. GWB-Novelle durch Einführung des § 30 Abs. 2a OWiG die angesichts der aufgezeigten Rechtsprechung bestehenden Lücken im Bereich der Rechtsnachfolge. Die Frage der konzernweiten Aufsichtspflichten wurde indes scheinbar aufgrund der Nichterforderlichkeit einer gesetzlichen Klarstellung in diesem Zusammenhang nicht aufgegriffen.⁵³¹ Der den Worten des BGH jedoch zu entnehmende Fingerzeig ist trotz alledem unübersehbar.

---

527 *BGH* NJW 2012, 164 (164 ff.); *Krohs/Timmerbeil* BB 2012, 2447 (2447); kritisch zu dieser wirtschaftlich-faktischen Betrachtungsweise *Achenbach* NZWiSt 2012, 321 (327 f.); *Heinichen* ZIS 2012, 68 (69 ff.).
528 Vgl. hierzu *Altenburg/Peukert* BB 2014, 649 (650); *Reichling* NJW 2012, 166 (166 f.); *Waßmer* NZWiSt 2012, 187 (188).
529 *BGH* NJW 2012, 164 (165 f.).
530 Ähnlich wohl auch *Krohs/Timmerbeil* BB 2012, 2447 (2447).
531 Vgl. hierzu später Rn. 360 ff.

3. Stellungnahme

Das Ordnungswidrigkeitenrecht verfolgt seine eigenen Ziele. Die Bestimmung der maßgeblichen Begrifflichkeiten kann sich damit grundsätzlich nicht auf die bloße und unreflektierte Übernahme von etablierten Grundsätzen aus anderen Rechtsbereichen oder gar Rechtsordnungen beschränken. Vielmehr muss – freilich unter Beachtung des Wortlautes – eine am konkreten Normzweck ausgerichtete Untersuchung erfolgen.[532] Auch wenn eine mehr oder weniger weitgehende Deckung des Begriffsverständnisses über die Grenzen der einzelnen Norm oder gar mit Blick auf unterschiedliche Rechtsgebiete nicht ausgeschlossen werden kann, so ist diese Einzelfallbetrachtung alternativlos.[533]

Nichts desto trotz vermag der Blick auf vergleichbare Fragestellungen in benachbarten Regelungsbereichen mehr als nur eine Hilfestellung zu bieten. Die Auswertung des Diskussionsstandes zeigt indes, dass ein entsprechender Rundumblick nur selten erfolgt. Bedenklich ist dies insbesondere dann, wenn die Berücksichtigung der gesellschaftsrechtlichen Grundlagen unterbleibt. Bereits gezeigt wurde, wie unterschiedlich die rechtlichen Rahmenbedingungen bei den verschiedenen Formen der Unternehmensverbindung sein können. Insbesondere mit Blick auf die verbürgten Einwirkungsrechte der Obergesellschaft kann kaum von einem einheitlichen Bild im Rahmen des gesamten Konzernrechts in seinem weiten Verständnis gesprochen werden. Damit wird man jedoch auch nicht umherkommen, sich bei der Beurteilung der hier in Rede stehenden Streitfrage um entsprechende Differenzierungen zu bemühen. Jedenfalls vermögen vereinheitlichende Urteile ohne Rückgriff auf die gesellschaftsrechtlichen Grundsätze und Besonderheiten der einzelnen Arten verbundener Unternehmen kaum zu überzeugen, zumindest sofern sie über die pauschale Ablehnung der Anwendung auf Konzernsachverhalte hinausgehen. Gerade in wirtschaftsstrafrechtlich geprägten Diskussionsbeiträgen finden sich häufig keine entsprechenden Unterscheidungen. Selbst wenn dort die Einbeziehung von Konzernen befürwortet wird, unterbleibt oftmals die Benennung der dabei umfassten Unternehmensverbindungen.

Doch selbst die Einbeziehung des Gesellschaftsrechts scheint zu kurz zu greifen, werden damit doch weitere wertvolle Erkenntnisquellen außer Acht gelassen. So kann der Blick auf die historische Entwicklung, die Gründe sowie die Gefahren der Konzernierung verschiedentliche Beiträge leisten, um die Regelungssystematik zu erfassen. Wenn sich folglich häufig ein zu enger Blickwinkel zu zeigen scheint, weisen zumindest die kartellrechtlichen Beiträge häufig den Vorzug einer ergiebigeren Sichtweise auf. Denn hier kann auf eine jahrzehntelange Rechtssprechungspraxis und Diskussion in der Literatur zurückgeblickt werden, um gewinnbringende Erkenntnisse in die Lösungsfindung mit einfließen zu lassen. Zwar können die im

---
532 So auch *Achenbach* NZWiSt 2012, 321 (326).
533 Zur Autonomie des Strafrechts bereits oben 4. Fn. zu Rn. 242.

Rahmen des europäischen und nationalen Kartellrechts gewonnenen Rückschlüsse ebenso keinesfalls unreflektiert auf die Regelungen des allgemeinen Ordnungswidrigkeitenrechts übertragen werden, Bereicherungen für die Diskussion sind jedoch unübersehbar. Gleichwohl müssen sich freilich auch kartellrechtlich geprägte Beiträge den Vorwurf gefallen lassen, oftmals einen zu engen Fokus zu setzen. Regelmäßig beschränken sich Untersuchungen auf rein kartellrechtliche Begriffsfindungen, um dann weitestgehend anpassungslos Rückschlüsse auf das allgemeine Ordnungswidrigkeitenrecht zu ziehen. Gerade in der kernstrafrechtlichen Diskussion lassen sich indes wertvolle Anhaltspunkte finden, sofern hier umfassend Argumente zu den Bereichen der Organisationsherrschaft und insbesondere der Geschäftsherrenhaftung ausgetauscht wurden. Denn auch hier führt die ähnlich ausgeprägte legislative Zurückhaltung dazu, dass bei teils deutlich vergleichbaren Interessenslagen vorhandene Unklarheiten mittels dogmatischer Fundamentierung beseitigt werden müssen. All diese Erkenntnisse können die Lösungsfindung spürbar oder gar entscheidend bereichern. Der Mehrwert einer interdisziplinären Betrachtung ist damit erheblich.

a) Ausgangspunkt Wortlaut und Zweckbestimmung

286 Die isolierte Problembetrachtung ist freilich häufig der Pragmatik geschuldet. Unübersehbar wird die Diskussion vornehmlich auf Seiten der Befürworter einer konzernweiten Anwendung des § 130 OWiG nicht selten vom Ergebnis her geführt. Für die Erfassung von Unternehmensverbunden scheint ein rechtspolitisches Bedürfnis zu bestehen. Die Normauslegung verkommt damit nicht selten zur Hürde, die es für die Begründung der gewünschten Rechtsfolge zu überspringen gilt. Allerdings wird auch das größte rechtspolitische Bedürfnis nicht zur Legitimation genügen, wenn Systematik und Wortlaut der Norm einer entsprechenden Anwendung entgegenstehen.[534] Wie im Kernstrafrecht gilt gem. § 3 OWiG auch im Ordnungswidrigkeitenrecht das Gesetzlichkeitsprinzip.[535] *Nulla poena sine lege.* Diesen verfassungsrechtlichen Grundsatz[536] vermögen auch wirtschafts- und rechtspolitische Erwägungen nicht zu überlagern.[537] Spürbarer Ausfluss dieses Prinzips ist das Analogieverbot, das ebenfalls im Ordnungswidrigkeitenrecht Wirkung entfaltet.[538] Diskussionen über die wirtschafts- und rechtspolitische Notwendigkeit der Erfassung von Konzernsachverhalten erübrigen sich damit, wenn schon die Auslegung der Norm einer

---

534 So im Ergebnis auch *Graf* in: FG Feigen, S. 37 (43).
535 *Rogall* in: KK-OWiG, § 3 OWiG Rn. 1; *Klesczewski* Ordnungswidrigkeitenrecht, Rn. 70.
536 Vgl. bereits oben 6. Fn. zu Rn. 243.
537 Für die hier in Rede stehende Fragestellung der konzerndimensionalen Anwendbarkeit des § 130 OWiG entsprechend *Achenbach* NZWiSt 2012, 321 (326).
538 Vgl. nur BGHSt 24, 54 (62); *Rogall* in: KK-OWiG, § 3 OWiG Rn. 51; *Lemke* in: Lemke/Mosbacher, § 3 OWiG Rn. 9; *Klesczewski* Ordnungswidrigkeitenrecht, Rn. 70, 89 ff.

entsprechenden Anwendungsreichweite entgegensteht und damit der Bereich der unzulässigen Analogie erreicht wird.[539] Die Aufgabe der Erfassung entsprechender Sachverhalte geht dann auf den Gesetzgeber über, dem Normanwender hingegen bleibt eine wie auch immer argumentativ begründete Überschreitung des Wortlauts versperrt. Der Zweck heiligt nicht die Mittel, dies gilt im Straf- und Ordnungswidrigkeitenrecht in besonderer Weise.

Freilich wird damit an dieser Stelle nicht behauptet, kriminalpolitische Argumente müssten bei der Normauslegung unberücksichtigt bleiben. Vielmehr kann ihnen innerhalb der Wortlautgrenze bei der Normauslegung spürbare Bedeutung zukommen, da die ratio der Norm ganz wesentliche Auswirkung auf deren Auslegung entfalten kann. Anders als die Vertreter der subjektiven Theorie, fragen dabei sowohl die Rechtsprechung wie auch die herrschende Meinung der Literatur zur juristischen Methodenlehre im Rahmen der Ermittlung des Ziels der Gesetzesauslegung nicht allein nach dem Willen des Gesetzesverfassers.[540] Unter Zugrundelegung einer objektiven Betrachtungsweise wird vielmehr versucht, den normativen Gesetzessinn zu bestimmen.[541] Die Ermittlung des Gesetzeszweckes muss sich damit keinesfalls auf den vermeintlichen Gesetzgebungswillen vor Erlass der betreffenden Norm beschränken.[542] Vielmehr kann der Gesetzeszweck mit den wirtschafts- und rechtspolitischen Entwicklungen Schritt halten und so die Normauslegung beeinflussen: 287

„Kein Gesetz verträgt eine starre Begrenzung seiner Anwendbarkeit auf solche Fälle, die der vom Gesetzgeber ins Auge gefaßten Ausgangslage entsprechen; denn es ist nicht toter Buchstabe, sondern lebendig sich entwickelnder Geist, der mit den Lebensverhältnissen fortschreiten und ihnen sinnvoll angepaßt weitergelten will, solange dies nicht die Form sprengt, in die er gegossen ist."[543] 288

Um dieses Auslegungsziel zu erreichen, stehen als etablierte Methoden der Gesetzesauslegung die grammatikalische, die systematische sowie die historische Auslegung zur Verfügung, daneben aber mit der objektiv-teleologischen Methode auch ein Einfallstor für die Berücksichtigung des objektivierten Sinn und Zweck des Ge- 289

---

539 Vgl. auch *Achenbach* NZWiSt 2012, 321 (326), der damit die Begründung der Anwendbarkeit des § 130 OWiG auf Konzernsachverhalte aufgrund einer faktischen Betrachtungsweise ablehnt: „Eine Rechtsordnung, die sich als solche ernst nimmt, kann einen „Durchgriff" auf bloß faktische Gegebenheiten zur Umgehung nicht erwünschter Resultate der strikten Rechtsanwendung nicht zulassen." Dem zustimmend *Graf* in: FG Feigen, S. 37 (48).
540 BVerfGE 1, 299 (312); 10, 234 (244); BGHSt 10, 157 (159 f.); *Larenz* Methodenlehre, S. 318 f.; *Wank* Auslegung, S. 30; *Rengier* Strafrecht AT, § 5 Rn. 11.
541 Sogenannter „objektivierte Wille des Gesetzes", vgl. hierzu BVerfGE 1, 299 (312); 10, 234 (244); 11, 126 (129 f.); BGHSt 17, 21 (23); *Wessels/Beulke/Satzger* Strafrecht AT, Rn. 57.
542 Vgl. hierzu auch *Roxin* Allgemeiner Teil Band I, § 5 Rn. 33.
543 BGHSt 10, 157 (159 f.).

setzes.⁵⁴⁴ Aktuelle rechtspolitische Bedürfnisse entbehren damit im Rahmen der Begriffsbestimmung nicht jeglicher Daseinsberechtigung. Gerade im Strafrecht bzw. Ordnungswidrigkeitenrecht dürfen die unumstößlichen Schranken indes nicht aus den Augen verloren werden. Auch wenn die objektiv-teleologische Auslegung noch so dringlich für eine extensive Gesetzesanwendung plädieren mag, die „Garantie strafgesetzlicher Bestimmtheit der Rechtsfolgen"⁵⁴⁵ versperrt einer Übertretung der Wortbedeutung die Legitimation.⁵⁴⁶

290 „*Maßgebend für die Auslegung einer Gesetzesbestimmung ist der in der Norm zum Ausdruck kommende objektivierte Wille des Gesetzgebers, so wie er sich aus dem Wortlaut der Vorschrift und dem Sinnzusammenhang ergibt, in den sie hineingestellt ist (...). Hierbei helfen alle herkömmlichen Auslegungsmethoden in abgestimmter Berechtigung. Unter ihnen hat keine einen unbedingten Vorrang vor einer anderen. Im Strafrecht kommt freilich der grammatikalischen Auslegung eine herausgehobene Bedeutung zu; hier zieht der mögliche Wortsinn einer Vorschrift gerade mit Blick auf Art. 103 II GG der Auslegung eine Grenze, die unübersteigbar ist (...).*"⁵⁴⁷

b) Ablehnung des vereinheitlichenden Unternehmensbegriffes

291 Ob eine dogmatische Begründung vor diesem Hintergrund bei der extensiven Auslegung des Unternehmensbegriffs gefunden werden kann, muss bezweifelt werden. Jedenfalls lässt sich die Legitimation einer entsprechenden Anwendung nicht auf den bloßen Verweis auf die im – vor allem europäischen – Kartellrecht etablierte Konstruktion der wirtschaftlichen Einheit beschränken. Das Wettbewerbsrecht verfolgt eigene Interessen, die jedenfalls eine bloße und unreflektierte Übertragung der Begrifflichkeiten ausschließen. Die Einbeziehung von mehreren Konzerngesellschaften soll etwa vermeiden, dass durch rechtliche Verselbstständigung einzelner Unternehmensbereiche das Entstehen marktbeherrschender Stellung verhindert wird.⁵⁴⁸ Ferner soll mit der Annahme der wirtschaftlichen Einheit dem Umstand Rechnung getragen werden, dass trotz rechtlicher Selbstständigkeit der beteiligten Unternehmen kein wettbewerbsbeschränkendes, abgestimmtes Verhalten vorliegen kann, wenn die Entscheidungsträger ohnehin wirtschaftlich und damit in ihren Ent-

---

544 BVerfGE 11, 126 (130); vgl. zu den anerkannten Auslegungskriterien auch *Schroth* in: Kaufmann/Hassemer/Neumann, S. 279 ff.; *Larenz* Methodenlehre, S. 320 ff.; *Zippelius* Methodenlehre, S. 35 ff.; *Wank* Auslegung, S. 39 ff.; *Bydlinski* Methodenlehre, S. 26 ff.; explizit für das Strafrecht *Wessels/Beulke/Satzger* Strafrecht AT, Rn. 57; *Rengier* Strafrecht AT, § 5 Rn. 4 ff.; unter Einbeziehung der Strafrahmenorientierung im Kontext der klassischen Auslegungsmethoden *Kudlich* ZStW 2003, 1 (6 ff.).
545 So BVerfGE 105, 135 (157).
546 *Wessels/Beulke/Satzger* Strafrecht AT, Rn. 57; *Roxin* Allgemeiner Teil Band I, § 5 Rn. 26 ff.; *Rengier* Strafrecht AT, § 5 Rn. 14; *Groß* Faktische Vertretungsorgane, S. 82.
547 BVerfGE 105, 135 (157).
548 Siehe dazu *Zimmer* in: Immenga/Mestmäcker, § 1 GWB Rn. 46.

scheidungen abhängig sind.[549] Dass die Figur der wirtschaftlichen Einheit auf europäischer Ebene überdies Einzug in das Sanktionenrecht gefunden hat, ist zwar unübersehbar. Allerdings zeigte der Blick in die Diskussion zum nationalen Kartellordnungswidrigkeitenrecht die Unzulässigkeit einer Übertragung der europäischen Grundsätze angesichts der hier zu Lande geltenden Prinzipien. So basiert die Rechtsanwendung der europäischen Behörden wie beschrieben weitgehend auf Vermutungsregeln, für die vor dem Hintergrund unserer verfassungsrechtlichen Grundsätze im nationalen Sanktionenrecht kaum Raum ist. Unabhängig davon sind die im Wettbewerbsrecht maßgeblichen Problemstellungen aber auch mit der hier in Rede stehenden Fragestellung kaum vergleichbar. Sofern das Postulat der konkreten Normzweckbetrachtung für die Begriffsauslegung gilt und damit eine zwangsläufige Übertragung der Definitionen aus anderen Rechtsgebieten ausscheiden muss, so hat dies ungeachtet der ohnehin auch im Kartellrecht bestehenden Bedenken erst recht für die Wertungen und Begriffsbestimmungen aus dem Wettbewerbsrecht zu gelten.[550] Die Notwendigkeit des einheitlichen Begriffsverständnisses kann auch nicht durch die vergleichsweise große Bedeutung des Kartellrechts für die praktische Anwendung des § 130 OWiG begründet werden. Vielmehr bleibt es bei der Notwendigkeit der autonomen Begriffsbestimmung.[551] Nicht gesagt ist damit, dass etwa die dogmatischen Argumente, die auf europäischer Ebene zur Schaffung des extensiven Unternehmensbegriffsverständnisses herangezogen werden, nicht auch im Rahmen der Tatbestandsanalyse des § 130 OWiG fruchtbar gemacht werden können. Diese müssen sich sodann allerdings in Systematik, Wortlaut und Zweck der Norm einfügen. Aufgrund der unterschiedlichen Intentionen kann das Begriffsverständnis des europäischen Kartellrechts jedenfalls kaum als Leitbild für das nationale Ordnungswidrigkeitenrecht herangezogen werden.

Auch die spezialgesetzlichen Regelungen im Aufsichtsrecht helfen nicht abschließend weiter. Wenn hier durch ausdrückliche Benennung der Unternehmensgruppe als Objekt der Aufsichtspflicht eine Konkretisierung erfolgt, so kann dies systematische Folgerungen in verschiedene Argumentationsrichtungen rechtfertigen. Zulässig ist sicherlich der Gedanke, das ausdrückliche Nebeneinander von Unternehmen und Gruppe in § 25a Abs. 3 KWG und § 64a Abs. 2 VAG spreche dafür, dass bei bloßer Erwähnung des Unternehmens im Rahmen des § 130 OWiG die gesamte Unternehmensgruppe eben gerade nicht erfasst sei. Auf der anderen Seite indiziert die Erwähnung der Unternehmensgruppe einen Gesetzgebungswillen, der die Verantwortungsbereiche nicht an den Grenzen der rechtlichen Selbstständigkeit von

292

---

549 So für das europäische Wettbewerbsrecht *EuGH* Urteil vom 2.12.1999, Rs. C-234/98 – Allen u.a./Amalgamated, Slg. 1999, I-8643, Rn. 19.
550 Vgl. hierzu auch *EuGH* Urteil vom 2.12.1999, Rs. C-234/98 – Allen u.a./Amalgamated, Slg. 1999, I-8643, Rn. 18 f., wonach die Übertragung des rein wettbewerbsrechtlichen Gedankens der wirtschaftlichen Einheit auf arbeitsrechtliche Sachverhalte unzulässig ist. Hierzu auch *Fuchs* in: BeckOK-BGB, § 613a BGB, Rn. 17; *Müller-Glöge* in: MK-BGB, § 613a BGB Rn. 55.
551 Vgl. zur Strafrechtsautonomie bereits oben 4. Fn. zu Rn. 242.

Tochtergesellschaften enden lässt, sondern trotz der originären Pflichten eines Einzelunternehmens auch die Konzernobergesellschaften dem Pflichtenadressatenkreis zuordnet. Die gesonderte Erwähnung der Unternehmensgruppe könnte daher der Klarstellung dienen, ohne damit Ableitungen für die Anwendungsreichweite der – im Übrigen deutlich älteren[552] – Vorschrift des § 130 OWiG indizieren zu wollen. Letztendlich können auch die Formulierungen des Aufsichtsrechts damit kaum zur Lösung der Auslegungsfrage beitragen. Gleiches gilt für den Blick auf weitere Rechtsgebiete, wie etwa dem allgemeinen Zivilrecht. Denn auch wenn die Einheitlichkeit der Rechtsordnung einen legitimen Grundsatz umschreibt, so ist doch anerkannt und unerlässlich, Rechtsbegriffe individuell und ausgehend vom konkreten Normzusammenhang und -zweck auszulegen. Dass vor allem das Gesellschaftsrecht kaum als belastbare Quelle der Begriffsdefinition dienen kann, zeigen schon die selbst innerhalb des Konzernrechts geltenden Unterschiede bei der Bestimmung des Unternehmensbegriffs.[553]

293 Daraus ergibt sich hinsichtlich des Unternehmensbegriffs im Rahmen des § 130 OWiG die Notwendigkeit der autonomen Auslegung.[554] Systematische Gründe sprechen hier jedoch gegen eine extensive Erstreckung auf einen ganzen Unternehmensverbund. Bei den Befürwortern einer entsprechend weiten Ansicht ist schon ersichtlich nicht zu erkennen, ob sie den gesamten Unternehmensverbund als Unternehmen i.S.d. § 130 OWiG betrachten, oder aber nur das konkret betroffene Tochterunternehmen sowie die übergeordnete Konzernobergesellschaft. Sofern dabei zumeist auf die europäische Kartellrechtspraxis Bezug genommen wird,[555] spricht viel für letzte Ansicht.[556] Allerdings darf hier ein bedeutsamer Unterschied nicht übersehen werden. Die wettbewerbsrechtlichen Regelungen richten sich direkt gegen das Unternehmen. Da die europäischen Kartellbehörden hier sämtliche von der wirtschaftlichen Einheit umfassten Unternehmen verstehen, treten diese als Gesamtschuldner für den behördlichen Haftungsanspruch ein.[557] Im Rahmen des § 130 OWiG richtet sich die Bußgelddrohung nicht an das Unternehmen, sondern an dessen Inhaber, was jedenfalls begrifflich einen unübersehbaren Unterschied darstellt. Sofern man nun abseits dogmatisch standfesten Grundes großzügig – oder schärfer formuliert: kaum begründbar – über das Problem der fehlenden Rechtsfä-

---

552 § 25a KWG wurde in der entsprechenden Fassung eingeführt durch das Gesetz zur Umsetzung der Richtlinie 2002/87/EG des Europäischen Parlaments und des Rates vom 16. Dezember 2002 (Finanzkonglomeraterichtlinie-Umsetzungsgesetz) vom 21.12.2004, BGBl. I S. 3610 (3619 f.); § 64a VAG wurde eingefügt durch das Neunte Gesetz zur Änderung des Versicherungsaufsichtsgesetzes vom 23.12.2007, BGBl. I S. 3248 (3250 f.).
553 Siehe hierzu bereits oben Rn. 45.
554 Vgl. zur Strafrechtsautonomie bereits oben 4. Fn. zu Rn. 242.
555 Vgl. etwa *Grundmeier* Rechtspflicht, S. 77; *Caracas* Internationale Konzernstrukturen, S. 81 f., 261.
556 Zur Auffassung der europäischen Kartellrechtsbehörden vgl. bereits oben Rn. 267 ff.
557 Siehe dazu bereits oben Rn. 267 ff.

higkeit des Konzerns hinwegsieht und damit auf eine rechtsfähige Bezugsgröße der Inhaberschaft verzichtet, wird dann als Inhaber eines Unternehmensverbundes aber auch die Konzernobergesellschaft bzw. deren Rechtsträger gelten müssen, nicht aber auch die Rechtsträger der untergeordneten Konzerngesellschaften. Der Inhaber eines Unternehmens i.S.d. § 130 OWiG wäre im Rahmen von Konzernsachverhalten damit alleine der Rechtsträger der Konzernobergesellschaft. Dies stünde bei Konzernsachverhalten jedenfalls im Widerspruch zur Regelung des § 9 Abs. 2 OWiG, wenn es um den Beauftragten einer Tochtergesellschaft geht. Sofern dort vorausgesetzt wird, dass der Beauftragte durch den Inhaber des Unternehmens bestellt wurde, so kann eine Übertragung der eben dargestellten Definition im Rahmen von Konzernsachverhalten nicht erfolgen. Denn der Konzernobergesellschaft bzw. ihren gesetzlichen Vertretern fehlen regelmäßig schon die rechtlichen Möglichkeiten, namens der Tochtergesellschaften einen Beauftragten zu bestellen. Damit würde eine Anwendung des § 9 Abs. 2 OWiG auf Tochtergesellschaften ausscheiden, was zweifellos weder gewollt noch im Rahmen der wissenschaftlich deutlich tiefer durchleuchteten Parallelvorschrift des § 14 StGB vertreten wird. Vielmehr wird hier auch in Konzernsachverhalten davon auszugehen sein müssen, dass die Tochtergesellschaft Inhaberin ihres Unternehmens ist. Die Auslegung im Rahmen des § 130 OWiG einerseits sowie des § 9 OWiG andererseits würde sich daher nicht nur unterscheiden, die entsprechenden Definitionen würden sich überdies sogar widersprechen. Während im Rahmen des § 9 OWiG ein Abstellen auf die Tochtergesellschaft unerlässlich ist, wäre diese gerade im Rahmen des § 130 OWiG ausdrücklich nicht Normadressat. Zwar kann auch innerhalb eines Rechtsgebietes die unterschiedliche Auslegung identischer Begriffe angebracht sein, bei der engen Verknüpfung von §§ 9, 130 OWiG ist aber jedenfalls ein ausdrücklicher Widerspruch nur schwer zu rechtfertigen. Hiergegen sprechen auch die Ausführungen aus dem Gesetzgebungsverfahren, in denen eine ausdrückliche Anlehnung der Begrifflichkeiten des § 130 OWiG an § 9 OWiG bzw. § 14 StGB beabsichtigt war.[558] Wenngleich mit den Ausführungen aus der Gesetzesbegründung die Auslegung keinesfalls abschließend determiniert ist, so kommt ihnen doch eine gewisse Indizwirkung zu.[559] Vor allem würde eine derartige Interpretation aber dafür sorgen, dass das Tochterunternehmen selbst aus der Adressatenstellung des § 130 OWiG entlassen wird. Denn wenn der Gesamtkonzern als Unternehmen gilt, wird man die Tochtergesellschaft kaum als dessen Inhaber qualifizieren können. Dies kann insofern kaum gewünscht sein, als das Aktiengesetz der Konzernobergesellschaft nur bedingt überhaupt rechtliche Möglichkeiten gewährt, um Aufsichtspflichten innerhalb selbstständiger Tochterunternehmen wahrzunehmen. Da jedoch auch nur das Unter-

---

558 Siehe dazu bereits oben Rn. 177 ff.
559 *Schmitz* in: MK-StGB, § 1 StGB Rn. 79.

lassen möglicher Aufsichtspflichten vorgeworfen werden kann, wären erhebliche Sanktionslücken unvermeidbar.[560]

294 Um den aufgezeigten Bedenken zu begegnen, wird vorgeschlagen, auch bei einer Heranziehung einer wirtschaftlichen Einheit die rechtliche Betrachtungsweise nicht zu verdrängen. Neben der wirtschaftlichen Einheit soll danach auch die rechtlich selbstständige Tochtergesellschaft Unternehmen i.S.d. § 130 OWiG bleiben und so das Tor zur eigenen und insofern kumulativ bestehenden Inhabereigenschaft öffnen.[561] Dies führt im Ergebnis zur gespaltenen Auslegung des Unternehmensbegriffs innerhalb des § 130 OWiG. Nach Ansicht der Befürworter eines entsprechenden Begriffsverständnisses ist die Auslegung jedoch nicht nur innerhalb einer Rechtsordnung autonom vorzunehmen, sondern auch innerhalb einer Norm und selbst innerhalb eines Sachverhaltes durchaus eine divergierende Bewertung denkbar.[562] Ein derartiges Vorgehen sei insofern vom Gebot der Auslegung ausgehend vom Gesetzeszweck gedeckt.[563] Ungeachtet systematischer Bedenken dürfte die Wortlautgrenze hierbei aber überschritten sein. Die duale Erfassung von rechtlich selbstständigen Rechtssubjekten parallel und gleichermaßen zu einer wirtschaftlichen Einheit im Rahmen des § 130 OWiG verlässt den sicheren Boden der gesetzlichen Legitimation und ist daher abzulehnen.

295 Letztendlich weist schon das ersichtliche Hauptargument der Befürworter einer extensiven Interpretation des Unternehmensbegriffs den Weg zur Ablehnung dieses Verständnisses. Einhellig wird als Rechtfertigung der weitreichenden Subsumtion angeführt, der Konzern sei faktisch organisiert wie ein Unternehmen.[564] Nimmt man die Vertreter dieser Auffassung beim Wort – „wie ein Unternehmen" –, gleicht der Konzern also dem Unternehmen, ohne aber ein solches zu sein. Zuzustimmen ist sodann *Koch* wenn dieser feststellt, zwischen Ähnlichkeit und Identität bestehe ein gewichtiger Unterschied.[565] Die aus Billigkeitsgründen erfolgende Anwendung einer Norm auf einen eigentlich nicht bezeichneten Adressaten, der „wie der eigentlich normierte Adressat" anzusehen ist, wird als analoge Normanwendung bezeichnet. Dies mag im Zivil- und Gesellschaftsrecht anerkanntes und notwendiges Mittel zur Findung sachgerechter Ergebnisse sein. Im Straf- und Ordnungswidrigkeitenrecht ist das Analogieverbot hingegen unverrückbar.[566] Die Einbeziehung ähnlicher Fallgestaltungen in den Normregelungskreis muss danach jedenfalls dort enden, wo

---

560 *OLG München* Beschluss vom 23.9.2014, Az. 3 Ws 599, 600/14 erwähnt dieses Problem mit keinem Wort, wenn dort aufgrund faktischer Eingriffe in die Tochtergesellschaft augenscheinlich Aufsichtspflichten des eingreifenden Mutterunternehmens für möglich erachtet werden.
561 So etwa *Grundmeier* Rechtspflicht, S. 68.
562 Vgl. *Grundmeier* Rechtspflicht, S. 68, 78.
563 So im Ergebnis *Grundmeier* Rechtspflicht, S. 68, 78
564 Vgl. insofern die Nachweise in 5. Fn. zu Rn. 278.
565 *Koch* AG 2009, 564 (571).
566 Vgl. bereits oben 5. Fn. zu Rn. 286.

zulässige Auslegung aufgrund des Erreichens der Wortsinngrenzen zur analogen Anwendung wird.[567]

c) Ablehnung der wirtschaftlichen Inhaberschaft

Sofern zur Begründung der Erfassung von Konzernsachverhalten nicht auf den Unternehmensbegriff, sondern auf den Begriff der Inhaberschaft abgestellt wird, geschieht auch dies zumeist vor dem Hintergrund rechtspolitischer Erforderlichkeiten. Vermieden werden sollen mit der extensiven Anwendung vermeintliche Unbilligkeiten, wenn durch rechtliche Verselbstständigung von Unternehmensteilen diese aus dem Aufsichtsbereich herausgenommen werden. Jedenfalls mit Blick auf den Wortlaut der Norm bewegen sich die Vertreter dieser Ansicht jedoch auf vergleichsweise deutlich sichererem Terrain. Wie gezeigt wird der Inhaberbegriff in unserer Rechtsordnung ganz unterschiedlich verwendet. Die Bezeichnung einer Konzernobergesellschaft als Inhaberin ihrer Tochtergesellschaften ist nicht als wortsinnwidrig anzusehen. Hier bedarf es anders als bei der extensiven Auslegung des Unternehmensbegriffs keinerlei Vergleiche aufgrund faktischer Wertungen, um das Tangieren oder gar Überschreiten der Wortlautgrenze zu rechtfertigen. 296

Dennoch muss auch die wirtschaftliche Betrachtungsweise im Rahmen der Bestimmung des Inhaberbegriffs Ablehnung finden. Die wirtschaftliche Beteiligung an einem Unternehmen kann für sich keine Aufsichtspflichten begründen. Unserem Gesellschaftsrecht ist immanent, dass die Geschäftsleitungsorgane einer Gesellschaft das Pflichtprogramm des Unternehmens wahrzunehmen haben, insbesondere betreffend dem täglichen operativen Unternehmensgeschäft. Jedenfalls bei Privataktionären einer Aktiengesellschaft wird auch niemand ernsthaft das Bestehen von organisatorischen Aufsichtspflichten vertreten, selbst bei einer vergleichsweise hohen Kapitalbeteiligung. Eine rein wirtschaftliche Betrachtungsweise muss daher ausscheiden.[568] 297

Sofern vertreten wird, hiervon dann eine Ausnahme zu machen, wenn eine Konzernobergesellschaft tatsächlich Aufsichtspflichten im Tochterunternehmen wahrgenommen hat – etwa durch die Einrichtung eines übergreifenden Compliance-Systems[569] –, ist auch dies abzulehnen. Zwar ist zuzustimmen, dass die Heranziehung faktischer bzw. tatsächlicher Umstände zur Bestimmung der Inhaberschaft durchaus nicht unzulässig ist. Allerdings führt die dargestellte Ansicht zu unerträglichen Unbilligkeiten. Denn die Verantwortlichkeit würde eine Konzernobergesell- 298

---

567 Siehe hierzu bereits oben letzte Fn. zu Rn. 289, sowie im hier in Rede stehenden Kontext *Achenbach* NZWiSt 2012, 321 (326). Im Ergebnis auch *Heinichen* ZIS 2012, 68 (71 ff.), der allerdings in der Folge nur dem Begriff der juristischen Person im Rahmen des § 30 OWiG aufgrund der damit verbundenen, formalen Kriterien den engen Wortsinnschutz zusprechen möchte, während der weniger rechtlich geprägte Unternehmensbegriff nach ihm durchaus einer wirtschaftlichen Betrachtung zugänglich sein soll.
568 Im Ergebnis auch *Petermann* Compliance-Maßnahmen, S. 113.
569 So etwa *Wilhelm* Aufsichtsmaßnahmen, S. 31; *Klusmann* in: Wiedemann, § 55 Rn. 41 f.

schaft treffen, die – wenn auch unzureichend – überhaupt Aufsichtspflichten zum Schutze der Rechtsgüter Dritter wahrgenommen hat, während die gegenüber ihren Tochtergesellschaften vollends untätige Konzernobergesellschaft von der Verantwortung freigestellt wäre.[570]

d) Ablehnung der rechtlichen Inhaberschaft

299 Die besseren Argumente sprechen damit auf den ersten Blick für eine rechtliche Betrachtungsweise, die aufgrund der rechtlichen Selbstständigkeit allein die Tochtergesellschaft als Inhaberin ihres Unternehmens und damit als Normadressatin des § 130 OWiG versteht.[571] Das zumeist angeführte und gewichtigste Argument der Befürworter einer rein rechtlichen Betrachtung liegt dabei in der ratio der Norm. Während der Wortlaut eine Ausweitung auf Konzernobergesellschaften nicht verhindern dürfte, soll es vor allem der Gesetzeszweck sein, der gegen eine solch extensive Anwendung spricht. Dabei wird dieser in der Vermeidung von Sanktionslücken gesehen, die entstehen können, wenn der Unternehmensinhaber die Wahrnehmung seiner Aufgaben an Mitarbeiter delegiert. Während diesen im Rahmen von Verstößen gegen Sonderdelikte die Adressateneigenschaft fehlt, kommt eine Bestrafung bzw. Ahndung des Inhabers als eigentlichen Pflichtenadressaten mangels Teilnahme häufig nicht in Betracht. Das hierdurch zu befürchtende Auseinanderfallen von Handelndem und Verantwortlichem soll durch § 130 OWiG geschlossen werden. Sofern damit die Anwendbarkeit auf Konzernsachverhalte mit dem Argument verneint wird, im Unternehmensverbund drohe diese Sanktionslücke aufgrund des Verbleibs des Tochterunternehmens in der Adressatenstellung des § 130 OWiG nicht, greift dies zu kurz und vermag damit auch nicht zu überzeugen. Denn das Schließen von Sanktionslücken umschreibt tatsächlich bei weitem nicht vollumfänglich den Normzweck. Vielmehr ist aus der Regelung des § 130 OWiG die Zielsetzung zu entnehmen, das Verhältnis zwischen Verantwortung, organisatorischer Herrschaft und dem bestehenden Risiko zu wahren. Wer kraft organisatorischer Herrschaft den Einsatz personeller und sachlicher Ressourcen steuert und durch die Kombination einzelner Arbeitsprozesse eine Gesamtunternehmensleistung erschafft und auch genau davon profitiert, soll auf der anderen Seite auch in die Verantwortung hinsichtlich der insofern entstehenden Risiken eintreten.[572] Die ständige Erhöhung der personellen und sachlichen Ressourcen zur Steigerung der ergebnisrelevanten Skaleneffekte und die daraus stetig steigenden Chancen sollen einhergehen mit mehr Verantwortung über die zunehmenden Gefahren, die mit einer Auswei-

---

570 Vgl. zur entsprechenden Diskussion im Rahmen des europäischen Wettbewerbsrechts *Kersting* WuW 2014, 1156 (1165 f.); *Gehring/Kasten/Mäger* CCZ 2013, 1 (3).
571 In diese Richtung können auch die bisher kaum vorliegenden Ausführungen des BGH gedeutet werden, vgl. zu dem entsprechenden Beschluss oben Rn. 239.
572 Vgl. zum allgemeinen „Postulat des Gleichlaufs von Herrschaft und Haftung" im Kontext der gesellschaftsrechtlichen Konzernhaftung *Dähnert* Konvergenz der Konzernhaftung, S. 112.

tung der betrieblichen Tätigkeit verbunden sind.[573] Letztendlich umschreibt dies die notwendige Wahrung des Ausgleichs zwischen Rechten und Pflichten.[574] Keinesfalls geht es damit nur um die Schließung von unbilligen Sanktionslücken. Anderenfalls würde die von der heute absolut herrschenden Auffassung angenommene Einbeziehung von Allgemeindelikten – so wie nach der hier vertretenen Ansicht etwa die Korruptionstatbestände des StGB – als taugliche Anknüpfungstat keinen Sinn ergeben. Denn auch bei Allgemeindelikten droht nicht die so oft herangeführte Sanktionslücke, kommt der handelnde Mitarbeiter hier doch sehr wohl selbst als unmittelbarer Täter in Betracht.

§ 130 OWiG will damit mehr als nur Sanktionslücken vermeiden. Es soll derjenige in den Verantwortungsbereich miteinbezogen werden, der kraft organisatorischer Herrschaft zahlreiche Einzelpersonen steuert um ein gemeinsames, ihm zurechenbares Ziel zu erreichen und damit Nutznießer des koordinierten und abgestimmten Handelns von vielen Einzelnen ist.[575] Das Verständnis eines rein rechtlichen Inhaberbegriffs wird dem nicht gerecht, da die rechtliche Selbstständigkeit von Unternehmensteilen hier die Verantwortlichkeit unverrückbar unterbricht. Der Inhaber **300**

---

573 Ähnlich auch *Bunting* ZIP 2012, 1542 (1546). Danach soll § 130 OWiG nicht nur eine Haftungslücke schließen, „sondern auch dem Leuterisiko begegnen, das gerade aus der Arbeitsteilung und dem Zusammenführen von Personen und Produktionsmitteln resultiert." Vgl. auch *ders*. Rechtsgrundlage und Reichweite der Compliance in Aktiengesellschaft und Konzern, S. 14.
574 Dies bedeutet freilich keine Relativierung der Ablehnung einer wirtschaftlichen Betrachtungsweise und damit auch keine Zustimmung zu *OLG München* Beschluss vom 23.9.2014, Az. 3 Ws 599, 600/14 und anderen Vertretern faktischer Betrachtungsweisen. Denn während die Befürworter der Einbeziehung faktischer Konzernverbindungen Pflichten an die tatsächliche Einflussnahme koppeln, werden hier Pflichten an den insofern bestehenden Rechten ausgerichtet.
575 In die Richtung kann auch die Gesetzesbegründung zum Regierungsentwurf des OWiG vom 8.1.1967, BT-Drucks. V/1269, S. 69 verstanden werden: „Rechte und Pflichten wären nicht im angemessenen Maßstab gegeneinander abgewogen, wenn man dem Inhaber des Betriebes zwar die Vorteile gesteigerter Betätigungsmöglichkeiten einräumen wollte, die der Betrieb mit sich bringt, wenn er aber schon deshalb aus seiner Verantwortung entlassen wäre, weil er nicht selbst handelt, sondern andere für sich tätig werden läßt. Die gesteigerte Betätigungsmöglichkeit, die der Betrieb mit sich bringt, und die typische Lage, daß andere Personen den Wirkungskreis des Inhabers ausfüllen, müssen für ihn eine Art Garantenstellung begründen, die sich allerdings in einer gehörigen Aufsichtspflicht erschöpfen kann." Diese Ausführungen werden verschiedentlich kritisiert, da sie § 130 OWiG entgegen seiner Stellung im besonderen Teil des Ordnungswidrigkeitsgesetzes auf eine reine Zurechnungsnorm reduzieren würden, vgl. insofern *Bosch* Organisationsverschulden, S. 318. Gleichwohl können die dargelegten Motive auch herangezogen werden und vor allem Plausibilität entfalten, wenn in der Verwirklichung des § 130 OWiG – wie auch hier – die Schaffung eines eigenständigen, ahndungswürdigen Unwerts kraft unzureichender Prävention gesehen wird. Denn auch dann vermögen die Passagen die ratio der Sanktionsdrohung in abstrakter Weise zu untermauern, ohne dabei eine reine Ableitung des Unwertes der Zuwiderhandlung und damit eine bloße Zurechnung darzustellen.

der organisatorischen Herrschaft kann bei Wahrung aller wirtschaftlichen Chancen und Erhaltung aller Rechte seine Pflichten und Risiken im Wesentlichen beschneiden, indem Unternehmensteile rechtlich verselbstständigt werden.[576] Dass auf Rechtsfolgenseite möglicherweise ein Bußgeld etwa aufgrund der Verpflichtung zum konzerninternen Verlustausgleich auch die Obergesellschaft trifft, ist eine gesellschaftsrechtliche Folge, die einen Haftungsausschluss auf ordnungsrechtlicher Ebene nicht rechtfertigen kann. In Rede steht hier die primäre Verantwortung im Rahmen des Ordnungswidrigkeitenrechts, die nicht durch eine konzerninterne Wirtschaftsverfassung kompensiert werden kann. Zudem wären jedenfalls die Organe der Obergesellschaft persönlich endgültig aus der ordnungsrechtlichen Pflichtenstellung befreit.

301 Im Falle der Durchsetzung der Rechtsauffassung eines rein rechtlichen Inhaberbegriffes wäre eine Verantwortlichkeitsfreistellung durch die bloße rechtliche Verselbstständigung der Unternehmensführungsebene zu erreichen. Management-Holding-Strukturen könnten den Vorstand einer Aktiengesellschaft damit jedenfalls mit Blick auf § 130 OWiG vollends aus der Pflichtenstellung nehmen. Überdies wäre auch die rechtliche Verselbstständigung der nachgeordneten Führungsebenen und Unternehmensteile möglich, bis hin zu einem Punkt, an dem die einzelne Legaleinheit aufgrund fehlender Möglichkeiten überhaupt nicht mehr zu umfassender Aufsicht in der Lage ist und etwa die Einrichtung einer effizienten Revisionsabteilung ausscheiden muss. Übergreifende und umfassende Aufsicht wäre dann bei weitreichender rechtlicher Verselbstständigung weder möglich noch erforderlich. Aber eben dieses Erheben der mit weitreichenden Rechten ausgestatteten Organisationsspitze aus der Verantwortung soll durch die Regelung des § 130 OWiG vermieden werden. Die dargelegte Argumentation soll damit auch nicht durch Ausreizung der Auslegungsmöglichkeiten rechtspolitisch erwünschte Resultate legitimieren. Vielmehr beschreibt sie die im Rahmen der originären Normauslegung zu berücksichtigenden Umstände, die der ratio der Norm zu Grunde legen. Eine rein rechtliche Betrachtung des Inhabergriffs wird daher an dieser Stelle nicht wegen einer von der Auslegung losgelösten Formulierung wünschenswerter Resultate abgelehnt, sondern weil sie der ratio der Norm nicht gerecht wird und zu Unbilligkeiten führt, die durch eine modifizierte Auslegung des Inhaberbegriffs aufgefangen werden können und müssen.

---

576 Auch an dieser Stelle lohnt nochmals der wertende Rückblick auf das Gesellschaftsrecht. Nicht von ungefähr wurde im Rahmen der Gesetzesbegründung zu § 291 AktG formuliert: „Wer die Geschicke der Gesellschaft bestimmen kann oder ihren ganzen Gewinn erhält, muß auch für die Verluste einstehen.", vgl. die Begründung zum Regierungsentwurf eines Aktiengesetzes sowie eines Einführungsgesetzes zum Aktiengesetz vom 3.2.1962, BT-Drucks. IV/171, S. 222. Vgl. hierzu auch *Dähnert* Konvergenz der Konzernhaftung, S. 112.

e) Die organisationsbasierte Inhaberschaft

Vorgeschlagen wird im Rahmen dieser Untersuchung daher die Begründung eines organisationsbasierten Inhaberbegriffs. Inhaber eines Unternehmens i.S.d. § 130 OWiG ist demnach derjenige, der kraft Organisationsherrschaft über den Einsatz der personellen und sachlichen Arbeitsmittel in eigener Verantwortung und unmittelbarer Autorität bestimmt.[577] Die Organisationsherrschaft bezeichnet dabei die rechtliche Möglichkeit zur Einflussnahme und Bestimmung, nicht notwendig ist indes die tatsächliche Wahrnehmung dieser Rechte. Insofern unterscheidet sich die hier vertretene Ansicht in bedeutsamer Weise in zweierlei Hinsicht von einer rein faktischen Betrachtungsweise, wie sie neuerdings auch vom OLG München vertreten wird.[578] Zum einen führt die organisationsbasierte Inhaberschaft auch dann zur Pflichtenstellung der Obergesellschaft, wenn diese ihre insofern bestehenden Rechte nicht wahrnimmt.[579] Auf der anderen Seite begründet die rein faktische Wahrnehmung von Aufsichtspflichten bzw. die faktische Steuerung der Tochtergesellschaften keine Inhaberschaft, wenn nicht der Obergesellschaft auch die rechtlich abgesicherte Organisationsherrschaft zukommt. Die berechtigten Bedenken im Rahmen der Heranziehung von bloßen Handlungsweisen und faktisch-wertenden Betrachtungsweisen zur Erfassung von Konzernen im Sanktionstatbestand des § 130 OWiG kommen bei dem hier vorgeschlagenen Modell daher nicht zum Zuge. Damit muss sich der Ansatz aber auch nicht der Kritik an einem rein wirtschaftlichen Inhaberbegriff aussetzen, da hier gerade nicht allein auf eine etwaige Kapitalbeteiligung abgestellt wird, sondern auf das Vorliegen einer rechtlich und nicht nur faktisch begründeten Organisationsherrschaft. Auch wenn die Ursache für eine solche Organisationsherrschaft gerade in der Kapitalbeteiligung begründet sein kann, so unterscheidet sich der Anknüpfungspunkt deutlich. Kapitalbesitz alleine entfaltet grundsätzlich keine rechtlich begründete Organisationsherrschaft.

Der organisationsbasierte Inhaberbegriff steht einer rein rechtlichen Betrachtungsweise damit deutlich näher als einer rein faktischen Betrachtungsweise.[580] Anders als das rein rechtliche Verständnis wird aber nicht allein auf den Rechtsträger des einzelnen Rechtssubjektes abgestellt. Vielmehr wird zuvor geprüft, wo die rechtlich

---

577 Im Ergebnis wohl ähnlich *Dreher* ZWeR 2004, 75 (102 f.); ferner auch – allerdings ohne anschließende Ableitung der hier vorgeschlagenen Rechtsfolgen – *Graf* in: FG Feigen, S. 37 (39).
578 Siehe hierzu bereits oben Rn. 239a.
579 Vgl. hierzu auch die Wertungen des *OLG Hamm* NStZ-RR 1997, 21 (21) für den Fall einer „Strohfrau" als Betriebsinhaberin. Nach Ansicht des Gerichts könne jedenfalls der Verzicht auf bestehende Direktionsrechte nicht das Verlassen des Normadressatenkreises des § 130 OWiG bewirken.
580 Dies gilt freilich nicht, sofern die Befürworter einer faktischen Betrachtungsweise letztendlich nicht auf das Vorliegen der faktischen Einflussnahme abstellen, sondern wie hier auf das Vorliegen rechtlich begründeter Einflussmöglichkeiten. Da sich die dogmatische Legitimation im Vergleich zu einer Heranziehung rein tatsächlicher Elemente deutlich unterscheidet, ist eine genaue begriffliche Differenzierung aber unerlässlich.

begründete Organisationsherrschaft liegt. Indes gibt es deutliche Überschneidungen beider Begriffsverständnisse. So verbleiben auch hier die Pflichten beim Unternehmen selbst und richten sich nicht direkt gegen die Organe. Hieran soll auch die organisationsbasierte Inhaberschaft nichts ändern. Die im Konzernrecht begründeten Weisungsrechte der Konzernobergesellschaft gegenüber der Tochtergesellschaft bestehen zugunsten der Gesellschaft, nicht aber primär zugunsten ihrer Organe. Diese handeln vielmehr nur in Ausübung der Rechte, die originär der juristischen Person zustehen. In Übernahme der Grundsätze des rechtlichen Inhaberbegriffs ist damit auch hier auf den Rechtsträger abzustellen, nicht aber auf die Organe.[581] Die Organe werden erst über die Regelung des § 9 OWiG zu Pflichtenadressaten. Damit ist der organisationsbasierte Inhaberbegriff bei Einzelunternehmen mit dem rechtlichen Inhaberbegriff deckungsgleich, da der Rechtsträger hier zugleich Träger der Organisationsherrschaft ist. Allerdings wird der Inhaberbegriff in Konzernsachverhalten ergänzt, sofern auch die Obergesellschaft befähigt ist, auf die Organisation einzuwirken.

304 Nachdem das Bestehen von Weisungsrechten der Konzernobergesellschaft nicht die Weisungsrechte des Tochterunternehmens innerhalb des Unternehmens ausschließt, resultiert aus dem organisationsbasierten Inhaberbegriff eine doppelte Inhaberschaft. Inhaber ist demnach sowohl die Konzernobergesellschaft wie auch das Tochterunternehmen. Der doppelten Inhaberschaft stehen auch keine durchgreifenden Bedenken entgegen, anders als etwa ein zweideutig auszulegender Unternehmensbegriff. Insbesondere ist hier die Wortlautgrenze nicht überschritten, sofern der Begriff des Inhabers im Singular verwendet wird.[582] Der Gesetzgeber bedient sich bei Beschreibung der jeweiligen Rechtssubjekte und -objekte weit überwiegend des Singulars, ohne dabei die Anwendbarkeit auf mehrere natürliche oder juristische Personen auszuschließen.[583]

305 Die Anwendung des organisationsbasierten Inhaberbegriffs wird auch nicht durch die Gefahr unlösbarer Zurechnungskaskaden ausgeschlossen.[584] Zwar führt die doppelte Pflichtenstellung insbesondere bei mehrstufigen Konzernen zu Herausforderungen bei der Bestimmung der notwendigen Pflichten auf jeder Hierarchiestufe und der insofern notwendigen Beurteilung von Konkurrenzen. Solche Herausforde-

---

581 Dies stellt keinen Widerspruch zu der oben vertretenen Annahme dar, wonach im Rahmen der faktischen Geschäftsführung nicht auf die Konzernobergesellschaft, sondern unmittelbar auf die Leitungspersonen abgestellt werden muss, vgl. hierzu Rn. 138 f. Denn dort ist gerade auf eine faktische Betrachtungsweise abzustellen, während hier ein streng normative Zurechnung erfolgt.
582 So aber *Koch* AG 2009, 564 (571); *Lang* Corporate Compliance, S. 162.
583 Vgl. nur § 433 Abs. 1 S. 1 BGB: „Durch den Kaufvertrag wird der Verkäufer der Sache verpflichtet, dem Käufer die Sache zu übergeben (...)." Freilich soll damit nicht bestimmt werden, dass mehrere Personen gemeinschaftlich nicht Partei eines Kaufvertrags seien können.
584 So aber im Ergebnis befürchtet von *Gürtler* in: Göhler, § 130 OWiG Rn. 5a; zustimmend *OLG München* Beschluss vom 23.9.2014, Az. 3 Ws 599, 600/14.

rungen können aber den Weg der hier vorgeschlagenen Lösung nicht verschließen. Aufsichtspflichten können sich auch im Einzelunternehmen auf mehrere Hierarchieebenen verteilen, womit ebenfalls im Rahmen der Pflichtenbestimmung auf jeder Hierarchiestufe umgegangen werden muss.[585] Sofern der Vorwurf geäußert wird, die doppelte Inhaberschaft führe zur unzulässigen doppelten Zuordnung inhaltlich gleichlaufender Pflichten kann dies damit nicht überzeugen.[586] Überdies wurde bereits gezeigt, dass auch bei Leitungsgremien durchaus gar eine horizontal gleichartig aufgeteilte Pflicht zur Oberaufsicht bestehen kann.[587] § 130 OWiG ist jedenfalls im Zusammenspiel mit § 9 OWiG eine singuläre Adressatenstellung keinesfalls immanent.

Ebenso wenig scheitert die Annahme eines organisationsbasierten Inhaberbegriffs an den Bedenken mancher Autoren, die eine zu weite Auslegung des § 130 OWiG wegen der ohnehin bereits bestehenden verfassungsrechtlichen Bedenken ablehnen.[588] Die auch hier angeführten Zweifel der Verfassungsmäßigkeit beziehen sich im Wesentlichen auf das unbestimmte Ausmaß des Pflichtenkatalogs. Sofern Bedenken hinsichtlich der Bestimmtheit aufgeworfen werden, können diese nicht durch restriktive Auslegung der übrigen Tatbestandsmerkmale – wie etwa dem Normadressatenkreis – ausgeräumt werden. Welche Maßnahmen konkret zu ergreifen sind bleibt unklar, ob sie sich nun auf ein Einzelunternehmen beziehen oder aber auf einen Unternehmensverbund. Die Auslegung des Begriffes der Inhaberschaft ist daher nicht durch Unbestimmtheiten bei anderen Tatbestandsmerkmalen eingeengt. Die Verfassungsmäßigkeit von Sanktionsnormen ist kein Handelsgut, etwaige Defizite hinsichtlich einzelner Tatbestandsmerkmale können sicherlich nicht durch überspannte Anforderungen bei anderen Merkmalen aufgewogen werden.

306

Anders als bei einem extensiven Verständnis des Unternehmensbegriffs führt der organisationsbasierte Inhaberbegriff auch nicht zu einer Kollision mit dem Normverständnis i.S.d. § 9 OWiG bzw. § 14 StGB. Nach der hier vorgeschlagenen Definition verbleibt der Rechtsträger des rechtlich selbstständigen Unternehmens in der Inhaberstellung. Einzig in Konzernsachverhalten tritt die Konzernobergesellschaft bei Vorliegen einer rechtlich begründeten Organisationsherrschaft hinzu. Da aber die Konzerngesellschaft auch bei Vorliegen entsprechender Weisungsrechte eine Beauftragung nur mittelbar über die Organe der Tochtergesellschaft vornehmen wird, bleibt es auch bei Konzernsachverhalten stets bei der Beauftragung durch das Tochterunternehmen bzw. seiner gesetzlichen Vertreter. Damit erweitert der organisationsbasierte Inhaberbegriff den Anwendungsbereich des § 9 OWiG bzw. § 14 StGB nicht, insofern bleibt es hier bei den etablierten Auslegungsgrundsätzen, wonach einzig der Rechtsträger der betroffenen Gesellschaft Inhaber des Unterneh-

307

---

585 Vgl. auch *Mosbacher* in: Lemke/Mosbacher, § 130 OWiG Rn. 9; *Bock* in: Rotsch, Criminal Compliance, § 8 Rn. 7; *Witting* in: MAH WirtschaftsstrafR, § 25 Rn. 144.
586 Entsprechende Bedenken äußert *Grundmeier* Rechtspflicht, S. 76.
587 Siehe hierzu bereits oben Rn. 186 f.
588 Vgl. hierzu oben 2. Fn. zu Rn. 247.

mens ist. Im Ergebnis beschränkt sich die strukturelle Reichweite der beiden Normen auf Fälle, in denen der organisationsbasierte Inhaberbegriff mit dem rein rechtlichen Inhaberbegriff deckungsgleich ist. Auch in Konzernsachverhalten kommt es damit nicht zu widersprüchlicher Begriffsbestimmung im Rahmen des § 130 OWiG einerseits und des § 9 OWiG bzw. § 14 OWiG andererseits.[589]

308 Schließlich kann auch nicht das Argument überzeugen, § 130 OWiG könne Konzernsachverhalte nicht erfassen, da die Norm als Konsequenz der Verantwortung für die Gefahrenquelle Unternehmen zu sehen sei, die Konzernierung aber keine vorwerfbare Gefahr schaffe.[590] Die vorliegende Diskussion dreht sich nicht um die Frage, ob in der Konzernierung ein Haftungsanknüpfungspunkt zu sehen ist. Tatsächlich entfaltet auch nicht die Begründung einer Unternehmung konstitutive Wirkung im Rahmen der betrieblichen Aufsichtspflichtverletzung. Allenfalls ist es die Gefahr der unternehmerischen Tätigkeit, die das Sanktionsbedürfnis entstehen lässt. Im Betrieb eines Konzerns liegt zweifellos eine unternehmerische Tätigkeit. Und nach der hier vertretenen Auffassung ist es der Träger der Organisationsherrschaft, der die dabei entstehenden Gefahren einzudämmen hat. Konstitutiv im Rahmen des § 130 OWiG wirkt insofern diese Organisationsherrschaft und damit eine Folge der Konzernierung – jedenfalls sofern es um Vertrags- oder Eingliederungskonzerne bzw. GmbH-Konzerne geht. Die Konzernierung selbst ist indes freilich als solche nicht haftungsbegründendes Element. Ebenso kann gefragt werden, ob die Konzernierung haftungsvermeidend sein soll. Aus diesem Blickwinkel muss sodann geprüft werden, ob die juristische Selbstständigkeit einer Tochtergesellschaft die Aufsichtspflichten der Konzernspitze durchbricht. Dabei ist aber nicht ersichtlich, warum ein Einzelunternehmen Gefahren entfalten soll, die ein Unternehmensverbund nicht entfaltet.

309 Dem organisationsbasierten Inhaberbegriff stehen damit keine durchschlagenden Argumente entgegen. Dafür ist er sowohl dem wirtschaftlichen – auch unter Einbeziehung faktischer Merkmale – wie auch dem rein rechtlichen Inhaberbegriff überlegen. Insbesondere vermag allein der organisationsbasierte Inhaberbegriff der ratio legis umfassend zu entsprechen. Das hier vertretene Begriffsverständnis vermag der Bußgeldpraxis damit ein rechtlich gesichertes Fundament zu verleihen. Sofern als Inhaber der Träger der Organisationsherrschaft bezeichnet wird, bewegt sich die Definition auch im Rahmen der Wortlautgrenzen. Der Inhaberbegriff wird in unserer Rechtsordnung vielschichtig verwendet, ein Abstellen auf die rechtlichen Herrschaftsbefugnisse wird auch mit Blick auf das Sachenrecht kaum zu einer Überschreitung der zulässigen Wortlautgrenze führen können.

---

589 Durch die einheitliche Bestimmung des Inhaberbegriffs durch das Merkmal der Organisationsherrschaft wird auch den von *Koch* AG 2009, 564 (571) geäußerten Bedenken entgegen getreten, die Anwendung auf Konzernsachverhalte habe eine gespaltene Auslegung des Inhaberbegriffs mal nach wirtschaftlichen und mal nach rechtlichen Gesichtspunkten zur Folge.
590 So *Vogt* Verbandsgeldbuße, S. 288.

Letztendlich ist zu bemerken, dass sich auch die hier vorgeschlagene Lösung der organisationsbasierten Inhaberschaft an rein rechtlichen Gesichtspunkten ausrichtet und damit rein wirtschaftliche wie faktische Betrachtungsweisen außer Acht lässt. Es darf daher nicht missverstanden werden, wenn der organisationsbasierte Inhaberbegriff dem rein rechtlichen Inhaberbegriff im beschriebenen Sinne gegenübergestellt wird. Da der rein rechtliche Inhaberbegriff sich als Synonym für das strenge Rechtsträgerprinzip etabliert hat, erfolgt die hier vorgeschlagene Bezeichnung zur sichtbaren begrifflichen Abgrenzung. 310

f) Erfasste Unternehmensverbindungen

Mit der Feststellung der Verantwortungsbegründung kraft Organisationsherrschaft ist noch nicht beantwortet, anhand welcher konzernrechtlichen Kriterien sich diese Organisationsherrschaft bemisst. Die bloße Möglichkeit der Beherrschung einer Gefahrenquelle genügt grundsätzlich nicht, um eine ordnungsrechtliche Haftung zu begründen.[591] Anderenfalls müsste wohl bereits das Bestehen einer denkbaren Einflussnahme des bloßen Mehrheitsgesellschafters eine entsprechende Pflichtenstellung begründen. Wie allgemein auch bei den Leitungsorganen auf Ebene des Einzelunternehmens ist vielmehr die Eröffnung einer normativen Verantwortungssphäre erforderlich.[592] Zu klären ist insofern, welche Anforderungen erfüllt sein müssen, um eine haftungsbegründende Organisationsherrschaft annehmen zu können. Unerlässlich ist dabei eine gesonderte Betrachtung der einzelnen Formen der Unternehmensverbindungen im Sinne der §§ 15 ff. AktG. Maßgeblich sind die Unterschiede dabei mit Bezug auf die Rechtsform der beherrschten Tochtergesellschaft, da nur grundsätzlich deren Rechtsstatut für die Reichweite der Einflussmöglichkeiten maßgeblich ist.[593] 311

aa) Aktienkonzerne

Im Rahmen von Aktienkonzernen kann das Bestehen einer rechtlich fundierten Organisationsherrschaft jedenfalls bei Bestehen von unmittelbaren Weisungsrechten angenommen werden. 312

---

591 Vgl. auch *Vogt* Verbandsgeldbuße, S. 37. Vgl. zur vergleichbaren Fragestellung im Rahmen der kernstrafrechtlichen Geschäftsherrenhaftung bereits oben 6. Fn. zu Rn. 158.
592 So auch *Koch* AG 2009, 564 (572). Der hier vorgeschlagene Weg der Verantwortlichkeit kraft Organisationsherrschaft steht damit auch nicht im Widerspruch zu den Erkenntnissen im Rahmen der Geschäftsherrenhaftung, wenn dort das alleinige Stützen auf die Herrschaftsmacht als unzureichende Grundlage für die Begründung einer Überwachungsgarantenstellung bezeichnet wurde, vgl. Rn. 156 ff. Auch dort wurde die Notwendigkeit der Eröffnung einer gesonderten Verantwortung gefordert – und mit dem Gedanken der bestehenden Verkehrssicherungspflichten gefunden.
593 Vgl. hierzu bereits oben Rn. 43.

(1) Eingliederung

313 Bei beherrschten Aktiengesellschaften ist damit von einer Organisationsherrschaft der Obergesellschaft im Falle der Eingliederung auszugehen. Die Eingliederung stellt die denkbar engste Verbindung rechtlich selbstständiger Gesellschaften dar. Mit ihr einher geht dabei die Verleihung umfassender Weisungsrechte.[594] Die Tochtergesellschaft wird so wie eine rechtlich selbstständige Betriebsabteilung geführt.[595] Durch die umfassende Leitungsmacht ist jedoch auch die Organisationsherrschaft der Obergesellschaft zuzurechnen. Dies muss unabhängig davon gelten, ob die Befugnisse auch tatsächlich wahrgenommen werden.[596] Damit ist im Falle der Eingliederung jedenfalls die Wahrnehmung der Oberaufsicht unerlässlich.[597]

(2) Vertragskonzerne

314 Zu gleichen Ergebnissen gelangt man im Falle von Vertragskonzernen, die sich auf Beherrschungsverträge stützen. Auch hier entstehen unmittelbare und direkte Weisungsrechte, die insofern den Grundsatz der Unabhängigkeit des Vorstandes gem. § 76 Abs. 1 AktG überlagern.[598] Selbst im Falle fehlender Kapitalverflechtung ist dann von einer Organisationsherrschaft bei der herrschenden Gesellschaft auszugehen. Denn wer durch Abschluss eines Beherrschungsvertrages die Potenziale der sachlichen und personellen Ressourcen eines Unternehmens hebt und dabei deren Einsatz zielgerichtet bestimmen kann, der muss auch in die insofern bestehende Pflichtenstellung wachsen und jedenfalls durch die Wahrnehmung der Oberaufsicht den Risiken des arbeitsteiligen Vorgehens begegnen.[599] Es ist damit als Kehrseite der Medaille anzusehen, wenn mit steigenden Rechten gleichermaßen die Pflichten zunehmen.[600]

315 Zu berücksichtigen ist allerdings auch an dieser Stelle, dass Pflichten nicht weiter reichen können als Rechte. Etwaige Aufsichtspflichten stoßen an dieser Stelle stets an ihre Grenzen. Dies bedeutet, dass etwa bei der Personalauswahl unter Umständen nur bedingt Pflichtverstöße vorgeworfen werden können. Die Weisungsrechte ermöglichen zwar, den Leitungspersonen der abhängigen Gesellschaften die Pflicht zur Berichterstattung über getroffene Aufsichtsmaßnahmen aufzuerlegen. Auch können Weisungen zur Umsetzung konkreter Maßnahmen erteilt werden. Aller-

---

594 Vgl. hierzu auch bereits oben Rn. 62 ff., 76 ff.
595 *Habersack* in: Emmerich/Habersack, Konzernrecht, § 10 Rn. 1.
596 Eine andere Ansicht führt an dieser Stelle zur unbilligen Privilegierung des gänzlich Untätigen, vgl. insofern bereits oben Rn. 298.
597 Vgl. hierzu *Bayer* in: MK-AktG, § 18 AktG Rn. 19: „Im Ergebnis rückt nämlich der Vorstand der Obergesellschaft zum obersten Leitungsorgan der Untergesellschaft auf."
598 Vgl. hierzu bereits oben Rn. 65, 76 ff.
599 A.A. *Graf* in: FG Feigen, S. 37 (48): „Die weitreichenden, von der Rechtsprechung geforderten ordnungswidrigkeitenrechtlichen Aufsichtsmaßnahmen lassen sich trotz des beherrschungsvertraglichen Weisungsrechtsrechts (§ 308 Abs. 1 AktG) konzernverfassungsrechtlich nicht etablieren."
600 So im Ergebnis auch *Dreher* ZWeR 2004, 75 (102 f.).

dings hat die Obergesellschaft nur bedingt Möglichkeiten, direkt auf die Personalauswahl auf Ebene der obersten Leitungsebene einzuwirken. Jedenfalls bei der Aktiengesellschaft steht dem die Ermessensfreiheit der Aufsichtsratsmitglieder entgegen. Diese Unabhängigkeit besteht auch dann, wenn die Aufsichtsratsmitglieder als Repräsentanten eines Mehrheitsaktionärs auftreten.[601] Gleichwohl mit einem Beherrschungsvertrag die Tochtergesellschaft verpflichtet wird, richtet sich das Weisungsrecht nicht an sämtliche Organe, sondern lediglich gegen den Vorstand. Der Aufsichtsrat bleibt hingegen weisungsfrei.[602] Den Mitgliedern ist es zwar erlaubt, ihr Vorgehen auch mit dem Mehrheitsaktionär abzustimmen.[603] Eine rechtliche Verpflichtung zum weisungskonformen Verhalten besteht indes nicht. Erst recht gelten diese Einschränkungen für Beherrschungsverträge, in denen eine Kapitalbeteiligung nicht erforderlich ist. In dem Fall kann schon auf die Zusammensetzung des Aufsichtsrates kein Einfluss genommen werden. Gleichwohl damit Organisationsherrschaft bei der Obergesellschaft anzunehmen ist, ist bei der Beschreibung des Pflichtenkataloges die Reichweite der rechtlichen Möglichkeiten zu beachten. Weiter können die ordnungsrechtlichen Pflichten jedenfalls nicht reichen.

Die für die Konzernspitze insofern bestehenden Aufsichtspflichten des § 130 OWiG stellen indes kein Unikat des Sanktionenrechts dar. Auch im Rahmen der gesellschaftsrechtlichen Kontroll- und Überwachungspflichten wurde die Konzerndimension bereits aufgezeigt. Sofern dort das Ausmaß der konkreten Pflichten in das Ermessen der Leitungsperson gesellt wurde, kann dies allerdings nicht auch für die Pflichten im Rahmen des § 130 OWiG gelten. Die Wahrnehmung sanktionsbewehrter Pflichten ist keiner Ermessensentscheidung zugänglich. Damit soll aber nicht gesagt werden, dass jeder Gestaltungsspielraum genommen ist. Vielmehr kann es unterschiedliche Wege geben, um dem Pflichtenprogramm des § 130 OWiG zu entsprechen. Dies ist sodann allerdings Frage des Pflichtausmaßes und damit der Erörterung an anderer Stelle vorbehalten. Im Rahmen der Sanktionsbegründung verbleibt die Feststellung, wonach in Vertragskonzernen von einer insofern konstitutiven Organisationsherrschaft auszugehen ist.

(3) Mehrheitsbeteiligung

Die bloße Mehrheitsbeteiligung gem. § 16 AktG kann indes nicht genügen, um ordnungsrechtliche Aufsichtspflichten gegenüber der beherrschten Gesellschaft zu begründen.[604] Die Einflussmöglichkeiten sind hier faktischer Natur, da sie allenfalls über die Hauptversammlung und Vertreter im Aufsichtsrat geltend gemacht werden können und allein dadurch der Vorstand in einer gewissen Abhängigkeit steht.

316

317

---

601 BGHZ 36, 296 (306); *Spindler* in: MK-AktG, § 84 AktG Rn. 16.
602 *Altmeppen* in: MK-AktG, § 308 AktG Rn. 85; *Koch* in: Hüffer, § 308 AktG Rn. 12; *Emmerich* in: Emmerich/Habersack, Konzernrecht, § 23 Rn. 11.
603 *Spindler* in: MK-AktG, § 84 AktG Rn. 16; *Koch* in: Hüffer, § 84 AktG Rn. 5; *Dauner-Lieb* in: Henssler/Strohn, § 84 AktG Rn. 6; *Fleischer* in: Fleischer, § 3 Rn. 21.
604 Im Ergebnis so auch *OLG München* Beschluss vom 23.9.2014, Az. 3 Ws 599, 600/14.

Rechtlich abgesichert ist diese Abhängigkeit nicht. Schon die Vertreter der Konzernobergesellschaft im Aufsichtsrat können unabhängig von den Wünschen des Mehrheitsaktionärs agieren und nicht zur Umsetzung vorgegebener Handlungen verpflichtet werden. Erst recht gilt dies für den Vorstand, der gem. § 76 AktG weisungsfrei handeln darf, auch bei Existenz eines Mehrheitsgesellschafters. Mangels rechtlich begründeter, unmittelbarer Befugnisse zur Einflussnahme kann dann aber auch eine Organisationsherrschaft nicht begründet werden.

318 Die Oberaufsicht könnte sich in entsprechenden Fallkonstellationen allenfalls darauf beschränken, den Vorstand um Berichterstattung zu bitten und im Fall des Versagens den Aufsichtsrat zu informieren. Allerdings kann in diesem Fall nicht von einer direkten Beeinflussung der sachlichen und personellen Ressourcen die Rede sein. Die Organisationsherrschaft ergibt sich damit allenfalls mittelbar und auf rechtlich nur sehr instabilen Fundament. Mangels Organisationsherrschaft kann bei einer bloßen Mehrheitsbeteiligung damit auch keine Aufsichtspflicht i.S.d. § 130 OWiG gegenüber der beherrschten Gesellschaft ergeben.

(4) Abhängigkeit

319 Auf dieser Linie lässt sich dann auch ohne Weiteres die Ablehnung der Einbeziehung von Abhängigkeitsverhältnissen gem. § 17 Abs. 1 AktG begründen. Gleichwohl das Gesetz an das Vorliegen der Abhängigkeit zahlreiche Folgen knüpft und diesem Merkmal damit im Konzernrecht maßgebliche Bedeutung zukommt,[605] so verleiht es dennoch keine unmittelbare Organisationsherrschaft über die nachgeordneten Unternehmen. Auch hier beschränken sich die Einflussmöglichkeiten auf Empfehlungen, auf deren Nichtbefolgung allenfalls mit der Geltendmachung des Einflusses in der Hauptversammlung sowie im Aufsichtsrat reagiert werden kann. Diese mittelbaren und faktischen Einflussmöglichkeiten können aber keine unmittelbare Organisationsherrschaft begründen, die eine Einbeziehung in den Adressatenkreis der ordnungsrechtlichen Aufsichtspflichten begründet.

320 Da das Vorliegen der Abhängigkeit wie ausgeführt im Gesellschaftsrecht eine maßgebliche Grenzlinie zeichnet, mag es dabei auf den ersten Blick überraschend wirken, nicht auch im sanktionsrechtlichen Kontext an dieser Stelle den Wendepunkt zu markieren. Indes wurde bereits festgestellt, dass das Sanktionenrecht eigenen Maßstäben folgt. Hypothetische Überlegungen, der Vorstand würde auch in bloßen Abhängigkeitsverhältnissen aufgrund seines Interesses am Fortbestand des Arbeitsverhältnisses Veranlassungen der Konzernspitze stets Folge leisten und sich beaufsichtigen lassen, sind hier unzulässig. Nur dort, wo wie etwa beim Vertragskonzern rechtlich begründete Möglichkeiten zur Aufsicht und Einflussnahme bestehen, können auch entsprechende sanktionsrechtliche Pflichten begründet werden.

---

605 Siehe hierzu bereits oben 1. Fn. zu Rn. 50.

(5) Faktische Konzerne

Daraus ergeben sich dann auch die maßgeblichen Merkmale, um die in der Praxis so bedeutsamen faktischen Konzernverbindungen zu beurteilen. Hier wird die Abhängigkeit ergänzt durch das Vorliegen einer einheitlichen Leitung. Das Vorliegen einer abgestimmten Geschäftsführung könnte dafür sprechen, auch die Aufsicht als übergreifende Aufgabe zu verstehen und damit die Konzernspitze in den Adressatenkreis der ordnungsrechtlichen Aufsichtspflichten zu heben. Allerdings ist auch hier zu berücksichtigen, dass keine rechtlich begründeten Einflussmöglichkeiten auf die nachgeordneten Tochtergesellschaften bestehen. Es mag ein Bedürfnis dafür bestehen, demjenigen die Bürde der Aufsicht aufzuerlegen, der auch die Führungsaufgabe wahrnimmt. Im verfassungsrechtlich besonders geschützten Raum des Strafrechts im weiteren Sinne kann dies aber nur gelten, wenn der Führungsanspruch auch rechtlich gewährleistet ist. Der faktischen Konzernspitze fehlt die rechtliche Möglichkeit der Einflussnahme, ihr kommt keine rechtlich begründete Organisationsherrschaft zu. Wo jedoch schon die rechtlichen Möglichkeiten versagen, können keine sanktionsbewehrten Pflichten entstehen.[606] Die faktische Konzernverbindung und die daraus resultierende, mögliche Befolgung von Weisungen ergeben sich aus faktischen Zwängen, zu deren Berücksichtigung die Verantwortungsträger der Tochtergesellschaften jedenfalls unmittelbar nicht rechtlich verpflichtet sind. Sie verbleiben damit alleinige Träger der Organisationsherrschaft. Gleichwohl insofern ein großes rechtspolitisches Bedürfnis bestehen mag, müssen faktische Konzernverhältnisse damit aus dem Kreis der im Rahmen des § 130 OWiG maßgeblichen Unternehmensverbindungen ausgeklammert werden. Auch kann die Pflichtenstellung nicht dadurch begründet werden, dass außerhalb von Vertragskonzernen und Eingliederung tatsächlich eine übergreifende Aufsichtsstruktur gelebt wird. Eine derartige Unterscheidung würde den vollständig Untätigen gegenüber dem – wenn auch unzureichend – Tätigen in unbilliger Weise privilegieren.

Damit ist freilich nichts gesagt über Compliance-Pflichten im Allgemeinen, die möglicherweise auch außerhalb von Vertragskonzernen und Eingliederung konzernweite Maßnahmen verlangen. Die gesellschaftsrechtlichen Sorgfaltspflichten können weitergehende Maßnahmen und die Ausschöpfung der tatsächlichen Möglichkeiten verlangen, um Schädigungen durch Pflichtverstöße im Gesamtkonzern zu vermeiden. Für den ordnungsrechtlichen Aufsichtspflichtverstoß müssen allerdings die rechtsstaatlichen Schranken noch deutlicher in den Vordergrund gerückt werden. Die Bestimmung sanktionsbewehrter Pflichten muss die Grenzen der rechtlichen Möglichkeiten im Auge behalten, um vom Normadressaten nicht rechtlich Unerfüllbares zu verlangen und nicht auf faktisch erzwungenes, aber formalrechtlich jedenfalls freiwilliges Befolgen der nachgeordneten, selbstständigen Tochterunternehmen zu vertrauen. Damit beschränkt sich die Einbeziehung von aktienrechtli-

---

606 Vgl. zum allgemeinen Rechtsgrundsatz auch *Bock* HRRS 2010, 316 (316); *Sahan* in: FS I. Roxin, S. 295 (303): „impossibilium nulla est obligatio".

chen Konzernen im Rahmen des § 130 OWiG auf solche Unternehmensverbindungen, die ein unmittelbares Weisungsrecht und damit auch unmittelbare Organisationsherrschaft vermitteln. Die Konzernobergesellschaft wird folglich allein dann zum Adressaten ordnungsrechtlicher Aufsichtspflichten gegenüber der Tochteraktiengesellschaft, wenn die Gesellschaften einen durch Beherrschungsvertrag begründeten Vertragskonzern bilden oder aber durch Eingliederung miteinander verbunden sind.

323 Vor dem Hintergrund der rechtspolitischen Bedürfnisse einer weitergehenden Einbeziehung kann damit nur auf die verbleibende Verantwortlichkeit der Tochtergesellschaften verwiesen werden. Es ist das Spiegelbild einer trotz faktischer Konzernverbindung bestehenden rechtlichen Unabhängigkeit, wenn bei den Leitungsorganen der Tochtergesellschaften die ordnungsrechtliche Aufsichtsverantwortung verbleibt. Zwar mag es unbillig erscheinen, wenn Konzernobergesellschaften durch Auslagerung auf Untergesellschaften mit bloß faktischer Konzernverbindung derartige Risiken ausschließen können. Allerdings geht dieser Ausschluss einher mit dem Verlust rechtlich garantierter Einflussmöglichkeiten. Darüber hinaus ist es dann Aufgabe des Gesetzgebers, vermeintlichen rechtspolitischen Bedürfnissen gerecht zu werden. Zu erwähnen ist überdies, dass die Figur des faktischen Geschäftsführers auf Ebene der Pflichtenüberleitung gem. § 9 OWiG auch die Einbeziehung bloß faktischer Führungsstrukturen zu ermöglichen vermag.[607] Die dabei durch die Rechtsprechung gefundenen Kriterien sind ein weiteres Argument für den Ausschluss der faktischen Betrachtungsweise auf Tatbestandsebene des § 130 OWiG, würden die vieldiskutierten und damit ausdifferenzierten Anforderungen an die faktische Geschäftsführung durch eine eigenständige Betrachtung doch unterlaufen. Eine Einbeziehung faktischer Konzernverbindungen auf der primären Normadressatenebene des § 130 OWiG ist damit jedenfalls de lege lata weder möglich noch – und das ist entscheidender – ausgehend vom Normzweck angezeigt.

324 Auf der anderen Seite greift die weit verbreitete Auffassung zu kurz, nach der Konzernverbindungen im Rahmen der § 130 OWiG gänzlich ausgeschlossen sein sollen. Bei Vertragskonzernen und Fällen der Eingliederung entfalten konzernweite Aufsichtspflichten mit Blick auf § 130 OWiG vielmehr erhebliche Bedeutung.

bb) GmbH-Konzerne

325 Zudem ist damit noch nicht abschließend festgestellt, wie der Pflichtenumfang in dem praktisch bedeutsamen Fall zu umgrenzen ist, in dem die Tochtergesellschaft eine Gesellschaft mit beschränkter Haftung ist.

326 Denn anders als die Aktiengesellschaft verfügt die GmbH nicht über weisungsunabhängige Geschäftsführungsorgane. Eine dem § 76 AktG entsprechende Vorschrift gibt es im GmbHG nicht. Vielmehr unterliegt der GmbH-Geschäftsführer gem.

---

607 Vgl. hierzu sogleich Rn. 334 ff.

§ 37 GmbHG den Weisungen der Gesellschafterversammlung.[608] Damit ist an eine entsprechende Organisationsherrschaft bereits dann zu denken, wenn zu seinen Gunsten Stimmmehrheit in der Gesellschafterversammlung besteht. Soll indes ein einzelner Gesellschafter direkt Weisungen an die Geschäftsführung erteilen können, ist allerdings auch bei der GmbH ein Beherrschungsvertrag notwendig.[609] Liegt ein solcher Vertrag vor, kann mit Verweis auf die Ausführungen zum Aktienkonzern das Bestehen der Organisationsherrschaft angenommen werden. Fraglich ist allerdings, ob nicht auch das Weisungsrecht im Rahmen der Gesellschafterversammlung ausreicht, um Organisationsherrschaft zu begründen. Hierfür genügt, wenn die wesentlichen Parameter des Einsatzes der personellen und sachlichen Ressourcen gemäß dem Eigeninteresse der Mehrheitsgesellschafters bzw. der Unternehmensgruppe bestimmt werden können. Das Weisungsrecht im Rahmen der Gesellschafterversammlung bietet insofern eine ausreichende Grundlage. Es ermöglicht etwa die Aufforderung der Berichterstattung über die getroffenen Aufsichtsmaßnahmen und gegebenenfalls auch zur Vorgabe, bestimmte Maßnahmen umzusetzen.[610] Darüber hinaus vermittelt die Stellung als Mehrheitsgesellschafter einer GmbH auch anders als im Aktienrecht unmittelbare Möglichkeiten der Auswahl der Geschäftsführung. Im Falle einer beherrschten GmbH ist daher schon bei Vorliegen der Stimmrechtsmehrheit in der Gesellschafterversammlung von einer rechtlich begründeten Organisationsherrschaft auszugehen. Damit wird die Obergesellschaft mit Mehrheitsbeteiligung an einer GmbH regelmäßig zur Wahrnehmung der Oberaufsicht gem. § 130 OWiG verpflichtet sein. Soweit das Weisungsrecht im Vergleich zur Situation in Vertrags- und Eingliederungskonzernen eingeschränkt ist, muss dies freilich auf Ebene der Bestimmung des Pflichtenprogramms Berücksichtigung finden.

327 Angesichts der praktischen Bedeutung von GmbH-Konzernen stellt diese Besonderheit des GmbH-Rechts sicherlich keine Randnotiz dar, wenn es um die Begründung der für die Pflichtenstellung des § 130 OWiG konstitutiven Organisationsherrschaft geht.

cc) Unternehmensverbindungen unter Beteiligung sonstiger Rechtsformen

328 Anhand der aufgezeigten Differenzierungsmerkmale lässt sich sodann auch ermitteln, ob die ordnungsrechtliche Aufsichtspflicht des § 130 OWiG auch gegenüber Unternehmen besteht, die in anderer Rechtsform organisiert sind. Maßgeblich ist dabei stets die Frage, ob durch rechtlich begründete Weisungsrechte die Organisationsherrschaft bei der Obergesellschaft liegt. Sofern Beherrschungsverträge auch mit Personengesellschaften wie der OHG zulässig sind, erstrecken sich die konzern-

---

608   Vgl. hierzu bereits oben Rn. 81.
609   Eine Ausnahme stellt der Fall eines Alleingesellschafters dar, da sich der Umweg über einen förmlichen Gesellschafterbeschluss als dann bloße Formalie erübrigt, vgl. insofern oben 5. Fn. zu Rn. 81.
610   Das Weisungsrecht ist nicht lediglich genereller Natur, sondern umfasst auch Weisungen betreffend konkrete Maßnahmen, vgl. oben 2. Fn.zu Rn. 81.

weiten Aufsichtspflichten des § 130 OWiG dann auch auf diese Unternehmensverbindungen.

dd) Zwischenergebnis

329 Die Frage, ob im Rahmen einer Unternehmensverbindung übergreifende Aufsichtspflichten der Obergesellschaft gem. § 130 OWiG bestehen, beurteilt sich im Wesentlichen nach der Rechtsform der beherrschten Gesellschaft und der Frage nach dem Bestehen von rechtlich begründeten Weisungsrechten. Nur dann ist von einer rechtlich fundierten Organisationsherrschaft der Obergesellschaft auszugehen. Bei Aktiengesellschaften ergeben sich derartige direkte Weisungsrechte im Falle von Beherrschungsverträgen und der Eingliederung. Beherrschungsverträge führen aufgrund des entstehenden Weisungsrechts daneben auch gegenüber Gesellschaften mit anderer Rechtsform zu übergreifenden Aufsichtspflichten i.S.d. § 130 OWiG. Im Falle der GmbH vermittelt darüber hinaus bereits das im Rahmen der Gesellschafterversammlung bestehende Weisungsrecht gegenüber der Geschäftsführung eine insofern ausreichende Organisationsherrschaft. Damit entstehen gegenüber einer beherrschten GmbH ordnungsrechtliche Aufsichtspflichten der Obergesellschaft bereits bei Vorliegen der Stimmrechtsmehrheit in der Gesellschafterversammlung, regelmäßig damit im Falle der Mehrheitsbeteiligung gem. § 16 Abs. 1 AktG.

330 Festzuhalten ist schließlich, dass die Organisationsherrschaft nur auf Unternehmen übergehen kann. Privatgesellschafter erwachsen hinsichtlich beherrschter Gesellschaften damit grundsätzlich nicht in den Adressatenkreis des § 130 OWiG. Dies ist meist schon deshalb zwingend, da Weisungsrechte kraft Unternehmensverträgen oder der Eingliederung nicht zugunsten von Privatpersonen entstehen können und damit schon die Voraussetzungen für die Organisationsherrschaft fehlen.[611]

331 Aber auch im Falle der Mehrheitsbeteiligung an einer GmbH führen die auch zugunsten einer reinen Privatperson – als Gegensatz zur natürlichen Person als Unternehmer im konzernrechtliche Sinne – bestehenden Weisungsrechte nicht zur Einbeziehung in den Kreis der Aufsichtspersonen. Insofern kann bereits auf die Wertungen aus dem Konzernrecht verwiesen werden. Von einem reinen Privatgesellschafter wird angenommen, dass er seine stille Beteiligung nutzt, um vom Geschäftser-

---

611 Vgl. für den Vertragskonzern *Altmeppen* in: MK-AktG, § 291 AktG Rn. 10a; *Koch* in: Hüffer, § 291 AktG Rn. 8. Etwas anderes gilt freilich für natürliche Personen, denen aufgrund anderweitiger wirtschaftlicher Interessen die Unternehmenseigenschaft i.S.d. § 15 AktG zukommt, vgl. *Paschos* in: Henssler/Strohn, § 291 AktG Rn. 6. In diesem Fall ist aber auch keine Differenzierung hinsichtlich der Organisationsträgerschaft angezeigt. Derartige Privatunternehmer sind bei Abschluss von Beherrschungsverträgen vielmehr konsequenterweise nicht anders zu behandeln als etwa juristische Personen mit entsprechender Herrschaftsmacht. Zur Einbeziehung von Privataktionären in den hier maßgeblichen Unternehmensbegriff vgl. bereits oben Rn. 45. Eine Eingliederung gem. §§ 319 f. AktG kommt demgegenüber ohnehin nur in inländische Aktiengesellschaften in Betracht.

folg der Gesellschaft zu profitieren. Bei ihm droht aber nicht die Einflussnahme auf die Gesellschaft, um Ziele zu erreichen, die außerhalb des eigentlichen Geschäftszwecks liegen. Aufgrund des fehlenden steuernden Einwirkens zur Erreichung unternehmensfremder Ziele verlangt das Konzernrecht schon keinen besonderen Schutz gegenüber reinen Privatgesellschaftern. Greift der private Mehrheitsgesellschafter einer GmbH indes durch Einflussnahme doch in deren operative Tätigkeit ein und reißt die Organisationsherrschaft an sich, so können die Pflichten des § 130 OWiG nach den Grundsätzen der faktischen Geschäftsführung auf ihn übergehen. Dabei handelt es sich um keine Besonderheit der konzernweiten Anwendbarkeit des § 130 OWiG, sondern um ein originäres Problem im Rahmen der Normanwendung auf Einzelunternehmen.[612]

4. Weitere Lösungsansätze zur Erfassung von Konzernsachverhalten

Dogmatische Anknüpfungsmöglichkeiten zur Erfassung von Konzernsachverhalten im Rahmen des § 130 OWiG finden sich überdies auch außerhalb der originären Tatbestandsmerkmale der Norm.

a) Die Tochtergesellschaft als Zuwiderhandelnde i.S.d. § 130 OWiG

So könnte erwogen werden, die Diskussion der konzerndimensionalen Anwendung des § 130 OWiG nicht über die Merkmale des Unternehmens sowie der Inhaberschaft zu führen, sondern eine Anknüpfung in der Zuwiderhandlung zu suchen. Möglicherweise kann eine Pflichtverletzung in der Sphäre der Tochtergesellschaft eine taugliche Zuwiderhandlung im Sinne des § 130 OWiG darstellen, auch wenn hierbei die Obergesellschaft als Einzelunternehmen behandelt wird. Wie bereits festgestellt wurde, muss es sich beim Täter der Zuwiderhandlung nicht zwingend um einen Mitarbeiter des Unternehmens handeln. Es genügt vielmehr auch, wenn ein Dritter in Wahrnehmung der Pflichten des Unternehmens tätig wird.[613] Einige Stimmen in der Literatur verlangen insofern das Vorliegen von Weisungs- und Direktionsrechten zugunsten des Unternehmens. Nur so sei eine Aufsicht denkbar und auch möglich. Unübersehbar sind damit die Parallelen, die mit der hier vorgeschlagenen Figur der Organisationsherrschaft bestehen.[614] Doch auch wenn man sich der weniger restriktiven Ansicht anschließt, gelangt man hier letztendlich zu keinem erweiterten Pflichtenprogramm. Denn einhellig abgelehnt wird die Einbeziehung von Dritten, die in einem eigenen unternehmerischen Pflichtenkreis tätig werden.[615] § 130 OWiG verlangt kraft ausdrücklichem Wortlaut, die Zuwiderhandlung müsse im eigenen Betrieb oder Unternehmen erfolgen. Der Mitarbeiter der Tochtergesell-

---
612 Siehe hierzu bereits oben Rn. 185 ff.
613 Siehe hierzu bereits oben Rn. 198 f.
614 *Rogall* in: KK-OWiG, § 130 OWiG Rn. 108; *ders.* ZStW 1986, 573 (606) spricht in diesem Zusammenhang von der Einbindung in die Organisationssphäre des Dritten.
615 Siehe hierzu bereits oben Rn. 198 f.

schaft handelt jedoch in deren unternehmerischer Sphäre. Er untersteht den Weisungen seiner direkten Vorgesetzten. Selbst wenn die Tochtergesellschaft nicht allein eigene Interessen verfolgt, sondern in einem übergeordneten Konzerninteresse agiert, so verbleibt die Tätigkeit des Mitarbeiters dennoch in der Organisationssphäre der Tochtergesellschaft. Etwas anderes könnte allenfalls dann gelten, wenn der Täter als Mitarbeiter des Gesamtkonzerns angesehen und damit in dessen Sphäre tätig wird. Eine Aufsichtspflicht der Konzernspitze wäre dann jedenfalls denkbar. Allerdings erfordert dies, die insofern im Wortlaut der Norm genutzte Formulierung der Zuwiderhandlung im Unternehmen derart zu interpretieren, dass unter dem Begriff des Unternehmens der Gesamtkonzern zu verstehen ist. Hiermit schließt sich der Kreis, denn letztendlich verbleibt es damit bei der notwendigen Bestimmung des Unternehmensbegriffes.[616] Die Diskussion mag an dieser Stelle damit auf einen anderen dogmatischen Anknüpfungspunkt verlagert werden – nämlich auf die Zuwiderhandlung –, der Weg führt indes zu den identischen Fragestellungen. Damit lassen sich an dieser Stelle keine anderweitigen Kenntnisse gewinnen. Sieht man den Konzern als ein Unternehmen i.S.d. § 130 OWiG, werden auch die Mitarbeiter der Tochtergesellschaften taugliche Zuwiderhandlungstäter sein. Geht man im Rahmen von Konzernverbindungen von eigenständigen Unternehmen aus, wird dies hingegen regelmäßig ausscheiden. Dann werden die Mitarbeiter der Tochtergesellschaft in deren unternehmerischer Verantwortung tätig und stellen keine tauglichen Zuwiderhandlungstäter aus Sicht der Konzernspitze dar. Etwas anderes kann allenfalls gelten, wenn die Mitarbeiter der Tochtergesellschaft faktisch an die Obergesellschaft entliehen werden und tatsächlich in deren originärer Sphäre tätig sind. Dabei handelt es sich sodann aber um keine Besonderheit der Konzernverbindung. Vielmehr würden die Mitarbeiter auch zwischen unverbundenen Unternehmen in derartigen Fällen in den Aufsichtskreis der betroffenen Unternehmensleitung rücken. Allein aus dem Vorliegen einer Unternehmensverbindung lassen sich damit hier keine weitergehenden Erkenntnisse gewinnen.

b) Formelle und faktische Leitung der Tochtergesellschaft

334 Besondere Beachtung verdienen überdies Fälle, in denen einzelne Personen sowohl den Organen der Konzernobergesellschaft wie aber auch der Tochtergesellschaft angehören.

---

616 So setzt sich zwar auch *Muders* Haftung im Konzern, S. 91 ff. umfassend mit der Frage nach einer möglichen Zuwiderhandlung durch die Tochtergesellschaft bzw. deren Mitarbeiter auseinander und möchte insofern zwischen Allgemeindelikten einerseits und Sonderpflichten als Kernverantwortungsbereich der Obergesellschaft andererseits differenzieren. Allerdings gelangt der Autor nicht zu dieser Diskussion, ohne zuvor in Anlehnung an das europäische Kartellrecht die Möglichkeit eines Gesamtunternehmens bestehend aus den einzelnen Konzernunternehmen anzunehmen, vgl. insofern *Muders* Haftung im Konzern, S. 68 ff.

aa) Grundsätzliche Zulässigkeit

Die Bedeutung dieser Konstellation ergibt sich bereits aus deren Häufigkeit. Personelle Verflechtungen in verbundenen Unternehmen scheinen eher die Regel als die Ausnahme zu sein.[617] So sitzen etwa Vorstandsmitglieder der Obergesellschaften in den Aufsichtsräten ihrer Töchter, oder besetzen gar auf beiden Ebenen parallel Geschäftsleitungspositionen. Der Gesetzgeber verbietet derartige Verflechtungen nicht.[618] Lediglich in § 100 Abs. 2 Nr. 2 und 3 AktG werden Schranken gesetzt.

335

bb) Doppelmandat aufgrund faktischer Geschäftsführung

Von großer Relevanz ist darüber hinausgehend die Frage, ob sich derartige Doppelmandate auch begründen lassen, wenn keine formale Bestellung des Vertreters der Obergesellschaft innerhalb der Tochtergesellschaft erfolgt. Wie bereits erörtert, ist die Annahme der faktischen Geschäftsführung heute weitgehend anerkannt.[619] Dabei soll diese nicht nur bei unwirksamen Bestellungsakten Anwendung finden, sondern überdies auch, wenn diese gänzlich unterlassen wurden. Gezeigt wurde, dass sich hieraus auch die faktische Geschäftsführerstellung der Leitungspersonen der Konzernobergesellschaft gegenüber der Tochtergesellschaft ergeben kann. Allerdings war die Qualifikation als faktisches Leitungsorgan dabei mit der Überschreitung hoher Hürden verbunden. Nachdem insofern eine faktische Betrachtungsweise erforderlich ist, rücken die konzernrechtlichen Leitungsmöglichkeiten in den Hintergrund. Erforderlich ist vielmehr, dass die Konzernspitze gleich aufgrund welcher Befugnisse die operative Geschäftsleitung dermaßen an sich reißt, dass die formell bestellten Organe deutlich in den Hintergrund rücken. Das Vorliegen einer Konzernverbindung allein – gleich welcher Qualifikation – kann daher für sich nicht zur Begründung genügen, da die Verantwortlichkeiten hier vorbehaltlich der Inanspruchnahme von Weisungsrechten stets bei den originären Geschäftsleitungsorganen verbleiben.[620] Verdichtet sich die Leitung durch die Obergesellschaft indes in ausreichendem Maße, kommt die Doppelmandatsstellung auch kraft faktischer Geschäftsführerstellung in Betracht.

336

cc) Handeln als Organ

Für die vorliegende Untersuchung entscheidend ist, ob im Falle von Doppelmandaten auch eine doppelte Zurechnung erfolgt. Kann also im Falle eines Pflichtverstoßes durch die betroffene Person gegen beide Gesellschaften in Anwendung des § 30 OWiG ein Bußgeld verhängt werden? Im Rahmen des § 130 OWiG wäre die

337

---

617 So *Vogt* Verbandsgeldbuße, S. 44. Vgl. auch *Kuhlmann/Ahnis* Konzern- und Umwandlungsrecht, Rn. 595; *Emmerich* in: Emmerich/Habersack, Konzernrecht, § 23 Rn. 16.
618 Vgl. nur *BGH* NZG 2009, 744 (745); *Hölters* in: Hölters, § 76 AktG Rn. 57; *Mertens/Cahn* in: KK-AktG, § 76 AktG Rn. 70; *Langenbucher* in: Schmidt/Lutter, § 308 AktG Rn. 7; *Nodoushani* GWR 2009, 309 (309 f.); *Passarge* NZG 2007, 441 (441).
619 Vgl. oben Rn. 137 ff.
620 Vgl. hierzu oben Rn. 76 ff.

4 *Der Konzern im Rahmen des § 130 OWiG*

Frage insofern zu präzisieren, ob auch gegen die Obergesellschaft nach § 30 OWiG ein Bußgeld verhängt werden kann, wenn das doppelt eingesetzte Organmitglied im Rahmen seiner Tätigkeit bei der Tochtergesellschaft dort eine Aufsichtspflichtverletzung zu verantworten hat.

(1) Zurechnung nach zivilrechtlichen Grundsätzen

338 Für die Beurteilung empfiehlt sich dabei zunächst der Blick auf das Zivilrecht und damit auf die Beantwortung der Frage, wann dort das Handeln einer Leitungsperson der Gesellschaft zugerechnet werden kann. Die zentrale Norm bildet insofern § 31 BGB. Danach erfolgt die Zurechnung dann, wenn das Organ im konkreten Fall in seiner amtlichen Eigenschaft gehandelt hat.[621] Nicht ausgeschlossen ist dabei, dass eine Handlung der Sphäre mehrerer Unternehmen zuzurechnen ist.[622] Im Falle von Doppelmandaten wird eine Handlung, die grundsätzlich der Tochtergesellschaft zuzurechnen ist, insofern als Ausnahmefall auch der Obergesellschaft zugerechnet, wenn das gemeinsame Organmitglied eine Konzernleitungsmaßnahme umsetzt.[623] Dies ist insbesondere dann der Fall, wenn die konkrete Handlung die Umsetzung einer Weisung darstellt. Dabei ist keinesfalls erforderlich, dass die Weisung ausdrücklich oder gar in einer bestimmten Form erfolgt. Die Umsetzung einer Weisung kann auch ohne äußere Anzeichen durch die bloße Ausführung der insofern doppelt bestellten Personen erfolgen.[624] Darüber hinaus sind Konzernleitungsmaßnahmen nicht auf die Umsetzung von Weisungen beschränkt. Auch abseits von Vertrags- und Eingliederungskonzern sind Konzernleitungsmaßnahmen nicht ausgeschlossen. So kann die Befolgung einer bloßen Veranlassung ebenfalls auf einer Konzernleitungsmaßnahme beruhen. Damit ist die Einbeziehung von Doppelmandaten nicht auf Vertrags- und Eingliederungskonzerne beschränkt. Konzernleitungsmaßnahmen können auch im Rahmen von faktischen Konzernverbindungen bestehen.

339 Abseits von derartigen Konzernleitungsmaßnahmen wird eine Zurechnung zu Lasten der Obergesellschaft indes ausscheiden, wenn die Leitungsperson in ihrer Funktion als Organ der Tochter handelt.[625] Eine Zurechnung scheitert dann an der eigenverantwortlichen Rechtsstellung des Organs.[626]

---

621 *Reuter* in: MK-BGB, § 31 BGB Rn. 33; *Ellenberger* in: Palandt, § 31 BGB Rn. 10.
622 OLG Frankfurt a.M. OLGZ 1985, 112 (114).
623 *Mertens/Cahn* in: KK-AktG, § 76 AktG Rn. 73; *Vogt* Verbandsgeldbuße, S. 71 f.
624 *Vogt* Verbandsgeldbuße, S. 50.
625 *Mertens/Cahn* in: KK-AktG, § 76 AktG Rn. 73.
626 So jedenfalls BGHZ 90, 381 (396) für den Fall, in dem das Vorstandsmitglied einer Obergesellschaft Mitglied des Aufsichtsrates einer Tochtergesellschaft ist; vgl. hierzu auch *Leuering/Goertz* in: Hölters, § 309 AktG Rn. 58; kritisch *Langenbucher* in: Schmidt/Lutter, § 309 AktG Rn. 47.

(2) Zurechnung im Rahmen des § 30 OWiG

Wie bereits erörtert, hält das Sanktionenrecht seine eigenen Kriterien für die Zurechnung von Organhandlungen bereit. Um diese Wertungen nicht zu unterlaufen, verbietet sich grundsätzlich eine Zurechnung nach zivilrechtlichen Grundsätzen. § 30 OWiG verlangt vom Anknüpfungstäter, dass dieser insofern in seiner Eigenschaft gehandelt hat.[627] Das Vorstandsmitglied einer Aktiengesellschaft muss etwa gem. § 30 Abs. 1 Nr. 1 OWiG „als vertretungsberechtigtes Organ" gehandelt haben. Grundsätzlich als Anknüpfungstat für eine Geldbuße ausscheiden sollen damit etwa Taten, die in reinem Eigeninteresse des Organmitglieds erfolgen. Erforderlich ist vielmehr ein innerer Zusammenhang der Tat mit der Stellung als Leitungsperson.[628] Die Handlung muss damit als Wahrnehmung der Angelegenheiten der juristischen Person anzusehen sein.[629]

340

Im Rahmen von Doppelmandaten hängt die Abgrenzung dabei vom Einzelfall ab und wird nicht immer leicht fallen. Der Doppelmandatsträger kann dabei entweder für die eine Gesellschaft oder aber die andere gehandelt haben, selbst ein gleichzeitiges Auftreten für beide Gesellschaften ist denkbar. Auch wenn eine autonome Bestimmung im Rahmen des Ordnungswidrigkeitenrechts geboten ist, wird jedenfalls eine Anlehnung an die zivilrechtlichen Grundsätze zur Zurechnung des Organhandelns vorgeschlagen. Danach sollen die gleichen Kriterien wie im Rahmen des § 31 BGB zur Beurteilung dienlich sein.[630] Im Ergebnis besteht damit im Falle der Umsetzung von Konzernleitungsmaßnahmen jedenfalls grundsätzlich die Möglichkeit, bei Doppelmandaten gem. § 30 OWiG auch die Konzernobergesellschaft zu sanktionieren, wenn das betroffene Organmitglied eine Pflichtverletzung im Rahmen seiner Tätigkeit für die Tochtergesellschaft begeht. Dies gilt nicht nur für Vertrags- und Eingliederungskonzerne, sondern darüber hinaus auch für faktische Konzerne, sofern nur eine einheitliche Leitung vorliegt.[631] Gleichwohl dieser Befund für die Praxis aufgrund der Häufigkeit von Doppelmandaten nicht zu unterschätzen ist,[632] weist dieses Ergebnis in dogmatischer Hinsicht keine große Besonderheit auf. Letztendlich begründet die Konstruktion keine ordnungsrechtliche Haftung für

341

---

627 *Rogall* in: KK-OWiG, § 30 OWiG Rn. 106.
628 *Gürtler* in: Göhler, § 30 OWiG Rn. 25; *Rogall* in: KK-OWiG, § 30 OWiG Rn. 108.
629 Vgl. auch *Rogall* in: KK-OWiG, § 30 OWiG Rn. 106: „Denn die Handlung des Organs usw kann eine Haftung des Verbandes nur dann auslösen, wenn sie Ausdruck der von ihm eingenommenen Rolle als Repräsentant des Systems ist."
630 *Vogt* Verbandsgeldbuße, S. 77 f.
631 Dies stellt keinen Widerspruch zu den bereits gefundenen Ergebnissen dar. Im Rahmen des organisationsbasierten Inhaberbegriffs wurde die Einbeziehung von faktischen Konzernen ausgeschlossen, da insofern keine unmittelbar durchsetzbaren Rechte bestehen und insofern auch keine sanktionsbewehrten Pflichten statuiert werden können. Im Fall doppelter Organstellung ist dies anders, da die Obergesellschaft hier durch ihren Vertreter auch ohne Weisungsrecht unmittelbar in der Sphäre der Tochtergesellschaft agieren kann. Vgl. hierzu auch *Vogt* Verbandsgeldbuße, S. 51.
632 Zur Bedeutung im Rahmen des § 130 OWiG vgl. allerdings sogleich.

Pflichtverletzungen der Tochtergesellschaft, sondern beschreibt nichts anderes als die originäre Ahndung des Verbandes für die Pflichtverletzung des eigenen Organs bei der Ausübung seiner unternehmerischen Tätigkeit.

(3) Folgen für Fälle der Aufsichtspflichtverletzung gem. § 130 OWiG

342 Für die hier in Rede stehende Aufsichtspflichtverletzung gem. § 130 OWiG rückt an dieser Stelle indes deren Charakter als echtes Unterlassungsdelikt in den Vordergrund. Denn das Unterlassen von gebotenen Handlungen kann nicht als Umsetzung einer konzernbezogenen Maßnahme verstanden werden. Eine doppelte Zurechnung der Aufsichtspflichtverletzung auf Ebene der Tochtergesellschaft muss hier daher grundsätzlich ausscheiden. Etwas anderes könnte allenfalls gelten, wenn aufgrund konzernweiter Vorgaben eine Aufsicht eingeführt wird, die sich als unzureichend erweist. Vorgeworfen wird im Rahmen des § 130 OWiG aber nicht das Herbeiführen unzureichender Aufsicht, sondern das Unterlassen der gebotenen Aufsicht. Auch wenn die Einführung unzureichender Aufsicht auf einer Konzernleitungsmaßnahme beruhen mag, so wird sich dies nicht mit Blick auf das Unterlassen, weitergehende und damit notwendige Maßnahmen umzusetzen, begründen lassen.[633] Das Unterlassen könnte indes dann konzernbezogen verstanden werden, wenn in einem vermeintlichen Konzerninteresse ganz bewusst unzureichende Strukturen geschaffen werden sollen, um Pflichtverstöße gerade zu ermöglichen. In derartigen Fällen ist der Bereich des § 130 OWiG jedoch ohnehin verlassen, da insofern regelmäßig die Voraussetzungen für strafbares Unterlassen oder gar strafbarer Beteiligung vorliegen dürften.

343 Doppelmandate werden damit *für sich genommen* regelmäßig nicht ausreichen, um im Falle von Zuwiderhandlungen in der Sphäre der Tochtergesellschaft der Konzernobergesellschaft eine Aufsichtspflichtverletzung gem. § 130 OWiG vorzuwerfen. Begeht eine Leitungsperson in ihrer Funktion als Organ der Tochtergesellschaft eine Pflichtverletzung im Sinne des § 130 OWiG, so liegt im Rahmen des § 30 OWiG auch nur eine auf diese bezogene Anknüpfungstat vor. Wenn damit bereits beim formal bestellten Doppelmandatsträger keine doppelte Zurechnung erfolgt, dann kann auch im Rahmen der Doppelmandatsträgerschaft kraft faktischer Geschäftsführung nichts anderes gelten.[634]

---

633 Anderenfalls würde dies auch zu dem unbilligen Ergebnis führen, dass unzureichende Aufsicht sanktionsbegründend wirkt, während vollständig unterlassene Aufsicht für die Obergesellschaft Sanktionsvermeidung entfalten könnte. Siehe hierzu bereits oben Rn. 298.

634 Hier gewinnt indes ganz entscheidend die Frage Bedeutung, ob an Stelle der Leitungspersonen der Konzernspitze auch die Obergesellschaft selbst als faktischer Geschäftsführer ihrer Tochtergesellschaft angesehen werden kann. Zwar würde die Obergesellschaft auch hier über ihre Organe ihre insofern bestehenden Pflichten wahrnehmen. Allerdings wäre dann die Klärung der Frage entbehrlich, ob die Organmitglieder eine Konzernleitungsmaßnahme umsetzen, um anschließend die Regelung des § 30 OWiG anwenden zu können. Denn anders als im Fall von Doppelmandaten treten die Organmitglieder nicht über § 9 OWiG in den Pflichtenkreis der Tochtergesellschaft ein, um

Der Verstoß gegen Pflichten der Tochtergesellschaft durch den Doppelmandatsträger trifft damit auch nur diese Gesellschaft. Freilich soll damit nicht gesagt werden, dass in einer solchen Pflichtverletzung nicht auch zugleich eine Pflichtverletzung als Organ der Obergesellschaft vorliegen kann. Natürlich besteht im Falle von Doppelmandatsträgerschaft die Möglichkeit der doppelten Pflichtverletzung. Bei völligem Untätigbleiben kann die Leitungsperson hinsichtlich ihrer Funktion als Organ der Obergesellschaft gegen die – nach der hier vertretenen Ansicht gegebenfalls bestehende – Pflicht zur Oberaufsicht verstoßen und zugleich die nachgeordnete Aufsichtspflicht als Organ der Tochtergesellschaft verletzen. Wie im Falle personenverschiedener Leitungsorgane kommt sodann auch eine doppelte Sanktionierung sowohl der Ober- wie auch der Tochtergesellschaft in Betracht. Allerdings handelt es sich hierbei um keine besondere Haftungsüberleitung aufgrund der Doppelmandatsträgerstellung. Gänzlich unabhängig von dieser Doppelfunktion haftet die Obergesellschaft bußgeldrechtlich in dieser Konstellation allein für den Pflichtverstoß ihrer Leitungsperson – unabhängig davon, ob diese zugleich eine Pflichtverletzung als Organ der Tochtergesellschaft begeht, für die diese sodann ebenfalls sanktioniert werden kann.

344

Damit kann schlussendlich festgestellt werden, dass im Falle der Doppelmandatsträgerschaft die doppelte Sanktionierung zwar durchaus die Regel sein wird. Denn es sind kaum Sachverhalte konstruierbar, in denen der Doppelmandatsträger zwar als Organ der Obergesellschaft seiner Oberaufsichtspflicht nachkommt, aber als Or-

345

---

anschließend über § 30 OWiG eine Sanktionierung der Obergesellschaft zu ermöglichen. Vielmehr würde die Obergesellschaft dann in Anwendung des § 9 OWiG in den Pflichtenkreis der Tochtergesellschaft eintreten. Die Organmitglieder der Obergesellschaft würden in erneuter Anwendung des § 9 OWiG diese Pflichten – mittlerweile der Obergesellschaft – wahrnehmen. Anschließend könnte die Obergesellschaft ohne dogmatische Hürden gem. § 30 OWiG für dabei etwaig entstehende Pflichtverletzungen ihrer Organe sanktioniert werden. Angesichts dieser konstruiert wirkenden Zurechnungskette überrascht es, dass die wohl h.M. die faktische Geschäftsführung durch juristische Personen – entgegen der hier vertretenen Ansicht zulässt, vgl. dazu bereits oben Rn. 136 ff. Im Rahmen des § 9 OWiG wird bei Berücksichtigung der herrschenden Ansicht damit das Einfallstor für rein faktische Betrachtungsweisen gerechtfertigt. Folglich kann an dieser Stelle in dogmatischer Hinsicht die Legitimation für die Vertreter geliefert werden, die auch im Kontext des § 130 OWiG aufgrund einer rein faktischen Betrachtung für die Einbeziehung der Konzernobergesellschaft plädieren. Konsequenterweise müssten die Vertreter einer entsprechenden Auffassung sodann aber auch das Vorliegen der im Rahmen der § 14 StGB und § 9 OWiG entwickelten Kriterien für das Bestehen faktischer Geschäftsführung fordern. Sofern indes zahlreiche Autoren losgelöst von diesen strengen Voraussetzungen des § 9 OWiG einen weitgehend allgemeinen Kriterienkatalog zur Erfassung von Konzernverbindungen – aufgrund der faktischen Gleichsetzung mit der Situation des Einzelunternehmens – bereits auf der Primärebene des § 130 OWiG genügen lassen, droht ein Unterlaufen der ausdifferenzierten Merkmale der faktischen Geschäftsführung. § 9 OWiG, dessen originäre Aufgabe die Pflichtenüberleitung darstellt, wäre sodann in kaum verständlicher Weise außer Acht gelassen. Vgl. hierzu auch *Muders* Haftung im Konzern, S. 65 f.

gan der Tochtergesellschaft seine nachgeordnete Aufsichtspflicht verletzt. Die Doppelmandatsträgerschaft wirkt aber eben nicht konstitutiv für die Sanktionierung der Obergesellschaft. Haftungsanknüpfungspunkt ist alleine die primäre Oberaufsichtspflichtverletzung im Falle bestehender Organisationsherrschaft. Ob die Leitungsperson der Obergesellschaft zugleich formell bestelltes oder faktisches Organ der Tochtergesellschaft ist oder aber ein Dritter diese Position bekleidet, spielt für die bußgeldrechtliche Haftung der Obergesellschaft keine Rolle.

c) Einbeziehung der Tochtergesellschaft über § 30 OWiG

346 Auf Ebene der Haftungstroika wird schließlich diskutiert, ob eine Inanspruchnahme der Obergesellschaft für Aufsichtspflichtverletzungen in der Sphäre der Tochter im Wege der Sekundärhaftung durch unmittelbare Sanktionierung gem. § 30 OWiG möglich ist.

347 Die Fragestellung ähnelt der bereits geführten Diskussion betreffend den Doppelmandaten, wenn Organmitglieder der Obergesellschaft formell oder faktisch mit der Geschäftsleitung einer Tochtergesellschaft betraut werden. Zu klären ist an dieser Stelle, ob die Zurechnung auch in entgegengesetzter Richtung erfolgen kann. Kann ein Organmitglied der Tochtergesellschaft gegenüber der Obergesellschaft tauglicher Anknüpfungstäter i.S.d. § 30 OWiG sein, auch wenn es bei der Obergesellschaft selbst keinerlei Funktionen wahrnimmt? Die Grundsätze der faktischen Geschäftsführung helfen hier nicht weiter, da ein Organmitglied der Tochtergesellschaft nicht die faktische Geschäftsführung der Obergesellschaft an sich reißen wird.[635] Ein möglicher Weg wäre, das Geschäftsleitungsorgan der Tochtergesellschaft als sonstigen Beauftragen der Obergesellschaft i.S.d. § 30 Abs. 1 Nr. 5 OWiG anzusehen. Ausweislich des Wortlautes der Norm ist tauglicher Anknüpfungstäter jede Person, die mit der Leitung des Unternehmens betraut wurde, wozu auch die Ausübung von Kontrollbefugnissen zu zählen ist. Wenn nun das Leitungsorgan der Tochtergesellschaft als Kontrollbeauftragter der Obergesellschaft angesehen werden kann, wäre die Möglichkeit der Verbandsgeldbuße auch zu Lasten der Obergesellschaft naheliegend.

aa) Kontrollaufgaben im bestehenden Pflichtenkreis

348 Dabei ist zunächst der Fall zu beurteilen, in dem die Leitungsperson der Tochtergesellschaft im bestehenden Pflichtenkreis der Obergesellschaft auftritt. Nach der hier vertretenen Auffassung treffen die Obergesellschaft dann Aufsichtspflichten bezüglich der Tochtergesellschaft, wenn der Obergesellschaft insofern die Organisationsherrschaft zukommt. Maßgeblich ist hierfür das Bestehen von rechtlich begründeten

---

[635] Sollte dies in einem besonderen Einzelfall – etwa im Rahmen besonders gelagerter Finanzholdingstrukturen – dennoch der Fall sein, fänden insofern die Grundsätze Anwendung, die im Falle der faktischen Geschäftsführung einer Leitungsperson der Obergesellschaft bei der Tochtergesellschaft gelten.

Weisungsrechten. Überlässt die Konzernspitze den Leitungsorganen der Tochtergesellschaft diese Aufgabe, so sind die verantwortlichen Personen als taugliche Anknüpfungstäter i.S.d. § 30 Abs. 1 Nr. 5 OWiG anzusehen. Unschädlich ist dabei, dass sich die insofern delegierte Pflicht nur auf die entsprechende Tochtergesellschaft und damit lediglich auf einen Teilausschnitt der Gesamtaufsichtspflichten der Obergesellschaft erstreckt. Überwachungs- und Kontrollperson kann auf Ebene des Einzelunternehmens auch derjenige sein, den entsprechende Befugnisse nur mit Blick auf einen Betriebsteil, eine einzelne Unternehmensabteilung oder aber ein einzelnes Sachgebiet zustehen.[636] Damit kann in Konzernsachverhalten auch derjenige Kontrollbeauftragter im Sinne des § 30 Abs. 1 Nr. 5 OWiG sein, dessen Befugnisse sich auf einzelne Konzerngesellschaften beschränken.

Hat sich aufgrund unzureichender Aufsicht eine Zuwiderhandlung in der Sphäre der Tochtergesellschaft ereignet, so haben sich nach der hier vertretenen Ansicht aufgrund der Organisationsherrschaft sowohl die Konzernobergesellschaft wie auch die Tochtergesellschaft primär gem. § 130 OWiG zu verantworten. In die Normadressatenstellung des § 130 OWiG rückt die Leitungsperson der Tochtergesellschaft jedenfalls aufgrund ihrer Organstellung hinsichtlich des eigenen Unternehmens gem. § 9 Abs. 1 OWiG. Überdies kommt hinsichtlich der Obergesellschaft eine Pflichtenüberwälzung kraft Beauftragung gem. § 9 Abs. 2 OWiG in Betracht. Durch die duale Pflichtenüberleitung liegen sodann sowohl mit Blick auf die Obergesellschaft wie aber auch auf die Tochtergesellschaft taugliche Anknüpfungstaten für die Sanktionierung vor. Während dann ein Bußgeld gegen die Tochtergesellschaft aus § 30 Abs. 1 Nr. 1 OWiG verhängt werden kann, ist dies gegen die Obergesellschaft gem. § 30 Abs. 1 Nr. 5 OWiG ebenso möglich. **349**

Zu beachten ist dabei, dass Besonderheiten in dieser Konstellation nicht auftreten, wenn auch keine ausreichende Oberaufsicht der Konzernspitze erfolgte. Denn dann ist bereits den Leitungspersonen der Obergesellschaft eine Aufsichtspflichtverletzung gem. §§ 9, 130 OWiG vorzuwerfen und der Weg zu einer Verbandsgeldbuße bereits durch § 30 Abs. 1 Nr. 1 OWiG eröffnet, sofern es sich bei der Gesellschaft um eine juristische Person handelt. Durchaus entscheidende Relevanz kann der Konstellation indes zukommen, wenn eine (Ober-)Aufsichtspflichtverletzung der Konzernspitze nicht vorliegt, eine solche vielmehr allein auf Leitungsebene der Tochtergesellschaft feststellbar ist. Dann eröffnet die modifizierte Haftungstroika aus §§ 9 Abs. 2, 30 Abs. 1 Nr. 5, 130 OWiG die Sanktionierung der Obergesellschaft auch ohne Fehlverhalten der eigenen formellen Organe. **350**

---

636 Vgl. hierzu *Rogall* in: KK-OWiG, § 30 OWiG Rn. 84; *Rettenmaier/Palm* NJOZ 2010, 1414 (1414); für den Fall eines Prokuristen mit Leitungsmacht in einem unselbstständigen Betriebsteil siehe auch *Röske/Böhme* wistra 2003, 48 (48 ff.).

bb) Kontrollaufgaben außerhalb des Pflichtenkreises

351　Etwas anderes muss freilich gelten, sofern mangels Organisationsherrschaft schon die Aufsichtspflichten der Obergesellschaft nicht in die Sphäre der Tochtergesellschaften reichen. Eine Verbandsgeldbuße gem. § 30 Abs. 1 OWiG verlangt grundsätzlich die Begehung einer Straftat oder Ordnungswidrigkeit, durch die Pflichten des Verbandes verletzt wurden. Kommt es in dieser Konstellation zu Aufsichtspflichtverletzungen in der Sphäre der Tochtergesellschaft, ist somit bereits der Pflichtenkreis der Obergesellschaft nicht tangiert. Eine Verbandsgeldbuße muss sodann ausscheiden.

d) Zwischenergebnis

352　Auch abseits der Bestimmung der originären Tatbestandsmerkmale des § 130 OWiG eröffnen sich vereinzelt Möglichkeiten, die Konzernobergesellschaft für Aufsichtspflichtverletzungen gegenüber Tochtergesellschaften zu sanktionieren.

353　Keine neuen Erkenntnisse vermögen dabei Ansätze zu vermitteln, die für eine Verlagerung der Diskussion auf das Merkmal der Zuwiderhandlung plädieren. Danach sollen taugliche Zuwiderhandlungstäter auch aus der Sphäre der Tochtergesellschaft stammen können. Zutreffend ist zwar, dass der Zuwiderhandlungstäter durchaus ein Dritter sein kann und nicht zwingend Mitarbeiter des eigenen Unternehmens sein muss. Allerdings scheiden Handlungen Dritter als taugliche Zuwiderhandlung aus, wenn sie in eigener unternehmerischer Verantwortung erfolgen. Denn ausweislich des klaren Wortlautes verlangt § 130 OWiG eine Zuwiderhandlung im eigenen Betrieb oder Unternehmen. Die Handlungen in der Sphäre einer Tochtergesellschaft sind indes grundsätzlich deren Verantwortungsbereich zuzuschreiben. Etwas anderes kann nur gelten, wenn der Unternehmensverbund im Sinne der Norm als ein Unternehmen angesehen wird. Damit ist durch die Verlagerung der Diskussion jedoch nichts gewonnen. Vielmehr bleibt es bei den Fragestellungen, die schon im Rahmen der Bestimmung der originären Normadressaten zu lösen waren.

354　Eine tatsächliche Erweiterung kann sich nach der hier vertretenen Ansicht auch nicht ergeben, wenn die Leitungspersonen der Obergesellschaft formell oder faktisch die Geschäftsleitung der Tochtergesellschaft übernehmen. Die Annahme einer faktischen Geschäftsleitung erfordert zum einen schon im Grundsatz das Überschreiten hoher Hürden. Vor allem aber ist – sofern eine Pflichtverletzung eines Doppelmandatsträgers erfolgt – für die Verhängung einer Verbandsgeldbuße gem. § 30 OWiG erforderlich, dass der Täter für die betroffene Gesellschaft jeweils auch in seiner Funktion gehandelt hat. Im Rahmen von Pflichtverletzungen in der Sphäre der Tochtergesellschaft wird eine Zurechnung zur Obergesellschaft nur in Betracht kommen, wenn das konkrete Handeln übergeordneten Konzerninteressen dient und damit etwa in Umsetzung von Weisungen erfolgt. Die Zurechnung einer Aufsichtspflichtverletzung in der Sphäre der Tochtergesellschaft zu Lasten der Obergesellschaft wird nach diesen Kriterien aber regelmäßig ausscheiden, da sie nie einem übergeordneten Konzerninteresse dient. Dies muss selbst dann gelten, wenn die Präventionsorganisation durch die Obergesellschaft vorgegeben wird. Denn der Vorwurf des § 130 OWiG richtet sich nicht auf unzureichende Maßnahmen, sondern auf unterlassene Maßnahmen. Jede andere Entscheidung würde die Wahrnehmung einer unzureichenden Aufsicht gegenüber dem vollständigen Unterlassen von Aufsichtsmaßnahmen benachteiligen. Ein Unterlassen im Konzerninteresse ist lediglich dann denkbar, wenn die Konzernspitze ausdrücklich dazu aufruft. Dann aber ist der Anwendungsbereich des § 130 OWiG ohnehin verlassen und vielmehr an strafbare Unterlassungs- und Beteiligungsdelikte zu denken. Damit kommt auch hier eine Sanktionierung der Obergesellschaft nur in Betracht, wenn der Doppelmandatsträger in seiner Funktion als Organ der Obergesellschaft etwaig bestehende Oberaufsichtspflichten verletzt. Dies folgt jedoch bereits aus den allgemein ermittelten Grundsätzen. Die Doppelmandatsstellung entfaltet nach der hier vertretenen Ansicht für sich genommen damit keine haftungserweiternde Wirkung. Auf Grundlage der herrschenden Meinung, die der Obergesellschaft gegebenfalls selbst die Eigenschaft des faktischen Geschäftsführers der Tochtergesellschaft zuschreiben möchte, findet sich an dieser Stelle hingegen tatsächlich die Möglichkeit zur Erfassung von Konzernverbindungen im Rahmen des § 130 OWiG. Sofern nämlich dann die Leitungsperson der Obergesellschaft *deren* Pflichten als faktischer Geschäftsführer der Tochtergesellschaft wahrnimmt, stellt sich sodann auch kein Problem der Zurechnung dieses Handelns im Rahmen des § 30 OWiG zu Lasten der Obergesellschaft. Allerdings vermag auch dieser Ansatz denjenigen Autoren keine dogmatische Legitimation zu bieten, die unter bloßem Verweis auf die faktische Gleichsetzung von Konzern und Einzelunternehmen bereits auf Primärebene den Konzernverbund in den Normadressatenkreis des § 130 OWiG rücken und dabei hinter den Anforderungen zurückbleiben, die für die Annahme faktischer Geschäftsführung im Rahmen des § 14 StGB bzw. § 9 OWiG entwickelt wurden. Die ausdifferenzierten Regelungen zur Pflichtenüberleitung dürfen nicht durch eine vorgelagerte, faktische Betrachtung auf der primären Tatbestandsebene unterlaufen werden.

Auch nach der hier vertretenen Ansicht vermag indes § 30 Abs. 1 Nr. 5 OWiG eine spürbare Haftungserweiterung zu begründen. Denn hierdurch wird die Möglichkeit eröffnet, nicht nur Oberaufsichtspflichtverletzungen der Leitungsorgane der Obergesellschaft als Anknüpfung für eine Verbandsgeldbuße gegen diese zu nutzen, sondern überdies auch etwaige Aufsichtspflichtverletzungen der Leitungspersonen der Tochtergesellschaft. Damit ist eine Verbandsgeldbuße gegen die Konzernobergesellschaft selbst dann möglich, wenn die eigenen Leitungspersonen ihren Oberaufsichtspflichten ordnungsgemäß nachgekommen sind. Voraussetzung ist freilich, dass sich die Aufsichtspflichten der Obergesellschaft kraft Organisationsherrschaft überhaupt auf die Tochtergesellschaft erstrecken. Ist dies nicht der Fall, können Handlungen der Leitungspersonen der Tochtergesellschaften schon nicht als Wahrnehmung der Pflichten der Obergesellschaft angesehen werden. Eine Anwendung des § 30 OWiG zu Lasten der Konzernspitze scheidet dann aus.

III. Pflichtenprogramm

356 Der hier befürwortete organisationsbasierte Inhaberbegriff führt wie bereits ausgeführt zu einer doppelten Inhaberschaft.[637] Das Tochterunternehmen ist gleichermaßen Adressat des § 130 OWiG wie die mit Weisungsrechten ausgestattete Konzernobergesellschaft. Das Bestehen mehrerer Pflichtenträger ist auch im Rahmen des § 130 OWiG keine Besonderheit der Konzernsachverhalte. Auch im Einzelunternehmen konzentrieren sich die Pflichten nicht auf eine Person. Erst recht gilt dies nach Überwälzung der Pflichten gem. § 9 OWiG auf Leitungsgremien. Hier verbleibt selbst im Falle der klaren Aufgabenverteilung eine Restzuständigkeit bei den übrigen Kollegialmitgliedern.[638]

357 Klar ist, dass der Pflichtenumfang dabei nicht für alle Adressaten identisch ist. Vielmehr verteilt sich die Aufsichtspflicht bei Vorliegen verschiedener Hierarchieebenen, was zu einem gestuften Pflichtensystem führt. Übertragen auf Konzernsachverhalte bedeutet dies, dass bei der Konzernobergesellschaft jedenfalls die Oberaufsicht verbleibt.[639] Nicht beschnitten wird damit die unternehmerische Entscheidung, den Konzern zentral oder dezentral zu führen.[640] Es ist der Konzernobergesellschaft kraft ihrer Organisationsherrschaft unbenommen, Aufsichtsmaßnahmen zentral gesteuert und konzernweit umzusetzen. Die Verantwortungsträger in den einzelnen Konzerngesellschaften werden dann zu untergeordneten Aufsichtspersonen, deren Aufgabe sich etwa auf die konkrete Umsetzung in den einzelnen Einheiten konzentrieren kann. Die Konzernobergesellschaft kann aber auch die Aufsicht an die einzelnen Legaleinheiten delegieren, sofern auch dadurch eine umfassende Aufsichtsstruktur erreicht werden kann. So kann auch die Ausgestaltung der konkreten Umsetzung den einzelnen Konzerngesellschaften überlassen werden.[641] Die Verantwortungsträger in den Tochterunternehmen erhalten dann einen Aufgabenumfang, der

---

637 Siehe oben Rn. 304 f.
638 Siehe hierzu bereits oben 10. Fn. zu Rn. 186.
639 Vgl. auch *Pelz* in: Hauschka, § 6 Rn. 17, der eine Aufsicht „auf den reinen Konzernbereich, nicht jedoch auf die Binnenaufsicht der juristisch selbstständigen Tochterunternehmen" verlangt, ohne die damit vorgeschlagenen Abgrenzungskriterien näher zu konturieren.
640 So aber befürchtet von *Graf* in: FG Feigen, S. 37 (48).
641 Damit läuft der hier vertretenen Ansicht auch nicht die Ansicht von *Koch* AG 2009, 564 (572) zu wider, wonach Organisationsrechte nicht automatisch mit entsprechend weiten Organisationspflichten einhergehen. Wie bereits im Rahmen der Diskussion um die Konzernleitungspflicht diskutiert, führen die Einflussrechte nicht zur Pflicht, jedwede Entscheidung in der Sphäre der Tochtergesellschaft bis ins letzte Detail zu regeln. Dennoch ginge die Behauptung zu weit, die Obergesellschaft dürfe sich mit Blick auf nachgeordnete Unternehmen zurücklehnen. Gleichwohl die aktive Gestaltung nicht umfassend abverlangt wird, kommt man an der sicherstellenden Oberaufsicht jedenfalls nicht umher. Die autonome Ergebnisfindung im Rahmen des Ordnungswidrigkeitenrechts führt hier in der rückblickenden Gesamtschau zu vergleichbaren Wertungen wie auch die gesellschaftsrechtliche Betrachtung.

sie auch im Falle einer Einzelunternehmung in annähernd gleichem Ausmaß treffen würde. Bei der Konzernobergesellschaft verbleibt jedoch die Pflicht zur Oberaufsicht. Die Verantwortungsträger des Mutterunternehmens müssen insofern sicherstellen, dass die Aufsichtsmaßnahmen erfüllt werden. Bestandteil der Oberaufsicht ist somit wenigstens ein funktionierendes Berichtswesen über die Aufsichtsmaßnahmen in den Konzerngesellschaften. Die Oberaufsicht konzentriert sich sodann auf die Kontrolle der Aufsichtspersonen in den Tochterunternehmen.

Auch hierbei handelt es sich um keine strukturellen Besonderheiten von Konzernsachverhalten. Auch auf Ebene des Einzelunternehmens ist es dem Inhaber i.S.d. § 130 OWiG unbenommen, die Aufsichtspflichten auf nachgeordnete Mitarbeiter zu delegieren. Insofern kann auch hier gewählt werden zwischen einer zentralen Steuerung und einer Verteilung auf nachgeordnete Stellen. Die Pflichtenverteilung im Rahmen von Konzernsachverhalten stößt dabei auf keine Bedenken, die zur Ablehnung des organisationsbasierten Inhaberbegriffs führen können. Eine system- oder regelungswidrige Handhabung ist mit der hier vertretenen Ansicht der doppelten Inhaberschaft kraft Organisationsherrschaft nicht verbunden. Vielmehr zeigt die gestufte Aufsicht deutliche Parallelen zur Rechtslage bei Einzelunternehmen. Die rechtliche Trennung bewirkt nur dort Anpassungen, wo die rechtlichen Einwirkungsmöglichkeiten der Konzernobergesellschaft enden. Denn wo Maßnahmen schon kraft Gesetzes nicht möglich sind, kann auch keine ordnungsrechtliche Pflicht begründet werden. **358**

Auf Rechtsfolgenseite kann die doppelte Inhaberschaft indes tatsächlich zur Gefahr der doppelten Sanktionierung führen, wenn eine Ahndung gem. §§ 30 i.Vm. 130, 9 OWiG sowohl des betroffenen Tochterunternehmens wie auch der Konzernobergesellschaft in Betracht kommt. Das verfassungsrechtliche Doppelbestrafungsverbot gem. Art. 103 Abs. 3 GG hilft hier kaum weiter. Zwar gilt der *ne bis in dem*-Grundsatz auch im Ordnungswidrigkeitenrecht,[642] zu erwähnen ist insofern § 84 OWiG.[643] Allerdings wird dadurch freilich nur verhindert, dass ein und dieselbe Bußgeldadressat ein zweites Mal für die selbe Tat sanktioniert wird. Nicht gehindert wird die Sanktionierung verschiedener natürlicher oder juristischer Personen für ein und dieselbe Tat.[644] So steht der Grundsatz *ne bis in idem* auch im Kernstrafrecht nicht der parallelen Bestrafung mehrerer Mittäter im Wege. Sofern sowohl der Leitungsperson der Tochtergesellschaft wie auch der Leitungsperson der Oberge- **359**

---

642 *Kurz* in: KK-OWiG, § 65 OWiG Rn. 24; *Krohs/Timmerbeil* BB 2012, 2447 (2451).
643 Dabei ist allerdings zu berücksichtigen, dass ein rechtskräftiger Bußgeldbescheid gem. § 84 Abs. 1 OWiG lediglich die nochmalige Verfolgung als Ordnungswidrigkeit ausschließt. Eine strafrechtliche Verfolgung bleibt möglich, es sei denn es ergeht eine gerichtliche Entscheidung, vgl. § 84 Abs. 2 OWiG. Überdies soll das Doppelahndungsverbot im Rahmen des Ordnungswidrigkeitenrechts nicht aus Art. 103 Abs. 3 GG folgen, sondern aus dem allgemeinen Rechtsstaatsprinzip, vgl. *Mitsch* in: KK-OWiG, Einleitung Rn. 142.
644 Vgl. hierzu auch *Muders* Haftung im Konzern, S. 252.

sellschaft Aufsichtspflichtverletzungen gem. §§ 130, 9 OWiG zur Last gelegt werden können, ist die doppelte Bebußung nur konsequent, auch wenn sie jeweils an die gleiche Zuwiderhandlung anknüpft.[645] Gleichwohl das Doppelbestrafungsverbot damit die parallele Ahndung bei Tochter- und Obergesellschaft nicht ausschließt, ist dennoch eine abgestimmte Sanktionierung erforderlich. Gerade wenn zwischen den Bußgeldadressaten weitgehende wirtschaftliche Identität besteht, wird eine jeweilige Berücksichtigung bei der Sanktion erforderlich sein.[646] Dass vor allem die Gewinnabschöpfung nur einmal erfolgen und nicht kumuliert erfolgen kann, versteht sich von selbst. Die originäre Ahndung trifft indes beide Gesellschaften wie auch die verantwortlichen Leitungspersonen parallel. Dies ist logische Konsequenz des Prinzips der doppelten Inhaberschaft und stößt auch wie sonstige Fälle der dualen Verursachung nicht auf Bedenken. Sofern im Einzelfall grobe Unbilligkeiten entstehen, verbleiben freilich stets die Möglichkeiten, die den Verfolgungsbehörden gerade durch das im Ordnungswidrigkeitenrecht geltende Opportunitätsprinzip gegeben sind.

IV. Ausblick

360   Gleichwohl die Bußgeldpraxis mit ihrer extensiven Tatbestandsauslegung im Rahmen des § 130 OWiG in dogmatischer Hinsicht durchaus Stützen finden kann, bleiben die Unsicherheiten freilich unübersehbar. Angesichts der erheblichen und bisweilen exorbitanten Folgen von Verletzungen der Norm ist diese nicht nur mit Blick auf den aufgegebenen Pflichtenkatalog, sondern auch hinsichtlich des Normadres-

---

645   Freilich liegt auch in der parallelen Sanktionierung der Leitungsperson gem. §§ 130, 9 OWiG und dem Unternehmen gem. § 30 OWiG kein Verstoß gegen das Doppelbestrafungsverbot, vgl. hierzu *Gürtler* in: Göhler, § 30 OWiG Rn. 29; *Hermanns/Kleier*, Grenzen der Aufsichtspflicht, S. 95; *Rogall* in: KK-OWiG, § 30 OWiG Rn. 117: „Die Verhängung einer kumulativen Verbandsgeldbuße ist dogmatisch betrachtet nach wie vor der Regelfall der Bebußung von Verbänden."
646   Vgl. insofern *OLG Hamm* NJW 1973, 1851 (1853 f.) für den Fall der parallelen Sanktionierung von geschäftsführendem Gesellschafter und der Gesellschaft: „Deshalb kann in der doppelten Ahndung von Vertreter und Vertretenem für sich allein noch keine unzulässige Doppelbestrafung i.S.v. Art. 103 Abs. 3 GG erblickt werden (…). Andererseits ist aber diese Gefahr dort nicht auszuschließen, wo beide Sanktionen ohne Rücksicht aufeinander verhängt werden. (…) Eine derartige Abstimmung von Haupt- und Nebensanktion wird umso mehr geboten sein, wenn Organ und Gesellschafter der Personenvereinigung weitgehend oder gar völlig identisch sind; denn in solchen Fällen würde bei zusätzlicher Sanktionierung der juristischen Person wirtschaftlich gesehen die gleiche Person getroffen wie bereits durch die Hauptsanktion. Auch wenn es zu weit gehen mag, bei einer Haupt- und Nebensanktionierung in derartigen Identitätsfällen bereits eine Verletzung von „ne bis in idem" zu erblicken (…), wird man diesem Verfassungsgrundsatz in der Regel doch nur dadurch gerecht werden können, daß die wirtschaftlichen Auswirkungen der zweifachen Ahndung jeweils gegenseitig berücksichtigt werden (…)."

satenkreises bemerkenswert unbestimmt. Das aus dieser Unbestimmtheit folgende Meinungsspektrum ist unvermeidlich breit. Während die Praxis sich wie gezeigt mit dogmatischen Barrieren nicht lange aufhält und zweckgerichtet Konzernsachverhalte im Rahmen des § 130 OWiG löst, ist die Wissenschaft weitaus restriktiver. Für einen gänzlichen Ausschluss der Erfassung konzernweiter Sachverhalte plädieren nicht wenige Autoren – wenn diese nicht sogar die überwiegende Ansicht repräsentieren.[647] Umso bemerkenswerter ist die Auffassung der Bundesregierung, die im Rahmen der Beratungen zur 8. GWB-Novelle protokolliert wurde. Wie erörtert, erfuhren in diesem Rahmen auch die Regelungen der §§ 30, 130 OWiG Änderungen.[648] Dabei wurde jedoch nicht nur auf eine Konkretisierung des Pflichtenkataloges verzichtet. Auch zur Klärung der Frage nach der Einbeziehung von Konzernen wurde nichts beigetragen. Dies lag keinesfalls daran, dass die in Rede stehende Problematik schlicht übersehen wurde. Vielmehr wies der Bundesrat in seiner Stellungnahme zum Gesetzesentwurf explizit auf die Schwierigkeiten beim Umgang mit Unternehmensverbindungen im Rahmen des § 130 OWiG hin. Hierbei forderte er eine Klarstellung innerhalb des GWB, da das geltende Ordnungswidrigkeitengesetz allein der Bußgeldpraxis insofern nicht als ausreichend sichere Grundlage diene.

„Im Gesetz gegen Wettbewerbsbeschränkungen ist klarzustellen, dass Konzernobergesellschaften kartellrechtlich zur Aufsicht über die Konzernunternehmen verpflichtet sind. Bezüglich der Aufsichtspflichten in Konzernen haftet die Konzernobergesellschaft nach derzeitiger Praxis in Deutschland gemäß § 130 OWiG, wenn sie ihren Aufsichtspflichten nicht nachkommt. Damit wird der europarechtlichen Vorgaben Rechnung getragen, Unternehmen – verstanden als wirtschaftliche Einheit verschiedener juristischer Personen – bußgeldrechtlich zu erfassen. Allerdings besteht hier erhebliche Rechtsunsicherheit. Da der Konzern Adressat des europäischen Kartellrechts ist, darf sich die kartellrechtliche Verantwortlichkeit nicht nur auf die unmittelbar handelnde juristische Person beschränken. Eine Aufsichtspflicht von Konzernmüttern ist sachgerecht, um die tatsächlichen wirtschaftlichen Gegebenheiten abzubilden. Hier ist eine gesetzgeberische Klarstellung erforderlich."[649] **361**

Der Bundesrat dokumentierte hier recht deutlich seinen Willen, entsprechend der Grundsätze des europäischen Wettbewerbsrechts die Grundlage für eine Erfassung von Konzernsachverhalten anhand faktischer Gesichtspunkte im Gesetzestext festzulegen, gleichwohl diese Regelung scheinbar – jedenfalls unmittelbar – nur im Wettbewerbsrecht bzw. Kartellrecht Anwendung finden sollte. Nicht weniger bemerkenswert als die insofern unmissverständliche Absicht des Bundesrates war die Stellungnahme der Bundesregierung, die eine entsprechende Gesetzesänderung ablehnte. Dabei stütze sie sich nicht etwa auf die rechtspolitische Absicht, Konzern- **362**

---

647 Vgl. hierzu ausführlich oben Rn. 240 ff.
648 Siehe hierzu bereits oben letzte Fn. zu Rn. 3.
649 Stellungnahme des Bundesrates zum Entwurf eines Achten Gesetzes zur Änderung des Gesetzes gegen Wettbewerbsbeschränkungen (8. GWB-ÄndG) vom 11.5.2012, BR-Drucks. 176/12(B), S. 2.

obergesellschaften außerhalb des Haftungskreises halten zu wollen. Vielmehr trat sie dem Argument der fehlenden Rechtssicherheit entgegen.

363 *„Die Bundesregierung lehnt die Forderung, im Gesetz gegen Wettbewerbsbeschränkungen klarzustellen, dass die jeweiligen Konzernobergesellschaften kartellrechtlich zur Aufsicht über die Konzernunternehmen verpflichtet sind, ab. Die Bundesregierung erachtet die bestehenden Regelungen im OWiG als sachgerecht. Nach Auffassung der Bundesregierung reicht der bestehende Rechtsrahmen aus, um Aufsichtspflichtverletzungen im Konzern zu erfassen und gegebenenfalls zu ahnden. Der Bundesregierung sind aus der Praxis der Kartellbehörden bislang keine Fälle bekannt geworden, in denen die Verletzung einer Aufsichtspflicht eines Konzerns bei einem Kartellrechtsverstoß eines Tochterunternehmens nicht angemessen sanktioniert werden konnte."*[650]

364 Dahingestellt bleiben kann dabei, ob in sämtlichen Fällen tatsächlich eine angemessene Sanktionierung des „Konzerns" möglich ist. Die Ablehnung des Konkretisierungsvorschlags mit der Begründung, der bestehende Rechtsrahmen reiche zur Erfassung von Konzernsachverhalten aus, ist jedenfalls fragwürdig, wenn höchstrichterliche Rechtsprechung nicht ersichtlich ist und die Kommentarliteratur parallel feststellt, von der Lösung dieser vor allem auch in jüngster Vergangenheit so viel diskutierten Frage weit entfernt zu sein.[651]

365 Nicht unterbleiben soll an dieser Stelle angesichts der damit weiterhin bestehenden Unsicherheit ein Ausblick in die Zukunft. Freilich ist dies selbst bei der Beschränkung auf eine kurze Sichtweite mit großen Fragezeichen verbunden. Denn die Diskussion in ihrem Gesamtkontext ist dynamisch wie selten. Anstoß ist dabei im Wesentlichen die Frage nach der Einführung einer Unternehmensstrafe. Gleichwohl entsprechende Überlegungen in der Vergangenheit immer wieder in den Fokus rückten, gewinnt das Thema aktuell an besonderer Bedeutung.[652] Grund hierfür ist der jüngste Entwurf eines Verbandsstrafgesetzbuchs.[653] Der Entwurf greift zahlreiche Diskussionspunkte der Vergangenheit auf und versucht sich an einer differenzierten Lösung. Die Urheberschaft liegt beim Justizministerium des Landes Nordrhein-Westfalen. Der federführende Justizminister des Landes Nordrhein-Westfalen *Kutschaty* prognostizierte im Sommer 2014, dass der Entwurf noch Ende des lau-

---

650 Bundesregierungsentwurf eines Achten Gesetzes zur Änderung des Gesetzes gegen Wettbewerbsbeschränkungen (8. GWB-ÄndG) vom 31.5.2012, BT-Drucks. 17/9852, S. 49.
651 So etwa die Feststellung von *Gürtler* in: Göhler, § 130 OWiG Rn. 5a; vgl. hierzu auch *Achenbach* wistra 2013, 369 (373).
652 Zu den seit dem Beginn der Bundesrepublik immer wieder aufflammenden Diskussionen und den bis dato stets ablehnenden Beschlüssen vgl. nur *Schünemann* ZIS 2014, 1 (1 f.).
653 Vgl. den Entwurf eines Gesetzes zur Einführung der strafrechtlichen Verantwortlichkeit von Unternehmen und sonstigen Verbänden, abrufbar im Internet unter http://www.justiz.nrw.de/JM/justizpolitik/jumiko/beschluesse/2013/herbstkonferenz13/zw3/TOP_II_5_Gesetzentwurf.pdf.

fenden Jahres in den Bundesrat eingebracht werden sollte.[654] Auch wenn sich diese Prognose nicht bewahrheiten konnte, ist sicherlich nicht vollends auszuschließen, dass der vielbeachtete Vorschlag tatsächlich kurz- bis mittelfristig die Einführung der Unternehmensstrafe in der Bundesrepublik Deutschland mit sich bringt.[655] Die Justizministerkonferenz im Herbst 2013 begrüßte jedenfalls den Vorstoß als Grundlage für weitere Beratungen.[656] Auch die Bundesregierung der 18. Legislaturperiode, bestehend aus CDU, CSU und SPD griff das Thema in den Koalitionsverhandlungen auf und verankerte in ihrem Koalitionsvertrag sodann zumindest einen entsprechenden Prüfauftrag – ohne aber das Ordnungswidrigkeitenrecht aus dem Auge zu verlieren.

„*Mit Blick auf strafbares Verhalten im Unternehmensbereich bauen wir das Ordnungswidrigkeitenrecht aus. Wir brauchen konkrete und nachvollziehbare Zumessungsregeln für Unternehmensbußen. Wir prüfen ein Unternehmensstrafrecht für internationale Konzerne.*"[657]   **366**

Der Entwurf des Verbandsstrafgesetzbuches greift die Grundgedanken der §§ 30, 130 OWiG auf und versucht diese in kernstrafrechtliches Gewand zu kleiden. Danach soll eine Verbandsstrafe vor allem dann in Betracht kommen, wenn ein Entscheidungsträger in Wahrnehmung der Angelegenheiten des Verbandes eine Straftat begeht.[658] Überdies soll aber in Anlehnung an § 130 OWiG auch jede andere verbandsbezogene Zuwiderhandlung eine Verbandsstrafe legitimieren, wenn sie durch mangelnde Aufsicht eines Entscheidungsträgers des betroffenen Verbandes nicht verhindert oder wesentlich erschwert wurde.[659] Der Verbandsbegriff wird da-   **367**

---

654 Interview mit Thomas *Kutschaty* in JUVE Rechtsmarkt, Ausgabe Juni 2014, „Manche Unternehmen müssen weg", S. 74 ff., allerdings mit der Zusatzbemerkung: „(…) Der Diskussionsprozess ist noch nicht abgeschlossen. Deshalb wird es keinen Schnellschuss geben."
655 Vgl. insofern auch *Witte/Wagner* BB 2014, 643 (643).
656 Vgl. die Presseerklärung des Justizministeriums des Landes Nordrhein-Westfalen vom 14.11.2013, abrufbar im Internet unter http://www.nrw.de/landesregierung/justizminis terkonferenz-begruesst-die-gesetzesinitiative-von-nrw-zum-unternehmensstrafrecht-15084/.
657 Vgl. den Koalitionsvertrag von CDU, CSU und SPD, „Deutschlands Zukunft gestalten", S. 145, abrufbar im Internet unter http://www.bundesregierung.de/Content/DE/StatischeSeiten/Breg/koalitionsvertrag-inhaltsverzeichnis.html.
658 § 2 Abs. 1 VerbStrG-E (oben 2. Fn. zu Rn. 365): „Ist durch einen Entscheidungsträger in Wahrnehmung der Angelegenheiten eines Verbandes vorsätzlich oder fahrlässig eine verbandsbezogene Zuwiderhandlung begangen worden, so wird gegen den Verband eine Verbandssanktion verhängt."
659 § 2 Abs. 2 VerbStrG-E (oben 2. Fn. zu Rn. 365): „Ist in Wahrnehmung der Angelegenheiten eines Verbandes eine verbandsbezogene Zuwiderhandlung begangen worden, so wird gegen den Verband eine Verbandssanktion verhängt, wenn durch einen Entscheidungsträger dieses Verbandes vorsätzlich oder fahrlässig zumutbare Aufsichtsmaßnahmen, insbesondere technischer, organisatorischer oder personeller Art, unterlassen worden sind, durch die die Zuwiderhandlung verhindert oder wesentlich erschwert worden wäre."

bei im Entwurf legaldefiniert. Darunter fallen sollen gem. § 1 Abs. 1 VerbStrG-E juristische Personen, nicht rechtsfähige Vereine und die rechtsfähigen Personengesellschaften des privaten und öffentlichen Rechts. Für eine darüber hinausgehende Auslegung des Verbandsbegriffes, die auch Konzerne erfasst, ist sodann kein Raum mehr. Entsprechend wird auch in der Entwurfsbegründung von einer Klärung der Streitfrage um die Einbeziehung von Konzernverbindungen ausgegangen:

368 *„Die Vorschrift entscheidet damit die in der Literatur bislang umstrittene Frage (...) nach dem Haftungsdurchgriff in Konzernstrukturen bei rechtlich selbstständigen Tochterunternehmen im Sinne der restriktiven Auffassung. „Zurechnungskaskaden auf rechtlich ungesicherter Basis" (...) können bei einem echten Straftatbestand – zumal wenn dieser die Zurechnung im Ergebnis aufgrund Risikoerhöhung ausreichen lässt – nicht hingenommen werden. Daher folgt § 2 Absatz 2 VerbStrG der Auffassung, dass eine Konzernmutter für Zuwiderhandlungen in ihren rechtlich selbstständigen Tochtergesellschaften nicht im Wege des Durchgriffs in die Haftung genommen werden kann."*[660]

369 Dennoch soll es nach der Begründung ungeachtet dessen „eine Aufsichtspflicht der Verantwortlichen der Konzernobergesellschaft für den Konzernbereich" geben.[661] Genannt werden sodann die kernstrafrechtlichen Risiken, die insbesondere vor dem Hintergrund der Geschäftsherrenhaftung für Leitungsorgane der Obergesellschaft bestehen, wenn durch unzureichende Aufsicht eine Unterlassungstäterschaft jedenfalls als Beihilfe in Betracht kommt.[662] Ein dementsprechend strafbares Unterlassen der Leitungsperson der Obergesellschaft soll sodann taugliche Zuwiderhandlung sein, um daran anknüpfend eine Verbandsstrafe gegen die Obergesellschaft zu verhängen.[663] Eine konzernweite Aufsichtspflicht wird damit im Entwurf des Verbandsstrafgesetzes nicht statuiert. Wenn sich jedoch aus anderweitigen Strafvorschriften konzernweite Aufsichtspflichten ergeben, dann ermöglicht das Verbandsstrafgesetzbuch bei einem Verstoß der Leitungsperson gegen diese Pflichten eine Verbandsstrafe gegen die Obergesellschaft. Hält man sich vor Augen, mit welch erheblichen Schwierigkeiten die Begründung strafrechtlicher Verantwortung der Konzernleitung für Unterlassen verbunden ist,[664] so wird deutlich, dass das vorgeschlagene Verbandsstrafgesetzbuch der Praxis weitestgehend den Boden entzieht.[665] Dies ist nicht nur angesichts der Stellungnahmen der Bundesgesetzgebungsorgane zur 8. GWB-Novelle bemerkenswert, sondern nicht zuletzt auch mit Blick auf das Kartellrecht. Zwar wird aus dem Entwurf nicht abschließend das Konkurrenzverhältnis der Vorschriften des Verbandsstrafgesetzbuches zu §§ 30, 130 OWiG klar. Vieles spricht aber für eine weitgehende Verdrängung der ord-

---

660 Vgl. die Begründung zum Entwurf des VerbStrG (oben 2. Fn. zu Rn. 365), S. 47.
661 Begründung zum Entwurf des VerbStrG (oben 2. Fn. zu Rn. 365), S. 47.
662 Begründung zum Entwurf des VerbStrG (oben 2. Fn. zu Rn. 365), S. 47 f.
663 Begründung zum Entwurf des VerbStrG (oben 2. Fn. zu Rn. 365), S. 48.
664 Vgl. hierzu bereits oben Rn. 146 ff.
665 Kritisch zu dieser Einschränkung *Hoven* ZIS 2014, 19 (28).

nungsrechtlichen Normen.⁶⁶⁶ Da gemäß der Definition des Begriffes der Zuwiderhandlung in § 1 Abs. 2 VerbStrG-E allein strafbares Verhalten Anknüpfungspunkt der Verbandsstrafe sein soll, nicht aber die Begehung von Ordnungswidrigkeiten, müsste sodann auch das Kartellordnungswidrigkeitenrecht eine gründliche Überarbeitung erfahren.⁶⁶⁷

So sehr hier damit auf den ersten Blick eine – wenngleich überraschende – Klarstellung erfolgt, verbleiben freilich viele Fragezeichen. Bei der Behandlung von Doppelmandaten werden sich weiterhin die diskutierten Fragen stellen. Relevant wird dies vor allem, wenn es zu beurteilen gilt, ob die Obergesellschaft als faktischer Geschäftsführer der Tochtergesellschaft in Betracht kommt. Der Entwurf jedenfalls eröffnet ausdrücklich im Rahmen der Legaldefinition des Entscheidungsträgers die Möglichkeit der Einbeziehung des faktischen Leitungsorgans.⁶⁶⁸ Außerdem relativiert sich die Beschränkung auf die rechtlich selbstständige Konzerngesellschaft, wenn der Entwurf auf Rechtsfolgenseite zur Bemessung der Strafe in Anlehnung an § 81 Abs. 4 S. 3 GWB auf den weltweiten Umsatz aller natürlichen und juristischen Personen der letzten drei Geschäftsjahre abstellt, „soweit diese als wirtschaftliche Einheit operieren".⁶⁶⁹ Schon bei der Betrachtung der kartellrechtlichen Norm wurden die zahlreichen Bedenken aufgegriffen, die an dieser Stelle letztendlich auch zu einer verfassungsbedingten Einschränkung führen.⁶⁷⁰ In der Entwurfsbegründung wurden diese Bedenken indes nicht aufgegriffen. Damit soll der im europarechtlichen Kartellrecht geborene Begriff der wirtschaftlichen Einheit Einzug in das Strafrecht im engeren Sinne finden, ohne eine Klarstellung, was hierunter zu verstehen ist. Angesichts der doch eindeutigen und restriktiven Begriffsbestimmung auf Tatbestandsebene wirkt dies überraschend und widersprüchlich.

370

Hinsichtlich der Umsetzungswahrscheinlichkeit des nordrhein-westfälischen Entwurfs war auf politischer Ebene zunächst durchaus Aufgeschlossenheit erkennbar,

371

---

666 So sind auch die Äußerungen von NRW-Justizminister Thomas Kutschaty in JUVE Rechtsmarkt (oben 3. Fn. zu Rn. 365), S. 79 zu interpretieren: „Unser Gesetzesentwurf ist mit 23 Paragrafen sehr überschaubar, zudem verdrängt es ja andere Vorschriften etwa aus dem OWiG."
667 § 1 Abs. 2 VerbStrG-E (oben 2. Fn. zu Rn. 365): „Zuwiderhandlungen im Sinne dieses Gesetzes sind Zuwiderhandlungen gegen ein Strafgesetz, soweit sie nicht in Ausübung hoheitlicher Befugnisse vorgenommen werden. Zuwiderhandlungen sind verbandsbezogen, wenn durch sie Pflichten verletzt worden sind, die den Verband treffen, oder wenn durch sie der Verband bereichert worden ist oder bereichert werden sollte."
668 § 1 Abs. 3 d VerbStrG-E (oben 2. Fn. zu Rn. 365): Entscheidungsträger im Sinne des Gesetzes sind danach auch „Personen, die in einem Betrieb oder Unternehmen einer juristischen Person oder Personenvereinigung eine Leitungsfunktion verantwortlich wahrnehmen, wozu auch die Überwachung der Geschäftsführung oder die Ausübung von Kontrollbefugnissen in leitender Stellung gehört."
669 § 6 Abs. 5 S. 2 VerbStrG-E (oben 2. Fn. zu Rn. 365).
670 Vgl. hierzu oben Rn. 270 ff.

wenngleich freilich nicht durchweg.[671] Doch trotz der spürbaren Ausdifferenzierung des Entwurfes formierten sich die Gegner zu einer gewaltigen Opposition, die eine Umsetzung des Gesetzesvorhabens zumindest in dieser Form zunehmend unwahrscheinlicher scheinen lassen. Naturgemäß stehen an der Front der Gegner die Vertreter der Unternehmen. Die Ablehnung des Entwurfes etwa durch den Bundesverband der Unternehmensjuristen kam damit nicht überraschend.[672] Allerdings beschränkte man sich hierbei nicht auf bloße ablehnende Kritik, vielmehr legte der

---

[671] Erwähnt wurde bereits die Begrüßung des Entwurfes durch die Justizministerkonferenz. Ob dabei tatsächlich der Entwurf als solches begrüßt wurde oder aber lediglich die damit verbundenen Diskussionsansätze, ist fraglich. Ein grundsätzlicher Reformwille in zu Sanktionsverschärfungen und Förderung der Rechtsanwendungsgleichheit ist parteiübergreifend erkennbar. Die Ablösung der ordnungswidrigkeitsrechtlichen Regelungen durch eine Verbandsstrafe ist indes nicht Gegenstand eines ersichtlichen, überparteilichen Konsenses. Jedenfalls zeigten sich die Vertreter von CDU und CSU in der Justizministerkonferenz zurückhaltender, völlige Überzeugung habe dort nicht geherrscht, vgl. insofern die Justizministerin Mecklenburg-Vorpommerns Maria *Kauder*, Spiegel Online vom 14.11.2013, „Justizministerkonferenz: Länder wollen Strafrecht für Unternehmen einführen", abrufbar im Internet unter http://www.spiegel.de/wirtschaft/soziales/bundeslaender-wollen-strafen-fuer-unternehmen-verschaerfen-a-933691.html. Deutlicher formulierte die ablehnende Haltung der Unionsparteien indes jüngst Thomas *Strobl*, stellvertretender Vorsitzender der CDU/CSU-Bundestagsfraktion, vgl. Welt Online vom 26.11.2014, „Union wehrt sich gegen härtere Strafen für Firmen", abrufbar im Internet unter http://www.welt.de/wirtschaft/article134761662/Union-wehrt-sich-gegen-haertere-Strafen-fuer-Firmen.html. Eine ausdrücklich ablehnende Haltung äußerte zudem der bayerische Justizminister Winfried *Bausback*, vgl. die Pressemitteilung des Bayerischen Justizministeriums vom 27.11.2014 („Bayerns Justizminister Bausback erteilt Bestrebungen zur Einführung eines Unternehmensstrafrechts eine klare Absage"), abrufbar im Internet unter http://www.justiz.bayern.de/presse-und-medien/pressemitteilungen/archiv/2014/174.php?kontrast=set, sowie das Interview mit der IHK München, abrufbar im Internet unter https://www.muenchen.ihk.de/de/WirUeberUns/Publikationen/Magazin-wirtschaft-/Aktuelle-Ausgabe-und-Archiv2/magazin-05-2014/Politik-und-Standort/winfried-bausback-moderner-und-leistungsfaehiger-justizstandort-. Zurückhaltung meldete überdies auch Ralph *Brinkhaus*, ebenfalls stellvertretender Vorsitzender der CDU/CSU-Bundestagsfraktion, an, vgl. Handelsblatt Online vom 21.5.2014, „US-Strafe für Credit Suisse ruft SPD auf den Plan", abrufbar im Internet unter http://www.handelsblatt.com/politik/deutschland/debatte-um-unternehmensstrafrecht-us-strafe-fuer-credit-suisse-ruft-spd-auf-den-plan/9927684.html. Schließlich beantwortete die niedersächsische Landesregierung eine Anfrage verschiedener Landtagsabgeordneter zurückhaltend und diskutierte dabei vielmehr verschiedene Reformmöglichkeiten des Ordnungswidrigkeitsgesetztes, so wie etwa die Ablösung des Opportunitätsprinzips durch das Legalitätsprinzip, vgl. Drucksache 17/1250 des niedersächsischen Landtages. S. 5.

[672] Ablehnende Stellungnahmen veröffentlichten überdies etwa BDI und BDA, Stellungnahme zum Entwurf eines Gesetzes zur Einführung der strafrechtlichen Verantwortlichkeit von Unternehmen und sonstigen Verbänden vom 31.1.2014, abrufbar im Internet unter http://www.bdi.eu/download_content/RechtUndOeffentlichesAuftragswesen/BDI-BDA-Stellungnahme__Gesetzesentwurf_Unternehmensstrafrecht.pdf. Auf Ableh-

Verband einen nicht minder ausdifferenzierten Gegenentwurf vor.[673] Anders als das Justizministerium des Landes Nordrhein-Westfalen plädieren die Unternehmensjuristen jedoch nicht für die Schaffung strafrechtlicher Normen, sondern für eine Anpassung der §§ 30, 130 OWiG. Im Vordergrund stehen dabei zum einen eine Konkretisierung des Katalogs der Aufsichtspflichten und damit ein Gesichtspunkt, auf den bei der Ausgestaltung des Entwurfes des Verbandsstrafgesetzes bewusst verzichtet wurde.[674] Gemeinsamkeiten der Entwürfe zeigen sich indes, sofern jeweils die Honorierung von Compliance-Maßnahmen ausdrücklich im Gesetzestext verankert werden soll. Die Kritiker rekrutieren sich hingegen bei weitem nicht allein aus dem Kreis der Unternehmensjuristen. Die Bundesrechtsanwaltskammer formulierte ihre Ablehnung deutlich im Rahmen einer Stellungnahme.[675] Auch in der wissenschaftlichen Diskussion begegnet der Entwurf deutlichen Vorbehalten.[676] Freilich rücken dabei Einwände in den Vordergrund, die nicht allein den vorliegenden Entwurf betreffen, sondern sich allgemein gegen das Unternehmensstrafrecht richten.[677] Doch selbst auf Behördenseite finden sich Kritiker. So äußerte zuletzt der Präsident des Bundeskartellamtes *Mundt* seine Bedenken über den Gesetzesvorschlag aus Nordrhein-Westfalen.[678]

---

nung stößt der Entwurf auch beim Deutschen Industrie- und Handelskammertag, vgl. die Mitteilung des DIHK, „Der öffentliche Pranger ist keine Lösung", abrufbar im Internet unter http://www.dihk.de/presse/meldungen/2013-06-27-wernicke-unternehmensstrafrecht.

673 Vgl. den Gesetzgebungsvorschlag des BUJ für eine Änderung der §§ 30, 130 des Ordnungswidrigkeitengesetzes (OWiG) von April 2014, abrufbar im Internet unter http://www.buj.net/resources/Server/BUJ-Stellungnahmen/ BUJ_Gesetzgebungsvorschlag_OWiG.pdf.

674 Vgl. hierzu auch *Beulke/Moosmayer* CCZ 2014, 146 (147).

675 Stellungnahme Nr. 9/2013 der BRAK von Mai 2013, abrufbar im Internet unter http://www.brak.de/zur-rechtspolitik/stellungnahmen-pdf/stellungnahmen-deutschland/2013/mai/stellungnahme-der-brak-2013-09.pdf. Aus dem Beraterkreis ebenfalls ablehnend *Hein*, CCZ 2014, 75 (80 f.); *Leipold*, NJW-Spezial 2013, 696 (696).

676 Besonders kritisch etwa *Schünemann* ZIS 2014, 1 (1 ff.): „Ein kriminalpolitischer Zombie"; *ders*. Gesetzesantrag NRW, S. 34: danach ist „der Entwurf des Landes Nordrhein-Westfalen zur Einführung der strafrechtlichen Verantwortlichkeit von Unternehmen und sonstigen Verbänden weder von seinen strafrechtstheoretischen noch von seinen empirischen Prämissen her tragfähig". Ablehnend zudem *Mitsch* NZWiSt 2014, 1 (5).

677 Vgl. zu der grundsätzlichen Kritik am Unternehmensstrafrecht auf breiter Front bereits oben Rn. 122.

678 Siehe hierzu Handelsblatt Online vom 28.5.2014, „Skepsis gegen Unternehmensstrafrecht", abrufbar im Internet unter http://www.handelsblatt.com/politik/deutschland/strafrekord-im-kartellamt-skepsis-gegen-unternehmensstrafrecht/9962146.html. Der Deutsche Richterbund erachtet die Einführung eines Unternehmensstrafrechts indes zwar als möglich, aber nicht als geboten, vgl. Welt Online vom 26.11.2014, „Union wehrt sich gegen härtere Strafen für Firmen", abrufbar im Internet unter http://www.welt.de/wirtschaft/article134761662/Union-wehrt-sich-gegen-haertere-Strafen-fuer-Firmen.html.

372 Ob sich der Entwurf nach alledem noch durchsetzen wird, ist mit Sicherheit nicht zu prognostizieren. Weitgehende Einigkeit herrscht wie beschrieben hinsichtlich des Reformbedarfs. Die geltende Rechtslage vermag es danach nicht, der Wirtschaftskriminalität in der heutigen Unternehmenslandschaft zufriedenstellend Herr zu werden.[679] Dennoch überzeugt es zur Begründung des Verbandsstrafgesetzbuches nicht, wenn Justizminister *Kutschaty* anführt, Unternehmen würden nur Gewinne einfahren, dabei aber kein Risiko tragen.[680] Tatsächlich hält das Ordnungswidrigkeitenrecht für Unternehmen erhebliche Risiken bereit. Allerdings leidet die Normanwendung an der weitreichenden Unbestimmtheit. Niemand weiß, was erforderlich ist. Und niemand weiß, ob und wie Präventionsbemühungen Berücksichtigung finden.[681] Manch faktischer Interpretationsansatz lässt gar den Schluss zu, unzureichende Prävention sei gegebenenfalls schädlicher als gar keine Prävention. Diese Unbestimmtheit sorgt nicht nur für Unsicherheiten auf Seiten der Unternehmen als Normadressaten, sondern gleichermaßen auf Seiten der Verfolgungsbehörden. Es ist sodann ein Hauptargument im Rahmen der Begründung des Verbandsstrafgesetzbuchs, dass die Regelungen des Ordnungswidrigkeitenrechts völlig unterschiedlich angewendet werden und damit nicht flächendeckend Effektivität aufweisen.[682] Um die Bestimmtheit zu fördern, ist die Überführung in kernstrafrechtliche Normen aber nicht erforderlich. Und auch mit Blick auf das vielbemühte Präventionsdefizit ist zu fragen, ob die dabei oft zitierten ausländischen Rechtsordnungen ihre vermeintlich größerer Effektivität und Präventionswirkung einer strafrechtlichen Ausgestaltung verdanken, oder aber weil sie das Kind bezüglich der bestehenden Pflich-

---

679 So selbst Bund der Unternehmensjuristen (oben 3. Fn. zu Rn. 371), S. 5; entsprechend *Beulke/Moosmayer* CCZ 2014, 146 (146).
680 Vgl. die Pressemitteilung des Justizministeriums des Landes Nordrhein-Westfalen vom 15.5.2013, abrufbar im Internet unter http://www.nrw.de/landesregierung/minister-kutschaty-stellt-eckpunkte-zum-neuen-unternehmensstrafrecht-vor-14411/: „In keinem anderen Bereich der Kriminalität geht die Schere zwischen Gewinn und Risiko so weit auseinander! Den Gewinn heimst sich immer das Unternehmen ein, das Risiko trägt nur der kleine Angestellte."
681 Vgl. zur Kritik an der Unbestimmtheit des 130 OWiG bereits oben Rn. 225 ff. Entgegenzutreten ist insofern der Meinung von *Palzer* ZRP 2013, 122 (122 f.), der Forderungen nach einer ausdrücklichen Honorierung von Compliance-Maßnahmen als „ganz und gar überflüssig" abweist, da nach seiner Auffassung effektive Compliance ohnehin stets zum Haftungsausschluss führt. Forderungen nach entsprechenden Anreizen liege damit „ein entscheidender Denkfehler zu Grunde". Freilich wird hier übersehen, dass dies allenfalls gelten kann, sofern der Leitungsperson einzig eine Aufsichtspflichtverletzung zur Last gelegt wird. Allerdings ist weder 130 OWiG die einzige Anknüpfungstat für die Verhängung einer Verbandsgeldbuße nach § 30 OWiG, noch beschränken sich die vorgeschlagenen Verbandsstraftaten auf unzureichende Organisationsstrukturen. Vielmehr kommt in beiden Fällen auch eine sonstige Tat durch die tauglichen Anknüpfungstäter als Grundlage der Unternehmenssanktion in Betracht. Keineswegs führen getroffene Compliance-Maßnahmen hier aber zum zwingenden Ausschluss einer solchen.
682 Begründung des VerbStrG-E (oben 2. Fn. zu Rn. 365), S. 23.

ten sowie der Berücksichtigung von Compliance-Bemühungen mehr beim Namen nennen.[683] Auch hierfür bedarf es keiner Einkleidung in strafrechtliches Gewand.

Für die Relevanz der hier aufgeworfenen Fragen hätte die Einführung indes gewiss Bedeutung. Gelingt es nicht, den Entwurf mit oder ohne Anpassungen durchzusetzen, gilt es weiterhin – oder gar erst recht –, Lösungen für die bis hierhin unbeantworteten Problemstellungen zu finden. Der Gegenentwurf des Bundesverbandes der Unternehmensjuristen jedenfalls greift bei seinen Reformvorschlägen zu den §§ 30, 130 OWiG die Fragen des Normadressatenkreises nicht auf. Schafft es der Entwurf hingegen bis hin zur Gesetzeskraft, werden sich einige Parameter der Diskussion verschieben. Aufgrund der erkennbaren Anlehnung an die bisherige Rechtslage werden freilich zahlreiche Fragestellungen lediglich an anderer Stelle wiederbegegnen. Schließlich bleibt gegebenenfalls abzuwarten, welche unmittelbaren Folgen die Einführung für §§ 30, 130 OWiG mit sich bringen würde. Sollten diese etwa für den Bereich des Kartellordnungswidrigkeitenrechts ihre Daseinsberechtigung erhalten, verbleibt es in diesem Rahmen freilich auch bei sämtlich ungelösten Problemfragen.

373

C. Zusammenfassung

Der Regelung des § 130 OWiG kommt eine nicht zu unterschätzende Bedeutung zu. Umso mehr gilt dies angesichts der steigenden Bedeutung des Bereiches Compliance. Während Verfolgungsbehörden ihr Augenmerk im Rahmen der Wirtschaftskriminalität zunehmend auf unzureichende Präventionsstrukturen in Unternehmen richten, rüsten diese seit einigen Jahren in teilweise panisch wirkenden Reflexen Compliance-Abteilungen auf, um vor allem den Bußgeldrisiken zu begegnen und Reputationsschäden in Folge medial begleiteter Ermittlungsverfahren zu vermeiden. Gleichwohl die exakte gesetzliche Verankerung von Compliance-Pflichten nicht als umfassend geklärt angesehen werden kann, stellt § 130 OWiG die direkteste Drohung des Gesetzgebers für unzureichende Präventionsorganisation dar. Auch wenn Compliance weit mehr beschreibt als die Wahrnehmung der ordnungsrechtlichen Aufsichtspflichten gem. § 130 OWiG, liegt in der Regelung das schärfste Schwert der hoheitlichen Ahndung von Compliance-Verstößen. Die Normrelevanz wird auch nicht durch ihren subsidiären Charakter als Auffangtatbestand beseitigt, da eine direkte Beteiligung der Verantwortungsträger in Unternehmen häufig nicht vorliegt oder sich jedenfalls im Rahmen der Strafverfolgung nicht nachweisen lässt.

374

---

683 Vgl. insofern *Hoven/Wimmer/Schwarz/Schumann* NZWiSt 2014, 161 (165), die in Anlehnung an die konkretisierenden Richtlinien in USA und UK auch hier eine Beschreibung des Mindeststandards zur Diskussion stellen.

375 Gekennzeichnet ist die Regelung des § 130 OWiG dabei durch eine weitgehende Unbestimmtheit hinsichtlich des Umfangs des Pflichtenprogramms. Verfassungsrechtliche Bedenken können entgegen der herrschenden Meinung auch nur schwer durch eine Beschränkung des Katalogs tauglicher Zuwiderhandlungen ausgeräumt werden. Vorzugswürdig ist in diesem Zusammenhang betreffend § 130 OWiG die Annahme eines konkreten Gefährdungsdeliktes, wobei auch nur dies bedingt die Unbestimmtheit der Norm zu legitimieren vermag. Insgesamt verdient die Regelung in ihrer aktuellen Ausgestaltung eine weitergehende Konkretisierung – unter Umständen auch unterhalb der Schwelle des formellen Gesetzes –, um sie auf verfassungsrechtlich standfesteres Fundament zu heben.

376 Die Unbestimmtheit der Norm betrifft indes nicht nur das Ausmaß der wahrzunehmenden Pflichten, sondern darüber hinaus auch den Adressatenkreis. So ist trotz der faktischen Dominanz von Unternehmensverbindungen bis heute heftig umstritten, ob Konzernobergesellschaften taugliche Adressaten des § 130 OWiG sein können, wenn es in einem Tochterunternehmen zu Übertretungen kommt. Im Rahmen der Definition der insofern maßgeblichen Tatbestandsmerkmale bietet der Blick in andere Rechtsgebiete zwar wertvolle Hinweise, vermag eine Klärung aber letztendlich nicht herbeizuführen.

377 Nicht nur deshalb gebietet sich eine autonome Begriffsbestimmung innerhalb des Ordnungswidrigkeitenrechts. Die unüberschreitbare Grenze bildet dabei der Wortlaut des § 130 OWiG, der als Adressaten den Inhaber eines Betriebes oder Unternehmens bezeichnet. Die wohl überwiegende Meinung lehnt dabei eine Ausweitung auf Konzernobergesellschaften ab. Angeführt werden die rechtliche Selbstständigkeit der Tochtergesellschaften und insbesondere der Gesetzeszweck. Denn zahlreiche Pflichten sind alleine an den Unternehmensinhaber adressiert. Aufgrund seiner umfassenden Aufgaben ist eine weitgehende Delegation der Aufgaben an Mitarbeiter jedoch unabdingbar, der Unternehmensinhaber kann nicht stets selbst handeln. In der Folge kommt es zu der Situation, dass der handelnde Mitarbeiter im Falle von Pflichtverletzungen nicht Adressat etwaiger Sonderdelikte ist, während der Unternehmensinhaber als eigentlicher Normadressat mangels eigener Handlung nicht zur Rechenschaft gezogen werden kann. Die insofern entstehende Sanktionslücke soll durch § 130 OWiG geschlossen werden.

378 Allerdings ist der Regelungszweck des § 130 OWiG damit unzureichend umschrieben. Die Erfassung von Allgemeindelikten als taugliche Anknüpfungstat zeigt bereits, dass sich die ratio legis nicht auf die Schließung von Sanktionslücken beschränken kann. Vielmehr will die Regelung denjenigen in die Verantwortung nehmen, der aufgrund der Bündelung von personellen und sachlichen Ressourcen von der gemeinsamen Arbeitsleistung profitiert. Die unüberwindbare Grenzziehung bei Vorliegen rechtlicher Selbstständigkeit von Tochtergesellschaften wird dieser ratio nicht gerecht. Die Beschränkung der Anwendung auf rechtlich selbstständige Einzelunternehmen muss daher abgelehnt werden. Damit kann auch eine rein rechtliche

Bestimmung des Inhaberbegriffs ausgehend vom Rechtsträgerprinzip nicht ohne Einschränkung befürwortet werden. Gleiches gilt für die rein wirtschaftliche Betrachtung der Inhaberschaft, der es nicht gelingt, ungewollte Unbilligkeiten zu vermeiden, auch wenn sie durch faktische Elemente angereichert wird. Auch außerhalb des Inhaberbegriffs vorgeschlagene Lösungen wie die Verwendung eines einheitlichen Unternehmensbegriffs – vor allem in Anlehnung an die europäische Kartellrechtspraxis – überzeugen nicht. Sie sind mit den anerkannten Auslegungsgrundsätzen im Ergebnis kaum vereinbar.

Vorgeschlagen wird daher ein organisationsbasierter Inhaberbegriff. Inhaber eines Unternehmens i.S.d. § 130 OWiG ist demnach derjenige, der kraft Organisationsherrschaft über den Einsatz der personellen und sachlichen Arbeitsmittel in eigener Verantwortung und unmittelbarer Autorität bestimmt. Damit können auch Konzernobergesellschaften gegenüber ihren Tochtergesellschaften in den Status der Inhaberschaft erwachsen. Voraussetzung für das Vorliegen einer rechtlich begründeten Organisationsherrschaft sind aber entsprechend gesellschaftsrechtlich verbürgte Einflussmöglichkeiten. So führen die bestehenden Weisungsrechte in Vertrags- und Eingliederungskonzernen dazu, dass die Konzernobergesellschaften in derartigen Unternehmensverbindungen als Inhaber der beherrschten bzw. eingegliederten Tochterunternehmen anzusehen sind. In faktischen Konzernverbindungen bestehen wie bei bloßen Abhängigkeitsverhältnissen indes keine entsprechenden Weisungsrechte, damit lässt sich auch die sanktionsrechtliche Inhaberschaft der Konzernspitze nicht begründen. Erst recht gilt dies freilich für sonstige Unternehmensverbindungen wie etwa der bloßen Mehrheitsbeteiligung. Im GmbH-Konzern hingegen bestehen auch außerhalb von Beherrschungsverträgen und der Eingliederung Weisungsrechte der Gesellschafter gegenüber der Geschäftsführung, so dass sich auch hier angesichts der dargelegten Maßstäbe eine Inhaberschaft der Konzernspitze begründen lässt. Voraussetzung für das Vorliegen der Organisationsherrschaft ist die rechtlich gesicherte Möglichkeit zur Einflussnahme. Bei der GmbH dürfte damit regelmäßig bereits auf der Schwelle der Mehrheitsbeteiligung im Sinne des § 16 Abs. 1 AktG die Organisationsherrschaft beim Mehrheitsgesellschafter liegen, sofern diesem auch die Stimmrechtsmehrheit zukommt. 379

Die hier vertretene Ansicht eines organisationsbasierten Inhaberbegriffs führt indes kaum zu Besonderheiten hinsichtlich der Pflichtenverteilung im Vergleich zu den mehrstufigen Aufsichtspflichten im Einzelunternehmen. Die rechtliche Trennung bewirkt nur dort Anpassungen, wo die rechtlichen Einwirkungsmöglichkeiten der Konzernobergesellschaften enden. Im Verhältnis der Ober- und Tochtergesellschaft kommt es damit zu gestuften Aufsichtspflichten, die es dem Unternehmensverbund erlauben, sich sowohl zentral oder aber dezentral zu organisieren. Der organisationsbasierte Inhaberbegriff vermag damit auch die Bußgeldpraxis auf ein rechtlich sicheres Fundament zu stellen. Zu erwarten ist der Vorwurf einer systemwidrigen Nutzung des Inhaberbegriffs. Jedoch hat die Begriffsbestimmung autonom im Rahmen der konkreten Norm zu erfolgen, die Grenze bildet deren Wortlaut. Der organi- 380 sationsbasierte Inhaberbegriff vermag im Gegensatz zu den alternativ vorgeschlagenen Begriffsbestimmungen dabei der ratio des § 130 OWiG vollumfänglich zu entsprechen, ohne die Grenzen des Wortlauts zu überschreiten.

381 Allerdings bietet die primäre Normadressatenebene nicht den einzigen Anknüpfungspunkt für die Erfassung von Konzernsachverhalten im Rahmen des § 130 OWiG. Insbesondere die Regelung des § 30 Abs. 1 Nr. 5 OWiG vermag hier für eine partielle Haftungserweiterung der Konzernobergesellschaft zu sorgen. Nach der hier vertretenen Ansicht vermögen Doppelmandatsträgerschaften für sich genommen jedoch grundsätzlich kein Sanktionsrisiko der Obergesellschaft zu begründen. Voraussetzung für eine doppelte Zurechnung des Handelns der Leitungsperson als Grundlage der Verbandsgeldbuße zu Lasten der Obergesellschaft gem. § 30 OWiG wäre insofern die Umsetzung einer Maßnahme im Konzerninteresse. Das Unterlassen der Wahrnehmung von Aufsichtspflichten im Sinne des § 130 OWiG kann jedoch – mit Ausnahme von speziell gelagerten Ausnahmefällen – nie ein Handeln im Interesse des Gesamtkonzerns darstellen, so dass für eine entsprechende Zurechnung regelmäßig keine Grundlage besteht. Dies gilt unabhängig davon, ob der Doppelmandatsträger formell bestellt wurde oder ob sich eine derartige Stellung aus den Grundsätzen der faktischen Geschäftsführung ergibt.

Teil 5
Grenzüberschreitende Sachverhalte

A. Einführung

In einer globalisierten Wirtschaftsordnung vermag die nähere Auseinandersetzung mit der nationalen Rechtsordnung jedoch nur bedingt die bestehenden Unklarheiten im Bereich der konzernweiten Aufsichtspflicht zu beseitigen. Geprägt ist das heutige Wirtschaftsleben vielmehr von der Transnationalität, grenzüberschreitende Unternehmensverbindungen nehmen daher eine beachtliche Rolle ein.[1] Es stellt dabei keine Seltenheit dar, dass nicht nur Großunternehmen, sondern auch mittelständische und kleinere deutsche Unternehmen mit ausländischen Gesellschaften verbunden sind, sei es als Tochter- oder aber auch als Mutterunternehmen.[2] Damit drängt

382

---
1   So auch *Theisen* Der Konzern, S. 8; *Altmeppen* in: MK-AktG, Einleitung vor § 291 AktG Rn. 35; *Liebscher* in: MK-GmbHG, Anhang nach § 13 GmbHG Rn. 1088.
2   *Spahlinger/Wegen* in: Spahlinger/Wegen, Rn. 357. Nachdem die Nachfrage an entsprechendem statistischen Material stieg, wurde die „Verordnung (EG) Nr. 716/2007 des Europäischen Parlaments und des Rates vom 20. Juni 2007 zu gemeinschaftlichen Statistiken über die Struktur und Tätigkeit von Auslandsunternehmenseinheiten" verabschiedet. Danach wird den Mitgliedstaaten aufgegeben, Daten zu grenzüberschreitenden Unternehmensbeteiligungen zu erheben und zu übermitteln, um daraus die Grundlage für die sogenannten nationalen FATS (ForeignAffiliaTesStatistics) zu gewinnen. Die dabei entstehenden Ergebnisse werden gesondert aufbereitet. Die Statistik über aus dem Ausland beherrschte Unternehmen in Deutschland (sog. InwardFATS) wird durch das Statistische Bundesamt erstellt, die Statistik über Tochterunternehmen deutscher Investoren im Ausland (sog. OutwardFATS) fällt in den Verantwortungsbereich der Deutschen Bundesbank; vgl. zum Ganzen das Begleitmaterial zur Pressekonferenz des Statistischen Bundesamtes am 17.2.2009 in Berlin: Verflechtung deutscher Unternehmen mit dem Ausland, abrufbar auf der Internetseite des Statistischen Bundesamtes unter https://www.destatis.de/DE/PresseService/Presse/Pressekonferenzen/2009/Verflechtung/begleitheft_verflechtung.pdf? Im Rahmen der InwardFATS wird eine deutsche Gesellschaft erfasst, wenn eine ausländische Muttergesellschaft die Mehrheit der Stimmrechte hält und die Unternehmenspolitik der Tochter bestimmt. Danach gab es 2010 in Deutschland knapp 27.000 entsprechend beherrschten Unternehmen. Nicht berücksichtigt sind dabei Unternehmen der Kredit- und Versicherungswirtschaft sowie solche mit weniger als 3 Mio. Euro Bilanzsumme. Zwar sind danach nur knapp 1 % aller deutschen Unternehmen aus dem Ausland beherrscht, diese erzielten aber rund 20 % der Gesamtbruttowertschöpfung. Insbesondere den größten dieser Unternehmen kommt dabei eine beachtliche Bedeutung zu. Die knapp 27.000 beherrschten Unternehmen beschäftigten 2010 rund 2,5 Millionen Mitarbeiter. Erfasst wurden überdies auch die Sitze der Obergesellschaften. Zumeist befinden sich diese im europäischen Ausland, neben Europa kommt zudem den USA eine große Bedeutung zu. Aus China werden indes nur wenige deutsche Gesellschaften kontrolliert, vgl. zum Ganzen *Jung/Nahm/Söllner* WiSta 2012, 1100 (1100 ff.). Ein ähnliches Bild zeigt sich in

sich die Frage auf, welchen Einfluss der grenzüberschreitende Charakter einer Unternehmensverbindung auf die Verantwortlichkeit im Sinne der ordnungswidrigkeitsrechtlichen Aufsichtspflicht entfaltet.

383 Während entsprechende Rechtsprechung nicht ersichtlich ist, wird die aufgeworfene Problemstellung auch in der Literatur bisweilen kaum beleuchtet.³ Stellungnahmen zur grenzüberschreitenden Anwendung des § 130 OWiG finden sich allenfalls sehr vereinzelt. Insofern muss die Lösung mit Rückgriff auf die allgemeinen Lehren erarbeitet und an geeigneter Stelle nach etwaigen, normspezifischen Anpassungen gefragt werden.⁴ Dabei verdienen beide aufgezeigten Konstellationen eine jeweils gesonderte Betrachtung. So wird zum einen der Frage nachzugehen sein, welche Pflichten der Leitungspersonen einer deutschen Obergesellschaft mit Blick auf ausländische Tochtergesellschaften bestehen. Zum anderen wird die umgekehrte Fallkonstellation und damit die Frage zu beurteilen sein, wie sich die Verantwortlichkeit für die Unternehmensleitungsorgane einer ausländischen Muttergesellschaft hinsichtlich der Aufsicht über ein deutsches Tochterunternehmen im Ordnungswidrigkeitenrecht darstellt. Die Siemens AG war gezwungen, im Zuge der Korruptionsaffäre exorbitante Beträge im Wege der Strafe dem US-amerikanischen Fiskus zu-

---

den OutwardFATS. Hier werden Unternehmen erfasst, an denen deutsche Investoren die Mehrheit der Stimmrechte halten. Danach verfügten 2012 deutschen Investoren über rund 27.000 beherrschte Auslandsgesellschaften, die zusammen über 5 Millionen Mitarbeiter beschäftigen. Die meisten dieser Unternehmen befanden sich in Europa (ca. 16.000), Bedeutung erlangen daneben USA (ca. 3.900) und Asien (ca. 3.900). Die OutwardFATS für das Jahr 2012 wurden im November 2014 durch die Deutsche Bundesbank veröffentlicht und sind abrufbar im Internet unter http://www.bundesbank.de/Redaktion/DE/Downloads/Statistiken/Aussenwirtschaft/Auslandsunternehmenseinheiten_fats/2014_11_struktur_und_taetigkeit_von_auslandsunternehmenseinheiten_fats.pdf?__blob=publicationFile. Vor allem kumuliert betrachtet weisen die Zahlen bereits auf die erhebliche Bedeutung der grenzüberschreitenden Sachverhalte im Rahmen der Aufsichtspflichtverletzung gem. § 130 OWiG hin. Für ausländische Muttergesellschaften würden gegebenenfalls 2,5 Millionen Mitarbeiter in deutschen Tochtergesellschaften als potentielle Anknüpfungstäter eine erhebliche Risikoerhöhung darstellen. Nicht weniger würde dies freilich für deutsche Muttergesellschaften angesichts der rund 5 Millionen potentiellen Anknüpfungstäter in ausländischen Tochtergesellschaften gelten.

3 Vgl. nur *Schücking* in: Krieger/Schneider, § 36 Rn. 62, der in Zusammenhang mit § 130 OWiG ausführt: „Mehr offene als bereits erörterte oder gar gelöste Fragen wirft schließlich der Tatbestand des internationalen Konzerns auf."

4 Die nachstehenden Ausführungen sehen sich in ihrer Relevanz damit keineswegs auf Konzernsachverhalte beschränkt. Insofern kann bereits vorweggenommen werden, dass sich die wesentlichen Problemstellungen bereits bei der Frage nach der allgemeinen internationalen Reichweite des ordnungswidrigkeitsrechtlichen Tatbestandes der Aufsichtspflichtverletzung gem. § 130 OWiG stellen werden. Sofern für diesen – auch abseits von Konzernsachverhalten – bisher wenig beachteten Problemkomplex Antworten gefunden werden, stehen der Übertragung der im Rahmen zur Beurteilung von rein nationalen Sachverhalten mit Konzernkomponente gewonnenen Erkenntnisse keine gewichtigen Hürden mehr entgegen.

zuführen.⁵ Ermöglicht es auch das Ordnungswidrigkeitenrecht mit seinen bestehenden Regelungen, gegen ausländische Konzernobergesellschaften drastische Bußgelder zu verhängen, wenn es in inländischen Tochtergesellschaften zu Zuwiderhandlungen kommt?

B. Rechtliche Grundlagen internationaler Unternehmensverbindungen

Vorangestellt werden müssen dabei zunächst grundlegende Ausführungen zu den gesellschaftsrechtlichen Rahmenbedingungen internationaler Konzernverbindungen. Denn nach der hier vertretenen Ansicht ist maßgebliches Element der Verantwortlichkeit für ordnungsrechtliche Aufsichtspflichten das Vorliegen einer rechtlich begründeten Organisationsherrschaft.⁶ Dabei steht stets die Frage im Mittelpunkt, ob durch Weisungsrechte rechtlich fundierte Einflussmöglichkeiten der Obergesellschaft gegenüber dem Tochterunternehmen bestehen. Die ordnungsrechtlichen Pflichten können nicht weiterreichen als die Rechte des Normadressaten. Im Kontext internationaler Sachverhalte ist damit entscheidend, wie sich in Konzernen das Weisungsverhältnis bei und gegenüber ausländischen Gesellschaften gestaltet.

384

I. Weisungsrechte der ausländischen Konzernobergesellschaft

Für die Beurteilung rein nationaler Sachverhalte wurde festgestellt, dass von einer entsprechenden Organisationsherrschaft im Falle des Vertragskonzerns sowie im Rahmen der Eingliederung auszugehen ist. In Betracht kommt überdies der faktische GmbH-Konzern, wenn dort bereits aus der Stellung als Mehrheitsgesellschafter ausreichend rechtlich begründete Organisationsherrschaft folgt. Im grenzüberschreitenden Kontext ist damit entscheidend, ob sich auch hier vergleichbare Rechtsbeziehungen zwischen verbundenen Unternehmen ergeben können. Festzustellen ist dabei zunächst, dass Unternehmensverträge grundsätzlich auch grenzüberschreitend geschlossen werden können. Zulässig sind damit auch internationale Beherrschungsverträge, die transnationale Weisungspflichten begründen.⁷ Vertragskonzerne können damit auch zwischen Gesellschaften verschiedener Länder

385

---

5 An das US-amerikanische Justizministerium DOJ überwies die Siemens AG 350 Millionen Euro, die Börsenaufsicht SEC erhielt 272 Millionen Euro, vgl. *Volz/Rommerskirchen* Die Spur des Geldes, S. 193.
6 Vgl. dazu ausführlich oben Rn. 283 ff.
7 Absolut h.M. und auch vom BGH in seiner Rechtsprechung ohne Weiteres angenommen, vgl. insofern BGHZ 119, 1 (1 ff.); 138, 136 (136 ff.); *Altmeppen* in: MK-AktG, Einleitung vor § 291 AktG Rn. 47; *ders.* in: Roth/Altmeppen, Anh § 13 GmbHG Rn. 168; *Emmerich*

entstehen. Allerdings stellt sich für die Bewertung der Weisungsrechte und damit dem Vorliegen einer rechtlich begründeten Organisationsherrschaft die Frage nach der Rechtsanwendung. Internationales Recht, das die Rechtsverbindungen zwischen verbundenen Unternehmen unterschiedlicher Länder regelt, existiert grundsätzlich nicht.[8] Auch im nationalen Recht fehlen entsprechende Regelungen, das deutsche Aktienrecht etwa enthält keine expliziten Vorschriften zum internationalen Unternehmensverbund.[9] Zur Verfügung stehen damit grundsätzlich nur die jeweiligen Rechtsordnungen der beteiligten Gesellschaften. Die Gefahr der Kollision sich widersprechender nationaler Regelungen ist dabei unübersehbar. Wenn internationale Vertragskonzerne im Allgemeinen zulässig sein sollen, muss damit geklärt werden, wie dieser stets bestehende Kollisionsfall aufzulösen ist. Damit ist zu entscheiden, ob die Rechtsordnung der herrschenden Gesellschaft Anwendung findet oder aber die der beherrschten Gesellschaft. Festgestellt wurde jedoch bereits, dass das Konzernrecht grundsätzlich dem Schutz der beherrschten Gesellschaft dient. Diese soll geschützt werden vor der Einflussnahme eines Gesellschafters, der neben dem Gesellschaftsinteresse ein außerhalb der Gesellschaft stehendes bzw. ein übergeordnetes Konzerninteresse verfolgt. Das Konzernrecht enthält insofern an erster Stelle Schutzrechte zugunsten der beherrschten Gesellschaft, derer sonstigen – nicht herrschenden – Gesellschafter sowie schließlich der Gläubiger. Wenn demnach Ausgangspunkt der konzernrechtlichen Regelungen die Sicherung der beherrschten Gesellschaft ist, so ergibt sich hieraus auch die Lösung der Kollisionsfrage. Denn angezeigt ist damit grundsätzlich ein Abstellen auf die beherrschte Gesellschaft. So ist auch in rein nationalen Sachverhalten bei einer Verbindung von Gesellschaften grundsätzlich die Rechtsform der beherrschten Gesellschaft entscheidend, um die einschlägigen konzernrechtlichen Regelungen zu ermitteln.[10] Entsprechend lässt sich die Kollisionsfrage im Fall der Grenzüberschreitung beantworten. Wer heute Minderheitsanteile einer deutschen Kapitalgesellschaft erwirbt oder gegenüber einer solchen Forderungen begründet, soll sich der Gewährleistungen des deutschen Gesellschaftsrechts sicher sein und nicht etwa befürchten müssen, seine Schutzrechte aufgrund der späteren Anwendung internationaler Konzernregelungen einzubüßen. In der Beziehung einer deutschen Tochtergesellschaft zu einer ausländischen Obergesellschaft sind damit stets die Grundsätze des deutschen Rechts maßgeblich.[11]

---

in: Emmerich/Habersack, Aktien- und GmbH-Konzernrecht, § 291 AktG Rn. 37a; *Spahlinger/Wegen* in: Spahlinger/Wegen, Rn. 359; *Raiser/Veil* Recht der Kapitalgesellschaften, § 58 Rn. 38.
8 *Spahlinger/Wegen* in: Spahlinger/Wegen, Rn. 360.
9 *Spahlinger/Wegen* in: Spahlinger/Wegen, Rn. 364.
10 Siehe hierzu bereits oben 2. Fn. zu Rn. 43.
11 *Altmeppen* in: MK-AktG, Einleitung vor § 291 AktG Rn. 50; *Emmerich* in: Emmerich/Habersack, Aktien- und GmbH-Konzernrecht, § 291 AktG Rn. 35; *Raiser/Veil* Recht der Kapitalgesellschaften, § 58 Rn. 35.

Rechtliche Grundlagen internationaler Unternehmensverbindungen

Wenn für das in Rede stehende Verhältnis zwischen den Konzerngesellschaften jedoch allein deutsches Gesellschaftsrecht maßgeblich ist, ergeben sich insofern keine Besonderheiten gegenüber rein nationalen Sachverhalten.[12] Für die Rechtsbeziehungen zwischen beiden Gesellschaften und die Ausgestaltung der bestehenden Weisungsrechte kann damit auf die Ergebnisse der Beurteilung rein nationaler Unternehmensverbindungen verwiesen werden. Der internationale Vertragskonzern ist damit in dem hier in Rede stehenden Kontext nicht anders zu behandeln. 386

Besonderheiten gelten indes für den Fall der Eingliederung. § 319 Abs. 1 AktG lässt die Eingliederung kraft ausdrücklichem Wortlaut nur in inländische Aktiengesellschaften zu. Nachdem wie gezeigt grundsätzlich auf das Gesellschaftsstatut der abhängigen Gesellschaft in deren Rechtsordnung abzustellen ist, scheidet die Eingliederung in eine ausländische Gesellschaft folglich grundsätzlich aus. Damit verbleibt schließlich die Beurteilung des internationalen GmbH-Konzerns. Allerdings wurde im Rahmen der rein nationalen Erörterung festgestellt, dass die Weisungsrechte hier nicht aus konzernrechtlichen Regelungen folgen, sondern vielmehr aus der allgemeinen Gesellschafterstellung. Hierbei ergeben sich sodann ebenfalls keine Besonderheiten im internationalen Kontext. Wie bei einem internationalen Privatgesellschafter richten sich auch die Rechte des Unternehmensgesellschafters einer GmbH nach dem deutschen Gesellschaftsrecht. Auf die Herkunft des Gesellschafters kann es dabei nicht ankommen. 387

Zusammenfassend ist damit festzustellen, dass der internationale Vertragskonzern sowie der internationale GmbH-Konzern für die hier in Rede stehende Problemstellung nicht anders zu behandeln sind als rein nationale Konzerne. Wenn dort die bestehenden Weisungsrechte zur Begründung der insofern entscheidenden Organisationsherrschaft geführt haben, so gilt dies damit gleichermaßen für entsprechende, internationale Unternehmensverbindungen. Die Eingliederung in eine ausländische Gesellschaft ist indes nicht möglich. 388

II. Weisungsrechte der inländischen Konzernobergesellschaft

Etwas Anderes muss in der Konsequenz für das Verhältnis inländischer Obergesellschaften und ausländischer Tochterunternehmen gelten. Aus den gleichen Erwägungen ist für die Rechtsbeziehung dann die für die Tochtergesellschaft geltende Rechtsordnung maßgeblich. Insofern muss zur Begründung der Organisationsherrschaft dann anhand der konkreten ausländischen Rechtsordnung geprüft werden, ob die Weisungsrechte zwischen den Gesellschaften abweichend von der deutschen Gesetzeslage derart eingeschränkt sind, dass sie die Verantwortlichkeit unterbrechen. Die Entscheidung über das Vorliegen ausreichender und insofern haftungsbegründender Organisationsherrschaft ist an dem Grundsatz auszurichten, dass hierfür 389

---

12 Ähnlich *Altmeppen* in: MK-AktG, § 308 AktG Rn. 137.

unmittelbarer Einfluss auf die Tochtergesellschaft erforderlich ist. Sofern im konkreten Fall eine Regelung gilt, die der deutschen Rechtsordnung jedenfalls auf Rechtsfolgenseite weitestgehend entspricht, kann auch zur Beurteilung dieser Fallkonstellation auf die im Rahmen der Beurteilung rein nationaler Sachverhalte gewonnenen Erkenntnisse verwiesen werden. Ob diese Voraussetzungen im konkreten Fall gegeben sind, muss damit im Einzelfall anhand des ausländischen Gesellschaftsrechts bestimmt werden und kann aufgrund der Mannigfaltigkeit hier nicht für einzelne Rechtsordnungen und ausländische Gesellschaftsformen exemplarisch beantwortet werden. Denkbar sind dabei nationale Regelungen, in deren Rahmen Weisungsrechte gegenüber den Geschäftsleitungsorganen vergleichsweise eingeschränkt oder gar ausgeschlossen sind, aber freilich auch umgekehrt Rechtsordnungen, bei denen Weisungsrechte deutlich weiter reichen. Das Kriterium der rechtlich begründeten Organisationsherrschaft vermag jedenfalls einen klaren Maßstab zu verleihen, mit dem auch in internationalen Fallkonstellationen und bei atypischen Konzernverbindungen die Verantwortlichkeit ermittelt werden kann.

III. Folgen für die bußgeldbewehrte Aufsichtspflicht

390 § 130 OWiG ist damit grundsätzlich auch im internationalen Kontext über die Grenzen einzelner Konzerngesellschaften hinaus anzuwenden und kann bei Vorliegen der insofern konstitutiv wirkenden Weisungsrechte auch die Konzernobergesellschaft zur Wahrnehmung von Aufsichtsmaßnahmen bußgeldbewehrt verpflichten.

391 Freilich kann dies bei internationalen Sachverhalten allerdings nur soweit gelten, wie auch die deutsche Sanktionsgewalt reicht. Eine Aufsichtspflichtverletzung der Konzernobergesellschaft kann im internationalen Konzern nur dann sanktioniert werden, wenn sich der räumliche Anwendungsbereich des § 130 OWiG auch darauf erstreckt.

C. Die räumliche Geltung inländischer Sanktionsnormen

392 Für die Bestimmung des räumlichen Anwendungsbereiches des § 130 OWiG empfiehlt sich der vorgelagerte Blick auf das im Vergleich zur räumlichen Anwendbarkeit des Ordnungswidrigkeitenrechts durch Rechtsprechung und Wissenschaft deutlich stärker ausgeleuchtete Strafanwendungsrecht.

I. Strafanwendungsrecht

Das Anwendungsrecht des deutschen Kernstrafrechts fragt nach der Strafberechtigung der deutschen Strafgerichtsbarkeit. Dabei handelt es sich um kein internationales Recht, die Strafberechtigung wird vielmehr durch den nationalen Gesetzgeber in §§ 3 ff. StGB einseitig festgelegt.[13] Mit zahlreichen Vertretern der Literatur ist der für den Normenkomplex der §§ 3 ff. StGB gebräuchliche Oberbegriff des internationalen Strafrechts insofern durch den Begriff des Strafanwendungsrechts zu ersetzen.[14]   393

Freilich steht es dem nationalen Gesetzgeber dabei nicht frei, seine Strafgewalt grenzenlos auszuweiten. Erforderlich ist die Voraussetzung eines sinnvollen Anknüpfungspunktes zum eigenen Staatsinteresse, da eine schrankenlose Erfassung sämtlicher Auslandstaten den anerkannten Nichteinmischungsgrundsatz verletzt und damit einen Verstoß gegen Völkerrecht begründet.[15] Um mit dem Anwendungsrecht die völkerrechtlichen Grenzen zu wahren, orientieren die Gesetzgeber sich an anerkannten Prinzipien zur Beschreibung der räumlichen Strafgewalt.[16] Wie die meisten Rechtsordnungen stützt sich dabei auch das deutsche Strafanwendungs-   394

---

13 *Satzger* Internationales und Europäisches Strafrecht, § 3 Rn. 4; *ders*. NStZ 1998, 112 (112); *Ambos* Internationales Strafrecht, § 1 Rn. 3; *Safferling* Internationales Strafrecht, § 3 Rn. 1; *Eser* in: Schönke/Schröder, Vorbemerkungen zu den §§ 3 und 9 StGB Rn. 5; *Lackner* in: Lackner/Kühl, Vorbemerkung zu den §§ 3 und 7 StGB Rn. 1.

14 *Satzger* Internationales und Europäisches Strafrecht, § 3 Rn. 4; *Ambos* Internationales Strafrecht, § 1 Rn. 5; *Esser* Europäisches und Internationales Strafrecht, § 14 Rn. 2; *Schramm* Internationales Strafrecht, Kap. 1 Rn. 1; *Safferling* Internationales Strafrecht, § 3 Rn. 1; *Rengier* Strafrecht AT, § 6 Rn. 1; *Eser* in: Schönke/Schröder, Vorbemerkungen zu den §§ 3 und 9 StGB Rn. 5; *Rotsch* in: Graf/Jäger/Wittig, Vor §§ 3 ff. StGB Rn. 7; *Lackner* in: Lackner/Kühl, Vorbemerkung zu den §§ 3 und 7 StGB Rn. 1; *Walther* JuS 2012, 203 (203); *Werle/Jeßberger* JuS 2001, 35 (36); zur Entstehung des Begriffes auch *Liebelt* Internationales Strafrecht, S. 12.

15 Vgl. zum Nichteinmischungsgrundsatz *Satzger* Internationales und Europäisches Strafrecht, § 4 Rn. 2; *Ambos* Internationales Strafrecht, § 2 Rn. 2 ff.; *Esser* Europäisches und Internationales Strafrecht, § 14 Rn. 7; *Rengier* Strafrecht AT, § 6 Rn. 6; *Rotsch* in: Graf/Jäger/Wittig, Vor §§ 3 ff. StGB Rn. 12; *Jeßberger* Geltungsbereich, S. 192 ff.; *Eckstein* ZStW 2012, 490 (491). Vor diesem Hintergrund sind extensiv exterritorial geltende Vorschriften wie der UK Bribery Act 2010 (vgl. hierzu bereits oben 3. Fn. zu Rn. 225) bedenklich, wenn kraft Wortlaut ausreichend sein soll, dass ausländische Unternehmen überhaupt geschäftliche Tätigkeiten im Vereinigten Königreich entfalten. Wenn damit zur Sanktionierung von Bestechungstaten berechtigt wird, die durch Vertreter ausländischer Gesellschaften am anderen Ende der Welt begangen werden und auch nur örtlich begrenzt Wirkung entfalten, ist fraglich, ob ein ausreichender Anknüpfungspunkt noch gegeben ist; vgl. hierzu ausführlich *Rotsch/Wagner* in: Rotsch, Criminal Compliance, § 32 Rn. 8 ff.; sowie allgemein zur extraterritorialen Anwendbarkeit dieses Gesetzes *Fett/Theusinger* BB Special 4 (zu BB 2010, Heft 50), 6 (7).

16 *Ambos* Internationales Strafrecht, § 2 Rn. 7.

recht gem. § 3 StGB grundsätzlich auf das Territorialitätsprinzip.[17] Danach erstreckt sich die Strafgewalt auf alle Taten, die im eigenen Staatsgebiet begangen werden.[18] Maßgeblich ist damit der Tatort, die Nationalität von Tätern und Opfern bleibt beim Territorialitätsprinzip hingegen ohne Bedeutung.[19]

395 Um den Tatort zu bestimmen, muss dabei zunächst der Tatbegriff in diesem Kontext konturiert werden. Zu Grunde gelegt wird hier ein weites Begriffsverständnis. Die Tat umschreibt einen einheitlichen Lebensvorgang als gesamtes Tatgeschehen und erfasst damit auch etwa bloße Teilnahmehandlungen.[20] Für die Bestimmung des Tatortes kann sowohl auf den Tätigkeits- wie auch auf den Erfolgsort abgestellt werden, mit § 9 StGB hat sich der deutsche Strafgesetzgeber insofern der Ubiquitätstheorie angeschlossen.[21] Bei Unterlassungsdelikten zählt gem. § 9 Abs. 1 Var. 2 StGB der Erfolgsabwendungsort zum Tatort, jedenfalls im Rahmen echter Unterlassungsdelikte darüber hinaus auch der Aufenthaltsort des Unterlassungstäters.[22] Insgesamt kann die Tat als einheitliches Gesamtgeschehen damit mehrere Tatorte umfassen, Tätigkeits- und Erfolgsort müssen nicht zusammen liegen.[23] Für die Begründung der Strafgewalt ist dabei bereits ausreichend, wenn nur ein Tatort im Staatsgebiet liegt.[24] Bereits dann unterliegt die gesamte Tat als inländisch dem deutschen Strafrecht.

396 Ergänzt wird das Territorialitätsprinzip durch das Flaggenprinzip gem. § 4 StGB, das Taten auf Schiffen und Luftfahrzeugen unter deutscher Flagge in die Strafgewalt mit einbezieht.[25] Ferner umfasst der Anwendungsbereich gem. §§ 5 ff. StGB unter den dort genannten Voraussetzungen auch weitere Auslandstaten, deren Einbeziehung auf anerkannten Prinzipien wie dem aktiven Personalitätsprinzip basiert.[26] Die Grundlage der räumlichen Geltung bildet jedoch der Gebietsgrundsatz

---

17 *Ambos* Internationales Strafrecht, § 3 Rn. 9; *Esser* Europäisches und Internationales Strafrecht, § 14 Rn. 18; *Satzger* NStZ 1998, 112 (112).
18 Vgl. hierzu *Rotsch* in: Graf/Jäger/Wittig, Vor §§ 3 ff. StGB Rn. 14; *Ambos* Internationales Strafrecht, § 3 Rn. 11 ff.
19 *Satzger* Internationales und Europäisches Strafrecht, § 4 Rn. 5.
20 *Ambos* Internationales Strafrecht, § 1 Rn. 25.
21 *Rotsch* in: Graf/Jäger/Wittig, § 9 StGB Rn. 5; *Satzger* Internationales und Europäisches Strafrecht, § 5 Rn. 12; *Ambos* Internationales Strafrecht, § 1 Rn. 17; *Esser* Europäisches und Internationales Strafrecht, § 14 Rn. 24; *Möhrenschlager* in: Wabnitz/Janovsky, 3. Kapitel Rn. 34.
22 *Satzger* Internationales und Europäisches Strafrecht, § 5 Rn. 16; *Möhrenschlager* in: Wabnitz/Janovsky, 3. Kapitel Rn. 35; einschränkend *Werle/Jeßberger* in: LK-StGB, § 14 StGB Rn. 19 f.
23 *Satzger* Internationales und Europäisches Strafrecht, § 5 Rn. 18.
24 *Satzger* Internationales und Europäisches Strafrecht, § 5 Rn. 18.
25 *Ambos* Internationales Strafrecht, § 3 Rn. 28 ff.
26 *Satzger* Internationales und Europäisches Strafrecht, § 5 Rn. 4 f.; vgl. auch *Ambos* Internationales Strafrecht, § 3 Rn. 39 ff.

aus § 3 StGB.²⁷ Dem deutschen Strafanwendungsrecht liegt damit ein erweitertes Territorialitätsprinzip zu Grunde.²⁸ Ist der räumliche Anwendungsbereich des deutschen Strafrechts nicht gegeben, liegt ein Prozesshindernis vor, das zur Einstellung des Verfahrens – im Hauptverfahren gem. § 260 Abs. 3 StPO durch Urteil – führen muss.²⁹

Mit der räumlichen Anwendbarkeit ist die Reichweite der deutschen Strafgewalt indes noch nicht vollumfassend umschrieben. Die grundsätzliche Strafberechtigung ist nur ein Aspekt. Hinzukommen muss, dass die konkrete Tat auch vom Schutzbereich der entsprechenden Norm umfasst ist.³⁰ Dies kann in räumlicher Hinsicht vor allem bei der Einbeziehung von Auslandstaten relevant sein, wenn die Norm gerade auf den Schutz nationaler Rechtsgüter abzielt.³¹ Selbst eine Inlandstat kann damit der Anwendung deutschen Strafrechts entgegenstehen, wenn sich das zu Grunde liegende Verhalten ausschließlich gegen ausländische Rechtsgüter richtet, die konkret in Rede stehende Strafnorm aber lediglich nationale Rechtsgüter schützen soll.³²

397

II. Anwendung des Ordnungswidrigkeitenrechts

Wie beim Strafanwendungsrecht handelt es sich auch beim internationalen Ordnungswidrigkeitenrecht nicht um ein Kollisionsrecht, sondern um rein innerstaatliche Regelungen, die einseitig die Anwendbarkeit regeln.³³ Insofern empfiehlt sich auch hier zur terminologischen Klarstellung der Begriff des ordnungsrechtlichen Sanktionsanwendungsrechts.

398

---

27 *Satzger* Internationales und Europäisches Strafrecht, § 5 Rn. 4; vgl. aber auch *Ambos* Internationales Strafrecht, § 3 Rn. 10, der angesichts der zahlreichen Durchbrechungen des Territorialitätsprinzips schon gar nicht mehr von einem insofern existierendem Grundsatz des deutschen Strafanwendungsrecht sprechen möchte.
28 Vgl. *Satzger* Internationales und Europäisches Strafrecht, § 5 Rn. 4: „partiell erweitertes Territorialitätsprinzip"; zustimmend *Esser* Europäisches und Internationales Strafrecht, § 14 Rn. 18.
29 Vgl. auch BGHSt 34, 1 (3 f.); *BGH* NJW 1995, 1844 (1845); *Satzger* Internationales und Europäisches Strafrecht, § 3 Rn. 2.
30 BGHSt 22, 282 (285); *Satzger* Internationales und Europäisches Strafrecht, § 3 Rn. 12; *Ambos* Internationales Strafrecht, § 1 Rn. 32; *Schramm* Internationales Strafrecht, Kap. 1 Rn. 73; *Safferling* Internationales Strafrecht, § 3 Rn. 9; *Rotsch* in: Graf/Jäger/Wittig, Vor §§ 3 ff. StGB Rn. 16.
31 Vgl. insofern das Beispiel bei *Satzger* Internationales und Europäisches Strafrecht, § 3 Rn. 12 betreffend eine Widerstandshandlung gegen ausländische Polizeibeamte. Zum Schutz ausländischer Universalrechtsgüter zudem *Jeßberger* Geltungsbereich, S. 113.
32 BGHSt 21, 277 (280); *Ambos* Internationales Strafrecht, § 1 Rn. 32 f.; *Schramm* Internationales Strafrecht, Kap. 1 Rn. 74.
33 *Lemke* in: Lemke/Mosbacher, § 5 OWiG Rn. 2.

399 Anders als das Strafanwendungsrecht beschränkt sich das ordnungsrechtliche Sanktionsanwendungsrecht gem. § 5 OWiG auf das Territorialitätsprinzip, das lediglich durch das Flaggenprinzip ergänzt wird.[34] Die Anwendbarkeit beschränkt sich damit auf den räumlichen Geltungsbereich des Ordnungswidrigkeitengesetzes und damit auf das gesamte Staatsgebiet der Bundesrepublik Deutschland.[35] Gem. § 7 OWiG ist insofern eine inländische Handlung notwendig, wobei wie im Strafanwendungsrecht auch hier die Vornahme eines Teilstücks des tatbestandsmäßigen Gesamtverhaltens genügt.[36] § 7 OWiG ist dabei weitestgehend angelehnt an § 9 StGB.[37] Wie dem Strafrecht liegt damit auch dem Ordnungswidrigkeitenrecht die Ubiquitätstheorie zu Grunde. Genügend ist damit, dass entweder Tätigkeits- oder Erfolgsort im Inland liegen. Sofern das Ordnungswidrigkeitenrecht echte Unterlassungsdelikte enthält, wird dort grundsätzlich ein Handeln im Geltungsbereich des Gesetzes verlangt.[38] Eine abschließende Beurteilung hat jedoch anhand des konkreten Tatbestandes zu erfolgen.[39]

D. Transnationale Aufsichtspflichten im Konzern

400 Um grenzüberschreitende Sachverhalte im Rahmen des § 130 OWiG beurteilen zu können, sind damit die Bestimmung des Handlungsortes der Aufsichtspflichtverletzung sowie deren räumlicher Schutzbereich maßgeblich.

---

34 Vgl. nur *Gürtler* in: Göhler, § 5 OWiG Rn. 1; *Ambos* Internationales Strafrecht, § 1 Rn. 23.
35 *Rogall* in: KK-OWiG, § 5 OWiG Rn. 8; *Gürtler* in: Göhler, § 5 OWiG Rn. 2.
36 *Gürtler* in: Göhler, § 7 OWiG Rn. 4. An dieser Stelle kann die gebräuchliche Terminologie zu Missverständnissen führen. Während sich im Strafrecht der Tatort in Handlungs- und Erfolgsort teilen lässt, folgt das Ordnungswidrigkeitenrecht anderen Begrifflichkeiten. § 1 OWiG nennt die Ordnungswidrigkeit Handlung und vermeidet insofern den Begriff der Tat. Wenn nun § 7 OWiG den Handlungsort zur maßgeblichen Grundlage bestimmt, ist damit nicht der strafrechtliche Handlungsort gemeint. Vielmehr wird der Handlungsort hier entsprechend dem strafrechtlichen Tatortbegriff verwendet. Die strafrechtliche Aufspaltung in Handlungs- und Erfolgsort erfolgt im Ordnungswidrigkeitenrecht dann in Tätigkeits- und Erfolgsort. Um Missverständnisse bei Gebrauch gleichlautender Begriffe mit unterschiedlicher Bedeutung zu vermeiden, wird hier auch im strafrechtlichen Kontext entgegen der etablierten Praxis das Begriffspaar Tätigkeits- und Erfolgsort verwendet. Die Verwendung des Begriffes Handlungsort bleibt somit der Verwendung i.S.d. § 7 OWiG vorbehalten.
37 *Gürtler* in: Göhler, § 7 OWiG Rn. 1.
38 *Gürtler* in: Göhler, § 7 OWiG Rn. 5; *Lemke* in: Lemke/Mosbacher, § 5 OWiG Rn. 5.
39 *Rogall* in: KK-OWiG, § 7 OWiG Rn. 8.

I. Die Verantwortlichkeit inländischer Konzernobergesellschaften bei Zuwiderhandlungen im Ausland

Zu bewerten ist dabei zunächst der Fall einer Zuwiderhandlung in einer ausländischen Tochtergesellschaft, die durch unzureichende Oberaufsicht der inländischen Obergesellschaft ermöglicht wurde. Die besondere Relevanz der Fallgestaltung ergibt sich bereits daraus, dass im Rahmen der globalen Geschäftstätigkeit zahlreicher deutscher Konzernobergesellschaften pflichtwidrige Verhaltensweisen – insbesondere im Bereich der Korruption – ganz typischerweise Auslandsbezug aufweisen und die eigentliche Tat damit nicht selten innerhalb untergeordneter Landesgesellschaften erfolgt.[40]

401

1. Handlungsort der Aufsichtspflichtverletzung bei inländischen Konzernobergesellschaften

§ 130 OWiG stellt ein echtes Unterlassungsdelikt dar.[41] Sofern das Ordnungswidrigkeitenrecht echte Unterlassungsdelikte statuiert, wird wie beschrieben regelmäßig ein Handeln im räumlichen Geltungsbereich verlangt. Für die konkrete Bestimmung ist jedoch eine Betrachtung am betroffenen Tatbestand unerlässlich.[42] Damit ist im Falle der Aufsichtspflichtverletzung gem. § 130 OWiG entscheidend, an welchem Ort die Aufsichtsmaßnahmen vorzunehmen waren. Im Rahmen der Darlegung der allgemeinen Grundsätze des ordnungsrechtlichen Sanktionsanwendungsrechts wurde bereits festgestellt, dass zur Handlungsortbegründung die Vornahme einzelner Teilhandlungen genügt. Damit reicht es zur Handlungsortbegründung im Rahmen des § 130 OWiG aber auch aus, wenn nur ein Teil der Aufsichtsmaßnahmen im Inland wahrzunehmen sind. Die Eröffnung des räumlichen Geltungsbereiches wäre damit nur ausgeschlossen, wenn die Aufsichtsmaßnahmen ausschließlich im Ausland zu erfolgen hätten. Bei vollständigem Unterlassen wird die Aufsichtspflichtverletzung aber auch dort begangen, wo der Aufsichtspflichtige sich im Rahmen seiner ordentlichen, geschäftlichen Tätigkeit aufhält. Wenn der Verantwortungsträger einer Konzernobergesellschaft es versäumt, durch das Einholen und Auswerten von Kontrollberichten seine Oberaufsicht wahrzunehmen, dann ist sein

402

---

40 Vgl. insofern die Untersuchungsergebnisse von *Wiesenack/Klein* in: Eisele/Koch/Theile, S. 41 f. Die Autoren versäumen dabei nicht – unter anderem unter Berufung auf einen im Rahmen ihrer Untersuchung befragten Rechtsanwalt – darauf hinzuweisen, dass sich freilich auch im rein nationalen Kontext in erheblichem Ausmaß Korruptionstaten ereignen. Der befragte Rechtsanwalt wird dabei folgend zitiert: „Im Jahr 2010 habe ich auch eindrucksvoll erleben dürfen, dass es noch schwerwiegende Korruptionsfälle mit großen, börsennotierten Gesellschaften rein im Inland gibt. Ich habe nicht gedacht, dass solche Konstellationen, die man sonst nur aus dem Auslandsbereich kennt, tatsächlich noch im Inland in entsprechender Art und Weise vorkommen."
41 Siehe bereits oben Rn. 189.
42 *Rogall* in: KK-OWiG, § 7 OWiG Rn. 8.

ständiger Tätigkeitsort in der inländischen Konzernzentrale – jedenfalls auch – Tätigkeitsort. Je nach Risikolage kann es zwar erforderlich sein, zusätzlich im Ausland bei der Tochtergesellschaft vor Ort Maßnahmen zu ergreifen. Liegt der ständige geschäftliche Tätigkeitsort im Inland, ist bei unzureichender Aufsicht aber auch im Inland der Tätigkeitsort i.S.d. § 7 OWiG begründet.[43] Damit ergibt auch die konkrete Betrachtung des § 130 OWiG keine Abweichung vom Grundsatz, dass bei echten Unterlassungsdelikten der ständige geschäftliche Tätigkeitsort jedenfalls auch handlungsortbegründend ist. Für die hier diskutierte Fallgestaltung ist der räumliche Anwendungsbereich des § 130 OWiG damit eröffnet.

2. Die im Ausland begangene Zuwiderhandlung als taugliche Anknüpfungstat

403 Während die Begründung des Handlungsortes damit nur geringe Schwierigkeiten bereitet, müssen für die Anwendbarkeit des § 130 OWiG bei entsprechenden Sachverhalten an anderer Stelle jedoch vergleichsweise höhere Hürden übersprungen werden. Denn alles andere als selbstverständlich ist die Antwort auf die Frage, ob § 130 OWiG auch im Falle von Zuwiderhandlungen einschlägig ist, bei denen sowohl Tätigkeits- wie auch Erfolgsort der Zuwiderhandlung im Ausland liegen. Wissenschaftliche Stellungnahmen zu dieser Frage lassen sich jedenfalls bislang soweit ersichtlich an wenigen Fingern abzählen, (höchstrichterliche) Rechtsprechung ist überhaupt nicht zu erkennen.

404 Keinesfalls geht es dabei nur um die Prüfung des Vorliegens der objektiven Ahndungsbedingung. Da die Schaffung der entsprechenden Zuwiderhandlungsgefahr Tatbestandsmerkmal ist, erstreckt sich die Relevanz vielmehr bereits auf die Bestimmung des tatbestandlichen Pflichtenkataloges. Im Ergebnis ist damit zu fragen, ob der Unternehmensinhaber verpflichtet ist, auch Zuwiderhandlungsgefahren im Ausland vorzubeugen. Dabei kommen sodann zwei Anknüpfungspunkte in Betracht. Zum einen ist zu fragen, wann eine Auslandstat auch dann die taugliche Realisierung der Zuwiderhandlungsgefahr darstellt, wenn der Maßstab für die Bestimmung der Aufsichtspflichten zur Vermeidung von Zuwiderhandlungen allein im nationalen Recht zu suchen ist. Zum anderen gilt es zu prüfen, ob § 130 OWiG darüber hinaus auch auf ausländische Sanktionsnormen als Grundlage für die Ermittlung der Aufsichtspflichten Bezug nimmt und damit unabhängig vom Ort der Zuwiderhandlungsgefahr bzw. deren Realisierung in Form der konkreten Zuwiderhandlung Geltung entfaltet, solange die Tat nur am Tatort mit Geldbuße oder Strafe bedroht ist.

---

43 So auch *Caracas* Internationale Konzernstrukturen, S. 93 f.

a) Bestimmung des Pflichtenkatalogs nach inländischen Wertungsmaßstäben

§ 130 OWiG verlangt die Umsetzung von Aufsichtsmaßnahmen zur Vermeidung von Zuwiderhandlungen gegen Pflichten, die den Inhaber treffen und mit Geldbuße oder Strafe bedroht sind. Unzweifelhaft erfasst sind dabei jedenfalls solche Pflichten, die der nationale Gesetzgeber an den Unternehmensinhaber richtet. 405

aa) Erfassung von Auslandstaten durch die inländische Rechtsordnung

Gerade im Strafrecht erfassen die pflichtbestimmenden Normen dabei wie gezeigt häufig auch Sachverhalte mit grenzüberschreitender Komponente. Zwar liegt dem Strafrecht und insbesondere dem Ordnungswidrigkeitenrecht der Territorialitätsgrundsatz zu Grunde, so dass sich der Geltungsbereich der Normen grundsätzlich auf das Staatsgebiet beschränkt. Allerdings führt bereits der hierbei geltende Ubiquitätsgrundsatz zu einer erheblichen Erweiterung des räumlichen Anwendungsbereiches, sofern lediglich der Tätigkeits- oder aber der Erfolgsort im Inland liegen müssen, nicht aber kumulativ beide. Darüber hinaus hält wie gezeigt das Strafrecht im engeren Sinne – anders als das Ordnungswidrigkeitenrecht – in den §§ 5 ff. StGB zahlreiche Durchbrechungen des Territorialitätsgrundsatzes bereit und schließt damit zahlreiche Taten unabhängig vom Tätigkeits- und Erfolgsort in den Geltungsbereich des nationalen Strafrechts ein. Bedeutsam ist insofern etwa die Regelung des § 7 StGB. Danach werden zum einen reine Auslandstaten Deutscher in den Anwendungsbereich des Strafgesetzbuches einbezogen, solange die Tat am Tatort mit Strafe bedroht ist oder keiner Strafgewalt unterliegt, § 7 Abs. 2 Nr. 1 StGB. Gleiches gilt für Ausländer, sofern sie im Ausland Straftaten gegen einen Deutschen begehen, oder aber auch in allen übrigen Fällen, wenn sie sich in Deutschland aufhalten und eine eigentlich zulässige Auslieferung nicht erfolgt, § 7 Abs. 1, Abs. 2 Nr. 2 StGB. Damit wird der taugliche Kreis der strafbewehrten Anknüpfungstaten im internationalen Kontext verglichen zu bußgeldbewehrten Handlungen bereits an dieser Stelle erheblich ausgeweitet.[44] Der räumlichen Erstreckung auf Auslandstaten gem. §§ 5 f. StGB wird im Rahmen des § 130 OWiG hingegen nur eine untergeordnete Rolle zukommen.[45] Begeht nun ein Mitarbeiter eines Unternehmens aufgrund mangelnder Aufsicht eine Auslandstat, die nach den Maßstäben der §§ 3 ff. StGB in den räumlichen Anwendungsbereich des inländischen Straf- 406

---

44 Vgl. hierzu auch *Grützner/Leisch* DB 2012, 787 (789).
45 Für internationale Konzerne ist dabei etwa die Regelung des § 5 Nr. 7 StGB interessant, wonach die Verletzung von Betriebs- und Geschäftsgeheimnissen sowohl für Unternehmen mit Sitz in Deutschland als auch für ausländische Tochterunternehmen deutscher Konzernobergesellschaften unabhängig vom Tatort strafrechtlich geschützt ist. Für die Diskussion um § 130 OWiG ist dies grundsätzlich unbedeutend, da es sich insofern nicht um betriebsbezogene Pflichten handelt, sondern um betriebsschützende Normen. Dennoch bleibt eine Anwendung bei entsprechenden Fallgestaltungen im Einzelfall freilich denkbar.

rechts fällt, so ist eine mit Strafe bedrohte Handlung i.S.d. § 130 OWiG grundsätzlich gegeben. Durch die mangelnde Aufsicht hat der Inhaber die entsprechende Zuwiderhandlungsgefahr auch geschaffen.

407 Die Einbeziehung ausländischer Zuwiderhandlungen kann aber nur dann gerechtfertigt sein, wenn der Schutzbereich des § 130 OWiG auch bei im Ausland begangenen Anknüpfungstaten eröffnet ist. Eine solch extensive Anwendung wäre jedenfalls dann ausgeschlossen, wenn § 130 OWiG lediglich nationale Rechtsgüter schützen soll. Entsteht die Gefahr der Zuwiderhandlung nur im Ausland und wird diese Tat ohne Verletzung inländischer Rechtsgüter auch nur dort begangen, wäre der Schutzbereich der Norm nicht eröffnet. Problematisch ist die grenzüberschreitende Anwendung des § 130 OWiG insofern für die Vertreter der Ansicht, die Norm diene alleine dem Schutz des nationalen Organisationsinteresses.[46] Nach der hier vertretenen Ansicht zeigt der Schutzweck der Regelung aber in eine andere Richtung. Beabsichtigt ist vielmehr die Verstärkung des Schutzes der Rechtsgüter, die durch die Zuwiderhandlung gefährdet bzw. verletzt werden.[47] Damit lassen sich die geschützten Rechtsgüter aber nicht in der Weise konkretisieren, dass nur spezifischnationale Schutzgüter umfasst werden können. § 130 OWiG soll Rechtsgüter vielmehr umfassend entsprechend der allgemeinen Reichweite des Straf- und Ordnungswidrigkeitenrechts schützen. Der Schutzbereich des Strafrechts ist aber keineswegs auf nationale Rechtsgüter beschränkt. Sofern die der konkreten Zuwiderhandlung entgegenstehende nationale Norm ihren Schutzbereich auf ausländische Rechtsgüter erstreckt, gilt aufgrund dieser Kongruenz der Schutzbereiche gleiches für § 130 OWiG. Mit Blick auf die grundsätzliche Abgrenzung wird § 130 OWiG daher regelmäßig dann auf Auslandssachverhalte Anwendung finden, wenn es um die Vermeidung von Zuwiderhandlungsgefahren gegen Individualrechtsgüter geht. Denn hier entfaltet das deutsche Sanktionsrecht grundsätzlich unabhängig von der Nationalität der betroffenen Rechtsgüter Schutzwirkung.[48] Hinsichtlich der ausschließlichen Gefährdung von Kollektivrechtsgütern muss sodann etwas anderes gelten, wenn hier grundsätzlich eine Beschränkung auf den Schutz inländischer Rechtsgüter beabsichtigt ist.[49]

408 Für den Inhaber eines inländischen Unternehmens ergibt sich nach alledem eine extensive Aufsichtspflicht auch in internationaler Hinsicht. Gleichwohl das Ordnungswidrigkeitenrecht von einer Beschränkung auf den Territorialitätsgrundsatz ausgeht, führt die Pflicht zur Vermeidung von Straftaten zur Einbeziehung des aufgrund der §§ 3 ff. StGB weiträumig geltenden Strafrechts. Gerade mit Blick auf den Ubiquitätsgrundsatz zur Bestimmung des Tatortes sowie dem im Strafrecht verankerten aktiven und passiven Personalitätsprinzips erstreckt sich die Pflicht zur Ver-

---

46 Vgl. hierzu oben 1. Fn. zu Rn 215.
47 Vgl. oben Rn. 214 ff.
48 *Schramm* Internationales Strafrecht, Kap. 1 Rn. 73; *Rengier* Strafrecht AT, § 6 Rn. 33.
49 *Jeßberger* Geltungsbereich, S. 113; freilich können inländische Kollektivrechtsgüter im Einzelfall aber auch durch eine Auslandstat verletzt werden.

meidung von Zuwiderhandlungsgefahren auch auf zahlreiche Auslandstaten. Der Maßstab zur Bestimmung der an den Inhaber gerichteten und damit durch genügende Aufsicht zu wahrenden Pflichten muss dabei dem nationalen Recht entnommen werden. Es gilt die Aufsicht so wahrzunehmen, dass die Verwirklichung der Verbotsnormen innerhalb ihres räumlichen Geltungsbereiches verhindert wird.

bb) Erfassung von Auslandstaten außerhalb des räumlichen Anwendungsbereiches

Gleichwohl der räumliche Geltungsbereich damit extensiv ist, verbleiben zahlreiche Taten freilich außerhalb der Reichweite des inländischen Strafrechts. Wenn weder Tätigkeits- noch Erfolgsort im Inland liegen und weder auf Täter- noch auf Opferseite inländische Personen betroffen sind, gelangt man nur noch in wenigen Fällen zur Eröffnung des inländischen Strafgeltungsbereichs. Auf Konzernsachverhalte übertragen kann dies nach den bisherigen Feststellungen eine spürbare Begrenzung der Sanktionsdrohung aus § 130 OWiG bedeuten, sofern die konkrete Zuwiderhandlung allein in der Sphäre einer ausländischen Tochtergesellschaft verwirklicht wird. Es drängt sich damit die Frage auf, ob § 130 OWiG auch dann Anwendung finden kann, wenn zwar vor dem Hintergrund des inländischen Ordnungsmaßstabes eine Zuwiderhandlung aufgrund unzureichender Aufsicht erfolgte, dies aber außerhalb des räumlichen Anwendungsbereichs der deutschen Sanktionsgewalt. Zwar wird die zu Grunde liegende konkrete Zuwiderhandlungsgefahr in derartigen Fällen häufig auch im Inland entstanden sein.[50] Allerdings ist dann fraglich, ob die objektive Ahndungsbedingung des § 130 OWiG erfüllt ist. Die Norm verlangt die Begehung einer Handlung, die mit Geldbuße oder Strafe bedroht ist. Sofern dabei die inländische Rechtsordnung als Maßstab herbeigezogen werden soll, drängt sich zunächst der Schluss auf, dass auch deren räumlicher Geltungsbereich für das Vorliegen dieser Bedingung eröffnet sein muss. Unstrittig muss im Rahmen der Anknüpfungstat wie gezeigt allerdings kein volldeliktisches Handeln vorliegen.[51] Entscheidende Bedeutung erlangt an dieser Stelle damit die Frage, ob ein Verstoß gegen deutsche Sanktionsnormen auch dann taugliche Zuwiderhandlung i.S.d. § 130 OWiG ist, wenn sie den entsprechenden Tatbestand zwar von ihrem äußeren Erscheinungsbild her erfüllt, gemäß den §§ 3 ff. StGB aber außerhalb des räumlichen Geltungsbereiches des inländischen Strafrechts begangen wird.

(1) Meinungsstand

Der Meinungsstand zu dieser Frage ist schnell überblickt. Ausführungen der Literatur oder gar der Rechtsprechung explizit hierzu sind so gut wie nicht ersichtlich. *Buchholz* verlangt im Rahmen seiner knappen Stellungnahme die Eröffnung des

409

410

---

50 Etwas anderes könnte wohl nur selten gelten, wenn das Entstehen der Gefahr für unter die inländische Sanktionsgewalt fallende Zuwiderhandlungen angesichts der Umstände im konkreten Einzelfall vollumfänglich ausgeschlossen wäre.
51 Vgl. oben Rn. 194.

Geltungsbereiches gemäß den Vorgaben des Strafanwendungsrechts.[52] Nur so könne das Bestehen einer konkreten Zuwiderhandlungsgefahr gegen inländische Normen nachgewiesen werden.[53] Daneben nimmt *Caracas* in seiner Untersuchung entsprechend Stellung und gelangt zu dem gegenteiligen Ergebnis, die Eröffnung des räumlichen Geltungsbereiches des inländischen Strafrechts gem. § 3 ff. StGB sei für die Begründung einer Zuwiderhandlung i.S.d. § 130 OWiG nicht erforderlich.[54] Die Anknüpfungstat als objektive Bedingung der Ahndbarkeit müsse nicht volldeliktisch begangen werden, damit seien aber auch nicht alle Voraussetzungen für die inländische Sanktionierung und damit auch nicht die Eröffnung des räumlichen Geltungsbereiches erforderlich.[55] Daneben bestünden auch keine verfassungsrechtlichen Bedenken, da sowohl die Frage der räumlichen Geltung im Rahmen der Zuwiderhandlung sowie auch überhaupt das Vorliegen einer Anknüpfungstat im Rahmen des § 130 OWiG objektive Bedingungen der Ahndbarkeit seien, die außerhalb des Tatbestandes stünden und damit auch kein Bestandteil des Unrechts seien.[56] Für *Caracas* ist die objektive Ahndungsbedingung des § 130 OWiG in Form der Zuwiderhandlung damit auch dann gegeben, wenn diese als reine Auslandstat nicht in den räumlichen Geltungsbereich des inländischen Strafrechts fällt. Dies soll sogar dann gelten, wenn die Zuwiderhandlung am Tatort straflos ist.[57] *Caracas* nimmt dabei die Fallgestaltung ins Auge, in der eine deutsche Konzernobergesellschaft Bestechungshandlungen durch die Leitungspersonen ausländischer Tochtergesellschaften vornehmen lässt und in deren Rechtsordnung keine der § 299 Abs. 2, 3 StGB entsprechende Strafbarkeit der Bestechung im geschäftlichen Verkehr angeordnet ist.[58] Der Verzicht auf die Eröffnung des räumlichen Anwendungsbereiches des inländischen Strafrechts im Rahmen der Beurteilung einer Zuwiderhandlung i.S.d. § 130 OWiG soll damit verhindern, dass Unternehmen in die Straflosigkeit flüchten, indem sie Bestechungshandlungen im Ausland vornehmen lassen.[59]

(2) Eigene Lösung

411 Auf den ersten Blick sprechen tatsächlich zahlreiche Aspekte für eine entsprechende Ansicht. Insbesondere scheint sie dem eigenen Unrechtsgehalt der Aufsichtspflichtverletzung gem. § 130 OWiG Rechnung zu tragen, bei der es sich eben um mehr handelt als um eine reine Zurechnungsregelung. Eine entsprechende Wertung lässt sich dabei scheinbar auch im Grundsatz dem Gesetz entnehmen, sofern § 9 Abs. 2 S. 2 StGB in das Blickfeld rückt. Die Regelung enthält eine Durchbrechung

---

52 *Buchholz* Zuwiderhandlung, S. 104.
53 *Buchholz* Zuwiderhandlung, S. 104.
54 *Caracas* Internationale Konzernstrukturen, S. 228 ff.
55 *Caracas* Internationale Konzernstrukturen, S. 239 f.
56 *Caracas* Internationale Konzernstrukturen, S. 240 ff.
57 *Caracas* Internationale Konzernstrukturen, S. 193, 212 f.
58 *Caracas* Internationale Konzernstrukturen, S. 27.
59 Vgl. zum kriminalpolitischen Hintergrund seiner Arbeit *Caracas* Internationale Konzernstrukturen, S. 25, 52 ff.

der ansonsten angeordneten Akzessorietät der Teilnahme. Der Teilnehmer ist danach im Ergebnis auch dann nach Maßstäben der inländischen Rechtsordnung zu bestrafen, wenn die Haupttat im Ausland erfolgt und dort nicht mit Strafe bedroht wird. Begründet wird diese atypisch wirkende Bestimmung mit dem eigenständigen Unrechtsgehalt, der anhand nationaler Wertmaßstäbe zu bemessen und zu sanktionieren ist.[60] Wenn aber schon für die grundsätzlich akzessorische Teilnahmehandlung ein entsprechender Verzicht festgelegt wird, dann muss dies dem Grunde nach erst recht für die Aufsichtspflichtverletzung gem. § 130 OWiG gelten. Denn hier erfolgt keine Sanktionierung eines akzessorischen Teilnahmeunrechts. Das Sanktionsbedürfnis entsteht vielmehr aus dem eigenständigen Unwert der Herbeiführung der Zuwiderhandlungsgefahr. Deren tatsächliche Realisierung verbleibt lediglich objektive Bedingung der Ahndung.

Daneben ist das Bedürfnis, inländischen Unternehmen die insofern sanktionsvermeidende Verlegung eigentlich sanktionsbewehrter Handlungen ins Ausland zu verwehren, rechtspolitisch sicherlich nachvollziehbar. Dies gilt vor allem vor dem Hintergrund der bereits angesprochenen und oftmals bestehenden Beweisschwierigkeiten, sofern es um die Sanktionierung der aktiven Beteiligung der Leitungspersonen in den inländischen Unternehmenszentralen geht. Damit vermag der Ansatz auch vor dem Hintergrund der im Ordnungswidrigkeitenrecht geltenden – und mit den strafrechtlichen Strafzwecklehren durchaus vergleichbaren – Ahndungszwecke[61] Legitimation zu erlangen, insbesondere in spezialpräventiver wie auch in generalpräventiver Hinsicht.[62] 412

Dennoch muss die Ansicht von *Caracas* Ablehnung finden. Dies liegt freilich nicht schon an der hier bereits mehrfach postulierten Feststellung, rechtspolitisch determinierte Zielvorgaben seien stets ein schlechter Berater für die Normauslegung. Zwar soll dieser Grundsatz auch an dieser Stelle in Erinnerung gerufen werden, allerdings bedingt die Berufung auf derartige Bedürfnisse für sich natürlich nicht die Ablehnung. Sofern aber vordergründig auf die Normauslegung nach Wortlaut, Systematik und Regelungszweck abgestellt werden muss, führt im Rahmen der Beurteilung einer tauglichen Zuwiderhandlung an der Beachtung der § 3 ff. StGB kein Weg vorbei. Zwar wird im Rahmen der Anknüpfungstat unstrittig kein volldeliktisches Handeln des Anknüpfungstäters verlangt. Nicht einher geht damit aber der Verzicht auf die grundsätzliche Eröffnung des Geltungsbereiches der Norm. Die entgegenstehende Ansicht widerspricht Sinn und vor allem Zweck des § 130 OWiG. Der Inhaber eines Unternehmens soll nach der Zielrichtung des § 130 OWiG die Gefahr von Zuwiderhandlungen vermeiden, die durch das hoheitliche Sanktionenrecht missbilligt werden. Eine Missbilligung kann aber nur im Anwendungsbereich der Normen er- 413

---

60 *Satzger* Internationales und Europäisches Strafrecht, § 5 Rn. 40.
61 Vgl. zur repressiven und präventiven Funktion der Geldbuße *Mitsch* in: KK-OWiG, § 17 OWiG, Rn. 8 f.
62 Einschränkend indes *Böse/Meyer* ZIS 2011, 336 (338).

folgen, die insofern als Prüfungsmaßstab dienen. Wenn die Norm schon keinerlei Geltung entfalten kann, so entfällt in der Folge auch die Missbilligung. Es kann vom Unternehmensinhaber danach nicht verlangt werden, die Durchsetzung inländischer Rechtsmaßstäbe in aller Welt zu gewährleisten – auch wenn vor Ort gänzlich andere Wertmaßstäbe gelten mögen und die deutsche Rechtsordnung in keiner Weise berührt ist.[63] Der Inhaber eines weltweiten Speditionsunternehmens muss sicherlich nicht dafür Sorge tragen, dass seine US-amerikanischen Lastkraftwagenfahrer die am inländischen Firmensitz geltenden Lenkzeiten einhalten.

414 Freilich vertritt dies im Ergebnis auch *Caracas* nicht. Wenn auch die Eröffnung des Geltungsbereiches der §§ 3 ff. StGB für entbehrlich erklärt wird, so wird eine reine Auslandstat als taugliche Anknüpfungstat auch nach dieser Ansicht nur in Betracht kommen, wenn der Anwendungsbereich sich wenigstens grundsätzlich auch auf Auslandstaten erstreckt, so wie etwa im Rahmen des § 299 Abs. 2, 3 StGB. Zur Legitimation des Ansatzes vermag allerdings auch diese Einschränkung nicht zu führen. Sofern im Rahmen der Anknüpfungstat kein volldeliktisches Handeln verlangt wird, so dient dies vor allem der Einbeziehung von Sonderdelikten in den Kreis der tauglichen Zuwiderhandlungen. Es soll damit ein Defizit – in Form des Vorliegens des besonderen persönlichen Merkmals – zwischen dem eigentlichen Normadressaten und dem Täter aufgefangen werden.[64] Der Unternehmensinhaber soll nicht aufgrund einer Delegation der Aufgabe seiner eigentlich begründeten Verantwortlichkeit entgehen. Verzichtet man nun im Rahmen der Beurteilung der Anknüpfungstat auf die Eröffnung des strafrechtlichen Geltungsbereiches gem. §§ 3 ff. StGB, so erfolgt dies nicht zur Überwindung eines Defizits. Eine von §§ 3 ff. StGB nicht erfasste Tat führt auch bei direkter Begehung nicht zur inländischen Sanktion. Wenn der Betriebsinhaber anstelle des Delegationsempfängers selbst im Ausland tätig wird, kommt eine Bestrafung im Inland also auch nur bei Eröffnung des räumlichen Geltungsbereiches des inländischen Strafrechts in Betracht. Dies gilt auch für eine Strafbarkeit gem. § 299 Abs. 2, 3 StGB, da hier zwar eine Ausweitung des Schutzbereiches normiert wird, nicht aber ein Verzicht auf die Eröffnung des räumlichen Geltungsbereiches gem. §§ 3 ff. StGB.[65] Wird nun im Rahmen der Beurteilung einer Anknüpfungstat i.S.d. § 130 OWiG hierauf verzichtet, so stünde der Betriebsinhaber schlechter als im Fall der selbstständigen Begehung. Dies kann als Ergebnis der Anwendung des § 130 OWiG nicht gewollt sein.[66]

415 Nun könnte dem allenfalls entgegengehalten werden, bei einer selbstständigen Handlung jedenfalls durch eine Leitungsperson mit deutscher Nationalität sei eine

---

63 Siehe vergleichend für die gesellschaftsrechtlichen Pflichten des Vorstandes einer Aktiengesellschaft *Mertens/Cahn* in: KK-AktG, § 93 AktG Rn. 74: „Das deutsche Recht seinerseits braucht im Ausland nur insoweit beachtet zu werden, als es Anspruch auf Geltung auch für ausländische Sachverhalte erhebt."
64 Vgl. oben Rn. 194.
65 Vgl. nur *Krick* MK-StGB, § 299 StGB Rn. 37.
66 So im Grundsatz auch *Rogall* in: KK-OWiG, § 130 OWiG Rn. 79.

Strafbarkeit wenigstens aufgrund des aktiven Personalitätsgrundsatzes doch gegeben – im Gegensatz zu dem Fall, in dem ein ausländischer Delegationsempfänger handelt. Damit könnte auch an dieser Stelle die Überwindung eines Defizits konstruiert werden. Allerdings wird zum einen das aktive Personalitätsprinzip bereits als „Anachronismus" verschrien, sofern es verlangt, dass Staatsbürger weltweit die Gesetze des Heimatlandes zu achten hätten.[67] Vor allem aber führt selbst die Einbeziehung des aktiven Personalitätsgrundsatzes nicht zu einer Beschränkung der Unrechtsbegründung allein aufgrund der Wertungsmaßstäbe der nationalen Rechtsordnung. § 7 StGB verlangt für eine entsprechende Strafbarkeit vielmehr auch die Strafbarkeit nach Tatortrecht. Sofern allein die deutsche Rechtsordnung den Pflichtenmaßstab für die Wahrnehmung der Aufsichtspflichten bildet, kommt eine Realisierung der Zuwiderhandlungsgefahr nur im Anwendungsbereich dieser Rechtsordnung in Betracht. Gerade die von der Gegenauffassung befürwortete Einbeziehung von Zuwiderhandlungen ohne Strafbarkeit am Tatort widerspricht diesen Wertungen und ist daher abzulehnen.

Damit kann es auch abseits von Lenkzeiten nicht Aufgabe der inländischen Unternehmensleitung sein, die deutsche Rechtsordnung in der US-amerikanischen Niederlassung durchzusetzen. Dies wäre allein dann gerechtfertigt, wenn die nationale Rechtsordnung auch tangiert wäre. Die extensive räumliche Reichweite des inländischen Strafrechts bietet hierfür zahlreiche Anknüpfungspunkte. Ist keiner dieser Anhaltspunkte gegeben, kann die Normgeltung auch nicht über den Umweg des § 130 OWiG hergestellt werden. Die vom Gesetzgeber nun mal verlangte objektive Ahndungsbedingung in Form der Realisierung der Zuwiderhandlungsgefahr ist dann nicht erfüllt.[68] 416

b) Ausländische Strafnormen als Pflichtenmaßstab

Die Frage der Einbeziehung von Auslandstaten wäre freilich dann kein Problem, wenn nicht nur deutsches Strafrecht Pflichtenmaßstab wäre und damit deutsches Strafrecht per se nicht zur Begründung einer Zuwiderhandlungsgefahr und deren 417

---

67 So *Böse/Meyer* ZIS 2011, 336 (342).
68 Einen entsprechenden Ansatz verfolgt zumindest nach der Begründung durch die Verfasser auch der nordrhein-westfälische Entwurf des Verbandsstrafgesetzbuches (oben 2. Fn. zu Rn. 365). Nach § 1 Abs. 2 VerbStrG-E sind Zuwiderhandlungen solche, die gegen ein Strafgesetz verstoßen. Ausweislich der Entwurfsbegründung ist dies nur dann gegeben, wenn auf die Zuwiderhandlung selbst deutsches Strafrecht Anwendung findet, vgl. die Begründung zum Entwurf des VerbStrG (oben 2. Fn. zu Rn. 365), S. 49. In Anwendung der §§ 5 ff. StGB kommt dies auch bei Auslandstaten in Betracht, insbesondere genügt gem. § 9 Abs. 2 StGB auch die inländische Teilnahme an einer Auslandstat. Gem. § 2 Abs. 3 VerbStrG-E kommt eine Sanktionierung bei solchen Auslandstaten aber nur gegenüber einem Verband in Betracht, „der seinen Sitz im Anwendungsbereich dieses Gesetzes hat". Die insofern verbleibenden Unsicherheiten im Wortlaut des § 1 Abs. 2 VerbStrG-E kritisiert etwa *A. Schneider* ZIS 2013, 488 (493).

Realisierung verlangt wird, sondern als Pflichten, die den Inhaber selbst treffen und mit Geldbuße und Strafe bedroht sind, auch entsprechend sanktionsbewehrte Pflichten des ausländischen Rechts gelten. Bei einer unzureichenden Aufsicht durch den Unternehmensinhaber könnte dann die Zuwiderhandlungsgefahr mit Blick auf die ausländische Rechtsordnung entstehen. Die Auslandstat würde dann auch eine Realisierung dieser Gefahr im Sinne der objektiven Ahndungsbedingung darstellen, wenn sie am Tatort gegen Sanktionsrecht verstoßen würde.

aa) Auslegung am Wortlaut

418 § 130 OWiG verlangt ausweislich des Wortlautes eine Zuwiderhandlung, die mit Strafe oder Geldbuße bedroht ist. Mit der Nennung zweier unterschiedlicher Anknüpfungspunkte lohnt auch deren gesonderte Betrachtung.

(1) Die mit Geldbuße bedrohte Zuwiderhandlung

419 Sofern auf eine mit Geldbuße bedrohte Handlung abgestellt wird, fällt der Blick freilich unmittelbar auf § 1 Abs. 2 OWiG, der eine entsprechende Legaldefinition bereithält. Die Definition zielt dabei i.V.m. § 1 Abs. 1 OWiG auf die Verwirklichung des Tatbestandes eines Gesetzes ab, das die Ahndung mit einer Geldbuße zulässt. Nicht erforderlich für die Annahme einer mit Geldbuße bedrohten Handlung ist gem. § 1 Abs. 2 OWiG, dass die Begehung vorwerfbar war. Damit könnte zu erwägen sein, den Begriff des eine Geldbuße zulassenden Gesetzes i.S.d. § 1 Abs. 1 OWiG nicht nur auf inländische Ordnungswidrigkeiten zu beschränken. Freilich widerspricht dies jedoch der Systematik des Ordnungswidrigkeitengesetzes, das in seinem allgemeinen Teil Bestimmungen gerade für die inländischen Bußgeldnormen trifft, keinesfalls aber Regelungen für das Bußgeldrecht fremder Rechtsordnungen. Sofern eine Ordnungswidrigkeit als Anknüpfungstat im Raum steht, deutet daher bereits der Wortlaut auf eine Eingrenzung hinsichtlich solcher Handlungen hin, bei denen wenigstens Tätigkeits- oder aber Erfolgsort im Inland liegen. Ordnungswidrigkeiten ohne Bezug zum Inland werden als Anknüpfungstat im Rahmen des § 130 OWiG damit ausscheiden müssen. Der an dieser Stelle unmissverständliche Gesetzeswortlaut macht jegliche systematische Erwägungen überflüssig.[69]

(2) Die mit Strafe bedrohte Zuwiderhandlung

420 Nicht zwangsläufig Gleiches muss für die Anknüpfungstat der mit Strafe bedrohten Handlung gelten. Dabei ist zunächst zu berücksichtigen, dass schon die originäre Einbeziehung von Auslandssachverhalten im Strafrecht deutlich weiter reicht. Anders als im Ordnungswidrigkeitenrecht erfährt das Territorialitätsprinzip hier zahl-

---

69 Überdies sei an dieser Stelle erwähnt, dass ein dem deutschen Ordnungswidrigkeitenrecht entsprechendes Sanktionskonzept ohnehin zahlreichen ausländischen Rechtsordnungen fremd ist und ausländische Bußgeldtatbestände damit oftmals schon dem Grunde nach nicht zur Verfügung stehen, vgl. nur etwa für das europäische Ausland *Hörauf* ZIS 2013, 276 (277).

reiche Durchbrechungen.[70] Ob darüber hinausgehend auch reine Auslandstaten in Betracht kommen, die nicht aufgrund der Regelungen der §§ 5 ff. StGB und damit insbesondere gem. § 7 StGB auch Inlandstaten sind, ist nicht schon auf den ersten Blick zu beantworten. Das reine Wortlautargument hilft hier nicht weiter. Eine Legaldefinition der mit Strafe bedrohten Handlung gibt es nicht. § 11 Abs. 1 S. 1 Nr. 5 StGB hält zwar die Definition der rechtswidrigen Tat parat, hierauf wird in § 130 OWiG aber jedenfalls nicht ausdrücklich verwiesen. Ausgehend vom reinen Wortlaut jedenfalls scheint es daher nicht ausgeschlossen, auch eine reine Auslandstat als eine mit Strafe bedrohte Handlung anzusehen. Da eine solche außerhalb des Regelungsbereiches der §§ 3 ff. StGB nicht deutschem Strafrecht unterliegt, kann sie dann zwar keine mit einer inländischen Strafe bedrohte Handlung darstellen. Denkbar ist aber, eine im Ausland mit Strafe bedrohte Handlung ebenfalls als Anknüpfungstat im Rahmen des § 130 OWiG genügen zu lassen.[71]

bb) Literaturansichten und Kritik

Die kaum vorhandenen, diesen Diskussionspunkt explizit ansprechenden Stimmen der wissenschaftlichen Literatur lassen Zuwiderhandlungen ohne Inlandsbezug für die Anwendbarkeit des § 130 OWiG indes nicht genügen.[72] Ein Verstoß gegen ausländische Rechtsvorschriften stelle für sich daher keine taugliche Zuwiderhandlung im Sinne des § 130 OWiG dar.[73] Auf Begründungen dieser Rechtsauffassung wird dabei meist verzichtet,[74] entsprechende Ausführungen finden sich ersichtlich einzig bei *Caracas*, sowie – wenn auch nur knapp – bei *Buchholz*. 421

---

70 Vgl. bereits oben 3. Fn. zu Rn. 396.
71 Mit Blick auf den Wortlaut des § 130 OWiG ebenso *Caracas* Internationale Konzernstrukturen, S. 171.
72 *Schücking* in: Krieger/Schneider, § 36 Rn. 47; *Buchholz* Zuwiderhandlung, S. 103 f. Auch *Grundmeier* Rechtspflicht, S. 101.
73 So im Ergebnis auch *Caracas* Internationale Konzernstrukturen, S. 193, der den Anwendungsbereich des § 130 OWiG zwar durchaus auch bei reinen Auslandstaten des Zuwiderhandelnden eröffnet sieht, dabei aber allein eine Orientierung an der deutschen Rechtsordnung zulässt und damit einen Rückgriff auf ausländisches Recht ebenfalls als unzulässig erachtet.
74 So etwa bei *Grützner/Leisch* DB 2012, 787 (789); *Grundmeier* Rechtspflicht, S. 101, die jeweils den Anwendungsbereich ohne weitere Begründung auf Zuwiderhandlungen gegen deutsche Rechtsvorschriften beschränken möchten. Gleiches gilt für *Schücking* in: Krieger/Schneider, § 36 Rn. 47, 62, der ebenfalls ohne Begründung explizit eine Zuwiderhandlung im Inland verlangt und seine These insofern einzig mit einem Verweis auf *Gürtler* in: Göhler, § 130 OWiG Rn. 17 und § 7 OWiG Rn. 6 stützt. Dabei unterläuft *Schücking* jedoch offensichtlich eine Missinterpretation hinsichtlich der Ausführungen *Gürtlers*. In den genannten Fundstellen legt *Gürtler* dar, eine Zuwiderhandlung im Inland sei handlungsortbegründend im Rahmen des § 130 OWiG und genüge somit für die Anwendbarkeit der Norm, was insbesondere dann eine Rolle spielt, wenn die Aufsichtspflichtverletzung im Ausland erfolgt (vgl. zu dieser insofern entgegengesetzten Fallkonstellation sogleich). Keinesfalls führt *Gürtler* jedoch an dieser Stelle aus, auch die Zuwiderhandlung *müsse* im Inland liegen, wenn schon die Aufsichtspflichtverletzung im Inland erfolgt.

5 *Grenzüberschreitende Sachverhalte*

422 Nach *Buchholz* müsse die Zuwiderhandlung einen Bezug zu Deutschland aufweisen, da nach den Wertungen der §§ 3 ff. StGB bzw. §§ 5, 7 OWiG nur Taten mit Inlandsbezug umfasst sein sollen.[75] Taugliche Anknüpfungstat sei allein ein Verstoß gegen die inländische Rechtsordnung.[76] Der Anwendungsbereich des § 130 OWiG werde sonst überdehnt.[77] Die Ausführungen von *Buchholz* vermögen jedoch so nicht zu überzeugen. Insbesondere kann der von ihm geforderte Inlandsbezug der Zuwiderhandlung nicht den Wertungen der §§ 3 ff. StGB bzw. §§ 5, 7 OWiG entnommen werden. *Buchholz* übersieht dabei, dass durch das vorwerfbare Unterlassen im Staatsgebiet der Bundesrepublik Deutschland bereits ein Inlandsbezug existiert. Das Territorialitätsprinzip will vorwerfbares Handeln sanktionieren, das im Inland begründet ist. Eine Verletzung nationaler Rechtsgüter ist gerade nicht notwendiger Bestandteil des Territorialitätsprinzips.[78] So genügt auch bei Begehungsdelikten die Vornahme der Tathandlung im Inland, ohne dass auch der Tatererfolg in Deutschland eintreten muss oder gar inländische Rechtsgüter betroffen sein müssen.[79] Auch der Teilnehmer einer reinen Auslandstat macht sich gem. § 9 Abs. 2 StGB strafbar. Wenn aber schon der tatbestandsmäßige Erfolg keinerlei Inlandsbezug erfordert und insofern der Inlandsbezug des Tätigkeitsortes für die Strafbegründung genügt, so muss dies mit Blick auf objektive Ahndungsbedingungen grundsätzlich erst recht gelten. Dies gilt unabhängig von der Einordnung des § 130 OWiG als abstraktes oder konkretes Gefährdungsdelikt, da jedenfalls der Tätigkeitsort ausreichenden Inlandsbezug aufweist und somit handlungsortbegründend wirkt. Auf einen etwaigen Erfolgsort im Falle eines konkreten Gefährdungsdeliktes kommt es nicht an.

423 Eine ausführliche Auseinandersetzung verdienen indes die ungleich umfassenderen Ausführungen von *Caracas*.[80] Diese soll sogleich im Rahmen der Begründung eines eigenen Lösungsansatzes erfolgen.

cc) Eigene Lösung

424 Wer im Inland eine Aufsichtspflichtverletzung begeht, handelt grundsätzlich im räumlichen Geltungsbereich des Ordnungswidrigkeitengesetzes. Bereits hierdurch manifestiert sich der erforderliche Anknüpfungspunkt für die Sanktionsberechti-

---

75 *Buchholz* Zuwiderhandlung, S. 104.
76 *Buchholz* Zuwiderhandlung, S. 103 ff.
77 *Buchholz* Zuwiderhandlung, S. 103.
78 *Ambos* Internationales Strafrecht, § 1 Rn. 38; *Möhrenschlager* in: Wabnitz/Janovsky, 3. Kapitel Rn. 3; *Rotsch* in: Graf/Jäger/Wittig, Vor §§ 3 ff. StGB Rn. 17. Eine Eingrenzung auf inländische Interessen ist insofern allein bei Kollektivrechtsgütern angezeigt, die die deutsche Hoheitsgewalt schützen sollen.
79 Verwiesen werden kann insofern auf den von *Satzger* Internationales und Europäisches Strafrecht, § 5 Rn. 13 angeführten Beispielsfall einer Person, die vom deutschen Innufer aus eine auf der österreichischen Flussseite befindliche Person per Schuss tötet. Hier ist eine Strafbarkeit nach deutschem Gesetz begründet, auch wenn die getötete Person österreichischer Staatsbürger war.
80 *Caracas* Internationale Konzernstrukturen, S. 144 ff.

gung der inländischen Rechtsgewalt. Bei der Frage, ob eine im Ausland begangene Zuwiderhandlung taugliche Anknüpfungstat i.S.d. § 130 OWiG ist, handelt es sich demnach nicht primär um eine solche der Sanktionslegitimation. Vielmehr ist zu beantworten, ob die objektive Ahndungsbedingung als Ausdruck des Sanktionsbedürfnisses extensiv oder aber restriktiv ausgelegt werden muss. In den Vordergrund rücken muss dabei zunächst der Wortlaut der Norm. Sofern eine mit Geldbuße bedrohte Handlung als Anknüpfungstat benannt ist, wird eine Einbeziehung von reinen Auslandstaten wie gezeigt ausscheiden müssen. Zu kurz gegriffen wäre es, hieraus automatisch einen Rückschluss auf den Begriff der mit Strafe bedrohten Handlung zu ziehen, um etwaige Widersprüchlichkeiten zu vermeiden. Tatsächlich unterscheiden sich die grundlegenden Wertungen der Erfassung ausländischer Taten in Strafrecht und Ordnungswidrigkeitenrecht wesentlich. Unstrittig ist bereits die erheblich weitere Einbeziehung von Auslandstaten durch die ausdrücklichen Regelungen der §§ 5 ff. StGB, die verglichen zur Anwendbarkeit des Ordnungswidrigkeitenrechts eine deutliche Ausweitung der Sanktionsgewalt bedeutet. Damit führen in räumlicher Hinsicht deutlich mehr strafrechtsrelevante Handlungsweisen zu tauglichen Anknüpfungstaten des § 130 OWiG, als dies bei bußgeldbewehrten Handlungen der Fall ist. Daneben vermag aber anders als im Ordnungswidrigkeitenrecht auch die Wortlautgrenze die Erfassung von reinen Auslandstaten jedenfalls nicht auszuschließen, da es hier an entsprechend klarstellenden Definitionen fehlt bzw. § 130 OWiG nicht auf solche Bezug nimmt.

In den Vordergrund rückt damit an nächster Stelle der Schutzbereich des § 130 OWiG und damit die Frage, ob rein ausländische Interessen hierunter fallen. Bereits gezeigt wurde die Schutzbereichskongruenz mit den die Zuwiderhandlung ahndenden Normen. Damit ist der Regelung des § 130 OWiG selbst keine Beschränkung des Schutzbereiches immanent, die bestimmte Zuwiderhandlungen ausklammern könnte. Eine Eingrenzung des Schutzbereiches könnte damit allenfalls über allgemeine Wertungsmaßstäbe der nationalen Rechtsordnung erfolgen. Wie gezeigt ist aber gerade der Schutz ausländischer Individualrechtsgüter Teil der inländischen Strafrechtsordnung. Damit sagt auch die Konturierung des Schutzbereiches des § 130 OWiG nichts über die Einbeziehung von reinen Auslandstaten aus. **425**

Zu einer entsprechenden Eingrenzung führt auch nicht der Blick auf die ratio der Norm. Anders als bei der Frage um den Verzicht der Eröffnung des räumlichen Geltungsbereiches gem. §§ 3 ff. StGB zur Begründung einer Auslandstat als Zuwiderhandlung gegen deutsches Recht, führt die Einbeziehung der Auslandstat hier nicht zu einer Schlechterstellung des Unternehmensinhabers verglichen zur selbstständigen Begehung. Sofern sich eine ausländische Sanktionsnorm direkt an einen Unternehmensinhaber richtet, so vermag dieser allein durch Delegation an einen ausländischen Mitarbeiter oder aber die Leitungsperson einer ausländischen Tochtergesellschaft dem eigentlich eröffneten Anwendungsbereich zu entkommen. **426**

5 Grenzüberschreitende Sachverhalte

427 Die Beantwortung der hier in Rede stehenden Frage fällt indes leichter, wenn der Blick auf die damit verbundenen Konsequenzen gerichtet wird. Denn würde ausländisches Recht als Pflichtenmaßstab im Rahmen des § 130 OWiG Berücksichtigung finden können, müssten inländische Behörden zur Sanktionsbegründung fremdes Recht anwenden.

(1) Grundsätzliche Zulässigkeit der Fremdrechtsanwendung im deutschen Strafrecht

428 Zu betonen ist dabei zunächst der Grundsatz, nach dem deutsche Strafverfolgungsbehörden und Gerichte allein inländisches Strafrecht anwenden.[81] Ein deutsches Strafgericht verurteilt im Rahmen von Auslandssachverhalten niemanden etwa nach französischem Strafrecht, wenn derjenige in Paris eine Körperverletzung begangen hat.[82] Auch wenn eine direkte Fremdrechtsanwendung daher ausscheidet, ist die Prüfung von ausländischem Strafrecht unserer Rechtsordnung nicht vollends unbekannt.[83] Prominentes Beispiel ist etwa die Regelung des § 7 StGB. Danach kommt eine Strafbarkeit nur in Betracht, wenn die Tat auch am Tatort mit Strafe bedroht war. Hier müssen nationale Verfolgungsbehörden und Gerichte tatsächlich fremdes Strafrecht prüfen, um die Sanktionsvoraussetzungen zu ermitteln. Zu betonen ist jedoch, dass es sich aber auch hier nicht um eine strafbegründende Fremdrechtsanwendung handelt. Das die Strafbedürftigkeit auslösende Unrecht wird auch im Rahmen des § 7 StGB allein dem inländischen Strafrecht entnommen. Der Täter wird nicht wegen der Verletzung fremden Strafrechts bestraft.[84] Vielmehr ist die Strafbarkeit am Tatort bloße Anwendungsvoraussetzung des inländischen Strafrechts.[85]

429 Auf den ersten Blick scheint dies der Situation im Rahmen des § 130 OWiG nicht unähnlich. Auch hier verbleibt die Sanktionierung auf Grundlage des nationalen Rechts – nämlich nach § 130 OWiG –, die strafbare Auslandstat ist damit auch an dieser Stelle nur Voraussetzung der inländischen Sanktionierung. Freilich ist die Regelung des § 130 OWiG damit aber deutlich zu eng umrissen. Denn während in den Fällen des § 7 StGB der Pflichtenmaßstab allein nach deutschem Recht ausgefüllt wird und die Strafbarkeit am Tatort reine Bedingung ist, würde die ausländische Norm im Rahmen des § 130 OWiG zur Konkretisierung des Pflichtenmaßstabes herangezogen. Zur Vermeidung der bußgeldbewehrten Aufsichtspflichtverlet-

---

[81] Vgl. *Safferling* Internationales Strafrecht, § 3 Rn. 2; *Mankowski/Bock* ZStW 2008, 704 (720); *Schlösser* wistra 2006, 81 (88); *Caracas* Internationale Konzernstrukturen, S. 193.
[82] *Satzger* in: FS Fuchs, S. 431 (438 ff.) weist indes darauf hin, dass einer derartigen Anordnung unmittelbarer Anwendung ausländischen Strafrechts durch den nationalen Gesetzgeber jedenfalls das Völkerrecht nicht im Wege stünde. Im Ergebnis spricht jedoch auch er unter Nennung zahlreicher Herausforderungen einem entsprechenden Modell die Tauglichkeit ab.
[83] Siehe hierzu auch *Eser* in: Schönke/Schröder, Vorbemerkungen zu den §§ 3 – 9 StGB Rn. 40 ff.; *Safferling* Internationales Strafrecht, § 3 Rn. 2.
[84] *Satzger* in: FS Fuchs, S. 431 (439).
[85] *Ambos* in: MK-StGB, § 7 StGB Rn. 8.

zung muss der Inhaber Maßnahmen treffen, um Zuwiderhandlungsgefahren zu vermeiden. Wären Verstöße gegen ausländisches Recht taugliche Zuwiderhandlungen, würden diese Normen demnach auch als Pflichtenmaßstab dienen. Die Fremdrechtsanwendung würde damit auf Ebene des objektiven Tatbestandes Relevanz entfalten.

(2) Fremdrechtsanwendung zur Bestimmung strafbewehrter Pflichten

Die Fremdrechtsanwendung ist indes auch zur Konkretisierung von strafbewehrten Pflichten nicht ausgeschlossen. Nur wenige Regelungen sehen die Beurteilung ausländischen Rechts dabei explizit als maßgebliche Vorfrage vor.[86] Dennoch soll die Pflichtenbestimmung durch Fremdrechtsanwendung im Strafrecht auch ohne ausdrückliche Bezugnahme zulässig sein. Ein einheitliches Bild ist den überschaubaren Stellungnahmen der Wissenschaft dabei kaum zu entnehmen. Von einem gar systematisch-umfassenden Leitbild mit klar formulierten Kriterien scheint man weit entfernt. **430**

Vermehrt diskutiert wurde und wird die Frage in Zusammenhang mit der Untreuestrafbarkeit durch Leitungspersonen einer ausländischen Gesellschaft mit Sitz im Inland. Für die Frage der Pflichtverletzung gegenüber dem Geschäftsherrn ist die Beurteilung der gesellschaftsrechtlichen Parameter erforderlich. Bei in ausländischer Rechtsform ausgestalteten Gesellschaften mit Sitz im Inland stellt sich sodann die Frage, auf welche gesellschaftsrechtlichen Bestimmungen abzustellen ist. So ist etwa zur Bestimmung untreuerelevanter Pflichten im Falle einer britischen Limited zu entscheiden, ob britisches Gesellschaftsrecht herangezogen wird, oder aber in wertender Betrachtung das damit innerhalb der deutschen Rechtsordnung am ehesten vergleichbare GmbH-Recht. Die wohl herrschende Auffassung lässt diese Kollisionsfrage durch die Regelungen des internationalen Privatrechts beantworten.[87] Spätestens mit der vielbeachteten *Inspire Art*-Entscheidung des EuGH aus dem Jahre 2003 hat eine Abkehr der sogenannten Sitztheorie begonnen, so dass sich mittlerweile in Anwendung der Gründungstheorie in entsprechenden Fällen jedenfalls in Europa ein Abstellen auf ausländisches Recht ergibt.[88] Die Heranziehung des fremden Rechts zur Bestimmung im Inland strafbewehrter Pflichten stößt in der Literatur dabei auf beachtliche Kritik. Gerichtet ist diese vor allem auf verfassungsrechtliche Bedenken, wenn zum einen ein Verstoß des Bestimmtheitsgrundsatzes sowie **431**

---

86 Zu erwähnen sind hierbei etwa Blanketttatbestände, die ausdrücklich auf das Europäische Recht verweisen, vgl. hierzu ausführlich *Satzger* Europäisierung, S. 210 ff.; sowie die Aufzählung bei *Schmitz* in: MK-StGB, § 1 StGB Rn. 56.

87 Vgl. hierzu *Böse* in: NK-StGB, Vorbemerkungen zu § 3 StGB Rn. 63; *Mankowski/Bock* ZStW 2008, 704 (729, 739).

88 *EuGH* Urteil vom 30.9.2003, Rs. C-167/01 – Kamer van Koophandel en Fabrieken voor Amsterdam/Inspire Art, Slg. 2003, I-10155; vgl. hierzu auch *Tiedemann* GmbH-Strafrecht, Vor §§ 82 ff. GmbIIG Rn. 67; *Schlösser* NZG 2008, 126 (131); *Mankowski/Bock* ZStW 2008, 704 (756 f.); *Eidenmüller* NJW 2005, 1618 (1618 f.); *Rönnau* ZGR 2005, 832 (833 f.).

des – im Bestimmtheitsgrundsatz ebenfalls verankerten[89] – Parlamentsvorbehaltes gerügt wird.[90] Der Verstoß gegen den Parlamentsvorbehalt soll daraus folgen, dass der Pflichtenmaßstab des Strafrechts dann nicht mehr ausschließlich durch den deutschen Gesetzgeber, sondern durch ausländische Legislativorgane erfolgt.[91] Dagegen wird indes angeführt, das inländische Parlament habe die Verweisung auf ausländisches Recht angeordnet, die Festlegung des Pflichtenmaßstabes sei damit auch auf eine Entscheidung des inländischen Gesetzgebers zurückzuführen.[92] Mit Blick auf das Bestimmtheitsgebot im engeren Sinne wird befürchtet, dass gerade bei Einbeziehung der auf dem „Common Law" basierenden Rechtsordnungen eine eindeutige Bestimmung der Pflichten für den Normadressaten nicht mehr erkennbar sei.[93] Auch dieser Einwand wird von den Befürwortern der Fremdrechtsanwendung aufgegriffen. Der Unternehmer habe sich Gesellschaftsform und Rechtsordnung bewusst ausgesucht, die Ermittlung der Pflichten aus der gewählten Rechtsordnung sei ihm daher gewiss zuzumuten.[94]

432   Letztendlich schloss sich auch der BGH der Ansicht an, die eine Heranziehung fremden Rechts zu Bestimmung der Pflichten im Rahmen des § 266 StGB für zuläs-

---

89   *Mankowski/Bock* ZStW 2008, 704 (715).
90   *Rönnau* NStZ 2011, 558 (559); *ders.* ZGR 2005, 832 (856); *Mosiek* StV 2008, 94 (98 f.); *Altenhain/Wietz* NZG 2008, 569 (572). Vgl. in diesem Zusammenhang auch *Satzger* JuS 2004, 943 (946); *ders.* NStZ 2002, 125 (130 f.), der im Rahmen der Verweisung deutscher Strafnormen auf das Völkerstrafrecht exemplarisch die Verfassungsmäßigkeit des § 7 Abs. 1 Nr. 4 VStGB anzweifelt. Zu erwähnen ist dabei allerdings die Besonderheit des Völkerstrafrechts, das zu erheblichen Teilen gewohnheitsrechtlich geprägt ist und daher vor dem Hintergrund des Bestimmtheitsgrundsatzes in besonderer Weise Bedenken begegnet.
91   *Rönnau* NStZ 2011, 558 (559); *Mosiek* StV 2008, 94 (98 f.); *Altenhain/Wietz* NZG 2008, 569 (572); *Schlösser* wistra 2006, 81 (88); vgl. hierzu auch *Kraatz* JR 2011, 58 (63).
92   *Mankowski/Bock* ZStW 2008, 704 (715 ff.); *Radtke* NStZ 2011, 556 (558); *ders.* GmbHR 2008, 729 (735), der sich dabei auf die Ermittlung der Fremdheit der Sache im Rahmen des § 242 StGB stützt, wo bei entsprechenden Auslandssachverhalten ebenfalls eine Fremdrechtsanwendung anerkannt ist, vgl. insofern *Satzger* in: FS Fuchs, S. 431 (440). Dieses Argument wurde sodann auch von *BGH* NStZ 2010, 632 (634) aufgegriffen. Kritisch zu dieser Parallele *Rönnau* NStZ 2011, 558 (559); *Schlösser/Mosiek* HRRS 2010, 424 (425).
93   Vgl. *Rönnau* NStZ 2011, 558 (559); *ders.* ZGR 2005, 832 (855 f.); *Mosiek* StV 2008, 94 (98 f.), der überdies darauf hinweist, dass die Anwendung verschiedenster Rechtsordnungen durch inländische Verfolgungsbehörden und Gerichte praktisch nicht durchführbar ist. Vgl. zu den praktischen Schwierigkeiten der Fremdrechtsanwendung auch *Mankowski/Bock* ZStW 2008, 704 (730 ff.). Entgegengehalten werden kann den rein praktischen Einwendungen indes die Regelung des § 7 StGB, die bereits auf Grundlage des geltenden Rechts eine Prüfung ausländischen Rechts erfordert; so auch *Satzger* in: FS Fuchs, S. 431 (441). Jedenfalls vor dieser Aufgabe können sich nationale Verfolgungsbehörden nicht aus praktischen Erwägungen verschließen.
94   *Radtke* GmbHR 2008, 729 (735); *Böse* in: NK-StGB, Vorbemerkungen zu § 3 StGB, Rn. 67; kritisch hierzu *Kraatz* JR 2011, 58 (63).

sig erachtet.⁹⁵ Die vorgebrachten verfassungsrechtlichen Bedenken hindern nach Ansicht des 5. Strafsenats die Fremdrechtsanwendung im Rahmen des § 266 StGB nicht.⁹⁶ Damit befindet sich der Senat auf der Linie der wohl herrschenden Meinung, sofern es sich um den Fall einer ausdrücklichen, statischen Verweisung handelt.⁹⁷ Im Falle einer dynamischen Verweisung etwa auf jeweils geltendes EU-Recht wird die Verfassungsmäßigkeit entsprechenden Regelungen jedoch überwiegend abgesprochen.⁹⁸

Zu einer unmittelbaren Fremdrechtsanwendung im Strafrecht führt all dies freilich nicht. Die Einbeziehung ausländischer Rechtsordnungen ist vielmehr nur zulässig, sofern darin die Beantwortung einer für die Sanktionierung beachtlichen Vorfrage zu sehen ist.⁹⁹ Die eigentliche Sanktionsbestimmung und -androhung muss stets beim inländischen Gesetzgeber verbleiben.¹⁰⁰ **433**

(3) Übertragung der Erkenntnisse auf § 130 OWiG

Auf die Regelung des § 130 OWiG können die durch den BGH postulierten Wertungen hingegen nicht einfach übertragen werden, zu wenig vergleichbar sind die zu Grunde liegenden Fragestellungen.¹⁰¹ Es ist ein Unterschied, ob das durch einen Unternehmensinhaber bewusst gewählte Gesellschaftsrecht im Rahmen des **434**

---

95 *BGH* NStZ 2010, 632 (634).
96 *BGH* NStZ 2010, 632 (634): „Welches Verhalten in Bezug auf die Betreuung fremden Vermögens pflichtwidrig ist, regelt die Strafbestimmung zwar nicht selbst; sie eröffnet aber über das normative Tatbestandsmerkmal der Pflichtwidrigkeit die Möglichkeit einer einfachgesetzlichen oder auch privatautonomen Konkretisierung, namentlich durch Satzung oder Vertrag (...). Diese außerstrafrechtlichen Regelungen – gegebenenfalls auch ausländischen Rechts – entscheiden damit nicht selbst über den tatbestandsmäßigen Erfolg und die ihn herbeiführende Handlung, sondern schaffen lediglich die – für sich genommen strafrechtlich wertungsfreie und ihrerseits nicht dem Bestimmtheitsgebot unterstehende – Grundlage für eine anschließende untreuespezifische Präzisierung." Zustimmend *Radtke* NStZ 2011, 556 (557).
97 *Ambos* Internationales Strafrecht, § 11 Rn. 30; *Satzger* Internationales und Europäisches Strafrecht, § 9 Rn. 70; *ders.* Europäisierung, S. 251 ff.
98 So etwa *Satzger/Langheld* HRRS 2011, 460 (463 f.), die überdies statische Verweisungen im Grundsatz mit der wohl herrschenden Meinung für zulässig erachten, dabei aber Verweisungen auf Unionsrecht wegen der unterschiedlichen Sprachfassungen dennoch einen „systemimmanenten Bestimmtheitsmangel" attestieren. Weniger besorgt zeigt sich indes BVerfG, wistra 2010, 396 (404): „Entgegen kritischer Stimmen in der Literatur (...) lässt sich ein genereller Einwand gegen Verweisungen von Blankettvorschriften auf Unionsrecht jedenfalls vorliegend noch nicht daraus herleiten, dass bei der Auslegung des europäischen Rechts gegebenenfalls die Fassungen der verschiedenen Amtssprachen zu berücksichtigen sind." Vgl. zur Zulässigkeit von dynamischen Verweisungen auf Unionsrecht auch *Satzger* in: Sieber/Satzger/v. Heintschel-Heinegg, § 9 Rn. 33; *ders.* Europäisierung, S. 253 ff.
99 Siehe zum Begriff der Vorfrage *Mankowski/Bock* ZStW 2008, 704 (707 f.).
100 Vgl. zum Gesetzesvorbehalt sogleich Rn. 435 ff.
101 Erst recht gilt dies im Vergleich zu Fällen der ausdrücklichen Verweisung auf Fremdrecht.

§ 266 StGB zur Ermittlung des Pflichtenmaßstabes herangezogen wird oder aber ob im Rahmen des § 130 OWiG sämtliche – und damit auch außereuropäische – Strafrechtsordnungen Teil des Pflichtenmaßstabes werden, in deren Geltungsbereich nachgeordnete Mitarbeiter womöglich über die Grenzen einzelner Konzerngesellschaften hinaus tätig werden. Freilich ließe sich vortragen, der Unternehmensinhaber suche sich seine Tätigkeitsräume ebenso aus wie die Rechtsordnung der Gesellschaftsgründung. Auch würde angesichts des Pflichtenprogramms der Leitungsperson einer Konzernobergesellschaft nicht die Kenntnis aller betroffenen Rechtsordnungen abverlangt werden. Zur ausreichenden Oberaufsicht würde womöglich vielmehr die Delegation auf jeweils kundige Aufsichtspersonen in den einzelnen Rechtsräumen genügen.

(a) Verfassungsrechtliche Hürden

435 Dennoch sind auch hier die verfassungsrechtlichen Bedenken zu betonen, die der Fremdrechtsanwendung auch an anderer Stelle entgegengehalten werden. Art. 103 Abs. 2 GG statuiert einen Gesetzesvorbehalt, der dem nationalen Gesetzgeber abverlangt, die Voraussetzungen der Strafbarkeit gesetzlich vorzugeben. Im Strafrecht wird dieser Grundsatz in § 1 StGB aufgegriffen. Zwar wird durch den Gesetzesvorbehalt nicht die Delegation der Spezifizierung von Straftatbeständen etwa auf die Exekutive ausgeschlossen.[102] Die grundlegenden Voraussetzungen der Strafbarkeit und dabei vor allem auch Art sowie Ausmaß der Strafbarkeit muss der Gesetzgeber jedoch eigenständig und hinreichend bestimmt gesetzlich festsetzen.[103]

436 Im Ordnungswidrigkeitenrecht findet sich die den Gesetzesvorbehalt aufgreifende Regelung in § 3 OWiG. Im Ergebnis gilt hier kaum etwas anderes. Der Gesetzgeber muss zum einen die wesentlichen Voraussetzungen der Ahndung und vor allem auch deren Folgen und damit Art und Höhe der Sanktion regeln.[104] Freilich könnte man auch in der Ermittlung der zu verhindernden Zuwiderhandlung eine reine Vorfrage sehen, um anschließend aufgrund der eigenständigen Anordnung in § 130 OWiG aus den daraus resultierenden Antworten entsprechende Aufsichtspflichten zu entwickeln. Der Unwert des Tatbestandes des § 130 OWiG liegt ja nicht in der Verwirklichung des Auslandstatbestandes, sondern in der Schaffung einer Zuwiderhandlungsgefahr durch unzureichende Aufsicht. Damit würde auch dann keine direkte Anwendung ausländischen Strafrechts erfolgen.[105] Auch wäre

---

102 BVerfGE 78, 374 (382); *BVerfG* NStZ-RR 2002, 22 (22); *Satzger* JuS 2004, 943 (944).
103 BVerfGE 105, 135 (153 f.); *BVerfG* NJW 2010, 3209 (3210); *Eser/Hecker* in: Schönke/Schröder, § 1 StGB Rn. 8; *Satzger* JuS 2004, 943 (944); *ders.* Europäisierung, S. 255 f.; vgl. auch BVerfGE 47, 109 (120): „Würde die Entscheidung über die Strafbarkeit eines Verhaltens den vollziehenden oder der rechtsprechenden Gewalt überlassen, so wäre dies unvereinbar mit dem Prinzip des Grundgesetzes, daß die Entscheidung über die Beschränkung von Grundrechten oder über die Voraussetzung einer Beschränkung dem Gesetzgeber und nicht den anderen staatlichen Gewalten obliegt."
104 *Rogall* in: KK-OWiG, § 3 Rn. 4; *Gerhold* in: BeckOK-OWiG, § 3 OWiG Rn. 15.
105 So aber *Caracas* Internationale Konzernstrukturen, S. 168.

der Gesetzesvorbehalt angesichts von Art und Maß der Sanktion gewahrt. Zwar koppelt § 130 OWiG die Höhe der Geldbuße an die Anknüpfungstat, wenn diese lediglich eine Ordnungswidrigkeit darstellt. Insofern kann von einer Wahrung des Parlamentsvorbehaltes kaum ausgegangen werden, wenn sich auch das Sanktionsmaß nach ausländischem Recht richtet. Allerdings wurde bereits im Rahmen der Auslegung am Wortlaut festgestellt, das ausländisches Ordnungswidrigkeitenrecht bzw. entsprechend ausgestaltete Sanktionsnormen als zu vermeidende Zuwiderhandlung nicht in Betracht kommen. Damit kann ohnehin nur ausländisches Strafrecht taugliche Grundlage darstellen. Für den Fall einer strafrechtsrelevanten Zuwiderhandlung ist die Höhe der Geldbuße jedoch gem. § 130 Abs. 3 OWiG durch den nationalen Gesetzgeber benannt, ohne dass dabei eine Bezugnahme auf den Strafrahmen der Zuwiderhandlung erfolgt.

Trotz alledem vermag die Einbeziehung ausländischer Strafnormen als Grundlage des Pflichtenmaßstabes im Rahmen des § 130 OWiG die verfassungsrechtlichen Hürden nicht zu überwinden. Wie gezeigt ist die direkte Fremdrechtsanwendung dem Strafrecht unbekannt. Ein deutsches Gericht kann nach der Konzeption unserer Strafrechtsordnung die Verletzung ausländischen Strafrechts nicht bestrafen. Nicht ausgeschlossen sein mag, außerstrafrechtliche Normen als Vorfrage eines Blanketttatbestandes oder zur Bestimmung normativer Tatbestandsmerkmale heranzuziehen, um darauf aufbauend sanktionswürdiges Unrecht zu konstituieren. Das Unwerturteil muss jedoch dem nationalen Gesetzgeber verbleiben. Allein die beschriebene mittelbare Fremdrechtsanwendung vermag daher die Grenzen von Bestimmtheitsgebot und Parlamentsvorbehalt nicht zu überschreiten. Unzulässig ist indes, den Verstoß gegen ausländisches Strafrecht als solches per Blanketttatbestand als strafbar zu erklären. Dies wäre nichts anderes, als die explizite Anordnung der direkten Fremdrechtsanwendung, die im Strafrecht wie gezeigt jedoch ausscheiden muss. Der Vorbehalt des Gesetzes verbietet es der Legislative, die Unwertentscheidung in einem solchen Maß zu delegieren. Wenn es dem Gesetzgeber verwehrt ist, die Verletzung ausländischen Strafrechts zu sanktionieren, so liegt es auf der Hand, ihm auch zu verwehren, die Vermeidung der Verletzung ausländischen Strafrechts zu sanktionieren. Die Zuwiderhandlungsgefahr als Taktgeber der Aufsichtspflichten dem ausländischen Strafrecht zu entnehmen, ist vor dem Hintergrund des Gesetzesvorbehaltes daher kaum möglich. **437**

(b) Normzweck

Zudem muss aber vor allem auch an dieser Stelle wieder die ratio der Norm in den Vordergrund rücken, aus der sich ebenfalls eine Ablehnung der Fremdrechtsanwendung ergibt. § 130 OWiG hält eine Sanktionsmöglichkeit für Fälle bereit, in denen der Inhaber eines Unternehmens nicht selbst handelt, sondern Aufgaben an nachgeordnete Mitarbeiter delegiert. Würde der Unternehmensinhaber selbst handeln, käme eine inländische Sanktionierung indes wie gezeigt nur in Betracht, wenn auch der Anwendungsbereich des nationalen Sanktionsrechts eröffnet wäre. Eine direkte **438**

Fremdrechtsanwendung und Bestrafung wegen Verstoßes gegen ausländisches Recht würde ausscheiden. § 130 OWiG kann aber nicht dazu führen, diese Rechtsfolge auf Umwegen herbeizuführen. Wenn die Delegation den Unternehmensinhaber aus dem Sanktionsbereich einer ausländischen Rechtsordnung entlässt, so ist es Aufgabe dieser Rechtsordnung, die dadurch entstehenden Lücken zu beseitigen. Es kann aber nicht Aufgabe der inländischen Rechtsordnung sein, sodann den Verstoß gegen Auslandsrecht zu bestrafen. Hierzu bedarf es einer Anknüpfung an inländisches Recht und damit der Eröffnung des Geltungsbereiches nationalen Strafrechts gem. §§ 3 ff. StGB, um dann nach diesen Maßstäben eine Sanktion auszusprechen. Dem ausländischen Gesetzgeber stehen dabei durchaus Möglichkeiten offen, auch die Aufsichtsperson der deutschen Konzernobergesellschaft in den Sanktionskreis zurückzuholen, wenn dieser durch mangelnde Aufsicht Zuwiderhandlungen im Ausland ermöglicht.[106]

(c) Schlussfolgerungen

439   Um eine Sanktionierung nach § 130 OWiG und damit aufgrund inländischen Sanktionenrechts zu begründen, bedarf es damit auch eines inländischen Unwerturteils. Ohne dieses kommt das nationale Strafrecht nicht aus, um Strafe zu legitimieren. Die tatbestandliche Pflicht kann nicht allein nach ausländischem Recht bemessen werden.[107] Sinnbildlich ist der Vergleich zur Strafbarkeit der Teilnahme, die ebenfalls auf der Verletzung inländischer Wertmaßstäbe beruht. Besonders deutlich wird diese im Falle des § 9 Abs. 2 S. 2 StGB, wenn dort schon eine am Tatort strafbare Handlung nicht erforderlich ist.

440   *„Denn durch das Strafanwendungsrecht werden zwar die deutsche Strafgewalt und die Anwendbarkeit des deutschen Strafrechts umgrenzt. Was aber – losgelöst von der Frage der Strafbarkeit – als Unrecht angesehen wird, muss damit nicht notwendig einhergehen. Das Unrecht der Inlandsteilnahme an einer Auslandshaupttat wird nicht aus dem ausländischen Unwerturteil über die Tat, wie es durch das auf die Tat anwendbare ausländische Strafrecht konstituiert wird, abgeleitet. Vielmehr taugt die deutsche Rechtsordnung auch dann als Unrechtsmaßstab für die Haupttat, wenn deutsches Strafrecht auf diese nicht anwendbar ist. Es ist der deutsche Unrechtsmaßstab, der die Auslandstat als Unrecht erscheinen lässt, so dass jede Teilnahme daran ihr Unrecht aus diesem deutschen Unwerturteil ableitet."[108]*

441   Eine extensive Auslegung des § 130 OWiG ist vor diesem Hintergrund nicht möglich. Prüfungsmaßstab bildet allein die inländische Rechtsordnung. Erforderlich ist das Herbeiführen einer Gefahr der Zuwiderhandlung gegen nationale Vorschriften. Diese Gefahr muss sich auch in Form einer Anknüpfungstat verwirklichen. Da hierbei wie gezeigt nicht auf die Eröffnung des Geltungsbereiches des Straf- und Ord-

---

106   Vgl. zu dieser Fallkonstellation und der Möglichkeit der Erfassung der ausländischen Konzernspitze im Rahmen des § 130 OWiG sogleich.
107   Im Ergebnis so auch *Caracas* Internationale Konzernstrukturen, S. 193 f.
108   *Satzger* Internationales und Europäisches Strafrecht, § 5 Rn. 40.

nungswidrigkeitenrechts verzichtet werden kann, ist damit im Ergebnis eine inländische Anknüpfungstat unabdingbar.

c) Kombinationsansatz

Nun könnte als Lösung der verfassungsrechtlichen Bedenken erwogen werden, ausländisches Recht vor diesem Hintergrund nur dann als tauglichen Prüfungsmaßstab für die Ermittlung der Aufsichtspflichten genügen zu lassen, wenn im Rechtsraum der Bundesrepublik entsprechende Unrechtsmaßstäbe gelten.[109] Die zwingenden Gegenargumente liegen indes jedenfalls für den Tatbestand des § 130 OWiG auf der Hand.[110] Da eine Rechtsordnung keine Anwendung findet und der Sanktionierung somit grundsätzlich im Wege steht, soll dann die kumulative Anwendung einer zweiten, grundsätzlich ebenfalls nicht einschlägigen Rechtsordnung das Sanktionsrecht begründen. Dies allein strapaziert bereits die Legitimation einer derartigen Konstruktion vor dem Hintergrund der verfassungsrechtlichen Schranken staatlicher Sanktionierung.[111] Außerdem wird auch durch diese Vorgehensweise nicht der Vorwand ausgeräumt, der Betriebsinhaber stünde allein durch die Delegation schlechter verglichen zu dem Fall der selbstständigen Begehung. Letztendlich führt ein entsprechender Ansatz vor allem aber zur Aushöhlung der Regelungen zur Eröffnung des Geltungsbereiches sämtlich beteiligter Rechtsordnungen – und dies ohne zwingende Gründe. Es steht dem ausländischen Gesetzgeber frei, im Falle von Straftaten im eigenen Rechtsraum auch die Aufsichtspersonen im Ausland in den Sanktionskreis einzubeziehen, wenn diese für die Tatbegehung ursächlich war. Es kann wie erwähnt nicht Aufgabe der nationalen Strafgewalt sein, die Verletzung ausländischen Rechts zu ahnden. Auch wenn im Strafrecht durch die Regelung des § 7 StGB die stellvertretende Strafrechtspflege durchaus gesetzlich verankertes Gedankengut ist, so fehlen jedenfalls dem insofern maßgeblichen Ordnungswidrigkeitenrecht entsprechende Ansätze. Gleichwohl § 130 OWiG gegenüber reinen Zurechnungsvorschriften ein eigenständiger Unrechtsgehalt zukommt, hat sich der Gesetzgeber nun mal entschlossen, ausdrücklich eine tatsächlich begangene Zuwiderhandlung als Voraussetzung der Ahndung zu verlangen.

Schließlich wird die Suche nach weiteren Legitimationsansätzen zu der Frage führen, ob nicht eine Mischform der aufgezeigten Ansätze in Betracht kommt. Damit könnte zu erwägen sein, ob hinsichtlich des Pflichtenmaßstabes zur Vermeidung einer Zuwiderhandlung nicht auf nationales Recht zurückgegriffen werden kann, und allein auf Ebene der objektiven Ahndungsbedingung auf ausländisches Recht. Derartige Versuche werden aber bereits am Wortlaut der Norm scheitern. § 130 Abs. 1 OWiG verlangt Aufsichtsmaßnahmen zur Vermeidung von Zuwiderhand-

---

109 Vgl. für einen entsprechenden Ansatz im Allgemeinen *Mankowski/Bock* ZStW 2008, 704 (718 ff.), die insofern von einem strafrechtlich anerkannten ordre public sprechen.
110 Ablehnend auch *Caracas* Internationale Konzernstrukturen, S. 181.
111 Vgl. hierzu auch *Rönnau* NStZ 2011, 558 (559).

lungen und eben, dass genau diese Zuwiderhandlung auch begangen wird. Wie gezeigt realisiert sich die Gefahr einer Zuwiderhandlung gegen nationales Recht nur, wenn im Rahmen der Anknüpfungstat auch der Geltungsbereich der nationalen Rechtsordnung verwirklicht ist. Anderenfalls unterbleibt die Realisierung. Der ausschließliche Verstoß gegen ausländische Eigentumsdelikte beispielsweise bedeutet vor diesem Hintergrund schlichtweg schon dem Wortlaut nach nicht die Realisierung der Gefahr der Begehung einer Tat gem. §§ 242 ff. StGB.

3. Zwischenergebnis

444 § 130 OWiG ist im Rahmen von Konzernsachverhalten entsprechend der gefundenen Grundsätze damit auch anwendbar, wenn die Zuwiderhandlung in einer ausländischen Tochtergesellschaft begangen wird, sofern die Tat durch unzureichende Oberaufsicht der inländischen Konzernobergesellschaft ermöglicht wurde. Voraussetzung ist jedoch, dass die Anknüpfungstat dabei dem räumlichen Geltungsbereich des inländischen Straf- und Ordnungswidrigkeitenrechts unterliegt. Ein ausschließlicher Verstoß gegen ausländische Rechtsnormen durch den Zuwiderhandlungstäter vermag für eine Anwendbarkeit des § 130 OWiG indes nicht zu genügen. Der Pflichtenmaßstab der inländischen Sanktionsnorm des § 130 OWiG wird insofern allein durch die nationale Rechtsordnung bestimmt und umzeichnet. Aufgrund des Ubiquitätsgrundsatzes im Rahmen der Tatortbestimmung sowie der zahlreichen Durchbrechungen des Territorialitätsprinzips im Strafrecht verbleibt dennoch ein extensiver Anwendungsbereich, der die Leitungspersonen von inländischen Konzernobergesellschaften zur Aufsicht auch gegenüber ausländischen Tochtergesellschaften verpflichtet.

II. Die Verantwortlichkeit ausländischer Konzernobergesellschaften bei Zuwiderhandlungen im Inland

445 Zu bewerten ist daneben der Fall einer Zuwiderhandlung in einer inländischen Tochtergesellschaft, die durch unzureichende Oberaufsicht der ausländischen Obergesellschaft ermöglicht wurde.

1. Handlungsort der Aufsichtspflichtverletzung bei ausländischen Konzernobergesellschaften

446 Anders als im gegensetzten Fall rückt die Bedeutung der Einbeziehung der Zuwiderhandlung in den Schutzbereich der Norm in den Hintergrund, da die im Inland begangene Zuwiderhandlung kraft des Territorialitätsprinzips taugliche Anknüpfungstat i.S.d. § 130 OWiG ist. Umso bedeutsamer ist in dieser Fallkonstellation die Bestimmung des Handlungsortes im Rahmen des § 130 OWiG.

a) Handlungsortbegründung bei echten Unterlassungsdelikten

Bei echten Unterlassungsdelikten wird im Rahmen des Ordnungswidrigkeitenrechts wie erörtert regelmäßig ein Handeln im räumlichen Geltungsbereich verlangt, wobei eine abschließende Beurteilung anhand des konkreten Tatbestandes zu erfolgen hat.[112] Damit ist im Rahmen des § 130 OWiG im Einzelfall zu bestimmen, an welchem Ort die erforderlichen Aufsichtsmaßnahmen zu ergreifen sind. Zeigt sich die Notwendigkeit einer Aufsicht vor Ort und damit im Inland, bereitet die Handlungsortbegründung im Inland und damit die Anwendbarkeit des § 130 OWiG regelmäßig keine großen Schwierigkeiten. Zu berücksichtigen ist allerdings, dass im Falle der Konzernaufsicht häufig nur eine Oberaufsicht zum Pflichtenprogramm der Obergesellschaft zählen wird, die sich in räumlicher Hinsicht durchaus auf den dann ausländischen Bereich der Konzernobergesellschaft beschränken kann. So wird sich schon mangels tatsächlicher Kapazitäten die Oberaufsicht der Konzernspitze auf das Einholen und Auswerten von Berichten der nachgeordneten Aufsichtspersonen und der Sicherstellung der – möglicherweise zentral erarbeiteten – Struktur reduzieren, während ein persönliches Aufsuchen sämtlicher ausländischer Tochterunternehmen ohne Vorliegen besonderer Anhaltspunkte nicht verlangt werden kann, um den Erfordernissen des § 130 OWiG gerecht zu werden. Vor allem in größeren Unternehmensverbunden kann es für die Leitungspersonen der Obergesellschaft regelmäßig nicht erforderlich sein, fortlaufend persönlich an den Standorten der nachgeordneten Landeseinheiten Aufsichtsmaßnahmen zu ergreifen. Wenn der Verantwortungsträger sich aber nicht im Inland befindet und hier auch nicht tätig werden muss, um seinen Aufsichtspflichten zu genügen, so ist fraglich, ob eine dann im Ausland begangene Verletzung der Oberaufsicht in den räumlichen Anwendungsbereich des § 130 OWiG fallen kann.

447

b) Die Anknüpfungstat als handlungsortbegründendes Element

Denkbar wäre dies, wenn die inländische Zuwiderhandlung den Handlungsort der Aufsichtspflichtverletzung begründen könnte. Bei der Anknüpfungstat handelt es sich um eine objektive Bedingung der Ahndung. Wären objektive Strafbarkeits- bzw. Ahndungsbedingungen handlungsortbegründend, könnte die entsprechende Sachverhaltskonstellation in den räumlichen Anwendungsbereich des § 130 OWiG fallen, ohne dass der Aufsichtspflichtige sich im Inland befinden oder hier hätte tätig werden müssen.

448

aa) Beschluss des Bundesgerichtshofes vom 10.9.2003

In Ausnahme zu der ansonsten kaum vorhandenen Rechtsprechung zu den hier maßgeblichen Streitfragen im Rahmen der Anwendungsreichweite des § 130 OWiG, hatte sich der BGH bereits explizit mit dem handlungsortbegründen-

449

---

112 *Rogall* in: KK-OWiG, § 7 OWiG Rn. 8. Vgl. hierzu bereits oben Rn. 402.

den Charakter der Zuwiderhandlung i.S.d. § 130 OWiG auseinanderzusetzen. Zu Grunde lagen dabei jedoch nicht etwa ein grenzüberschreitender Sachverhalt und damit die Frage nach der grundsätzlichen Geltungsreichweite des Ordnungswidrigkeitenrechts. Anlass des Beschlusses aus dem Jahre 2003 war vielmehr ein Zuständigkeitsstreit zwischen zwei Amtsgerichten, über den gem. § 46 Abs. 1 OWiG i.V.m. § 14 StPO der BGH zu entscheiden hatte.[113] Auslöser war ein Bußgeldverfahren gegen den Geschäftsführer eines Betriebes wegen eines Verstoßes gegen § 130 OWiG. Durch die vermeintliche Aufsichtspflichtverletzung war es zur Überladung von Fahrzeugen durch Mitarbeiter des Betriebes gekommen. Die Besonderheit des Falles ergab sich nun daraus, dass die Überladung nicht am Sitz des Betriebes erfolgte. Während dieser im Bezirk des baden-württembergischen AG Leonberg lag, erfolgte die Be- und damit zugleich Überladung im Bezirk des ebenfalls baden-württembergischen AG Maulbronn.

450 Nach Einleitung des Bußgeldverfahrens wurde dieses bald darauf eingestellt. Die Bußgeldstelle des Landratsamtes des Enzkreises erließ jedoch gegen den Geschäftsführer einen Verfallsbescheid über 43.000,00 Euro gem. § 29a Abs. 4 OWiG, gegen den der Betroffene fristgerecht Einspruch einlegte. Das AG Leonberg erklärte sich wie das AG Maulbronn für örtlich unzuständig. Nach der maßgeblichen Verordnung des Justizministers von Baden-Württemberg war für die Zuständigkeit der Gerichte im Rahmen der Bußgeldstreitigkeit der Handlungsort i.S.d. § 7 OWiG maßgeblich. Der BGH bejahte in der Folge den Handlungsort des zu Grunde gelegten § 130 OWiG im Amtsgerichtsbezirk Maulbronn und stützte seine Entscheidung insofern auf den Begehungsort der Überladung als Ort der Zuwiderhandlung.

451 *„Denn die Verletzung betrieblicher Pflichten durch die der Aufsicht unterliegenden Angehörigen des Betriebs – hier die unzulässige Überladung der Fahrzeuge im Bezirk des Amtsgerichts Maulbronn – ist eine objektive Bedingung für die Verfolgbarkeit einer Ordnungswidrigkeit nach § 130 OWiG (...), die, obwohl außerhalb des eigentlichen Tatbestandes des § 130 OWiG liegend, gleichwohl eine tatortbegründende Wirkung im Sinne von § 7 Abs. 1 OWiG entfaltet (...). Kommt es durch Unterlassen der erforderlichen Aufsicht zu betriebsbedingten Rechtsverstößen (hier das Überladen der Fahrzeuge), so ist Handlungsort im Sinne von § 7 Abs. 1 OWiG auch der Ort, an welchem sich die Gefahr verwirklicht, deren Vermeidung Zweck des § 130 OWiG ist."*[114]

bb) Gegenstimmen der Literatur

452 Der BGH bewegt sich mit seiner Entscheidung auf gefestigtem Terrain. Die tatortbegründende Wirkung der objektiven Strafbarkeits- bzw. Ahndungsbedingung entspricht der ständigen Rechtsprechung und der wohl auch noch herrschenden Mei-

---

113 Zum Folgenden *BGH* wistra 2003, 465 (465).
114 *BGH* wistra 2003, 465 (465).

nung im Schrifttum.[115] Vertreter der Gegenauffassung lehnen die Tatortbegründung der objektiven Strafbarkeitsbedingung hingegen ab.[116] Ausgangspunkt der Überlegung ist dabei die Natur der objektiven Strafbarkeitsbedingung. Diese sind keine Tatbestandsmerkmale, weder Vorsatz noch Schuld müssen sich auf sie erstrecken.[117] Die objektive Strafbarkeitsbedingung stößt damit vor dem Hintergrund des Schuldprinzips auf verfassungsrechtliche Bedenken.[118] Der Grundsatz *nulla poena sine culpa* gilt dabei auch im Ordnungswidrigkeitenrecht.[119] Die Vereinbarkeit mit dem Schuldprinzip und damit die Verfassungsmäßigkeit von objektiven Bedingungen der Strafbarkeit bzw. Ahndung lassen sich jedoch dann herstellen, wenn diese alleine strafbarkeitsbeschränkend wirken.[120] Wird die objektive Strafbarkeitsbedingung zur Tatortbegründung herangezogen, wirke sie insofern aber strafbarkeitsbegründend. Die im Vormarsch befindliche Auffassung in der Literatur lehnt dies als widersprüchlich ab.[121]

Gleichwohl die Argumente der Gegner einer tatortbegründenden Wirkung der objektiven Ahnungsbedingung überzeugen, scheint eine unmittelbare Ableitung auf den in Rede stehenden Fall des § 130 OWiG nicht zwingend. Denn auch wenn die Zuwiderhandlung auch hier eine objektive Bedingung der Ahndung darstellt, ist deren sanktionserhöhende Wirkung der Norm nämlich bereits immanent. Der Bußgeldrahmen der Aufsichtspflichtverletzung wird in Abhängigkeit zum Sanktionsrahmen der Zuwiderhandlung gestellt. Wie ausgeführt kann den damit auftretenden, 453

---

115 Explizit für § 130 OWiG *Gürtler* in: Göhler, § 130 OWiG Rn. 17; *Fischer* § 9 StGB Rn. 4b; *Caracas* Internationale Konzernstrukturen, S. 101. Vgl. zur Tatortbegründung der Rauschtat, die eine objektive Strafbarkeitsbedingung im Rahmen des § 323a StGB darstellt *BGH* NJW 1997, 138 (140): „Was i.S.d. § 9 StGB unter dem Merkmal „zum Tatbestand gehörender Erfolg" zu verstehen ist, kann aber nicht ausgehend von der Begriffsbildung der allgemeinen Tatbestandslehre ermittelt werden. Diese Vorschrift will nicht die dogmatische Unterscheidung zwischen Tatbestand und objektiver Bedingung der Strafbarkeit aufgreifen." Im Ergebnis auch *Förster* in: Rebmann/Roth/Herrmann, § 7 OWiG Rn. 5; *Bohnert* § 7 OWiG Rn. 6; *Lemke* in: Lemke/Mosbacher, § 7 OWiG Rn. 7; *Eser* in: Schönke/Schröder, § 9 StGB Rn. 6c; *Werle/Jeßberger* in: LK-StGB, § 9 StGB Rn. 37; *Möhrenschlager* in: Wabnitz/Janovsky, 3. Kapitel Rn. 38; *Ambos* Internationales Strafrecht, § 1 Rn. 17; *Schramm* Internationales Strafrecht, Kap. 1 Rn. 50; *Hecker* ZIS 2011, 398 (399); *ders.* Europäisches Strafrecht, § 1 Rn. 4; differenzierend *Böse* NK-StGB, § 9 StGB Rn. 9.
116 So vor allem *Satzger* Internationales und Europäisches Strafrecht, § 5 Rn. 29 ff.; *ders.* in: SSW-StGB, § 9 StGB Rn. 5; zustimmend *Rogall* in: KK-OWiG, § 7 OWiG Rn. 15; im Ergebnis auch *Roxin* Allgemeiner Teil Band I, § 23 Rn. 30.
117 *Paeffgen* in: NK-StGB, Vorbemerkungen zu den §§ 32 ff. StGB Rn. 305.
118 Vgl. hierzu bereits oben Fn. zu Rn. 209.
119 BGHSt 20, 333 (337); *Mitsch* in: KK-OWiG, Einleitung Rn. 123.
120 *Eisele* in: Schönke/Schröder, Vorbemerkungen zu den §§ 13 ff. StGB Rn. 125; *Bosch* in: MK-StGB, § 113 StGB Rn. 27; *Wessels/Beulke/Satzger* Strafrecht AT, Rn. 149; *Satzger* Internationales und Europäisches Strafrecht, § 5 Rn. 31.
121 *Satzger* Internationales und Europäisches Strafrecht, § 5 Rn. 31; *Rogall* in: KK-OWiG, § 7 OWiG Rn. 15; im Ergebnis auch *Roxin* Allgemeiner Teil Band I, § 23 Rn. 30.

verfassungsrechtlichen Bedenken begegnet werden, sofern § 130 OWiG nach der zutreffenden Ansicht als konkretes Gefährdungsdelikt verstanden wird. Das Herbeiführen der Zuwiderhandlungsgefahr ist von der Vorwerfbarkeit umfasst, der subjektive Tatbestand muss sich hierauf erstrecken. Damit zerschlagen sich auch die aufgezeigten Argumente hinsichtlich des Schuldprinzips. Dies soll indes nicht bedeuten, dass die dargestellten Überlegungen der Gegner der tatortbegründenden Wirkung der objektiven Ahndungsbedingung ins Leere gehen. Vielmehr verschiebt sich der Anknüpfungspunkt für die Handlungsortbestimmung im Rahmen des § 130 OWiG. Nicht zuletzt aufgrund der überzeugenden Argumentationslinie von *Satzger* und *Rogall* ist dieser nicht unmittelbar auf Ebene der objektiven Ahndungsbedingung verortet, sondern vielmehr in der Rechtsnatur der Regelung zu suchen.

c) Handlungsortbegründung im Lichte der Rechtsnatur

454 Denn wie dargelegt handelt es sich bei dem Tatbestand der betrieblichen Aufsichtspflichtverletzung gem. § 130 OWiG um ein konkretes Gefährdungsdelikt. Zwar muss sich der Vorsatz des Aufsichtspflichtigen nicht auf die konkret begangene Zuwiderhandlung erstrecken. Diese bleibt vielmehr objektive Bedingung der Ahndung. Indes muss sich der Vorsatz oder die Fahrlässigkeit aber auf die konkrete Gefahr einer entsprechenden Zuwiderhandlung beziehen. Es kann insofern nicht ausreichen, wenn abstrakt die Gefahr irgendeiner Pflichtverletzung geschaffen wird.[122]

aa) Der Erfolgsort des § 130 OWiG als konkretes Gefährdungsdelikt

455 Für die Bestimmung des räumlichen Anwendungsbereiches der Norm entfaltet ihre Einordnung als konkretes Gefährdungsdelikt an dieser Stelle entscheidende Bedeutung.[123] Denn abstrakte Gefährdungsdelikte werden gemeinhin wie reine Tätigkeitsdelikte behandelt. Damit weisen sie zwar einen Tätigkeitsort auf, das Vorliegen eines separaten Erfolgsortes wird ihnen von der herrschenden Meinung indes abgesprochen.[124] Etwas anderes gilt im Rahmen von konkreten Gefährdungsdelikten.

---

122 Vgl. zur Einordnung des § 130 OWiG als konkretes Gefährdungsdelikt ausführlich oben Rn. 208 ff..

123 Damit handelt es sich bei der Abgrenzung von abstrakten und konkreten Gefährdungsdelikt im Rahmen des § 130 OWiG keinesfalls nur um eine rein theoretische Streitfrage, wie es aber etwa *Niesler* in: Graf/Jäger/Wittig, § 130 OWiG Rn. 6; sowie *Bock* in: Rotsch, Criminal Compliance, § 8 Rn. 5 annehmen.

124 Vgl. *Satzger* Internationales und Europäisches Strafrecht, § 5 Rn. 25 ff.; *ders.* in: SSW-StGB, § 9 StGB Rn. 7; *ders.* NStZ 1998, 112 (114 ff.) mit Verweis auf die Regelung des § 5 Nr. 10 StGB, die überflüssig wäre, würden abstrakte Gefährdungsdelikte einen tatortbegründenden Erfolg aufweisen. Im Ergebnis so auch *Böse* in: NK-StGB, § 9 StGB Rn. 11 f.; *Rogall* in: KK-OWiG, § 7 OWiG Rn. 13; *Bohnert* § 7 OWiG Rn. 6; *Esser* Europäisches und Internationales Strafrecht, § 14 Rn. 34; *Schramm* Internationales Strafrecht, Kap. 1 Rn. 48; *Möhrenschlager* in: Wabnitz/Janovsky, 3. Kapitel Rn. 38a. A.A. jedoch *Rengier* Strafrecht AT, § 6 Rn. 17; *Gürtler* in: Göhler, § 7 OWiG Rn. 6a; *Werle/Jeßberger* in: LK-StGB, § 9 StGB Rn. 28 ff.; *Hecker* ZIS 2011, 398 (400 f.).

Mit dem Eintritt der konkreten Gefahr gibt es hier einen Tatererfolg und damit neben dem Tätigkeitsort auch einen Erfolgsort.[125] Dieser ist dort begründet, wo das durch den jeweiligen Tatbestand geschützte Rechtsgut konkret gefährdet ist.[126] Auf die Regelung des § 130 OWiG übertragen bedeutet dies, dass neben dem Tätigkeitsort – bzw. da es sich um ein echtes Unterlassungsdelikt handelt, der Ort, an dem der Aufsichtspflichtige hätte tätig werden müssen – auch ein Erfolgsort existieren kann. Dieser ist nach den dargelegten Grundsätzen dort begründet, wo die durch § 130 OWiG geschützten Rechtsgüter konkret gefährdet werden. Der Schutzzweck des § 130 OWiG ist auf die Rechtsgüter gerichtet, die durch die zu verhindernden Zuwiderhandlungen geschützt werden sollen.[127] Damit ist der Erfolgsort der konkreten Gefährdung im Rahmen des § 130 OWiG grundsätzlich zumindest auch am Ort der Zuwiderhandlung begründet.[128] Die Darstellung der allgemeinen Grundsätze zum ordnungsrechtlichen Sanktionsanwendungsrecht hat indes ergeben, dass es für die Handlungsortbegründung gem. § 7 OWiG genügt, wenn der Tätigkeitsort *oder* aber der Erfolgsort im Inland liegt. Damit ist der räumliche Anwendungsbereich des § 130 OWiG im Ergebnis aber eröffnet, sobald die Zuwiderhandlung im Inland begangen wurde – auch wenn der Aufsichtspflichtige ausschließlich im Ausland hätte handeln müssen und damit auch der Tätigkeitsort außerhalb des Staatsgebietes der Bundesrepublik liegt.

bb) Bußgeldbescheid des Bundeskartellamtes vom 13.11.1998

Die somit gewonnenen Ergebnisse scheinen auch in der Praxis Bestätigung zu finden. Entsprechend zu interpretieren sind jedenfalls die Ausführungen des Bundeskartellamtes in einem Bußgeldbescheid vom 13. November 1998.[129] Der zu Grunde liegende Sachverhalt betraf einen weltweit tätigen Textil- und Sportartikelkonzern. Die vom Bußgeldbescheid betroffene Gesellschaft des Konzerns hatte ihren Sitz in Italien. In Deutschland griff die Gesellschaft auf verschiedene Agenturen zurück,

456

---

125 *Werle/Jeßberger* in: LK-StGB, § 9 StGB Rn. 27; *Lemke* in: Lemke/Mosbacher, § 7 OWiG Rn. 7; *Esser* Europäisches und Internationales Strafrecht, § 14 Rn. 32; *Schramm* Internationales Strafrecht, Kap. 1 Rn. 45; *Rengier* Strafrecht AT, § 6 Rn. 12; *Möhrenschlager* in: Wabnitz/Janovsky, 3. Kapitel Rn. 38.
126 Vgl. *Rogall* in: KK-OWiG, § 7 OWiG Rn. 12; *Förster* in: Rebmann/Roth/Herrmann, § 7 OWiG Rn. 5; *Bohnert* § 7 OWiG Rn. 6; *Lemke* in: Lemke/Mosbacher, § 7 OWiG Rn. 7; für das Strafrecht *BayObLG* NJW 1957, 1327 (1328); *OLG Köln* NJW 1968 (954); *Böse* in: NK-StGB, § 9 StGB Rn. 10; *Ambos* in: MK-StGB, § 9 StGB Rn. 19; *Eser* in: Schönke/Schröder, § 9 StGB Rn. 6a; *Werle/Jeßberger* in: LK-StGB, § 9 StGB Rn. 27; *Rengier* Strafrecht AT, § 6 Rn. 12; *Satzger* NStZ 1998, 112 (114).
127 Vgl. oben Rn. 214 ff.
128 Zu streng insofern *Caracas* Internationale Konzernstrukturen, S. 95: „Der Ort der tatsächlich eingetretenen Zuwiderhandlungsgefahr spielt für die Erfolgsortbestimmung hinsichtlich der Zuwiderhandlungsgefahr keine Rolle." Richtig ist zwar, dass die Zuwiderhandlungsgefahr an deutlich mehr Orten entstehen kann als an dem Ort der letztendlichen Realisierung in Form der konkreten Zuwiderhandlung. Jedenfalls an diesem Realisierungsort ist freilich aber auch der Ort der Zuwiderhandlungsgefahr gegeben.
129 *BKartA* WuW 1999, 385 (385 ff.).

5 Grenzüberschreitende Sachverhalte

die mit der Akquisition von Einzelhändlern, der Aufnahme von Bestellungen durch Einzelhändler sowie der Übermittlung der Bestellungen an die italienische Gesellschaft beauftragt waren. Die Einzelhändler wurden sodann direkt durch die italienische Gesellschaft beliefert. Auf den gelieferten Waren befanden sich dabei bereits bei Lieferung Preisetiketten. Überdies übermittelte die Gesellschaft den Agenturen Listen mit empfohlenen Verkaufspreisen. Die Agenturen überwachten in der Folge, ob die Einzelhändler die Preisvorgaben einhielten. Bei ungenehmigten Abweichungen wurde mit Abbruch der Lieferungen gedroht.

457 Nun waren – und sind es mit Einschränkungen auch heute noch – nach den maßgeblichen wettbewerbsrechtlichen Vorschriften Preisvorgaben verboten und als Ordnungswidrigkeit mit Geldbuße bedroht.[130] Vom Preisempfehlungsverbot ausgenommen waren lediglich solche Vorgaben, die ausdrücklich als unverbindlich gekennzeichnet waren. Ein entsprechender Unverbindlichkeitsvermerk fehlte hier jedoch auf den Preisetiketten. Damit waren die entsprechenden wettbewerbsrechtlichen Ordnungswidrigkeitstatbestände erfüllt. Allerdings konnte das Bundeskartellamt hier nicht nachweisen, dass die Verstöße durch Leitungspersonen der italienischen Gesellschaft veranlasst wurden. Damit schied die unmittelbare Verhängung einer Verbandsgeldbuße gem. § 30 OWiG mangels tauglicher Anknüpfungstat aus. Es sah jedoch beim Vertriebsleiter der Gesellschaft mehrere Aufsichtspflichtverletzungen gem. § 130 OWiG als gegeben, wodurch sodann auch der Anwendungsbereich des § 30 OWiG eröffnet wurde. Dabei stellte das Bundeskartellamt zunächst fest, dass der Vertriebsleiter aufgrund seiner Beauftragung gem. § 9 Abs. 2 Nr. 1 OWiG als tauglicher Täter der Aufsichtspflichtverletzung gem. § 130 OWiG in Betracht kam. Sodann führte das Bundeskartellamt verschiedene Aufsichtspflichtverletzungen an. Zum einen wurde dem Vertriebsleiter mangelnde Aufsicht gegenüber den inländischen Agenturen vorgeworfen.[131] Zum anderen bezog sich der Vorwurf der Aufsichtspflichtverletzung auf die mangelnde Aufsicht der eigenen Mitarbeiter in Italien, die für die Anbringung der Preisetiketten verantwortlich waren. Aufgrund des grenzüberschreitenden Charakters hatte das Bundeskartellamt schließlich Ausführungen zum räumlichen Anwendungsbereich des § 130 OWiG zu treffen.

---

130 Vgl. zur Zulässigkeit von Preisempfehlungen *Zimmer* in: Immenga/Mestmäcker, Wettbewerbsrecht GWB, § 1 GWB Rn. 364 ff.
131 Die Aufsichtspflicht gegenüber den Agenturen begründete das Bundeskartellamt damit, dass diese mit den Vertriebsaufgaben der Gesellschaft betraut und dafür eingesetzt wurden. Ohne hierzu nähere Ausführungen zu machen, geht die Behörde hier damit wohl davon aus, dass die „Täter" in Agenturen trotz Zugehörigkeit zu einem anderen Unternehmen taugliche Zuwiderhandlungstäter i.S.d. § 130 OWiG sind und durch die Wahrnehmung der Vertriebsaufgaben für die Obergesellschaft auch die erforderliche Betriebsbezogenheit vorliegt. Hinsichtlich einer Agentur ließ sich das Bundeskartellamt in seiner Entscheidung überdies zu einer Bemerkung hinreißen, die für die vorliegende Untersuchung besondere Relevanz aufweist. Denn diese Agentur sei zur Tatzeit Konzernunternehmen gewesen, schon dies genüge für die Begründung der Verantwortlichkeit. Eine dogmatische Herleitung dieses Befundes war freilich nicht erkennbar, vgl. *BKartA* WuW 1999, 385 (388 f.).

Bezogen auf die mangelnde Beaufsichtigung der Agenturen waren dabei keine größeren Hürden zu überspringen, da das Bundeskartellamt annahm, der Vertriebsleiter hätte diese in Deutschland beaufsichtigen müssen. Damit wurde bereits der Tätigkeitsort im Inland begründet, der räumliche Anwendungsbereich gemäß § 7 OWiG damit ohne weiteres eröffnet. 458

„*Soweit es die Verletzung der Aufsichtspflicht gemäß § 130 OWiG gegenüber den inländischen Agenturen anbelangt, hätte der Verantwortliche die erforderlichen Belehrungs- und Kontrollmaßnahmen in den inländischen Agenturen durchführen müssen, so daß insofern der Ort der gebotenen Handlung und damit der Tätigkeitsort i.S.d. § 7 Abs. 1 OWiG im Inland liegt.*"[132] 459

Bezogen auf die mangelnde Beaufsichtigung der eigenen Mitarbeiter war dies indes anders zu begründen. Denn wie der Betriebsleiter befanden sich auch die betroffenen Mitarbeiter der Gesellschaft allesamt in Italien. Damit konnte kaum die Begründung aufgestellt werden, es seien auch gegenüber diesen Mitarbeitern Aufsichtsmaßnahmen in Deutschland erforderlich gewesen. Dennoch vermochte das Bundeskartellamt hier einen Handlungsort in Deutschland zu begründen. 460

„*Hinsichtlich der Verletzung der Aufsichtspflicht gegenüber den für den Vertrieb nach Deutschland zuständigen Mitarbeitern (...) liegt zwar der Tätigkeitsort in Italien, da der Verantwortliche die dort mit der Preisauszeichnung und Korrespondenz für den deutschen Markt beschäftigten Mitarbeiter (...) hätte belehren und kontrollieren müssen. Da der Gefährdungserfolg der rechtswidrigen Preisempfehlungen jedoch bei den Einzelhändlern als Empfehlungsadressat in Deutschland eingetreten ist, ist die Aufsichtspflichtverletzung des Verantwortlichen, die zu Zuwiderhandlungen (...) geführt hat, auch in bezug auf die Mitarbeiter (...) in Italien unter dem Gesichtspunkt des Erfolgsortes gemäß § 7 OWiG in Deutschland begangen.*"[133] 461

Damit bestätigte das Bundeskartellamt nicht nur die Möglichkeit der Ahndung einer im Ausland begangenen Aufsichtspflichtverletzung gem. § 130 OWiG. Vielmehr deuten Wortwahl und Ergebnis auf die Vorgehensweise, die auch im Rahmen dieser Untersuchung vertreten wird. So bezog sich das Bundeskartellamt zum einen nicht auf den Ort der Zuwiderhandlung als objektive Bedingung der Ahndung und verwahrte sich somit vor den kritischen Stimmen, die derartigen Bedingungen eine Handlungsortbegründung absprechen. Stattdessen stützte sich die Behörde auf den „Gefährdungserfolg" sowie anschließend auf den „Erfolgsort" und damit auf einen Anknüpfungspunkt, der bei abstrakten Gefährdungsdelikten zumindest nach der weit überwiegenden Meinung nicht zur Verfügung steht. 462

---

132 *BKartA* WuW 1999, 385 (390).
133 *BKartA* WuW 1999, 385 (390).

2. Rechtsfolgenbetrachtung

463 Damit zählt auch die ausländische Konzernobergesellschaft bzw. deren gesetzliche Vertreter zum Adressatenkreis des § 130 OWiG, wenn es in Folge unzureichender Oberaufsicht zu Zuwiderhandlungen im Inland kommt. Die ausländische Konzernobergesellschaft kann bei Vorliegen der notwendigen Organisationsherrschaft dann mit Geldbuße für die Aufsichtspflichtverletzung sanktioniert werden. § 30 OWiG steht dem nicht entgegen. Zum einen ist eine taugliche Anknüpfungstat gegeben, sobald der räumliche Anwendungsbereich des § 130 OWiG eröffnet ist.[134] Zum anderen erlaubt es die Norm auch, gegen ausländische Gesellschaften Bußgelder zu verhängen.[135] Allerdings muss die betroffene Gesellschaft wenigstens ihrem Typus nach einer der im Katalog des § 30 OWiG bezeichneten Gesellschaften entsprechen.[136]

464 Schließlich verdient gerade bei der Ahndung grenzüberschreitender Delikte das im Ordnungswidrigkeitenrecht geltende Opportunitätsprinzip besondere Beachtung. Denn durch die aufgezeigte, umfassende Strafberechtigung droht der Konzernobergesellschaft die Gefahr der Sanktionierung nach mehreren Rechtsordnungen.[137] Vielerorts werden Gesetze für mangelnde Aufsichtsmaßnahmen ebenfalls Möglichkeiten der Unternehmenssanktionierung vorhalten, in einigen Nationen gehen die Sanktionsdrohungen dabei gar über die Möglichkeiten des deutschen Sanktionenrechts hinaus. Wenn in diesen Ländern eine ähnlich weitgehende Strafberechtigung in räumlicher Hinsicht angeordnet wird, drängt sich die Gefahr der mehrfachen Sanktionierung auf. In grenzüberschreitenden Sachverhalten werden damit regelmäßig Verfolgungsbehörden mehrerer Nationen aufgefordert sein, ein und denselben Verstoß zu verfolgen.

465 Zur Dämpfung dieser Risiken für international agierende Unternehmen bestehen indes kaum Instrumente. Das in Deutschland verfassungsrechtlich verbürgte Doppelbestrafungsverbot gilt zwar – wenn auch eingeschränkt – ebenso für das Ordnungs-

---

134 Allgemein hierzu *Wittig* Wirtschaftsstrafrecht, § 12 Rn. 11; *Gürtler* in: Göhler, § 30 OWiG Rn. 1. Vgl. zur Frage der Eröffnung des räumlichen Anwendungsbereiches des § 130 OWiG bei Auslandsstraftaten als unmittelbare Anknüpfungstat und damit ohne die Brücke des § 130 OWiG *A. Schneider* ZIS 2013, 488 (490 ff.).

135 Vgl. insofern den Beschluss des OLG Celle vom 30.11.2011, Az. 322 Ss 217/01 betreffend eine Geldbuße gem. § 30 Abs. 4 OWiG gegenüber einem polnischen Unternehmen. Zudem *Niesler* in: Graf/Jäger/Wittig, § 30 OWiG Rn. 8; *Rogall* in: KK-OWiG, § 30 OWiG Rn. 33; *Meyberg* in: BeckOK-OWiG, § 30 OWiG Rn. 28; *Gürtler* in: Göhler, § 30 OWiG Rn. 1.

136 *Niesler* in: Graf/Jäger/Wittig, § 30 OWiG Rn. 8; *Rogall* in: KK-OWiG, § 30 OWiG Rn. 33; *Meyberg* in: BeckOK-OWiG, § 30 OWiG Rn. 28; *Kraatz* Wirtschaftsstrafrecht, Rn. 117.

137 Allgemein hierzu *Satzger* in: FS Fuchs, S. 431 (435); *Eisele* ZStW 2013, 1 (4); *Eckstein* ZStW 2012, 490 (491).

widrigkeitenrecht[138], aber eben auch nur im Inland.[139] Ein transnationales *ne bis in idem* kann sich hingegen nur auf Grundlage interstaatlicher bzw. multinationaler Völkerrechtsverträge ergeben.[140] Eine global flächendeckende und umfassende Anerkennung ausländischer Sanktionen hat sich allerdings bis heute nicht entwickeln können.[141] Für den nationalen Normanwender gilt damit in besonderer Weise, das Opportunitätsprinzip des § 47 OWiG nicht aus dem Auge zu verlieren.[142] Mit den Möglichkeiten der folgenlosen Einstellung soll vermieden werden, unbillige Doppelbestrafungen auszusprechen. Auch können bereits im Ausland geleistete Strafzahlungen bei der Bußgeldbemessung berücksichtigt werden.[143]

Die Notwendigkeit derartiger Zurückhaltung ergibt sich schon aus den allgemeinen Sanktionszwecklehren, die im Ordnungswidrigkeitenrecht ähnlichen Maximen folgen wie im Kernstrafrecht.[144] Wenn heute nach der herrschenden Auffassung der Zweck der Sanktionierung in der Kombination aus spezial- und generalpräventiver Elemente unter Einbeziehung der Vergeltungsfunktion besteht,[145] so entfällt der Strafzweck und mit ihm die Sanktionsberechtigung, wenn die verfolgten Ziele bereits umfassend durch die Sanktionierung in anderen Rechtsordnungen erreicht wurden. Ein bloßes Fiskalinteresse des Staates vermag den Ahndungsanspruch dann nicht zu erhalten bzw. wieder aufleben zu lassen.

Soweit der räumliche Anwendungsbereich des § 130 OWiG reichen mag, so sehr müssen bei einer extensiven Anwendung diese Grundsätze Anwendung finden. Umso weiter sich die Pflichtverletzungen von inländischen Interessen entfernen, desto mehr wird auch das Sanktionsbedürfnis schwinden und stattdessen das Op-

---

138 Vgl. hierzu bereits oben Rn. 359.
139 *Mitsch*, in: KK-OWiG, Einleitung, Rn. 143; *Satzger* Internationales und Europäisches Strafrecht, § 3 Rn. 10; *Hecker* Europäisches Strafrecht, § 13 Rn. 2; *Eckstein* ZStW 2012, 490 (493).
140 *Satzger* Internationales und Europäisches Strafrecht, § 3 Rn. 10.
141 Vgl. zu den Ansätzen auf globaler Ebene *Eser* in: Sieber/Satzger/v. Heintschel-Heinegg, § 36 Rn. 64 ff.; ein umfassenderes, völkerrechtlich begründetes *ne bis in idem* wurde hingegen im Schengenraum durch Art. 54 SDÜ begründet. Auf Unionsebene ist zudem auf Art. 50 Grundrechtecharta hinzuweisen, vgl. hierzu *Eckstein* ZIS 2013, 220 (220 ff.) sowie auch *Böse/Meyer* ZIS 2011, 336 (336), die das hierdurch geltende Prioritätsprinzip zwischen den einzelnen Rechtsordnungen kritisieren. Insofern kritisch auch *Satzger* in: FS Fuchs, S. 431 (435); *Eisele* ZStW 2013, 1 (6 f.). Der in Art. 54 SDÜ und Art. 50 GRC verankerte *ne bis in idem*-Grundsatz entfaltet dabei auch für das Ordnungswidrigkeitenrecht Geltung, zudem können sich neben natürlichen Personen auch juristische Personen auf diesen Schutz berufen, vgl. *Böse* in: Momsen/Grützner, 3. Kapitel D Rn. 16 f. Entscheidungen von Verwaltungsbehörden sind indes von Art. 54 SDÜ nicht umfasst, vgl. *Mitsch* in: KK-OWiG, Einleitung Rn. 143; *Lutz* in: KK-OWiG, § 84 OWiG Rn. 18.
142 Vgl. hierzu *Rogall* in: KK-OWiG, § 5 OWiG Rn. 39. Für das Strafrecht *Satzger* Internationales und Europäisches Strafrecht, § 3 Rn. 11.
143 *Lemke* in: Lemke/Mosbacher, § 5 OWiG Rn. 6.
144 Vgl. bereits oben 1. Fn. zu Rn. 412.
145 Vgl. zu den Strafzwecklehren ausführlich *Roxin*, Allgemeiner Teil Band I, § 3.

portunitätsprinzip in den Vordergrund rücken. Der Bußgeldgeber ist dann unter Umständen aufgefordert, von der Verhängung der Geldbuße Abstand zu nehmen. An der primär umfassenden räumlichen Anwendbarkeit des § 130 OWiG vermögen diese auf Rechtsfolgenseite zu beachtenden Grundsätze indes nichts zu ändern.

3. Zwischenergebnis

468 § 130 OWiG erstreckt sich damit auch auf Aufsichtspflichtverletzungen, die in ausländischen Konzernobergesellschaften begangen werden. Erforderlich ist jedoch, dass sich die durch die Pflichtverletzung entstandene konkrete Zuwiderhandlungsgefahr im Inland verwirklicht.

III. Die Verantwortlichkeit ausländischer Konzernobergesellschaften bei Zuwiderhandlungen im Ausland

469 Die Aufsichtspflichtverletzung gem. § 130 OWiG entfaltet damit Relevanz sowohl für inländische Obergesellschaften mit Blick auf ausländische Tochtergesellschaften, wie auch für ausländische Obergesellschaften mit inländischen Tochtergesellschaften. Wie bereits ausgeführt, handelt es sich bei alledem allerdings weniger um Besonderheiten internationaler Konzernsachverhalte. Vielmehr stellen sich die entsprechenden Fragestellungen auch im Einzelunternehmen, wenn Aufsichtspflichtverletzungen und Zuwiderhandlungen internationale Komponenten aufweisen.

470 Wenn damit aber auf Ebene des Einzelunternehmens wie gezeigt die Erfassung einer ausländischen Gesellschaft möglich ist, so lässt sich angesichts der Übertragbarkeit der Erkenntnisse auch die Behandlung reiner Auslandskonzerne beantworten. Sobald § 130 OWiG in räumlicher Hinsicht Anwendung findet, ist nach der Betriebs- bzw. Unternehmensinhaberschaft zu fragen. Nach dem hier vorgeschlagenen organisationsbasierten Inhaberbegriff ist sodann zu fragen, wer Träger der Organisationsherrschaft des betroffenen Unternehmens ist. Im Fall eines Einzelunternehmens ist dies deren Rechtsträger. Im Fall eines verbundenen Unternehmens ist indes zu fragen, ob aufgrund der Konzernierung gesetzlich verbürgte Weisungsrechte bestehen, die die Organisationsherrschaft auf eine übergeordnete Gesellschaft übertragen. Dann tritt auch diese in den Normadressatenkreis des § 130 OWiG. Ob derartige Weisungsrechte bestehen, ist wie ausgeführt anhand der konzernrechtlichen Rahmenbedingungen in der betroffenen Rechtsordnung zu ermitteln. Damit ist der konzerndimensionale Anwendungsbereich des § 130 OWiG keinesfalls auf Unternehmensverbindungen mit inländischer Beteiligung begrenzt. Die Grenzen juristischer Eigenständigkeit einzelner Konzerngesellschaften können bei Vorliegen der entsprechenden Voraussetzungen vielmehr auch in rein internationalen Verbindungen übersprungen werden.

Der räumliche Anwendungsbereich des § 130 OWiG ist damit grundsätzlich erheblich. Die Verwirklichung der Zuwiderhandlungsgefahr im Inland genügt, um nicht nur ausländische Einzelunternehmen, sondern bei gegebenen Voraussetzungen ganze Auslandkonzerne in den Sanktionskreis miteinzuschließen. Denn nach den getroffenen Feststellungen ist der räumliche Anwendungsbereich des § 130 OWiG eröffnet, sobald sich die Zuwiderhandlungsgefahr im Inland realisiert. Ob Mutter- oder Tochtergesellschaft – oder aber gar beide – ihren Sitz im In- oder Ausland haben, ist für die Frage der Sanktionsbegründung irrelevant. Aufgrund dieser dogmatischen Grundlagen bietet das Ordnungswidrigkeitenrecht damit eine erheblich weitreichende und sicherlich unterschätzte extraterritoriale Komponente. Einzuschränken ist dieser Befund allerdings in zweierlei Hinsicht. Zum einen sind im Rahmen von Auslandssachverhalten zumindest nicht vollends außer Acht zu lassende Grenzen hinsichtlich den Möglichkeiten der Vollstreckung gegeben.[146] Zum anderen muss bei der Sanktionierung von grenzüberschreitenden Taten mit derartigem Schwerpunkt im Ausland dem Problem der Doppelbestrafung ganz besondere Beachtung geschenkt werden. 471

E. Zusammenfassung

Die rechtlichen Rahmenbedingungen vermögen mit der Wirtschaftsrealität kaum Schritt zu halten. Während grenzüberschreitende Geschäftstätigkeit vielerorts nicht mehr weggedacht werden kann, ist die juristische Perspektive nach wie vor von landesspezifischen Betrachtungsweisen geprägt. Dies gilt nicht nur unter Zugrundlegung eines globalen Blickwinkels. Selbst kulturell und historisch verwachsene Regionen haben ausgehend von ihrer jeweiligen Staatssouveränität teils völlig unterschiedliche Rechtsordnungen entwickelt. Auch wenn die Wurzeln der Systematik und des Gedankenguts etwa in Form der römischen Rechtslehre identisch sein mögen,[147] so ist die Divergenz erheblich.[148] Das im Rahmen dieser Untersuchung mehrfach erwähnte Unternehmensstrafrecht mag als Beispiel dafür dienen, unter welch unterschiedlichen rechtlichen Rahmenbedingungen sich die Normadressaten selbst innerhalb eines vergleichsweise homogenen Umfelds wie dem westlichen Europa auseinanderzusetzen haben.[149] So lange sich die zu beurteilenden Sachverhalte in räumlicher Hinsicht auf eine einzelne Rechtsordnung beschränkten, waren 472

---

146 Vgl. *Rogall* in: KK-OWiG, § 30 OWiG Rn. 33; *Niesler* in Graf/Jäger/Wittig, § 30 OWiG Rn. 8.
147 Vgl. zum gemeinsamen kulturellen Erbe der europäischen Strafrechtsordnungen *Hecker* Europäisches Strafrecht, § 1 Rn. 4.
148 *Satzger* in: FS Fuchs, S. 431 (433); *Hecker* Europäisches Strafrecht, § 1 Rn. 5.
149 Vgl. daneben etwa zu der unterschiedlichen Entwicklung des Strafprozessrechts in den EU-Mitgliedstaaten *Satzger/Zimmermann* ZIS 2013, 406 (406 f.).

die Unterschiede zwar bemerkenswert, aber angesichts der jeweiligen Staatssouveränität hinnehmbar. Das tatsächliche Wirtschaftsumfeld hat hier freilich nicht halt gemacht. Es kann insofern als Paradoxon bezeichnet werden, dass gerade das Recht maßgeblicher Katalysator der Internationalisierung war. Der europäische Einigungsprozess ist prominentes Beispiel für den Abbau wirtschaftshemmender Barrieren. So schnell diese Entwicklung in tatsächlicher Hinsicht voranschreitet, so schwer fällt die Subsumtion unter die geltenden Rechtsordnungen. Gleichwohl das Überschreiten von Wirtschaftsraumgrenzen immer stärker vereinfacht wird und diese somit zunehmend verwässern, liegt die Etablierung einer umfassenden internationalen Rechtsordnung wohl in ferner Zukunft. Bis dato ist das internationale Recht geprägt von Kollisionsregeln der einzelnen Rechtsräume, in denen die Gesetzgeber weitestgehend autonom die Anwendbarkeit ihrer Normen regeln. Freilich sind Harmonisierungsbemühungen vielerorts erkennbar, auch werden zahlreiche Fragen in völkerrechtlichen Verträgen auch staatsübergreifend einheitlich geregelt.[150] Allerdings wird kaum zu leugnen sein, dass die Rechtsentwicklung der Internationalisierung jedenfalls in globaler Hinsicht nicht in ausreichendem Maße Herr wird.[151] Zu oft beschränken sich selbst im Wirtschaftsrecht Untersuchungen auf rein nationale Rechtsfragen und schließen mit entsprechenden Ergebnissen, ohne dabei internationale Aspekte auch nur anzusprechen. Es ist sicherlich keine kühne Behauptung, wenn festgestellt wird, dass der Bereich des internationalen Rechts in Zukunft weiter erheblich an Bedeutung gewinnen und bei der allgemeinen Beurteilung von Rechtsfragen eine Grundsatzrolle einnehmen wird.

473 Dies gilt insbesondere auch für den Bereich des Wirtschaftsstrafrechts.[152] Freilich gibt es auch hier mittlerweile etablierte supranationale und zwischenstaatliche Ansätze.[153] Erwähnt sei in diesem Zusammenhang auch das im Rahmen dieser Untersuchung diskutierte Europäische Kartellordnungswidrigkeitenrecht mit seinen eigenen Sanktionsmöglichkeiten.[154] Dennoch bleibt es auch bei internationalen Sachverhalten jedenfalls im kernstrafrechtlichen Bereich bei der Anwendung der unterschiedlichen nationalen Rechtsordnungen, ausgehend von den jeweiligen Kollisi-

---

150 Vgl. etwa zur Harmonisierung des Strafrechts auf europäischer Ebene *Hecker* in: Sieber/Satzger/v. Heintschel-Heinegg, § 10 Rn. 1 ff.
151 Insofern wohl etwas überspitzt *Kraatz* JR 2011, 58 (65): „Der Preis der Internationalisierung ist hoch, möglicherweise zu hoch. Dies wird die weitere Strafrechtspraxis zeigen."
152 Vgl. auch *Kraatz* Wirtschaftsstrafrecht, Rn. 24.
153 Vgl. hierzu die Übersicht der auf europäischer Ebene verabschiedeten Instrumente bei *Ambos* Internationales Strafrecht, § 11 Rn. 11.
154 Auch wenn es sich dabei im Grunde nach – vor allem mangels entsprechender Kompetenz – um nichtstrafrechtliche Sanktionen handelt, kann angesichts der teils exorbitanten Bußgelder vor allem an dieser Stelle durchaus von einem Europäischen Strafrecht gesprochen werden, vgl. insofern *Satzger* JuS 2004, 943 (947); einen strafrechtlichen Charakter attestiert auch *Wahl* in: Sieber/Satzger/v. Heintschel-Heinegg, § 7 Rn. 1.

onsregeln. Entsprechendes gilt für die Behandlung der hier in Rede stehenden Aufsichtspflichtverletzung gem. § 130 OWiG.

Da aus gesellschaftsrechtlicher Sicht internationale Konzernverbindungen durchaus zulässig sind und dabei auch grenzüberschreitende Weisungsrechte entstehen können, lassen sich die gefundenen Erkenntnisse zu der hier vertretenen Figur der organisationsbasierten Inhaberschaft dem Grunde nach auch auf internationale Konzerne übertragen. Die Anwendbarkeit des § 130 OWiG auf grenzüberschreitende Sachverhalte ergibt sich dabei aus den allgemeinen Anwendungsregeln des Ordnungswidrigkeitenrechts, das grundsätzlich – und dabei mehr als das Strafgesetzbuch – auf dem Territorialitätsprinzip basiert. Danach reklamiert der deutsche Gesetzgeber seine Anwendungsmacht für Handlungen, die im Staatsgebiet der Bundesrepublik Deutschland begangen werden, unabhängig von der Nationalität der beteiligten Personen. 474

Für den Fall einer Zuwiderhandlung in der Sphäre einer ausländischen Tochtergesellschaft ist dabei zunächst festzustellen, dass die Unterlassungshandlung in Form der unterbliebenen oder jedenfalls unzureichenden Oberaufsicht durch die inländische Konzernleitung regelmäßig an deren ständigem Tätigkeitsort und damit im Inland begangen wird. Somit ist grundsätzlich auch der räumliche Anwendungsbereich des Ordnungswidrigkeitengesetzes eröffnet. Problematisch ist hier aber, ob im Rahmen des § 130 OWiG auch Auslandstaten als Zuwiderhandlungen in Betracht kommen und damit die objektive Bedingung der Ahndung erfüllen. Sofern die Anknüpfungstat an inländischen Wertungsmaßstäben gemessen wird, bestehen hinsichtlich der Erfassung von Auslandstaten dann keine durchgreifenden Bedenken, wenn der räumliche Anwendungsbereich des Straf- bzw. Ordnungswidrigkeitenrechts auch bezüglich der Zuwiderhandlung eröffnet ist. Aufgrund des geltenden Ubiquitätsgrundsatzes im Rahmen der Handlungsortbestimmung sowie der zahlreichen Durchbrechungen des Territorialitätsgrundsatzes gerade im Strafrecht, eröffnet sich dabei ein durchaus extensiver Anwendungsbereich des § 130 OWiG für multinationale Konzernunternehmungen. Soweit in den lediglich vereinzelt ersichtlichen Stellungnahmen der Literatur auch für eine Einbeziehung von Anknüpfungstaten plädiert wird, für die die §§ 3 ff. StGB keine originäre Anwendbarkeit des nationalen Rechts vorsehen, muss dies allerdings auf Ablehnung stoßen. Auch bei selbstständiger Handlung des Betriebsinhabers ergibt sich die Möglichkeit einer nationalen Sanktion allein dann, wenn auch eine Strafberechtigung in räumlicher Hinsicht besteht. Die Regelung des § 130 OWiG soll eine unbillige Enthaftung des Geschäftsherrn für den Fall der Aufgabendelegation verhindern, sie soll aber keine Haftungsverschärfung herbeiführen. 475

Ein Ausweg zur Erfassung reiner Auslandstaten wird auch nicht durch die Zugrundelegung ausländischer Wertmaßstäbe für die Ermittlung der Zuwiderhandlung ermöglicht. Gleichwohl eine Fremdrechtsanwendung auch dem deutschen Strafrecht nicht unbekannt ist, stehen der Einbeziehung ausländischer Rechtsordnungen als 476

Maßstab der Zuwiderhandlung unüberschreitbare Hürden entgegen. Vielmehr muss auf das inländische Unwerturteil zurückgegriffen werden. Ist betreffend die Anknüpfungstat der Anwendungsbereich der nationalen Rechtsordnung nicht eröffnet, ist im Ergebnis auch die vom Gesetzgeber geforderte objektive Bedingung der Ahndung nicht gegeben. Hieran vermögen auch Kombinationsansätze nichts zu ändern, die eine Auslandstat dann genügen lassen wollen, wenn die entsprechende Tat auch im Inland eine Sanktionsnorm verletzen würde. Die fehlende Anwendbarkeit einer Rechtsordnung kann nicht durch die Einbeziehung einer weiteren, ebenfalls dem Grunde nach nicht anwendbaren Rechtsordnung kompensiert werden. Nicht übersehen werden darf bei alledem das ohnehin extensive Pflichtenprogramm für inländische Konzernobergesellschaften angesichts des durch die §§ 3 ff. StGB umfassenden räumlichen Geltungsbereichs des nationalen Strafrechts auch für Auslandstaten.

477 Nicht weniger Probleme bereitet überdies der umgekehrte Fall, in dem die Zuwiderhandlung in der Sphäre der inländischen Tochtergesellschaft erfolgt und die Aufsichtsperson sich in der ausländischen Konzernspitze befindet. Zwar erübrigen sich bei einer Anknüpfungstat im Inland die Fragen zur tauglichen Zuwiderhandlung, allerdings rückt dafür umso mehr die Frage nach der Handlungsortbestimmung und damit nach der grundsätzlichen Anwendbarkeit des Ordnungswidrigkeitenrechts in den Vordergrund. Ein Handlungsort im Rahmen des Unterlassens wird sich dann im Inland begründen lassen, wenn auch vor Ort Aufsichtsmaßnahmen erforderlich gewesen wären. Allerdings steht fest, dass von der Konzernspitze unmöglich die Präsenz an allen Konzernstandorten verlangt werden kann und soll. Vielmehr ist hier die Beschränkung auf eine Oberaufsicht nicht nur denkbar, sondern oftmals geboten. Sofern Aufsichtsmaßnahmen damit nur im Ausland vorgenommen werden, lässt sich eine Unterlassungshandlung im Inland nicht begründen. Nach der Rechtsprechung des BGH ist der Anwendungsbereich des innerstaatlichen Ordnungswidrigkeitsrechts in entsprechenden Fällen dennoch eröffnet, da der Ort der Zuwiderhandlung danach handlungsortbegründet im Sinne des § 7 OWiG sein soll. Damit bewegt sich der BGH auf der Linie der wohl herrschenden Meinung, während hingegen eine gewichtige Gegenauffassung mit überzeugenden Gründen die Handlungsortbegründung der objektiven Bedingung der Strafe bzw. Ahndung nicht anerkennen möchte. Die Anwendbarkeit des § 130 OWiG ergibt sich in dieser Fallkonstellation allerdings auch unabhängig von dieser Frage. Nach der hier vertretenen Ansicht handelt es sich bei der Norm um ein konkretes Gefährdungsdelikt. Hier ist der Handlungsort i.S.d. § 7 OWiG auch dort begründet, wo die konkrete Gefährdung in Form der Zuwiderhandlung eintritt. Damit eröffnet bereits der Gefährdungserfolg die Anwendung des § 130 OWiG. Entsprechend dieser Lösung ist auch der *Preisetiketten*-Bescheid des Bundeskartellamtes zu werten. Damit ist der Vertreter der ausländischen Konzernspitze in entsprechenden Sachverhaltskonstellationen tauglicher Normadressat der Aufsichtspflichtverletzung gem. § 130 OWiG. Auf dem Weg zur anschließenden Sanktionierung der ausländischen Obergesellschaft

als solche steht sodann auch § 30 OWiG nicht im Wege. Die Norm erlaubt vielmehr auch die Verhängung von Geldbußen gegen ausländische Gesellschaften.

Besonderes Augenmerk verdient in grenzüberschreitenden Sachverhalten allerdings das Opportunitätsprinzip. Wird ein Verband bereits im Ausland aufgrund der gleichen Verfehlung sanktioniert, so ist in diesem Kontext zu fragen, ob der Ahndungszweck damit nicht bereits erfüllt ist. Von der erneuten Sanktionierung durch inländische Behörden ist sodann abzusehen. 478

Nicht zu verkennen ist indes, dass es sich bei alldem nicht um Besonderheiten des Konzernrechts handelt. Probleme bereiten hier vielmehr Gesichtspunkte, die bereits auf Ebene des Einzelunternehmens bei der Beurteilung internationaler Sachverhalte zu berücksichtigen sind. Wenn eine im Inland begangene Zuwiderhandlung für die Begründung der Normanwendung ausreicht, so gilt dies in der Konsequenz gar für reine Auslandskonzerne. In dogmatischer Sicht steht damit der Sanktionierung der ausländischen Konzernspitze nichts entgegen, wenn ein Angehöriger der ebenfalls ausländischen Tochtergesellschaft eine Zuwiderhandlung im Ausland begeht, solange diese in den räumlichen Anwendungsbereich des inländischen Strafrechts im weiteren Sinne fällt und damit taugliche Anknüpfungstat i.S.d. § 130 OWiG ist. Freilich erweisen sich die bereits bei der Behandlung nationaler Sachverhalte geltenden Hürden als besonders hoch. Zum einen muss sich die mangelnde Oberaufsicht der Konzernspitze auf die Zuwiderhandlungstat auswirken, zum anderen wird der Grundsatz der erforderlichen Organisationsherrschaft in rein ausländischen Unternehmensverbindungen einer besonderen Prüfung bedürfen. Schließlich ist auch hier das Opportunitätsprinzip zu beachten, wenn bereits im Ausland eine Sanktionierung der Aufsichtspflichtverstöße erfolgt. 479

Dem Grunde nach erweist sich der räumliche Anwendungsbereich des § 130 OWiG jedoch als extensiv. Den inländischen Behörden steht damit auch mit Blick auf die Behandlung internationaler Sachverhalte ein wirksames Instrumentarium zur Verfügung. Die Konsequenz für entsprechende Unternehmensverbunde, konzernweite Aufsichtsstrukturen zu etablieren, ist indes keine Besonderheit des Ordnungswidrigkeitenrechts. Auch die bereits dargestellten, gesellschaftsrechtlichen Kontroll- und Überwachungspflichten enden nicht an den Landesgrenzen.[155] 480

---

155 *Fleischer* CCZ 2008, 1 (6); so auch *Cichy/Cziupka* BB 2014, 1482 (1484); *Bürkle* in: Hauschka, § 8 Rn. 77. Zu den gesellschaftsrechtlichen Kontroll- und Überwachungspflichten siehe bereits oben Rn. 91 ff.

Teil 6
Fazit

A. Die Beantwortung der Ausgangsfragen

481 Die konzernweite Anwendung der Aufsichtspflichtverletzung gem. § 130 OWiG ist mittlerweile vieldiskutiert. Nicht selten stößt man in dieser Diskussion auf rechtspolitisch geprägte Argumentationsketten. Das Ergebnis ist dabei selten Folge der Normauslegung. Vielmehr werden Mittel und Wege der Normauslegung gesucht, um ein gewünschtes Ergebnis zu legitimieren. Die mitunter vertretene, umfassende Erfassung von Konzernsachverhalten ist dabei mit der geltenden Rechtslage nicht vereinbar. Auf der anderen Seite entspricht auch die vollständige Beschränkung auf die einzelne, rechtlich selbstständige Konzerngesellschaft nicht dem Normzweck und scheidet daher als Ergebnis aus.

482 Ob sich die Aufsichtspflichten des § 130 OWiG im Unternehmensverbund gegen die Konzernobergesellschaft richten, lässt sich danach – in bewährter juristischer Tradition – nicht pauschal beantworten. Die Beurteilung hängt vielmehr von den Umständen des Einzelfalls ab. Die Untersuchung hat sich daran versucht, anhand der Rechtsnatur und des Regelungszweckes des § 130 OWiG sachgerechte Kriterien für die Ermittlung des primären Normadressatenkreises zu entwickeln. Dreh- und Angelpunkt war dabei die Bestimmung der Begriffe des Inhabers sowie des Unternehmens. Gleichwohl diese ausgehend vom Normkontext autonom ausgelegt werden müssen, sollte der Blick auf vergleichbare Problemstellungen im Gesellschaftsrecht, im Kernstrafrecht und vor allem im Kartellrecht der Lösungsfindung dienlich sein. Daraus ergeben hat sich zunächst die Ablehnung einer umfassenden bzw. von der Qualifikation der Unternehmensverbindung unabhängigen Einbeziehung von Konzernobergesellschaften. Auf der anderen Seite greift auch der vollständige Ausschluss von Konzernobergesellschaften aus dem Normadressatenkreis zu kurz. Sofern dabei meist auf den Regelungsgrund in Form der Vermeidung von delegationsbedingten Sanktionslücken abgestellt wird, erfolgt eine zu enge Umschreibung der Funktion des § 130 OWiG. Bereits die heute weitgehend anerkannte Einbeziehung von Allgemeindelikten in den Kreis der tauglichen Zuwiderhandlungen zeigt, dass die Vermeidung von Sanktionslücken alleine nicht die Legitimation der Vorschrift darstellen kann. Denn dann ist auch der zuwiderhandelnde Mitarbeiter tauglicher Normadressat hinsichtlich der Anknüpfungstat, eine Sanktionslücke im beschriebenen Sinne droht nicht. Die Regelung der Aufsichtspflichtverletzung gem. § 130 OWiG beabsichtigt daher mehr. Wer heute zahlreiche personelle und sachliche Ressourcen zur Ergreifung von wirtschaftlichen Chancen einsetzt, soll

durch die ordentliche Aufsicht für die Eindämmung der dabei entstehenden Risiken für Rechtsgüter Dritter sorgen.

Weder eine rein rechtlich geprägte Bestimmung des Inhaberbegriffes noch eine wirtschaftliche Betrachtung vermögen dem Regelungszweck dabei umfänglich Rechnung zu tragen. Ebenso vermag sich die extensive Auslegung des Unternehmensbegriffs in Anlehnung an das europäische Wettbewerbsrecht nicht widerspruchsfrei in die Regelungssystematik einzufügen. Aus der vorliegenden Untersuchung folgt damit der Vorschlag eines organisationsbezogenen Inhaberbegriffs. Inhaber eines Unternehmens im Sinne des § 130 OWiG ist demnach derjenige, der kraft Organisationsherrschaft über den Einsatz der personellen und sachlichen Arbeitsmittel in eigener Verantwortung und unmittelbarer Autorität bestimmt. Dies ist in jedem Fall der Rechtsträger des betroffenen Unternehmens. Bei Vorliegen entsprechender Voraussetzungen kann die Organisationsherrschaft im Unternehmensverbund aber zugleich bei der Obergesellschaft liegen. Dabei stoßen rein faktische Betrachtungsweisen an dieser Stelle auf Ablehnung. Anderenfalls droht die Statuierung von Pflichten, deren Umsetzung in rechtlicher Hinsicht überhaupt nicht in der Befugnisreichweite des Adressaten liegt. Tatsächliche Gesichtspunkte können allenfalls über die Grundsätze der faktischen Verantwortungsträgerschaft gemäß § 14 StGB bzw. § 9 OWiG Bedeutung erlangen. Die dabei anhand differenzierter Kriterien gefundenen Abgrenzungsmerkmale drohen unterlaufen zu werden, würde auf Tatbestandsebene des § 130 OWiG eine Ausweitung der faktischen Betrachtungsweise stattfinden. Zur Begründung der Organisationsherrschaft ist daher eine rein rechtliche Betrachtungsweise zu Grunde zu legen und zu fragen, ob auf gesetzlichem Fundament Einwirkungsmöglichkeiten gewährleistet werden. Dies ist aufgrund der bestehenden Weisungsrechte im Ergebnis bei Vertragskonzernen und bei Eingliederungskonzernen der Fall. Überdies reichen bei einer GmbH auch die allgemeinen Weisungsrechte der Gesellschafterversammlung aus, um ein ausreichendes Fundament für die Begründung der Organisationsherrschaft zu errichten. Voraussetzung für ein autonomes Weisungsrecht ist das Vorliegen der Stimmrechtsmehrheit, so dass es regelmäßig bereits auf Schwelle der Mehrheitsbeteiligung im Sinne des § 16 Abs. 1 AktG zu einer Einbeziehung der der GmbH übergeordneten Gesellschaft in den Normadressatenkreis des § 130 OWiG kommt. Die Aufsichtspflichten entfalten daher im GmbH-Konzern eine deutlich größere Reichweite als im Aktienkonzern. Reinen Privatgesellschaftern wird indes freilich auch bezüglich einer GmbH keine Organisationsherrschaft zukommen – jedenfalls solange sie nicht die tatsächliche Leitung im Sinne der faktischen Geschäftsführung an sich reißen. Zu berücksichtigen ist dabei insgesamt, dass Unmögliches nicht verlangt werden kann. Damit wird sich das Pflichtenprogramm der Konzernspitze regelmäßig auf die Wahrnehmung der Oberaufsicht beschränken. Ergeben sich hieraus indes Präventionsmängel in der Sphäre der Tochtergesellschaft, verdichten sie die Pflichten der Obergesellschaft entsprechend.

6 Fazit

484 Mit der Primärhaftungsebene sind die insofern bestehenden Haftungsrisiken für Konzernobergesellschaften nur zum Teil umschrieben. Auf Sekundärebene können sich vielmehr noch weitere Anknüpfungspunkte für die Einbeziehung von Konzernobergesellschaften ergeben. Während eine Einbeziehung allein auf Grundlage der in der Praxis nicht selten vorkommenden Doppelmandate nur auf reichlich dünnem Eis möglich scheint – gleiches gilt nach der hier vertetenen Ansicht, wenn die Doppelmandatsstellung erst durch die Anwendung der Grundsätze der faktischen Geschäftsführung begründet wird –, erlangt § 30 Abs. 1 Nr. 5 OWiG Bedeutung, wenn dort die Aufsichtspflichtverletzung innerhalb der Tochtergesellschaft durch deren Leitungsperson als Anknüpfungstat zu Lasten der Obergesellschaft dienen kann. Damit kommt eine Verbandsgeldbuße gegen die Konzernspitze unter Umständen selbst dann in Betracht, wenn deren Leitungspersonen keine Verletzung der Oberaufsicht nachgewiesen werden kann.

485 Die Praxis hält sich indes mit der Formulierung dogmatischer Legitimationsansätze nicht lange auf und wendet die Norm zweckgerichtet extensiv an. Freilich profitierten die Behörden etwa in den vielbeachteten Korruptionsfällen Siemens und MAN davon, dass die Bußgeldbescheide hier das Ergebnis außergerichtlicher Absprachen waren. Widerstände der betroffenen Obergesellschaften nach Verhängung der Geldbußen waren damit nicht zu befürchten. Allerdings blieben hierdurch auch höchstrichterliche Entscheidungen zu der Rechtsfrage bis heute aus. Lediglich das OLG München verlieh jüngst mit einem Beschluss auch extensiveren Ansichten eine Legitimation, in dem dort selbst die Anwendung von § 130 OWiG in rein faktischen Konzernverhältnissen – wenig überzeugend – für möglich erachtet wurde.

486 So vieldiskutiert die Frage der konzerndimensionalen Anwendung des § 130 OWiG ist, so selten wird dabei auf grenzüberschreitende Sachverhalte Bezug genommen. Das überrascht insbesondere vor dem Hintergrund der großen Bedeutung internationaler Konzernverbindungen. Der Banalität der dabei aufgeworfenen Rechtsfragen ist diese Außerachtlassung freilich nicht geschuldet. Sofern bußgeldbewehrte Aufsichtspflichtverstöße der inländischen Obergesellschaft für Zuwiderhandlungen in der Sphäre der ausländischen Tochtergesellschaft in Rede stehen, bestehen zwar keine besonderen Schwierigkeiten bei der Handlungsortbegründung i.S.d. § 7 OWiG, allerdings ist nicht schon auf den ersten Blick zu beantworten, ob eine im Ausland begangene Zuwiderhandlung die objektive Bedingung der Ahndung gem. § 130 OWiG erfüllt. Im Ergebnis werden dabei nur Anknüpfungstaten genügen, die gegen inländische Sanktionsnormen verstoßen und bei denen sodann im konkreten Fall auch der räumliche Geltungsbereich der verletzten Regelung eröffnet ist. Daraus folgt jedoch angesichts des im Rahmen der Handlungsortbegründung geltenden Ubiquitätsgrundsatzes sowie der zahlreichen Durchbrechungen des Territorialitätsprinzips durchaus ein extensives Pflichtenprogramm für die inländische Konzernspitze. Für den entgegengesetzten Fall der Aufsichtspflichtverletzung einer ausländischen Konzernobergesellschaft mit folgender Zuwiderhandlung in einer inländischen Tochtergesellschaft bereitet indes entgegen der ersten Fallgestaltung nicht das Merkmal der tauglichen Anküpfungstat Probleme, sondern vielmehr die Frage nach der Handlungsortbegründung im Rahmen des § 130 OWiG. Allerdings ist der räumliche Anwendungsbereich der Norm auch in diesen Fällen eröffnet. Nach der Rechtsprechung des BGH und der wohl herrschenden Literaturmeinung ergibt sich dies – entgegen überzeugender Bedenken – bereits aus dem handlungsortbegründenden Charakter der objektiven Bedingung der Ahndung und damit aus der Zuwiderhandlung im Inland. Doch auch darüber hinaus folgt die Anwendbarkeit nach der hier vertretenen Ansicht aus der Rechtsnatur des Tatbestandes als konkretes Gefährdungsdelikt, da der Gefahrverwirklichungsort im Inland insofern ebenfalls handlungsortbegründend wirkt. Auf diesem dogmatischen Fundament lassen sich selbst Aufsichtspflichtverstöße der ausländischen Konzernobergesellschaft für Zuwiderhandlungen in der Sphäre der ausländischen Tochtergesellschaft ahnden, sofern die Zuwiderhandlung im Inland begangen wird. Die grundsätzlich bestehenden Barrieren bei der Erfassung von Konzernsachverhalten gewinnen dann jedoch besondere Bedeutung – ebenso wie das Opportunitätsprinzip zur Vermeidung unbilliger Mehrfachsanktionen durch Behörden unterschiedlicher Nationen.

B. Schlussbetrachtung

Grundsätzlich steht nach alledem in unserer Rechtsordnung mit dem Haftungssystem der §§ 9, 30, 130 OWiG ein beachtliches und wirksames Instrumentarium zur Verfügung, das insbesondere einen weiten Anwendungsraum eröffnet. Anlass zur Zufriedenheit sollte diese Feststellung indes nicht vermitteln. Angesichts der in der Praxis dokumentierten, exorbitanten Rechtsfolgen handelt es sich bei § 130 OWiG um eine bemerkenswert unbestimmte Norm – in mehrfacher Hinsicht. **487**

I. Blickwinkel Politik

Es ist Aufgabe des Gesetzgebers, durch deutliche Konkretisierung die bestehenden Unklarheiten aufzulösen. Die Nutzung unbestimmter Regelungen, um anschließend den Verfolgungsbehörden und Normadressaten deren schwierige Ausfüllung zu überlassen, nützt jedenfalls im Rahmen des § 130 OWiG kaum jemandem. Die bisher durch die Politik angebotene und teilweise umgesetzte Lösung in Form der bloßen Erhöhung der Sanktionsdrohung hilft dabei ebenso wenig weiter wie die Überführung des Norminhaltes in das Kernstrafrecht – völlig ungeachtet der dabei bestehenden verfassungsrechtlichen Bedenken. Denn auch eine Ausweitung des Sanktionsrahmens vermag die bestehenden Unklarheiten kaum zu beseitigen. Die vorhandenen Instrumentarien sind durchaus zur Abschreckung geeignet. So sind die Risiken von Non-Compliance durch die unvergleichbare Präsenz des Themas wohl **488** weitläufig bekannt. 550 Millionen Euro Geldbuße allein gegen die Siemens AG deuten überdies auch nicht auf ein stumpfes Schwert der Ahndung hin. Denn nach ökonomischen Gesetzmäßigkeiten handelnde Unternehmen werden vor einer Geldbuße in mehrstelliger Millionenhöhe auch nicht weniger Besorgnis haben als vor einer gleichhohen Sanktion, die die Bezeichnung Geldstrafe trägt. Wenn heute vielerorts Aufsichtsdefizite feststellbar sind, dann liegt das nicht an der fehlenden Drohkulisse. Vielmehr ist zu konstatieren, dass niemand weiß, was in den Augen des Gesetzgebers erforderlich ist. Mit Blick auf die Verfolgungsbehörden entstehen dramatische Unterschiede hinsichtlich der Ahndung. Während § 130 OWiG mancherorts zum Standardrepertoire gehört, blenden andere die Norm vollends aus.[1] Für Unternehmen als Normadressaten verbleibt indes grundsätzlich die Aufgabe der eigenständigen Ermittlung des Pflichtenkataloges. Ob die in der Folge dieser Interpretation umgesetzten Maßnahmen ausreichend waren, erfahren sie gegebenenfalls retrospektiv in einem späteren Verfahren, sofern es trotz Prävention zu einer Zuwiderhandlung gekommen ist. Unternehmen helfen sich insofern mit „benchmarking", d.h. die Branchenprimi legen den Maßstab fest. Allerdings haben gerade manch führende Großkonzerne aus ihren Präventionspflichten längst eine Tugend gemacht und nutzen ihre Compliance-Bemühungen aktiv, um ihrem Unternehmensbild die Attribute der Integrität, Transparenz und Nachhaltigkeit öffentlichkeitswirksam hinzuzufügen bzw. ein solches zu stärken.[2] Die damit getätigten Aufwände sind immens und führen bei wirtschaftlich weniger schlagkräftigen Unternehmen eher zur Compliance-Angst als zu Anreizen. Wenn nach der Rechtsprechung des EuGH wie auch des BVerfG verlangt wird, dass der Adressat einer Sanktionsnorm erkennen können muss, mit welchem Verhalten er der Sanktion entgehen kann, so sind all diese Feststellungen mehr als bedenklich. Reformerfordernisse liegen damit auf der Hand. Die Schaffung eines Unternehmensstrafrechts bringt die Problemlösung dabei keinen Schritt voran. Die Verantwortlichkeit durch Unternehmen kann auch auf Grundlage des bestehenden Rechts weiter in den Vordergrund gerückt werden. Allerdings bedarf es gesetzgeberischer Klarstellungen. Wo formelle Konkretisierungen im Rahmen der §§ 30, 130 OWiG aufgrund des Postulats der Einzelfallgerechtigkeit an ihre Grenzen stoßen, vermögen andere Instrumentarien wie etwa die RiStBV Möglichkeiten zur Schaffung von größerer Rechtssicherheit zu bieten. Der Gesetzgeber sollte bei künftigen Reformvorhaben dabei vor allem aber auch die Gelegenheit nutzen, die Reichweite des Adressatenkreises zu konkretisieren. Insofern trifft die Legislative die Aufgabe, der Rechtswirklichkeit gerecht zu werden und aufgrund der weiten Vernetzung der Unternehmenslandschaft die Konzernfrage transparent zu beantworten – sei es im Sinne des strengen Rechtsträgerpinzips, oder

---

1 Diesen Aspekt rücken vor allem die Befürworter eines Unternehmensstrafrechts in den Vordergrund, wenn sie sich durch das im Strafrecht geltende Legalitätsprinzip einen deutlichen Zugewinn an Rechtsanwendungsgleichheit erhoffen, vgl. die Begründung zum Entwurf des VerbStrG (oben 2. Fn. zu Rn. 365), S. 23.
2 Vgl. hierzu auch *Konu* Garantenstellung, S. 30 f.

aber entsprechend einem extensiveren Modell wie der hier vorgeschlagenen Inhaberstellung kraft Organisationsherrschaft.

II. Blickwinkel Wissenschaft

Der Wissenschaft verbleibt die Aufgabe, auf der gegebenen Grundlage sachgerechte Lösungen zu entwickeln. Zunächst gilt es, den Auslegungsansätzen des geltenden Rechts Unzulänglichkeiten und Grenzen aufzuzeigen, die rein pragmatischer Natur sind oder im Wesentlichen ohne belastbare Herleitung allein wirtschafts- und rechtspolitischen Zielen dienen sollen. Die vorliegende Arbeit unternimmt den Versuch, hierbei jedenfalls für die Bestimmung des Normadressatenkreises des § 130 OWiG einen Beitrag zu leisten. Unter den Schlagwörtern Konzern und Internationalität verbergen sich zudem jedenfalls aus strafrechtlicher Sicht noch weitere, beinahe unzählbare Problemstellungen, die es angesichts der Bedeutung beider Sachkomplexe aufzuarbeiten gilt. Das Konzernstrafrecht steht insofern noch am Anfang und vermag der Forschung in vielerlei Hinsicht selten bis überhaupt nicht betretene Felder zu bieten. Dabei wird zunehmend auch die Beurteilung internationaler Sachverhalte in die Diskussionen einzubeziehen sein. Zum anderen muss es freilich kurzfristige Aufgabe der Wissenschaft sein, dem Gesetzgeber angesichts der unzureichenden Rechtslage Lösungen, Risiken und auch Grenzen für Reformvorhaben aufzuzeigen. Im Vordergrund stehen hier auf kurzer Sicht sicherlich weiterhin die sichtbaren Bestrebungen zur Einführung eines Unternehmensstrafrechts.

489

III. Blickwinkel Praxis

Für Normanwender und Normadressaten verbleibt schließlich die Feststellung, dass die extensive Praxis durchaus auf einem belastbaren dogmatischen Fundament steht. Die Haftungsrisiken sind damit beträchtlich. Aus dem Blickwinkel der Beratungspraxis wird dem Konzernleitungsorgan angesichts der nicht abschließend geklärten Fragen dabei auf den ersten Blick eher eine Haftungsabschottung durch rechtliche Verselbstständigung zu empfehlen sein. Die Einziehung von Grenzen der rechtlichen Selbstständigkeit schafft jedenfalls Barrieren für die Sanktionierung und spricht somit für eher weitverzweigte Konzernierung und dezentrale Strukturen. Freilich kann auch hierin nicht die Lösung aller Probleme liegen. Dezentrale Strukturen dürfen keine Kultur des „Wegduckens" hervorrufen, in diesem Fall wirken sie mit Blick auf die sanktionsrechtliche Haftung unter Umständen gar konstitutiv. An der Wahrnehmung von Aufsichtspflichten wird daher auch eine vermeintliche Haftungsabschottung nicht vollends vorbeiführen. Vor dem Hintergrund jedenfalls der europäischen Kartellrechtspraxis wird diese ohnehin häufig ausscheiden. Sofern die Frage nach dem Bestehen von Pflichten einen durchaus weiten Anwendungsraum eröffnet, folgen für den Normadressaten unweigerlich die Herausforderungen der

490

6 Fazit

Pflichtenbestimmung. Auseinanderzusetzen haben sich Unternehmen im Rahmen des § 130 OWiG sowie darüber hinaus allgemein im Bereich Compliance mit der Ungewissheit hinsichtlich des Ausmaßes der erforderlichen Maßnahmen. Die Grenze des sanktionsrechtlich Notwendigen zu bestimmen stellt daher nach wie vor eine schwer zu bewältigende Aufgabe dar. Zu berücksichtigen ist, dass dies ohnehin nur der Haftungsfreistellung der Unternehmensspitze dient, womit die Aufgabe Compliance natürlich keineswegs erfüllt ist. Antrieb einer Präventionsorganisation muss freilich sein, nicht Haftungsrisiken für Aufsichtspflichtverletzungen zu verhindern, sondern dadurch tatsächlich die Begehung von Zuwiderhandlungen im Unternehmen zu vermeiden oder wenigstens erheblich zu erschweren. Ungeachtet der rechtlichen Verpflichtung muss es an erster Stelle Interesse des Unternehmens sein, durch Compliance gegebenenfalls konzernweit Integrität herzustellen und zu gewährleisten. Unausweichliches Ziel ist die Schaffung einer rechtsachtenden Unternehmenskultur um ihrer selbst willen, nicht aber alleinig die Vermeidung der Ahndung nach § 130 OWiG. Wer dem indes keine Bedeutung beimisst, wird sich spürbaren Sanktionsrisiken ausgesetzt sehen. Ein vermeintlich beruhigender Befund dahingehend, dass derartige Risiken in verbundene Konzerngesellschaften oder ins Ausland verschoben werden können, um die Unternehmens- bzw. Konzernspitze hiervon abzuschotten, kann im Ergebnis an dieser Stelle nicht geboten werden.

Literaturverzeichnis

Aberle, Lukas: Sanktionsdurchgriff und wirtschaftliche Einheit im deutschen und europäischen Kartellrecht, 2013. Zit.: *Aberle* Sanktionsdurchgriff

Aberle, Lukas/*Holle*, Philipp Maximilian: Aufsichtspflichten im Unternehmensverbund, in: Eisele, Jörg/Koch, Jens/Theile, Hans (Hrsg.): Der Sanktionsdurchgriff im Konzern, S. 117–136, 2014. Zit.: *Aberle/Holle* in: Eisele/Koch/Theile

Achenbach, Hans: Die 8. GWB-Novelle und das Wirtschaftsstrafrecht, wistra 2013, 369–374

ders. Verbandsgeldbuße und Aufsichtspflichtverletzung (§§ 30 und 130 OWiG) – Grundlagen und aktuelle Probleme, NZWiSt 2012, 321–328

ders. Gedanken zur strafrechtlichen Verantwortlichkeit des Unternehmens, in: Kempf, Eberhard/Lüderssen, Klaus/Volk, Klaus (Hrsg.): Unternehmensstrafrecht, S. 271–276, 2012. Zit.: *Achenbach* in: Kempf/Lüderssen/Volk

ders. Die Kappungsgrenze und die Folgen – Zweifelsfragen des § 81 Abs. 4 GWB, ZWeR 2009, 3–25

ders. Rezension zu Günter Maschke, Aufsichtspflichten in Betrieben und Unternehmen – Die Sanktionierung von Verstößen gegen die Aufsichtspflicht in Betrieben und Unternehmen nach § 130 OWiG des Ordnungswidrigkeitengesetzes unter besonderer Berücksichtigung des Zusammenhangs zwischen Tathandlung und Zuwiderhandlung, wistra 1998, 296–300

Achenbach, Hans/*Ransiek*, Andreas (Hrsg.): Handbuch Wirtschaftsstrafrecht. 3. Auflage 2012. Zit.: [*Bearbeiter*] in: Achenbach/Ransiek

Adam, Dirk H. V.: Die Begrenzung der Aufsichtspflichten in der Vorschrift des § 130 OWiG, wistra 2003, 285–292

Altenburg, Johannes/*Peukert*, Matthias: Neuerungen in § 30 OWiG – Haftungsrisiken und -vermeidung vor dem Hintergrund gesetzgeberischen Überschwangs, BB 2014, 649–655

Altenhain, Karsten/*Wietz*, Christopher: Die Ausstrahlungswirkung des Referentenentwurfs zum Internationalen Gesellschaftsrecht auf das Wirtschaftsstrafrecht, NZG 2008, 569–573

Ambos, Kai: Internationales Strafrecht. 4. Auflage 2014

ders. Politische und rechtliche Hintergründe des Urteils gegen den ehem. Peruanischen Präsidenten Alberto Fujimori, ZIS 2009, 552–564

Arens, Stephan: Untreue im Konzern, 2010. Zit.: *Arens* Untreue

Arnold, Stefan: Untreue im GmbH- und Aktienkonzern, 2006. Zit.: *Arnold* Untreue

Arroyo Zapatero, Luis: Die strafrechtliche Verantwortlichkeit der juristischen Person in Spanien, in: Schulz, Lorenz/Reinhart, Michael/Sahan, Oliver (Hrsg.): Festschrift für Imme Roxin, S. 711–717, 2012. Zit.: *Arroyo Zapatero* in: FS I. Roxin

Bach, Albrecht/*Klumpp*, Ulrich: Nach oben offene Bußgeldskala – erstmals Bußgeldleitlinien des Bundeskartellamts, NJW 2006, 3524–3529

Bamberger, Heinz Georg/*Roth*, Herbert (Hrsg.): Beck'scher Online-Kommentar BGB. Edition 33, 2014. Zit.: [*Bearbeiter*] in: BeckOK-BGB

Bauer, Brigitte: Untreue durch Cash-Pooling im Konzern, 2008. Zit.: *Bauer* Cash-Pooling

Baumbach, Adolf/*Hueck*, Alfred (Begr.): Gesetz betreffend die Gesellschaften mit beschränkter Haftung, 20. Auflage 2013. Zit.: [*Bearbeiter*] in: Baumbach/Hueck

Bechtold, Rainer: Kartellgesetz, 7. Auflage 2013. Zit.: *Bechtold*

ders. Die 8. GWB-Novelle, NZKart 2013, 263–270

ders. Die Entwicklung des deutschen Kartellrechts, NJW 2009, 3699–3706

Beckemper, Katharina: Unternehmensstrafrecht – auch in Deutschland?, in: Kempf, Eberhard/Lüderssen, Klaus/Volk, Klaus (Hrsg.): Unternehmensstrafrecht, S. 277–283, 2012. Zit.: *Beckemper* in: Kempf/Lüderssen/Volk

Benz, Jochen/*Klindt*, Thomas: Compliance 2020 – ein Blick in die Zukunft, BB 2010, 2977–2980

Beulke, Werner/*Moosmayer*, Klaus: Der Reformvorschlag des Bundesverbandes der Unternehmensjuristen zu den §§ 30, 130 OWiG – Plädoyer für ein modernes Unternehmensstrafrecht, CCZ 2014, 146–152

Bock, Dennis: Criminal Compliance, 2011

ders. Strafrechtlich gebotene Unternehmensaufsicht (Criminal Compliance) als Absenkung des Schadenserwartungswerts aus unternehmensbezogenen Straftaten. Zum Grundproblem der Bestimmung der Compliance-Schuld, HRRS 2010, 316–329

ders. Strafrechtliche Aspekte der Compliance-Diskussion – § 130 OWiG als zentrale Norm der Criminal Compliance, ZIS 2009, 68–81

Bohnert, Joachim: Kommentar zum Ordnungswidrigkeitengesetz, 3. Auflage 2010. Zit.: *Bohnert*

Bork, Reinhard/*Schäfer*, Carsten (Hrsg.): Kommentar zum GmbHG, 2. Auflage 2012. Zit.: [*Bearbeiter*] in: Bork/Schäfer

Bosch, Nikolaus: Organisationsverschulden in Unternehmen, 2002. Zit.: *Bosch* Organisationsverschulden

Bosch, Wolfgang/*Fritsche*, Alexander: Die 8. GWB-Novelle – Konvergenz und eigene wettbewerbspolitische Akzente, NJW 2013, 2225–2230

Böse, Martin/*Meyer*, Frank: Die Beschränkung nationaler Strafgewalten als Möglichkeit zur Vermeidung von Jurisdiktionskonflikten in der Europäischen Union, ZIS 2011, 336–344

Böttcher, Lars: Compliance: Der IDW PS 980 – Keine Lösung für alle (Haftungs-)-Fälle!, NZG 2011, 1054–1058

Brammsen, Joerg/*Apel*, Simon: Anstiftung oder Täterschaft? „Organisationsherrschaft" in Wirtschaftsunternehmen, ZJS 2008, 256–264

Brettel, Hauke/*Thomas*, Stefan: Unternehmensbußgeld, Bestimmtheitsgrundsatz und Schuldprinzip im novellierten deutschen Kartellrecht, ZWeR 2009, 25–64

de Bronett, Georg-Klaus: „Unternehmen" als „wirtschaftliche Einheiten" – Das neue EU-Kartellrecht nach der Rechtsprechung des EuGH in der Rs. C-97/08 P – „Akzo Nobel", EWS 2012, 113–124

Bruns, Hans-Jürgen: Die Befreiung des Strafrechts vom zivilistischen Denken, 1938. Zit.: *Bruns* Befreiung

Buchholz, Dario: Der Begriff der Zuwiderhandlung in § 130 OWiG unter Berücksichtigung aktueller Compliance-Fragen, 2013. Zit.: *Buchholz* Zuwiderhandlung

Buck-Heeb, Petra: Informationsorganisation im Kapitalmarktrecht – Compliance zwischen Informationsmanagement und Wissensorganisationspflichten, CCZ 2009, 18–25

Bülte, Jens: Die Beschränkung der strafrechtlichen Geschäftsherrenhaftung auf die Verhinderung betriebsbezogener Straftaten. Zugleich eine Besprechung von BGH, Urt. v. 20.10.2011 – 4 StR 71/11, NZWiSt 2012, 176–182

Büning, Marc: Die strafrechtliche Verantwortung faktischer Geschäftsführer einer GmbH, 2004. Zit.: *Büning* Faktischer Geschäftsführer

Bunting, Nikolaus: Konzernweite Compliance – Pflicht oder Kür?, ZIP 2012, 1542–1549

ders. Rechtsgrundlage und Reichweite der Compliance in Aktiengesellschaft und Konzern. Working Paper Nr. 132 des *Institute For Law and Finance* an der Goethe-Universität Frankfurt am Main, 2012. Veröffentlicht im Internet unter http://www.ilf-frankfurt.de/uploads/media/ILF_WP_132_01.pdf

Buntscheck, Martin: § 81 Abs. 4 GWB n.F. – die geänderte Obergrenze für Unternehmensgeldbußen, WuW 2008, 941–950

ders. Die gesetzliche Kappungsgrenze für Kartellgeldbußen – Bedeutung und Auslegung im Lichte der neuen Bußgeld-Leitlinien von Kommission und Bundeskartellamt, EuZW 2007, 423 – 428

Burgard, Ulrich: Garantie- und Verschuldenshaftung von Mitgesellschaftern einer GmbH, NZG 2002, 606–608

Bürger, Christian: Die Haftung der Konzernmutter für Kartellrechtsverstöße ihrer Tochter nach deutschem Recht, WuW 2011, 130–140

Bürkle, Jürgen: Grenzen der strafrechtlichen Garantenstellung des Compliance-Officers, CCZ 2010, 4–12

ders. Corporate Compliance – Pflicht oder Kür für den Vorstand der AG?, BB 2005, 565–569

Bussmann, Kai-D./*Matschke*, Sebastian: Die Zukunft der unternehmerischen Haftung bei Compliance-Verstößen, CCZ 2009, 132–138

Bussmann, Kai-D./*Nestler*, Claudia/*Salvenmoser*, Steffen: Wirtschaftskriminalität und Unternehmenskultur 2013, 2013

Buxbaum, Carmen: Konzernhaftung bei Patentverletzung durch die Tochtergesellschaft, GRUR 2009, 240–245

Bydlinski, Peter: Grundzüge der juristischen Methodenlehre, 2. Auflage 2012. Zit.: *Bydlinski* Methodenlehre

Canaris, Claus-Wilhelm/*Habersack*, Mathias/*Schäfer*, Carsten (Hrsg.): Staub – Handelsgesetzbuch. Dritter Band, §§ 105–160 HGB, 5. Auflage 2009. Zit.: [*Bearbeiter*] in: Staub

Canaris, Claus-Wilhelm: Handelsrecht, 24. Auflage 2006.

Caracas, Christian: Verantwortlichkeit in internationalen Konzernstrukturen nach § 130 OWiG – Am Beispiel der im Ausland straflosen Bestechung im geschäftlichen Verkehr, 2014. Zit.: *Caracas* Internationale Konzernstrukturen

Cauers, Lutz/*Haas*, Klaus/*Jakob*, Alexander/*Kremer*, Friedhelm/*Schartmann*, Bernd/*Welp*, Oliver: Ist der gegenwärtig viel diskutierte Begriff „Compliance" nur alter Wein in neuen Schläuchen?, DB 2008, 2717–2719

Cichy, Patrick/*Cziupka*, Johannes: Compliance-Verantwortung der Geschäftsleiter bei Unternehmenstätigkeit mit Auslandsbezug, BB 2014, 1482–1486

Corell, Christian/*von Saucken*, Alexander: Verteidigungsansätze bei der Unternehmensgeldbuße, wistra 2013, 297–302

Dähnert, Alexander: Konvergenz der Konzernhaftung – Im englischen und deutschen Kapitalgesellschaftsrecht, 2012. Zit.: *Dähnert* Konvergenz der Konzernhaftung

Dann, Matthias/*Mengel*, Anja: Tanz auf dem Pulverfass – oder: Wie gefährlich leben Compliance-Beauftragte?, NJW 2010, 3265–3269

Dannecker, Christoph: Die Folgen der strafrechtlichen Geschäftsherrenhaftung der Unternehmensleitung für die Haftungsverfassung juristischer Personen. Zugleich: Besprechung von BGH, Urt. v. 10.7.2012 – VI ZR 341/10, NZWiSt 2012, 441–451

Dannecker, Gerhard/*Dannecker*, Christoph: Die „Verteilung" der strafrechtlichen Geschäftsherrenhaftung im Unternehmen. Zur strafrechtlichen Verantwortung des Compliance Officers und (leitender) Angestellter bei der Übernahme unternehmensbezogener Aufgaben – zugleich Besprechung von BGH, Urteil v. 17.7.2009 – 5 StR 394/08, JZ 2010, 981–992

Dauner-Lieb, Barbara/*Langen*, Werner (Hrsg.): Nomos Kommentar BGB Schuldrecht. Band 2, 2. Auflage 2012. Zit.: [*Bearbeiter*] in: NK-BGB.

Deister, Jochen/*Geier*, Anton/*Rew*, Paul: Business as usual? Die Leitlinien zum UK Bribery Act 2010 sind veröffentlicht, CCZ 2011, 81–89

Dettling, Heinz-Uwe: Die Entstehungsgeschichte des Konzernrechts im Aktiengesetz von 1965, 1997. Zit.: *Dettling* Entstehungsgeschichte

Dierlamm, Alfred: Anmerkung zu BGH, Urteil vom 11.12.1997 – 4 StR 323/97, NStZ 1998, 569–570

ders. Der faktische Geschäftsführer im Strafrecht – ein Phantom?, NStZ 1996, 153–157

Dörr, Felix: Die Haftung von Unternehmen nach dem Gesetz über Ordnungswidrigkeiten, in: Kempf, Eberhard/Lüderssen, Klaus/Volk, Klaus (Hrsg.): Unternehmensstrafrecht, S. 23–35, 2012. Zit.: *Dörr* in: Kempf/Lüderssen/Volk

Dreher Meinrad: Kartellrechtscompliance – Voraussetzungen und Rechtsfolgen unternehmens- oder verbandsinterner Maßnahmen zur Einhaltung des Kartellrechts, ZWeR 2004, 75–106

Drygala, Tim/*Staake*, Marco/*Szalai*, Stephan: Kapitalgesellschaftsrecht. Mit Grundzügen des Konzern- und Umwandlungsrechts, 2012. Zit.: *Drygala/Staake/Szalai* Kapitalgesellschaftsrecht

Eckstein, Ken: Im Netz des Unionsrechts – Anmerkungen zum Fransson-Urteil des EuGH, ZIS 2013, 220–225

ders. Grund und Grenzen transnationalen Schutzes vor mehrfacher Strafverfolgung in Europa, ZStW 2012, 490–527

Ehnert, Manja: Standardisierung mit Variablen – Compliance Standards ISO 19600 und ISO 37001, CCZ 2015, 6–9

Ehrhardt, Anne: Unternehmensdelinquenz und Unternehmensstrafe, 1994. Zit.: *Ehrhardt* Unternehmensdelinquenz.

Eidam, Gerd (Hrsg.): Unternehmen und Strafe, 4. Auflage 2014. Zit.: [*Bearbeiter*] in: Eidam.

Eidenmüller, Horst: Geschäftsleiter- und Gesellschafterhaftung bei europäischen Auslandsgesellschaften mit tatsächlichem Inlandssitz, NJW 2005, 1618–1621

Eisele, Jörg: Jurisdiktionskonflikte in der Europäischen Union: Vom nationalen Strafanwendungsrecht zum Europäischen Kollisionsrecht?, ZStW 2013, 1–33

Eisolt, Dirk: Prüfung von Compliance-Management-Systemen: erste Überlegungen zu IDW EPS 980, BB 2010, 1843–1848

Emmerich, Volker: Kartellrecht, 13. Auflage 2014.

Emmerich, Volker/*Habersack*, Mathias: Aktien- und GmbH-Konzernrecht, 7. Auflage 2013. Zit.: [*Bearbeiter*], in: Emmerich/Habersack, Aktien- und GmbH-Konzernrecht

dies. Konzernrecht, 10. Auflage 2013. Zit.: [*Bearbeiter*], in: Emmerich/Habersack, Konzernrecht

Engelhart, Marc: Sanktionierung von Unternehmen und Compliance, 2010. Zit.: *Engelhart* Sanktionierung.

Ensthaler, Jürgen/*Füller*, Thomas/*Schmidt*, Burkhard (Hrsg.): Kommentar zum GmbH-Gesetz, 2. Auflage 2009. Zit.: [*Bearbeiter*] in: Ensthaler/Füller/Schmidt

Eschenbruch, Klaus: Konzernhaftung, 1996.

Esser, Robert: Europäisches und Internationales Strafrecht, 2014.

Eufinger, Alexander: Zu den historischen Ursprüngen der Compliance, CCZ 2012, 21–22

Ewald, Rolf: Untreue zwischen verbundenen Unternehmen. Diss. Bochum, 1980. Zit.: *Ewald* Untreue.

Fett, Torsten/*Theusinger*, Ingo: Compliance im Konzern – Rechtliche Grundlagen und praktische Umsetzung, BB Special 4 (zu BB 2010, Heft 50), 6–14

Fischer, Thomas: Strafgesetzbuch, 62. Auflage 2015. Zit.: *Fischer*

Fleischer, Holger: Aktienrechtliche Compliance-Pflichten im Praxistest: Das Siemens/Neubürger-Urteil des LG München I, NZG 2014, 321–329

ders. Aktuelle Entwicklungen der Managerhaftung, NJW 2009, 2337–2343
ders. Corporate Compliance im aktienrechtlichen Unternehmensverbund, CCZ 2008, 1–6
ders. (Hrsg.): Handbuch des Vorstandsrechts, 2006. Zit.: *[Bearbeiter]* in: Fleischer
ders. Konzernuntreue zwischen Straf- und Gesellschaftsrecht: Das Bremer Vulkan-Urteil, NJW 2004, 2867–2870
Fleischer, Holger/*Goette*, Wulf (Hrsg.): Münchener Kommentar zum Gesetz betreffend Gesellschaften mit beschränkter Haftung – GmbHG. Band 2, §§ 35–52 GmbHG, 2012. Zit.: *[Bearbeiter]* in: MK-GmbHG.
Fleischer, Holger/*Schmolke*, Klaus Ulrich: Finanzielle Anreize für Whistleblower im Europäischen Kapitalmarktrecht? Rechtspolitische Überlegungen zur Reform des Marktmissbrauchsregimes, NZG 2012, 361–368
Friedlaender, Heinrich E.: Konzernrecht, 2. Auflage 1954.
Fruck, Angela: Aufsichtspflichtverletzung gemäß § 130 OWiG durch Korruption und Compliance als interne Korruptionsbekämpfung, 2010. Zit.: *Fruck* Aufsichtspflichtverletzung
Gehring, Stefan/*Kasten*, Boris/*Mäger*, Thorsten: Unternehmensrisiko Compliance? Fehlanreize für Kartellprävention durch EU-wettbewerbsrechtliche Haftungsprinzipien für Konzerngesellschaften, CCZ 2013, 1–11
Geiger, Daniel: Nemo ultra posse obligatur – Zur strafrechtlichen Haftung von Compliance-Beauftragten ohne Disziplinargewalt, CCZ 2011, 170–174
Geisler, Claudius: Zur Vereinbarkeit objektiver Bedingungen der Strafbarkeit mit dem Schuldprinzip, 1998. Zit.: *Geisler* Objektive Bedingungen
Geismar, Anne-Gwendolin: Der Tatbestand der Aufsichtspflichtverletzung bei der Ahndung von Wirtschaftsdelikten, 2012. Zit.: *Geismar* Aufsichtspflichtverletzung
Gelhausen, Friedrich/*Wermelt*, Andreas: Haftungsrechtliche Bedeutung des IDW EPS 980: Grundsätze ordnungsmäßiger Prüfung von Compliance-Management-Systemen. Gleichzeitig: Replik zum Aufsatz von Dr. Markus S. Rieder und Marcus Jerg zum Thema „Anforderungen an die Überprüfung von Compliance-Programmen", CCZ 2010, 208–213
Goette, Wulf/*Habersack*, Mathias (Hrsg.): Münchener Kommentar zum Aktiengesetz.
Band 1, §§ 1–75 AktG, 3. Auflage 2008
Band 2, §§ 76–117 AktG, 4. Auflage 2014
Band 5, §§ 278–328 AktG, 3. Auflage 2010
Zit.: *[Bearbeiter]* in: MK-AktG
Görling, Helmut: Die Konzernhaftung in mehrstufigen Unternehmensverbindungen, 1998. Zit.: *Görling* Konzernhaftung
Götz, Heinrich: Die Pflicht des Aufsichtsrats zur Haftbarmachung von Vorstandsmitgliedern – Besprechung des ARAG–Urteils des BGH, NJW 1997, 3275–3278
Graf, Jürgen-Peter (Hrsg.): Beck'scher Online-Kommentar OWiG. Edition 5, 2014. Zit.: *[Bearbeiter]* in: BeckOK-OWiG

Graf, Jürgen-Peter/*Jäger*, Markus/*Wittig*, Petra (Hrsg.): Wirtschafts- und Steuerstrafrecht, 2011. Zit.: [*Bearbeiter*] in: Graf/Jäger/Wittig

Graf, Walther: Ordnungswidrigkeitenrechtliche Verantwortlichkeit der Konzernobergesellschaft für Gesetzesverstöße ihrer Tochtergesellschaften?, in: Livonius, Barbara/Graf, Walther/Wolter, Jürgen/Zöller, Mark A. (Hrsg.): Strafverteidigung im Wirtschaftsleben. Festgabe für Hanns W. Feigen zum 65. Geburtstag, S. 39–47, 2014. Zit.: *Graf* in: FG Feigen

Groß, Bernd: Die strafrechtliche Verantwortlichkeit faktischer Vertretungsorgane bei Kapitalgesellschaften, 2007. Zit.: *Groß* Faktische Vertretungsorgane

Groß, Bernd/*Reichling*, Tilman: Weshalb sich Korruption nicht mit den Mitteln des Ordnungswidrigkeitenrechts bekämpfen lässt, wistra 2013, 89–93

Grundmeier, Charlotte Elisabeth: Rechtspflicht zur Compliance im Konzern, 2011. Zit.: *Grundmeier* Rechtspflicht

Grützner, Thomas/*Behr*, Nicolai: Effektives Compliance Programm verhindert Bestrafung von Investmentbank wegen Verstößen gegen FCPA, CCZ 2013, 71–74

Grützner, Thomas/*Leisch*, Franz Clemens: §§ 130, 30 OWiG – Probleme für Unternehmen, Geschäftsleitung und Compliance-Organisation. Sechs Probleme aus der geänderten Praxis der Ermittlungsbehörden, DB 2012, 787–794

Guerrini, Roberto: Die strafrechtliche Verantwortlichkeit juristischer Personen in Italien, NZWiSt 2014, 361–370

Gummert, Hans/*Weipert*, Lutz (Hrsg.): Münchener Handbuch des Gesellschaftsrechts, Band 1, 4. Auflage 2014. Zit.: [*Bearbeiter*] in: MünchHdb GesR I

Gürtler, Franz/*Seitz*, Helmut: Gesetz über Ordnungswidrigkeiten, 16. Auflage 2012. Zit.: [*Bearbeiter*] in: Göhler

Hackel, Stefan Siegfried: Konzerndimensionales Kartellrecht, 2012.

Hammen, Horst: Insiderstrafrecht und Bestimmtheitsgebot – Eine Polemik, ZIS 2014, 303–308

Harte-Bavendamm, Henning/*Henning-Bodewig*, Frauke (Hrsg.): Gesetz gegen den unlauteren Wettbewerb (UWG), 3. Auflage 2013. Zit.: [*Bearbeiter*] in: Harte-Bavendamm/Henning-Bodewig

Hartig, Helge: Abweichkultur und Befolgungsdruck bei Leitlinien der europäischen Aufsichtsbehörden im Finanzbereich vor dem Hintergrund des § 161 AktG und des DCGK, BB 2012, 2959–2962

Haus, Florian: Verfassungsprinzipien im Kartellbußgeldrecht – ein Auslaufmodell? Zu den anwendbaren Maßstäben bei der Bemessung umsatzbezogener Geldbußen nach § 8 Abs. 4 GWB, NZKart 2013, 183–191

Hauschka, Christoph E.: Von Normen und Normen – zur ISO 19600. Editorial zu CCZ 2015 Heft 1, CCZ 2015, 1

ders. Zum Berufsbild des Compliance Officers, CCZ 2014, 165–170

ders. (Hrsg.): Corporate Compliance. Handbuch der Haftungsvermeidung im Unternehmen, 2. Auflage 2010. Zit.: [*Bearbeiter*] in: Hauschka

Hauschka, Christoph E./*Greeve*, Gina: Compliance in der Korruptionsprävention – was müssen, was sollen, was können die Unternehmen tun?, BB 2007, 165–173

Haussmann, Fritz: Die wirtschaftliche Konzentration an ihrer Schicksalswende, 1940. Zit.: *Haussmann* Konzentration
Hecker, Bernd: Europäisches Strafrecht, 4. Auflage 2012.
ders. Tatortbegründung gem. §§ 3, 9 Abs. 1 Var. 3 StGB durch Eintritt einer objektiven Bedingung der Strafbarkeit?, ZIS 2011, 398–401
von Heintschel-Heinegg/Bernd (Hrsg.): Beck'scher Online-Kommentar StGB. Edition 25, 2014. Zit.: [*Bearbeiter*] in: BeckOK-StGB.
Hellmann, Uwe/*Beckemper*, Katharina: Wirtschaftsstrafrecht, 4. Auflage 2013. Zit.: [*Bearbeiter*] in: Hellmann/Beckemper
Hein, Oliver: Verbandsstrafgesetzbuch (VerbStrG-E) – Bietet der Entwurf Anreize zur Vermeidung von Wirtschaftskriminalität in Unternehmen?, CCZ 2014, 75–81
Heinichen, Christian: Konzernweite Umsatzzurechnung nach § 81 Abs. 4 S. 2 GWB 2005 – Verstoß gegen das Analogieverbot, NZWiSt 2013, 94–97
ders. Kartellbußgeldhaftung des Rechtsnachfolgers im Lichte des Analogieverbotes. Zugleich Anmerkungen zu BGH, Beschl. v. 10.8.2011 – KRB 55/10 (Versicherungsfusion) und BGH, Beschl. v. 10.8.2011 – KRB 2/10 (Transportbeton), ZIS 2013, 68–76
Henssler, Martin/*Strohn*, Lutz (Hrsg.): Gesellschaftsrecht, 2. Auflage 2014. Zit.: [*Bearbeiter*] in: Henssler/Strohn
Henssler, Martin/*Willemsen*, Heinz Josef/*Kalb*, Heinz-Jürgen (Hrsg.): Arbeitsrecht Kommentar, 6. Auflage 2014. Zit.: [*Bearbeiter*] in: Henssler/Willemsen/Kalb
Hermanns, Ferdinand/*Kleier*, Ulrich F.: Grenzen der Aufsichtspflicht in Betrieben und Unternehmen. Zur Bedeutung des § 130 OWiG in der Praxis, 1987. Zit.: *Hermanns/Kleier* Grenzen der Aufsichtspflicht
Heussen, Benno/*Korf*, Ralph/*Schröder*, Georg/*Weber*, Theo (Hrsg.): Unternehmer-Handbuch, 2005. [*Bearbeiter*] in: Heussen/Korf/Schröder/Weber
Hirsch, Günter/*Montag*, Frank/*Säcker*, Franz Jürgen (Hrsg.): Münchener Kommentar zum Europäischen und Deutschen Wettbewerbsrecht (Kartellrecht). Band 2, Gesetz gegen Wettbewerbsbeschränkungen (GWB), §§ 1–96, 130, 131 GWB, 2008. Zit.: [*Bearbeiter*] in: MK-Kartellrecht
Höf, Julia: Untreue im Konzern, 2006. Zit.: *Höf* Untreue
Hoffmann-Becking, Michael (Hrsg.): Münchener Handbuch des Gesellschaftsrechts, Band 4, 3. Auflage 2007. Zit.: [*Bearbeiter*] in: MünchHdb GesR IV
Hölters, Wolfgang (Hrsg.): Aktiengesetz, 2. Auflage 2014. Zit.: [*Bearbeiter*] in: Hölters
Hommelhoff, Peter: Die Konzernleitungspflicht, 1982. Zit.: *Hommelhoff* Konzernleitungspflicht
Hopt, Klaus J./*Kumpan*, Christoph/*Merkt*, Hanno/*Roth*, Markus: Baumbach/Hopt, Handelsgesetzbuch, 36. Auflage 2014. Zit.: [*Bearbeiter*] in: Baumbach/Hopt
Hopt, Klaus J./*Wohlmannstetter*, Gottfried (Hrsg.): Handbuch Corporate Governance von Banken, 2011. Zit.: [*Bearbeiter*] in: Hopt/Wohlmannstetter

Hörauf, Dominic: Ordnungswidrigkeiten und der europäische Straftatenbegriff – Subkategorie- oder aliud-Verhältnis? Eine an den Umsetzungspflichten des deutschen Gesetzesgebers orientierte Begriffskonturenanalyse am Beispiel des aktuellen Richtlinienentwurfs zum Datenschutz in Strafsachen, ZIS 2013, 276–279

Hoven, Elisa: Der nordrhein-westfälische Entwurf eines Verbandsstrafgesetzbuchs – Eine kritische Betrachtung von Begründungsmodell und Voraussetzungen der Straftatbestände, ZIS 2014, 19–30

Hoven, Elisa/*Wimmer*, Renate/*Schwarz*, Thomas/*Schumann*, Stefan: Der nordrhein-westfälische Entwurf eines Verbandsstrafgesetzes – Kritische Anmerkungen aus Wissenschaft und Praxis Teil 1, NZWiSt 2014, 161–165

Huber, Nikolaus: Die Reichweite konzernbezogener Compliance-Pflichten des Mutter-Vorstands des AG-Konzerns, 2013. Zit.: *Huber*, Compliance-Pflichten.

Hugger, Heiner/*Röhrich*, Raimund: Der neue UK Bribery Act und seine Geltung für deutsche Unternehmen, BB 2010, 2643–2647

Hüneröder, Johann-Friedrich: Die Aufsichtspflichtverletzung im Kartellrecht – § 130 OWiG, 1989. Zit.: *Hüneröder* Aufsichtspflichtverletzung

Hütten, Christoph/*Stromann*, Hilke: Umsetzung des Sarbanes-Oxley Act in der Unternehmenspraxis, BB 2003, 2224–2226

Immenga, Ulrich/*Mestmäcker*, Ernst-Joachim (Hrsg.): Wettbewerbsrecht. Band 1, EU, 5. Auflage 2012. Zit.: [*Bearbeiter*] in: Immenga/Mestmäcker, EU-Wettbewerbsrecht

dies. Wettbewerbsrecht. Band 2, GWB. 5. Auflage. München, 2014. Zit.: [*Bearbeiter*] in: Immenga/Mestmäcker, Wettbewerbsrecht GWB

Inderst, Cornelia/*Bannenberg*, Britta/*Poppe*, Sina (Hrsg.): Compliance. Aufbau – Management – Risikobereiche, 2. Auflage 2013. Zit.: [*Bearbeiter*] in: Inderst/Bannenberg/Poppe

Jäger, Christian: Die Unternehmensstrafe als Instrument zur Bekämpfung der Wirtschaftsdelinquenz, in: Schulz, Lorenz/Reinhart, Michael/Sahan, Oliver (Hrsg.): Festschrift für Imme Roxin, S. 43–56, 2012. Zit.: *Jäger* in: FS I. Roxin

Jeßberger, Florian: Der transnationale Geltungsbereich des deutschen Strafrechts, 2011. Zit.: *Jeßberger* Geltungsbereich

Joecks, Wolfgang/*Miebach*, Klaus (Hrsg.): Münchener Kommentar zum Strafgesetzbuch.
Band 1, §§ 1–37 StGB, 2. Auflage 2011
Band 3, §§ 80–184g StGB, 2. Auflage 2012
Band 5, §§ 263–358 StGB, 2. Auflage 2014.
Zit.: [*Bearbeiter*] in: MK-StGB

Jung, Sandra/*Nahm*, Matthias/*Söllner*, René: Unternehmen unter ausländischer Kontrolle. Neue Ergebnisse der Inward-FATS-Statistik, WiSta 2012, 1100 – 1107.

Kaufmann, Arthur/*Hassemer*, Winfried/*Neumann*, Ulfrid (Hrsg.): Einführung in die Rechtsphilosophie und Rechtstheorie der Gegenwart, 8. Auflage 2011. Zit.: [*Bearbeiter*] in: Kaufmann/Hassemer/Neumann.

Kersting, Christian: Die Rechtsprechung des EuGH zur Bußgeldhaftung in der wirtschaftlichen Einheit, WuW 2014, 1156–1173

Kessler, Wolfgang/*Kröner*, Michael/*Köhler*, Stefan (Hrsg.): Konzernsteuerrecht, 2. Auflage 2009. Zit.: [*Bearbeiter*] in: Kessler/Kröner/Köhler

Kindhäuser, Urs/*Neumann*, Ulfrid/*Paeffgen*, Hans-Ullrich (Hrsg.): NomosKommentar Strafgesetzbuch, 4. Auflage 2013. [*Bearbeiter*] in: NK-StGB

Kindler, Steffi: Das Unternehmen als haftender Täter, 2008. Zit.: *Kindler* Unternehmen

Kirch-Heim, Claudio: Sanktionen gegen Unternehmen, 2007. Zit.: *Kirch-Heim* Sanktionen

Kirschbaum, Tom/*Wittmann*, Martin: Selbstregulierung im Gesellschaftsrecht: Der Deutsche Corporate Governance Kodex, JuS 2005, 1062–1067

Klesczewski, Diethelm: Ordnungswidrigkeitenrecht, 2010

Klindt, Thomas/*Pelz*, Christian/*Theusinger*, Ingo: Compliance im Spiegel der Rechtsprechung, NJW 2010, 2385–2391

Kling, Michael: Wirtschaftliche Einheit und Gemeinschaftsunternehmen – Konzernprivileg und Haftungszurechnung, ZWeR 2011, 169–191

ders. Die Haftung der Konzernmutter für Kartellverstöße ihrer Tochterunternehmen, WRP 2010, 506–518

Knierim, Thomas/*Rübenstahl*, Markus/*Tsambikakis*, Michael (Hrsg.): Internal Investigations – Ermittlungen im Unternehmen, 2013. Zit.: [*Bearbeiter*] in: Knierim/Rübenstahl/Tsambikakis

Koch, Jens: Hüffer. Aktiengesetz, 11. Auflage 2014. Zit.: *Koch* in: Hüffer

ders. Compliance-Pflichten im Unternehmensverbund?, WM 2009, 1013–1020

ders. Die Konzernobergesellschaft als Unternehmensinhaber i.S.d. § 130 OWiG?, AG 2009, 564–574

ders. Der kartellrechtliche Sanktionsdurchgriff im Unternehmensverbund, ZHR 171 (2007), 554–580

Köhler, Helmut/*Bornkamm*, Joachim (Hrsg.): Gesetz gegen den unlauteren Wettbewerb, 32. Auflage 2014. Zit.: [*Bearbeiter*] in: Köhler/Bornkamm

Kokott, Juliane/*Dittert*, Daniel: Die Verantwortlichkeit von Muttergesellschaften für Kartellvergehen ihrer Tochtergesellschaften im Lichte der Rechtsprechung der Unionsgerichte, WuW 2012, 670–683

Konu, Metin: Die Garantenstellung des Compliance-Officers. Zugleich ein Beitrag zu den Rahmenbedingungen einer Compliance-Organisation, 2014. Zit.: *Konu* Garantenstellung

Kotzur, Markus: Ausbau der wirtschaftsverwaltungsrechtlichen Unternehmenshaftung, in: Kempf, Eberhard/Lüderssen, Klaus/Volk, Klaus (Hrsg.): Unternehmensstrafrecht, S. 379–386, 2012. Zit.: *Kotzur* in: Kempf/Lüderssen/Volk

Kraatz, Erik: Wirtschaftsstrafrecht 2014

ders. Zu den Grenzen einer „Fremdrechtsanwendung" im Wirtschaftsstrafrecht am Beispiel der Untreuestrafbarkeit des Direktors einer in Deutschland ansässigen Private Company Limited by Shares – zugleich eine Anmerkung zu BGH 5 StR 428/09, JR 2011, 58–65

Kraft, Oliver: Die Garantenpflicht des Leiters der Innenrevision und des Compliance Officers zur Abwendung von unternehmensbezogenen Straftaten – zugleich Anmerkung zu BGH wistra 2009, 433, wistra 2010, 81–86

Kraft, Oliver/*Winkler*, Klaus: Zur Garantenstellung des Compliance-Officers – Unterlassungsstrafbarkeit durch Organisationsmangel?, CCZ 2009, 29–33

Kremer, Thomas/*Klahold*, Christoph: Compliance-Programme in Industriekonzernen, ZGR 2010, 113–143

Kretschmer, Joachim: Die Bekämpfung von Korruption mit dem OWiG, in: Geisler, Claudius/Kraatz, Erik/Kretschmer, Joachim/Schneider, Hartmut/Sowada, Christoph (Hrsg.): Festschrift für Klaus Geppert, S. 287–309, 2011. Zit.: *Kretschmer* in: FS Geppert

Krieger, Gerd/*Schneider*, Uwe H.: Handbuch Managerhaftung, 2. Auflage 2010. Zit.: [*Bearbeiter*] in: Krieger/Schneider

Krohs, Christian/*Timmerbeil*, Sven: Die Durchsetzung von Kartellbußgeldern gegen Rechtsnachfolger. Grenzen einer „Verfahrensverweisung" vom Bundeskartellamt an die Europäische Kommission, BB 2012, 2447–2453

Kudlich, Hans: Mobbing als Betriebsaufgabe? – Zur Geschäftsherrenhaftung eines „Vorarbeiters" bei innerbetrieblichen Körperverletzungen. Anmerkung zur Entscheidung des BGH 4 StR 71/11 = HRRS 2012 Nr. 74, HRRS 2012, 177–180

ders. Die strafrahmenorientierte Auslegung im System der strafrechtlichen Rechtsfindung, ZStW 2003, 1–25

Kudlich, Hans/*Oğlakcioğlu*, Mustafa Temmuz: Wirtschaftsstrafrecht, 2. Auflage 2014

Kudlich, Hans/*Wittig*, Petra: Strafrechtliche Enthaftung durch juristische Präventionsberatung? – Teil 2: Präventivberatung, Compliance und gehörige Aufsicht, ZWH 2013, 303–310

dies. Strafrechtliche Enthaftung durch juristische Präventionsberatung? – Teil 1: Allgemeine Irrtumslehren, ZWH 2013, 253–260

Kühl, Kristian/*Heger*, Martin: Lackner/Kühl. Strafgesetzbuch, 28. Auflage 2014. Zit.: [*Bearbeiter*] in: Lackner/Kühl

Kuhlmann, Jens/*Ahnis*, Erik: Konzern- und Umwandlungsrecht, 3. Auflage 2010.

Kuhn, Bernd: Die Garantenstellung des Vorgesetzten – Zugleich eine Besprechung von BGH, wistra 2012, 64, wistra 2012, 297–299.

Kutschaty, Thomas: Deutschland braucht ein Unternehmensstrafrecht, ZRP 2013, 74–76

Lang, Peter: Corporate Compliance – Verantwortung, Implementierungspflichten und Umsetzung in der unverbundenen Aktiengesellschaft und im Konzern, 2013. Zit.: *Lang* Corporate Compliance

Larenz, Karl: Methodenlehre der Rechtswissenschaft, 6. Auflage 1991. Zit.: *Larenz* Methodenlehre

Laufhütte, Heinrich Wilhelm/*Rissing-van Saan*, Ruth/*Tiedemann*, Klaus (Hrsg.): Strafgesetzbuch. Leipziger Kommentar.
Band 1: Einleitung; §§ 1–31 StGB, 12. Auflage 2007.
Band 9.1: §§ 263–286b StGB, 12. Auflage 2012.
Zit.: [*Bearbeiter*] in: LK-StGB

Leimenstoll, Ulrich: Zur Untreue im Konzernverbund. Entscheidungsbesprechung zu BGH, Beschl. v. 31.7.2009 – 2 StR 95/09, ZIS 2010, 142–148

Leipold, Klaus: Unternehmensstrafrecht – Eine rechtspolitische Notwendigkeit?, ZRP 2013, 34–37

ders. Kommt das Unternehmensstrafrecht?, NJW-Spezial 2013, 696

Leitner, Werner: Unternehmensstrafrecht in der Revision, StraFo 2010, 323 – 328

Lemke, Michael/*Mosbacher*, Andreas: Ordnungswidrigkeitengesetz, 2. Auflage 2005. Zit.: [*Bearbeiter*] in: Lemke/Mosbacher

Lenel, Hans Otto: Ursachen der Konzentration, 2. Auflage 1968

Lettl, Tobias: Kartellrecht, 3. Auflage 2013

Liebelt, Klaus Günter: Zum deutschen internationalen Strafrecht und seiner Bedeutung für den Einfluss außerstrafrechtlicher Rechtssätze des Auslands auf die Anwendung inländischen Strafrechts. Ein Beitrag zur Lehre vom internationalen Geltungsbereich des deutschen Strafrechts. 1978. Zit.: *Liebelt* Internationales Strafrecht

Liebscher, Thomas: GmbH-Konzernrecht. Die GmbH als Konzernbaustein, 2006. Zit.: *Liebscher* GmbH-Konzernrecht

Loewenhein, Ulrich/*Riesenkampff*, Alexander/*Meessen*, Karl M. (Hrsg.): Kartellrecht, 2. Auflage 2009. Zit.: [*Bearbeiter*] in: Loewenhein/Riesenkampff/Messen

Lösler, Thomas: Das moderne Verständnis von Compliance im Finanzmarktrecht, NZG 2005, 104–108

Lotze, Andreas: Haftung von Vorständen und Geschäftsführern für gegen Unternehmen verhängte Kartellbußgelder, NZKart 2014, 162–170

Lüderssen, Klaus: Die Wiederkehr der „Befreiung des Strafrechts vom zivilistischen Denken" – eine Warnung, in: Ebert, Udo/Roxin, Claus/Rieß, Peter/Wahle, Eberhard (Hrsg.): Festschrift für Ernst-Walter Hanack zum 70. Geburtstag, S. 487–499, 1999. Zit.: *Lüderssen* in: FS Hanack

Lutter, Marcus/*Hommelhoff*, Peter (Hrsg.): GmbH-Gesetz Kommentar, 18. Auflage 2012. Zit.: [*Bearbeiter*] in: Lutter/Hommelhoff

Mankowski, Peter/*Bock*, Stefanie: Fremdrechtsanwendung im Strafrecht durch Zivilrechtsakzessorietät bei Sachverhalten mit Auslandsbezug für Blanketttatbestände und Tatbestände mit normativen Tatbestandsmerkmal, ZStW 2008, 704–758

Mansdörfer, Marco/*Timmerbeil*, Sven: Zurechnung und Haftungsdurchgriff im Konzern – Eine rechtsgebietsübergreifende Betrachtung, WM 2004, 362–370

Mansdörfer, Marco/*Trüg*, Gerson: Umfang und Grenzen der strafrechtlichen Geschäftsherrenhaftung – Zugleich eine Besprechung von BGH, Urt. v. 20.10.2011 – 4 StR 71/11, StV 2012, 432–436

Maschke, Günter: Aufsichtspflichtverletzungen in Betrieben und Unternehmen – Die Sanktionierung von Verstößen gegen die Aufsichtspflicht in Betrieben und Unternehmen nach § 130 OWiG des Ordnungswidrigkeitengesetzes unter besonderer Berücksichtigung des Zusammenhangs zwischen Tathandlung und Zuwiderhandlung, 1997. Zit.: *Maschke* Aufsichtspflichtverletzungen

Maurach, Reinhart/*Gössel*, Karl Heinz/*Zipf*, Heinz u.a.: Strafrecht Allgemeiner Teil. Teilband 2 – Erscheinungsformen des Verbrechens und Rechtsfolgen der Tat, 8. Auflage 2014. Zit.: [*Bearbeiter*] in: Maurach/Gössel/Zipf

Meffert, Claudia: Profilierung von Dienstleistungsmarken in vertikalen Systemen, 2002. Zit.: *Meffert* Dienstleistungsmarken

Michalke, Regina: Untreue – neue Vermögensbetreuungspflichten durch Compliance-Regeln, StV 2011, 245–251

Michalski, Lutz (Hrsg.): Kommentar zum Gesetz betreffend die Gesellschaften mit beschränkter Haftung (GmbH-Gesetz). Band II, §§ 35 – 85 GmbHG, §§ 1–4 EGGmHG, 2. Auflage 2010. Zit.: [*Bearbeiter*] in: Michalski

Mitsch, Wolfgang: Täterschaft und Teilnahme bei der „Verbandsstraftat", NZWiSt 2014, 1–5

Momsen, Carsten/*Grützner*, Thomas (Hrsg.): Wirtschaftsstrafrecht. Handbuch für die Unternehmens- und Anwaltspraxis, 2013. Zit.: [*Bearbeiter*] in: Momsen/Grützner

Moosmayer, Klaus: Unternehmen, Strafe und Compliance. Editorial zu CCZ 2014 Heft 1, CCZ 2014, 1

ders. Compliance. Praxisleitfaden für Unternehmen, 2. Auflage 2012. Zit.: *Moosmayer* Compliance

ders. Modethema oder Pflichtprogramm guter Unternehmensführung? – Zehn Thesen zu Compliance, NJW 2012, 3013–3017

Moosmayer, Klaus/*Gropp-Stadler*, Susanne: Der Diskussionsentwurf des Bundesministeriums der Justiz zur Änderung der §§ 30, 130 OWiG: Ein Zwischenruf, NZWiSt 2012, 241–243

Morozinis, Ioannis: Dogmatik der Organisationsdelikte, 2010. Zit.: *Morozinis* Organisationsdelikte

Mosiek, Marcus: Fremdrechtsanwendung – quo vadis?, StV 2008, 94–100

Muders, Christian: Die Haftung im Konzern für die Verletzung des Bußgeldtatbestandes des § 130 OWiG, 2014. Zit.: *Muders* Haftung im Konzern

Mühlhoff, Uwe: Lieber der Spatz in der Hand ... oder: Nach der Novelle ist vor der Novelle! Zu den wesentlichen Änderungen des allgemeinen Ordnungswidrigkeitenrechts und des Kartellordnungswidrigkeitenrechts durch die 8. GWB-Novelle, NZWiSt 2013, 321–332

Müller-Glöge, Rudi/*Preis*, Ulrich/*Schmidt*, Ingrid (Hrsg.): Erfurter Kommentar zum Arbeitsrecht, 15. Auflage 2015. Zit.: [*Bearbeiter*] in: ErfK-Arbeitsrecht

Müller-Gugenberger, Christian/*Bieneck*, Klaus (Hrsg.): Wirtschaftsstrafrecht. Handbuch des Wirtschaftsstraf- und -ordnungswidrigkeitenrechts, 5. Auflage 2011. Zit.: [*Bearbeiter*] in: Müller-Gugenberger/Bieneck

Nell, Matthias: Korruptionsbekämpfung ja – aber richtig! – Reformüberlegungen zur Unternehmenshaftung nach OWiG, ZRP 2008, 149–151

Neumann, Ulfrid: Strafrechtliche Verantwortlichkeit von Verbänden – rechtstheoretische Prolegomena, in: Kempf, Eberhard/Lüderssen, Klaus/Volk, Klaus (Hrsg.): Unternehmensstrafrecht, S. 13–20, 2012. Zit.: *Neumann* in: Kempf/Lüderssen/Volk

Nodoushani, Michael: Das Doppelmandat-Urteil des BGH aus der konzernrechtlichen Perspektive, GWR 2009, 309–312

Ohly, Ansgar/*Sosnitza*, Olaf: Gesetz gegen den unlauteren Wettbewerb, 6. Auflage 2014. Zit.: [*Bearbeiter*] in: Ohly/Sosnitza

Oppenheim, Robert: Die Pflicht des Vorstandes zur Einrichtung einer auf Dauer angelegten Compliance-Organisation. Zugleich Besprechung von LG München I, Urteil vom 10.12.2013, 5 HK 1387/10, DStR 2014, 1063–1066

Oppenländer, Frank/*Trölitzsch*, Thomas: Praxishandbuch der GmbH-Geschäftsführung, 2. Auflage 2011. Zit.: [*Bearbeiter*] in: Oppenländer/Trölitzsch

Ost, Konrad: Aufsichtspflichten im Konzern und die 8. GWB-Novelle, NZKart 2013, 25–30

Otto, Harro: Anmerkung zu BGH, Urteil vom 19.4.1983 – 1 StR 736/83, StV 1984, 461–462

Palandt, Otto (Begr.): Bürgerliches Gesetzbuch, 74. Auflage 2015. Zit.: [*Bearbeiter*] in: Palandt

Palzer, Christoph: Unternehmensstrafrecht – Eine rechtspolitische Notwendigkeit?, ZRP 2013, 122–123

Pampel, Gunnar: Die Bedeutung von Compliance-Programmen im Kartellordnungswidrigkeitenrecht, BB 2007, 1636–1640

Park, Tido (Hrsg.): Kapitalmarktstrafrecht, 3. Auflage 2013. Zit.: [*Bearbeiter*] in: Park

Partsch, Christoph: Hundert Jahre Erfahrung mit einem Unternehmensstrafrecht in den USA, in: Kempf, Eberhard/Lüderssen, Klaus/Volk, Klaus (Hrsg.): Unternehmensstrafrecht, S. 55–57, 2012. Zit.: *Partsch* in: Kempf/Lüderssen/Volk

Passarge, Malte: Risiken und Chancen mangelhafter Compliance in der Unternehmensinsolvenz, NZI 2009, 86–91

ders. Vorstands-Doppelmandate – ein nach wie vor aktuelles Thema!, NZG 2007, 441–444

Pepels, Werner: Marketing, 4. Auflage 2004

Petermann, Stefan: Konzernweite Compliance-Maßnahmen und die angezogenen unternehmensstrafrechtlichen „Daumenschrauben", in: Eisele, Jörg/Koch, Jens/Theile, Hans (Hrsg.): Der Sanktionsdurchgriff im Konzern, S. 99–115, 2014. Zit.: *Petermann* in: Eisele/Koch/Theile

ders. Die Bedeutung von Compliance-Maßnahmen für die Sanktionsbegründung und -bemessung im Vertragskonzern, 2013. Zit.: *Petermann* Compliance-Maßnahmen

Pieth, Mark: Ein europäisches Unternehmensstrafrecht?, in: Kempf, Eberhard/Lüderssen, Klaus/Volk, Klaus (Hrsg.): Unternehmensstrafrecht, S. 395–401, 2012. Zit.: *Pieth* in: Kempf/Lüderssen/Volk

Pietrek, Anna Carolin: Die strafrechtliche Verantwortlichkeit des Betriebsinhabers aus Compliance-Pflichten, 2012. Zit.: *Pietrek* Verantwortlichkeit des Betriebsinhabers

Pietzke, Rudolf: Die Verantwortung für Risikomanagement und Compliance im mehrköpfigen Vorstand, CCZ 2010, 45–53

Poguntke, David: Anmerkung zu BGH, Urteil vom 20.10.2011 – 4 StR 71/11, CCZ 2012, 158–160

Radtke, Henning: Untreue durch den „Director" einer Offshore-Gesellschaft, NStZ 2011, 556–558

ders. Untreue (§ 266 StGB) zu Lasten von ausländischen Gesellschaften mit faktischem Sitz in Deutschland?, GmbHR 2008, 729–736

Raiser, Thomas/*Veil*, Rüdiger: Recht der Kapitalgesellschaften, 5. Auflage 2010

Ransiek, Andreas: Überlegungen zur strafrechtlichen Verantwortlichkeit des Unternehmensträgers, in: Kempf, Eberhard/Lüderssen, Klaus/Volk, Klaus (Hrsg.): Unternehmensstrafrecht, S. 285–310, 2012. Zit.: *Ransiek* in: Kempf/Lüderssen/Volk

ders. Untreue durch Vermögenseinsatz zu Bestechungszwecken, StV 2009, 321–324

ders. Untreue zum Nachteil einer abhängigen GmbH – „Bremer Vulkan", wistra 2005, 121–125

ders. Unternehmensstrafrecht, 1996

Rathgeber, Christian: Criminal Compliance, 2012

Rebmann, Kurt/*Roth*, Werner/*Herrmann*, Siegfried (Hrsg.): Gesetz über Ordnungswidrigkeiten.
Band 1, 3. Auflage 2014 (20. Lieferung, Stand: April 2014);
Band 2, 3. Auflage 2014 (20. Lieferung, Stand: April 2014).
Zit.: [*Bearbeiter*] in: Rebmann/Roth/Herrmann

Reichert, Jochem: Reaktionspflichten und Reaktionsmöglichkeiten der Organe auf (möglicherweise) strafrechtsrelevantes Verhalten innerhalb des Unternehmens, ZIS 2011, 113–122

Reichert, Jochem/*Ott*, Nicolas: Die Zuständigkeit von Vorstand und Aufsichtsrat zur Aufklärung von Non Compliance in der AG, NZG 2014, 241–251

Reichling, Tilman: Anmerkung zu BGH, Beschluss vom 10.8.2011 – KRB 55/10, NJW 2012, 166–167

Rengier, Rudolf: Strafrecht Allgemeiner Teil, 6. Auflage 2014. Zit.: *Rengier* Strafrecht AT

Rettenmaier, Felix/*Palm*, Lisa: Das Ordnungswidrigkeitenrecht und die Aufsichtspflicht von Unternehmensverantwortlichen, NJOZ 2010, 1414–1419

Rieble, Volker: Anmerkung zu LG Braunschweig, Urteil vom 25.1.2007 – 6 KLs 48/06, CCZ 2008, 34–37

Rieder, Markus S./*Jerg*, Marcus: Anforderungen an die Überprüfung von Compliance-Programmen. Zugleich kritische Anmerkungen zum Entwurf eines IDW Prüfungsstandards: Grundsätze ordnungsmäßiger Prüfung von Compliance-Management-Systemen (IDW EPS 980), CCZ 2010, 201–207

Ringleb, Henrik-Michael/*Kremer*, Thomas/*Lutter*, Marcus/*v. Werder*, Axel: Kommentar zum Deutschen Corporate Governance Kodex, 5. Auflage 2014. Zit.: [*Bearbeiter*] in: Ringleb/Kremer/Lutter/v. Werder

Rittner, Fritz/*Dreher*, Meinrad/*Kulka*, Michael: Wettbewerbs- und Kartellrecht, 8. Auflage 2014

Rodewald, Jörg/*Unger*, Ulrike: Corporate Compliance – Organisatorische Vorkehrungen zur Vermeidung von Haftungsfällen der Geschäftsleitung, BB 2006, 113–116

Rogall, Klaus: Dogmatische und kriminalpolitische Probleme der Aufsichtspflichtverletzung in Betrieben und Unternehmen, ZStW 1986, 573–623

Rowedder, Heinz/*Schmidt-Leithoff*, Christian (Hrsg.): Gesetz betreffend die Gesellschaften mit beschränkter Haftung (GmbHG), 5. Auflage 2013. Zit.: [*Bearbeiter*] in: Rowedder/Schmidt-Leithoff

Rönnau, Thomas: Untreue durch den „Director" einer Offshore-Gesellschaft, NStZ 2011, 558 – 559

ders. Objektive Bedinungen der Strafbarkeit, JuS 2011, 697–699

ders. Haftung der Direktoren einer in Deutschland ansässigen englischen Private Company Limited by Shares nach deutschem Strafrecht – eine erste Annäherung, ZGR 2005, 832–858

Rönnau, Thomas/*Schneider*, Frédéric: Der Compliance-Beauftragte als strafrechtlicher Garant – Überlegungen zum BGH-Urteil v. 17.7.2009 – 5 StR 394/08, ZIP 2010, 53–61

von Rosen, Rüdiger: Zielkonflikt – Unerwünschte Nebenfolgen eines Unternehmensstrafrechts, in: Kempf, Eberhard/Lüderssen, Klaus/Volk, Klaus (Hrsg.): Unternehmensstrafrecht, S. 263–268, 2012. Zit.: *von Rosen* in: Kempf/Lüderssen/Volk

Röske, Marcus/*Böhme*, Frank: Zur Haftung des Unternehmensträgers gem. § 30 Abs. 1 Nr. 5 OWiG für deliktisches Handeln auf Betriebsebene, wistra 2003, 48–52

Roth, Günter H./*Altmeppen*, Holger: Gesetz betreffend die Gesellschaften mit beschränkter Haftung (GmbHG), 7. Auflage 2012. Zit.: [*Bearbeiter*] in: Roth/Altmeppen

Rotsch, Thomas (Hrsg.): Criminal Compliance Handbuch, 2015. Zit.: [*Bearbeiter*] in: Rotsch, Criminal Compliance

ders. Criminal Compliance in Theorie und Praxis des Wirtschaftsstrafrechts, in: Rotsch, Thomas (Hrsg.): Criminal Compliance vor den Aufgaben der Zukunft, S. 3–17, 2013. Zit.: *Rotsch* in: Rotsch, Criminal Compliance vor den Aufgaben der Zukunft

ders. Wider die Garantenpflicht des Compliance-Beauftragten, in: Schulz, Lorenz/ Reinhart, Michael/Sahan, Oliver (Hrsg.): Festschrift für Imme Roxin, S. 485–500, 2012. Zit.: *Rotsch* in: FS I. Roxin

ders. Criminal Compliance, ZIS 2010, 614–617

ders. Compliance und Strafrecht – Konsequenzen einer Neuentdeckung, in: Joecks, Wolfgang/Ostendorf, Heribert/Rönnau, Thomas/Rotsch, Thomas/Schmitz, Roland (Hrsg.): Festschrift für Erich Samson, S. 141–160, 2010. Zit.: *Rotsch* in: FS Samson

ders. Von Eichmann bis Fujimori – Zur Rezeption der Organisationsherrschaft nach dem Urteil des Obersten Strafgerichtshofs Perus, ZIS 2009, 549 – 551

ders. Neues zur Organisationsherrschaft, NStZ 2005, 13–18

ders. Anmerkung zu BGH, Urteil vom 03.07.2003 – 1 StR 453/02, JR 2004, 248–251

ders. Die Rechtsfigur des Täters hinter dem Täter bei der Begehung von Straftaten im Rahmen organisatorischer Machtapparate und ihre Übertragbarkeit auf wirtschaftliche Organisationsstrukturen, NStZ 1998, 491–495

Roxin, Claus: Anmerkung zu BGH, Urteil vom 20.10.2011 – 4 StR 71/11, JR 2012, 305–308

ders. Bemerkungen zum Fujimori-Urteil des Obersten Gerichtshofs in Peru, ZIS 2009, 565 – 568

ders. Täterschaft und Tatherrschaft, 8. Auflage 2006

ders. Organisationsherrschaft und Tatentschlossenheit, ZIS 2006, 293–300

ders. Strafrecht Allgemeiner Teil Band I. Grundlagen – Der Aufbau der Verbrechenslehre, 4. Auflage 2006. Zit.: *Roxin* Allgemeiner Teil Band I

ders. Strafrecht Allgemeiner Teil Band II. Besondere Erscheinungsformen der Straftat, München 2003. Zit.: *Roxin* Allgemeiner Teil Band II

Roxin, Imme: Im Straf- und Strafprozessrecht geregelte Sanktionen gegen Unternehmen, in: Kempf, Eberhard/Lüderssen, Klaus/Volk, Klaus (Hrsg.): Unternehmensstrafrecht, S. 37–53, 2012. Zit.: *I. Roxin* in: Kempf/Lüderssen/Volk

Rübenstahl, Markus/*Skoupil*, Christoph: Anforderungen der US-Behörden an Compliance-Programme nach dem FCPA und deren Auswirkungen auf die Strafverfolgung von Unternehmen – Modell für Deutschland, wistra 2013, 209–217

Rütsch, Claus-Jörg: Strafrechtlicher Durchgriff bei verbundenen Unternehmen?, 1987. Zit.: *Rütsch* Durchgriff

Sachs, Michael: Ziele eines Unternehmensstrafrechts und die Frage seiner Vereinbarkeit mit dem Verfassungsrecht, in: Kempf, Eberhard/Lüderssen, Klaus/Volk, Klaus (Hrsg.): Unternehmensstrafrecht, S. 195–204, 2012. Zit.: *Sachs* in: Kempf/Lüderssen/Volk

Säcker, Franz Jürgen/*Rixecker*, Roland (Hrsg.): Münchener Kommentar zum Bürgerlichen Gesetzbuch
Band 1, §§ 1–240 BGB, 6. Auflage 2012
Band 4, §§ 611–704 BGB, 6. Auflage 2012
Band 5, §§ 705–853 BGB, 6. Auflage 2013

Literaturverzeichnis

Band 6, §§ 854–1296 BGB, 6. Auflage 2013.
Zit.: [*Bearbeiter*] in: MK-BGB
Saenger, Ingo: Gesellschaftsrecht, 2. Auflage 2013
Safferling, Christoph: Internationales Strafrecht, 2011
Sahan, Oliver: Keine Vermögensbetreuungspflicht des formal bestellten aber faktisch machtlosen Geschäftsführers, in: Schulz, Lorenz/Reinhart, Michael/Sahan, Oliver (Hrsg.): Festschrift für Imme Roxin, S. 295–306, 2012. Zit.: *Sahan* in: FS I. Roxin
Satzger, Helmut: Die Fremdrechtsanwendung als überlegene Alternative zu einer prozessualen Zuständigkeitsordnung in der EU?, in: Reindl-Krauskopf, Susanne/Zerbes, Ingeborg/Brandstetter, Wolfgang u.a. (Hrsg.): Festschrift für Helmut Fuchs, S. 431–452, 2014. Zit.: *Satzger* in: FS Fuchs
ders. Internationales und Europäisches Strafrecht, 6. Auflage 2013
ders. Die Internationalisierung des Strafrechts als Herausforderung für den strafrechtlichen Bestimmtheitsgrundsatz, JuS 2004, 943–948
ders. Das neue Völkerstrafgesetzbuch – Eine kritische Würdigung, NStZ 2002, 125–132
ders. Die Europäisierung des Strafrechts, 2001. Zit.: *Satzger* Europäisierung
ders. Die Anwendung des deutschen Strafrechts auf grenzüberschreitende Gefährdungsdelikte, NStZ 1998, 112–117
Satzger, Helmut/*Langheld*, Georg: Europarechtliche Verweisungen in Blankettstrafgesetzen und ihre Vereinbarkeit mit dem Bestimmtheitsgebot. Anmerkung zu BGH 5 StR 543/10, HRRS 2011, 460–464
Satzger, Helmut/*Schluckebier*, Wilhelm/*Widmaier*, Gunter (Hrsg.): StGB Strafgesetzbuch Kommentar, 2. Auflage 2014. Zit.: [*Bearbeiter*] in: SSW-StGB
Satzger, Helmut/*Zimmermann*, Frank: Europäische Kriminalpolitik „reloaded": Das Manifest zum Europäischen Strafverfahrensrecht, ZIS 2013, 406–410
Schäfer, Carsten: Gesellschaftsrecht, 3. Auflage 2013
Schaefer, Hans/*Baumann*, Diethelm: Compliance-Organisation und Sanktionen bei Verstößen, NJW 2011, 3601–3605
Schemmel, Alexander/*Minkoff*, Andreas: Die Bedeutung des Wirtschaftsstrafrechts für Compliance Management Systeme und Prüfungen nach dem IDW PS 980, CCZ 2012, 49–54
Schemmel, Alexander/*Ruhmannseder*, Felix/*Witzigmann*, Tobias: Hinweisgebersysteme. Implementierung in Unternehmen, 2012. Zit.: *Schemmel/Ruhmannseder/Witzigmann* Hinweisgebersysteme
Schlösser, Jan: Die Anerkennung der Geschäftsherrenhaftung durch den BGH, NZWiSt 2012, 281–286
ders. Europäische Aktiengesellschaft und deutsches Strafrecht, NZG 2008, 126–131
ders. Die Strafbarkeit des Geschäftsführers einer private company limited by shares in Deutschland. Zu den Folgen der „Inspire Art"-Entscheidung des EuGH für die Anwendbarkeit deutschen Strafrechts, wistra 2006, 81–88

Literaturverzeichnis

Schlösser, Jan/*Mosiek*, Marcus: Anwendbarkeit ausländischen Gesellschaftsrechts im Rahmen der Untreue zum Nachteil einer EU-Auslandsgesellschaft. Zugleich Anmerkung zu BGH, Urteil vom 13. April 2010 – 5 StR 428/09 = HRRS 2010 Nr. 493, HRRS 2010, 424–428

Schmidt, Karsten: Gesellschaftsrecht, Zivilprozessrecht: Durchsetzung von Ansprüchen aus Verletzung von „corporate opportunities", JuS 2013, 462–464

ders. Gesellschaftsrecht, 4. Auflage 2002

Schmidt, Karsten/*Lutter*, Marcus (Hrsg.): Aktiengesetz
 I. Band, §§ 1 – 149 AktG, 2. Auflage 2010
 II. Band, §§ 150 – 410 AktG, SpruchG, 2. Auflage 2010
Zit.: *[Bearbeiter]* in: Schmidt/Lutter

Schmidt, Peter/*Koyuncu*, Adem: Kartellrechtliche Compliance-Anforderungen an den Informationsaustausch zwischen Wettbewerbern, BB 2009, 2551–2555

Schmidt, Stefan/*Wermelt*, Andreas/*Eibelshäuser*, Beate: ISO 19600 aus Sicht der Wirtschaftsprüfung, CCZ 2015, 18–21

Schmitz, Roland: Bestrafung von Unternehmen – Abkehr vom Schuldstrafrecht, in: Kempf, Eberhard/Lüderssen, Klaus/Volk, Klaus (Hrsg.): Unternehmensstrafrecht, S. 311–319, 2012. Zit.: *Schmitz* in: Kempf/Lüderssen/Volk

Schmoeckel, Mathias: Rechtsgeschichte der Wirtschaft, 2008. Zit.: *Schmoeckel* Rechtsgeschichte

Schneider, Anne: Der transnationale Geltungsbereich des deutschen Verbandsstrafrechts – de lege lata und de lege ferenda, ZIS 2013, 488–499

Schneider, Uwe H.: Compliance im Konzern, NZG 2009, 1321–1326

Schneider, Uwe H./*Schneider*, Sven H.: Konzern-Compliance als Aufgabe der Konzernleitung, ZIP 2007, 2061–2065

Scholz, Franz (Hrsg.): Kommentar zum GmbH-Gesetz. II. Band, §§ 35 – 52 GmbHG, 11. Auflage 2013. Zit.: *[Bearbeiter]* in: Scholz

Schönke, Adolf/*Schröder*, Horst (Begr.): Strafgesetzbuch, 29. Auflage 2014. Zit.: *[Bearbeiter]* in: Schönke/Schröder

Schramm, Edward: Anmerkung zu BGH, Urteil v. 20.10.2011 – 4 StR 71/11, JZ 2012, 969–972

ders. Internationales Strafrecht, 2011

Schroeder, Friedrich-Christian: Tatbereitschaft gegen Fungabilität, ZIS 2009, 569–571

- Der Täter hinter dem Täter. Ein Beitrag zur Lehre von der mittelbaren Täterschaft, 1965. Zit.: *Schroeder* Täter hinter dem Täter

Schünemann, Bernd: Die aktuelle Forderung eines Verbandsstrafrechts – Ein kriminalpolitischer Zombie, ZIS 2014, 1–18

ders. Zur Frage der Verfassungswidrigkeit und der Folgen eines Strafrechts für Unternehmen. Rechtsgutachten zum Gesetzesantrag des Landes Nordrhein-Westfalen, 2013. Zit.: *Schünemann* Gesetzesantrag NRW

Literaturverzeichnis

ders. Wider verbreitete Irrlehren zum Untreuetatbestand, in: Schulz, Lorenz/Reinhart, Michael/Sahan, Oliver (Hrsg.): Festschrift für Imme Roxin, S. 341–357, 2012. Zit.: *Schünemann* in: FS I. Roxin

ders. Die Rechtsfigur des „Täters hinter dem Täter" und das Prinzip der Tatherrschaftsstufen, ZIS 2006, 301–308

ders. Organuntreue. Das Mannesmann-Verfahren als Exempel?, 2004. Zit.: *Schünemann* Organuntreue

ders. Unternehmenskriminalität und Strafrecht, 1979. Zit.: *Schünemann* Unternehmenskriminalität

Schürnbrand, Jan: Organschaft im Recht der privaten Verbände, 2007. Zit.: *Schürnbrand* Organschaft

Schürrle, Thomas/*Fleck*, Franziska: „Whistleblowing Unlimited" – Der U.S. Dodd-Frank Act und die neuen Regeln der SEC zum Whistleblowing, CCZ 2011, 218–221

Schweizer, Robert: Compliance im Medienkonzern, ZUM 2012, 2–12

Seibert, Ulrich: Im Blickpunkt: Der Deutsche Corporate Governance Kodex ist da, BB 2002, 581–583

Senge, Lothar (Hrsg.): Karlsruher Kommentar zum Gesetz über Ordnungswidrigkeiten, 4. Auflage 2014. Zit.: *[Bearbeiter]* in: KK-OWiG

Sieber, Ulrich/*Satzger*, Helmut/*von Heintschel-Heinegg*, Bernd (Hrsg.): Europäisches Strafrecht, 2. Auflage 2014. Zit.: *[Bearbeiter]* in: Sieber/Satzger/v. Heintschel-Heinegg

Silva Sánchez, Jesús Maria: Die strafrechtliche Haftung von juristischen Personen nach spanischem Recht, in: Kempf, Eberhard/Lüderssen, Klaus/Volk, Klaus (Hrsg.): Unternehmensstrafrecht, S. 59–70, 2012. Zit.: *Silva Sánchez* in: Kempf/Lüderssen/Volk

Sonnenberg, Sebastian: Verletzung der Aufsichtspflicht in Betrieben und Unternehmen (§ 130 OWiG) unter besonderer Berücksichtigung der Notwendigkeit und Ausgestaltung eines kriminalitätspräventiven Compliance-Systems, 2014. Zit.: *Sonnenberg* Aufsichtspflicht

Spahlinger, Andreas/*Wegen*, Gerhard (Hrsg.): Internationales Gesellschaftsrecht in der Praxis, 2005. Zit.: *[Bearbeiter]* in: Spahlinger/Wegen

Spehl, Stephan J./*Grützner*, Thomas: „Resource Guide to the U.S. Foreign Corrupt Practices Act" („FCPA-Guide") – Eine Hilfe für Unternehmen im Umgang mit dem FCPA, CCZ 2013, 198–204

Spindler, Gerald: Compliance in der multinationalen Bankengruppe, WM 2008, 905–918

ders. Recht und Konzern. Interdependenzen der Rechts- und Unternehmensentwicklung in Deutschland und den USA zwischen 1870 und 1933, 1993. Zit.: *Spindler* Interdependenzen

Spindler, Gerald/*Schuster*, Fabian (Hrsg.): Recht der elektronischen Medien, 2. Auflage 2011. Zit.: *[Bearbeiter]* in: Spindler/Schuster

Spindler, Gerald/*Stilz*, Eberhard (Hrsg.): Kommentar zum Aktiengesetz. Band 1, §§ 1–149 AktG, 2. Auflage 2010
Band 2, §§ 150–410 AktG, 2. Auflage 2010.
Zit.: [*Bearbeiter*] in: Spindler/Stilz

Spring, Patrick: Die Garantenstellung des Compliance Officers oder: Neues zur Geschäftsherrenhaftung. Zugleich Besprechung von BGH, Urteil vom 17.7.2009, GA 2010, 222–227

ders. Die strafrechtliche Geschäftsherrenhaftung, 2009. Zit.: *Spring* Geschäftsherrenhaftung

Steinle, Christian: Kartellgeldbußen gegen Konzernunternehmen nach dem Aristrain-Urteil des EuGH, EWS 2004, 118–123

Strohn, Lutz: Pflichtenmaßstab und Verschulden bei der Haftung von Organen einer Kapitalgesellschaft, CCZ 2013, 177–184

Sünner, Eckart: Von der Sorge für gesetzeskonformes Verhalten – Zugleich eine Besprechung des ISO-Entwurfs 19600, CCZ 2015, 2–6

Taschke, Jürgen: Zur Entwicklung der Verfolgung von Wirtschaftsstrafsachen in der Bundesrepublik Deutschland. Teil 2: Zur strafrechtlichen Haftung des Managements, NZWiSt 2012, 41–45

Theile, Hans: Die wirtschaftliche Betrachtungsweise als Ansatz zur Sanktionierung der Obergesellschaft im Unternehmensverbund nach § 130 OWiG – Empirische Ergänzungen zu einem methodischen Problem, in: Eisele, Jörg/Koch, Jens/Theile, Hans (Hrsg.): Der Sanktionsdurchgriff im Konzern, S. 73–97, 2014. Zit.: *Theile* in: Eisele/Koch/Theile

ders. Das Verhältnis zwischen Zuschreibung und Fakten in einem Unternehmensstrafrecht, in: Kempf, Eberhard/Lüderssen, Klaus/Volk, Klaus (Hrsg.): Unternehmensstrafrecht, S. 175–192, 2012. Zit.: *Theile* in: Kempf/Lüderssen/Volk

ders. Internal Investigations und Selbstbelastung, StV 2011, 381–386

ders. Strafbarkeitsrisiken der Unternehmensführung aufgrund rechtswidriger Mitarbeiterpraktiken – Kann die Nichteinrichtung einer Compliance-Organisation eine strafbare Untreue nach § 266 StGB begründen?, wistra 2010, 457–462

Theile, Hans/*Petermann*, Stefan: Die Sanktionierung von Unternehmen nach dem OWiG, JuS 2011, 496–501

Theisen, Manuel René: Der Konzern. Betriebswirtschaftliche und rechtliche Grundlagen der Konzernunternehmung, 2. Auflage 2000. Zit.: *Theisen* Der Konzern

Thiemann, Werner: Aufsichtspflichtverletzung in Betrieben und Unternehmen, 1976. Zit.: *Thiemann* Aufsichtspflichtverletzung

Thüsing, Gregor u.a.: Beschäftigtendatenschutz und Compliance. Effektive Compliance im Spannungsfeld von BDSG, Persönlichkeitsschutz und betrieblicher Mitbestimmung, 2. Auflage 2014. Zit.: [*Bearbeiter*] in: Thüsing

Tiedemann, Klaus: Wirtschaftsstrafrecht. Einführung und Allgemeiner Teil mit wichtigen Rechtstexten, 4. Auflage 2014. Zit.: [*Bearbeiter*] in: Tiedemann, Wirtschaftsstrafrecht AT

Literaturverzeichnis

ders. GmbH-Strafrecht. §§ 82 – 85 GmbHG und ergänzende Straftatbestände, 5. Auflage 2010

ders. Die strafrechtliche Vertreter- und Unternehmenshaftung, NJW 1986, 1842–1846

Többens, Hans W.: Die Bekämpfung der Wirtschaftskriminalität durch die Troika der §§ 9, 130 und 30 des Gesetzes über Ordnungswidrigkeiten, NStZ 1999, 1–8

Treude, Wilhelm: Die Tendenz der Industrie zur gebundenen Wirtschaft, 1929. Zit.: *Treude* Gebundene Wirtschaft

Tröger, Tobias/*Dangelmayer*, Stephan: Eigenhaftung der Organe für die Veranlassung existenzvernichtender Leitungsmaßnahmen im Konzern, ZGR 2011, 558–589

Trüg, Gerson: Zu den Folgen der Einführung eines Unternehmensstrafrechts, wistra 2010, 241–249

Tschierschke, Anja: Die Sanktionierung des Unternehmensverbundes, 2013. Zit.: *Tschierschke* Sanktionierung

Urban, Carolin: Mittelbare Täterschaft kraft Organisationsherrschaft, 2004. Zit.: *Urban* Organisationsherrschaft

Vieweg, Klaus/*Werner*, Almuth: Sachenrecht, 6. Auflage 2013

Vogel, Joachim: Unrecht und Schuld in einem Unternehmensstrafrecht, StV 2012, 427–432

ders. Unrecht und Schuld in einem Unternehmensstrafrecht, in: Kempf, Eberhard/Lüderssen, Klaus/Volk, Klaus (Hrsg.): Unternehmensstrafrecht, S. 205–215, 2012. Zit.: *Vogel* in: Kempf/Lüderssen/Volk

Vogt, Bianca: Die Verbandsgeldbuße gegen eine herrschende Konzerngesellschaft, 2009. Zit.: *Vogt* Verbandsgeldbuße

Vogt, Volker: Compliance und Investigations – Zehn Fragen aus Sicht der arbeitsrechtlichen Praxis, NJOZ 2009, 4206–4220

Volk, Klaus (Hrsg.): Münchener Anwaltshandbuch. Verteidigung in Wirtschafts- und Steuerstrafsachen, 2. Auflage 2014. Zit.: [*Bearbeiter*] in: MAH WirtschaftsstrafR

Volz, Hartmut M./*Rommerskirchen*, Thomas: Die Spur des Geldes. Der Fall des Hauses Siemens, 2009

Van Vormizeele, Philipp Voet: Die EG-kartellrechtliche Haftungszurechnung im Konzern im Widerstreit zu den nationalen Gesellschaftsrechtsordnungen, WuW 2011, 1008–1019

Wabnitz, Heinz-Bernd/*Janovsky*, Thomas (Hrsg.): Handbuch des Wirtschafts- und Steuerstrafrechts, 4. Auflage 2014. Zit.: [*Bearbeiter*] in: Wabnitz/Janovsky

Walther, Felix: „Tat" und „Täter" im transnationalen Strafanwendungsrecht des StGB, JuS 2011, 203–208

Wandtke, Artur-Axel/*Bullinger*, Winfried (Hrsg.): Praxiskommentar zum Urheberrecht, 4. Auflage 2014. Zit.: [*Bearbeiter*] in: Wandtke/Bullinger

Wank, Rolf: Die Auslegung von Gesetzen, 5. Auflage 2011. Zit.: *Wank* Auslegung

Waßmer, Martin Paul: Anmerkung zu BGH, Beschluss vom 10.8.2011 – KRB 55/ 10, NZWiSt 2012, 187–188

Weber-Rey, Daniela: Festung Unternehmen oder System von Schlüsselfunktionen – ein Diskussionsbeitrag zum Thema Risiko, Haftung und Unternehmensstrafrecht, in: Kempf, Eberhard/Lüderssen, Klaus/Volk, Klaus (Hrsg.): Unternehmensstrafrecht, S. 321–331, 2012. Zit.: *Weber-Rey* in: Kempf/Lüderssen/Volk

Weidenfeld, Ursula (Hrsg.): Nützliche Aufwendungen? Der Fall Siemens und die Lehren für das Unternehmen, die Industrie und Gesellschaft, 2011. Zit.: [*Bearbeiter*] in: Weidenfeld

Wellhöfer, Werner/*Peltzer*, Martin/*Müller*, Welf: Die Haftung von Vorstand, Aufsichtsrat, Wirtschaftsprüfer, 2008. Zit.: [*Bearbeiter*] in: Wellhöfer/Peltzer/Müller

von Werder, Axel/*Bartz*, Jenny: Corporate Governance Report 2014: Erklärte Akzeptanz des Kodex und tatsächliche Anwendung bei Vorstandsvergütung und Unabhängigkeit des Aufsichtsrats, DB 2014, 905–914

Werle, Gerhard/*Jeßberger*, Florian: Grundfälle zum Strafanwendungsrecht, JuS 2001, 35–39

Werner, Rüdiger: Die zivilrechtliche Haftung des Vorstands einer AG für gegen die Gesellschaft verhängte Geldbußen gegenüber der Gesellschaft, CCZ 2010, 143–147

Wernsmann, Rainer/*Gatzka*, Ulrich: Der Deutsche Corporate Governance Kodex und die Entsprechungserklärung nach § 161 AktG, NZG 2011, 1001–1007

Wessels, Johannes/*Beulke*, Werner/*Satzger*, Helmut: Strafrecht Allgemeiner Teil, 44. Auflage 2014. Zit.: *Wessels/Beulke/Satzger* Strafrecht AT

Wessing, Jürgen/*Krawczyk*, Lucian: Untreue zum Nachteil einer konzernabhängigen GmbH, NZG 2009, 1176–1178

Wiedemann, Gerhard (Hrsg.): Handbuch des Kartellrechts, 2. Auflage 2008. Zit.: [*Bearbeiter*] in: Wiedemann

Wiesenack, Tobias C./*Klein*, Nico C.: Rechtspraktische Entwicklungen bei der Strukturierung und Organisation von Unternehmensverbünden, in: Eisele, Jörg/Koch, Jens/Theile, Hans (Hrsg.): Der Sanktionsdurchgriff im Konzern, S. 7–72, 2014. Zit.: *Wiesenack/Klein* in: Eisele/Koch/Theile

Wilhelm, Barbara: Das Ausmaß der erforderlichen Aufsichtsmaßnahmen iSd. § 130 OWiG, 2013. Zit.: *Wilhelm* Aufsichtsmaßnahmen

Will, Günter: Die strafrechtliche Verantwortlichkeit für die Verletzung von Aufsichtspflichten, 1998. Zit.: *Will* Aufsichtspflichten

Wirtz, Markus M.: Die Aufsichtspflichten des Vorstandes nach OWiG und KonTraG, WuW 2001, 342–356

Withus, Karl-Heinz: Bedeutung der geänderten Compliance Anforderungen der US Sentencing Guidelines für deutsche Unternehmen, CCZ 2011, 63–69

Witte, Jürgen Johannes/*Wagner*, Marco: Die Gesetzesinitiative Nordrhein-Westfalens zur Einführung eines Unternehmensstrafrechts, BB 2014, 643–648

Wittig, Petra: Wirtschaftsstrafrecht, 3. Auflage 2014

dies. Das tatbestandsmäßige Verhalten des Betrugs, 2005. Zit.: *Wittig* Betrug

Wolf, Martin: Der Compliance-Officer – Garant, hoheitlich Beauftragter oder Berater im Unternehmensinteresse zwischen Zivil-, Straf- und Aufsichtsrecht?, BB 2011, 1353–1360

Wolf, Sebastian: Die Siemens-Korruptionsaffäre – ein Überblick, in: Graeff, Peter/Schröder, Karenina/Wolf, Sebastian (Hrsg.): Der Korruptionsfall Siemens, S. 9–17, 2009. Zit.: *S. Wolf* in: Graeff/Schröder/Wolf

Wrase, Silvelyn/*Fabritius*, Christoph: Prämien für Hinweisgeber bei Kartellverstößen?, CCZ 2011, 69–73

Ziemons, Hildegard/*Jaeger*, Carsten (Hrsg.): Beck'scher Online-Kommentar GmbHG. Edition 20, 2014. Zit.: [*Bearbeiter*] in: BeckOK-GmbHG

Zippelius, Reinhold: Juristische Methodenlehre, 11. Auflage 2012. Zit.: *Zippelius* Methodenlehre

Zöllner, Wolfgang/*Noack*, Ulrich (Hrsg.): Kölner Kommentar zum Aktiengesetz.
Band 1, §§ 1–75 AktG, 3. Auflage 2012
Band 2, §§ 76–94 AktG, 3. Auflage 2009
Zit.: [*Bearbeiter*] in: KK-AktG

Hinweis zu Onlinequellen:

Sämtliche in der Arbeit angegebenen Internetquellen wurden zuletzt aufgerufen am 17.1.2015.

Stichwortverzeichnis

Die Zahlen verweisen auf Randziffern

6. GWB-Novelle 271
7. GWB-Novelle 271
8. GWB-Novelle 3, 280, 282, 360, 369
Abhängigkeitsverhältnis 49, 319
Abschöpfung 3
Aktives Personalitätsprinzip 396, 415
Akzo Nobel-Entscheidung 260
Analogieverbot 286, 295
Anstiftung 125 f.
ARAG/Garmenbeck-Entscheidung 97
Arbeitgeber 134 f., 185, 189, 196
Arbeitnehmer 135, 184, 189, 216
Arbeitsverhältnis 135, 320
Auffangtatbestand 203, 220, 374
Aufklärungspflicht 190
Aufsichtsrat 20, 40, 50 f., 67, 97, 224, 315, 319
Auslandsbestechung 410, 414
Beherrschungsvertrag 66, 68 f., 77, 81 f., 84, 116, 136, 163, 244, 314 f., 322, 326
Beihilfe 126
Belehrungspflicht 190
Beschützergarant 147
Besitz 181
Besonderes persönliches Merkmal 134, 185 f., 414
Bestimmtheitsgebot 226, 372
Betrieb 177 f.
Betriebsmittel 190
Bremer Vulkan-Entscheidung 132, 143

Bundesverband der Unternehmensjuristen 371
Cash-Management-System 143
Cash-Pooling 37
Compliance
 – Bedeutung 222
 – Begriff 93, 175
 – Compliancepflicht 100
 – Garantenpflichten 165
 – Historie 92
 – im Konzern 101
 – Rechtsgrundlage 93, 95, 175, 223
 – Verhältnis zu § 130 OWiG 175
Compliance-Officer 165
Corporate Compliance 92
Delegation 113, 210, 218 ff., 414 f., 426, 434, 438, 442, 475
Deliktsrecht 112
Deutsche Bank 4, 251 f.
Deutscher Corporate Governance Kodex 99, 104
Dezentraler Entlastungsbeweis 113
Doppelbesteuerung 26, 35
Doppelbestrafungsverbot 359, 465
Doppelmandat 138, 334, 337, 370
Doppelte Inhaberschaft 245, 304, 356
Echtes Unterlassungsdelikt 189, 209, 342, 402, 455
Eigentum 181
Eingliederungskonzern 62, 313
Einzelkaufmann 181
Erfolgsabwendungsort 395
Erfolgsort 395, 422, 455, 462
Etex 237, 244, 275

313

Stichwortverzeichnis

Faktischer Geschäftsführer 137 ff., 144, 331, 336, 343, 354, 370
Faktischer Konzern 66, 321
Ferrostaal 173
Fremdrechtsanwendung 428
Garantenpflichten 147
Gefährdungserfolg 462
Gefahrenquelle 147, 159, 163, 166, 171, 308, 311
Geldwäsche 222
Geschäftsherrenhaftung 155
– im Konzern 161
Gesellschafterversammlung 68, 81 f., 97, 326, 329, 483
Gesetzesauslegung 287, 289
Gesetzlichkeitsprinzip 286, 435
Gewinnabführungsvertrag 66
Gewinnabschöpfung 3, 206, 230, 359
Gremienentscheidungen 154
Gründungstheorie 431
Gruppenfreistellungsverordnung 255, 257
Haftungsdurchgriff 107
Haftungstroika 206
Handlungsort 402 f., 422, 446 f.
Herrschaftsargument 158 f., 162
Hinweisgebersysteme 222
Hydrotherm 255
IDW Prüfungsstandard 980 222
Imperial Chemical Industries 254
Informationsrechte 106, 119, 163
Ingerenz 148
Inhaberbegriff des § 130 OWiG
– beim Einzelunternehmen 180
– in Konzernsachverhalten 241
– kraft Organisationsherrschaft 302
– rechtlicher 245, 299
– wirtschaftlicher 244, 296
Inhaberschuldverschreibung 181
Inspire Art-Entscheidung 431
Internationales Strafrecht 393

Kartellordnungswidrigkeitenrecht 251, 271, 274, 373
Kollektivrechtsgüter 407
Kompetenzüberschreitung 190
Konkretes Gefährdungsdelikt 208, 210, 422, 453 ff., 477, 486
Kontrollstruktur 189
Konzern
– Gefahren 40, 45
– im engeren Sinn 58
– Verbreitung 4, 382
Konzerninteresse 27, 30, 32, 65, 76, 79, 139, 171, 333, 342, 354, 385
Konzernleitungsmacht 76
– im Eingliederungskonzern 79
– im faktischen Konzern 80
– im GmbH-Konzern 81
– im Vertragskonzern 76
Konzernleitungspflicht 83
– Überwachungspflichten 91, 101
Konzernrecht 42
– Abhängigkeitsverhältnis 49
– Begriff 15
– Beherrschungsvertrag 65
– Eingliederung 62
– faktischer Konzern 66
– Geschichte 19
– Gleichordnungskonzern 70
– Haftungsdurchgriff 107
– Konzernvermutung 49, 69
– Mehrheitsbeteiligung 46
– Überwachungspflichten 91, 101
– Unterordnungskonzern 70
– Vertragskonzern 65
– Wechselbeteiligung 72
Konzernuntreue 142
Körperschaftssteuerreformgesetz 35
Korruption 3, 126, 173, 196, 222, 230, 299, 401
Lederspray-Entscheidung 149, 154
Legalitätspflicht 97, 224

314

Stichwortverzeichnis

MAN 173, 234, 485
Mehrheitsbeteiligung 46, 317
Mitarbeiterkontrolle 191
Mittäterschaft 126 f.
Mittelbare Täterschaft 126, 128
– kraft Organisationsherrschaft 129
ne bis in idem 359, 465
Nebentäterschaft 126
Nichteinmischungsgrundsatz 394
Oberaufsicht 191, 305, 313 f., 318, 326, 344 f., 350, 354 f., 357, 401 f., 434, 444, 447, 463, 475
Objektive Ahndungsbedingung 202, 209 f., 212, 404, 409 ff., 416 f., 422, 424, 443, 448, 451 ff., 462
Objektivierter Gesetzgeberwille 287, 290
Ombudsmann 222
Opportunitätsprinzip 359, 464 f., 467, 478 f., 486
Ordnungsrechtliches Sanktionsanwendungsrecht 398
Organisationsbasierte Inhaberschaft 302
Organisationsherrschaft 302, 311
– bei Abhängigkeit 319
– bei Mehrheitsbeteiligung 317
– im Eingliederungskonzern 313
– im faktischen Konzern 321
– im GmbH-Konzern 326
– im internationalen Konzern 385, 389
– im Vertragskonzern 314
Organisationsplan 191
Organschaft 26, 35, 68
Parlamentsvorbehalt 431
Personalauswahl 190, 315
Personengesellschaft 45, 123, 178, 183, 185 f., 207, 328, 367
Preisetikettenbeschluss 456
Privataktionär 45, 181, 297, 330
Produkthaftung 147

Rechtsträgerprinzip 243, 310
Reputationsschaden 91, 98, 101, 119, 374
Revisionsabteilung 191
Sachenrecht 181, 242 f., 309
Sanktionsgewalt 391, 409, 424
Sanktionslücke 194, 219, 246, 279, 293, 299 f., 377 f., 482
Schachtelprivileg 26, 35
Schuldprinzip 122, 279, 452
Selbstentmündigung 23
Selbstentmündigungsverbot 27
Sherman Anti-Trust Act 23
Siemens 3, 5, 92, 173, 222 f., 230, 250 f., 383
Sonderdelikt 134 f., 142, 169, 194 f., 218, 299, 377, 414
Stichprobenkontrollen 191
Strafanwendungsrecht 392
Strafgewalt 394 ff., 406, 440, 442
Strafrechtsautonomie 242
Strategische Management-Holding 249
Täterschaft 126
Tätigkeitsort 395, 402, 422, 455, 458, 475
Territorialitätsprinzip 394, 399, 406, 422
Transnationale Aufsichtspflichten
– im Ausland 445, 469
– im Inland 401
TV-Kartell 251
Überwachungsgarant 147, 166
Ubiquitätstheorie 395, 399, 406, 408
Unterlassungsdelikt 146, 189, 209, 342, 395, 399, 402, 447, 455
Unternehmensbegriff
– allgemein zivil-/gesellschaftsrechtlicher 277
– aufsichtsrechtlicher 276
– i.S.d. § 130 OWiG 179, 248, 278, 291

– im europäischen Kartellrecht 253, 267
– im nationalen Kartellrecht 270
– konzernrechtlicher 45
Unternehmenskonzentration 38, 40
Unternehmensstrafrecht 122 f., 371
Untreue 142, 431
Verbandsstrafgesetzbuch 122, 365, 372
Verbundklausel 274
Verhältnismäßigkeitsgrundsatz 189, 191
Vermögensbetreuungspflicht 142
Verrichtungsgehilfe 113
Verschmelzung 36
Vertragskonzern 65, 314
Vorstand 20, 30, 40, 51, 64 f., 67, 76, 86, 95, 101, 136, 143, 174, 186, 224, 249, 301, 314 f., 317, 320, 335, 340
Weisungsrecht
– im Eingliederungskonzern 64, 79

– im internationalen Konzern 385, 389
– im Vertragskonzern 65, 76
Wirtschaftliche Einheit 254, 257, 263, 265, 267 ff., 273, 278, 291, 370
Wirtschaftsprüfungsgesellschaften 222
Wortlautgrenze 278, 286 f., 289, 294, 296, 309
Zinsmanipulation 251
Zweites Strafrechtsreformgesetz 177
§ 130 OWiG
– Anknüpfungstat 193, 333, 406, 409, 417, 441, 448
– Aufsichtsmaßnahmen 189
– Bedeutung 222
– Bestimmtheit 225, 360
– Handlungsort 402, 448, 455
– Rechtsnatur 208, 454
– Regelungszweck 215, 246, 299, 438